意思，大幅修正稿件內容，以使本書能趨於完美。為此，作者由衷表示最大的謝意，而書中若仍存在錯誤，當由作者負責，但也希望讀者能夠來函告知。值此校稿已近尾聲，望著即將出爐的心血，作者願將出版新書的喜悅與遠在高雄的雙親、內人海琴、三位兒女分享。他們均是促成本書完成的動力，感謝他們的支持。

謝德宗

於臺大社會科學院研究室

民國93年9月

貨幣銀行學

理論與實際

謝德宗博士 著

三民書局

國家圖書館出版品預行編目資料

貨幣銀行學:理論與實際 / 謝德宗著.－－增訂二版
三刷.－－臺北市: 三民，2005
　面；　公分

ISBN 957-14-4084-1　（平裝）

1.貨幣　2.銀行

561　　　　　　　　　　　　　　　93013045

網路書店位址　http://www.sanmin.com.tw

© 　貨 幣 銀 行 學
　　　—— 理論與實際

著作人　謝德宗
發行人　劉振強
著作財
產權人　三民書局股份有限公司
　　　　臺北市復興北路386號
發行所　三民書局股份有限公司
　　　　地址 / 臺北市復興北路386號
　　　　電話 / (02)25006600
　　　　郵撥 / 0009998-5
印刷所　三民書局股份有限公司
門市部　復北店 / 臺北市復興北路386號
　　　　重南店 / 臺北市重慶南路一段61號
初版一刷　1994年9月
初版三刷　1998年8月
增訂二版一刷　2004年9月
增訂二版二刷　2005年11月修正
編　號　S 561880
基本定價　拾壹元貳角
行政院新聞局登記證局版臺業字第〇二〇〇號

有著作權·不准侵害

ISBN　957-14-4084-1　（平裝）

增訂二版序

　　財務工程與金融創新活動長期成為金融發展主流，多元化的金融業務與琳琅滿目的金融商品頻頻出爐，促使傳統的金融機構逐漸轉由金融廠商概念取代。現代貨幣銀行學討論焦點明顯轉向研究經濟成員的資產選擇與風險管理活動、公司財務結構安排、金融廠商決策模式、金融商品類型與特性、金融產業組織與金融市場運作模式等主題，檢討貨幣政策效果亦由傳統偏向總體層面的思考模式，逐漸蛻變為視同金融產業政策，部分由個體經濟角度評估其對金融廠商決策的衝擊。

　　隨著金融自由化與國際化潮流擴散至全球後，各國金融市場的整合性日益提升。國際金融市場的任何風吹草動，必然迅速波及國內金融體系，各國金融當局為提升本國金融業的競爭力與維護金融業健全經營，紛紛從事金融改革，導致金融制度與金融法規變動迅速，從而影響金融活動的運行。有鑑於此，作者在10年前出版《貨幣銀行學——理論與實際》後，即考慮改從產業經濟觀點，重新詮釋貨幣銀行學。近10年來，作者在臺大經濟系講授貨幣銀行課程時，遂以原書為藍本嘗試編寫每章的大綱，依據每年教學心得與新穎內容逐年分別填入完整內文。漫長的10年眨眼即過，新版的貨幣銀行學也終於誕生，真要感謝10年來近千位修習該課程的學生參與提供意見，觸動新版的誕生。

　　本書特色係採取產業經濟學的分析模式，進行討論金融產業組織。作者在該書中結合經濟學、會計學、金融法規及金融制度等學門，直接將金融業實際運作狀況融入金融理論，用於詮釋金融廠商決策行為，掌握金融市場運作模式與新穎的金融創新模式，讓讀者在品嚐金融機構理論的同時，直接掌握國內金融業脈動。不過為能與傳統貨幣銀行學接軌，本書仍保留與總體經濟活動有關的章節。此外，部分標示＊符號之處，教師可視教學進度而略過不教。

　　最後，三民書局編輯部的同仁細心校閱全書，從讀者的角度指出被忽略的細節問題，促使作者重新投入整個月的時間，逐字逐句重

自　序

　　早在《貨幣銀行學》付梓之際，作者發覺行篋中尚存眾多攸關國內金融環境資料未用疏為可惜，因而興起另外撰述以實際金融資料為經，相關文獻為緯之貨幣銀行學的心願，用以彌補原書以純理論為導向的缺憾。為能充分區隔兩書的特性，作者在成堆實際資料中反覆取捨，歷經年餘晝夜筆耕後，親手撫視付梓稿件，如釋重負之感不覺油然而生。

　　貨幣銀行學旨在探究貨幣經濟體系內的金融部門運作方式，而其構成主體的金融廠商與金融市場遂成為該學門的研究焦點。隨著金融發展一日千里，金融創新頻繁衍生資產多元化與支付制度複雜化，金融部門的運作方式早已溶為人們日常生活的一環。有鑑於此，作者嘗試將相關經濟理論與國內實際金融環境融於一爐，重新賦予貨幣銀行學本土化面貌。

　　由於金融環境變遷日新月異，作者雖已累積撰述《貨幣銀行學》經驗，但在眾多理論與實際資料中仍是耗費心血，歷經無數取捨方能定稿。新書出爐應歸功於臺大經濟系修課同學多年參與，原書讀者的積極異議，兩者貢獻均可見諸字裏行間。至於雙親無止境的關懷一直是作者努力的泉源，內人俞海琴的協助與提供意見，明昌與明宏在嬉笑吵鬧聲中成長則是紓解作者枯燥撰述過程的開心果。另外，作者在仲夏溽暑揮汗校稿之際，乍聞摯愛的祖父高齡遽逝而悲慟莫名，謹將此書獻給他老人家以茲紀念。

　　最後，三民書局劉振強董事長允許以原書為藍本撰寫新書，編輯部同仁細心校對與安排出書，均令作者由衷感謝。近年來貨幣銀行學所欲詮釋的金融環境變化劇烈，帶動理論迅速修正，作者雖有心追求本書趨於完善，卻是力有未逮，若有疏漏或誤解理論與實際現象之處，當由作者自負全責。

謝德宗

於臺大法學院研究室

民國 83 年 8 月

貨幣銀行學——理論與實際

目　次

第二篇　融資型態與資產選擇

第
4
章

● 資金融通與金融監理

第
5
章

● 利率理論

第
6
章

● 資產選擇與財務理論

第三篇　金融產業與金融市場

● 金融產業類型

第 11 章

第四篇　銀行產業運作模式

第 12 章

第 13 章

第 14 章

第五篇　總體經濟活動

第六篇　貨幣政策

第一篇

1

貨幣與
金融創新

第1章 導 論

在貨幣經濟中，經濟活動係由實質部門（製造業）與金融部門（金融業）交互運作而成。經濟理論係探討經濟活動脈絡的學門，其中的個體經濟學針對個別成員的決策行為與資源配置模式分別進行討論，內容包括消費者與廠商決策行為、產業組織、市場結構與一般均衡理論。相對的，總體經濟學將焦點轉向探討體系經濟活動運作，內容包括景氣循環或實質產出變化、通貨膨脹成因與影響效果、部門（消費、投資、政府與國外部門）運作模式與總體政策對經濟活動的影響。兩者分析經濟現象時，通常僅討論實質部門運作或製造業決策模式，反觀針對金融部門運作或金融業決策模式的討論，若非付之闕如即是視同制度化機構（無最適決策行為）處理，而未從廠商追求最適決策角度進行深入探討。

傳統貨幣銀行學屬於總體經濟學範疇，專注於討論金融部門運作模式，內容涵蓋銀行決策模式與金融市場運作型態，同時探究貨幣政策類型與其發揮的總體效果。隨著金融創新 (financial innovation) 活動成為金融發展主流，金融業對經濟活動影響迅速遞增，Klein (1971) 遂正式以銀行廠商 (banking firm) 取代傳統稱呼的銀行機構，貨幣銀行學逐漸轉向研究經濟成員的資產選擇與風險管理決策、公司財務結構安排、金融廠商決策模式、金融商品類型與特性、金融產業組織與金融市場運作模式等主題，檢討貨幣政策效果亦由傳統偏向總體層面的思考模式，逐漸蛻變為視同金融產業政策，部分由個體經濟角度評估對金融廠商決策的衝擊。總之，現代貨幣銀行學結合經濟、會計、法律及制度等學門，實際上逐步轉向以產業經濟學為主軸，針對金融業決策脈動進行詮釋。

1.1. 金融業與製造業

就廣義而言，生產 (production) 係指創造效用或附加價值的過程，提供人們在使用過程中產生不同觀感，願意支付較高價格購買。表 1–1 顯示：體系生產活動類型包括創造形式效用 (form utility)、地方效用 (place utility)、時間效用 (time utility) 與產權效用 (property utility) 四種。就狹義而言，生產專指物質的轉換過程，原料經過製造過程將會展現截然不同的風貌。

表 1-1　產業與生產活動類型

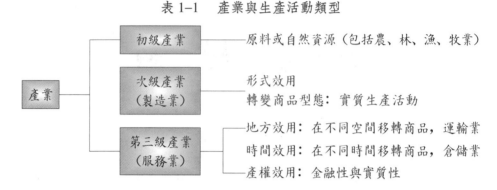

在生產過程中,廠商組合因素投入生產活動。Coase (1935) 深究廠商本質時,論定廠商出現主因在於降低交易成本 (transaction cost),次要原因在於追求分工 (division of labor) 與專業化 (specialization) 帶來的規模經濟報酬。不論廠商類型為何,其出現與上述原因息息相關,不過金融廠商性質較為特殊,提升經濟活動交易效率與融資效率將是重要原因之一。

在表 1-1 中,一國產業結構劃分成初級產業 (primary industry)、次級產業 (secondary industry) 與第三級產業 (tertiary industry)。隨著經濟發展層次提升,次級產業(製造業)與第三級產業(服務業)產值合占 GDP 比重居於絕對多數。尤其是在先進國家或高度發展區域,如:新加坡與香港等亞洲金融中心,服務業產值顯著超越製造業,在經濟活動中的重要性急遽攀升。服務業帶給人們地方、時間與產權三種效用,就產權效用而言,基於廠商中介標的性質不同,再區分成金融性(如:金融資產)與實質性(如:不動產)產權效用。透過比較製造業與金融業的差異性,將能突顯金融業特殊性。

1. 廠商性質:製造業透過改變產品型態,創造形式效用或附加價值吸引人們購買。金融業創造金融產權效用,為人們移轉金融資產(或資金)勞務而提升效用。

2. 決策程序:製造業經營目標通常設定為追求廠商價值 (firm value)(股東財富)最大,經營階層將執行圖 1-1 的決策以落實該目標。

⑴融資政策 (financial policy):財務部門依據營運計畫所需資金性質,評估承擔財務風險 (financial risk) 或破產風險 (bankruptcy risk) 程度,規

劃合理財務結構，再分別採取間接金融 (indirect finance)（銀行與壽險公司）或直接金融 (direct finance)（資本市場與貨幣市場）策略募集資金。

⑵投資政策 (investment policy)：廠商評估營運風險 (business risk) 後，透過資本預算 (capital budgeting) 程序執行投資決策，從事實體資產 (physical asset) 與金融資產交易活動以獲取營運收益。

⑶股利政策 (dividend policy)：隨著會計年度結束後，董事會就稅後盈餘提出盈餘分配案。依據公司法規定，製造業須提存法定公積 10%，剩餘部分再依公司章程規定次序分配：特別盈餘公積、員工紅利、董監事酬勞與股東紅利等。公司法並未限制製造業分配股利型態，董事會評估未來資金需求情形、股本成長狀況、股東稅賦考慮、公司股價變化等因素擬定股利結構（分配現金與股票的比例），再交付股東會表決同意。

圖 1-1　製造業的決策內容

　　反觀金融業除追求金融廠商價值最大外，基於營運良窳將波及製造業營運的特殊性，經常附加一些社會價值的目標。經營階層將執行圖 1-2 顯示的決策，以落實這些目標：

⑴負債管理政策 (debt management policy)：金融業（以銀行為核心）評估授信活動所需資金性質，首先規劃合理財務結構以滿足資本適足性 (capital adequacy) 的安全性管制 (prudential regulation) 要求。接著，銀行在存款市場 (deposit market) 或制度性儲蓄市場 (institutional saving market) 向大眾吸收存款資金，此即銀行業資金來源的核心。此外，銀行面對突發性或特定資金需求時，可向央行或其他銀行拆借資金，此即金融業拆款市場 (interbank lending market) 的短期資金，或是前往金融

市場（資本市場與貨幣市場）募集長短期資金。

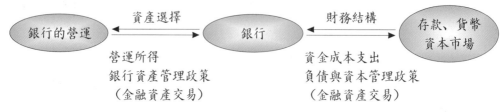

圖 1–2　金融廠商的決策內容

⑵資產管理政策 (asset management policy)：銀行業營運風險主要來自資金來源與運用方式，尤其是扮演清算體系交易活動的角色，確保資金供給者的資金安全性與流動性 (liquidity) 將是首要考慮目標。同時，銀行將多數資金投入授信活動，成為獲取營運收益的主要來源。

⑶股利政策：在會計年度結束後，銀行董事會針對銀行結算的稅後盈餘，將提出盈餘分配案。基於銀行法規定，銀行須提存法定公積 30%，剩餘部分再依銀行章程訂定次序分配如下：特別盈餘公積、員工紅利、董監事酬勞與股東紅利等。值得注意者：當銀行未滿足資本適足性要求時，分配股利需以股票股利為主，不得分配現金股利。

綜觀兩種產業的決策模式後，金融業營運與金錢遊戲息息相關，潛藏著高風險性，迫使金融當局需訂定金融法令嚴格規範，定期對金融廠商金融檢查與監理，此種管制型態係其他產業較為欠缺者。

3.生產程序與產品內容：製造業的生產程序明確，產出與投入區分清楚，多數產品可以量化與單一化，人們付費購買將可獨自擁有產品。反觀金融業的生產程序複雜無從確知，產品多數屬於複合產品 (joint product)，係為兼具無法量化與無法分割特質的免費金融勞務，同時與金融投入 (financial input) 劃分不清或無法判斷。

4.產出與投入型態：製造業雇用因素與出售商品，採取買斷與賣斷策略，分析製造業決策模式係以損益表變化為基礎。製造業追求創造的附加價值最大，最適決策在於評估資本與勞動雇用成本的相對變化，非必要時並不討論原料成本波動的影響。

　　反觀金融業雇用金融投入或出售金融商品係採租賃策略，供需雙方僅有使用權而無所有權。金融廠商雇用勞動與資本等實體投入 (physical input) 參與生產（採取買斷策略），支付實質成本（工資與資本使用成本）占營運成本比重極小，反而是使用金融投入的成本（利息支出）卻占明顯重要比例，如何使用不同資金來源的比例遂成決策焦點。是以我們分析金融業決策模式時，資產負債表變化將是觀察重點，只要掌握資產與負債組合變化，再加上預估資產報酬率與資金成本變化趨勢後，將能掌握預期營運成果。

1.2. 金融循環流程

　　在總體循環流程中，經濟成員經常陷入當期收支難以平衡的窘境，促使後續互通資金有無活動將會出現，形成推動金融循環流程的動力。在圖 1–3 中，盈餘單位 (surplus spending unit, SSU) 屬於當期所得超過支出者，為尋求剩餘資金能有保值與增值機會，依循資產選擇理論 (portfolio theory) 或投資學 (investment theory) 提供的藍圖，透過金融廠商與金融市場安排資金去路而形成資產需求（資金供給者）。另外，赤字單位 (deficit spending unit, DSU) 屬於當期入不敷出者，將循公司理財 (corporate finance) 或財務管理理論 (financial management theory) 提供的理論原則，透過金融廠商（銀行與壽險公司）與金融市場尋求多元性資金來源以彌補資金缺口，而形成資產供給（資金需求者）。

　　在金融循環流程中，間接金融係指盈餘單位與赤字單位透過金融廠商互通資金有無，後者提供資產轉換 (asset transformation) 勞務，轉換盈餘單位的資金性質而貸放給赤字單位，收取兩者間利差為主要收益。其中，依據金融廠商能否創造貨幣（支票），再劃分為存款貨幣機構 (depository monetary institution) 與非存款貨幣機構。前者以銀行為主，發行支票作為交易媒介，並吸收存款資金從事授信活動。後者包括信託投資、保險、票券、證券金融及租賃公司等，僅能發行負債工具募集資金，提供特殊銀行信用 (bank credit)。另外，直接金融係指盈餘單位與赤字單位透過金融經紀商撮合直接互通資金有無，後者包括證券經紀、票券經紀、資產管理、投資或財務顧問、外匯經紀及期貨經紀公司

等，提供經紀勞務 (brokerage service) 撮合資金供需雙方直接交易，收取佣金代為交付款券（資金與證券）與清算工作。除上述主角與金融廠商外，金融當局（央行、金融監督管理委員會與財政部）在金融體系扮演重要角色，除監理金融廠商外，並透過財政與貨幣政策干預金融廠商營運與穩定金融市場運作。

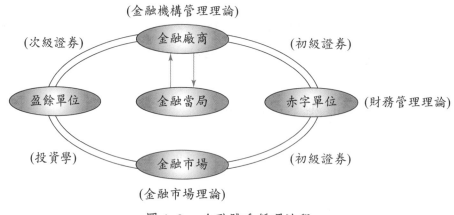

圖 1–3　金融體系循環流程

表 1–2 顯示貨幣銀行學與其他經濟學門間的關係。經濟學屬於研究經濟活動變化的社會科學，一般劃分為個體與總體經濟學兩部分。在前者中，專門研究廠商或產業活動的學門即屬於產業經濟學範疇，不過討論範圍侷限於製造業決策行為與相關產業政策釀成的影響。相對的，後者針對國家經濟活動脈絡，探討實質經濟活動變化以及總體政策釀成的影響，有關金融活動則是簡略帶過。傳統上，貨幣銀行學屬於總體經濟學範疇，但在面對金融創新成為金融發展主流，金融業影響力與日俱增下，貨幣銀行學逐漸轉向改採個體或產業觀點，廣泛討論金融業運作模式。貨幣銀行學係金融理論的基礎，衍生之相關學門包括投資學或資產選擇理論、公司理財或財務管理理論、銀行或金融機構管理理論、金融市場理論、財務經濟學與國際金融等。

表 1–2　貨幣銀行學的相關範圍

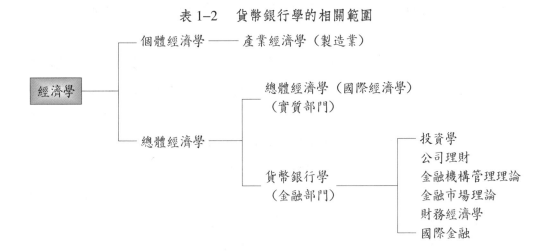

1.3.　本書架構

表 1–3 是本書架構,包括貨幣與金融創新活動、融資型態與資產選擇、金融市場與金融產業類型、銀行業運作模式、總體經濟活動與貨幣政策等六大部分。第 1 章係為導論。

第 2 章探討構成金融業基本要素的貨幣起源,深入剖析經濟發展與貨幣功能間的關係,進而探討貨幣制度與清算制度的類型。第 3 章探討影響金融創新的供需因素、金融創新類型以及形成的影響,然後再探討功能性與實證性貨幣定義的內涵,說明電子貨幣的類型及其產生的影響。

第 4 章將探討融資策略類型,探討金融雙元性 (financial dualism) 出現的原因與非正式金融市場 (informal financial market) 的類型,接續說明金融風險管理的發展趨勢,進而探討金融監理的內涵。

第 5 章將探討利率決定因素,分別說明流動性偏好理論 (liquidity prefer-ence theory) 與可貸資金理論 (loanable fund theory) 兩種利率理論,探討地下金融利率的決定,然後說明利率期限結構理論 (theory of terms of structure of interest rate) 的類型。

第 6 章將探討決定融資性金融資產供需的因素,首先運用財務理論剖析決

定金融資產供給的因素，然後再探討資產選擇理論的內涵，用以推演金融資產需求的形成過程。

第 7 章探討金融業類型，首先說明金融廠商劃分標準與銀行信用類型，然後分別就銀行業、基層金融、信託業、保險業、租賃業、金融資產管理業等內涵進行探討。第 8 章說明金融市場劃分方式，針對票券金融業與貨幣市場進行探討。第 9 章討論證券金融業與資本市場運作模式，包括股票市場、債券市場、共同基金市場與購併市場等。第 10 章探討衍生性金融商品類型與扮演的功能，避險策略類型，以及衍生性商品操作方式。第 11 章探討國際收支帳內涵、說明匯率決定理論，探討外匯市場與外匯資產類型，並說明國際金融中心內涵。

第 12 章探討銀行產業組織類型，探討銀行產品類型及衡量方式，剖析銀行營運風險來源及新穎銀行的種類，說明金融預警制度的內涵。第 13 章將說明銀行財務結構理論，首先說明銀行吸收存款類型與最適存款組合的決定，接續說明銀行資本的構成內涵、銀行資本適足性的重要性，進而討論最適銀行資本的決定。第 14 章將探討銀行資產組合內容，包括銀行準備資產內容及最適準備的決定，銀行授信活動類型與信用評等 (credit rating) 的內容，再討論最適放款組合與不同型態放款的訂價。第 15 章將探討銀行營運方式，如何進行資產管理，剖析追求成長與發展的策略。第 16 章將探討貨幣供需與銀行信用理論內涵，包括交易性與預防性貨幣需求理論、貨幣供給與銀行信用供需的決定、信用分配 (credit rationing) 型態。

第 17 章將討論需求管理理論，運用總體經濟模型檢討貨幣政策與財政政策的相對效率性。第 18 章則是介紹通貨膨脹 (inflation) 理論內涵，針對通貨膨脹類型、Phillips 曲線型態分別進行說明。第 19 章將討論國際金融問題，包括國際收支失衡的調整策略、金融國際化的相關問題。第 20 章將探討央行的行為，包括央行的決策程序、政策的時間落後 (time lag) 類型與貨幣政策型態。第 21 章將討論貨幣政策工具類型，包括量的管制 (quantitative control) 與質的管制 (qualitative control)。

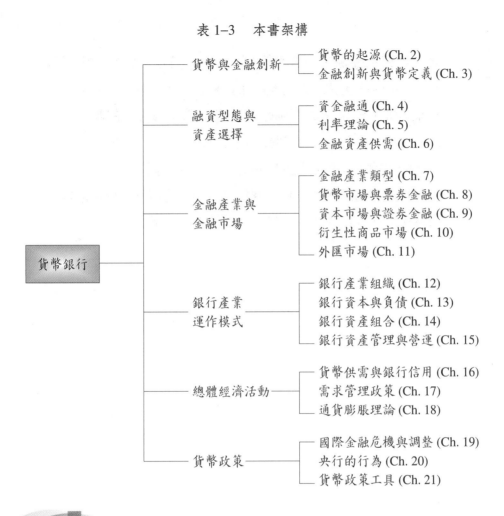

表 1–3　本書架構

貨幣銀行	貨幣與金融創新	貨幣的起源 (Ch. 2) 金融創新與貨幣定義 (Ch. 3)
	融資型態與 資產選擇	資金融通 (Ch. 4) 利率理論 (Ch. 5) 金融資產供需 (Ch. 6)
	金融產業與 金融市場	金融產業類型 (Ch. 7) 貨幣市場與票券金融 (Ch. 8) 資本市場與證券金融 (Ch. 9) 衍生性商品市場 (Ch. 10) 外匯市場 (Ch. 11)
	銀行產業 運作模式	銀行產業組織 (Ch. 12) 銀行資本與負債 (Ch. 13) 銀行資產組合 (Ch. 14) 銀行資產管理與營運 (Ch. 15)
	總體經濟活動	貨幣供需與銀行信用 (Ch. 16) 需求管理政策 (Ch. 17) 通貨膨脹理論 (Ch. 18)
	貨幣政策	國際金融危機與調整 (Ch. 19) 央行的行為 (Ch. 20) 貨幣政策工具 (Ch. 21)

習　題

◉ 問答題

1. 銀行業與製造業對生產成本的看法有何差異?

2. 試評論有關金融業特質的敘述： (a)在分析金融業決策行為時，損益表與資金成本將是觀察重點。 (b)金融業營運風險主要來自資金來源與資金用途。 (c)銀行產品與投入的區分極為清楚，兩者在銀行市場均屬租賃性質。

3. 試比較銀行業與製造業募集資金時，有何差異之處？

4. 當銀行提供資產轉換勞務與經紀勞務時，扮演角色有何差異？

5. 直接金融與間接金融提供的金融勞務有何差異性？

第 2 章 貨幣的起源

　　人們使用貨幣的歷史超越數千年，早就習以為常。然而貨幣起源仍如一團謎霧，雖然長期困擾經濟學者，但也持續引發追根究底的興趣。朦朧迷霧有待撥雲出清，瞭解貨幣起源將是掌握貨幣本質、功能與影響的起點，就某種意義而言，亦是正確認識貨幣金融理論的起點。傳統理論將貨幣功能及貨幣需求動機視為貨幣起源的說法，係屬於倒果為因的錯誤詮釋。在經濟發展過程中，何種情境將會誕生何種貨幣功能，或許是探求貨幣起源的較佳且合理的方法。隨著貨幣出現轉變體系交易型態，為配合追求提升交易效率的動機，不同經紀商型態的中介者隨之出現，多元化金融廠商同時配合產生。

　　本章首先探討貨幣起源與經濟發展的關聯性，說明自給自足經濟的類型。其次，將探討交換經濟體系的類型。第三，將探討貨幣經濟的內涵，包括貨幣起源的模型，價值儲藏功能的出現，以及 J. R. Hicks (1935) 的複式三分 (two triads) 內容。第四，將探討貨幣制度 (monetary system) 類型。接著，將分別探討商品貨幣制度與紙幣制度內涵。最後，隨著網路技術進步帶動電子商務 (electronic commerce) 發展，體系基於追求提升交易效率減輕交易成本，導引電子資金移轉制度 (electronic funds transfer system, EFTS) 迅速成為銀行業清算的主流，相關制度內容將做一介紹。

2.1.　經濟發展與貨幣

2.1.1.　經濟發展要件

　　Adam Smith (1776) 在《國富論》(*Wealth of Nations*) 中指出，經濟發展原動力來自於兩方面：①分工與專業化：基於比較利益 (comparative advantage) 原則，人們生產相對有利的商品，衍生分工與專業化生產現象，兼具提升生產效率與擴大總產出效果；②大規模生產：廠商採取大規模生產，享受長期平均成本遞減與規模報酬 (returns to scale) 遞增的利益。隨著分工與專業化生產方式擴散後，人們需將消費不了的剩餘商品，交換他人生產的剩餘商品，滿足自

己的多元化慾望。換言之,人們各自面對過剩的專業化生產商品,同時也對未生產的商品出現超額需求。尤其是分工與專業化生產模式一經確立後,個人生產僅能滿足本身慾望的極小部分,所有人勢必從事交易活動,促使體系朝市場經濟發展。人們為掌握專業化生產利益,解決無法自給自足問題,逐漸發展出三種因應策略:

1. 物物交換 (barter):在滿足雙重慾望巧合 (double coincidence of wants) 的前提下,人們直接互換商品與勞務。

2. 政府分配 (government allocation):在集權或控制經濟下,中央政府機關(如:經濟建設委員會)蒐集全國商品產量的資料,再依消費偏好或需求等原則重新分配給眾人。體系採取政府分配策略,將需規劃生產、消費與完善分配制度作為配套措施,不過商品價格甚難反映生產成本與交換成本。

3. 使用貨幣:透過交易媒介消除雙重慾望巧合的困擾,解決分工與專業化生產後的交換問題。

總之,隨著分工與專業化生產活動成為普遍模式後,接踵而來的商品交換問題遂成為消耗時間與資源的主要經濟活動。為求確保分工與專業化生產發揮的效益,人們將評估新穎交易型態的成本與利益,積極創新高效率交易方式。

2.1.2. 自給自足經濟

在經濟發展過程中,體系從採取物物交換型態,轉向使用貨幣交易,而隨著通訊網路技術進步,交換方式又逐漸走向無貨幣境界,是以探索貨幣起源的過程顯然與經濟發展階段緊密相連。經濟活動係由自給自足體系出發,依演進次序分為三種發展類型:

1. 單人世界:在傳說的自給自足伊甸樂園 (paradise) 中,亞當日出而作以求溫飽,上帝賦予的資源(時間)全部分配於工作與休閒,i 種商品供需將會相等 $(D_i = S_i)$,交換活動與貨幣將無存在必要。

2. 雙人世界:上帝賜與夏娃陪伴亞當,單人社會轉型為雙人社會,原有生產與消費合為一致的型態自此發生歧異。亞當與夏娃各有專長獨具比較利益,分工與專業化生產現象逐漸成形。在此環境中,兩人各自生產部分商品,未生產

的商品則透過交換活動取得，由於協調容易耗時有限，貨幣仍無出現的客觀環境。隨著分工與專業化生產活動盛行後，體系生產效率遞增而擴大產出，經濟福祉隨之上升。

⑶計畫經濟 (planned economy)：亞當與夏娃被逐出伊甸園，浪跡天涯繁衍子孫。假設眾多後裔組成的社會採取社區主義、或組成人民公社、合作社式的團體，如：以色列屯墾區、1960 年代的中國人民公社，由政府主導資源分配（由中央機構規劃產銷與分配資源），一旦臻於大同境界，交換活動仍非重要問題，貨幣亦無出現的環境。

2.2. 交換經濟體系

分權式 (decentralization) 體系缺乏威權式機構或拍賣者 (auctioneer) 主導交換活動，人們在評估採取不同交易策略的成本後，形成表 2–1 的不同類型交換體系。人們採取以物易物的交換策略，即稱為物物交換經濟。若再追究人們如何完成交換的過程，可再分成直接與間接交換兩種體系。

表 2–1　交換經濟體系類型

```
                    ┌─ 直接交換 ── 物物交換（直接）
                    │
交換經濟 ─┤            ┌─ 物物交換（間接）── 媒介商品
                    │            │
                    └─ 間接交換 ─┤            ┌─ 支付工具（現金與電子錢包）
                                 ├─ 貨幣經濟 ─┤
                                 │            └─ 交易媒介（支票、信用卡與簽帳卡）
                                 │
                                 └─ 信用經濟 ─┬─ 信用工具（本票或匯票）
                                              └─ 電子貨幣、電子信用卡
```

2.2.1. 直接交換體系

在固定時點上，交易雙方以擁有的多餘商品，交換本身缺乏的商品。商品在人際間移轉乍看容易，實則必須滿足眾多條件。是以 Jevons (1875) 提出「雙重慾望巧合」概念，詮釋實現物物交換的先決條件包括：①自願交易：人們必

須尋找願意交換商品的慾望互補對象，耗費尋覓成本 (searching cost)。②商品品質與交換比例：人們遇見交易對象後，將檢查商品品質與商議交換比例，勢必面臨商品品質與交換比例變異性的風險。③交易成本 (transaction cost)：交易機會難求，人們需隨時持有商品部位，靜候交易對手出現，故需負擔儲藏成本 (storage cost) 及等待成本 (waiting cost)。④訊息不全 (imperfect information)：人們從事交換活動所需訊息不全，包括交易對手、商品品質及交換比例變異性等，必須承擔訊息成本 (information cost)。

檢視雙重慾望巧合條件後，以物易物耗費的資源可總括為交易成本與訊息成本，而不確定性將扮演關鍵角色，交易成本僅是耗損持有的部份秉賦而已。為提升直接交換效率，體系採取兩種策略降低交易成本：

1. 定點市場 (fixed-point market) 或交易站 (trading post)：某些人（經紀商）定期提供場所，讓有意參與交換者進場尋求交換機會，有助於降低尋覓成本與等待成本。舉例來說：臺灣的北港、北斗、鹽水與岡山早期的牛墟市集（目前持續存在，規模與盛況卻不如往昔），每旬（10、20 與 30 日）定期集會從事牛隻買賣或交換活動，此即典型的定點市場。古典學派 (classical school) 指出人們在 Walras 集中市場交易時，市場拍賣者蒐集交換雙方訊息，主導以物易物活動進行。在現代社會中，新興的物物交換模式為從事物物交換中介業務的實物交換公司或實物交換所 (barter trade mall)，提供人們進行交換的方便性，同時協調整個交換過程。依據美國商務部統計，美國每年以實物交換概念進行的交易額接近 7,000 億美元，係全球交易額的四分之一。實際上，65% 在紐約證券交易所上市的公司包括 3M、三菱汽車、可口可樂、百事可樂、IBM 和全錄 (Xerox) 等都曾進行實物交換。

2. 記帳單位 (unit of account) 或價值衡量單位 (numeriae)：人們從事物物交換，若無眾人認可的記帳單位，計算 n 種商品的交換比例高達 $n(n-1)/2$ 個。一旦交換比例換算錯誤，人們決策行為與資源配置自然出錯，勢將承擔記帳成本 (accounting cost) 的代價。如果人們選擇某商品作為計帳單位，其他商品均以該商品表示價值，此即稱為記帳價格 (accounting price)，交換比例隨之簡化為 $(n-1)$ 種，大幅降低記帳成本。舉例來說：張三豐購買武當山準備蓋道觀，

與地主簽訂契約是以每盎司黃金為計價單位，若契約價值 1,000 盎司黃金，武當山的記帳價格即是 1,000 盎司黃金。另外，海外貨幣基金 (money fund) 係指以特定貨幣為計帳單位，募集資金投資外國貨幣市場票券 (bill)。再就前面提及的實物交換，係基於商品或勞務的原來市價作為交換標準，如：某公司超額生產 1,000 套商品，則可採取在實物交換公司登記，根據商品價格領取點數，然後透過該類公司中介，再以這些點數換取相同點數的其他商品或勞務。

2.2.2.　記帳單位與套利活動

在經濟發展過程中，首先出現的貨幣功能即是記帳單位，與稍晚出現的交易媒介 (media of exchange) 功能未必合而為一。舉例來說，張無忌投資美元計價的海外基金，買賣基金以新臺幣作為交易媒介。當體系缺乏計帳單位衡量商品價值時，人們在交易過程中勢必面臨複雜的交換比例矩陣，n 種商品的單向交換比例將會出現 $n(n-1)/2$ 種：

$$\left[\,\pi_{ij}\,\right] = \begin{bmatrix} \pi_{11} & \pi_{12} & \cdots & \pi_{1n} \\ \pi_{21} & \pi_{22} & \cdots & \pi_{2n} \\ \vdots & \vdots & & \vdots \\ \pi_{n1} & \pi_{n2} & \cdots & \pi_{nn} \end{bmatrix}$$

π_{ij} 是 i 與 j 商品間的交換比例，$\pi_{ji} = (\pi_{ij})^{-1}$。在物物交換體系中，人們可選擇直接交換策略，或透過媒介商品迂迴交換的間接交換策略。在圖 2–1 中，人們預擬以 C 商品交換 B 商品，可採取直接互換，或透過 A 商品媒介迂迴交換而得：

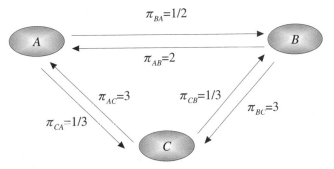

圖 2–1　無計帳單位下的套利活動

$$(\frac{C商品}{A商品}) \times (\frac{A商品}{B商品}) \to (\frac{C商品}{B商品})$$
$$(\pi_{CA}) \qquad (\pi_{AB}) \qquad (\pi_{CB})$$

依據該圖顯示的商品交換比例，人們採取間接交換策略相較採取直接交換有利，從而提供進行套利 (arbitrage) 活動的誘因。

$$(\frac{1}{3})(\frac{C商品}{A商品}) \times 2(\frac{A商品}{B商品}) \to (\frac{1}{3})(\frac{C商品}{B商品})$$
$$(\pi_{CA}) \quad \times \quad (\pi_{AB}) \quad \succ \quad (\pi_{CB})$$

至於人們進行套利活動，將同時採取直接與間接交換策略：①直接交易允諾供給 ($\frac{1}{3}$) 公斤麥（C 商品）換取 1 公斤米（B 商品）；②採取間接交易承諾用 1 公斤米（B 商品）換取 2 公斤蛋（A 商品），其中的 1 公斤蛋用於換取 ($\frac{1}{3}$) 的麥（C 商品），支付直接交易的承諾，剩餘的 1 公斤蛋即是套利利潤。

隨著套利機會廣為人們所知後，勢必競相加入與對方簽訂套利合約，在無交易成本負擔狀況下，自然加速直接與間接交易比例收斂趨於一致，最後達成套利均衡 (arbitrage equilibrium) 為：

$$(\frac{1}{3})(\frac{C商品}{A商品}) \times 2(\frac{A商品}{B商品}) = (\frac{2}{3})(\frac{C商品}{B商品})$$

當人們同意採取某種商品作為記帳單位，前述因採取直接與間接交換策略而衍生之套利活動將消逝無蹤，所有成員僅知充當記帳單位商品的宣告價格 (annouced price) 為 1，以及記帳單位與他種商品的交換比例，大幅簡化先前複雜的交易比例。總之，貨幣起源的發展程序可能是某項商品初期被用為記帳單位，稍後再逐漸廣泛接受為交易媒介。

貨幣扮演交易媒介與記帳單位角色均屬瞬間完成，理論上無須具有價值。隨著經濟發展促進市場規模擴大，傳統間歇性的趕集市場逐漸定型為經常性的連續市場，人們出售商品或勞務所獲價值，在未處分前可託付於交易媒介，使其在無形中兼具保值功能。尤其是人們從事跨時資源移轉，將需選擇衡量目前商品與未來商品價值的單位，記帳單位可以順便再兼為契約單位，至於是否與交易媒介合而為一，將視獲選交易媒介商品的價值是否穩定而定。一旦交易媒

介供給不穩定，或貨幣購買力在通貨膨脹過程中波動劇烈，人們寧可選擇價值穩定的商品作為記帳單位，而以貨幣作為支付工具 (means of payment)。

2.2.3.　間接交換體系

設立定點市場與選擇記帳單位雖可降低物物交換成本，不過交易成本仍然偏高，交易過程依舊缺乏效率。有鑑於此，人們或將改弦易轍，未必非要找到中意商品才會交換，而是透過換取適當商品的策略，迂迴轉換成中意的商品，被選為間接交換的商品則稱為媒介商品 (intermediary commodity)。

媒介商品係指在特定時間或交易過程中為對手接受的商品，本質上存在區域性與時間性限制；反觀交易媒介係在各種交易過程中為大眾廣泛接受者。舉例來說：歐元在歐洲屬於交易媒介，對全世界而言，卻僅是在特定區域（歐洲共同聯盟）交易時，被接受的媒介商品或區域性貨幣 (local currency)；反觀美元則是國際市場廣泛使用的交易媒介或全球性貨幣。至於前者升級為交易媒介的條件有二：

1.技術性（客觀性）：在訊息不全下，交換雙方將檢驗對手持有的商品品質，檢驗成本愈低的媒介商品，愈容易升格為交易媒介。

2.經濟性（主觀性）：交換雙方交付對手媒介商品，被接受程度與交付者的信用評等息息相關。人們的信用評等愈高，交付媒介商品被接受程度愈高，升格為交易媒介的可能性愈大。

交易媒介出現後，以交易媒介表示的商品價格即是絕對價格 (absolute price)。在前述例子中，以交易媒介（美元）表示的每盎司黃金為 330 美元，張三豐購買土地的價格為 330,000 元（記帳價格 1,000 盎司黃金乘上黃金的絕對價格 330 美元）。符合上述條件而有資格升級為交易媒介的媒介商品甚多，實務上適合作為交易媒介者尚須兼具下列特質：①接受性：需為大多數參與交易者接受。②標準化品質：須具備標準化品質，每一單位要完全相同。③耐久性：需具備耐久財的特質，不因長期使用的折耗而貶低價值。④交易媒介的商品價值通常低於作為貨幣的價值，否則套利活動出現誘使人們將其視為商品，而不再用做交易媒介。⑤選作交易媒介的商品將可分割。

2.3. 貨幣經濟

　　人們評估不同交換策略的成本後，若是選擇間接交換策略，接續將挑選合適的媒介商品充當交換活動的媒婆。隨著商品在人際與跨時之間移轉，貨幣功能出現的環境將是深層的討論焦點。

*2.3.1. 貨幣起源的模型

　　誠如前面所述，訊息不全肇致不確定性，降低訊息成本將是導引貨幣出現的原動力。在間接物物交換體系中，貨幣在何種情境下會出現，Jones 模型(1976) 深入掌握當中的精髓。

　　臺北市永康社區居民 A 人各自擁有單一商品，然後在永康商圈內尋覓物物交換機會，每次耗費的時間成本極為均勻（1 分鐘）。當商品經過交換而達成均衡後，i 商品的均衡交換比例將是：若有 A_i 居民擁有 i 種商品，該商品供需占全部商品供需比例為 $P_i = \dfrac{A_i}{A}$。基於上述情境，永康社區擁有 i、j 商品的居民，評估彼此直接互換商品的預期尋覓成本將是：

$$E(S_1) = 1(P_i P_j) + 2(1 - P_i P_j)(P_i P_j) + 3(1 - P_i P_j)^2(P_i P_j) + \cdots + (n+1)$$
$$(1 - P_i P_j)^n(P_i P_j)$$

$$= (P_i P_j)[1 + 2(1 - P_i P_j) + 3(1 - P_i P_j)^2 + \cdots + (n+1)(1 - P_i P_j)^n]$$

$$= (P_i P_j) \times D$$

$$D - (1 - P_i P_j)D = (P_i P_j) \times D$$

$$= 1 + (1 - P_i P_j) + (1 - P_i P_j)^2 + \cdots + (1 - P_i P_j)^n - (n+1)(1 - P_i P_j)^{n+1}$$

$$D = (\frac{1}{P_i P_j})^2$$

$$E(S_1) = \frac{1}{P_i P_j}$$

接著，社區居民評估改採間接交換策略，透過 k 物品交換的預期尋覓成本為：

$$E(S_2) = \frac{1}{P_i P_k} + \frac{1}{P_k P_j}$$

社區居民比較兩種策略所需負擔的成本後,採取何種策略將視下列條件而定:

$$\frac{1}{P_i P_j} \gtrless \frac{1}{P_i P_k} + \frac{1}{P_k P_j}$$

重新整理上式可得下列條件:

$$P_k \gtrless P_i + P_j$$

當居民持有（或需求）k 商品的比例 P_k 小於想要交換 i、j 商品的比例 P_i 與 P_j 之和時，顯示採取直接交換策略的成本較低，貨幣將無出現的機會。反之，當居民持有（或需求）k 商品的比例 P_k 高於想要交換 i、j 商品的比例 P_i 與 P_j 之和時，居民改採間接交換策略將可降低預期尋覓成本，k 商品有機會脫穎而出成為貨幣。實務上，交換雙方必須支付檢驗商品成本，每次支付交易成本 b 若是相同，上述條件修正如下:

$$\frac{1}{P_i P_j} + 2b \gtrless \frac{1}{P_i P_k} + \frac{1}{P_k P_j} + 4b$$

$$P_k \gtrless \frac{P_i + P_j}{(1 - 2bP_i P_j)}$$

如果每次交換活動所需支付的交易成本不同 $(b_i \neq b_j)$，上述條件又可修正如下（b_m 是媒介商品的交易成本):

$$\frac{1}{P_i P_j} + b_i + b_j \gtrless (\frac{1}{P_i P_k} + b_i + b_m) + (\frac{1}{P_k P_j} + b_m + b_j)$$

上述結果顯示：考慮交易成本影響後，人們採取的交換策略並無變化。當訊息完全 $(P_i = P_j = P_m = 1)$ 時，上述條件僅剩下 $2b_m \succ 0$，意味著人們採取直接交換策略較為有利，居中牽線的貨幣顯然不會出現。總之，Jones 模型指出交易媒介應是多數人持有或想購買的商品，而其出現機率將趨近於 1。

2.3.2.　價值儲藏功能的出現

人們互換現貨純屬人際間的資源移轉，並未涉及時間因素。在類似趕集或

賽會的間斷市場 (discrete market) 中，人們尋求提升交易效率，下意識將循 Jones 模型的思考模式，有默契的挑選適當商品充作交易媒介，並以部分資源換取交易媒介，完成交易活動則以此交付對手（實體概念），同時藉以衡量商品價值（抽象概念）。隨著間斷市場休市來臨，人們持有的交易媒介將全部換回商品，記帳單位與交易媒介無需具備價值儲藏功能。

隨著間斷市場轉型為連續市場後，每逢市場休市之際，人們預期市場隔日仍將開市，故會持續保有交易媒介，此舉無異於將出售商品或勞務的價值託付於交易媒介，隱含交易媒介附帶有儲存價值或購買力的功能。尤其是當交易媒介屬於商品貨幣 (commodity money) 型態時，本身即具有價值，人們以此交付對方換取等值商品，將可滿足等值互償 (quid pro quo) 條件，是以交易媒介又是支付工具。

假設人們預擬在不同時間互換商品時，除需滿足雙重慾望巧合外，尚需考慮時間雙重巧合 (double coincidence of time) 的問題。是以體系發展出 Arrow-Debreu 期貨市場 (future market)，透過期貨交易所撮合交換雙方，以未來商品為交換標的，交易完成後的即期交割內容為期貨契約，未來到期時再交付現貨或交付現金。在此過程中，人們從事跨時資源移轉，勢必面對更為複雜的相對交換比例矩陣，同樣會選擇適當單位衡量跨時商品價值以減輕記帳成本，此即契約單位 (unit of contract)，異於記帳單位之處為：前者跨越不同期間，實際涉及連續市場的交易活動，將兼具價值儲藏功能。實務上，人們選擇交易媒介作為跨時交換活動的清算工具，貨幣將兼差扮演延遲支付工具 (means of deferred payment) 角色，為求方便起見亦可同時選擇貨幣充當契約單位。

人們使用商品貨幣交易，仍將耗費實質資源，體系遂由定點市場或交易站的經紀商出面，發行憑證代表商品貨幣提供人們使用。隨著商品貨幣逐漸轉向紙幣 (fiat money) 型態，由政府賦予法償 (legal tender) 效力，提供人們清償交易活動時，具有銀貨兩訖的特質。接著，銀行發行支票帳戶，並賦予交易媒介功能。由於支票用於大額交易時，兼具安全性與方便性，將取代部分紙幣在市場流通，形成支付工具與交易媒介分離的現象。至於兩者差異性將視債權債務是否清結而定，前者具有實體價值，其轉手代表交易雙方因買賣而成立的債權

與債務關係完全解決;後者類似承諾,其轉手代表交易雙方原先買賣行為結束,但卻成立新的債權與債務關係,尚須從事後續的債務清償動作。值得注意者:交易媒介是否廣泛取代支付工具,將視持有交易媒介者的信用評等訊息是否透明而定。在訊息完全下,人們樂於使用支票,體系將朝信用經濟環境發展,否則仍停留在使用支付工具的貨幣經濟環境中。

最後,跨時資源移轉涉及不同時點的交易活動,紙幣價值將視換取的商品數量而定,顯示貨幣的購買力將與物價水準息息相關,從而衍生通貨膨脹或通貨緊縮 (deflation) 的問題。舉例來說: 花旗銀行與行員簽訂長期勞動契約 (labor contract),選擇美元作為給付標準（契約單位）,並以新臺幣支付薪資（交易媒介兼延遲支付工具）。為避免未來物價波動引發勞資雙方間的爭議,勞動契約將以美國消費者物價指數為標準設定伸縮條款 (escalation clause),或採取消費者物價指數作為平減因子 (deflator factor) 消除物價波動因素,以維持行員薪資的實質購買力不變。

2.3.3.　複式三分

古典學派與 Keynesian 學派針對人們持有貨幣部位的原因,分別演繹出兩組相輔相成的觀點,Hicks (1935) 稱為複式三分。在表 2–2 中,古典學派從功能論 (functional view) 或總體觀點著眼,認為人們持有貨幣與交易媒介、記帳單位與價值儲藏三種功能有關。反觀 Keynesian 學派則由動機論 (motivation view) 或個體觀點著眼,認為人們基於交易、預防 (precaution) 與投機 (speculation) 等三種動機而持有貨幣。

表 2–2　複式三分

功　能 ＼ 學　派	古典學派 （總體觀點）	Keynesian 學派 （個體觀點）
原始功能	交易媒介（實體） 記帳單位（抽象）	交易動機 （融資動機）
衍生功能	價值儲藏（實體）	預防動機 投機動機

　　不論從何種角度觀察，貨幣功能與持有貨幣動機相互存在對稱關係。古典學派認為交易媒介是貨幣的原始功能 (primary function)，提供流動性或貨幣性 (moneyness) 協助交易活動順利進行，人們完成交易活動必須交付實物給對方，屬於實體概念。當體系習慣以貨幣充當交易媒介，將同時賦予該商品扮演衡量價值的角色。此項功能係屬主觀認定而毋須有具體商品存在，屬於抽象功能 (abstract function)。

　　人們在日常生活中經常面臨確定的收付分際 (nonsychronization) 現象，所得與支出發生的時間未必緊密配合。J. M. Keynes (1936) 在《一般理論》(*General Theory*)中將人們持有貨幣彌補交易所需的資金缺口，稱為交易性貨幣需求。由於經濟成員屬性不同，消費者持有交易性貨幣稱為所得動機 (income motive)，特質是所得來源時間多數是領先支出發生時間，收支流量較為確定；廠商持有營運周轉金稱為營運動機 (business motive)，特質是成本支出時間領先營運收入進帳時間，營運收入流量具有不確定性。稍後，Keynes (1937) 另外提出融資動機 (finance motive) 貨幣需求，強調人們擬定消費或投資計畫前，必須事先尋求融資，形成貨幣需求的主要來源。人們持有交易與預防性貨幣部位，本質上屬於執行預擬支出計畫或備而不用 (狀況發生即派上用場)，是以合稱活動餘額 (active balance)。

　　在訊息不全下，基於貨幣能夠保值，Keynes 宣稱人們會因「預防意外事件發生而可能釀成損失」與「避免握有生息資產而遭致資本損失」而保有貨幣，前者是預防動機 (precautionary motive)，後者為投機動機 (speculative motive) 的貨幣需求。不過人們將貨幣視為保值工具時，顯然將存在眾多競爭者，理由是：人們以貨幣保有閒置餘額 (idle balance)，將因貨幣缺乏顯現的金融收益，面臨物價波動，長期易遭購買力損失風險，相較其他生息資產顯然遜色。

　　有鑑於貨幣並非良好的保值工具，M. Friedman (1956) 改採暫時購買力儲藏處 (temporary abode of purchasing power) 的短期概念，用以取代價值儲藏的長期概念。人們在短期內從事預擬（交易動機）或非預擬（預防動機）支出計畫時，為了節省交易成本將會暫時保有貨幣。一旦人們安排閒置資金用途時，選擇標的將是各類生息資產，是以蔣碩傑院士 (1969、1972) 指出金融業若是

提供短期安全性資產（如：儲蓄存款、票券等），投機動機貨幣（現金）需求將無法存在，人們保有貨幣純粹用於交易與預防。在貨幣經濟中，人們出售商品或勞務所獲價值的安排次序將有三部曲：

1. 人們若欲立即換進其他商品時，將保有貨幣，享受其提供完全流動性勞務之隱含性非金融報酬 (implicit nonpecuniary return)。

2. 人們若在短期內預擬支出，將保有短期流動性資產或貨幣，享受其提供之暫時購買力儲藏處的勞務。

3. 當人們在較長期限內無處置出售商品或勞務價值的計畫時，將改採保有生息資產，享受保值與預期增值的樂趣。

2.4.　貨幣制度

2.4.1.　貨幣的型態

貨幣出現改變買賣合一的交換方式，並轉型為兩階段的交換活動。人們出售資源旨在換取交易媒介，購買商品則是放棄交易媒介。在此過程中，商品交換與等價償付均屬完成交易活動的必要條件。不過貨幣型態卻隨著生產和交換活動發展而不斷演變：①實物貨幣 (physical money)：貨幣出現的最早型態，《詩經‧小雅》指出「既見君子，錫（賜）我百朋」，此處係指早期的貨幣「貝」是以朋為單位，將五個貝殼串成一索，兩索即為一朋，在交換過程中發揮等值互償與銀貨兩訖的作用，亦稱為全值貨幣 (full-bodied money)。②金屬貨幣：鑄幣是經濟活動中的重大創新，打上官方烙印的金屬才能成為貨幣，貴金屬扮演壟斷貨幣的角色。③象徵性貨幣 (token money)：在金屬貨幣制度下，代替金屬貨幣流通的紙幣。④信用貨幣 (credit money)：充當交易媒介或支付工具的信用憑證，如：商業票據、現金和支票係基於政府信用和銀行信用流通。⑤電子貨幣 (electronic money)：隨著金融業營運廣泛運用通訊技術，電子商務出現促使電子支付工具應運而生，而借助於電子通訊網路而產生電子貨幣或稱數位貨幣 (digital money)。

…

貨幣型態的劃分標準如下：

1.貨幣組成內涵：包括商品貨幣、銀行貨幣、信用貨幣與電子貨幣等四種貨幣型態。其中，商品貨幣係指持有者可依固定比例向發行者隨時兌現或贖回實際商品，如：金幣與銀幣。銀行貨幣 (banking money) 係依中央銀行法與銀行法規定發行的貨幣，前者係指央行發行通貨賦予無限法償權利，持有者無法向央行請求以商品贖回；後者係指銀行吸收支票存款，賦予交易媒介功能，持有者需向簽發支票者求償。信用貨幣係指發行者承諾付款的貨幣性債務，如：信用卡 (credit card)。電子貨幣係指銀行帳戶間的資金移轉。

2.貨幣發行者：當體系採取商品貨幣交易後，央行規定貨幣內涵、規格與成色等項目，放任人們自由生產。在此條件下發行的貨幣包括貨幣價值等於商品價值的全值貨幣，以及為降低儲藏與遞送成本而改採以象徵性貨幣代替流通，但又依是否具有完全準備或部分準備而分為兩類。當體系發展使用紙幣後，通常由央行壟斷鑄幣權 (seignorage) 發行通貨。另外，隨著銀行發行支票帳戶 (checking account)，壟斷發行支票權利後，通貨與支票兩者合稱銀行貨幣。隨著體系邁向信用經濟體系後，銀行與信用卡公司發行塑膠貨幣 (plastic money) （信用卡與簽帳卡），提供持有者在交易過程中使用，無需支付現金。最後，隨著電腦網路通訊技術普遍運用，人們從事交易活動可透過銀行轉帳完成清算動作，此即電子資金或電子貨幣。

表 2–3　貨幣的類型

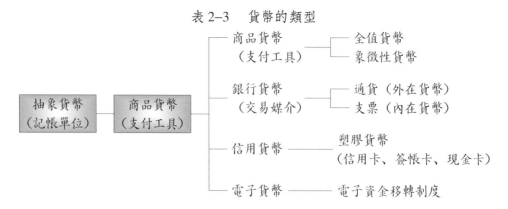

3.能否要求發行者贖回:貨幣依其與商品間的轉換關係區分為商品貨幣與信

用貨幣（包括銀行貨幣在內）。前者承諾持有者隨時可依等價關係要求發行者以商品（黃金或白銀）贖回；後者無法要求發行者以等值商品贖回，人們保有貨幣係基於對發行者的信心。至於電子貨幣係指持有者運用自己資金發行的貨幣。

　　4.經濟學的劃分方式：經濟學將貨幣類型分為兩種：①外在貨幣 (outside money)：以資產為基礎而發行的貨幣，在體系內並無對應的負債抵銷項目。商品貨幣實際上係由商品本身支持價值，屬於屬外在貨幣範圍。央行發行的通貨雖有資產（如：外匯準備或財政部發行的公債）作基礎，卻因資產歸屬全民所有，理論上係基於對人民負債而發行的貨幣。值得注意者：人們基於對央行的債權而取得通貨，但央行賦予通貨無限法償權利而可清償債務後，人們逐漸忽略通貨本為央行負債的事實，而將其歸類為外在貨幣。②內在貨幣 (inside money)：基於對其他部門負債為基礎而發行的貨幣，或在體系內存在對應負債抵銷項目的貨幣。銀行發行支票帳戶允許人們簽發支票交易，雖可提升交易效率，卻非銀貨兩訖而需另外清償債務，故歸類為內在貨幣。

2.4.2.　貨幣制度類型

　　表 2–4 是規範各類貨幣背後的本位制度型態。基本上，貨幣本位制度包括商品貨幣與信用貨幣兩大類。

　　1.商品貨幣制度：或稱金屬本位制度 (metallic standard system)，本位貨幣須以一定重量及成色的金屬充當幣材，本位貨幣的價值與貨幣的商品價值維持等價關係，形成幣材價值與數量必然影響本位貨幣價值與數量，故又稱為拘束本位制度。依據體系內流通的貨幣種類，該制度再區分為單一本位制度 (monometallic standard system) 與多元本位制度 (multimetallic standard system)。前者僅以單一金屬作為本位貨幣，後者係指體系同時使用多種金屬貨幣，彼此間訂有法定交換比率。一般而言，體系最多使用兩種貨幣充當交易媒介，故又稱為複本位制度。該制度選擇金銀兩種金屬作為本位貨幣幣材，故再區分為金本位與銀本位制度，基本上具有共同特質如下：

　　⑴規定本位貨幣：訂定貨幣名稱作為記帳單位的基礎，規定一定重量及成

色之金屬鑄成何種形狀作為本位貨幣。

⑵無限法償：央行明確規定本位貨幣在本國充當最後清償債務的工具，具
有強制接受性。

⑶自由鑄造權 (free coinage)：人們隨時以生金（銀）要求鑄幣單位（央行）
依本位貨幣含金（銀）量附加鑄幣費 (mintage) 代鑄金幣（銀幣）。相反
的，人們擁有本位貨幣的自由熔燬權，可將紙幣（金幣）依法定含金量
兌換金幣（或金塊）供存藏或輸出之用，以確保本位貨幣品質而避免貶
值，故又稱兌換權 (convertibility)。

⑷自由流通：商品貨幣兼具商品與貨幣兩種性質，本位貨幣可在國內自由
流通，人們得以自由輸出入。

表 2-4　貨幣制度類型

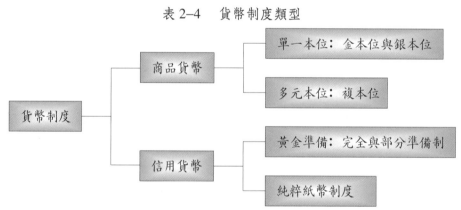

2.信用貨幣制度：央行以紙張發行本位貨幣，持有者無法要求將紙幣兌換成
商品的貨幣制度。再依發行紙幣有無準備資產作為基礎，可再區分為黃金準備
與純粹紙幣兩種本位制度，基本上具有下列特質：①訂定本位貨幣名稱，規定
使用紙張質料、規格與印刷圖案。②明訂本位貨幣具無限法償資格，具有強制
流通能力。③不兌換紙幣雖然擺脫商品限制，但因缺乏實體價值，其能為人們
接受使用乃是基於對央行信心。央行必須控制發行量以穩定紙幣購買力，方可
避免釀成通貨膨脹，否則將使人們對保有紙幣退避三舍，危及紙幣制度存續。

2.5.　商品貨幣制度

在商品貨幣制度中，央行選擇不同的金屬作為本位貨幣，包括兩類：

*2.5.1.　*銀本位制度

在商品貨幣制度中，體系最早選用白銀作為交易媒介，在希臘羅馬時期的地中海諸國曾廣泛地以銀幣作為貿易貨幣。西元 8 世紀末葉的 Carolingine 王朝 Charlemagne 大帝以一磅白銀鑄為 240 便士 (denarius)，確立近代銀本位制度的內涵。該制度係以一定重量與成色的白銀作為本位貨幣，具有下列特色：①以一定重量及成色的白銀鑄成一定形狀的本位幣,本位幣幣材價值等於本位幣面值，並允許自由鑄造。②銀幣為無限法償貨幣，具有強制流通能力。③紙幣及其他鑄幣可依等值關係自由兌換銀幣。④白銀及銀幣可以自由輸出及輸入。

銀本位制度在社會中盛行久遠，直迄 1870 年代世界白銀產量激增，銀價暴跌而逐漸不易充當價值穩定的本位貨幣幣材,促使多數西歐國家逐漸停止鑄造銀幣而放棄銀本位制度。反觀中國自古以來長期使用銅錢交易為主，清朝康熙年間開始並行白銀與銅錢作為交易媒介，尤其是清末開放海禁後，外國銀元紛紛輸入，清朝政府及各地方亦開始鑄造銀元，與外國銀元同時在市面流通，直至 1914 年 2 月國民政府公布國幣條例才訂為本位幣。隨著 1930 年代世界經濟蕭條蔓延至國內，兼以美國高價購銀致使國幣升值形成貿易逆差，我國在 1935 年 11 月 4 日才正式放棄該制度，原因包括：

1.銀價波動劇烈將擴大匯率變異性，妨礙國際貿易活動進行。

2.銀價下跌促使匯率貶值，雖然有利本國出口擴張，不過出口財供給若是缺乏價格彈性，出口值將無法顯著增加。同時，銀價下跌將增加清償外債負擔，促使外國直接投資延遲不來，將對國際收支造成不良影響。

3.銀價上漲導引匯率升值，勢必降低本國出口競爭力，導致國際收支惡化。尤其是當絕大部分國家採取金本位制度，僅存少數國家採取銀本位制度之際，

白銀已經轉變為國際性商品，價格變異性將因供需變動頻繁而趨於擴大。

2.5.2. 金本位制度

英國在 1816 年率先採取金本位制度規範國內貨幣體系，並以金幣本位制度型態出現。爾後，國際經濟活動迅速成長，黃金產量無法滿足交易需求激增，國際金融體系為解決該項困擾，將該制度修正為金塊與金匯兩種制度。金幣本位制度係金本位制度的第一種型態，除具有銀本位制度的特質外，還兼具下列兩項特質：

1.該制度屬於黃金流通制度，必須鑄造金幣作為交易媒介。由於黃金兼具貨幣與商品角色，人們得以黃金請求鑄成金幣，亦可自由熔成金塊，金幣價值與黃金作為商品用途的價值將趨於相等。

2.代表本位貨幣的銀行券 (bank notes) 可無限制兌換金幣，而發行銀行券的原因是：以銀行券取代金幣流通，有助於降低使用金幣交易所需負擔的儲藏成本與遞送成本，進而提升交易效率。同時，央行採取部分準備制度發行銀行券，提升貨幣供給彈性，滿足人們的交易性貨幣需求。

理論上，一國採取金幣本位制度享有利益包括：①貨幣與黃金存在直接聯繫關係，只要黃金價值維持不變，貨幣價值亦能維持穩定。②體系採取紙幣型態流通，但人們擁有兌換黃金或金幣的強制性，促使央行發行紙幣數量需受持有黃金準備部位限制，避免濫發貨幣釀成通貨膨脹危機。③開放體系採取金幣本位制度，將透過價格黃金流動機能 (price-specie flow mechanism) 調整經濟活動，匯率僅能在黃金輸送點範圍內波動，降低匯率變異性，促進國際貿易活動發展與維持國際收支平衡。

實務上，開放體系採取金幣本位制度，在運作過程中卻弊病叢生：①黃金供需變動造成黃金價格波動，影響貨幣價值。②開放體系過度重視匯率穩定及國際收支平衡，勢必犧牲國內經濟活動穩定性等其他目標。③依據金幣流通及紙幣兌換性的規定，開放體系的貨幣供給量將取決於黃金存量，無法因應經濟金融環境變遷而彈性調整。④開放體系面臨國際收支失衡，進行調整所需時間不確定，多數國家偏好採取歡迎黃金流入及抗拒黃金流出的政策，勢必阻礙國

際資金自由移動性。

　　在第一次大戰後，世界黃金存量約有 40% 流向美國，導致其餘各國持有黃金部位無法滿足交易性貨幣需求，迫使金幣本位制度逐漸修正為金塊與金匯兩種本位制度。金塊本位制度異於金幣本位制度之處有二：①金券取代金幣作為交易媒介，金幣轉而扮演清算大宗國際收支的角色。②央行承諾按一定價格買賣黃金，不過金券僅能兌換金塊，兌換數量亦有最低金額限制。此舉造成一國的黃金逐漸由央行控制，強化央行應付突發事件造成衝擊的力量。金塊本位制度僅規定最低兌換量，並未限制人們兌換黃金的用途，在經濟環境欠佳之際，只有富人有能力購金與進行投機，顯然失去公平性，法國農人憤而稱為富人的本位制度 (the richman's standard)。

　　值得注意者：在金幣本位制度中，央行發行金券取代金幣流通使用，必須提供全額黃金當做發行準備資產，滿足持有者隨時兌換黃金的需求。實務上，人們基於對金券發行者的信任，僅有部分人會將金券兌換成金幣，亦有人將金幣存放於政府部門，故在某時點上，留存於央行之金幣通常會維持某一固定數量。是以央行觀察人們使用金券與金幣的偏好，可在固定黃金準備基礎上增加發行金券，滿足人們的交易需求。假設央行保有 100 萬元的金幣，發行 200 萬元的金券流通交易，發行金券的黃金準備比率為 50%。當人們對央行具有信心，確信持有的金券可以兌換等值金幣，則央行採取部分準備制度發行金券必然能夠維持。在此，政府部門運用獨占發行金券的權利，增加發行金券融通財政赤字，相當於發行通貨購買商品，形同向人們課徵通貨膨脹稅 (inflationary tax)，實質稅收並非等於增加發行金券 $(\mathrm{d}M/\mathrm{d}t)$ 的餘額，而是增加金券餘額 M 能夠換取的商品數量，是以實質收益 R 決定於人們持有實質金券餘額與名目金券成長率 $\dot{M}$ 兩大因素：（P 是物價水準）

$$R = (\frac{1}{P})(\frac{\mathrm{d}M}{\mathrm{d}t}) = (\frac{M}{P})[(\frac{1}{M})(\frac{\mathrm{d}M}{\mathrm{d}t})] = (\frac{M}{P})(\dot{M})$$

　　另外，央行運用獨占發行金券的權利，透過公開市場操作增加發行金券換取私部門發行的證券，獲取生息資產收益，此種收益 R 稱為鑄幣稅 (seignorage tax) 將決定於增加發行金券餘額、生息資產報酬率 (r) 與持有生息資產時間 (t)

等因素：

$$R = (rt)(\frac{dM}{dt}) = (rtM)(\frac{1}{M})(\frac{dM}{dt}) = (rtM)(\dot{M})$$

體系採取金塊本位制度對經濟活動發揮效果包括：

1.當體系經濟成長率已知時，央行發行金券取代金幣作為交易媒介，耗費的資源成本極其微小。

2.央行採取部分準備制度，黃金產量變動將對貨幣供給形成乘數效果。黃金流入勢必帶動政府支出暫時性擴張，一旦黃金外流必然緊縮暫時性支出。

3.央行透過選擇黃金準備比例而影響資源配置及物價水準，理由是：降低黃金準備比率將會推動金券供給與政府支出擴張，導致一般物價水準上漲與產出擴張現象。隨著金券供給呈現遞增現象，黃金準備比例迅速調整至兌換能力遭致質疑的信心危機點後，將促使人們競相要求將金券兌換成金塊，迫使央行中止持續兌現金塊，金塊本位制度亦將宣告崩潰。

4.金塊本位制度提供央行執行權衡性政策 (discretionary policy) 的空間，透過調整黃金準備比例影響經濟活動，隔絕當期黃金生產流量波動形成的衝擊，降低產出與就業循環幅度。

當金塊本位制度面臨通貨膨脹衝擊時，必須承受持有金券者的擠兌風險，Bretton Woods 國際金融體系遂推出金匯本位制度進行取代，從而風行國際金融體系達四分之一世紀。央行透過金塊本位制度直接控制貨幣供給，金匯本位制度則與各國央行間的交易活動息息相關，各國必須相互保證其通貨能以固定價格兌換成黃金，通貨間亦可用固定匯率相互兌現。就法律層面而言，央行無義務在市場以固定價格買賣黃金，貨幣屬於無法兌現的紙幣。就經濟層面而言，唯有以各國貨幣表示的市場金價維持於個別平價 (parity prices) 水準，才不至於在金價波動之際，出現人們可在商品與貨幣雙軌市場進行套利活動，進而導致體系趨於崩潰。實務上，金匯本位制度要能持續運轉，須仰賴各國央行在市場集體以平價操作黃金，恰似金本位制度必須接受強制兌現黃金一樣。

理論上，金匯本位制度的各種法則應對稱性地適用各國貨幣，但因兩種不對稱性存在，致使黃金與美元成為該制度能夠順利運作的兩種準備資產：①技

術不對稱 (technical asymmetry)：除美國外，他國可選擇黃金或美元換算其匯率平價。②經濟不對稱 (economic asymmetry)：除黃金外，美元係重要的強勢準備資產。是以金匯本位制度具有的特色包括：①美國持有的黃金準備，僅提供部分作為外國央行要求贖回美元之用，具有部分準備特質。②該制度運作機能係由央行以黃金及美元型態持有準備,美國必須保證美元與黃金間的兌換比例，在既定範圍內調整國際準備組合，用以吸收黃金與美元的相對供需變動。總之，金匯本位制度基於部分準備與雙元性準備的特性，賦予央行擬定貨幣政策較大彈性與伸縮性，此係純粹單一商品本位制度欠缺者。

2.5.3.　複本位制度

在多元商品本位制度下,體系內流通的交易媒介能以固定比例分別兌換成多種商品貨幣，外國曾經出現金幣與銀幣同時流通的期間，而中國則在清朝同時使用白銀與銅錢作為交易媒介，Marshall (1925) 稱為金銀混合本位制 (symmetalism)。複本位制度特色包括：①以一定重量及成色之黃金與白銀充當本位貨幣幣材，以表示貨幣單位的價值。②政府部門依據金幣與銀幣含純金及純銀量而規定兩者鑄比 (mint ratio)，兩者同為無限法償貨幣，具有強制流通性，可依鑄比或法定比例相互兌換。③金幣與銀幣均可自由鑄造、熔燬及自由輸出入。人們持有政府發行的紙幣，得在金幣與銀幣之中任選一種請求兌換。

在施行複本位制度的國家中，黃金與白銀兼具貨幣與商品兩種角色，一旦兩者的商品價值比例與法定比例發生差異，人們會將較高價值貨幣熔成商品，進而轉換成較低價值貨幣，形成僅存較低價值的商品貨幣在市場上流通，此種「劣幣驅逐良幣」的現象稱為 Gresham 法則 (Gresham's law)。在圖 2–2 中，金融當局規定銀幣與金幣間的官方兌換比率為固定值,在所有交易活動均可接受而無差異性，意味著兩者提供的流動性勞務完全相同，屬於完全替代品。由於人們可以同時使用兩種貨幣完成既定交易數量，促使雙元性貨幣（銀幣 S 與金幣 G）的不同組合能夠產生相同的流動性勞務 $L_1(S, G)$，表現在圖形上將是直線型態的流動性或貨幣性勞務曲線 $L_1(S, G) = aS + bG, a \succ 0 \cdot b \succ 0$。

另外，金幣與銀幣同時也是商品，在商品市場上亦有兩者的交易價格。當

商品相對價格與官方兌換比率一致 $(-\dfrac{dS}{dG} = \dfrac{b}{a} = \dfrac{P_G}{P_S})$ 時，亦即流動性勞務曲線 $L_1(S, G)$（官方兌換比率）與價格線 $(\dfrac{P_G}{P_S})_1$ 時（商品相對價格）重合，兩種貨幣才會同時在體系內流通。一旦兩種貨幣的商品相對價格與官方兌換價格不一致時，必然誘使人們從事套利活動，導致最適貨幣組合將是流動性勞務曲線 $L_2(S, G)$ 與相對價格線 $(\dfrac{P_G}{P_S})_2$ 的交點 E_0^*，呈現角隅解 (corner solution) 而僅會持有單一貨幣，高價值貨幣將被窖藏而從交易過程中消失，形成英國 T. Gresham (1519) 所稱「劣幣驅逐良幣」的 Gresham 法則現象。

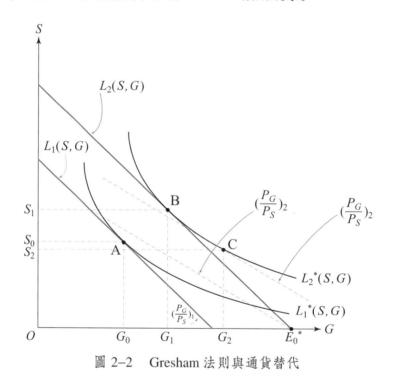

圖 2-2　Gresham 法則與通貨替代

類似複本位制度的狀況有通貨替代 (currency substitution) 現象。在跨國交易活動中，各國貨幣各自提供特殊流動性勞務（用於本國交易具有相對利益），人們持有多元化貨幣從事交易，顯示這些貨幣彼此間屬於不完全替代品。舉例來說：在歐洲共同聯盟區域內，各國居民使用美元與歐元從事交易，流動性勞務曲線可表為 $L_1^*(S, G) = \alpha S^a G^b$ 的函數型態，將如圖中的 $L_1^*(S, G)$ 曲線所示。

不論兩種貨幣的相對價格 (匯率) 如何變化，最適貨幣組合將是內部解 (interior solution)，由 B 點移動至 C 點，人們仍將持有兩種貨幣，此種現象稱為通貨替代。

➡ 2.6.　信用貨幣本位制度

自從商品貨幣出現後，基於攜帶與交易方便，體系改採發行銀行券流通，這些憑證隨時可向發行者兌換票面所載之金幣，故屬於可兌換紙幣。爾後，央行將鑄幣權收歸國有，銀行券仍屬可兌換紙幣，兌換條件則因商品貨幣本位制度型態不同而有差異。歷經 1930 年代大蕭條衝擊後，各國競相放棄金幣本位制度，改採有限度允許紙幣兌換成金塊。美國接著於 1968 年 3 月宣布各國若以美元充當發行紙幣的準備資產，其央行將可用每盎司黃金兌換 35 美元的價格向美國聯邦準備銀行兌換黃金，黃金市場價格則由供需決定，從而形成黃金兩價制 (the two-tiers price system for gold)。隨著美元在二次大戰後大量流散世界各地，引起各國懷疑美元兌換黃金能力，遂於 1960 年代末期紛紛向美國要求兌換黃金。為防止黃金流失，美國於 1971 年 8 月 15 日宣布停止外國央行以美元兌換黃金的要求，金匯本位制度自此正式宣告結束，各國央行發行通貨從此轉變為不兌換紙幣。

當央行將鑄幣權收歸國有後，不論紙幣能否兌現，發行紙幣均須持有準備資產，內容包括現金準備 (cash reserves) 與保證準備 (fiduciary reserves) 兩種。前者係指金銀幣、金銀塊、外匯與可以換取外匯之憑證，後者包括國庫券、公債或被認可的商業本票等證券。有關央行發行通貨採取的準備制度類型，將分別說明如下：

1. 全額準備發行制度 (perfect reserve issue system)：依據新臺幣發行辦法規定，新臺幣係以黃金、白銀、外匯及可換取外匯之物資作為十足準備，優點是穩定人民保有紙幣信心，缺點是通貨發行量受制於央行持有現金準備部位。一旦央行持有準備資產不足時，體系將陷入銀根緊縮環境；反之，當央行持有準備資產過多時，金融環境將趨於寬鬆。

2.固定保證準備發行制度 (fixed fiduciary issue system)：央行發行某金額以下的通貨，依法得以保證準備充當準備資產。一旦央行發行通貨數量超過該金額，則須全部以現金準備充當準備資產。該項修正改善全額準備發行制度的缺陷，央行運用保證準備發行通貨以滿足交易性需求。不過保證準備金額固定，央行仍須視經濟發展調整金額。

3.最高發行制度 (maximum issue system)：央行發行通貨數量可隨經濟發展需求增減，不受最高發行數量限制，又因對發行準備規定不同而區分為：①保有全額準備的彈性發行制度；②管理紙幣制度附帶最高額或未設限額兩類。

在放棄金本位制度初期，許多國家央行為取信於民，發行不兌換紙幣仍直接或間接將通貨與黃金聯繫在一起。美國自 1934 年 2 月起明定 1 美元等於純金 0.888671 公克或每英兩純金為 35 美元，外國央行在 1972 年以前得依上述黃金官價持美元向美國財政部兌換黃金，顯示他國以美元充當外匯準備而發行貨幣時，間接具有黃金準備性質。臺灣的央行係以黃金及美元外匯作為發行新臺幣的準備，在美元兌換新臺幣匯率約 40 元時，可視為新臺幣 1 元的含金量為 0.0222168 公克。紙幣缺乏實體價值，人們無法向央行要求兌換準備資產，故其接受性完全以無限法償規定為基礎。同時，央行運用持有外匯準備強化人們對臺幣價值的信心，進而控制貨幣數量。

純粹紙幣本位制度又稱管理貨幣 (managed money)，央行只要因應人們需求發行通貨，嚴格控制發行數量，其價值自然趨於穩定而無須與資產維持聯繫。體系採取紙幣制度的利益包括：①方便性：容易辨識、品質一致、易於分割、儲存、輸送及持久耐用等為貨幣幣材的重要屬性，除持久耐用外，紙幣都較商品貨幣為佳。②節省資源：體系使用商品充當貨幣，犧牲商品用途將是機會成本，以高價值商品作為交易媒介，將是資源錯誤配置，是以紙幣具有節省資源特性。③數量管制：在貨幣經濟中，貨幣數量變動直接衝擊經濟活動，是以長期須隨經濟成長而增加；短期內，貨幣數量需隨景氣循環調整，才能適度維持經濟穩定。由於商品貨幣數量不易及時因應經濟情勢調整，勢必干擾經濟金融環境，而紙幣具有彈性增減調節的優點。

人們使用紙幣係基於央行穩定幣值的信心，而維持幣值穩定則有賴央行適

度控制貨幣數量。央行發行紙幣的邊際成本遠低於面值,再因獨占鑄幣權導致發行紙幣較增加課稅的阻力為低,誘使許多國家採取發行貨幣融通預算赤字,或將公債予以貸幣化 (monetization),從而引發通貨膨脹。

2.7.　電子資金移轉制度

傳統上,人們利用現金從事資產交易,隨著金融市場規模成長,金融操作活動急遽增加,採取現金交易衍生的搬運、點算、遺失、失竊風險大幅攀升,形成交易效率低落與交易成本偏高現象。金融當局追求提升金融交易效率與安全性,創新支付系統包括推廣使用支票代替現金、建立跨行通匯系統、輔導業者開發簽帳卡、信用卡、IC 卡等銷售點轉帳系統、推行證券集中保管及帳簿劃撥制度、推動無實體公債、核准銀行辦理存款自動撥轉支付及電話轉帳服務等。為配合網路交易活動盛行,體系在朝信用經濟發展過程中,金融業發展出電子資金移轉制度 (electronic funds transfer system, EFTS) 因應,主要架構將如表 2–5 所示由三大系統組成。

表 2–5　電子資金移轉制度架構

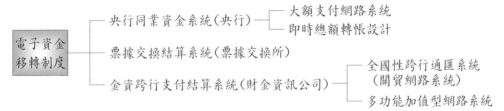

(一)央行同業資金系統

央行於 1995 年 5 月建立央行同業資金系統,處理轉撥資金調整準備部位、金融業拆款資金交割、外匯買賣新臺幣交割與債票交易款項交割等交易項目,提升金融業資金調撥效率及掌控金融業資金動態。該系統具有下列特質:①大額支付網路系統:金融廠商與央行主機連線,在央行準備帳戶 (reserve account) 辦理轉帳。②即時總額轉帳設計:央行採取即時總額清算 (real-time gross settlement, RTGS) 機制,交易執行完成即行生效不得撤銷,無足額扣付之交易即予

退回，達到降低系統風險 (systematic risk) 與符合國際標準要求。另外，央行結合同業資金系統與中央登錄公債系統，集中清算公債交易金額，採取款券同步交割機制 (delivery versus payment, DVP) 降低交割風險。

㈡票據交換結算系統

票據交換結算系統係在處理支票、本票、匯票及其他支付憑證跨行收付結算，票據交換採取多邊淨額清算方式，亦即金融廠商提出與提回票據相抵後，結計應收應付淨額，各自透過在央行的準備帳戶（臺北地區）或臺銀同業存款帳戶（臺北以外縣市）完成清算。臺北市票據交換所成立於 1951 年 3 月，隨著央行於 1961 年 7 月在臺復業後，票據交換業務轉而納入由央行管理，臺灣地區計有 16 家票據交換所分散於各縣市辦理票據交換業務。

㈢金資跨行支付結算系統

國內金融廠商自 1974 年起陸續採用資訊系統實施業務處理之自動化，早期係以處理單一銀行本身業務為主。爾後，財政部在 1984 年成立金融資訊規劃設計小組，規劃與建置金融資訊系統跨行網路，在 1987 年推出自動化服務機器共用系統及具有電子資金調撥與清算功能之跨行通匯系統，1988 年改制為金融資訊服務中心，提供提款、轉帳、餘額查詢與資金調撥服務。國內銀行於 1994 年獲准開辦電話轉帳業務，客戶透過電話將活期存款轉入同一支票帳戶或其他儲蓄帳戶，方便資金調撥與節省交易成本，金融體系逐漸朝向無現金社會邁進。

通訊網路技術進步促使電子銀行 (electronic banking) 與網路銀行 (internet banking) 逐漸成為銀行業營運發展主流。財政部在 1988 年以非循環基金組織型態設立金融資訊服務中心（金資中心），建構「金融資訊跨行網路服務」系統辦理金融業務自動化業務，並於 1998 年公布跨行金融資訊網路事業設立及管理辦法，規定金融廠商及政府部門持股達到 80% 就開放各界設立公司，金資中心因而改制為財金資訊股份有限公司，成為國內第一家跨行金融資訊網路公司。

金資跨行支付結算系統包括兩部分：

⑴全國性跨行通匯系統：隨著金融體系支付系統多元化，票據交換張數和

金額成長明顯趨緩，透過銀行匯款系統的交易活動呈現迅速成長，跨行通匯金額占支付系統的比例急遽攀升。全國性跨行通匯系統有二：①關貿網路系統：金融廠商與企業藉由該系統使用付款、轉帳、銀行票據託收等功能，並與其他金融廠商開展約定電子轉換資料交換。②跨行通匯及業務清算系統：兩者屬於財金資訊公司使用的營運系統，前者用於辦理跨行匯款、ATM 提款、轉帳及信用卡消費等支付結算業務，後者由參與者評估本身業務量，將適當金額撥入清算銀行充當跨行業務清算基金，再由財金資訊公司按跨行交易逐筆清算。清算基金如有不足，由參與者隨時補足。一般銀行以央行為清算銀行，地區性銀行以臺銀為清算銀行，信用合作社及農漁會信用部則以合庫為清算銀行。

⑵多功能加值型網路系統：財金資訊公司與銀行共同設計金融電子資訊交換系統 (financial electronic data interchange, FEDI)，客戶利用電腦及通訊設備，以特定標準格式連接加值網路，採取電子資料交換方式進行付款、轉帳或資金調撥等。舉例來說，廠商或消費者在辦公室或家中透過加值網路或網際網路與 FEDI 網路連線，進行網路連線繳交費用，從事收款、整理、製表、匯總對帳、解繳等活動，大幅簡化作業流程紓解銀行臨櫃代收業務量。此外，在功能上還可涵括電子商務轉帳支付服務，提供利用網際網路進行電子購物支付訊息，透過網際網路與 FEDI 網路連線進行電子轉帳付款，結合物流、資訊流及金流於一體。

電子商務興起帶動網路交易的支付工具創新，係以信用卡為主，至於電子錢包 (electronic wallet)、電子現金 (E-currency)、電子支票 (E-check) 及智慧卡 (smart card) 亦逐漸興起。國內網路購物付款方式包括郵政劃撥、利用信用卡付款、利用 ATM（自動提存款機）轉帳匯款與現金等四種，目前係以前兩者為主。在表 2-6 中，電子付款系統包括透過銀行付款、電子資金移轉 (EFTS) 付款與電子貨幣付款三類。透過銀行付款係屬於傳統支付型態，而銀行帳戶係為現金交易、支票及信用卡交易之主要付款基礎。隨著電子商務部分取代面對面交易時，許多交易安全問題紛紛浮現，如：付款方式及交易雙方身分驗證等。為解決電子交易清算問題，體系發展出電子資金移轉及電子貨幣付款兩種支付

方式：

1.電子資金移轉制度 (EFTS)：當消費者透過網路發出購物訂單，個人私密付款資訊（如：信用卡或銀行帳號）將隨訂單一起傳送。EFTS 係透過銀行與主要公司間的安全私密網路，傳送信用卡號或電子支票（單純的支票影像）。

2.記錄式資金移轉系統 (notational funds transfer, NFT)：消費者採取傳統電子金融轉帳或電匯記錄帳戶進行結算交易活動。Visa 及 Master 信用卡在 1996 年提出安全交易協定 (secure electronic transaction, SET)，由微軟、網景、IBM、GTE、VeriSign 及其他電子商務主要參與者支援，其使用數位證書即是數位信用卡。除以信用卡付款為基礎的交易，提供標準通訊協定及訊息格式外，SET 利用數位簽章、消費者與商店身分識別，透過加密及訊息正確性來保障私密性，避免第三者攔截機密的財務資訊，導致付款之消費者蒙受財務損失。

表 2–6　電子付款系統類型

電子付款系統
— 透過銀行付款（現金、支票或信用卡）
— 電子資金移轉付款（信用卡或銀行帳號）
— 電子貨幣付款 —— 1.數位信用卡（Visa 或 Master 支持而以信用卡為基礎）：採取數位證書，類似傳統的電子金融轉帳與電匯之記錄帳戶結算買賣方式，記錄式資金移轉系統
2.電子支票（單純支票影像）

習 題

◉ 選擇題

1.有關複本位制度的運作方式，何者錯誤？　(a)一國同時採用兩

種商品貨幣交易，可自由鑄造與熔化，並依據法定比率兌換　(b)當法定比率與市場比率不同時，市價較高的貨幣（良幣）常被市價較低的貨幣（惡幣）驅逐，亦即發生 Gresham 法則　(c)若金銀法定比率 1:14、市場比率 1:15，則銀幣為良幣　(d)若金銀法定比率 1:16、市場比率 1:17，銀幣充斥市場

2. 在通貨膨脹期間，其他資產雖然擁有較佳的價值儲藏功能，不過人們仍將持有貨幣，何種理由無法解釋此種現象？　(a)流動性極高　(b)貨幣是獨特的商品，無其他代替品　(c)交易活動中唯一被接受的商品　(d)獨一無二的計價單位

3. 在惡性通貨膨脹期間，何種狀況不會發生？　(a)貨幣購買力的下降速度很快　(b)貨幣不再具有價值儲藏功能，以物易物的交易數量大增　(c)負債者承擔的實質債務價值降低　(d)央行的鑄幣稅收入大幅上升

4. 中國自宋朝開始使用紙幣後，對經濟活動影響遍及各層面，何者正確？　(a)國民習慣將紙幣視為淨財富，央行增加紙幣發行，將促使國家更趨富裕　(b)紙幣若廣泛被接受為交易媒介，體系內將無其他資產可以替代　(c)央行發行通貨總額，即是等於政府部門的實質收入　(d)紙幣與支票同屬支付工具

5. 魏晉南北朝盛行以絹帛作為交易媒介，該類商品貨幣對經濟活動造成的影響，何者錯誤？　(a)絹帛屬於支付工具，符合等值互償條件　(b)絹帛供給常有季節性變動，是以南北朝物價水準容易不穩定　(c)金融交易活動利用絹帛作為交易媒介，將隱含直接交換的性質　(d)南北朝使用絹帛作為交易媒介，相較元朝隨意發行紙鈔流通，更能抑制通貨膨脹發生

◉ 問答題

1. 何謂複式三分？貨幣功能與貨幣需求動機間的關係為何？

2. 試說明雙重慾望巧合成立的條件。

3. 試說明媒介商品要成為貨幣的條件。

4. 試區別交易媒介與支付工具的相異處。

5. 試說明內在貨幣與外在貨幣的相異處。

6. 假設體系缺乏眾人接受的交易媒介，試回答下列問題：　(a)一張熊皮可換 5 張鹿皮或 10 斤豬肉，則熊皮價格為何？　(b)上述鹿皮價格能否決定？理由是？　(c)社會中出現特殊黃石為人們接受為交易媒介，1 個黃石可換 2 張熊皮，則鹿皮絕對價格為何？

第 3 章　金融創新與貨幣定義

　　面對國際金融環境瞬息萬變，金融業追求永續健全經營，金融自由化 (financial liber-alization)、國際化或全球化 (globalization) 與資產證券化 (securitization) 將是必須遵循的三大原則。金融自由化意指金融當局放寬金融廠商設立、解除金融資產價格（利率與匯率）與業務管制，以及因應人們需求而創新金融商品。金融國際化則源自於世界貿易規模擴大，國際資金從事跨國投資、通訊科技與資訊處理相關技術發達進步、跨國金融交易金額遞增，大幅提升國際金融市場整合性。在金融自由化和國際化潮流中，為配合金融業及相關產業之資金供需型態，提升資產流動性與降低風險，資產證券化活動亦迅速崛起成長。

　　傳統上，人們從交易媒介角色來觀察貨幣範圍時，貨幣的概念將是清晰明確。隨著金融創新活動擴散，貨幣與金融資產的界限逐漸模糊，貨幣扮演的角色日益混淆，導致人們無從精確掌握能夠反映經濟活動的合理貨幣定義範圍。當央行無從確定貨幣定義範圍時，控制貨幣能力將會發生問題，必須監理的金融廠商範圍也難以確定，選擇合理的貨幣定義存在高度政策涵義。

　　本章首先介紹金融創新活動發生的供需原因，說明金融創新活動發揮的經濟效果。其次，將探討金融創新活動的類型。第三，將探討金融資產證券活動的內容。第四，將探討不動產證券化的內容。第五，將分別說明交易方法 (transaction approach)、暫時購買力儲藏處方法與流動性方法 (liquidity approach) 的內容。第六，再由實證方法 (empirical approach) 分析最適於詮釋經濟活動的貨幣定義內容。接著，將探討塑膠貨幣市場的發展。最後，再說明電子貨幣的發展及影響。

3.1.　金融創新活動

　　金融發展大幅提升金融業產值占 GDP 的比重，帶動金融廠商型態趨於多元化。尤其是直接金融盛行改變融資型態，面對來自證券業與非銀行金融中介的強烈競爭，迫使銀行對不得不積極投注資源致力於金融創新活動。依據 Silber (1983) 的說法，金融創新活動係金融業追求永續經營，面對包括法規限制、市場競爭及風險管理等外在環境所進行的因應活動。換言之，金融創新是

金融市場參與者面對經濟環境與技術進步刺激下，針對金融商品與交易方式進行創新性變革，用以滿足市場需求變化的散播過程 (diffusion process)。

探討金融創新的成因可分由需求與供給兩方面進行說明。

3.1.1. 影響金融創新的需求因素

1970 年代的兩次石油危機造成各國國際收支紛紛掉落失衡（順差或逆差）深淵，以美元為主的關鍵性貨幣 (key currency) 匯率波動劇烈、連帶發生國際流動性不足現象，美國總統 Nixon 在 1971 年宣布終止美元與黃金的兌換關係，放任美元匯率隨外匯市場供需浮動，引起國際金融市場利率與匯率大幅震盪，金融資產價格變異性擴大，投資風險遽增，從而誘發人們對金融創新的需求。綜合相關影響因素如下：

1.名目利率 (nominal rate) 上漲：通貨膨脹過程將引發預期膨脹心理，導引金融市場名目利率攀升，迫使人們持有現金部位的機會成本高漲。基於降低現金持有部位，減輕潛在的機會成本負擔，現金管理創新活動紛紛出籠。

2.金融資產價格變異性擴大：歷經 1970 年代的兩次石油危機衝擊，造成國際金融市場匯率與利率巨幅震盪、金融資產價格變異性遽增，廠商募集資金或從事跨國金融操作，將須承擔高度利率與匯率風險。為求移轉上述風險，匯率與利率衍生性商品遂躍居為 1980 年代以後的創新活動主軸。

3.租稅不對稱：人們在經濟活動中適用的租稅級距各不相同，誘使金融廠商創新金融商品套取租稅利益的空間。舉例來說，投信公司利用證券交易所得稅停徵期間，發行債券基金 (bond fund) 募集資金投入定期存款，將所獲利息收益轉為基金淨值累積，提供高所得投資人獲取規避所得稅稅負的利益。

4.代理成本 (agency cost)：隨著廠商規模擴大或上市上櫃，經營權與所有權分離程度日益擴大，經營者與股東間追求動機不同，釀成主理人與代理人問題 (principal-agent problem)，股東支付代理成本日益擴增，形成創新監理廠商營運活動的重要誘因。

5.風險重分配：投資人從事金融操作將面臨系統風險或市場風險 (market risk)，以及投資標的獨具的非系統風險 (unsystematic risk)。後者可透過資產組

合多元化從事風險分散 (risk diversification) 動作而降低，前者則需透過買賣衍生性商品移轉由風險愛好者 (risk lover) 或投機者承擔，達成風險移轉 (risk switching) 目的。隨著經濟成員參與避險活動遽增，形成金融創新誘因，針對投資人風險偏好研發衍生性商品，在風險怯避者 (risk averter) 與愛好者間重新分配風險。

6.提高流動性：投資活動首重資產流動性，高流動性資產愈容易吸引資金投入，發行者僅需支付較低流動性溢酬 (liquidity preminum)，提供資產證券化活動的誘因。

7.學術實務結合：自 1970 年代以後，國際金融操作面臨資產價格波動、市場國際化及稅負結構差異等問題，引發投機與套利活動盛行的風潮。另外，資產選擇理論（1950 年代）與財務理論（1960 年代）大放異彩，再配合實務操作經驗，更促進金融創新活動蓬勃發展。

3.1.2. 影響金融創新的供給因素

J. F. Sinkey (1992) 針對決定金融創新活動的供給面因素，提出金融創新模型如下：

金融創新 = *TRICK* + 理性的私利

TRICK 代表決定金融創新活動供給的五個因素，*T* 是技術進步、*R* 是管制、*I* 是利率風險、*C* 是顧客、*K* 是資本適足性。金融廠商在金融創新過程中扮演核心角色，而決定創新速度主要來自技術進步與金融當局附加的管制多寡。一般而言，解釋影響創新供給的臆說包括三種：

1.交易成本臆說 (transaction cost hypothesis)：電腦與通訊技術進步加速金融資訊傳送與分析效率，有助於降低金融交易、資金管理與調度成本，如：信用卡、簽帳卡 (debit card) 及電子資金創新，大幅降低攜帶現金的交易成本。此種技術創新將傳統交易型態轉變為電子商務交易，而傳統銀行營運方式亦轉型成電子銀行（網路銀行）。

2.迴避管制或管制誘發臆說 (circumventive innovation or constraint-induced hypothesis)：金融當局管制金融廠商營運，無形中造成削弱競爭力、提高營運成本與風險的效果，相當於課徵管制稅 (regulatory tax) 的效果。舉例來說，央行要求銀行提存法定準備 (required reserve) 與流動性準備 (liquidity reserve)、附加業務管制等，前兩項提升營運成本，損及銀行獲利性及競爭力。該臆說認為金融創新是金融自由化與金融再管制 (re-regulation) 的過程，如：存款利率上限 (ceiling rate) 降低銀行吸收資金的競爭力，刺激創新可轉讓定存單 (negotiable certificate of time deposit, NCD) 出現。

3.管制性辯證法臆說 (regulatory dialectic hypothesis)：金融業採取高度財務槓桿策略營運，迫使金融當局必須施予嚴格管制與監理金融業營運，以確保資金來源安全性。E. J. Kane 認為金融管制、金融創新、解除管制 (de-regulation) 或自由化、再管制係為循環的動態過程。金融廠商營運遊走於金融法規的灰色地帶，透過金融創新突破管制束縛，卻又迫使金融當局迅速研擬對策，另訂新法規或修正現行法規改變監理模式。

值得注意者：在金融創新過程中，金融法規演變是一種反覆過程，而且面臨兩種反應力量的引導：①金融廠商反應：金融廠商尋找最適金融商品規避管制，降低金融法規約束形成的衝擊。②金融當局反應：金融當局從事管制活動的潛在理由係在擴大其政治權力，任何規避法律管制的創新將會降低金融法規有效性和侵蝕金融監理權力，促使其重新修訂金融法則，而新的金融法則同樣在市場和技術變遷後，亦將成為金融創新所欲規避的目標。是以規避金融管制、金融創新與金融法規修訂將持續循環不止。

3.1.3. 金融創新活動的影響

隨著金融自由化與國際化盛行，金融創新蔚為金融發展主流，對經濟活動將發揮重大影響：

1.對貨幣政策的影響：金融創新主要針對資產流動性、獲利性與安全性等特質進行改善，促使支付工具與儲蓄工具間的界限日益模糊，造成貨幣定義的明確範圍爭論頗多，央行無從精確選擇最適貨幣定義，控制貨幣數量效果不確定性大為提升。尤其是電子貨幣興起，在交易過程中部分取代央行發行的通貨，

降低央行取得鑄幣稅的能力。

2.對銀行營運的衝擊：資產證券化活動盛行，誘使銀行競相將放款證券化出售以換取流動性，促使扮演賺取存放款利率差距的間接金融角色日漸勢微，逐漸轉型為發行放款證券賺取佣金的直接金融角色，亦即由商業銀行角色往投資銀行 (investment bank) 角色傾斜。其次，金融當局提高資本適足性要求，誘使銀行從事股權交換負債活動，追求改善帳上盈餘與提高自有資本比率，此種交換活動不僅降低股權報酬，而且影響長期授信能力。

3.對資本市場的影響：金融處理程序創新 (financial process innovation) 大幅提升交易效率，降低交易成本與提高資產流動性。尤其是資產證券化活動促使信用工具多元化與交易技術複雜化，吸引廠商透過資本市場募集資金，大幅提升直接金融的市場占有率。

4.對廠商財務決策的影響：在既定風險下，傳統財務決策追求股東財富極大化，進而簡化成負債與股權資金的選擇，亦即如何形成最適財務結構。在金融創新活動盛行下，廠商將面臨多元化財務決策問題，達成目標的彈性與複雜性雖然大幅增加，卻未改變原有的財務決策目標。

3.2.　金融創新活動類型

Silber (1983) 與 Finnerty (1988) 將金融創新活動劃分為現金管理創新 (cash management innovation)、證券創新 (security innovation)、市場結構或金融處理程序創新、解決廠商特殊財務問題及金融組織結構創新 (organizational innovation) 等五種。

3.2.1.　現金管理創新

隨著銀行業（間接金融）與證券業（直接金融）彼此間競爭激烈，通訊與電腦網路普及化，促使金融業針對現金管理技術與消費金融商品不斷推陳出新。現金管理創新旨在追求壓縮現金持有部位，內容包含兩部分：

(一)現金管理技術

財務人員追求降低廠商持有現金部位的機會成本,創新專業化現金管理技術,透過預測現金流量與會計內控制度確實掌握資金收付,達到壓縮無收益現金部位的目的。銀行在支付與清算過程中扮演重要角色,係為現金管理技術創新的主要供給者,包括協助廠商迅速代收各地貨款、統一簽發支票、集中支出時間等。

1.現金集中服務:就各地銀行內選擇客戶產業性質相近者建立資金代收制度,客戶依據通知將付款金額匯入代收匯款銀行的廠商帳戶。

2.現金集中支付制 (cash disbursement system):由廠商總管理處統一支付、簽發支票,落實集中控制現金的目的。

3.投資管理服務:財務人員掌握廠商帳戶與銀行餘額間的每日往來交易資料,從而能將閒置資金轉為短期投資之用。

(二)現金管理創新產品

金融廠商創新現金管理技術後,接續創新現金管理的金融產品,提供投資管理服務、協助融通短期投資或給予透支。該類產品類型有兩種:

1.貨幣基金:證券投資信託公司發行受益憑證吸收資金,投資高流動性的貨幣市場工具,再依基金運用績效發放紅利。

2.現金管理帳戶 (cash management account, CMA):投資人在綜合證券公司或銀行開設證券交易帳戶,由後者將帳戶資金以貨幣基金方式運用,獲取與貨幣市場報酬率相當的收益,同時提供證券交易之融資及投資諮詢服務。舉例來說,建華銀行推出投資管理帳戶 (MMA) 與資產管理帳戶、大眾銀行的電子帳戶 (E-account)、聯邦銀行的智慧理財專戶 (UMA)、富邦銀行的一本萬利帳戶,提供銀行存款、放款、證券、基金、公用事業費用繳款、繳費功能,同時兼具提供回復型房貸、小額信用放款等放款商品性質,具有靈活調度資金、獲取投資收益與節省交易成本的效果。

美國 Merill Lynch 證券公司於 1970 年代與 One of Columbus 銀行合作創造投資信託 (investment trust),吸收小額資金投資國庫券、商業本票、可轉讓定存單等貨幣市場工具。投資人將資金存入信託帳戶,除可獲取接近貨幣市場

報酬率的收益外，並可兌付支票、清償信用卡消費金額、向 Merill Lynch 融資。另外，投資人存入證券，可利用提供的投資諮詢服務，進行買賣或作為借款擔保。

3.2.2. 證券創新

　　財務工程師針對金融資產獲利性、流動性、安全性與期限等特質進行證券創新，設計具有正淨現值 (net present value, NPV) 的融資工具，提升赤字單位吸收資金的競爭力，達成下列目的：①重新分配風險或降低風險以降低資金成本與發行成本。②協助發行機構或投資人獲取租稅利益。金融業從事證券創新類型如下：

　1.債券創新：以普通債券為基礎的創新商品，包括無擔保債券、抵押債券、資產抵押證券。爾後，投資銀行創新債券商品多元化，包括改變利率支付方式（如：浮動利率債券 (floating-rate note, FRN)、零息債券 (zero-coupon bond) 等）、改變債券還本方式（如：雙元通貨債券 (dual-currency bond)、指數化債券 (indexed bond) 等）、變化持有期限（如：永久性債券、賣出／買入期權債券、可贖回債券等）。

　2.衍生性商品創新：投資銀行創新選擇權 (option)、期貨 (future) 及交換工具 (swap) 等衍生性金融商品，提供人們作為管理風險的工具。

　3.特別股 (preferred stock) 創新：包括浮動利率特別股、可轉換普通股票或債券的特別股、可轉換其他公司股票的特別股、逐漸增加或減少特別股（事先確定股利在未來可以增加或減少）、災難特別股賣出期貨選擇權（特別股與保險業務結合，當災難引起損失發生時，這種期貨選擇權允許發行人發行可轉換特別股）。此外，特別股依據市場利率連動付息，或可轉換成公司債。

　4.可轉換負債創新：金融業結合普通債券與其他金融商品，賦予投資人選擇償債方式的權利，提升發行機構募集資金的競爭力，如：可轉換 (convertible) 或可交換 (exchangeable) 公司債。

　5.普通股 (common stock) 創新：普通股創新趨勢是公司發行股票走向全球化發展，如：全球存託憑證 (global depository receipt, GDR) 或美國存託憑證

(American depository receipt, ADR)，其他創新商品包括具有賣出期貨選擇權的股票、附買回股票(投資人有權在一定期間內以發行價格將股票賣回發行公司，後者以現金、債券或其他股票支付)、無投票權股票、與主要分公司業績連結的股票。

3.2.3. 金融處理技術創新

銀行基於滿足客戶需求，創新綜合櫃員服務，業務人員可以辦理客戶所需的不同類型金融業務。銀行結合網路技術與經營管理，建立以底層業務為基礎的銀行管理資訊系統，透過資料庫即時抽取業務系統中的資料進行及時分析，提供經營階層相關資訊，協助擬定決策與有效控制營運風險。

銀行運用金融電子化朝電子銀行或網路銀行發展，以科技創新促進管理創新和業務創新，實現經營管理資訊化、營運網路化、業務多元化和服務電子化，新的金融作業程式包括 SWIFT 網路、EDI 網路、信用卡、自動化提款機轉帳及電話轉帳。電子金融是電子商務活動下的金融創新產品，隨著數位化經濟到來，由電子貨幣帶動的網路金融服務正在迅速發展。同時，隨著銀行跨業經營、網路交易和電子商務發展日益普遍，網路銀行、視訊銀行 (video banking)、行動電話銀行 (mobile banking)、企業銀行 (firm banking)、家庭銀行 (home banking) 等新興經營理念層出不窮，電腦技術在金融創新活動中扮演重要角色。

傳統金融業務將與電子金融新興業務共存，眾多非金融公司參與競爭電子金融服務，如：VISA 與 Master 信用卡公司、Prodigy 的 AOL 網路服務公司、Chase Manhattan 與美國商業銀行 (BOA) 大型銀行、Check free、Intuit 與 Microsoft 財務軟體公司、熱衷電子貨幣公司的 Cyber cash、First Virtual 與 Digicash 等，此種現象擴大金融業的營運風險。

3.2.4. 解決廠商特殊財務問題

廠商經營階層追求落實股東財富或廠商價值最大目標，除需謹慎評估投資計畫獲利性外，亦需調整資產負債表內容，改善資產流動性及財務結構，提升營運安全性或降低財務風險。針對解決廠商財務問題的創新活動包括四類：

㈠現金管理策略

　　現金管理策略創新主要藉由會計處理與資金調度靈活性，提升廠商管理資產效率性。該部分創新活動可參見前述的現金管理創新。

㈡強化財務結構

　　財務部門須隨時檢視資金流量表與資產負債表，掌握資金變化與財務結構特性，並且評估金融市場變化。接著，財務部門依據評估結果，利用各種金融工具調整財務報表，提升資產流動性與運用效率，達成降低財務風險、資金成本與節稅目的。一般而言，財務部門採取下列策略調整資產、負債與淨值三者間的關係：

　　1.提升資產運用效率：財務部門採取處理閒置資產、與銀行或應收帳款公司洽商賣斷應收帳款 (factoring)、評估實施不動產證券化等策略，除可提升流動性部位外，同時強化資金運用效率、提升資產流動性與自有資本比例。

　　2.債務重組：廠商採取策略包括：①廠商以低於債務帳面價值清償債務。舉例來說，銀行將不良放款 (nonperformance loan, NPL) 以面值的某一比例標售給金融資產管理公司，再由債務人以某一比例清償給後者。②廠商轉讓非現金資產給債權人以清償債務，類型包括存貨、短期投資、固定資產、長期投資、無形資產等。③債權人將債權轉為股權，不過可轉換公司債轉換為股本係屬於正常情況，並非債務重組範圍。④債權人同意廠商修改償債條件進行債務重組，如：減少債務本金、降低利率、免除應付未付利息、延長債務償還期限等。

　　3.資產交換與負債交換：廠商資產報酬率或負債資金成本屬於固定或浮動型態，兩者幣別型態可能是國幣或外幣，廠商須評估利率與匯率變動，運用利率交換 (interest rate swap) 與通貨交換 (currency swap) 來調整資產與負債的性質。這兩種工具屬於資產負債表外操作，並未改變資產與負債餘額，但兩者性質改變同時也改變廠商財務風險。

　　4.資產證券化：廠商在金融市場發行證券募集資金，均屬證券化活動範圍。針對缺乏流動性資產，廠商評估證券化活動的可行性，藉以提升或改善資產流動性。

　　5.以債換股 (debt for equity) 或資產換股 (asset for equity)：廠商採取以債換

股或資產換股策略，用於提高自有資本比例。前者以發行可轉換公司債為主要型態，由人們視狀況轉換成股票，一旦轉換成功，廠商負債將轉換成股本增加，自有資本比例自然上升。另外，廠商持有關係企業股票，採取以負債換股（資產）策略，發行以關係企業股票為轉換對象的交換公司債。當人們要求將債券交換標的股票時，廠商負債與資產（交叉持股）將等值減少，自有資本比例隨即上升，達到提升信用評等效果。

㈢降低融資成本

廠商發行賦予投資人確保債權、轉換其他金融商品權利等附加價值的金融工具，從而降低融資成本，類型包括利率交換、發行分割式債券與發行附有賣權的債券等。

㈣與資本投資相關的創新活動

該類創新活動包括資產證券化、融資購併 (leverage buy out, LBO)，如：借殼上市、公司重整 (corporate restructure)、計畫性融資 (project finance) 等，基本上係透過證券安排重新設計廠商資本結構，使其適合營運資產的報酬與風險特性，以滿足投資人偏好，降低潛在的代理成本。

3.2.5. 金融廠商組織結構創新

網際網路盛行提升國際金融市場整合性，金融業務發展全球化加速金融商品推陳出新，並使銀行、證券與保險三大金融業務的區隔及差異性漸趨模糊。金融業為滿足客戶一次購足需求、降低營運風險、開創新商機，採取跨業經營與異業結盟策略，逐漸形成大型金融集團。銀行業採取跨業經營策略有三種：

1.直接兼營：銀行朝綜合銀行 (universal banking) 型態發展，德國與瑞士銀行採取直接跨業經營，打破商業銀行與投資銀行間的傳統界限，提供包括資本市場、貨幣市場、不動產市場、保險市場及其他資產、衍生性商品交易的金融服務。銀行直接兼營各種金融業務，致力於金融業務交叉研究，創新多功能金融商品；另外，業務多元化有利於分散銀行內部和金融業風險，缺點是各部門差異性太大，同一制度將對有些部門造成牽制，無法發揮營運績效。

2.轉投資成立子公司：銀行設立子公司跨入其他金融領域，此種模式在日本

金融改革中的運用較為典型，特點為：銀行、證券與保險業三大金融業務分別由不同法人經營,有利於金融廠商內部控制,方便金融監理當局進行效率監理,集團內部可以實行不同管理制度,有利於各公司達成各自營運成長目標。值得注意者：對市場主體的風險意識和內控制度仍有較高要求，否則易導致金融廠商盲目擴張，增加市場風險。

　3.金融控股公司 (financial holding company)：金融廠商透過控股方式分別從事銀行、證券與保險業務。依據母公司扮演角色,金融控股公司分為純粹或混合控股公司,前者係指母公司僅掌握子公司股權，並不從事金融業務,台灣金控公司屬於該類型；後者係指母公司也可從事金融業務。

　　金融控股公司透過資本調度和規劃不同期限綜合發展計畫,調整集團內子公司的資源配置形成最大競爭力。子公司彼此透過簽訂合作協議,實現客戶網路、資訊、行銷能力等方面的優勢互補效果，共同開發多元化金融商品，降低整體營運成本。各金融廠商獨自形成專業化發展體系,彼此間無利益從屬關係,又能互相合作、提升競爭力。金融控股公司透過頻繁的購併活動，將可擺脫單一金融廠商面臨的資金限制，逐漸形成金融集團的發展主流。

3.3.　資產證券化活動

　　證券化活動是金融發展主流之一，類型包括權益面（股票）、負債面（債券）以及資產證券化活動。前兩者主要係廠商為募集營運資金,由傳統採取低效率、高成本的間接金融，轉向較低成本、較高效率的直接金融。不動產在負債面的證券化概念較為簡單,廠商提供不動產做抵押對外融資或發行債券。至於不動產在權益面的證券化,廣義來說,建設公司在股市流通的股票即屬於權益面證券，投資信託或資產信託亦屬於權益面的證券化。

　　從狹義來看，資產證券化係指美國在 1970 年代引爆的金融創新活動,與傳統證券化的差異性如下：①資產證券化目的在於發行證券籌集資金,但非以發行者的信用為擔保,而係以具體的特定資產組合支撐,證券收益來自特定的基礎資產,此係資產證券化最顯著的特徵。②資產證券化本質上屬於新型資產

變現方式,交易發起人將資產轉換為證券並出售給投資人,實現資產變現活動。

3.3.1. 證券化資產的發行

圖 3-1 顯示資產證券化過程。創始機構 (originator)（或資產持有人），將取得債權售予特定目的信託（或公司），透過信用增強 (credit enhancement) 機構提升信用等級，並經信用評等機構評等後，由承銷商銷售予投資人。在資產證券化過程中，金融廠商扮演角色分別如下:

1.創始機構:創始機構通常係承作放款的金融廠商,對借款者進行資產擔保授信,取得抵押放款債權。

2.服務者 (servicer):由金融廠商或第三機構管理證券化資產及其衍生的現金流量,同時提供相關服務,如:由現金流量產生之本息支付及延遲付款的回收等。服務者的收益來源為向借款者收取利息與支付投資人利息間之差價,及收取提供信用增強與其他服務之手續費。

3.特殊目的公司 (special purpose vehicle, SPV) 或特殊目的信託公司 (special purpose trust, SPT):資產證券化的發行機構,前者適用公司法,後者適用信託業法。金融廠商將放款債權組合售予特殊目的公司（受託者），或採取特殊目的信託策略,由其重新組合與包裝放款債權,將資產轉化為受益憑證,並為金融資產進行信用補強工作,提升信用評等,增加投資誘因。特定目的公司扮演的角色為:①發行受益憑證募集資金,代表投資人擁有擔保品,管理現金收入與進行分配收益,若未分配給投資人,則須承擔再投資責任。②隔絕創始機構與放款資產所有權之關係:防止創始機構發生財務困難或破產時,其債權人對證券化資產提出求償要求,以確保投資人權益。

4.信用增強機構:特殊目的公司採取清償請求權、設定超額擔保強化信用、要求其他金融廠商提供保證等策略,用以提升發行者信用評等與證券化資產信用等級,降低發行利率及提高流動性。

5.信用評等機構:信用評等機構審查擔保資產品質,進行信用評等以降低倒帳風險 (default risk)。在決定信用等級之際,該機構必須審查信用提升情形及分析發行結構。從維護投資人權益觀點,證券發行者有義務公開資訊,讓投資

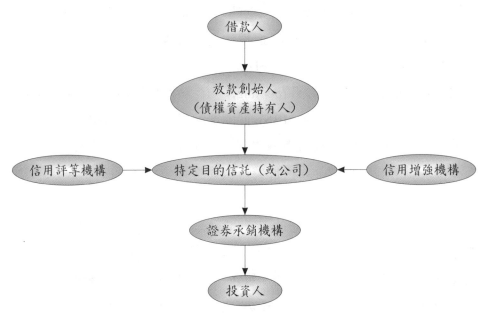

圖 3–1　資產證券化架構

人評估證券信用風險程度，是以信用評等公司將扮演重要角色。

3.3.2.　資產證券化類型

　　經濟成員將債權流動化（證券化資產），採取出售資產債權或作為擔保品發行證券（信託憑證），在金融市場募集資金，提高企業和金融廠商持有資產或債權之流動性。表 3–1 係證券化活動類型，包括股票（資本型證券化）、公司債（負債型證券化）、商業本票（負債附資本型證券化）等現行證券化商品；不動產證券化包括不動產有限合夥、不動產投資信託；資產擔保證券化包括汽車放款、消費放款、信用卡應收帳款；抵押放款擔保證券包括住宅抵押放款、一般抵押放款。

　　1.企業金融證券化：赤字單位發行股票、債券及商業本票等商品向盈餘單位募集資金，此即屬於最原始的證券化活動。

　　2.金融資產證券化：美國在 1970 年代面臨利率波動變異性擴大的金融環境，投資人競相將資金移往債券及貨幣市場，導致從事住宅放款的儲蓄貸放協會 (saving and loan association, S&L)、相互儲蓄銀行 (mutual saving bank, MSB)、

信用聯盟 (credit union) 陷入流動性匱乏的困境。為求振興住宅金融市場及改善流動性不足問題，美國政府全國抵押協會 (GNMA)、聯邦全國抵押協會 (FNMA)、聯邦住宅放款抵押公司 (FHLMC) 三大機構收購住宅金融廠商承作的住宅放款，進行標準化為群組 (pooling)，再由政府信用保證後發行抵押擔保證券 (mortgage-backed security, MBS)，此即金融資產證券化的起源。在 1980 年代中期，金融業將汽車放款、信用卡放款、工商放款等放款債權及企業應收帳款、租賃放款等作為擔保品，用於發行資產擔保證券 (asset-backed security, ABS)。

金融資產證券化屬於特殊目的信託，立法院於 2002 年 6 月 21 日通過金融資產證券化條例，台灣工銀率先在 2003 年 11 月推出企業放款債權受益憑證。凡是資產預期在未來可以產生現金流量者，均可進行金融資產證券化，如：銀行的不動產抵押債權、信用卡或汽車放款等風險性資產。若能將此類債權以證券型態售出換取現金，不僅大幅降低風險，且將收取的現金再作投資，循環操作下的手續費收入相當可觀，缺點為留置於資產組合中未證券化者，可能多屬不良資產。

表 3-1　資產證券化類型

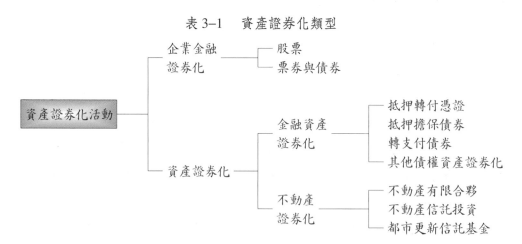

3.不動產證券化 (real estate securitization)：不動產證券化係結合不動產市場與資本市場，將不動產價值由固定資本型態轉化為流動性資本證券，促使投資不動產資金得以直接向資本市場籌措。換言之，不動產證券化將缺乏流動性之

不動產商品分割為類似公司債或受益憑證的標準化單位,透過證券化而賦予流動性,台灣工業銀行於 2003 年 8 月推出全國首件不動產證券化商品。

3.3.3. 抵押擔保債權證券化

GNMA 在 1970 年發行以抵押權為擔保的抵押擔保證券 (MBS),包括抵押轉付憑證 (mortgage pass-through certificate)、抵押擔保債券 (mortgage-backed-bond)、轉支付債券 (pay-through bond) 與其他債權抵押證券四種型態。

1.抵押轉付憑證:銀行將到期日、利率與性質類似的抵押放款作為抵押債權群組,委託信託公司代管,然後發行抵押轉付憑證,變相將放款契約出售,銀行僅代為管理放款資產組合、提供催收本息等服務,將本息扣除手續費的剩餘部分直接支付投資人,抵押轉付憑證之抵押群組與證券之現金流量存在直接關係。

2.抵押擔保債券:銀行以抵押放款為擔保發行債券,抵押放款群組屬於銀行資產,抵押擔保債券則是銀行負債,抵押放款群組產生的現金流量並非支付債券本息的資金來源。銀行發行抵押擔保證券募集資金,需提供超越發行價格之超額擔保,超額擔保率應維持在發行面額 125%～240%,若要取得較高信用評等等級,擔保率須在 180% 水準以上。擔保價值每季評價一次,一旦價值低於債券票面價值,發行者須立刻補足抵押放款作為擔保。

3.轉支付債券:以前述兩者為擔保而發行的債券,屬於發行者債務,兼具抵押轉付憑證及抵押擔保債券兩者的特質。該類債券以抵押擔保債權產生的本息作為轉支付債券的本息,發行者無須折價發行,並能提升抵押債權流動性。由於抵押放款衍生之現金流量可依序償還不同到期期限的債券本息,故能修正抵押轉付憑證存在現金流量不確定性的缺陷,符合投資人長短期投資需求。

4.其他債權資產證券化:自 1980 年代中期以後,資產證券化活動逐漸擴大至包括銀行及汽車融資公司擁有之汽車放款債權擔保證券化、發卡銀行持有之信用卡放款債權 (CARDS) 證券化、大型企業持有之應收帳款債權證券化(台灣工業銀行於 2004 年率先推出世平興業公司應收帳款證券化)、以及租賃債權擔保發行租賃擔保債券 (lease backed notes) 等四種。

3.3.4. 不動產證券化

本質上，不動產具有投資金額龐大、缺乏移動性、無法分割等特質，開發過程需要投入大量人力、資金、時間與專業知識，屬於高風險資產。為擴大投資參與層面、提升市場流動性以加速資金回收，美國於 1960 年代首先發展不動產證券化，日本於 1980 年代引進，成為開發大型不動產的利器。金融當局為推動都市更新，採取不動產證券化策略，由財政部公布實施都市更新投資信託公司設置監督及管理辦法、都市更新投資信託基金募集運用及管理辦法，採用土地信託模式，不動產證券化在臺灣正式跨進一步。

立法院於 2003 年 7 月通過不動產證券化條例，建立抵押權次級市場與不動產信託制度。前者係指信託公司發行憑證募集資金後，向銀行承購不動產抵押放款債權。後者允許投資信託公司發行債券募集資金，專款專門投資特定不動產商品開發案。

美國不動產證券化採取兩種策略：①不動產有限合夥 (LP)：追求投資不動產的節稅效果；②不動產投資信託 (REIT)：類似一般基金，信託公司向投資人募集資金後，將多數資金投資於不動產開發、商場經營、住宅商品或抵押放款等，未來收益將視該投資獲利與否而定。資產信託較類似實體信託，受託者接受實體不動產個案的代理經營管理，亦可藉此個案對外發行權益型證券。該類信託劃分如下：

1. 直接所有型 (equity REIT)：直接擁有不動產或與其他公司共同出資而擁有不動產，投資標的包括購物中心、公寓、醫療中心、辦公大樓、飯店與旅館等已經營運的不動產，預期報酬率包括投資不動產增值與租金收入。

2. 間接所有型 (mortgage REIT)：從事土地購買融資或投資開發、建設融資抵押放款，擴大增加對附轉換債權的參與投資抵押放款 (participation loan)。該類型 REIT 投資開發建設的風險較高，預期收益率雖然較高，實際收益率變異性卻相當大，且對市場利率變動非常敏感。

3. 混合型 REIT (hybrid REIT)：綜合前述兩者，除直接擁有不動產外，並且從事抵押放款融資，享受不動產增值的資本利得及固定利息收入，收益較間接

所有型 REIT 穩定。

隨著資產證券化活動盛行,不動產信用證券化與不動產證券化迅速躍居資本市場的熱門投資工具。前者係指不動產金融廠商（如: 土地銀行）以放款債權轉化為債券,不動產信用透過證券化轉變為流動資產,亦即以不動產為擔保品借貸資金而予以證券化,使不動產價值轉化為流動的金融資本,投資人可透過公開市場自由轉讓。兩者差異性可用表 3–2 比較。

表 3–2　不動產信用證券化與不動產證券化之比較

類 型　　項 目	不動產信用證券化	不動產證券化 （不動產基金）
1.特 色	銀行將不動產抵押權證券化,尋求資金融通。	結合資本市場與不動產市場,提升不動產與資金運用效率。
2.證券形式與性質	包括抵押證券與不動產債券,前者因含物權性質不得於證券市場買賣,後者則可。	包括股票、受益憑證,可於股票市場交易而為資本性債券。
3.發行機構	銀行	不動產投資公司
4.融資對象	無特別限制	不動產投資公司
5.扮演角色	單純的融資功能	直接參與不動產經營,或以融資方式間接參與。

3.4.　貨幣定義類型

3.4.1.　貨幣定義方法

表 3–3 顯示研究貨幣定義的方法可分為兩類:

1.功能性或制度性方法 (functional or institutional approach): 依據貨幣在體系扮演角色規範, 這些功能屬於事前或主觀認定, 故稱為先驗或規範性方法 (priori or normative approach)。在功能性方法中, 基於新舊觀點貨幣供給理論看法的歧異性又分為兩者:

⑴舊觀點 (old view)：古典學派基於貨幣數量學說 (quantity theory of money)，指出景氣循環與銀行發行的存款負債變化息息相關，而依存款性質再分成兩種貨幣定義方式：①交易方法：強調貨幣扮演交易媒介角色，凡能作為交易媒介的資產均應納入貨幣定義範疇。②暫時購買力儲藏處方法：Friedman 定義貨幣為出售商品所獲價值的暫時儲藏處，凡是滿足該項功能的資產均應納入貨幣定義範圍。

表 3–3　貨幣定義方法

⑵新觀點 (new view)：新 Keynesian 學派基於可運用資金理論 (fund availability theory)，指出銀行創造流動性資產 (liquidity asset) 或銀行信用，將是融通經濟成員預擬支出計畫的主要資金來源，從而直接影響經濟活動。是以央行觀察景氣循環的焦點，在於體系內流動性資產或銀行信用數量的變化，故又稱為流動性方法。

2. 實證方法：功能性方法基於「貨幣是什麼」(what money is) 來規範貨幣範圍，卻無法指出何種貨幣定義最能解釋景氣循環變化。Friedman 與 Schwartz (1963) 認為最適貨幣定義不能脫離實用範圍，採取實際資料證明何種定義之貨幣數量與經濟活動間的關係最密切，此種方法解決「貨幣做了什麼」(what money does) 的困惑，屬於實證經濟學 (positive economics) 範疇。其中，Friedman 與 Schwartz (1970) 發展判定係數方法 (coefficient of determination approach)，強調貨幣定義並非本於原則性而係在於其有用性。稍早的 Friedman 與 Meiselman (1963) 認為貨幣與景氣循環存在密切關係，採取迴歸分析驗證何種貨幣定義最能反映經濟活動變化，並以判定係數高低作為取捨標準。

3.4.2.　交易方法

在交易過程中，人們為降低不確定性與交易成本，選擇特定商品作為交易媒介。當貨幣扮演交易媒介角色時，僅需強調交易順利進行或債權債務移轉過程，後續的債務清償問題未在討論範圍內。不過 Goodhart (1975) 特別重視債務清償結果，偏好將貨幣視為支付工具，強調貨幣在實際支付過程中為大眾廣泛接受與銀貨兩訖的特質。由於貨幣扮演支付工具與交易媒介兩種角色，依據兩者定義貨幣範圍的方法即稱為交易方法，並將出現兩種不同定義：

㈠ M_0 貨幣定義

Irving Fisher (1911) 定義貨幣為：「任何財產權在交換過程中能被廣泛接受者」，是以能夠充當支付工具，或由央行發行在外流通的通貨淨額 (net currency, C^P) 即是 M_0 貨幣定義：

$$M_0 = C^P$$

該定義相當於基礎貨幣 (base money, M_B)、貨幣基礎 (monetary base)、強力貨幣 (high powered money, H) 或國內稱為準備貨幣 (reserve money)：

$$M_0 = M_B = C^P + R$$

M_0 貨幣組成項目屬於支付工具，支付交易活動屬於銀貨兩訖：①央行發行流通在外由大眾持有之通貨淨額，係由央行發行之通貨毛額 (gross currency) 扣除央行（應付公開市場操作及日常支付需求）與銀行（應付日常支付需求）持有之庫存現金；②銀行吸收存款提存準備 (R)，包括存在央行準備帳戶的存款與銀行的庫存現金。古典學派在 19 世紀中葉進行政策辯論時，通貨學派 (currency school) 強調央行必須採取全額的黃金準備，才能控制活期存款 (demand deposit, DD) 擴張，消除當時之通貨膨脹，亦即央行應該採取釘住 M_0 貨幣定義策略，方能達成穩定經濟活動運行的目標。爾後，Fisher (1930) 指出銀行發行活期存款不可視為貨幣的理由是：在國民財富帳 (national wealth account) 上，活期存款既是人們的資產，也是銀行負債，兩者互相抵銷而非淨財富。此外，人們使用支票交易，將需經過票據交換所交換且獲清償，方能實現整個交易過

程，除非透過法律規範或制度上慣性使用的強制力量，否則支票並非為人們廣泛接受。

最後，新臺幣發行餘額成長率長期偏低，原因可歸咎於金融創新盛行、塑膠貨幣成長迅速、景氣衰退導致人們現金需求下降。一般而言，國內通貨發行淨額自每年的尾牙開始逐漸攀升，農曆春節的除夕達到高峰，金融環境將趨於緊縮，貨幣市場利率呈現逐日攀高現象。隨著春節假期結束，流通在外的通貨在元宵節後逐漸回籠銀行，金融環境日益寬鬆，貨幣市場利率遂由高檔滑落。另外，當銀行營運陷入困境，遭致擠兌導致大量現金由銀行外流，通貨發行淨額成長率將會攀升，金融環境趨於緊縮。

㈡ M_{1A} 貨幣定義

銀行發行支票帳戶賦予交易媒介功能，降低大額交易的成本與風險，將取代部分通貨的使用。是以 Robertson (1959) 定義貨幣為：「任何商品若能廣泛作為交換工具，或在清償各種營利性債務時能夠被接受者」，亦即將焦點放置在商品能否作為交易活動的中介工具，而不強調是否具有等值互償功能。在 19 世紀中葉的政策大辯論中，銀行學派 (banking school) 率先採用 M_{1A} 貨幣定義，直至今日許多國家的央行仍強調該定義：

$$M_{1A} = C^P + DD$$

DD 是活期存款淨額 (net demand deposit) 係指活期存款毛額（包括活期與支票帳戶餘額），扣除在票據交換所等待交換的票據或稱遺失的貨幣 (missing money)，再加上外商銀行在本國央行的活期餘額 (demand balance)。M_{1A} 定義的特色是：通貨與活存分別屬於央行與銀行發行之負債，支票與活期存款具有高度流動性，但基本差異為：人們持有支票帳戶將可簽發支票使用，免費享受銀行提供票據交換、安全性與對帳等金融勞務，是以銀行不支付利息。至於經濟成員（尤其是法人機構）持有活期帳戶，需憑存摺或與銀行約定方式隨時提取，無法簽發支票使用，銀行支付些微利息。

人們利用支票完成大額交易，方便性與安全性顯然優於現金。不過支票僅是交易媒介而非支付工具，交易完成另外反映新債權債務關係的成立，取得支

票者需將支票存入銀行帳戶，透過票據交換所清算，若獲清償而未退票，債權債務問題才算完全了結。是以人們接受支票前，必須評估發票人的信用，而衡量接受票據的風險或觀察民間信用狀況變化的總體指標包括：

1.淨退票張數比率：退票張數與總支票交換張數扣除註銷退票記錄者的比率，係為景氣循環的落後指標，在景氣衰退之際，退票張數比率傾向於上升。央行自 2001 年 7 月實施票信管理新制，將存款不足、提存備付或重提付訖期限，由原先的 7 個營業日內延長為 3 年，為配合該項制度實施，央行將存款不足退票資料分析改以毛退票統計，為統一比較基礎，回溯自 1996 年起的數據均改以毛退票基礎統計，此即毛退票張數比率。

2.退票金額比率：退票金額與總支票交易金額的比率，亦為景氣循環的落後指標，當景氣衰退之際，退票金額比率將較平時上揚。

3.退票家數（支票拒絕往來戶）。

3.4.3.　暫時購買力儲藏處方法

隨著網路通訊技術進步，金融處理技術創新活動競相出爐，電子資金移轉制度已經成為金融交易清算制度的主流，進而帶動信用卡、簽帳卡與電子貨幣等金融商品盛行。此種支付制度變革與金融商品創新，大幅提升儲蓄帳戶流動性，成為取代人們使用 M_{1A} 的誘因。尤其是塑膠貨幣使用與電子商務市場蓬勃發展，刺激銀行積極推動支付制度改革，促使人們大幅削減以 M_{1A} 型態保有交易餘額，轉而提升持有儲蓄帳戶餘額。此種現象造成央行察覺以 M_{1A} 餘額變化衡量經濟活動變遷，將會發生重大誤差，從而改採貨幣係為購買力暫時儲藏處的觀點來規範貨幣範圍。

(一) M_{1B} 貨幣定義

隨著金融廠商與非金融中介的競爭日趨激烈，尤其是銀行推動支付制度改革，創新焦點集中在提升儲蓄帳戶流動性與推動電子資金支付制度，兩者對削減支票與活期存款餘額發揮極大影響力。換言之，支付制度變革大幅提升儲蓄帳戶的貨幣性，央行若要精確掌控貨幣數量，銀行的儲蓄存款餘額必須納入貨幣定義範圍，M_{1B} 貨幣定義自此出爐：

$$M_{1B} = C^P + DD + SD$$
$$= M_{1A} + SD$$

上式中的 SD 僅限於存款貨幣機構的儲蓄帳戶餘額，郵匯局吸收的郵政存簿儲金則排除在外。值得注意者：郵匯局是國內吸收存款資金最多的準銀行，但卻未直接授信，資金運用方式包括購買公債、股票、拆款與轉存其他銀行（包括轉存央行）。換言之，銀行吸收存款經由授信過程讓資金回歸體系，透過借款者回存過程而具有擴張效果。反觀郵匯局吸收郵政存簿儲金，轉存央行部分高達 1.1 兆元，勢將形成銀根緊縮效果，兩者吸收存款後發揮的效果迥異，故將郵政存簿儲金排除於 M_{1B} 貨幣定義之外。

一般而言，人們從事商業活動與金融操作，多數運用儲蓄帳戶或 M_{1B} 貨幣進行清算，故其餘額將反映潛在購買力或短期將付諸執行的購買力。M_{1B} 成長率遞增將推動景氣趨於熱絡，反之，景氣將趨於停滯或衰退景象。在金融活動中，M_{1B} 貨幣變動具有下列特性：

1. 構成 M_{1B} 貨幣的各種存款周轉率若同時呈現下降趨勢，將反映股市行情趨於下跌。

2. M_{1B} 是央行擬定貨幣政策的訊息變數 (information variable)，而非直接主導的控制變數 (control variable)。M_{1B} 成長率變化提供人們判斷金融市場與未來景氣循環脈動的訊息，屬於領先景氣變動之領先指標。

最後，存款回轉次數係指在一定期間內，每元存款存入銀行帳戶及提領次數，將顯示存款貨幣的流通速度 (velocity) 快慢。其中，支存、活存和活儲隨時進出帳戶，回轉次數高低與各類交易活動頻繁與否的關係相當密切，可反映經濟景氣、商業活動以及金融市場交易的熱絡程度。有關存款回轉次數的計算公式如下：

$$年回轉次數 = (\frac{全月借記總額}{當月每日平均餘額}) \times (\frac{全年營業日數}{當月營業日數})$$

上式係指固定期間內各類存款之借記總額（存款者在一定期間內提領存款的總金額），與該期間內各類存款平均餘額的比值，再乘上全年營業天數占當月營業天數的倍數後，即是按年計算之回轉次數。在不考慮制度性因素下，景

氣變動和股市榮枯是影響活存和活儲回轉次數高低的主要因素,商業性或金融性交易活動愈趨活絡,存款進出銀行次數就愈頻繁,如:中共軍事演習陰影在 1996 年 3 月消除後,臺灣股市在 4 月呈現大幅反彈,活期存款回轉次數立刻由 3 月的 82 次大幅躍升至 104 次,爾後也與股市變化維持亦步亦趨的密切關係。爾後,股市價量在 1997 年農曆春節後頻創新高,發揮刺激消費效果,活存回轉次數寫下 133 次的新高記錄,新臺幣活存的流通速度創下有史以來最快水準。

㈡ M_2 貨幣定義

隨著央行將活期儲蓄帳戶餘額納入 M_{1B} 定義後,貨幣扮演的角色逐漸朝價值儲藏工具傾斜,再次引發何種金融資產需被納入貨幣定義的問題。尤其是金融自由化擴大金融業的競爭性,刺激創新短期高流動性金融資產(一年期以下),促使人們安排交易餘額時,將轉向持有部分高流動性金融資產,一旦面臨突發性資金需求,只要支付少許移轉成本,即可轉換這些金融資產成為現金。是以央行擴大貨幣定義如下:

$$M_2 = M_{1B} + Q$$

Q 是準貨幣 (quasi-money) 或近似貨幣 (near money),包括銀行定期存款、郵政儲金總數(包含劃撥儲金、存簿儲金及定期儲金)、外匯存款(含外幣定期存單)、銀行及郵匯局之證券附買回交易 (repurchase agreement, RP)、外國人持有新臺幣存款(含活期及定期)等五種。這些資產僅具價值儲藏功能,特質是流動性較低、存在一定期限。其中,郵匯局吸收郵政儲金與銀行吸收外匯存款,將對金融環境形成緊縮效果,理由是:前者無法直接從事授信活動,部分資金轉存於在央行的帳戶;後者係投資人將臺幣資金以外幣計價方式存入銀行,到期僅能領回臺幣的本息。銀行吸收外幣計價的存款負債,為求規避匯率風險,將需買進等值的外匯資產部位持有,無法從事臺幣資金的授信活動,故將造成臺幣資金緊縮狀況。

M_{1A} 與 M_{1B} 貨幣各自反映不同涵義,前者屬於交易媒介反映立即變現的購買力,後者屬於在某段期間預擬執行的潛在購買力,兩者同屬活動餘額的一環。反觀 M_2 貨幣反映暫時儲藏價值概念,其中的準貨幣附有期限,係列入閒置餘

額範圍。從金融操作的技術分析 (technical analysis) 觀點來看，M_{1B} 與 M_2 成長率變化的相互關係經常作為評估股市脈動的技術指標：

1. 黃金交叉 (golden cross)：當 M_2 與 M_{1B} 成長率曲線同時往上攀升，出現兩者相交、後者超越前者的現象，則該交點稱為黃金交叉。由於人們將資金由 M_2 移往 M_{1B}，造成股市資金充沛而可能出現多頭 (bull) 走勢。

2. 死亡交叉 (dead cross)：當 M_2 與 M_{1B} 成長率曲線同時向下滑落，出現兩者相交、前者超越後者的現象，則該交點稱為死亡交叉。由於人們將資金由 M_{1B} 移往 M_2，造成資金撤離股市而可能反轉呈現空頭 (bear) 走勢。

就流動性及交易功能來看，$M_{1A} \succ M_{1B} \succ M_2$，是以 M_{1A} 及 M_{1B} 經常用於衡量股市動能強弱的指標。從歷史資料來看，當股市下跌時，M_{1A}、M_{1B} 呈現同步下跌走勢，原因是：當 M_{1B} 成長時，可供投入股市的資金增加，股價上漲機率較大；反之，當 M_{1B} 減少時，股市的資金動能不足，股價下跌機率較大。不過 M_{1B} 成長率偏高將會引發通貨膨脹及股市泡沫化的疑慮，是以央行追求維持股市不要過熱或刺激股市繁榮時，通常採取調控 M_{1B} 貨幣數量的策略，來間接影響股市漲跌。

圖 3–2 是 1998 年第一季至 2003 年第三季的 31～90 天期的商業本票利率，以及 M_2 與 M_{1B} 年成長率曲線。該圖形顯示：商業本票利率呈現持續下降趨勢，由 1998 年第一季的 7.75% 下降至 2003 年第三季的 0.80%，M_2 成長率由 9% 緩步下跌至 5.7%，M_{1B} 年成長率則呈現劇烈波動狀況。M_{1B} 年成長率在 1998 年第三季由 −3% 逐步上升至 2000 年第二季的 19.4% 時，臺灣加權股價指數亦呈現上漲現象。自此以後，M_{1B} 年成長率下降至 2001 年第三季 −5.4%，此時股價指數亦呈現下跌現象。同樣的，爾後的 M_{1B} 年成長率的波段漲跌，亦反映在股價指數的波段漲跌。

值得注意者：隨著銀行存款利率持續逼近零利率水準，人們競相將儲蓄存款轉向淨收益較高的債券基金或貨幣基金，帶動兩者規模持續擴大，助長直接金融取代間接金融效果，除衝擊銀行資金來源外，並促使銀行放款與投資年增率下降，造成 M_2 成長率萎縮。尤其是當投資人購買或贖回債券基金時，將衝擊銀行資金來源的穩定性。以法國和美國為例，前者將債券基金扣除存放銀行

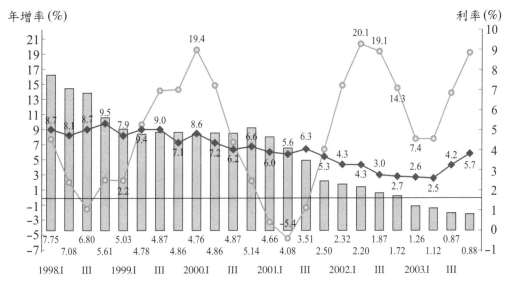

資料來源: 央行金融統計月報

圖 3–2　商業本票利率、M_{1B} 與 M_{1A} 成長率的關係

後的餘額列入 M_2 計算，後者更考慮債券基金是投資人持有存款以外的重要儲蓄管道，扣除銀行持有債券基金部位後，將餘額列為決定貨幣政策的貨幣監控指標參考。至於臺灣的央行另外將國內債券基金視為準貨幣而納入 M_2 中，M_2 年成長率將較原先定義內容提升 1.5%。

3.5.　流動性方法

3.5.1.　流動性的定義

一般而言，貨幣顯著異於生息資產之處是具有優越的流動性，若再賦與扮演價值儲藏角色，勢必引起貨幣、政府債務與金融廠商負債間互相替代之確定問題。換言之，貨幣扮演交易媒介角色幾乎無替代品，轉型成為價值儲藏工具

時，近似代替品則有如過江之鯽。稍早的 J. M. Keynes (1930) 運用間接方式說明流動性概念，指出銀行授信應該依據國庫券、銀行放款或承兌匯票以及投資（證券），最後才是從事墊款 (advance) 的順序而行。爾後，Hicks (1962) 與蔣碩傑院士 (1969) 擷取 Keynes 的比喻，從三個角度衡量資產的流動性：

1.市場性：金融資產是否存在次級市場 (secondary market) 與資產交易活絡程度係決定流動性的主要因素，而資產市場性與流動性可用成交值衡量。舉例來說：公司股票若在公開市場掛牌交易，將代表該股票具有市場性。不過股票流動性仍需視交易活絡性而定，若是屬於冷門股而長年未見成交，流動性將顯著偏低。

2.通告時間 (notice time)：係指資產以合理市價變現所需時間，通告時間愈長代表流動性愈低；反之，時間愈短顯示流動性愈高。另外，人們緊急拋售資產，成交價格與市價的差距愈小，顯示資產流動性愈高。舉例來說：在營業期間內，投資人出售上市股票至取得現金約需 2 日，並能以當時市價順利出售，顯示股票具有高度流動性。投資人出售票券立即取得現金，且依當時掛牌利率成交，流動性遠高於股票。反觀房地產缺乏健全次級市場，投資人急於拋售，勢必蒙受遠低於合理市價的重大損失，流動性顯然偏低。

3.價格穩定性：在交易過程中，資產價格變異性可用於衡量流動性，人們若能隨時以穩定價格變現資產，意味著資產流動性較高。舉例來說：上市股票價格將因訊息傳遞而瞬息萬變，投資人出售股票價格將隨市場行情隨時變動，股價變異性極大顯現流動性較低。投資人係依票券公司的牌告利率隨時出售票券，利率變異性低，流動性遠高於股票。反觀投資人出售房地產，在缺乏次級市場與訊息不全下，價格變異性極大而甚難掌握確切成交價格，顯示流動性偏低。

3.5.2. 流動性負債與資產

瞭解流動性內涵後，Gurley (1960) 嘗試以流動性資產取代貨幣，認為金融廠商發行的流動性負債將對經濟活動發揮重大影響，是以央行改從流動性的角度，針對金融業的資產負債表內容，分別定義兩種流動性概念，進一步掌握經

濟活動脈絡。

(一)流動性負債 (liquidity liability, L) 方法

在固定期間內，家計部門安排交易餘額時，通常持有現金與儲蓄帳戶，以利支出活動順利進行，是以 M_0 至 M_{1B} 貨幣可說是從家計部門安排最適交易餘額組合觀點，說明貨幣定義範圍。反觀法人機構保有交易餘額，特性迥異於家計部門，並且無法持有活期儲蓄帳戶，但在追求降低交易成本下，將運用現金管理技術，以高流動性的近似貨幣保有周轉金。近似貨幣屬於金融廠商發行的負債，央行基於掌握整體交易餘額組合內容的變化，遂將體系內的流動性負債定義為包括 M_2、信託投資公司之待確定用途新臺幣信託資金、人壽保險準備、指定用途新臺幣信託資金、企業及個人持有之金融債券、央行儲蓄券與乙種國庫券等金融資產，用於掌握經濟活動的真正脈動。

(二)流動性資產

新觀點貨幣供給理論主張非銀行金融廠商與銀行運用資金，係以對廠商與家計部門授信（放款或投資證券）為主，提供資金使其順利執行投資與消費計畫，進而影響經濟活動運行。承襲新觀點說法的新 Keynesian 學派代表作《Radcliffe 報告》(1959)，認為貨幣雖是流動性資產的一環，但真正影響體系支出的因素，乃是人們透過融資取得的流動性數量而非貨幣數量。央行應該關切體系內流動性資產數量，而非特別強調原有的貨幣概念，方能更精確掌握經濟活動脈絡。

《Radcliffe 報告》結論及新 Keynesian 學派均主張，金融廠商（包括銀行、信託投資公司與壽險公司等）發行存款負債與非存款負債吸收資金，透過放款與投資過程創造銀行信用，成為私部門擁有流動性資金的主要來源。不論從實證調查報告或央行決策過程來看，央行通常較重視金融廠商如何安排資產內容，組合方式不同將會影響授信能力，進而改變實質部門支出行為，甚至於影響總體經濟活動運行。

由於金融廠商擁有資產種類繁多，每項資產變動造成的效果均不相同，對體系內信用數量及內容的變動亦不相同，是以新 Keynesian 學派主張央行應該重視金融廠商進行放款及投資所創造之銀行信用或流動性數量，並將銀行放款

與投資的年增率趨勢作為擬定貨幣政策的重要指標。尤其是當體系發生通貨膨脹時，央行應對金融廠商授信活動加以管制。

最後，央行要求銀行須就其支存、活存、活儲、公庫存款（扣除國庫轉存款）淨額的總和，按法定比例 7% 持有包括超額準備、銀行互拆借差、國庫券、可轉讓定期存單借差、銀行承兌匯票、商業本票、公債、公司債、金融債券等資產，以維持銀行資產的適度流動性，此即稱為流動準備或次級準備 (secondary reserve)（銀行法第 43 條與中央銀行法第 25 條）。

▲ 3.6. 實證性貨幣定義

由功能性方法來規範社會上的貨幣範圍雖然均能言之成理，然而央行若要據此作為選擇適當的貨幣定義，仍有無從判斷的困擾。為解決此問題，貨幣的實證性定義方法紛紛出籠，其中又以判定係數方法最具實用性。

貨幣學派的 Friedman 與 Meiselman (1963) 觀察總體資料的實際變化，演繹出貨幣性景氣循環理論，亦即經濟活動呈現循環性波動起伏乃是貨幣數量發生變化所致。有鑑於此，兩人基於貨幣數量學說的看法，認為在流通速度維持穩定的狀況下，貨幣數量擴張透過實質餘額效果 (real balance effect)，將促使體系支出及名目所得增加，進而影響經濟活動運行。

依據貨幣數量學說，貨幣數量與經濟活動的關係可表為：

$$MV = Py = GDP$$

M 是貨幣數量，V 是貨幣的流通速度，P 是物價水準，y 是實質產出，GDP 是國內產出毛額。就上式取變動量，可得貨幣變動量 (ΔM) 與流通速度變動量 (ΔV) 之和等於名目所得 $(Y = GDP)$ 變動量：$(\Delta M \cdot \Delta V = 0)$

$$\Delta M + \Delta V = \Delta Y$$

基於上述的變動量關係，兩位學者設定迴歸方程式如下：（u 是干擾項）

$$\Delta Y = a + b\Delta M_i + u$$

同一期間，St. Louis 模型擴大貨幣學派想法，考慮各期貨幣數量與支出 (E_i) 對名目所得或物價水準的影響，設定下列兩條迴歸方程式：（u_t 與 v_t 是干擾項）

$$Y_t = a_0 + \sum a_i M_{t-i} + \sum b_i E_{t-i} + u_t$$

$$P_t = a_0 + \sum a_i M_{t-i} + \sum b_i E_{t-i} + v_t$$

接著，我們利用國民所得與各種貨幣定義的時間數列資料驗證上述迴歸方程式，Friedman 與 Meiselman 採取兩個準則選取最適貨幣定義：

1. 首先將功能性方法定義之貨幣數量，如：M_0、M_{1A}、M_{1B}、M_2 等項目分別代入上式中的 ΔM_i，各自進行實證研究後，選擇其中判定係數 (R^2) 或解釋能力最高者、係數 b 的 t 值顯著（假設顯著水準為 5%）且符號須為正值者，此時貨幣性資產將對名目所得變動發揮正面的影響力。依據貨幣數量學說看法，惟有貨幣性資產被列入交易餘額或活動餘額組合，對名目所得變動發揮推波助瀾的正向效果時，方可納入貨幣定義範圍內。隨著央行選定貨幣定義後，執行貨幣政策所需監理的金融廠商範圍隨即決定，而須負擔的監理成本也跟著決定。

2. 在眾多實證結果中，若是出現下列類似 $R^2 = 0.89$ 與 $R^2 = 0.899$ 解釋能力異常接近的實證結果，基於成本效益觀點，央行無須為求增加些許解釋能力的好處而負擔較大的執行政策成本，可考慮放棄 M_2 而改選 M_{1B}。然而為求慎重起見，央行須進一步驗證 M_{1B} 在增加準貨幣項目而成為 M_2 後，對增加解釋能力發揮的影響。

$$\Delta Y = 4590 + \Delta 0.89 M_{1B} \qquad\qquad R^2 = 0.89 \quad \cdots\cdots \text{(a)}$$
$$(2.01) \quad\;\; (2.32)$$

$$\Delta Y = 5156 + \Delta 0.85 M_2 \qquad\qquad R^2 = 0.899 \cdots\cdots \text{(b)}$$
$$(2.13) \quad\;\; (2.37)$$

央行可將 M_2 貨幣數量拆成各個單項貨幣資產數量，重新設定迴歸方程式，利用實際資料進行實證研究：

$$\Delta Y = a + b_1 \Delta C^P + b_2 \Delta DD + b_3 \Delta SD + b_4 \Delta Q \qquad R^2 = 0.919 \cdots\cdots \text{(c)}$$

針對新的實證結果，央行再依下列順序重新評估：

(1) 評估 R^2 值是否發生變化：如果新迴歸方程式的解釋能力高於(b)條方程式，意味著增加準貨幣這項變數對迴歸方程式將帶來擴增解釋能力效果，接受 M_2 貨幣定義顯然較為合理，反之則應改採 M_{1B} 貨幣定義。

(2) 變數的係數值是否顯著：在新迴歸結果中，每一單項變數的係數值若全

部顯著，M_2 貨幣定義將可接受。Q 變數的係數值若不顯著，將顯示僅有 M_{1B} 貨幣對經濟活動發揮正面影響效果。

(3)變數的係數值是否合乎理論要求：依據貨幣數量學說，當新迴歸結果中的所有變數的係數值均為正值，方能代表其為活動餘額的一環，須列入貨幣定義。一旦 Q 變數的係數為負值，反映其扮演價值儲藏角色，將被人們納入投資餘額或閒置餘額組合中，對名目所得波動產生抑制平緩的負面效果，應由貨幣定義中剔除，改採 M_{1B} 貨幣定義較為合理。

經過上述評估，實證結果若以第(c)條迴歸方程式最佳，央行選擇貨幣定義將是：

$$M_2 = C^P + DD + SD + Q$$

上述 M_2 貨幣定義稱為簡單加總貨幣 (simple-sum money)，構成 M_2 定義的每一貨幣性資產的貨幣性完全相同（等於 1）。實務上，Gurley 與 Shaw (1960) 認為各種貨幣性資產對通貨的替代性不盡相同，亦即貨幣性資產轉換為通貨所需耗費之時間成本或金融成本並不相同，促使各自的流動性亦有差異。是以直接加總相關的貨幣性資產價值，實不足以反映確實的流動性數量，必須另行瞭解每種貨幣性資產隱含的貨幣性或流動性數值。我們可將第(c)條迴歸方程式的結果重新整理如下：

$$\Delta Y = a + b_1\Delta C^P + b_2\Delta DD + b_3\Delta SD + b_4\Delta Q$$

$$= a + b_1(\Delta C^P + \frac{b_2}{b_1}\Delta DD + \frac{b_3}{b_1}\Delta SD + \frac{b_4}{b_1}\Delta Q)$$

$1 \succ \dfrac{b_2}{b_1} \succ \dfrac{b_3}{b_1} \succ \dfrac{b_4}{b_1} \succ 0$ 分別是活期存款、儲蓄存款與準貨幣的貨幣性。央行利用這些貨幣性作為權數，將可估算出體系內的權數加總貨幣 (weighted-sum money) 或貨幣等值 (money equivalent) 如下：

$$M^* = C^P + (\frac{b_2}{b_1})DD + (\frac{b_3}{b_1})SD + (\frac{b_4}{b_1})Q$$

3.7. 塑膠貨幣市場

3.7.1. 塑膠貨幣的起源

在 18 世紀中葉，美國的 Auther Morris 針對特定場所交易活動，發行「先享受、後付款」的信用卡，此即近代塑膠貨幣的起源。爾後，美國通用石油公司在 1924 年針對公司職員及特定客戶推出油品信用卡，促銷效果良好，吸引其他石油公司跟進發行，同時帶動電話、航空與鐵路等產業競相加入，信用卡市場正式邁入起飛階段。隨著大來卡 (Diners Card) 在 1951 年間世後，信用卡使用範圍從餐館擴及飯店、航空公司等旅遊業及零售店。美國運通公司 (American Express) 接續在 1959 年將發卡業務擴及美國境外地區，銀行同時提供循環信用 (revolving credit) 融資，提升持卡人消費彈性兼具賺取融資利息收入。

接著，美國商業銀行自 1966 年授權其他銀行發行 Bank Americard，成立 NBI 組織 (National Bank Americard Incorporated) 讓使用授權商標的銀行成為 NBI 的非持股會員，並積極擴充境外業務，且於 1977 年將 Bank Americard 改為 VISA 卡。同一期間，14 家東部銀行在紐約州水牛城成立銀行間卡片協會 (Interbank Card Association) 加入競爭，4 家加州銀行則在 1967 年組成西部各州銀行卡協會 (Western States Bankcard Association, WSBA)，推出 Master Charge 信用卡。該協會隨後加盟銀行間卡片協會，將 Master Charge 授與該協會使用，後者在 1970 年取得 Master Charge 的專利權而積極拓展國際市場，並於 1978 年更名為 Master 卡。日本三和、日本信販、三井、協和與大和銀行則在 1961 年成立 JCB 國際公司 (JCBI) 發行 JCB 信用卡，自 1981 年起開發國際業務、建立全球服務網路，迅速拓展國際發卡市場。JCBI 公司除建立廣大特約商店服務網外，並設置全球貴賓服務中心、諮詢服務處，提供全球持卡人旅遊資訊與其他服務，如：購買門票、預訂飯店、旅館、機票及租車等。

3.7.2. 信用卡的功能

信用卡兼具交易媒介與擴張信用（簽帳）性質，消費者在發卡機構（發卡銀行或信用卡公司）授予的信用額度內，在同一信用卡組織收單銀行 (acquirer) 的特約商店消費，而於一定期間後付款，具有準貨幣功能。特約商店將視本身資金周轉狀況，在數天至 1 個月向收單銀行請款。收單銀行墊付款項後，再透過國際組織或聯合信用卡中心，向發卡銀行收款、並進行清算作業。發卡銀行接受收單銀行的請款，再向消費者收取墊付款和其他費用。信用卡公司或發卡銀行為促銷信用卡，彰顯本身信用卡的特色，陸續衍生各種服務與附加價值，如：旅遊平安保險、海外急難救助、循環信用與彈性還款等功能。舉例來說，中國信託銀行成立中誌郵購公司、花旗銀行亦有郵購服務部門，為信用卡使用者提供郵購服務。此外，隨著國內信用卡市場蓬勃發展，保險公司紛紛與發卡公司策略聯盟，推出結合信用卡的保險商品，如：金卡與旅行平安保險、信用卡與消費貸款保險、運通卡與意外險等。

一般而言，信用卡具有替代現金與擴張個人信用的效果，提供的功能有二：

1.循環信用：發卡銀行授予消費者循環信用額度，消費無須支付現金，僅需在繳款日繳交最低額度，剩餘部分需支付利息。依時間先後次序，發卡銀行計算循環利息的起息日分為發卡銀行代墊持卡人的定款日，其次是對帳單的月結日，最後是繳款截止日。對消費者而言，最有利者是由截止日開始計息，最不利者是定款日。

2.預借現金 (cash advance)：信用卡屬於短期融資工具，消費者預借現金必須支付手續費和融資利息：①手續費率：持卡人從事跨行預借，須支付跨行手續費率。若在國外面臨急需，預借現金的手續費率將因地區不同而會調高至4%～7%。②融資利息：消費者在當期若未清償，預借額度將會滾入循環信用融資計算利息。

消費者利用信用卡預借現金無需提供保證人與擔保品，銀行將面臨高倒帳風險。為降低倒帳風險與每天須準備現金融通（負擔資金成本），銀行採取的策略包括大幅降低可預借額度與每次最高預借金額。銀行若控制預借額度得

宜，消費者預借金額將集中在某一級距，只要在這部分加強收費，將可產生最大盈餘效果。

人們運用信用卡進行消費活動，評估的因素包括：

1. 年費：年費是取得信用卡服務的主要支出。隨著信用卡公司、金融廠商與眾多服務業（如：百貨公司）紛紛介入信用卡市場，激烈競爭結果促使發卡機構採取免年費的促銷策略。

2. 寬限期 (grace period)：銀行將應付帳款到期日計入每月帳單，直至收到消費者清償帳款的免利息期間，寬限期愈長對消費者愈有利。消費者考慮寬限期時，應瞭解發卡銀行的定款日、對帳單的月結日、繳款截止日，避免徒得形式優惠，而喪失實質利益。

3. 超出信用額度 (overlimit)：消費者使用信用卡交易，需受信用額度限制。一旦消費總額超出額度，將面臨超出額度罰款。

4. 利率：消費者預提現金或未清償當月餘額，將須支付利息。計息方式分為固定和浮動利率二種，後者係由銀行選定某月或某季固定一日之利率指標加碼，作為當月或當季之信用卡放款利率。此外，發卡銀行規定選擇浮動利率計算者，當利率指標加碼高於當時固定利率，則以固定利率計算。

5. 延遲付款 (late payment) 及最低應付餘額 (minimum due)：發卡銀行要求消費者每月至少支付最低應付餘額，消費者未能支付最低餘額，將須負擔延遲付款之罰款支出。罰款愈低與最低應付款愈低，對消費者愈有利。

6. 其他：消費者利用信用卡提領現金，除考慮年利率外，必須考慮是否支付手續費用。有些發卡銀行並無該項費用，而此項費用高低亦不盡相同。

隨著塑膠貨幣市場蓬勃發展，各種類型與不同功能的塑膠貨幣競相出籠。為提升交易效率與方便性，金融廠商整合不同支付工具為一張卡，滿足消費者對多卡合一的功能性需求。華信銀行(改名為建華銀行)、合作金庫與 Master 國際信用卡公司合作發行 Combo 卡，結合金融卡、信用卡及轉帳卡的性質，組合多種消費金融及投資理財的功能，符合綜合性支付工具的使用趨勢，不僅方便消費者使用與管理，而且屬於國際性支付工具。表 3-4 係塑膠貨幣主要類型，包括信用卡、簽帳卡與儲值卡 (store-valued card) 三者的比較。

表 3–4　塑膠貨幣類型比較

	信用卡	簽帳卡	儲值卡
定　義	由發卡機構發行，僅能在特約商店使用，有信用額度限制。	消費者在設有電子現金扣帳器的商店消費時，將轉帳卡交予商家刷登，透過電腦連線至發卡機構，消費金額立即從存款帳戶轉出。	消費者先向發卡機購買儲藏現金價值的卡片，再持之向特約商店購物，通常用於小額消費。
使用限制	身分及信用額度查驗	商家需備有連線的讀卡設備，才能查詢消費者存款餘額是否充足。	利用掃描器讀取，快速方便。
付款時間	先消費後付款	消費當時付款	先付款再消費
優　點	使用及接受度相當普及		免除攜帶現金的麻煩及店家保有現金的風險。
缺　點	小額消費的障礙，使用磁條產生資料保密不足、冒用等安全性問題。		

⤴ 3.8.　電子貨幣的發展

3.8.1.　電子貨幣的特質

　　法國銀行係全球最早運用晶片卡技術，發行卡片附有晶片與磁條，晶片存在自行運算功能，存於晶片的資料透過加密方式確保完整性及私密性，一般的磁條卡僅具保存資料功能。Visa 與 Master 二大國際信用卡公司與歐洲支付公司 (Europay) 自 1995 年起合作開發 IC 卡國際標準，制定晶片卡與 POS 端末機之國際統一規格。Master 信用卡公司在 1996 年 11 月中收購 Mondex International 股權 51%，顯示其進軍 Smart 卡領域之企圖，臺灣則自 1997 年發行第一張國際通用的 IC 卡。

　　Visa 與 Master 信用卡公司發行現金卡，帶動國內銀行競相推動現金卡業務，促成支付工具創新發展。Master 卡公司於 1977 年 11 月在香港推出 Mondex 電子現金，國內則有財金資訊公司發行電子錢，但因特約商店據點不多，消費者尚未習慣使用，市場接受度並未擴大。另外，Master 卡公司、宏碁、富邦銀行合作在臺灣推出 Mondex 電子現金測試計畫，1999 年 10 月起在汐止宏碁大樓附近的特約商店、超商及速食店使用。

　　電子貨幣或數位貨幣係指發行者將消費者支付貨幣之價值，以電子、磁片或光學形式儲存在電子裝置，人們使用電子貨幣視同現金（銀貨兩訖），並非僅是傳送付款資訊，至於電子貨幣支付系統的缺點仍是傳輸過程及儲存的安全性問題。電子貨幣強調重複使用、仿冒、儲存等問題，而記錄式資金移轉系統則較關注付款資訊（信用卡卡號或銀行帳號）遭竊取問題，具體形式表現於電子資金移轉和電子現金兩種：

　1. 電子資金移轉：經濟成員持有銀行存款可在不同帳戶進行轉帳流通，故又稱電子貨幣。該類電子貨幣必須透過銀行或央行中介，金融廠商須擁有通訊網路與較高處理能力的電腦。至於電子現金係電子貨幣的延伸，提供人們享有銀行擁有的電子資金轉帳功能。

　2. 電子錢包：人們透過附有 IC 晶片的卡片，將存款由銀行帳戶轉出而儲存在晶片，再持電子現金卡至商店消費，屬於可再次存入資金的多用途預付卡。消費者使用電子現金，商店可節省數錢、找錢的後續處理成本，具有替代零錢（小額消費）的功能。舉例來說，電話卡屬於單一用途卡，只能用於打電話的特定部門，使用範圍因磁條技術而受限制。隨著積體電路技術發展，智慧卡出現而可用於支付多元化交易，如：公用電話、停車場、公共交通等提供的商品和服務，從而稱為多用途卡。當卡片儲存的貨幣價值用完，若未存入新的貨幣價值，將無任何用途。若引入可再存入資金的多用途卡，將形成無記名電子錢包（類似將現金裝入錢包），商店無需查詢銀行帳戶餘額，即可從買方的電子錢包向賣方的特殊終端進行轉帳（比利時 Proton 系統），或從一張卡向另一張卡進行轉帳（英國 Mondex 系統）。

　3. 在可公開查詢的網路基礎上提供電子現金服務，此係由提供服務的系統和參與的供應商集團達成多邊商業信用安排。供應商接收系統內的簿記信用而非現金和銀行轉帳支付，系統內的簿記信用可用於對其他參與者的借貸進行支

付，亦可以存入參與系統的銀行。這種虛擬現金的電子貨幣正進行各種測試，旨在透過使用網路進行匿名支付。

全球開發的數位貨幣主要分為兩種：

1. Digi Cash 公司的數位現金 (Ecash)：消費者以現金在銀行開立電子貨幣帳戶，再利用 Ecash 軟體檢視並下載電子貨幣至其電腦硬碟中。銀行驗證與認證電子貨幣的處所為 Ecash Mint，係生產儲存電子貨幣的地方。當消費者將資金由電子貨幣帳戶轉到 Ecash Mint 後，才能開始使用電子貨幣。本質上，數位貨幣屬於加密的序號，消費者將 Ecash 軟體產生的序號加密後傳到銀行，銀行以私密簽章簽核後再傳予消費者。消費者可以移轉數位貨幣到接受 Ecash 且在該銀行有帳戶的商店，商店收到數位貨幣將存入銀行帳戶。

2. Mondex 智慧卡：屬於離線交易，離線付款系統從儲值卡之電子資金移轉制度衍生而來。這種卡片持有預付帳戶資訊，且收卡片的商店通常由發卡銀行來收取交易金額，藉由嵌在這些卡片上的晶片即可轉移付款資訊。隨著智慧卡發卡公司開發網路介面設備後，亦可用於線上作業。智慧卡與 Ecash 使用方式類似，消費者可從銀行存款帳戶將資金轉入數位貨幣帳戶。不過 Mondex 智慧卡具有內建 Ecash Mint 的可攜式硬碟，安全性較 Ecash 為佳。

接著，再說明電子貨幣的特性如下：

1. 依據技術差異，電子貨幣區分為：①附在硬體的 (card-based) 電子現金：實體電子錢包，加裝微晶片的特殊可攜帶硬體載具，可用於記錄現金數量並攜帶此種電子現金，透過某種裝置（如：讀卡機、刷卡機之類）讀寫、變動卡上的現金價值。當卡上儲存之預付值耗盡時，將視產品性能再分為可重複儲值（如：Mondex 電子現金卡）與用完即丟（如：Visa 卡）兩種，兩者比較將列於表 3–5。②軟體形式的 (soft-based) 電子現金：考量網路的整體環境，將特殊軟體安裝在標準的個人電腦，透過網路將電子貨幣自銀行帳戶下載至個人電腦硬碟，透過網路使用電子貨幣進行交易。

2. 電子貨幣系統操作：電子貨幣屬於資產負債表上的負債，故以電子貨幣創製者和發行者最為重要。網路操作者及軟硬體提供者僅提供技術性服務，清算機構多為銀行，其提供之服務與其他非現金的支付工具並無多大差異。

3.電子貨幣價值移轉係依商品不同而有差異，並非皆需第三者始能進行交易。

4.在登錄交易資料時，將存在非常詳細、有限甚至是完全沒有的程度差異。

表 3–5　兩大現金卡類型的比較

發卡組織	Visa 現金卡	Master 現金卡
現金卡類別	用完即丟式	晶片基礎之儲值卡
優　點	1. 不需找零 2. 使用時不需密碼或授權 3. 替代小額現金 4. 不需申請	1. 不需找零、替代小額現金 2. 目標市場設定於現金支付之商店 3. 降低商店現金交易風險 4. 結合萬事達產品，提供發展相關卡片產品
平均每筆交易金額	NT 500 元以下	NT 80 元

3.8.2.　電子貨幣盛行的衝擊效果

網路與通訊技術進步大幅提升金融資訊傳送效率，金融電子化成為金融業營運方式的主流，並且刺激貨幣出現創新型態，如：信用卡、電子貨幣等，這些均屬託付在網路銀行而衍生的虛擬貨幣。電子貨幣或網路貨幣使用將促進經濟發展升級，大幅提升交易效率，不過貨幣性質與型態發生結構性變化，對經濟活動釀成的衝擊將是多方面：

1.電子貨幣改變貨幣定義內涵：網路銀行出現刺激電子貨幣創新，以數位化或虛擬化型態出現而部分取代傳統貨幣，實質上將與央行的鑄幣權發生強烈競爭，強力貨幣與 M_{1A} 定義將受到最大衝擊，理由是：電子貨幣數位化或虛擬化促使流通中的通貨數量減少，電子貨幣存在形式不穩定性，將對銀行吸收存款變異性造成擴大效果。

2.電子貨幣發行：電子貨幣若被視為數位化商品，任何零售商均可銷售數位貨幣。電子貨幣與旅行支票性質相同，一旦發行者倒閉，可能引發支付制度混亂之系統風險。為維持支付制度安全性與貨幣政策可控制性，金融當局應要求電子貨幣發行者接受與銀行相同的法律規範。

3.貨幣政策效果：電子貨幣類似旅行支票或現金，將取代部分通貨，提升貨

幣流通速度，影響貨幣需求穩定性。另外，電子貨幣出現透過改變強力貨幣及貨幣乘數而影響貨幣供給穩定性，進而衝擊貨幣政策效果。是以央行應評估將電子貨幣納入貨幣定義範圍，要求電子貨幣帳戶提存準備。

4.鑄幣稅收減少：電子貨幣視同現金，係以通貨為清算基礎，但可重複使用，交易成本低於支票及信用卡等支付工具，勢必影響央行的鑄幣權，降低鑄幣稅收入。

習 題

◉ 選擇題

1.針對下列敘述，何者正確？ (a)投資人競相將臺幣定存轉為外幣定存，對 M_2 貨幣定義將造成立即收縮效果 (b)當 M_2 成長率趨於擴大且 M_{1B} 成長率呈現萎縮時，未來股市預期將邁入多頭市場 (c)新臺幣發行餘額在農曆春節期間呈現暴增現象，金融環境將處於寬鬆狀況 (d)遺失貨幣數量的增減與票據交換速度息息相關。

2.依據央行訂定的 M_2 貨幣定義,何者並非屬於準貨幣範圍？ (a)個人及企業在貨幣機構之定期性存款 (b)外匯存款 (c)政府部門在銀行之活期性存款 (d)企業及個人持有銀行及郵匯局之附買回交易證券。

3.張三豐將活期存款帳戶資金轉存至定期存款帳戶，則: (a) M_{1B} 下降而 M_2 不變 (b) M_{1B} 不變而 M_2 上升 (c) M_{1B} 不變且 M_2 不變 (d) M_{1B} 上升而 M_2 下降。

4.央行經研處在解讀 M_2 成長率波動現象時,將可揭露何種涵義?

(a) M_2 成長率遞增顯示潛在的立即購買力遞增，通貨膨脹壓力將會擴大　(b) M_2 成長率擴大將隱含間接金融占有率隨之擴大　(c) M_2 成長率變異性擴大的原因，在於準貨幣與其他金融資產的替代性擴大　(d) M_2 成長率擴大將隱含銀行信用成長率同步遞增。

5. 體系內 M_2 與 M_{1B} 兩種貨幣定義的消長，將會形成何種效果？　(a) M_2 餘額必然大於 M_{1B} 餘額，是以前者成長率也將高於後者　(b) 隨著央行頻繁採取寬鬆貨幣政策時，將誘使人們將 M_2 轉向 M_{1B}　(c) 當 M_2 成長率與 M_{1B} 成長率同步遞減，兩者的趨勢線相交時，該點稱為死亡交叉　(d) 當 M_2 成長率上升速度超過 M_{1B} 成長率時，通貨膨脹與股市泡沫化的疑慮將會遞增。

6. 當人們偏好使用信用卡消費時，何者錯誤？　(a) 使用信用卡消費，對經濟活動將會造成擴張效果　(b) 人們透支使用信用額度，無需支付利息　(c) 以繳款截止日為利息起算日，對消費者最有利　(d) 信用卡的寬限期愈長，對消費者愈有利。

7. 金融創新活動自 1970 年代後期躍居金融業營運主流，何種現象屬於錯誤？　(a) 寶來證券致力於資產組合多元化活動，係屬金融創新的風險管理活動　(b) 台灣工業銀行積極推動放款證券化後，經營方向將轉向直接金融業務　(c) 第一銀行將房屋放款證券化出售，或以放款債權擔保發行金融債券，兩種取得資金方式對資產負債表的影響完全不同　(d) 玉山銀行投資玉山票券將是規避跨業經營限制的組織結構創新

◉ 問答題

1. 說明資產證券化的類型及對銀行造成之影響？

2. 中央銀行經濟研究處針對臺灣的各種貨幣性資產對臺灣景氣循環變動的影響進行迴歸分析，並且認為下列實證結果最佳：

$$\Delta Y = 3,000 + 0.8\Delta C^P + 0.64\Delta DD + 0.48\Delta SD + 0.24\Delta Q$$

上式中的係數值均符合 $\alpha = 5\%$ 的顯著水準。假設央行發布各種貨幣性資產的餘額分別為：$C^P = 1,000$、$DD = 2,000$、$SD = 3,000$、$Q = 4,000$。請回答下列問題： (a)央行應採何種貨幣定義？數量為何？ (b)各種貨幣性資產的流動性數值為何？ (c)體系內存在的流動性數量為何？

3. 試說明下列情況發生對 M_0、M_{1A}、M_{1B} 與 M_2 將會發生何種影響？ (a)股市邁向多頭環境、 (b)人們普遍使用信用卡進行消費活動、 (c)投資人將定存資金轉向債券基金、 (d)人們預期臺幣匯率大幅貶值。

4. 家計部門選擇將其儲蓄存入銀行的儲蓄存款帳戶或存入郵匯局的存簿儲金帳戶，不同選擇決策對各種貨幣定義將會造成何種影響？

5. 試評論：發卡銀行與信用卡公司積極推動人們使用信用卡或現金卡交易與透支，長期將會導致 M_{1A} 與 M_{1B} 成長率趨勢呈現不一致的現象。

6. 央行如何定義 M_0、M_{1A}、M_{1B} 與 M_2？試說明四者在經濟活動中分別扮演何種角色？

7. 金融創新的意義為何？體系內為何會出現金融創新活動？

8. 試說明美日之金融控股公司與歐洲之綜合銀行的異同。

2

第二篇

融資型態
與資產選擇

第4章 資金融通與金融監理

在固定期間，人們基於未來生涯規劃或未雨綢繆心思，預留部分當期所得應付未來之需，即是屬於盈餘單位 (SSU)。相對的，有些成員面臨意外事故或追求有利投資機會，致使當期入不敷出，即是屬於赤字單位 (DSU)。前者擁有剩餘資金，將面臨安排剩餘資金用途問題，是以透過資產選擇決策，形成各種資產需求（資金供給）。後者因入不敷出而發生資金需求，將面臨如何取得融資問題，是以透過財務結構選擇決策形成各種資產供給（資金需求）。一般而言，資金剩餘者與匱乏者分屬不同團體，要彼此情投意合頗有困難，金融廠商出面提供中介勞務 (intermediation service)，撮合雙方達到互通資金有無目的。完整的金融業包括金融市場、信用工具與金融廠商三者，共同實現溝通儲蓄與投資的基本功能，降低資金供需雙方所需負擔的交易成本與風險。

本章首先說明赤字單位採取的融資策略類型，進而探討金融雙元性的內容與非正式金融或地下金融體系的缺陷。其次，將探討臺灣的地下金融類型，包括民間借貸市場與地下金融市場。第三，將探討間接金融的貢獻，說明金融風險管理的發展趨勢，進而探討金融監理的類型與原因。最後，將說明金融自由化與金融國際化的內涵。

4.1. 融資策略與金融雙元性

4.1.1. 融資策略類型

在固定期間內，經濟成員基於時間偏好 (time preference) 與不同理由而有盈餘單位與赤字單位之分，前者忙於為剩餘資金謀求出路，後者四處奔走尋求融資。以廠商與政府部門為核心的赤字單位，面對當期營運活動或財政預算赤字引發的資金缺口時，廠商財務部門或財政部國庫署將評估資金需求數量（預算收支缺口）、性質與成本等因素後，再決定採取募集資金策略，而融資型態將涉及不同類型金融廠商的出現。

表 4-1 顯示：在融資活動中，廠商財務部門或財政部國庫署首先考慮內部

融資 (internal finance) 策略，此即同一經濟成員在不同時點相互融通。前者以累積的折舊、公積金與保留盈餘等內部資金融通目前的資金缺口，後者以過去累積的歲計剩餘支應目前的預算缺口。此種資金來源屬於安全性資金，資金成本最低廉（以安全性資產報酬率衡量），不過通常無法滿足重大投資計畫或公共支出所引爆的資金需求。

有鑑於此，廠商或財政部採取外部融資 (external finance) 策略，向其他盈餘單位募集資金，此即不同成員在同一時點相互融通資金。在向外募集資金的過程中，赤字單位（廠商）與盈餘單位相互直接融通，透過私人或地下錢莊借貸等方式達成資金交流，由於未受金融法律規範或監理，將歸入地下金融或非正式金融市場的範疇。同時，赤字單位（廠商）為獲取融資，必須提供盈餘單位（資金供給者）各種憑證，如：口頭信用 (parole credit)、帳簿信用 (open book credit) 或書面信用 (written credit) 等初級證券 (primary security) 以確認債務關係存在，該類融資屬於債務融資，而初級證券係指最終借款者發行的債務請求權。廠商向地下金融舉債，雖可免除向正式金融申貸的複雜程序，但是支付的利息成本遠高於正式金融，不但壓縮獲利空間，而且為清償較高的利息費用，可能轉向從事高風險、高預期報酬的投資活動，或陷入「以債養債」的惡性循環，反而擴大營運風險。

表 4-1　融資策略類型

其次，廠商向正式金融尋求融資，可採下列三種方式：

1.直接金融：廠商財務部門可選擇股權融資 (equity finance) 或債務融資 (debt finance) 策略募集資金。前者係指廠商在股票市場發行股票募集長期資金，屬於自有資金的一環。後者則是廠商在債券市場發行公司債募集中長期資金，或在貨幣市場發行商業本票、銀行承兌匯票募集短期資金。

2. 準直接金融 (semidirect finance)：廠商發行初級證券透過證券經紀商、交易商與投資銀行等造市者 (market maker) 包銷，再由後者分別轉售給投資人，此即稱為準直接金融。

3. 間接金融：人們透過創造銀行信用的金融廠商 (以銀行與壽險公司為主)，間接將資金轉貸給赤字單位，取得包括銀行與壽險公司等中間借款者發行的次級證券 (secondary security)，如：存款、壽險保單 (life insurance policy) 等。創造銀行信用的金融廠商發行次級證券向人們募集資金，經過徵信調查後，對赤字單位授信以換取放款契約、股票、債券與票券等初級證券，此係屬於債務融資的一環。

4.1.2. 金融雙元性

在經濟發展過程中，開發中國家經常對金融業採取嚴格管制策略，而以公營銀行為核心的金融業組織架構更是亞洲地區普遍存在的現象。Mckinnon (1973) 與 Shaw (1973) 針對這種金融業特徵提出批判，認為開發中國家採取經濟掛帥的政策優先順位下，卻因面臨長期資金匱乏與重點發展特定產業政策的理由，遂對金融業採取嚴格管制與資金配置政策，從而衍生出金融壓抑 (financial repression) 與金融雙元性的問題。

金融雙元性係指正式金融與非正式金融並存的現象，或稱納入管理與未納入管理之金融體系，或稱有組織與無組織的金融體系，或稱合法與非法金融體系，後者俗稱地下金融、民間借貸市場或黑市資金市場。無組織民間借貸市場的交易主體主要包括個人、家庭、非金融廠商、租賃公司、分期付款公司等，採取的交易型態有信用借貸、質押借貸、遠期支票借款、存放廠商 (員工存款)、民間互助會 (標會)、融資性租賃與分期付款等方式。

許嘉棟 (1996) 指出臺灣在 1980 年代之前，面對金融雙元性釀成的影響包括：正式金融在資金配置上出現授信活動偏重企業金融而忽略消費金融、承作中長期放款意願低落、進行信用分配過於強調抵押品與保證人，忽視借款用途本身的獲利性，公營事業、大型企業與出口產業較受青睞，民營中小企業、進口競爭產業與非貿易產業則飽受歧視，具有特殊身分、願意支付回扣或接受補

償餘額 (compensating balance) 條件者較易取得融資等現象。尤其是國內銀行逾期放款比率自 1990 年代以來一直居高不下,形成信用擠壓 (credit crunch) 現象,促使中小企業籌資困難而轉向地下金融求援。目前中小企業占臺灣廠商總家數達 97%,出口比例約達五成,聘用人員占就業八成左右,貸款餘額卻僅占 26%,且有減少趨勢,許多傳統產業及中小企業均面臨借貸無門的困境,從而擴大地下金融的版圖。

針對 1980 年代之前的臺灣金融廠商授信模式,實證研究結果充分反映金融雙元性造成的影響。首先,在以公營銀行為主體的銀行寡占市場結構中,嚴格的利率管制政策塑造賣方市場型態,銀行要求借款者提供全額擔保成為授信常態,同時具有篩選客戶的權力。此種現象促使銀行信用變成銀行掌握的稀少資源,除扮演金融中介角色外,並在拓展社會、政治領域特殊關係時,被用做特殊恩惠或人情工具。尤其是在公營銀行預算與人事需受民意機關監督審核下,此一資源也成為特權與關說追逐的對象,促使授信活動容易脫離銀行從事風險管理的範圍,擴大非金融與非經濟性因素對銀行授信業務的衝擊。

其次,金融廠商授信對象以公營、大型民營與出口產業為主,強調抵押品與保證人的放款條件,導致正式金融被稱為高級當鋪,中小企業經常面臨告貸無門的窘境,而需求助於親友或民間借貸管道。尤其是在金融壓抑政策導引下,金融廠商授信活動偏向選擇「重生產、輕消費」的策略,家計部門需求資金無法自正式金融的消費金融業務獲得滿足,轉而尋求長期存在的互助會、親友間、甚至當鋪與地下錢莊等非正式金融(民間借貸部門)給予融通。這是非正式金融得以發展或金融雙元性形成的重要原因,長期占整體融資市場的比例可高達 30%~40%。

4.1.3. 地下金融的缺陷

資金供需雙方透過彼此直接商議資金借貸,係屬於地下金融的一環,雖然紓解部分內部融資數量不足的問題,但卻存在眾多缺陷:

1.地下金融由口頭信用或帳簿信用發展至發行借款契約、債券或股權等初級證券供作融資憑證,但因訊息不全而使融資成本大幅躍升。

2.盈餘單位甚難評估赤字單位發行初級證券的信用等級，或因評估成本 (evaluation cost) 及附加風險溢酬 (risk premium) 偏高，從而阻礙融資活動的進行。

3.地下金融的初級證券缺乏流動性，未到期前無法變現或轉讓而衍生流動性風險 (liquidity risk)，致使盈餘單位要求附加高額流動性溢酬。

4.資金供需雙方的條件南轅北轍，致使融資活動不易順利實現，如：赤字單位希望降低利率與發行長期憑證以減輕資金成本與財務風險，盈餘單位則是要求提高利率與縮短融資期限，以降低倒帳風險與期限風險 (maturity risk)。

5.單一資金供給者的資金有限，無法滿足赤字單位的長期大量資金需求。

一般來說，非正式金融對經濟活動造成的弊病包括：①資金成本負擔偏高，不利中小企業發展；②民間借貸查核不易，無法課徵利息所得稅，嚴重侵蝕稅基；③民間借貸缺乏法律規範，倒帳風險偏高，進而衝擊金融穩定性；④一旦民間借貸市場規模擴大，透過貨幣流通速度提高，勢必削弱貨幣政策效果。不過地下金融在某些方面能夠滿足短期立即的小額資金需求，成為正式金融的互補品，但在融通過程中充斥各種缺陷，致使體系循著兩個方向調整：

1.建立金融市場（直接金融）：針對地下金融存在訊息不全、流動性風險、評估成本過高等弊病，金融當局建立不同期限的金融市場，提升資金供需雙方成交的機率。此外，金融市場提供初級證券交易場所，經由公開資訊降低地下金融的融資成本與風險。在此市場中，扮演撮合資金供需雙方的中間人，將成為中介證券或票券買賣的經紀商或交易商。

2.金融廠商興起（間接金融）：金融當局建立各種型態的金融廠商，包括發行存款貨幣的銀行，或僅能發行儲蓄工具的非銀行金融廠商（如：壽險公司），兩者吸收盈餘單位資金，用於購買赤字單位發行的放款契約與證券等初級證券，從而創造銀行信用。

4.2. 地下金融

臺灣金融體系長期存在金融雙元性現象，呈現正式金融與地下金融並存、

官市與黑市利率出現明顯差距、正式金融無法效率動員儲蓄資金投入投資活動等問題。追究地下金融盛行的原因包括：①金融制度落後與缺乏競爭，金融廠商授信手續複雜，而民間借貸迅速、便利且無需保證等；②正式金融的資金供給不足，造成地下金融盛行；③投資人重視金融資產選擇與資金運用效益，而銀行利率相對偏低；④投機逐利與規避稅負等因素。

金融當局自 1980 年代末期積極推動金融自由化政策，放寬金融分支機構設立、金融業務與金融商品類型迅速遞增，各種金融資產價格（利率與匯率）管制全面解除，不過臺灣地下金融活動規模龐大及型態推陳出新，均曾創下臺灣金融史上記錄。儘管金融自由化帶動金融廠商林立與多元化，然而經濟成員若欲進入正式金融取得融資，仍會遭遇多重限制，如：填寫申請表格、提供保證人、財產與薪資證明、申貸金額的折扣等，不僅為某些資金需求者設下嚴苛門檻，更對臨時資金需求者形成緩不濟急的效果。總之，不論正式金融如何蓬勃發展，地下金融活動仍然盛行不輟。

4.2.1. 民間借貸市場

一般而言，民間借貸（地下融資）市場盛行的借貸方式包括私人直接信用借貸或透過中間人媒介的質押借貸，採用的憑證以遠期支票為主，理由是：遠期支票屬於交易媒介，隨時可移轉他人，致使地下金融捨棄彰顯債權債務關係的本票，轉而偏好使用遠期支票充當債權憑證。此種借貸方式見諸於地下錢莊在報端刊登廣告所使用的術語，其中的票貼意指對資金需求者簽發遠期支票給予貼現，金主則係徵求資金供給者，將剩餘資金投入黑市放款。

依據融資型態，民間借貸市場包括無人牽線的互助會與存放廠商，以及由中間人居中撮合的地下錢莊兩類。

㈠無中介者的狀況

1.互助會或合會：亦稱為搖錢會、抓錢、銀會者，係指互相幫助、合作無間的民間商業信用關係，屬於盛行於臺灣、日本、印度及韓國的平民金融體系。人們從事互助會活動，基本上分為非正式金融與正式金融兩部分：①非正式金融：會首邀請親朋好友（會員）共同起會，不受金融法規與金融當局監理。民

間互助會經常面臨會員或會首倒會風險，是以 1990 年代出現高崎與全國兩家以標會活動為業務的互助會公司，扮演中介標會活動的會首角色，透過對會員徵信工作，降低會員搶標後的倒會風險。不過民間互助會若是轉型採取企業化經營，容易造成資金過度集中的現象，在缺乏金融法規規範與金融當局監理下，容易引發金融與社會問題。有鑑於此，法務部修正民法債篇增定合會專章，明文禁止互助會經營企業化，同時取締兩家公司的營運。②正式金融：臺灣在日據時代曾由日人將互助會轉變為企業組織，成立臺灣合會儲蓄股份有限公司，臺灣省政府於 1948 年公布臺灣合匯儲蓄業管理規則，並於臺北、新竹、臺中、臺南、高雄、臺東、花蓮及臺灣省成立 8 家區合匯公司，辦理互助會的金融業務。不過在 1976 年之際，金融當局為協助中小企業改善生產設備及財務結構，遂將八家合會公司改制成為中小企業銀行，逐漸縮減與淘汰原有的合會業務。

　　隨著金融當局於 1992 年開放新銀行設立後，寶島銀行（日盛銀行）推出兼具存放款性質的「妥當會」消費金融。人們與銀行約定固定期間，依照零存整付原則，每月存入固定本金並以牌告利率（比照定存）機動計息。當人們面臨資金需求時，可在約定期滿前申請提前給付到期本息，並以期滿前存入的本金作為貸款金額，未到期的期數轉換成分期貸款額度。值得注意者：人們在期滿前申請貸款需支付銀行本息，前幾期繳納的本金雖可提前贖回，但需依零存整付利息計算方式再打八折（定存中途解約）。

　　舉例來說：張無忌與日盛銀行約定辦理 2 年期妥當會業務，每月存入 2 萬元本金，依 2 年期儲蓄存款牌告機動利率零存整付計息。張無忌在第 8 個月可依妥當會契約申請貸款，由於尚有 17 期本金未繳，故：①可獲最高核貸金額為 34 萬元、②可獲撥款金額共為 48 萬元（34 萬元加 14 萬元）及先前 7 期繳納 14 萬元的利息再打八折的金額。

　　民間盛行的互助會型態如下：

(1)依支付形式劃分：①實物會：盛行於農村社會，會員多數為農民，會款大都以稻穀或其他實物繳納。②支票會：盛行於商業社會，會員多數為商場老闆，會款係以支票繳納。⑨現金會：通常以現金繳納會款。

(2)依開標日期劃分：①月標：在每月固定時日，由會員填寫金額投標，出

價最高者得標，金額就是利息所得。②非月標：由於月標型態無法滿足
會員的資金需求，有些互助會遂改為半月標、十日標、旬標或日日標，
1982 年臺南縣佳里鎮發生高達 20 億元的連環倒會案即屬於日日標型態。

(3)依獲得會款劃分：①內標：類似貼現方式，活會者每月自會金扣除標息
後繳納，已得標者每期繳納約定會金。②外標：類似一般計息方式，未
得標者每期按約定會金繳納，已得標者除每期繳納會金外，還要外加標
息金額。依據慣例，第一期會款由會首無息使用，作為招集成員標會及
代收會款勞務的報酬。

人們參與互助會活動必須評估會期長短、底標、利率、標會時機、會款用
途等因素，而標會（無所得稅資料可供稽徵）是否適合作為長期投資標的，須
比較銀行定存利率並附加風險溢酬後才能決定。對參與者而言，每次標會結果
均會影響最終收益率，在未標到會前將無法求出實際報酬率。若以總現金流量
為標準，在會期前半段得標者，參與者的現金支出超過收入，屬於支付利息的
資金需求者；反觀在會期後半段得標者，將屬於賺取利息收益的資金供給者。
針對標會利率而言，前者考慮的是利息支出，後者則是強調利息收益。

舉例來說明：張無忌招集明教的幹部成立互助會，包括會首張無忌在內共
計 10 人，每月繳 1 萬元，第一會依例是由張無忌無息使用。假設常遇春係以
1,200 元的利息標得第二會（內標），共獲得 $(10,000 - 1,200) \times 8 + 10,000 = 80,400$ 元的資金。假設標會年利率為 i，常遇春得標時必須支付的年利率，可
計算如下：

$$10,000(1 + \frac{i}{12}) + \frac{10,000}{1 + (\frac{i}{12})} + \frac{10,000}{1 + (\frac{i}{12}) \cdot 2} + \frac{10,000}{1 + (\frac{i}{12}) \cdot 3} + \frac{10,000}{1 + (\frac{i}{12}) \cdot 4} +$$

$$\frac{10,000}{1 + (\frac{i}{12}) \cdot 5} + \frac{10,000}{1 + (\frac{i}{12}) \cdot 6} + \frac{10,000}{1 + (\frac{i}{12}) \cdot 7} + \frac{10,000}{1 + (\frac{i}{12}) \cdot 8}$$

$$= 80,400$$

就上式求解，可得 $i = 39.07\%$，此即常遇春在第二會得標所需支出的借款
利率。在該案例中，假設胡大海在第六會得標，其利息收益與利息支出相差不

多。假設趙敏的資金不虞匱乏，直到最後一會收到 10 萬元，相較於已經支付的資金，若以複利計算約為 $i = 28\%$。人們參與互助會所面臨的風險就是倒會，為求避免風險，慎選會首與會員（參與者），瞭解其信用狀況將是首要任務。

2. 存放廠商：銀行法規定只有銀行才能向不特定人吸收資金，然後進行授信，非金融性廠商不得吸收存款及辦理放款業務。不過在公司法中，廠商可向股東（股東往來）或具有員工身分者借款，用於融通營運所需資金。廠商向員工借款無需提供抵押品及保證人，免除繁瑣申貸手續及金額限制，而員工借錢給公司最少可獲銀行放款利率，遠高於定存利率。在雙方有利可圖下，廠商吸收員工存款的地下金融活動自此蓬勃展開，由製造業廠商吸收內部員工存款開始，擴大向外吸收社會游資，以國泰塑膠公司為較著名案例。

在 1980 年代中後期，臺灣面臨儲蓄率持續高漲、投資率下降而累積的龐大超額儲蓄，以及連年貿易順差累積的龐大資金，在正式金融無法提供多元化投資管道下，終於釀成影響深遠的泡沫經濟 (bubble economy)，包括大家樂、六合彩的瘋狂以及地下投資公司氾濫。尤其是存放廠商擴大成為以高利率向不特定人吸收資金的地下投資公司，再投入炒作股票與房地產。其中，鴻源機構創始於 1983 年，以高利率吸引資金，快速擴展關係企業，造成風潮。直迄 1990 年 1 月 10 日，鴻源突然宣布停止出金、停發獲利，瞬間引爆牽連近 20 萬投資人、資金近千億元的金融大風暴，造成金融環境與社會秩序動盪。

3. 當鋪：在一般觀念中，人們進當鋪係屬窮到三餐不濟的最後選擇。實務上，人們將當鋪視為取得短期融資的來源，作為前往銀行貸款之外的補充工具。值得注意者：人們申請銀行抵押貸款，在借款期間仍然可以使用擔保品，如：汽車、房子。就典當而言，質押期間物品的歸屬權發生轉移，人們不能再使用典當物品。相較於銀行放款，人們採取典當質押取得資金的優點包括：①只要手續齊全，當場就可取得融資；②無須評估借款人信用狀況，手續比較簡便；③不過問借款用途，自主性高。

面對金融自由化潮流，立法院於 2001 年 5 月通過當鋪業管理法，規範當鋪業為特許行業、限制負責人與經理人資格、設立資本額提高為 300 萬元以上、可採商號或公司型態經營。當鋪業提供短期緊急融資管道，人們前往當鋪典當

物品在 3 個月內可隨時贖回，到期還可延長，當鋪收取的物品包括珠寶、名錶、汽機車、黃金等。當鋪業的月利率上限須由省市主管機關會同財政部等相關機關、團體、當地當鋪同業公會，參酌銀行業的擔保放款利率、物價指數、當地經濟情況分別議定公告，當鋪業質借利率最高不得超過月息四分，亦即年利率48%；質押物品在 1 個月內贖取時，則以 1 個月計算利息，逾越 1 個月後則按日計息。

㈡存在中介者狀況

1.地下錢莊：錢莊歷史最早可溯及周朝，南宋政府設有兌局專營銀、錢、交子與會子等貨幣買賣交換，此係明朝錢鋪與清朝錢莊之前身。到了清朝乾隆與嘉慶年間，錢莊業相當發達，北有銀號南有錢莊，遍及大江南北。錢莊與銀號同屬我國傳統的金融廠商，組織型態亦頗雷同，惟前者以放款為主，後者專營匯兌。依據統計，臺灣在 1949 年 4 月間之地下錢莊近 500 家，在臺北市者近150 家，最大一家的存款餘額高達 2,500 餘億元舊臺幣。金融當局為健全金融發展與維護金融秩序，遂於 1951 年頒佈取締地下錢莊辦法，地下錢莊盛行狀況方才稍微收斂。

地下錢莊的資金來源包括：①自有資金、親友提供或籌組民間互助會。②在媒體刊登徵金主廣告，或由地下錢莊業務員四處遊說游資擁有者。③向其他錢莊或金融廠商借款轉貸者。至於地下錢莊授信對象以中小企業、一般大眾與急需資金者為主，這些資金需求者因財務結構或經營管理欠佳，或無法從金融廠商迅速取得融資，緩不濟急只好尋求地下錢莊借款。地下錢莊授信方式包括採取遠期支票調現、不動產抵押及動產抵押（汽車放款）三類為主，通常係按日息計算。

2.丙種經紀人：國內股市提供融資融券業務的金融廠商包括復華、環華、安泰與富邦等 4 家證券金融公司，以及符合綜合證券商資格者，但因對投資人身分、信用評等、融資融券金額、手續等限制過嚴，未能滿足投資人擴張信用操作需求，以致地下融資融券情形應景而生。丙種經紀人私下為投資人提供墊款（融資）或墊股（融券）業務，營運方式係將多頭買進質押的股票提供給空頭融券賣出，並將空頭提供的融券保證金融資給多頭買進股票。

從證券交易法觀點言,丙種經紀人存在並無法律依據,但亦無取締的明文,屬於廣義的地下金融業者,而在國內股市盛行不輟的原因有二:①丙種經紀人在有利可圖下,挪用投資人之暫存股票,從事墊款墊股業務。②丙種經紀人給予簡便的手續與必要的信用,提供墊款與墊股服務,在股價劇烈波動期間,容易誘使投資人透過丙種經紀人進行擴張信用交易。

4.2.2.　地下金融市場

臺灣地下金融市場包括在海峽兩岸間的通貨交換,與撮合未上市股票交易的盤商市場兩部分。就前者而言, 臺灣自 1987 年開放民眾赴大陸探親, 當年的臺灣旅客在大陸旅行支出約 3.72 億美元;金融當局在 1991 年核准華南銀行與渣打銀行合作,透過香港分行辦理兩岸間接匯款,開放外匯指定銀行與郵政儲金匯業局開辦該項業務。同時, 政府允許廠商間接投資與間接匯款,以及銀行承作「大陸出口、臺灣押匯」業務。

為因應兩岸資金移動趨勢,臺灣的銀行海外分行紛紛與中資銀行香港分行簽訂協議,搶攻兩岸資金匯兌市場占有率,如:華南銀行香港分行與中國銀行香港分行攜手承作該項業務,並與中國人民建設銀行訂定協議,大陸居民可憑收據在建設銀行各地分行領取臺灣親友匯寄的款項,促使兩岸通匯由非法改為可經第三地間接通匯,再提升為兩岸銀行海外分行可直接往來。

由於大陸銀行業電子化程度落後,造成兩岸通匯存在缺失包括:①廠商需分批提領大額現金,面對每月發放薪資,容易造成員工無法諒解而辭職,勢必衝擊營運; ②廠商透過大陸銀行匯款常需 20 天到 1 個月, 甚至發生對方收不到匯款的現象;③收款者須支付 1%～2% 手續費才能提款。有鑑於此,再加上臺資銀行未在大陸設立分行,臺灣民眾匯款到大陸須透過通匯銀行處理,效率較差,從而促成地下金融應運而生。中港臺地下金融業採取連線操作,臺灣民眾或廠商只須撥電話將新臺幣存入指定銀行,就可立即在大陸的指定銀行帳戶提領等額人民幣現鈔,或匯出入港幣、人民幣及新臺幣,適用當日匯率甚至較銀行優惠。這項操作分別與個人或廠商結算,這類互通資金有無的服務大幅增加中港臺三地資金流量。

類似的地下金融活動則在臺灣海峽上持續進行。臺灣餐飲與百貨業者經常自大陸購入農漁業產品，而臺商面對大陸的外匯管制又想將資金匯回臺灣，遂由大陸與臺灣漁船從中撮合：「臺灣餐飲與百貨業者直接將新臺幣存入臺商在臺灣的銀行帳戶，而臺商則在大陸支付等額人民幣給漁船業者。」此種地下金融活動可規避外匯市場交易成本，免除攜帶大量現金的不便性與風險，部分漁船甚至乾脆在海上進行現鈔交易。

再看國內地下股票市場交易狀況。針對股票市場交易，地下金融出現「空中交易」的賭局，由市場金主組成「交易所」，透過證券公司營業員向投資人暗中推薦，僅需 10 萬元保證金，就可發揮 10 倍的財務槓桿效果，亦即將有 100 萬元資金進場交易。「空中交易」係針對在集中市場交易的個股，開放供賭客做多或放空。舉例來說：假設聯發科技股票在某日開盤後即下跌 4 元，賭客若認定聯發科技會漲，則向「交易所」買進 1,000 萬股，並設定股價上漲至某價位，一旦股價在盤中曾經到達設定價格就算成交，等到收盤就可向「交易所」進行結算。該項賭局無須進行股票實體交易，與市場成交股數無關，賭客向「證交所」敲定交易股數，選擇扮演多頭或空頭角色，且無類似臺灣證券交易所設定平盤以上或以下放空的限制，提供無法在集中市場放空的投機者另一發揮的空間。在股市交易熱絡之際，「空中交易」金額龐大，每筆交易動輒以百萬元計，造成資金流往地下金融市場的現象。

在 1980 年代末期，臺灣股票市場呈現大幅波動現象，吸引民眾積極投入股市交易，充沛的民間資金也在尋找投資標的。其中，部分投資人轉向積極布局未上市股，帶動未上市股票成交量呈現驚人速度擴張，促成撮合未上市股票交易的盤商市場興起，形成臺灣地下金融市場的重要一環。

➤ 4.3. 間接金融與金融監理

4.3.1. 間接金融的貢獻

資金供需雙方相互直接融通，必須支付的交易成本與承擔的風險偏高，迫

使資金市場規模狹小難以成長。是以銀行與壽險公司提供間接金融，將有助於提升融資效率，充分暢通儲蓄與投資管道，加速資本累積與經濟成長。綜合金融廠商對體系的貢獻如下：

1.降低融資成本：資金供需雙方經由銀行撮合，降低尋覓交易對手及評估對方信用的成本，減輕不確定性程度。基於大數法則，銀行雇用專業徵信人員對預擬借款者進行信用評等，大幅降低單位交易成本。

2.降低倒帳風險：銀行透過大規模作業，由徵信人員審查放款申請案件，放款的倒帳風險顯著低於個人授信行為，從而削減資金供給者要求的倒帳風險溢酬，大幅降低放款利率。

3.提升證券流動性：銀行發行次級證券附有隨時購回的條款，促使該類證券擁有較高流動性，可隨時轉換為現金，故將降低支付流動性溢酬及減輕利息負擔。

4.承辦長期融資：銀行發行短期次級證券吸收資金，基於存款者不會同時提領的經驗，透過合理安排放款期限結構，將可從事中長期授信活動，滿足借款者的不同期限融資需求。

5.促進證券多元化：銀行將視資金供給者偏好，發行多元化次級證券，吸收不同來源資金，提升儲蓄意願而削減通貨膨脹壓力。

金融創新活動盛行促使金融環境發生劇變，金融廠商類型與金融業務呈現大幅成長且趨於多元化。各種類型金融廠商間的分野，雖因金融自由化與金融創新盛行促使業務內容雷同性上升，但仍有下列差異性：

1.隨著新金融商品頻頻出籠，為因應金融商品發行與交易，金融廠商多元化陸續出現。金融廠商間的差異性部分源自於金融法令或管理辦法不同所致，包括銀行法對銀行、證券交易法對證券公司、期貨交易法對期貨公司、信託業法對信託公司、保險法對產險及壽險公司、票券金融管理法對票券金融公司等，但主要還是基於提供金融商品或勞務性質明顯差異而定。

2.金融廠商發行不同的次級證券，並購進不同生息資產。商銀吸收短期存款資金，購進中短期放款資產。儲蓄銀行發行中長期負債工具，創造中長期信用。壽險公司發行儲蓄型壽險保單，創造中長期信用。

3.金融廠商發行次級證券,在市場性、流動性及獲利性等方面均有很大差異。有些歸類為貨幣,如:支票存款;部分則為近似貨幣,如:定存與儲蓄存款;其餘則屬於一般性的生息資產,如:金融債券、信託基金與壽險保單。

一般而言,銀行發行次級證券通常賦予高度流動性,有些則因持續性金融創新而逐漸歸類為貨幣。是以舊觀點貨幣供給理論將次級證券劃分為貨幣性與非貨幣性證券兩類,前者列入貨幣定義範圍,後者仍為金融資產。就前者而言,當國家壟斷鑄幣權後,發行者將演變為中央銀行。同時,經濟發展帶動商品市場與交易規模擴大,刺激經營紙幣替代品業務(支票)的商業銀行蓬勃發展。央行與商業銀行的主要債務均為貨幣性次級證券,兩者合稱貨幣機構。另外,經濟成長帶動儲蓄增加,誘使多元化金融廠商應運而生。這些金融廠商吸收資金的策略雖然有異,但是發行之次級證券卻僅能作為價值儲藏工具,故將歸屬於非銀行金融中介的範圍。從創造銀行信用的角度來看,商業銀行與非銀行金融中介同屬扮演溝通儲蓄與投資的角色,是以新觀點貨幣供給理論指出兩者在授信本質上並無差異。

4.3.2.　金融風險管理發展趨勢

自從體系使用紙幣與展開金融商品交易後,經濟活動就與風險緊密相連,而風險主要來自央行擴張通貨發行數量而導致購買力貶值,其次則是銀行吸收存款進行授信,將會面臨信用或倒帳風險。針對多元化金融資產而言,凡是價值會受價格波動影響者,如:利率之於債券,股價與匯率之於各種基金或衍生性金融商品,以及商品價格之於商品期貨,人們操作這些金融資產,勢必面臨市場風險。另外,金融廠商營運將同時面臨本身內部操作與外部事件衝擊而導致損失的風險,此即操作風險。

自 1970 年代以後,金融自由化、全球化和金融創新潮流促使金融環境日益複雜化,金融廠商面臨的營運風險不斷攀升。邁入 1990 年代後,在國際金融市場上,個別金融廠商因風險管理不善,陷入營運危機或破產倒閉事件頻傳,金融系統風險急遽擴大,刺激金融風險管理活動加速發展。面對金融風險管理活動系統化、科學化和複雜性變化,發展趨勢歸納如下:

1. 董事會直接擬定風險管理政策：自 1990 年代後，國際金融市場陸續發生大型銀行管理風險失當，蒙受鉅額損失甚至破產倒閉事件，促使銀行股東、經營階層與金融監理當局認知風險管理對銀行營運和發展的重要性。是以董事會將風險管理納入重要發展策略，直接擬定風險管理政策，建立內部風險管理機制。

2. 獨立的風險管理部門：面對經濟金融環境瞬息萬變，金融廠商需建立獨立風險管理部門，由董事會及經營階層直接掌控，以因應日益複雜化的經營環境。尤其是風險管理部門需與業務單位保持密切聯繫，風險管理系統與日常作業互相連動，強化金融廠商風險管理的及時性與效率性。

3. 整合性風險管理：金融廠商採取整合性風險管理架構，整合分屬各部門風險管理監督權責，以涵蓋橫跨所有業務與職務區域的風險。此種風險管理包含兩個層次：①在評估特定業務或產品風險時，考量所有風險因素；②由上而下、集中與標準化風險管理工具、不斷研發策略，提供董事會與經營階層充分資訊用以擬定決策。

4. 風險管理技術趨於量化、複雜化與專業化：傳統風險管理模式偏向主觀，現代風險管理運用數理統計模型，促使風險管理活動趨於客觀。尤其是數理模型在較易量化的市場風險管理活動中發展迅速，如：金融廠商普遍採用風險值 (VAR) 模型。至於難以量化的信用風險管理模型也多所進展，如：信用計量化與信用風險模型等。

5. 金融廠商與金融監理當局重視內部風險控制：以 Basle 銀行監理委員會為首的國際金融監理當局強調，金融廠商必須建立效率的內部風險控制機制，採用其內部模型來衡量風險，進而結合外部監理與內部控制機制。

6. 衍生性金融商品改變風險管理策略：隨著衍生性金融商品迅速發展，除擴大風險環境複雜性外，也將提升金融廠商管理風險能力。金融廠商針對各類風險設計管理或避險方案，透過財務工程創新設計，多數透過市場機能成為可供交易的信用衍生性商品 (credit derivative)，作為規避風險的工具。

7. 風險管理技術進步：國際大型金融廠商競相運用資訊科技，建立先進的資訊管理系統，包括風險資訊的廣泛收集、傳達及整理，以及建立和管理資料庫。

尤其是大量的數學、統計、系統工程、甚至物理理論和方法被應用到資產訂價和風險管理的研究，進而強化金融風險管理理論發展。

4.3.3. 金融監理的重要性

臺灣在 1995 年發生廣泛性與系統性的基層金融擠兌風潮，首先是 7 月 29 日爆發彰化四信因總經理虧空公款而發生擠兌，連帶波及彰化地區 6 家信用合作社同遭擠兌；8 月 4 日接續爆發國際票券板橋分公司營業員盜開累積金額高達 100 億元的商業本票；9 月 20 日中壢市農會辦理土地抵押放款涉及人頭冒貸及超貸引發擠兌風暴。除上述三件金融風暴外，稍後亦陸續發生東勢、埔里、後壁、萬巒及溪湖等農會以及中部地區信用合作社遭受擠兌事件。檢討一連串金融廠商擠兌事件發生的原因，除存款者對基層金融體質缺乏信心，一有風吹草動就造成擠兌風暴外，主要因素在於金融廠商內部稽核控管不確實、金融檢查頻率偏低，未能及早發現經理人員舞弊而釀成金融風暴。

隨著經濟活動全球化潮流盛行，金融商品創新也日趨複雜化，為促進金融業營運能夠因應國際競爭趨勢，金融當局積極解除金融廠商的投資限制，金融廠商透過轉型為金融控股公司進行跨業經營。此外，為維持金融業順暢運作與穩定營運、保障存款者（投資人）權益及確保公平金融交易，建立合理且具公信力的金融監理機關，統籌執行金融監理與檢查業務將顯得十分重要。探討金融當局對金融業採取嚴格監理措施的緣由包括：

1.金融訊息不全：一般而言，人們執行消費支出計畫，通常訴諸過去累積的經驗或蒐集相關商品訊息作為決策依據。不過兩種訊息來源未必適用於金融商品，理由是：多數金融商品不具買斷性質，人們以資金換取金融商品，係委託金融廠商代為操作，一旦後者經營不善而發生倒閉，除導致本人面臨損失外，更將衝擊實質部門運行。此外，金融活動涉及未來的經濟環境變化，並非每個人均有能力或時間取得充分資訊進行評估，是以金融當局必須對金融業採取監理措施，如：責令金融廠商定期揭露訊息及加入存款保險，提供人們決策所需的相關資訊。

2.保護大眾權益：銀行資金來源以存款為主，故其營運健全與否將關係存款

者權益。是以金融當局將對銀行營運進行管制,直接干預包括規定資本適足性,確保銀行償債能力、規定流動性準備比率及存款準備率,確保銀行足以應付客戶提款、設立存款保險公司保障存款者權益。另外,金融當局透過間接干預,如: 禁止承作高風險業務, 間接維護存款者資金的安全性。

3.防止資源壟斷: 在貨幣經濟中,人們掌握金融資源即是控制實質資源,金融廠商募集眾人資金營運,若為少數財團控制,勢必造成資金與資源的錯誤配置。為規避此種狀況出現,金融當局對金融廠商授信活動採取嚴格管制策略,並管制資金用途。

4.落實貨幣政策效果: 銀行是存款貨幣供給者,非銀行金融中介純粹是銀行信用需求者 (資金供給者),兩者屬於體系內創造流動性的核心。央行執行貨幣政策需透過金融業居中傳遞,唯有影響金融廠商決策才能發揮效果。在維持金融秩序穩定、促進金融發展前提下,央行透過貨幣政策適度干預金融廠商營運將有其必要性。

4.3.4.　金融監理類型

隨著金融全球化及金融業務多元化成為金融發展主流,歐美國家相繼拆除銀行業、證券業及保險業藩籬,金融當局為因應國際金融競爭壓力,積極推動金融體制改善工作。其中,金融當局致力於解決基層金融問題、推動銀行業合併與成立金融控股公司,提高金融監理效率,成為創造良質競爭環境、保障存款者權益及提高存款者信心的重要一環。

金融監理 (管制或干預) 係指金融當局採取各種策略維護金融秩序,而金融秩序係指能讓人們使用存款貨幣 (支票) 順利而安全完成清算的環境。國內主管金融監理活動的金融當局包括央行、財政部與金融監督管理委員會 (簡稱金管會),金融監理類型有二:

1.干預標準: 依據金融干預標準,將包括利率管制、匯率管制、信用數量管制與金融業務管制等。該項標準可重新歸類為價格與非價格管制兩種型態,前者係指匯率與利率管制, 後者為金融價格以外之其他形式干預。

2.干預性質: 針對金融業的法令規章、監督、指揮與管理之金融行政體系等

項目，進行包括結構性（事前）管制、安全性（事後）管制、貨幣政策與財政政策等不同性質干預：

(1)結構性管制 (structural regulation)：針對金融廠商設立與業務、增設分支機構等有關金融業組織型態的運作進行管制，目的在於確保金融廠商營運健全性，維護金融業穩定運行。

(2)安全性管制：針對金融廠商資產負債表進行監控，包括要求符合資本適足性及限制資產組合內容，確保其流動性與償債能力。

(3)貨幣政策：央行施行貨幣政策透過影響金融廠商決策與金融市場交易狀況，衝擊實質部門運作，且視不同金融經濟環境採取不同政策，從而發揮預期效果。

(4)財政政策：財政部經由調整政府預算、租稅及公債融通方式，影響體系內的信用供需與利率期限結構，進而改變金融廠商決策而發揮不同程度影響。

至於金融當局可運用的監理工具包括：

1.執照的核可：金融當局核發金融廠商成立的執照，考慮因素包括資本適足性、市場占有率及未來獲利能力、股權分散程度、是否符合社會利益或地區需要、董監事組成及其經營能力等。

2.設立分支機構：金融當局核准設立分支機構與否，考慮因素包括金融廠商營運績效、獲利率與清償能力，以及體系的均衡發展。

3.金融檢查：金融當局透過金融業務檢查，瞭解金融廠商營運是否健全、遵照法令規章辦理與配合政策，由消極面防止金融弊端或倒閉事件發生，積極面則可作為建立金融制度的參考或提供調整金融決策依據。

4.資本適足性：國際清算銀行 (Bank for International Settlements, BIS) 設定銀行進入國際金融市場，必須符合資本適足性達到風險性資產 8%，該項要求限制銀行從事高風險授信活動。一般而言，銀行資本高低與經營良窳無絕對關係，合理資本適足性亦無標準存在，不過偏低的資本適足性將大幅提高銀行營運失敗機率。

5.限制業務範圍：金融當局透過銀行法、票券金融管理法、信託業法、保險

法、證券交易法、期貨交易法，訂定金融廠商管理規則限定營業範圍，強化金融業務分工與專業化，防止利益輸送現象發生。

6.存款保險：銀行加入存款保險，將可提升人們對金融業營運的信心，削減提款誘因，防止銀行遭致擠兌而形成金融危機。

7.問題金融廠商的處理：存款保險公司採取財務支援尚有清償能力之問題銀行渡過難關、尋找健全銀行合併、清算銀行資產與賠償承保之存款戶，或親自接收繼續經營等策略紓解問題金融廠商。

4.3.5.　金融監理策略

金融問題發生的主因係資訊不對稱形成人謀不臧所造成。金融監理制度不健全導致訊息揭露不全、傳遞不完全、監督疏漏，將會提供誘因促使金融廠商經營階層從事不法行為，小則從事高風險授信活動，大則違法挪用資金與掏空資產。基本上，金融監理制度涵蓋三個層次：①有效安全之監理機制 (safety and soundness supervision)、②健全的存款保險機制、③有效的金融廠商退出機制。

體系若要建立有效安全的監理制度，金融監督管理委員會（設有銀行局、保險局、證券期貨局與檢查局）必須效率運作，而央行與財政部亦分擔部分角色，除分別執行財政與貨幣政策外，並參與協助執行金融監理活動：

1.行政管理：金管會整合監理銀行、證券、期貨、保險業之行政部門，有效結合金融行政管理權與金融檢查權，包括：①金融廠商設立：金管會得視經濟金融環境，於一定區域內限制金融廠商數目，並依國際貿易及產業發展需求允許外國銀行得設立之地區。同時，金融廠商設立、增設分支機構、合併或解散均須經過金管會同意與核定。②停止營業、復業及撤銷設立：銀行面臨無法撥補應付票據差額而經央行停止票據交換，無法清償即期債務而妨礙健全經營，以及當董事或監察人面臨資本虧損逾 (1/3) 而需補足資本卻未增資等狀況時，金管會得勒令停業與限期清理。銀行經股東會決議解散，經向金管會申請進行清算後而撤銷其許可。③財務監督：為求健全銀行財務結構與維持資產流動性，央行得隨時規定流動資產與各項負債比率的最低標準、主要負債與淨值比率最高標準，金管會得視各區域人口、經濟發展及銀行類型規定最低資本額。在年

度結束後，銀行必須將營業報告書、資產負債表、財產目錄、損益表、盈餘分配決議，於股東會承認後 15 日內分別報請金管會及央行備查。

2.業務管理：金管會依管理事務性質核定銀行業務範圍，包括：①核定業務範圍：金管會依據銀行性質核定業務內容。②限制業務經營：非銀行金融中介不得收受存款，受託經營信託基金、公眾、財產或辦理國內外匯兌業務。銀行進行無擔保放款或保證須受限制，保險公司不得從事無擔保放款。

3.金融業務檢查：金管會依法監理金融廠商，健全金融廠商營運與維持金融秩序，促使金融活動能適應經濟發展需求。就金融監理活動而言，在營運期間，金融監理當局除頒訂及修訂法令規章外，係以金融檢查為主，而對銀行定期檢查實際上係由央行、中央存款保險公司與金管會三者執行。

國內金融監理制度採取行政管理權與檢查權結合，由金管會負責執行，而金融檢查範圍包括：①評估受檢單位財務狀況確實性、②調查受檢單位是否遵照相關法令辦理業務、③評估經營階層之能力與品格。

➤ 4.4. 金融自由化與金融國際化

自 1980 年代以來，金融自由化或解除金融管制成為全球金融發展潮流，形成因素除與追求降低直接干預經濟活動的思潮有關外，開發中國家積極推動消除金融壓抑措施，以利整體經濟成長，更是扮演重要因素。面對社會、經濟與政治環境的差異性，各國金融當局實際採取的金融自由化策略亦有所差異。不過金融自由化政策作為修正與調整既有金融政策法規，提供金融業因應現實發展需求，進而促進經濟成長的意義，則是放諸四海皆準。

臺灣在推動金融自由化之前，金融業組成架構主要包括接收日據時期的金融廠商，政府遷臺後在臺復業的大陸時期國家銀行、為執行政策而創設的公營金融廠商，以及自 1960 年以後陸續開放給僑資、外資與本土資金的民營金融廠商。基本上，國內金融業係由公營體系主導。邁入 1980 年代後，決策當局積極推動貿易自由化，面對資訊科技進步、跨國資金移動限制解除以及日趨國際化的環境，金融當局接續推動金融自由化（對內）與金融國際化（對外）。

　　金融當局採取金融干預程度，往往隨時空移轉而有差異，且視金融發展階段逐步放寬管制、進而解除管制，不過亦將因應新的金融環境附加新管制措施。換言之，金融當局必須審視時空因素變遷，彈性調整金融管制內容，此種隨金融發展逐步邁向自由化，採取減輕金融管制的調整過程，即稱為動態金融管制過程。

4.4.1.　金融自由化

　　金融當局推動金融自由化的過程，係逐步減輕乃至解除利率與匯率管制，由全面性禁止金融價格競爭，演變為部分管制以迄全面解除管制（或金融價格僵化、彈性化以迄自由化）之過程。至於金融制度彈性化係指逐步降低金融制度管制之過程，通常包括金融組織與業務彈性化。

　　1. 利率自由化：金融市場利率取決於完全競爭市場供需，金融廠商依據資金狀況自由訂定並調整存放款利率。為建立短期資金市場，金融當局於 1976 年陸續准許三家票券公司成立以建立貨幣市場，並以貨幣市場利率作為銀行調整短期放款與存款利率的指標。直至 1994 年 8 月，金融當局開放票券公司新設及開放銀行從事商業本票承銷及簽證業務，正式完成票券市場利率自由化過程。另外，金融同業拆款市場成立於 1980 年 4 月，新臺幣拆款利率為央行執行貨幣政策之短期利率指標，不過市場仍然缺乏效率性。再就長期資金市場而言，金融當局長期偏重股市發展，導致債券市場規模與相關措施不夠健全，債券市場利率指標仍然不具長期指標效果。

　　2. 外匯自由化：包括匯率自由化及解除國際資金移動管制，亦即金融帳 (financial account) 自由化。臺灣自 1979 年 2 月 1 日成立銀行間外匯市場，由 5 家外匯指定銀行負責人組成匯率議定小組，根據前一營業日銀行與顧客間實際外匯交易狀況，訂定即期外匯交易中心匯率，此即機動匯率制度。在 1982 年 9 月至 1989 年 4 月期間，5 家外匯指定銀行改採為依據前一營業日銀行間外匯交易狀況來決定中心匯率水準。爾後，央行自 1989 年 4 月起廢止中心匯率制，改採自由議價制，匯率由銀行自由決定，匯率自由化正式完成。

　　其次，央行持續調高外匯指定銀行的國外負債餘額，銀行自訂買賣外匯部

位，洽商央行同意後，改採「負面表列」方式開放辦理遠期外匯，並取消辦理遠期外匯期限之限制等。就放寬外匯管制而言，央行在 1987 年 7 月解除經常帳管制、大幅放寬金融帳管制，允許每年可申報匯出及匯入金額，個人結匯額度為 500 萬美元、公司結匯額度為 5,000 萬美元，同時陸續解除外國人及華僑撤資及盈餘匯出限制。1994 年 9 月准許外國人開立新臺幣帳戶，在每筆 10 萬美元額度內 (筆數不限) 自由匯出入。此外，央行逐步放寬境外投資機構 (qualified foreign institutional inverstors, QFII) 投資國內證券之資格、條件、個別投資額度及比例限制，個別限額由 5,000 萬美元提高為 20 億美元，逐步放寬外資及全體外資投資國內股市之持股比例至完全無限制。另外，央行對於外匯管理採取「原則自由、例外管理」政策，循序放寬國際資金移動之限制。

3.銀行業自由化：財政部在 1990 年底開放 16 家商業銀行新設，陸續核准設立信託部、國外部及國際金融業務分行，每年可增設 5 家以內分行，信用合作社及農漁會信用部每年亦可申請增設分支機構。外商銀行來臺設立分行及代表人辦事處之審核規定亦大幅放寬，除信託、商業本票等部分業務，外商銀行業務享有國民待遇。在擴大銀行業務方面，銀行可辦理短期票券經紀及自營業務，且於 1995 年 8 月開放辦理商業本票簽證及承銷業務。在信用卡業務方面，財政部開放非聯合信用卡中心會員辦理信用卡業務，金融廠商亦可辦理 IC 卡業務與新種衍生性金融商品，如：保證金交易 (margin trading)、換匯、遠期利率協定 (forward rate agreement, FRA)、選擇權等外匯業務。此外，2000 年 11 月修訂銀行法後，開放銀行轉投資經營相關業務，如：票券、證券、期貨、信用卡、融資性租賃、保險、信託事業等。就信託業而言，金融當局在 2000 年 7 月公布實施信託業法，開放信託業從事資產管理信託業務。

4.4.2. 金融國際化

在開放體系，金融當局逐步開放外商參與國內金融市場，放寬國人從事國際金融活動的限制，解除有關貿易帳及金融帳的外匯管制，提升國內外金融市場的整合性。由此角度觀之，金融當局逐步修正國內金融法規制度及交易習慣，使其趨向符合國際金融交易慣例，是以對外的金融自由化即是金融國際化。

1.兩岸金融往來：隨著兩岸貿易餘額迅速成長，臺商赴大陸投資家數及金額大幅擴張，國人赴大陸探親旅遊人數直線上升，促使資金移動與通匯等金融活動日益熱絡。在臺灣地區與大陸地區人民關係條例架構下，財政部開放本國銀行海外分支機構得與外商銀行在大陸地區之分行，以及與大陸地區銀行海外分支機構、海外之大陸地區法人、團體、個人進行金融業務往來。保險業則放寬前往大陸設分支機構。就證券業而言，投顧公司已經前往大陸設立辦事處。財政部在 2001 年 5 月 30 日開放銀行赴大陸設立辦事處，以及允許國際金融業務分行 (offshore banking unit, OBU) 與大陸金融機構直接通匯往來。

2.證券業自由化：決策當局陸續開放新種業務，引導證券市場邁向國際化及自由化，包括開放廠商海外籌資、外國專業機構以及國外自然人、法人投資國內證券市場，放寬外資投資股市比率限制，促使證券市場交易更趨活絡。就外資投入國內股市而言，金融當局自 1990 年開放外國專業投資機構參與股市以來，逐步放寬外資投資國內股市比例上限，直至 2000 年底已取消限制全體及單一外資投資國內上市上櫃公司持股限制。另外，金融當局開放外國證券商來臺經營證券商、投信等相關業務、放寬廠商上市上櫃標準、簡化承銷作業程序，陸續開放證券商業務範圍及轉投資限制，促使證券商發揮經營績效，扮演積極的資本市場橋樑角色。

再就期貨市場而言，金融當局於 1997 年開放部分國外期貨商品交易，1998 年成立期貨市場，總計推出臺灣證券交易所「發行量加權股價指數期貨」、「電子類股指數期貨」、「金融類股指數期貨」與「小型臺灣證券交易所發行量加權股指數期貨」四種期貨商品。

習 題

◉ 選擇題

1. 雙元金融體系是指何種現象：　(a)貨幣市場與資本市場並存　(b)外匯市場與本國貨幣市場並存　(c)中央銀行與商業銀行並存　(d)正式金融市場與非正式金融市場並存。

2. 資金供需雙方進行外部融資時，有關融通策略與發行證券類型的關係，何者正確？　(a)金融廠商主要採取發行初級證券方式募集資金　(b)次級證券均屬債務融資性質　(c)次級證券屬於直接金融工具　(d)企業發行初級證券募集資金，均屬債務融資性質。

3. 為因應大膽西進的資金需求，台塑集團評估各種融資策略時，董事會成員應有何種正確觀念？　(a)利用歷年保留盈餘與公積金融資，將無須考慮資金成本　(b)採取直接金融策略無須考慮期限問題　(c)在美國發行存託憑證 (ADR) 將屬於直接金融的一環　(d)採取舉債融資必然是間接金融。

4. 臺北迪化街是臺灣享有盛名的地下金融中心，試判斷其從事金融交易活動內涵的正確性？　(a)金融壓抑策略愈成功，迪化街的金融交易活動將會萎縮　(b)迪化街金主對融資期限較長者，通常給予優惠而收取較低的融資利息　(c)迪化街的金融交易活動屬於債務融資性質　(d)中小企業透過金融掮客向迪化街金主借貸，將屬直接金融的一環。

5. 臺灣地下金融活動占全部融資達到 25% 以上，有關該類金融

活動的運作狀況，何者正確？　(a)地下金融屬於直接金融的一種　(b)人們參與互助會活動，屬於安全性的投資活動　(c)中小企業利用股東往來向員工借款，係屬於內部融資的一種　(d)丙種經紀人是地下金融中提供上市股票信用交易者。

6. 富邦金控公司所屬的子公司從事金融活動時，何種說法屬於正確？　(a)富邦銀行透過放款活動換取次級證券　(b)富邦人壽發行次級證券（壽險保單）向投保壽險者吸收資金　(c)富邦銀行發行初級證券向儲蓄者吸收存款　(d)富邦銀行購買東元電機發行的商業本票，將屬於直接金融的範圍。

◉ 問答題

1. 試說明直接金融與初級證券、間接金融與次級證券的關係。
2. 試說明金融雙元性形成的原因。
3. 金融廠商出現對經濟活動將會造成何種影響？
4. 金融當局經常採行的金融監理類型為何？
5. 何謂金融自由化與金融國際化？兩者有何關連？
6. 試比較結構性管制與安全性管制的差異性。

第 5 章　利率理論

在貨幣經濟中，人們掌握金融資源即能控制實質資源，而利率是銀行信用或可貸資金價格，除扮演聯繫金融部門與實質部門的橋樑外，亦是分配金融資源與實質資源的關鍵變數。有關利率理論的討論可溯及 15 世紀的重商主義文獻，歷經數世紀發展後，可區分成流量的可貸資金理論與存量的流動性偏好理論兩大主流。一般而言，盈餘單位透過資產選擇過程，安排剩餘資金持有各種資產，形成各類資產需求 (或資金供給)；相對的，赤字單位透過安排財務結構，發行各種證券募集資金，形成資產供給 (或資金需求)，兩者經由金融廠商或金融市場撮合、互通有無，多元化報酬率自然出爐。

實務上，金融創新活動促使新金融商品紛紛出籠，金融市場在同一時點將存在多元化報酬率，而發生差異的原因有二：①不同金融資產面對通貨膨脹率、稅率、交易成本、流動性與倒帳風險的反應迥異，報酬率顯然有別；②同類型金融資產的期限不同，將使報酬率亦有差異。就後者而言，利率期限結構係指在某一時點上，同一金融資產報酬率與期限間的關係。為解釋不同期限的同一證券報酬率間的相互關係，利率期限結構理論隨即應運而生。

本章首先說明利率的種類，包括利率的類型與金融市場利率的涵義。其次，將說明可貸資金理論如何決定實質利率與貨幣利率，接續說明流動性偏好理論如何決定貨幣利率，並且探討實質利率與貨幣利率間的關係。接著，非正式金融市場規模只能縮小而無法消失，而非正式金融市場利率將與利率自由化過程息息相關，將探討兩者間的互動關係。最後，將說明各種利率期限結構理論的內容。

5.1.　利率種類

5.1.1.　利率的類型

利率是可貸資金或銀行信用價格，可由資金供需雙方來看：①廠商評估融資策略與安排財務結構時，採取舉債策略必須支付資金成本，利率將是首要考慮因素。②人們安排資產組合，必須針對要求的報酬率進行資產評價。

　　赤字單位使用資金一段期間支付的代價即是利息,利息與使用資金的比例即是利率。金融市場計算利率波動與報價之基本單位稱為基本點 (basis point) $b_p = 0.01\%$,利率計算方式有三: ①年息: 按年計算者,年息一分為 10%, 一般金融廠商通用。②月息: 按月計算者,月息一分為 1%,民間借貸(地下金融)通用,如: 遠期支票借款、信用拆借、存放廠商。③日息: 按日計算者,日息一分為 0.1%,股市的丙種經紀人或地下錢莊通用,如: 信用卡借款。另外,赤字單位支付利息方式有兩種: ①單利: 計算利息僅以本金為基準,並不計入其他應計利息,如: 銀行定存一筆 100 萬元,單利為 1%,每年利息為 1 萬元。②複利: 將本金與到期利息作為次期本金以計算下期利息者,如: 銀行定存本金 100 萬元,複利 1%,第一年利息收入 1 萬元,第 2 年為本金再加利息(101 萬元)後計算利息。

　　在金融操作過程中,利率將反映資金成本,並作為評價資產(尤其是固定收益證券)的貼現因子 (discount factor),而利率在金融市場具有數種不同意義,常見說法包括:

　　1. 票面利率 (coupon rate): 證券票面所載的利率,如: 財政部發行公債的票面利率為 1%,即每 100 元可得利息收益 1 元。

　　2. 目前收益率: 證券每年收益除以市場價格即是目前收益率,如: 張無忌以 8,000 元買進票面 10,000 元的公債,票面利率為 6%,目前收益率將是 $\frac{600}{8,000} = 7.5\%$。目前收益率無法完全反映投資收益率,理由是: 有價證券通常附有期限,未來可能發生資本利得或損失,不能一概而論。

　　3. 殖利率 (yield to maturity, YTM): 或稱到期收益率,人們買進債券持有至到期日為止的年平均報酬率,將與債券價格存在反向關係。考慮證券買進價格及票面金額的差額、以及後者係滿期方能兌現等條件後,人們採取貼現方式求出每期利息收益 R_i 與票面金額 F 的現值 V(買進價格),再間接求出殖利率 y:

$$V = \sum_{i=1}^{n} \frac{R_i}{(1+y)^i} + \frac{F}{(1+y)^n}$$

　　上述方法較為繁複,一般簡化如下:

$$y = \frac{R + \frac{(F - V)}{n}}{V}$$

當債券期限較短時，人們可採取上述簡化公式計算殖利率。但對期限較長的債券，人們採取上述方法計算殖利率，將會出現重大誤差。當長期與短期債券具有相同票面金額與票面利率，為使兩者同具吸引力，殖利率應該相同，是以長期債券的 $(F - V)$ 值必然超越短期債券的 $(F - V)$ 值，顯示長期債券價格波動幅度應大於短期債券。

　4.贖回與賣回殖利率 (yield to call or put, YTC、YTP)：廠商發行可轉換公司債募集資金，通常附加兩種選擇權條款：①贖回權：廠商擁有買權 (call)，若是缺乏轉換價值，廠商可提前贖回，贖回殖利率通常較高。②賣回權：投資人擁有賣權 (put)，若是缺乏轉換價值，可要求廠商提前贖回，賣回殖利率通常較低。舉例來說，光磊於 1998 年 1 月委託大華證券發行零票面利率的可轉換公司債 8.5 億元，發行期間 10 年，轉換價格為 86.5 元，1～3 年均附設重新設定轉換價格條款，凍結期為 1 個月，每年換股權利證書為 4 次。投資人持有滿 3 年的賣回殖利率為 7.75%，滿 5 年的賣回殖利率為 8.25%。在贖回條款部分，公司債發行滿 2 年起，只要連續 30 個營業日的收盤價高於轉換價格的 150%，在第 3～5 年期間，公司可依 7.75% 殖利率贖回，或者當未轉換的發行金額低於原始總發行額度 10% 時，公司也可執行贖回權利，贖回利率則視贖回時點而定，在第 2～3 年期間依殖利率 7.75% 贖回，第 3～5 年期間則依殖利率 8.25% 贖回，若在第 6～10 年期間，則依面額贖回。

　5.證券收益率：人們買進證券追求套利出售以獲取資本利得，保有期間的收益涵蓋預期利息與資本利得兩部分，亦即證券收益率為：

$$r_s = \frac{R + V_{t+1} - V_t}{V_t}$$

R 是預期利息收入，V_{t+1} 是出售價格，V_t 是買進價格。

5.1.2.　金融市場利率的涵義

　人們從事金融操作將需掌握利率指標代表的涵義，才能掌控利率風險：

1. 重貼現率 (rediscount rate) 與擔保放款利率：銀行面臨準備部位不足時，可利用央行認定之合格票券（如：國庫券），支付重貼現率向央行請求貼現以取得短期融資。重貼現率是金融市場利率的最低門檻，央行採取貨幣政策，將引導市場資金流向及資金價格走向，重貼現率是央行引導利率走勢的主要指標；央行調高重貼現率，意味著貨幣政策有偏向緊縮趨勢，市場利率將適度升高。反之，央行調降重貼現率，將是採取寬鬆措施的表徵，目的在於引導市場利率往下調低。不論調高或調降重貼現率，重貼現率處於市場利率最底層，利用底盤發揮引導效果。

2. 金融業拆款利率 (interbank call loan or offered rate)：金融業間的資金借貸利率，亦即參加金融業拆款中心之會員（包括銀行、票券公司、信託投資公司、郵匯局、大型信用合作社等）向其他會員拆入或拆出資金的利率，屬於短期利率指標之一。

3. 基本利率 (prime rate)：央行於 1985 年廢止利率管理條例，由銀行自行評估資金成本、作業成本、合理利潤及風險係數訂定基本利率，此係對最優良客戶的短期放款利率。實際放款利率將根據借款者的信用評等、存款實績、外匯實績、是否提供擔保品、市場利率水準、借款期限及金額等因素，再加減碼（一碼為 0.25%）後才決定真正的放款利率。一般而言，信用良好、往來密切且正常還本付息的客戶，銀行將給予較少的利率加碼，適用的放款利率較接近基本利率。信用程度較差、廠商規模較小且借款期限較長的客戶，銀行通常要求較高的利率加碼。

➤ 5.2.　利率決定理論

5.2.1.　利率決定過程

表 5–1 是體系內的利率決定過程。新古典學派的可貸資金理論認為體系內實質利率決定於跨期消費決策過程，係由人們的時間偏好與資本邊際生產力共同決定實質利率水準。由於儲蓄（時間偏好）與投資（資本邊際生產力）俱

屬流量概念，兩者決定利率屬於流量理論。另外，Keynes (1936) 在《一般理論》中提出流動性偏好理論，認為「利率係人們在特定期間內放棄流動性而能獲取的報酬」，故由流動性偏好（資產需求）與貨幣供給（資產供給）共同決定金融市場利率，此即屬於決定利率的存量理論。至於兩個理論決定的利率，彼此關係將反映預期通貨膨脹溢酬 π^e、違約風險溢酬 d、流動性溢酬 l、期限風險溢酬 m 與租稅或交易成本 t 等因素。

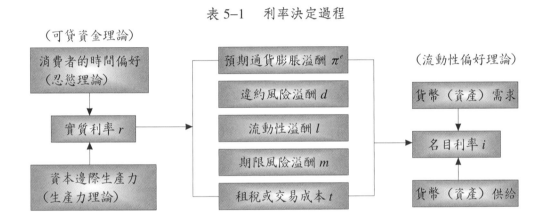

表 5–1　利率決定過程

5.2.2.　古典可貸資金理論

D. Hume (1711～1776) 指出利率決定於實體資本供需，此即意謂著實質利率將視資本市場上的儲蓄與投資而定，相關理論包括：

1. 忍慾理論 (abstinence theory)：在既定時間偏好下，若要人們放棄當期消費（亦即形成當期儲蓄），必須承諾未來給予延緩消費的實物補償（實質利率），此即忍慾理論的主要論點。一般而言，儲蓄（或實質可貸資金供給）與實質利率呈同向變動。

2. 生產力理論 (productivity theory)：廠商將目前資源投入生產，未來所獲報酬可用資本邊際生產力衡量，故將支付實物補償資金供給者（儲蓄者）的時間偏好損失。假設資本邊際生產力呈遞減現象，投資（或實質可貸資金需求）將與實質利率呈反向變動。

3. 使用理論 (usc theory)：前述兩項理論僅是詮釋實質利率的決定因素之一，

並無法決定均衡利率水準。使用理論認為廠商採取舉債融通資本財支出,經由生產後獲利,但須支付利息補償人們放棄當期消費的時間偏好損失,是以利率係由廠商與消費者共同商榷決定。換言之,使用理論是古典學派的利率均衡理論,此即古典可貸資金理論的前身。

在貨幣經濟中,假設廠商執行投資計畫採取發行公司債 (ΔB_p^S) 融通,預擬投資 (I) 將反映於新增的債券供給。另外,人們若以債券保有儲蓄,預擬儲蓄 (S) 相當於新增的債券需求 (ΔB^D)。是以資本市場的債券(或實質可貸資金)供需將是實質利率的遞減與遞增函數:

$$\Delta B^D = S(r)$$
$$(+)$$

$$\Delta B_p^S = I(r)$$
$$(-)$$

在圖 5–1 中,當資本市場上的債券供需相等,$\Delta B^D = S(r) = I(r) = \Delta B_p^S$,均衡實質利率將是 r_1。隨後,財政部採取發行公債融通預算赤字,資金供給者(儲蓄者)認為公債與公司債互為完全替代品,新增債券供給函數將變為:

$$\Delta B^S = \Delta B_p^S + \Delta B_g^S = I(r) + (G - T)$$

債券供給曲線將因政府預算赤字增加而右移,實質利率將揚升至 r_2。

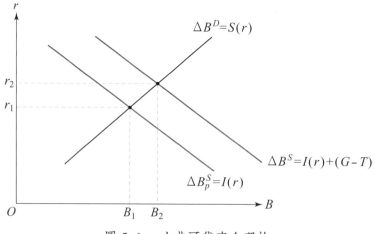

圖 5–1　古典可貸資金理論

古典可貸資金理論純粹由實質儲蓄與投資決定實質利率,兩項因素屬於體

系內的長期流量變數，故該理論決定的利率將屬於長期實質利率。該理論詮釋
實際現象將會發生下列缺陷：①利率是實質部門儲蓄與投資活動交互運作的結
果，貨幣因素對均衡利率調整將無任何影響。②體系內並非僅有債券一項金融
資產，該理論簡化人們保有儲蓄方式。③該理論假設廠商發行債券募集資金，
用於購買資本財而未保留貨幣餘額。實務上，廠商不僅保留貨幣充當日常營運
的周轉金，同時發行股票或降低保有貨幣部位以融通預擬投資計畫。

5.2.3.　新古典可貸資金理論

Thornton（1802）指出金融市場利率係決定於銀行業的放款供需，修正可
貸資金供給或債券流量需求為涵蓋預擬儲蓄與當期實質貨幣增量：

$$\Delta B^D = F^S = S(r) + (\frac{\Delta M_0^S}{P_0})$$

至於可貸資金需求（或債券流量供給）包括廠商與消費者預擬保有的貨幣
數量，以及廠商融通當期資本財支出的投資需求：

$$\Delta B^S = F^D = I(r) + \Delta L(i)$$

人們保有貨幣 $\Delta L(i)$ 與貨幣利率呈反向變動，假設央行完全控制貨幣數量
而與利率無關，在圖 5–2 中，當可貸資金供需（或債券供需）達成均衡時，均
衡貨幣利率為 i_1 將與實質利率 r_1 一致。當央行採取寬鬆銀根政策，貨幣數量
由 $(\frac{\Delta M_0^S}{P_0})$ 遞增為 $(\frac{\Delta M_1^S}{P_0})$ 時，可貸資金供給曲線由 F_1^S 右移至 F_2^S 後，均衡貨幣
利率將由 i_1 滑落為 i_2。當貨幣利率為 $i_2 < i_1 = r_1$ 時，商品市場出現投資大於儲
蓄（AC）或存在超額需求，物價水準呈現上漲現象，促使實質貨幣餘額逐步下
降。一旦物價水準調整至 P_1 時，F_2^S 曲線將重回 F_1^S 位置，貨幣利率又將回歸原
先水準 i_1。

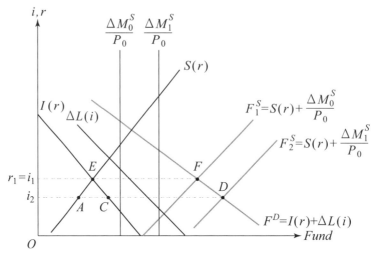

圖 5-2　新古典可貸資金理論

接著，影響債券需求（資金供給）的因素包括財富、債券相對其他資產之預期報酬率、預期通貨膨脹率、債券的相對風險與流動性。影響債券供給（資金需求）因素包括投資機會、政府預算赤字與預期通貨膨脹率等三者。綜合兩者，決定債券收益率或中長期利率波動的因素將歸納於表 5-2 中：

1.經濟景氣：依據經濟成長率、景氣循環的領先指標與同時指標、貿易帳盈餘或逆差、景氣對策信號等重要經濟指標的變化，判斷債券（可貸資金）市場供需的變化，進而決定利率變動方向。

2.通貨膨脹率：依據消費者物價指數、蠆售物價指數變動情況，判斷體系內物價波動趨勢，進而推估央行採取貨幣政策的方向。

3.貨幣政策：依據 M_{1A}、M_{1B}、M_2 成長率的變化趨勢判斷資金供需變化，並從央行理監事會議結論、調整重貼現率與存款準備率方向、央行總裁、副總裁之重要談話掌握貨幣政策方向。

4.匯率變動：依據經常帳與金融帳餘額變化，評估未來匯率呈現升值或貶值趨勢，可能引起國際資金移動，進而引發國內可貸資金供需變化。

5.債券供給變化：未來中央政府總預算發行公債金額，以及未來到期公債還本付息金額將是決定債券供給的主要因素，從而影響利率變動。

6. 套利程度：國內長短期利差吸引資金在債券市場與貨幣市場間移動，而國內外利差則會誘使國際資金進行跨國套利，兩者均會造成長期利率變動。

表 5–2　影響中長期利率變動趨勢的指標

影響因素	經濟指標
經濟景氣	領先指標
	同時指標
	經濟成長率
	貿易順差或逆差
	景氣對策訊號
通貨膨脹	消費者物價指數
	躉售物價指數
匯率變動	經常帳與金融帳餘額變化
	匯率升值或貶值趨勢
貨幣政策	M_{1A}、M_{1B}、M_2 成長率
	央行理監事會議結論
	重貼現率、存款準備率調整方向
	央行總裁、副總裁之重要談話
籌碼分布	未來中央政府總預算發行公債金額
	未來到期公債還本付息金額
套利程度	國內長短期利差
	國內外利差

5.2.4.　流動性偏好理論

J. M. Keynes (1936) 在《一般理論》中指出：「當資本需求與利率對既定所得水準下的儲蓄意願影響若屬已知時，所得將是促使儲蓄與投資相等的因素」，

是以可貸資金理論僅能決定均衡所得而非利率，故須另尋途徑決定利率。在重商主義期間，Locke (1692) 主張利率是使用貨幣的價格，Keynes 接收該項觀點，並以「利率乃是特定期間內放棄流動性而能獲取的報酬」另行詮釋，故由流動性偏好理論決定固定時點上的貨幣利率。由於均衡利率取決於流動性偏好（資產需求）與貨幣供給（資產供給），將是屬於存量的利率理論。

基於上述構想，Keynes 將人們保有資產型態的偏好稱為流動性偏好，貨幣係屬流動性資產的一環，故狹義的流動性偏好函數專指貨幣需求函數而言：

$$L = L(i, y)$$
$$= kPy + l(i)$$

假設貨幣供給與貨幣利率呈現同向變動，$M^S = M(i)$。當體系內物價為 P_0、所得為 y_0 時，均衡貨幣利率將如圖 5–3 中 E_0 點所示為 i_0。當央行採取寬鬆銀根政策，在貨幣需求 $L(i, y_0)$ 穩定下，隨著實質貨幣供給遞增至 $\dfrac{M_1^S}{P_0}$，短期均衡利率下跌至 i_1，M. Friedman (1968) 稱此現象為流動性效果 (liquidity effect)。

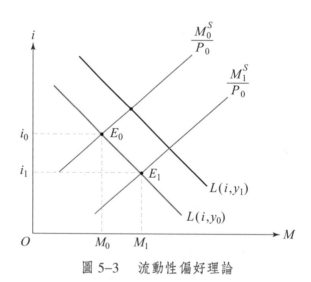

圖 5–3 流動性偏好理論

流動性偏好理論指出：當貨幣供需（資產供需）相等時，將決定均衡貨幣利率。在金融市場上，金融資產供需將隨訊息變動隨時調整，是以決定的利率將是短期利率，而且純屬貨幣現象。任何實質部門行為變化惟有事先影響所得改變貨幣需求，方能間接影響均衡利率。實務上，該項說法背離現實，是以

Keynes (1937) 改採融資性貨幣需求概念取代原有流動性偏好函數。爾後，蔣碩傑 (1980) 改用預擬支出 $(E = C^P + I^P + G)$ 取代流動性偏好函數中的所得變數：

$$L = L(i, E)$$
$$= L(i, C^P + I^P + G)$$

　　假設人們改變支出行為或政府執行赤字預算，圖 5–3 中的貨幣需求曲線將迅速右移，推動貨幣利率直接上漲，無須再透過所得調整來發揮影響效果。表 5–3 係影響短期利率（貨幣市場利率）的因素，我們可運用流動性偏好理論解釋利率變動方向：

　　1. 通貨發行額暴增，隔日拆款利率將水漲船高。隨著年節結束後，通貨回籠導致發行額遞減，利率也隨著滑落。

　　2. 國庫撥款或解繳國庫：銀行將代收稅款繳交國庫，或公營事業盈餘繳庫勢必造成銀根緊縮；反之，公共工程款、退休俸撥款勢必造成銀根寬鬆。

　　3. 國庫券或儲蓄券發行與到期：央行為紓解金融環境，在銀根寬鬆之際發行可轉讓定存單、國庫券、儲蓄券，到期日選在預估的銀根緊縮期間（如：農曆春節），故其發行與到期對資金供需影響頗鉅。

　　4. 外匯買（賣）超：央行為縮減匯率波動幅度，透過外匯指定銀行在外匯市場買進或賣出美元，資金市場將因買（賣）超而出現寬鬆（或緊縮）現象，短期利率隨之波動。外匯買超係指央行當日買進外匯超過賣出外匯值，而外匯賣超係指央行當日買進外匯小於賣出外匯值。

　　5. 郵政儲金轉存款：郵匯局是國內分支機構與吸收存款最多的準銀行，央行通常視金融環境鬆緊調整郵匯局轉存央行比例，或將轉存款再轉存 4 家專業銀行比例，故其變化影響短期資金供需至鉅。

　　6. 股票市場走勢：當股市呈現空頭市場走勢時，銀行存款結構由活存轉為定存，金融環境趨於寬鬆；反之，當股市呈現多頭走勢時，銀行存款結構由定存轉為活存，金融環境趨於緊縮。

表 5–3　影響短期利率變動的因素

資金寬鬆因素	資金緊縮因素
通貨回籠	通貨發行
國庫撥款：公共工程款、退休俸撥款	解繳國庫：所得稅款、公營事業盈餘繳庫
央行國庫券、儲蓄券、央行可轉讓定存單到期	央行國庫券、儲蓄券、央行可轉讓定存單發行
央行融通或公開市場釋出	央行回收融通資金
央行買匯	央行賣匯
郵儲金釋出	郵儲金回收
空頭股市，銀行存款結構由活存轉為定存	多頭股市，銀行存款結構由定存轉為活存

5.2.5.　貨幣利率與實質利率的關係

　　貨幣利率或名目利率係指在金融市場交易的利率,或廠商募集資金所需支付的報酬率。廠商必須掌握構成貨幣利率的因子，才能決定舉債策略，同時運用創新融資工具，達到降低資金成本與財務風險的目的：

$$i = r + \pi^e + d + l + m + t$$

　　1.實質利率 (r)：實質利率係指廠商取得資金後，購買資本財從事生產所獲得的報酬率，相當於實體資本的邊際生產力。當預期通貨膨脹率為零時，無風險資產報酬率主要受消費者的時間偏好與資本的邊際生產力影響。實務上，金融業常用銀行一年期定存利率扣除消費者物價指數 (CPI) 年增率而得實質利率，不過一年期定存利率代表對未來報酬率的預期，消費者物價指數 (CPI) 變動率卻反映過去物價水準變化,兩者相減無法反映廠商對未來實質債務或實質報酬率的預期。是以計算實質利率一般採取未來的預期通貨膨脹率，而非過去發生的實際通貨膨脹率。

　　2.預期通貨膨脹溢酬 (π^e)：在通貨膨脹過程中，廠商借款一元到期必須償還名目本息 $(1 + i)$，均衡時必然等於到期時的實質本息 $(1 + r)$，與預期通貨膨脹

帶來增值利益 $(1 + \pi^e)$ 的乘積：

$$(1 + i) = (1 + r)(1 + \pi^e)$$
$$= 1 + r + r\pi^e + \pi^e$$

當 $r\pi^e$ 值趨於微小時，上式將演變成 Fisher 方程式 (Fisher's equation, 1930)，亦即貨幣利率等於實質利率加上預期通貨膨脹率：

$$i = r + \pi^e$$

　　由於實質利率決定於實質部門的生產力與時間偏好,與預期通貨膨脹率均屬於預期概念。實務上，在通貨膨脹期間，實證結果顯示三者呈現下列互動關係：① Fisher 效果：古典學派認為體系達成充分均衡時，實質利率取決於資本生產力與時間偏好兩項因素,而與通貨膨脹預期無關。當體系發生通貨膨脹後，實質利率基本上維持不變，貨幣利率將反映預期通貨膨脹率變化而呈現等幅度上升。再就政策涵義而言，Fisher 效果隱含貨幣政策具有中立性 (neutrality) 的臆說,央行無法運用權衡性政策影響實質利率,藉以改變實質部門的決策行為。② Harrod 效果：Keynesian 學派認為金融市場利率呈現僵化而甚少調整，基本上維持不變，是以通貨膨脹發生後，實質利率將反映預期通貨膨脹率變化而呈現等幅度下降。③ Mundell-Tobin 效果：資金需求者借入資金轉而持有實質資產，是以體系發生通貨膨脹後，類似對資金供給者課徵通貨膨脹稅，透過金融市場交易將部分租稅轉嫁給資金需求者,實質利率與貨幣利率將分別反映預期通貨膨脹率變化，亦即貨幣利率上升，而實質利率下降，此種現象稱為 Mundell-Tobin 效果。

　　3.違約風險溢酬 (d)：當債券發行機構無法按時清償本息時，人們將需承擔違約風險而要求補償。以國內為例,財政部或央行發行國庫券擁有國家財政(課稅權) 擔保而無違約風險，支付利率必然最低。廠商發行公司債將依信用評等或擔保品而決定發行利率高低，而以到期日、流動性和其他特性相同的國庫券利率作為標準，兩者間的利率差距即是違約風險溢酬。

　　4.流動性溢酬 (l)：資產若能在短期間內轉換成現金，變現價格與當時合理價格相去不遠，則具有高度流動性。證券存在交易活絡的次級市場，則因流動性較高，報酬率自然較低。反之，未上市公司股票或未見知名度的公司債交易

稀落，人們將要求流動性溢酬或以較低價格承購作為補償。

5.期限風險溢酬：長期債券投資人面臨利率波動或其他因素變化，必須承擔資本損失風險，到期風險溢酬就是對該類風險的補償。

6.租稅或交易成本：在金融操作過程中，人們須負擔交易稅與交易成本，當稅率 t 已知時，稅後利率是 $i_t = (1-t)i$，稅後實質利率 r_t 將是稅後名目利率減去預期通貨膨脹率，$r_t = (1-t)i - \pi^e$，亦即稅後實質報酬率將隨預期通貨膨脹率上漲而下跌。

表 5–4 的案例顯示：廠商發行公司債募集資金，在訂定利率時係以短期具有高度流動性的國庫券報酬率為基準，再依據公司債的信用評等、期限與流動性給予不同程度的風險溢酬加碼。

表 5–4　公司債利率訂定的風險溢酬加碼狀況

債券類型的利率訂價	利率	違約風險溢酬	期限風險溢酬	流動性風險溢酬
國庫券（短期）	2%			
A 級 7 年期公司債券（上市）	3.5%	0.5%	0.5%	0.5%
A 級 10 年期公司債券（上市）	3.7%	0.5%	0.7%	0.5%
B 級 10 年期公司債券（上市）	4.2%	1%	0.7%	0.5%
B 級 10 年期公司債券（未上市）	4.7%	1%	0.7%	1%

最後，流動性偏好理論指出貨幣供給增加將使貨幣利率下跌，實際現象顯示高貨幣成長率國家卻伴隨利率上漲，A. H. Gibson (1923) 稱此現象為 Gibson 矛盾 (Gibson's paradox)。M. Friedman 與 W. Gibson (1970) 將 Fisher 方程式引入流動性偏好函數中，當央行增加貨幣供給時，短期內經由流動性效果迫使利率下跌。依據 Harrod 效果的說法，在物價與預期通貨膨脹率不變下，貨幣利率將與實質利率同時下降，刺激投資與消費支出增加，透過乘數過程運作，所得與交易性貨幣需求隨之增加，貨幣利率反轉回升，此即所得效果 (income effect)。當央行採取釘住利率政策而持續擴張貨幣供給時，勢必引發物價連續上漲而形成通貨膨脹預期上升。假設資金供給者為維持資金購買力不變，將會要求附加預期通貨膨脹溢酬而再度推動貨幣利率攀升，形成膨脹性預期效果 (inflationary expectation effect)。換言之，當金融市場引進後續的所得與膨脹性預期兩項效果，央行大幅提升貨幣成長率，將會造成貨幣利率上漲，Gibson 矛盾發生緣由將可迎刃而解。

5.3.　正式金融與非正式金融利率的關聯性

在經濟發展過程中，開發中國家經常採取金融壓抑與不平衡成長兩種策略，影響所及致使金融體系出現正式金融（官方）與非正式金融（黑市）並存的金融雙元性。非正式金融形成的誘因係資金需求者無法在正式金融取得充分融資，只好尋求非正式金融給予支援。一般而言，資金剩餘者經由資產選擇過程，將資金分別投入正式金融與非正式金融，後者再配合由前者流入的轉貸資金，形成非正式金融的資金供給來源。表面上來看，正式金融與非正式金融壁壘分明，實務上，非正式金融的資金白天在體系內流通，隨著黑夜來臨，所有資金又將回歸至正式金融。換言之，正式金融與非正式金融兩者相互交流，促使彼此間的利率水準具有互動關係。

人們前往正式金融申請融資，必須提供擔保品、保證人與經過冗長審查程序，導致取得融資時效緩不濟急，或所獲融資數量不敷使用。針對該現象，蔣碩傑與許嘉棟探討人們前往非正式金融融通，必須支付利率的決定方式。一般而言，在考慮風險溢酬後，非正式金融的利率必然高於正式金融，是以廠商先向銀行申貸，若有不足再至非正式金融求援。國內非正式金融利率通常以遠期支票借款、信用拆借與存放廠商的利率做代表，其中以信用拆借的利率最高。目前該利率係由央行委託第一、華南及彰化銀行分別向臺北市 90 家、高雄市 90 家及臺中市 78 家廠商查詢，調查對象包括食品紡織業、塑膠化學業、金屬機械業、電子業、營造業、商業等 6 大行業，調查項目包括廠商間以遠期支票借款、信用拆借和廠商向員工借款等利率。所謂遠期支票借款是指以交易性票據向廠商及個人借款；信用拆借則是指以融資性票據或信用借款方式向廠商及個人的借款；存放廠商則是指非金融廠商向員工的借款。

基於上述說法，銀行在放款利率既定下，無法對借款者有求必應，故將採

取不同信用分配法則，而對非正式金融利率造成的影響分別說明如下：

1.最有效率的信用分配：銀行採取最有效率的信用分配原則，只要廠商投資效率或邊際生產力最高者(願意支付最高利率取得資金者)將可優先取得融資。是以非正式金融市場的資金需求 F_c^d 可表為：

$$F_c^d = F(r, \theta) - F^a$$

r 是銀行放款利率，θ 是廠商面對景氣循環與產量多寡等影響資金需求的變數。假設銀行業對廠商的實際放款為 $F^a \prec F$，無法由銀行取得融資的部分 $(F - F^a)$，實際會轉向地下金融求貸金額，將視兩個因素而定：①非正式金融利率水準：能夠支付非正式金融利率者，才能形成非正式金融的資金需求。②銀行資金配置效率：運用銀行資金效率愈高者，負擔得起非正式金融利率之資金需求，若自銀行取得融資比例愈高，將意味著廠商對非正式金融的資金需求就愈小。

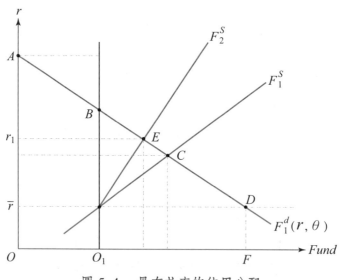

圖 5-4　最有效率的信用分配

圖 5-4 顯示銀行面對放款需求曲線 $F^d(r, \theta)$，當銀行將放款利率訂在 $\bar{r}$ 時，能夠放款的最大數量為 $\bar{F}$，故可在 $F = \bar{F}$ 之點 O_1 作一垂直線與 $AF_1^d(r, \theta)$ 曲線相交於 B，從而得到非正式金融的資金需求曲線 $BF_1^d(r, \theta)$。當廠商運用資金效

率在 $\bar{r}$ 以上時，銀行同意給予放款，是以廠商前往非正式金融募集資金，將是屬於資金運用效率在 $\bar{r}$ 以上的部分。在非正式金融市場上，資金供給者承擔倒帳風險與流動性風險遠高於正式金融，將要求附加較高的風險溢酬，是以非正式金融的資金供給曲線將是 F_2^S，從而決定均衡利率為 r_1。

　　2.中性效率的信用分配：銀行採取中性效率的信用分配原則，只要廠商運用資金效率在銀行放款利率上限 $\bar{r}$ 以上，獲得融資機會均屬相同，此種機會為實際資金供給依據申請者的融資需求量給予某一折扣比例為 $\dfrac{OO_1}{OF} = \dfrac{OO_1}{F(\bar{r}, \theta)}$，廠商取得融資可能性與資金運用效率無關。在該類信用分配下，廠商運用資金效率在 $\bar{r}$ 以上時，廠商資金需求 $F^d(r, \theta)$ 中有 $[1 - \dfrac{OO_1}{F(\bar{r}, \theta)}]$ 比例未獲銀行同意授信，勢必前往地下金融尋求資金來源，地下金融的資金需求函數 F^b 可表為：

$$F^b = F^d(r, \theta)[1 - \frac{OO_1}{F(\bar{r}, \theta)}]$$

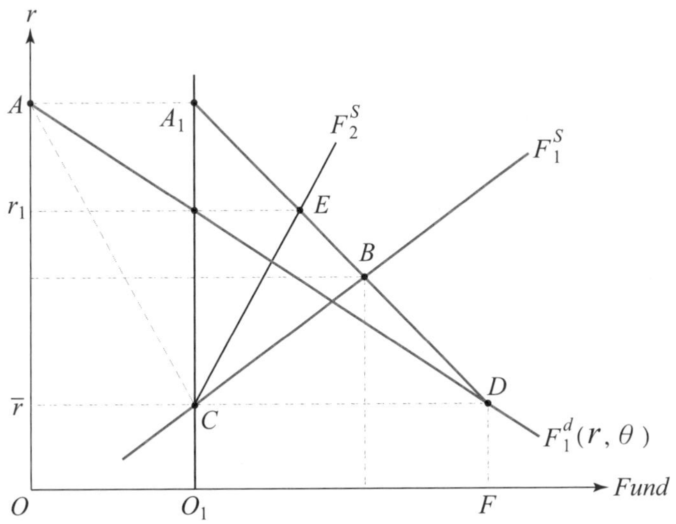

圖 5-5　中性效率的信用分配

　　圖 5-5 顯示銀行面對的放款需求曲線 $F_1^d(r, \theta)$。當銀行將放款利率固定在 $\bar{r}$ 時，資金需求量為 OF，銀行放款的最大數量為 OO_1。假設銀行採取效率中性信用分配，落在 $AF_1^d(r, \theta)$ 資金需求曲線由銀行同意授信部分為 AC 虛線，而

AD 與 *AC* 兩線間的水平距離即是非正式金融的資金需求。是以若以 O_1 作為衡量非正式金融市場的原點，資金需求曲線將是 A_1D。接著，再引進非正式金融的資金供給曲線 F_2^S，均衡點為 *E* 點，均衡利率將是 r_1。

3.缺乏效率的信用分配：開發中國家採取金融壓抑的發展策略，促使銀行信用分配的原則變質為由特權階級取得或透過賄賂放款決策人員方式取得，亦即銀行將實際可貸資金優先授信給資金運用效率低於 $\bar{r}$ 利率者。此舉造成當廠商運用資金效率在 $\bar{r}$ 以上時，必須前往非正式金融尋求資金來源，是以圖 5–6 中的非正式金融的資金需求曲線 F_2^d 係由 F_1^d 曲線向右平移 OO_1 距離而得。當非正式金融的資金供給為 F_2^S 曲線時，均衡利率為 r_1。

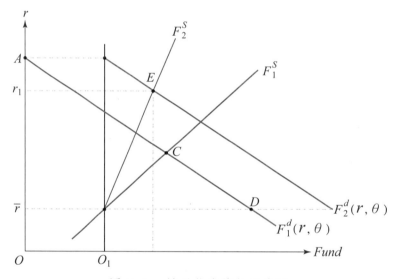

圖 5–6　缺乏效率的信用分配

在臺灣光復初期，金融當局採取低利率政策（存款年利率僅及 2%～3%），希望刺激投資意願。不過當時正逢通貨膨脹盛行，黑市利率高漲至70%～100%以上，反而未能達成預擬的政策效果。隨後，金融當局進行幣制改革，並於 1950 年 3 月 25 日開辦優利存款，以複利計算之年利率高達 12.5% 吸收游資用以穩定物價水準，在往後的數年間逐漸發揮效果。換言之，金融當局採取高利率作為對抗通貨膨脹工具，維持實質利率為正值，有助於銀行業吸收資金，降低通貨膨脹對經濟活動的衝擊。

在 1970 年代以前，銀行存放款利率皆由央行決定，屬於控制式的官方利率，且為重要的貨幣政策工具。在 1975 年以前，國內各類放款利率均屬單一性質。央行在 1975 年 7 月 28 日對利率調整方式進行多項變革，核定放款利率高低限，並於 1979 年 8 月後開放各種放款利率的期限別。接著，央行在 1980 年 11 月 7 日訂頒銀行利率調整要點，提升銀行公會訂定存款利率的影響力，存款利率逐漸適時反映資金市場供需變化，放款利率亦能在較大幅度內波動。同時，銀行公會接續成立銀行業利率審議小組，透過主要銀行主管共同研擬利率自由化之調整與執行辦法。此外，金融當局於 1976 年陸續准許三家票券公司成立以建立貨幣市場利率，作為銀行調整短期放款與存款利率的指標。直至 1984 年 8 月，金融當局開放票券公司新設及開放銀行從事商業本票承銷及簽證業務，正式完成票券市場利率自由化措施。

5.4.　利率期限結構理論

實務上，金融市場在同一時點經常是各種利率並存，此種現象發生的原因有二：①不同金融資產面對通貨膨脹率、稅率、交易成本、流動性與倒帳風險的反應迥異，報酬率顯然有別；②同類型金融資產的期限不同將使報酬率亦有差異。就後者而言，利率期限結構係指在某一時點上，同一金融資產報酬率與其期限間的關係。

圖 5–7 係殖利率曲線或收益曲線 (yield curve) $r = f(N)$，描述債券殖利率 (r) 與到期期限 (N) 的關係，常見型態可有四種走勢：①脊型 (humped)：金融資產報酬率隨著期限延長而攀升，在某一期限後轉趨下游。②下降型 (descending)：金融資產報酬率隨著期限延長而下降。③遞增型 (ascending)：金融資產報酬率隨著期限延長而攀升。④水平型 (flat)：金融資產報酬率在某一狹小範圍內波動。

由於收益曲線並非始終呈現正斜率，有時也會出現近似水平或向下傾斜的負斜率型態，足以在討論長短期利率間的關係與兩者變動造成的影響時，期限結構理論通常分成純粹預期理論 (pure expectation theory) 或稱無偏性預期理

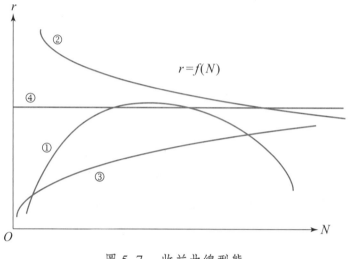

圖 5-7　收益曲線型態

論 (unbiased expectation theory)、流動性貼水理論 (liquidity premium theory) 和偏好棲息理論 (preferred habitat theory) 或市場區隔理論 (market segmentation theory) 等三種。

5.4.1. 純粹預期理論或無偏性預期理論

在固定期間內，人們在完全性金融市場對未來短期利率具有同質預期 (homogeneous expectation)，從事金融操作無須負擔交易成本。在完全訊息與無交易成本環境下，債券市場上條件相同而僅有到期日相異的債券，將被人們視為完全替代品。是以不論長期或短期債券，風險中立投資人在保有期間將追求收益率最大，透過在長期與短期債券市場進行套利的結果，將可得到純粹預期理論的均衡條件如下：

$$(1 + {}_tR_n)^n = (1 + {}_tR_1)(1 + {}_{t+1}r_1^e) \cdots (1 + {}_{t+n-1}r_1^e)$$

${}_tR_n$ 是 t 時點上之 n 年期限債券的實際收益率，${}_{t+1}r_1^e$ 是由 $(t+1)$ 點起算之短期債券的預期收益率。上式中短期預期利率 ${}_{t+1}r_1^e$、${}_{t+2}r_1^e$ …等均非觀察值，不過與長期利率之間關係可簡化為長期利率是目前短期利率與預期未來各年短期利率之平均值：

$$_tR_n = \frac{_tR_1 + \sum_{n=1}^{n-1} {}_{t+n}r_1^e}{n}$$

預期理論認為收益曲線的形狀決定於投資人對未來短期利率的預期,而形成利率預期的因素包括通貨膨脹率、貨幣成長率、經濟成長率等變數,皆是市場用來預測利率的參考指標。該理論主張人們的利率預期將反映在收益曲線斜率上,且是未來實際利率的無偏性估計值,長期利率係反映對未來短期利率的預期狀態。一旦人們預期未來短期利率上漲,目前長期利率將會高於短期利率,收益曲線呈現正斜率。假設人們認為未來短期利率預期值係逐期下降,目前長期利率必然低於短期利率,收益曲線將呈現正斜率型態。如果人們預測未來短期利率呈穩定狀態,收益曲線將呈現類似水平線型態,在某一狹小範圍內波動。至於人們預期未來短期利率呈現暫時性攀升,但在後續期間卻反轉下降,則收益曲線將呈脊型狀態。

舉例來說,1996 年上半年的經濟環境係屬「外冷內也冷」,決策當局致力於刺激經濟成長,債券市場因而預期央行將採取寬鬆貨幣政策,市場預期利率將會走低。是以人們傾向選擇長期債券,理由是:投資短期債券到期後必須再投資,屆時利率將較目前為低,故在此時選擇投資長期債券,鎖定高利率的報酬。由於市場投資人預期趨於雷同,造成長期債券變得搶手,導致債券價格高漲,長期債券殖利率隨之下跌,短期債券殖利率相對較高。相反地,若人們預期市場利率上揚,將選擇投資短期債券,直迄利率上揚時,短期債券到期領回的本金就可投資較高利率債券,而不至於套牢在長期債券上。

5.4.2. 流動性貼水理論

純粹預期理論並未考慮投資人風險態度的差異性,人們僅以預期報酬率作為投資決策(隱含人們是風險中立者)參考,忽視風險怯避態度形成的影響。該理論意謂著人們預期報酬率上漲與下跌的機率相同,收益曲線斜率理應正負各半。實務上,大部分收益曲線均呈現正斜率,Hicks (1946) 因而認為風險怯避者通常偏愛流動性較高與價格變異性較小的短期債券,前述理論隱含的風險

中立假設未符現實。另外，債券發行者為能節省發行債券成本與降低財務風險，偏好發行長期債券。是以資金需求者若欲募集長期資金，將需提供風險溢酬補償人們放棄流動性的損失。有鑑於此，Hicks 提出修正預期理論，而由 Kessel (1965) 衍化成流動性貼水理論或流動性偏好理論，指出長短期債券彼此並非完全替代品，短期遠期利率將是預期利率與流動性溢酬 L_t 之和。當人們在長、短期債券間進行套利後，均衡條件將修正為：

$$(1 + {}_tR_n)^n = (1 + {}_tR_1 + L_1)(1 + {}_{t+1}r_1^e + L_2) \cdots (1 + {}_{t+n-1}r_1^e + L_n)$$

流動性貼水理論認為，隨著投資期間拉長，投資風險通常愈高，而人們卻不喜歡承擔風險，故若長、短期債券的報酬（殖利率）完全相同，投資人將偏向選擇短期債券，若要其轉向投資長期債券，勢必要給予相當的補償，此即稱為流動性溢酬，而且到期期限越長，人們要求附加的流動性溢酬將隨期限加長而擴大，$L_n \geq L_{n-1} \geq L_{n-2} \geq \cdots \succ L_2 \geq L_1 \geq 0$。換言之，長期債券殖利率不再是短期債券殖利率的不偏預期值，而是包含流動性溢酬在內。至於影響收益曲線形狀的因素有二：短期利率預期與流動性溢酬，是以正斜率收益曲線未必表示預期利率將走高，甚至預期利率下降，只因流動性溢酬很大，導致長期殖利率仍然高於短期殖利率。

爾後，Modiglian 與 Sutch (1967) 指出：每種金融資產的期限、風險、流動性與交易成本均不相同，彼此間並非完全替代。風險怯避者往往依其偏好棲息於某一期限，然後調整資產組合降低風險，此即偏好棲息理論。人們在長、短期債券間進行套利後，前述的均衡條件將修正為：

$$(1 + {}_tR_n)^n = (1 + {}_tR_1 + \alpha_1)(1 + {}_{t+1}r_1^e + \alpha_2) \cdots (1 + {}_{t+n-1}r_1^e + \alpha_n)$$

α_i 是補償溢酬 (compensating premium)，該值可正可負。在景氣蕭條期間，廠商評估未來利率趨於上漲，將願意在目前偏低利率水準上支付較大的流動性溢酬 ($\alpha_i \succ 0$)，發行較長期限債券，收益曲線自然傾向於呈現正斜率。反之，在景氣繁榮期間，現行利率偏高導致廠商畏懼於發行較長期限債券，迫使補償性溢酬縮小甚至轉為負值 ($\alpha_i \prec 0$)，收益曲線可能呈現負斜率的情景。隨著景氣循環變動，透過上述兩種效果交互運作，實際的收益曲線將呈現循環性波動的狀況。

5.4.3.　偏好棲息理論

　　金融市場參與者必須考慮資金來源與相關金融法規限制,僅能在不同期限的金融市場上交易,促使資產報酬率實際上取決於個別資金市場供需,此即稱為市場區隔理論,屬於偏好棲息理論的極端型態。該理論將資金市場分成長期和短期市場,不同到期日的債券難以相互取代,且不同到期日有不同的資金供給者與需求者,形成彼此區隔的資金市場,個別市場供需就決定不同期限債券之殖利率。

　　在金融體系中,基於資金供需專業化、法令規章限制、經驗與習慣的影響,不同期限資金市場的區隔現象極其顯著。從資金需求角度來看,短期資金需求者發行短期證券,長期資金需求者發行長期證券,兩種證券無法互相替代,短期證券與長期證券市場彼此分割獨立。就資金供給角度來看,金融廠商的資金來源性質不同,從事資金運用必須考慮避險壓力 (hedging pressure),僅能選擇特定期限,導致短期利率由短期資金市場決定,長期利率由長期資金市場決定。

　　由於各種期限的債券供需未必完全配合, 如: 5 年期公債需求大於供給,10 年期公債供給卻大於需求, 則 5 年期公債殖利率會下降 (因為價格上漲),10 年期公債殖利率則會上升 (因為價格下跌),以吸引 5 年期公債需求者改變偏好, 轉移到 10 年期市場, 促使收益曲線呈正斜率。是以收益曲線形狀除取決於預期利率走勢外,尚需視各種期限債券供需雙方的偏好而定,收益曲線形狀並不固定,各種形狀皆屬合理。流動性貼水理論與偏好棲息理論又稱偏態預期理論 (biased expectation theory), 理由是: 兩種理論不僅包含對未來利率的純粹預期, 還考慮流動性風險溢酬與改變偏好的風險補償。

　　爾後,Malkiel (1966) 與 McCallum (1975) 提出避險壓力或制度臆說,指出資金供需雙方或因長短期利率差異而引發相互交流,但因人們對期限往往存有特殊偏好,不同期限的資金市場參與者並不一致,造成每一市場有其獨立性,通常是自行決定長短期利率而互不相關。此種基於制度性理由形成不同期限的資金市場,彼此互相重疊的可能性有限,個別市場當然分別決定個別利率水準。總之, 市場區隔理論完全否定資產間的替代或互補性,導致長短期利率間並無瓜葛。

習題

◉ 選擇題

1. 當中華信用評等機構調降華泰公司信用評等，導致其發行之債券價格下跌，可能原因是： (a)殖利率升高，流動性風險溢酬減少 (b)殖利率升高，違約風險溢酬增加 (c)票面利率升高，到期日風險溢酬增加 (d)票面利率及殖利率升高，預期通貨膨脹風險溢酬增加。

2. 遠東紡織公司發行 7 年期與 10 年期公司債，利率分別訂為 3% 與 4%，兩者間的差距 1% 係屬於： (a)違約風險溢酬 (b)期限風險溢酬 (c)預期通貨膨脹溢酬 (d)流動性溢酬。

3. 依據 Fisher 效果，當體系預期通貨膨脹率從 6% 降至 4%，在其他條件不變下，何者正確？ (a)名目利率與實質利率兩者皆下跌 2% (b)名目利率與實質利率維持不變 (c)名目利率下跌 2%，但實質利率不變 (d)名目利率不變，實質利率下跌 2%。

4. 依據流動性偏好理論與純粹預期理論對利率變動的看法，何者正確？ (a)在預期利率上升時，前者的收益曲線斜率較後者更陡 (b)在預期利率不變時，兩者的收益曲線均呈現水平狀態 (c)在預期利率下跌時，後者的收益曲線較前者平坦 (d)在預期利率不確定時，兩者的收益曲線均呈現小幅度變動。

5. 下列敘述，何者正確？ (a)古典學派認為投資增加會導致利率下降 (b)根據可貸資金理論，可貸資金供給增加時，利率會上升 (c) Keynes 認為均衡利率水準由流動性偏好與貨幣供給決

定　(d)當央行大幅提高貨幣成長率時，利率會下降。

6. 張無忌以 10 萬元買入中華開發金控股票，一年後以 12 萬元賣出，在此期間獲得現金股利 1 萬元，則持有股票的收益率為：
(a) 25%　(b) 10%　(c) 16.67%　(d) 30%。

7. 有關純粹預期理論對利率變動的看法，何者錯誤？　(a)遠期利率是未來利率之不偏估計值　(b)市場對未來利率變動之預期將反映於收益曲線的斜率　(c)收益曲線斜率為正時，將意味著市場預期短期利率會上漲　(d)當市場預期短期利率下跌時，收益曲線可能仍然呈現正斜率。

8. 有關景氣循環與利率期限結構關係的敘述，何者正確？　(a)正常狀況下，收益曲線應呈現正斜率　(b)利率通常與景氣循環呈現反向變動　(c)實質利率變動通常大於名目利率變動　(d)當正斜率收益曲線變陡時，意味著經濟成長率即將下滑。

◉ 問答題

1. 試說明 Mundell-Tobin 效果的內涵。Fisher 效果為何是其中的特例？

2. 當銀行執行信用分配的效率越佳時，非正式金融利率將如何變化？

3. 試說明實質利率與名目利率為何經常發生差異。

4. 就長期而言，央行提高貨幣成長率將會促使物價上漲，經由實質貨幣供給減少而造成貨幣利率上升。試評論該項說法。

5. 何謂收益曲線？收益曲線通常呈現正斜率的理由為何？

6. 試說明票面利率、當期收益率與到期收益率等概念。假設高僑採取溢價發行公司債，則上述三種利率的關係為何？

7.下表是 2003 年 3 月初及 6 月初之債券收益曲線資料:

債券到期期限	3 個月	1 年	3 年	5 年	10 年	15 年
3 月初殖利率	5.25%	5.50%	5.90%	6.30%	6.50%	6.60%
6 月初殖利率	6.50%	6.20%	6.20%	6.10%	6.10%	6.00%

(a)請以各種利率期限結構理論（預期理論、流動性貼水理論與市場區隔理論）解釋收益曲線的形狀？　(b)試分析從 3 月初到 6 月初，債券市場可能發生何種狀況？　(c)假設債券基金經理人於 3 月初即已預期收益曲線的變化，試問可採取哪些交易策略因應？

第*6*章　資產選擇與財務理論

在營運過程中，廠商採取舉債與股權融通策略取得資金來源。就廠商而言，股權係屬自有資金，無需擔心還本付息壓力，故為安全性資金來源。反觀廠商採取舉債策略，將需面臨清償本息的壓力而形成財務風險 (financial risk)，故屬於風險性資金來源。有鑑於此，經營階層追求廠商價值最大，將選擇最適資本結構或財務結構，形成融資性資產供給。

再就投資人（資金剩餘者）立場來看，一旦選擇持有股票而成為股東，預期報酬將視廠商營運獲利而定，但因營運風險存在導致股票報酬率不確定，故屬於風險性資產。反觀投資人選擇持有公司債而成為債權人，則因事先約定利息支付而與廠商營運無關，並具有優先清償權，故可列為安全性資產。是以投資人追求財富衍生之預期效用最大，面對資產風險與預期報酬率時，透過資產選擇過程安排最適資產組合，形成各種資產需求。

本章首先說明廠商決策流程，探討廠商採取舉債與股權融通的資金成本變化。其次，將說明 Modigliani 與 Miller (1958、1963) 的資本結構理論，探討融資性資產供給的形成。第三，將說明投資人從事資產選擇的原因與決策流程，探討資產選擇理論的類型。最後，將探討預期效用函數的形成，說明投資人的風險偏好型態，進而探討平均數與變異數無異曲線的形狀。接著，將探討風險與預期報酬率的衡量方式，然後透過推演 Markowitz-Tobin 資產選擇理論，探討決定資產需求函數的內涵。

➡ 6.1.　財務決策流程與融資成本

6.1.1.　廠商的財務決策流程

圖 6–1 係廠商決策內容。在營運期間，廠商擬定的決策內容包括投資政策、融資政策、股利政策與作業性決策 (operational decision) 等，前三項屬於財務決策範圍，將對廠商價值發生重大影響；後者屬於經常性例行工作，在執行過程中必須考慮政府與社會大眾態度，同時涉及負擔社會責任問題。以下針

對財務決策內容進行說明：

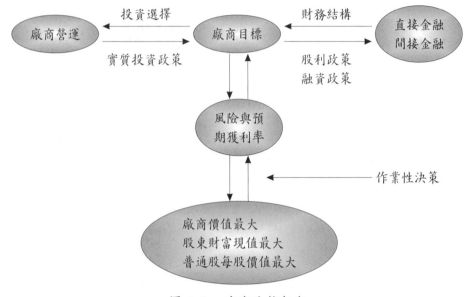

圖 6-1　廠商決策內容

1.投資政策：針對既定的資本預算，廠商將選擇如何分配於各種投資計畫。投資決策將受投資機會與經營階層價值觀的影響，前者係指投資報酬率是否超越資金成本，後者則因廠商經營權與所有權分離，致使經營階層的價值觀直接影響投資決策。

2.融資政策：廠商募集營運資金，長期選擇最適財務結構，短期則是運用財務操作降低資金成本。至於廠商採取何種融資策略，除需考慮資本市場結構外，並須考慮租稅制度的影響。由於所得稅法規定舉債成本屬於費用可由營運收入扣除，支付股權融資的股利則無此優惠，促使廠商偏好舉債融通。不過廠商營運項目有些符合產業升級條例，股票融資的部分金額可抵繳公司或個人所得稅，亦可偏好發行股票。

3.股利政策：廠商營運獲利將決定股利分配方式，包括現金與股票股利的分配比率、股利穩定性、員工分紅配股 (grant stock) 比例與庫藏股 (treasury stock) 等，該項決策將受經理人價值觀與股東預期的影響。

上述三種財務決策的特性可歸納為負債淨值比例、資產規模、盈餘成長率、

資金成本或投資者要求之報酬率、廠商實際獲得之報酬、稅後現金流量、平均投資水準、舉債能力、決策期間及付息率 (dividend payout ratio) 等變數，除可轉化成風險與預期獲利兩項變數外，並構成經營階層的效用函數內涵。另外，經營階層追求實現本身決策目標之前，仍須兼顧投資人目標，如：追求股東財富、廠商價值或普通股每股價值最大。

6.1.2.　廠商的資金成本

廠商的資產負債表顯示：在固定時點上，資產項目代表廠商的資金用途，負債項目代表廠商的資金來源。經營階層募集股權資金與債務資金營運，在追求廠商價值極大下，營運所得 $\overline{X}$（營運收入扣除營運成本）將分配給股東（股利 E）與債權人（公司債利息 $r_b B$）：

$$\overline{X} = r_b B + E$$

廠商價值 V 是由股權 S 與公司債 (corporate bond)B 兩者的市場價值構成：

$$V = S + B$$
$$= \frac{r_b B}{r_b} + \frac{E}{r_e}$$
$$= \frac{\overline{X}}{\rho}$$

r_b, r_e, ρ 分別是廠商選擇作為將公司債利息、股利與廠商價值進行折現的貼現率，亦是廠商採取不同融資策略的資金成本。其中，$r_e \succ \rho \succ r_b$ 的理由是：r_e 是反映廠商營運風險與財務風險，ρ 僅是反映營運風險，r_b 是安全性資產報酬率。綜合上述兩式，可得廠商募集資金（公司債與股權資金）營運所需支付的成本，將是兩種來源資金成本的加權平均值：

$$\rho = \frac{\overline{X}}{V} = \frac{E}{V} + \frac{r_b B}{V}$$
$$= r_e(\frac{S}{V}) + r_b(\frac{B}{V})$$

將上式移項整理，可得廠商發行新股的資金成本：

$$r_e = \rho + (\rho - r_b)(\frac{B}{S})$$

上式的涵義為：廠商舉債營運勢必引發財務風險，導致股東在要求正常報酬率 ρ 外，尚須附加財務風險溢酬。由該項推理將引申出兩種迥異看法：

1. 淨所得方法 (net income approach)：在圖 6–2 中，不論廠商財務槓桿 (financial leverage, $\frac{B}{S}$) 為何，股東並未體會財務風險變化帶來的威脅，僅是要求固定報酬率。當廠商持續以較低成本的舉債融資取代股權融資時，營運資金成本將呈遞減現象，直至全部採取舉債經營，廠商價值將臻於極大。

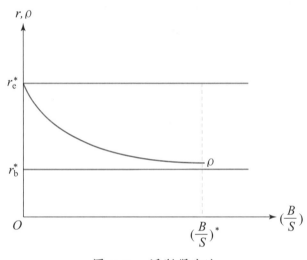

圖 6–2　淨所得方法

2. 淨營運所得方法 (net operating income approach)：在營運風險固定下，當廠商營運收益足以支付公司債利息時，債券投資人將可高枕無憂。不過股東卻對財務結構變化極為敏感，隨著廠商財務結構惡化時，將要求附加財務風險溢酬或以低價購買股票（相當於給予較高報酬率），r_e 將是財務槓桿 (B/S) 的遞增函數。在圖 6–3 中，廠商以舉債取代發行新股融資，支付股權的財務風險溢酬遞增恰好抵銷較低的債息支出，資金成本 $\rho(\overline{X})$ 仍將維持不變，顯示安排何種財務結構均屬最適。

上述兩種分析意謂著廠商無法決定單一最適財務結構，顯然不符合實務操作結果，是以出現兩種修正看法：

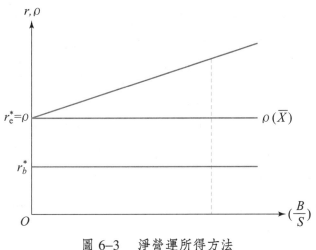

圖 6–3　淨營運所得方法

1. Modigliani 與 Miller (1958) 認為公司債投資人初期僅要求固定報酬率 r_b^*，隨著廠商擴大舉債造成財務結構惡化，圖 6–4 中的 r_b 曲線在 B 點之後將反映附加財務風險溢酬而呈遞增狀況。另外，股東原本即要求附加財務風險溢酬，是以 $r_e \succ r_b$ 且呈遞增現象。當廠商採取發行公司債取代發行新股融資時，資金成本曲線 $\rho(\overline{X})$ 率先滑落至低點 E，再反轉遞增，此時 E 點對應之 $(\frac{B}{S})^*$ 即是最適財務結構。

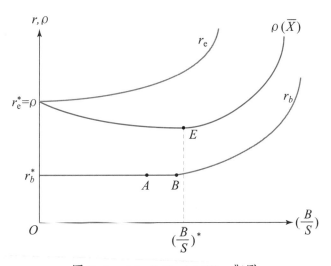

圖 6–4　Modigliani-Miller 觀點

2. Solomon (1963) 指出在某一財務結構範圍內，股東與債券投資人要求之報酬率均處於某一穩定水準，但因股東對廠商財務結構惡化較為敏感，故由圖 6–5 中的 E 點開始即要求遞增的財務風險溢酬；反觀債券投資人對廠商財務結構惡化的反應較慢，遲至 B 點才要求遞增的財務風險溢酬。當廠商採取發行公司債取代發行新股融資時，資金成本曲線在 $(\frac{B}{S})_1$ 之前將呈下降趨勢，而財務結構游移於 $(\frac{B}{S})_1$ 與 $(\frac{B}{S})_2$ 區間時，採取舉債融通降低的資金成本，恰好為採取股票融通成本上漲抵銷，資金成本曲線 $\rho(\overline{X})$ 轉而呈現水平狀態。爾後，隨著廠商財務結構持續惡化，r_e 與 r_b 同時遞增，帶動資金成本曲線呈現上升狀態。由於資金成本曲線包括三階段，是以廠商安排最適財務結構，將會存在某一區間而非僅有單一解。

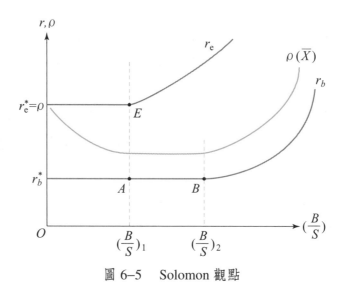

圖 6–5　Solomon 觀點

*6.2.　資本結構理論

6.2.1.　Modigliani-Miller 理論

廠商營運資金來源包括負債與股東權益（廠商淨值），而資本結構係指由負債與淨值兩種資金構成的融資組合。在經營階層追求廠商價值極大下，資本

結構理論係探討廠商安排最適負債與淨值的融資組合，促使資金成本達於最低。Modigliani 與 Miller (1958、1963) 提出三大財務決策原理，說明廠商價值（資金成本）與資本結構的關係，主要假設包括：①廠商營運風險可用營運所得的標準差衡量，營運所得相同即屬於相同的風險等級。②投資人對每家廠商未來營運所得的預期完全相同。③金融市場無交易成本，人們可用與廠商相同的條件舉債募集資金。④廠商屬於零成長公司，每年營運所得相同。

在上述環境下，Modigliani 與 Miller 的財務決策包括三個原理：

【定理 I】：在無公司所得稅的狀況下，廠商價值取決於其所執行的實體投資決策，而與資本結構或融資決策無直接關聯。

該定理的涵義是：廠商價值決定於預期營運所得（未支付利息），此係視其執行實體投資的績效而定，資本結構或融資方式並未影響其本身價值，理由是：兩家資本結構不同而營運所得一致的廠商，當兩者價值發生差異時，投資人採取舉債買進（賣出）價值較低（高）廠商進行套利，將可提升個人獲利。隨著投資人買進或出售股票，勢必造成股價波動，經過套利活動調整，兩家廠商價值將趨於一致。換言之，不論廠商是否使用負債資金營運，廠商價值等於預期息前稅前盈餘 (earnings before interest and taxes, EBIT) 除以適用其風險等級的報酬率或加權平均的資本成本 (weighted average cost of capital, WACC)：

$$V_u = V_l = \frac{EBIT}{r_e^u} = \frac{EBIT}{WACC} = \frac{EBIT}{r_a}$$

舉例來說：L（負債）與 U（無負債）廠商除資本結構不同外，其餘狀況完全一致，亦即兩者屬於相同風險等級。負債廠商資本結構包括利率 8% 而價值 5,000 的公司債，無負債廠商僅發行普通股融通，支付利息前的稅前盈餘為 $\overline{X} = 1,000$。假設兩家廠商均為零成長，每年營運所得完全相同，無負債廠商的市場價值 (V_u) 即是普通股價值 (S_u)：

$$V_u = S_u = \frac{\overline{X}}{r_e^u} = \frac{1,000}{10\%} = 10,000$$

假設兩家公司支付普通股的報酬率為 $r_e^u = r_e^l = 10\%$，負債廠商的市場價值是由普通股 (S_l) 與公司債 (B) 的市場價值構成：

$$V_l = S_l + B$$

$$= \frac{\bar{X} - r_b B}{r_e^l} + 5,000$$

$$= \frac{1,000 - 8\% \times 5,000}{10\%} + 5,000$$

$$= 6,000 + 5,000 = 11,000$$

上述結果顯示：在未發生套利活動前，負債廠商的市場價值 (V_l) 超越無負債廠商的市場價值 (V_u)。假設張無忌保有 20% 的負債廠商股票，價值相當於 1,200。依據 MM 理論的「定理 I」建議，當 $V_l \succ V_u$ 時，可採取下列方式套利：

1. 出售負債廠商股票價值為 1,200。

2. 向銀行貸款 1,000（相當於負債公司的負債 20%），利率為 8%。

3. 支付 2,000 (10,000 × 20%) 購買無負債廠商股票 20%。

針對上述操作策略，張無忌評估以自有資金投資負債廠商股票，或採取舉債策略投資無負債廠商股票所獲報酬如下：

(a)原有投資負債廠商股票收益　　　120

(b)舉債投資無負債廠商股票收益　　200

　　扣除支付舉債利息　　　　　　 (80)

差額 120

在維持原有報酬不變下，張無忌採取上述套利策略，將可獲得淨利 200 (1,200 + 1,000 − 2,000)。一旦所有投資人發現此種操作有利可圖，將會競相拋售負債廠商股票，轉而搶購無負債廠商股票。此種套利活動將導致兩家廠商的股價調整，隨著兩者價值漸趨一致後，資本市場方才達成均衡。

【定理 II】：負債廠商發行普通股之預期報酬率，將等於以自有資金營運的報酬率與舉債附加財務風險溢酬之和，而風險溢酬將視財務結構而定：

$$r_e^l = r_e^u + (r_e^u - r_b)(\frac{B}{S})$$

該命題的涵義為：廠商價值不因採取擴大舉債而上升，理由是：便宜資金成本的負債資金利益，將因權益資金成本上漲而完全被抵銷。

【定理 III】：在實體投資決策已知下，廠商財務決策（不含股利決策）將

無法影響投資人的財富水準，理由是：人們採取財務槓桿操作來改變自己的財富水準。總之，廠商的實體投資決策與財務決策係屬相互獨立，此即稱為分隔理論 (separation theorem)。

6.2.2.　Modigliani-Miller 理論的修正

MM 理論的說法並未符合實際現象，同時廠商募集負債資金營運，舉債的利息支出可當做費用處理，從而降低繳納營利事業所得稅，是以 Modigliani-Miller 考慮稅賦的影響後，廠商價值將隨負債擴大而增加。

【定理 I】：負債廠商價值等於相同風險等級的無負債廠商價值，加上舉債營運產生的節稅利益，而負債節稅利益等於所得稅稅率 t_c 乘上負債總值。無負債廠商價值等於：

$$V_l = V_u + t_c B$$

$$V_u = S_u = \frac{EBIT(1 - t_c)}{r_s^u}$$

【定理 II】：負債廠商的權益資金成本等於無負債廠商的權益資金成本附加風險溢酬，而溢酬多寡將視財務結構與公司所得稅稅率 (t_c) 而定。

$$r_s^l = r_s^u + (r_s^u - r_b)(1 - t_c)(\frac{B}{S})$$

接著，Modigliani-Miller 模型進一步考慮投資人面對股利所得稅率 (t_s) 影響後，無負債廠商價值等於：

$$V_u = \frac{EBIT(1 - t_c)(1 - t_s)}{r_s^u}$$

同時，負債廠商每年獲取的現金流量將分割成兩部分：

$$CFL = 屬於股東的現金流量 + 屬於債權人的現金流量$$
$$= (EBIT - I)(1 - t_c)(1 - t_s) + I(1 - t_b)$$
$$= EBIT(1 - t_c)(1 - t_s) - I(1 - t_c)(1 - t_s) + I(1 - t_b)$$

I 是公司債利息，t_b 是公司債利息所得稅率。將上式除以適當的貼現率後，就能計算出負債廠商價值：

$$V_l = \frac{EBIT(1 - t_c)(1 - t_s)}{r_s^u} - \frac{I(1 - t_c)(1 - t_s)}{r_b} - \frac{I(1 - t_b)}{r_b}$$

$$= V_u + [1 - \frac{(1 - t_c)(1 - t_s)}{(1 - t_b)}][\frac{I(1 - t_b)}{r_b}]$$

$$= V_u + [1 - \frac{(1 - t_c)(1 - t_s)}{1 - t_b}]B$$

上述公式顯示：負債廠商價值等於無負債廠商價值加上舉債經營發揮的節稅利益，該利益將視 t_c、t_s 與 t_b 而定。

1. 當 $t_c = t_s = t_b = 0$ 時，$V_u = V_l$。

$$[1 - \frac{(1 - t_c)(1 - t_s)}{1 - t_b}]B = (1 - 1)B = 0$$

2. 當 $t_s = t_b = 0$，$t_c \succ 0$ 時，$V_l = V_u + t_c\mathrm{B}$。

$$[1 - \frac{(1 - t_c)(1 - t_s)}{1 - t_b}]B = [1 - (1 - t_c)]B = t_cB$$

3. 當 $t_s \prec t_b$ 時，考慮個人所得稅的節稅利益，將會小於未考慮個人所得稅的節稅利益。

$$[1 - \frac{(1 - t_c)(1 - t_s)}{1 - t_b}]B \prec t_cB$$

4. 當 $(1 - t_c)(1 - t_s) = (1 - t_b)$ 時，$V_u = V_l$。

$$[1 - \frac{(1 - t_c)(1 - t_s)}{1 - t_b}]B = (1 - 1)B = 0$$

Van Horne (1975) 估計廠商破產清算成本約占營運資產的 30% 至 70%，Arditti (1980) 亦指出 1969 年美國破產成本占可實現資產價值的 23%，顯示廠商擬定財務決策應隨時注意可能產生的破產風險及成本。當廠商採取負債槓桿程度愈高，債權人為降低或避免代理問題發生，將會從事監督廠商營運活動方式，從而支付負債代理成本。隨著負債比例擴大，廠商無法履行償債義務或發生財務狀況惡化可能性變大，此種財務危機 (financial distress) 將會產生槓桿關連成本 (leverage related cost)：①直接成本：廠商破產清算需支付律師或會計師費用，管理人員處理破產事務耗費的時間。②間接成本：客戶與供應商對廠商產生信任危機，導致銷售額下降的損失。此外，廠商為籌足資金度過財務

危機，緊急出售資產形成的損失。廠商使用負債資金雖能產生節稅利益，卻會被槓桿關連成本部分抵銷，導致負債廠商價值將如圖 6–6 所示：

$$V_l = V_u + t_c B - PV_l$$

　　舉債廠商價值＝無負債廠商價值＋舉債節稅利益－槓桿關連成本現值

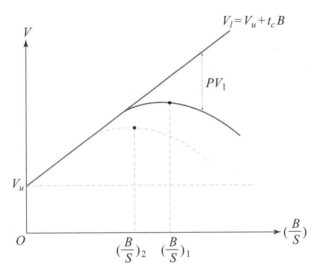

圖 6–6　考慮槓桿關連成本後的廠商價值曲線

6.3.　資產選擇決策

6.3.1.　資產選擇決策程序

　　在營運過程中，廠商採取發行預期報酬率、風險、稅負、流動性與期限迥異的資產，募集不同來源的資金。反觀盈餘單位安排剩餘資金用途，評估的因素包括：

　　1. 風險：訊息不全致使資產的未來報酬率無從確知，人們為規避資本損失與謀取資本利得，將需評估預期收益與風險才能擬定最適資產組合決策。

　　2. 流動性與交易成本：金融資產（貨幣除外）無法作為交易媒介，在變現過程中容易遭致損失且需支付交易成本，是以人們安排資產組合需考慮資產流動

性與交易成本高低。

3.資產無法細分：為求提升交易效率，金融資產通常採取標準化單位進行交易，如：股票係以 1,000 股為單位、債券係以 10 萬元為單位等。對小投資人而言，面對較高價格的資產顯然缺乏買進能力，甚至成為金融市場的拒絕往來戶，僅能投入資產細分的存款市場或共同基金。

4.特殊效用存在：在交易過程中，貨幣提供流動性勞務，將列為資產組合一員。大股東（公司董監事）擁有眾多股權方能掌握經營權，從中獲得額外的經營利益，估計股票預期報酬與風險將另有考量。至於公債可以充當銀行的流動準備，非銀行金融廠商（包括壽險公司、信託投資公司與證券公司）提存的償債準備或資本保證準備，一般廠商可作為投標公共工程的保證金，此係提供報酬以外的特殊效用，亦是金融廠商與法人機構評估的重點。

在表 6-1 中，以家計部門為主的盈餘單位，在追求終身福祉（包括本人各期消費產生的效用與子女的效用）最大下，必須將預期可以掌控的資源分配到各種用途，決策內容包括：①跨代 (overlapping generation) 決策：家計部門將資源分配給當代（自己）與後代（子孫）使用；②跨期決策：家計部門將自己預擬使用的資源在目前（消費支出）與未來（目前的儲蓄）進行分配；③當期消費決策：家計部門將當期預擬使用的資源（消費支出）分配於各種消費財，形成各種商品需求；④資產替代 (asset substitution) 或資產選擇 (portfolio selection) 決策：家計部門將預擬未來使用的資源（儲蓄），安排持有各種資產以達到保值與增值目的。

在上述決策中，家計部門從事跨期選擇決策時，考慮因素端視時間偏好與流動性偏好兩者而定：

1.時間偏好：家計部門基於對時間偏好，決定目前與未來消費（儲蓄）。至於家計部門預擬在當期消費的預算，將依商品相對價格與偏好分別購買各種商品，同時形成交易性（確定狀況）與預防性（隨機狀況）貨幣需求。

2.流動性偏好：人們決定消費傾向後，接續將當期儲蓄或剩餘資金投入儲蓄活動與投資活動，兩種活動的概念經常混為一談，動機上卻存在顯著差異：前者追求如何消除不確定性，以目前確定所得換取未來確定所得，如：銀行存款

表 6–1　家計部門決策過程

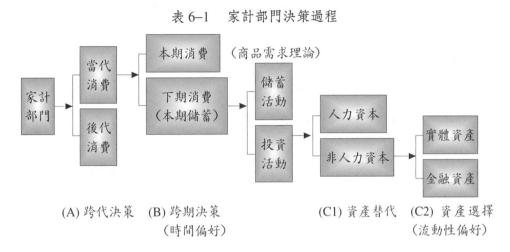

(A) 跨代決策　(B) 跨期決策　　　　　　　　(C1) 資產替代　(C2) 資產選擇
　　　　　　　　（時間偏好）　　　　　　　　　　　　　　　　（流動性偏好）

與人壽保險 (life insurance)；後者在面臨風險下，尋求未來更大獲利或增值空間，採取以目前確定所得換取未來不確定所得。就投資活動而言，貨幣學派認為人們將從事包括人力資本 (human capital) 與非人力資本 (nonhuman capital) 在內的所有資產的廣義資產替代活動 (C1)。非人力資本又可區分為實體資產與金融資產兩類，J. M. Keynes (1936) 強調人們將依流動性偏好，安排剩餘資金於金融資產，此係狹義的資產替代活動或稱為資產選擇活動 (C2)，其中若是持有貨幣餘額，則稱為投機性或投資性貨幣需求。

　　人們安排資產組合內容千變萬化，不過資產選擇理論的探討焦點仍在篩選金融資產。金融資產價格由其供需決定，係綜合主觀與客觀因素變動的反應結果。至於探討金融價格波動現象，提供安排資產組合藍圖，主要包括技術分析與基本分析 (fundamental analysis) 兩種方法。

6.3.2.　技術分析

　　J. M. Keynes (1936) 認為專業投資人偏好分析人們的未來可能行為及樂觀時期的海市蜃樓想法，而未致力於評估股票的內在價值 (intrinsic value)，理由是：估計股票內在價值勢必涉及預測廠商未來盈餘與股利支付，問題複雜而難以著手，而且廠商短期營運將無遽變之虞，是以多數投資人從事短期操作無須在意正確預測長期孳息，反而應該關心人們心理變化。換言之，Keynes 運用

心理學說研究股票市場運作，故此方法又稱為空中樓閣理論 (the castles-in-the-air theory)。

以國內股票市場為例，在 1980 年代中期以後，臺灣面對累積大量外匯存底與財富的環境下，股市於 1986 年元月初的股價指數未及 1,000 點起漲，透過媒體大肆宣傳與人為炒作而匯為巨大的全民投資運動潮流，並於 1990 年 2 月 12 日將股價指數推升至 12,682.41 點的歷史高峰，許多金融類股的價格高達面額百倍以上的瘋狂現象。爾後，隨著政治震盪及景氣循環衝擊接踵而至，股價指數一瀉千里至同年 10 月 12 日的 2,485.25 點，此亦是臺灣金錢遊戲活動盛行下釀成之世界奇觀。國內股市在 1986 至 1990 年的 4 年間爆發空前的驟升與遽降走勢，預測到大眾心理趨向的投資人可在數日間成為巨富，迷亂於狂熱氣氛者紛紛傾家蕩產，此種股市震盪景況僅能以空中樓閣理論作為最佳詮釋。

空中樓閣理論通常使用股價、成交值與成交股數等交易資料，配合股價趨勢分析技術預測投資人心理傾向，進而安排資產組合謀取資本利得，此即技術分析方法，最為眾人熟悉者是繪圖技術分析法、技術分析派或繪圖派。該學派分析股價及交易量變動趨勢以探求未來股價脈動，基本構想在於強調市場活動有九成屬於心理因素，僅有一成可歸諸理性決策。技術分析雖然發展各種交易法則，邏輯上仍存有兩個缺陷：①該學派強調在股價漲勢形成後才買進，而在股價跌勢形成後才賣出。實務上，股價轉變或屬偶發狀況，若是坐待漲跌趨勢成型方才進出市場，將會喪失先機。②技術分析本身最終會自我破壞，若是多數投資人同時使用，同一技術容易遭大戶反向操作而陷入損失狀況。

6.3.3. 基本分析

基本分析即是公司基礎理論 (the firm-foundation theory)，指出金融資產的內在價值可透過分析現狀及未來遠景進行評估，當市場價值低（高）於內在價值即是買進（賣出）時機，理由是：金融資產價格長期必將反映真實的內在價值。換言之，投資活動係在實際市價與內在價值之間進行比較，並採取交易的操作行為，而且多數股市交易活動均屬可以進行邏輯推理，僅有不到一成係屬於心理因素。投資人分析廠商財務報表與營運前景，探討盈餘成長率、股利分

配率、風險及利率水準等因素的影響，將可評估出股票的內在價值：

1.預期盈餘成長率：廠商營運受景氣循環影響深遠，盈餘成長率與成長期間長短均會影響股價水準。

2.預期股利分配率：兩家盈餘成長率相同的廠商，股利分配比率愈高的廠商越具有投資價值，股價水準自然相對較高。

3.風險程度：在預期報酬相同的前提下，風險愈低表示股票品質越佳，風險怯避者將願意以較高股價購買股票。

4.市場利率：貨幣市場工具屬於安全性資產，將是股票的替代品，貨幣市場利率可用於評估股票的合理價值。

投資人使用基本分析評估股票價值時，可採取下列方法：

1. q 比例理論 (q-ratio theory)：Tobin 與 Brainard (1977) 指出：「證券市場將對廠商投資活動進行評估,如果新投資計畫造成預期廠商市場價值增加超越投資成本，股價將存在上升的動力而應予執行。反之，一旦投資計畫促使預期廠商市場價值上升幅度小於投資成本，股價滑落將在預料之中而應予以放棄。」換言之，股價 (P_e) 高低應與廠商重置成本 (P_K) 息息相關，當股價超越重置成本或 $q = \dfrac{P_e}{P_K} \succ 1$ 時，實體投資活動（增加發行新股募集資金）將會擴大。

2.淨現值法 (net present-value approach) 或本益比法 (cost-benefit ratio approach)：人們投資股票若是追求廠商每年發放的股息，就長期而言，廠商價值相當於預期未來股息以適當利率折現值的累加,而預期股息與購入股票成本比例相當於本益比，應和市場利率相近，否則股價將脫離合理水準。換言之，當廠商資本額發生成長，獲利能力若無法同步遞增，每股盈餘將會遭致稀釋，本益比隨之上揚，股票的投資價值自然下降。

投資人運用基本分析評估金融資產的長期內在價值時,考慮的環境限制包括：①預測偏誤：預測未來盈餘與股利將需具備專業知識與評估技術，也需具備敏銳的洞察力，發生偏誤現象難以避免。②訊息不全：訊息不全導致評估衡量股票內在價值有所困難，投資人無法掌握精確訊息與評估方法，評估結果自然欠缺準確性。③評估期間：投資人採取基本分析評估股票內在價值時，將因

評估期間的經濟金融環境迥異而產生不同結果。

6.4. 資產選擇理論

6.4.1. 預期效用函數

在訊息不全下，人們如何安排資產組合，追求取財富衍生之預期效用極大，將是主要追求目標。人們將期初確定預算 W_0 安排於風險性資產組合，獲取隨機報酬率 $\tilde{R}_P$，直至期末衍生的財富價值為 $\tilde{W}_1 = (1 + \tilde{R}_P)W_0$。人們追求期末財富衍生的效用最大，將受本期財富預算的限制：

$Max \quad EU(\tilde{W})$

$s.t. \quad \tilde{W}_1 = W_0(1 + \tilde{R}_p)$

將期末財富代入預期效用函數，選擇適當的財富單位 $W_0 = 1$，可將預期效用函數轉化為資產報酬率的函數：

$$EU(\tilde{W}) = EU[W_0(1 + \tilde{R}_p)] = EU(1 + \tilde{R}_p) \approx EU(\tilde{R}_p)$$

就上述效用函數 $U(R_p)$ 以預期報酬率 $E(\tilde{R}_p)$ 為中心進行 Taylor 數列展開，同時忽略包括四次以上的高階展開項目：

$$U(R) = U[E(\tilde{R})] + U'[E(\tilde{R})][R - E(\tilde{R})] + \frac{U''[E(\tilde{R})]}{2!}[R - E(\tilde{R})]^2 +$$

$$\frac{U'''[E(\tilde{R})]}{3!}[R - E(\tilde{R})]^3$$

就上式取預期值可得預期效用函數：

$$EU(\tilde{R}) = U[E(\tilde{R})] + \frac{U''[E(\tilde{R})]}{2!}\sigma^2 + \frac{U'''[E(\tilde{R})]}{3!}m_3$$

$$\approx U(\mu, \sigma, m_3)$$

$\mu = E(\tilde{R})$ 是預期報酬率，$Var(\tilde{R}) = \sigma^2 = E[\tilde{R} - E(\tilde{R})]^2$ 是報酬率的變異數 (variance)，m_3 是三級動差 (third moment) 或絕對偏態係數 (coefficient of skewness)，而 $SK = \frac{m_3}{\sigma^3}$ 是偏態係數。依據新的預期效用函數內容，人們追求資產組

合報酬率的預期效用最大時，考慮因素包括 μ、代表變異性風險 (variability risk) 的 σ^2、代表投機性風險 (speculative risk) 的 m_3 等變數。在此，投資風險來源分為兩類：

1. 變異性風險：反映實際與預期報酬率間差異性或分散度，可用變異數 σ^2 或標準差 σ (standard deviation) 衡量。人們對該項風險的看法，將視其風險偏好態度而定。

2. 投機性風險：衡量實際報酬率出現極端值與預期報酬率間差異性。該風險對人們的投資決策將會發揮正效用，係屬於負風險 (negative risk)。

6.4.2.　μ-σ 無異曲線 (mean-variance indifference curve)

在不確定狀況下，人們對財富的預期效用函數，歷經上述轉換過程後，將轉變為取決於平均數、變異數與三級動差（偏態係數）等三者的函數。假設人們的效用函數屬於二次式 (quadratic form) 型態：

$$U(R) = a + bR + cR^2$$

$a, b, c \succ 0$。假設資產組合報酬率呈現常態分配（偏態係數為零），預期效用函數可表為：

$$EU(\tilde{R}) = a + bE(\tilde{R}) + cE(\tilde{R})^2$$
$$= a + bE(\tilde{R}) + c\sigma^2 + cE(\tilde{R})^2$$

依據財富效用函數型態，人們對風險的偏好態度將分為三種：

1. 風險愛好者：當人們對財富的邊際效用遞增 ($U'' = 2c > 0$) 時，在不確定狀況下，將是屬於風險愛好者。圖 6–7 中的 μ-σ 無異曲線 U_a^i 呈現負斜率，代表人們將風險視為正效用，願意犧牲預期報酬率（事前概念）換取承擔更大風險，謀取獲得較大實際報酬率（事後概念）的機會，是以該類投資人將會選擇風險最高的金融資產進行投資。

2. 風險中立者 (risk neutral)：當人們對財富的邊際效用固定 ($U'' = 2c = 0$) 時，在不確定狀況下，人們僅關心預期報酬率，對風險毫不在意就像風險不存在一樣，此即預期報酬率極大化準則，μ-σ 無異曲線 U_b^i 在圖 6–7 中係水平線，風

險對人們的決策並無效用。舉例來說，假設國泰金控的預期報酬率為 15%、標準差 30%，台積電的預期報酬率 25%、標準差 40%。台積電的標準差（風險）與預期報酬率都高於國泰金控，但依預期報酬率極大化準則，風險中立者將選擇台積電股票。

  3.風險怯避者：當人們對財富的邊際效用遞減 (U″= 2c < 0) 時，在不確定狀況下，圖 6–7 中的 μ-σ 無異曲線 U_c^i 將是正斜率，風險屬於負效用，代表若要人們承擔更高風險，將需提升預期報酬率作為補償，此即一般稱為「高風險、高預期報酬」的概念。

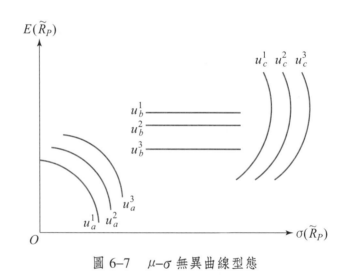

圖 6–7　μ-σ 無異曲線型態

  實務上，金融市場係由賣方負擔交易稅，同時存在諸多限制空頭的條件，包括漲跌幅限制、停損賣出 (stop-loss sales)、市場跌幅過大時將暫停交易、金融廠商提供多元化避險工具、限制空頭賣出條件（如：證期會規定平盤下不得放空）、空頭擴張信用能力低於多頭等現象，有助於提升多頭力量與擴大投資報酬率的正向偏態分配。尤其是人們對財富的效用函數若非二次式型態時，如：$U = -e^{-aR}$ 或 $U = \ln(R)$，偏態係數將在資產選擇過程中扮演重要角色。總之，當人們從事金融操作時，將會面臨股價波動幅度的變異性風險（變異數），以及股價出現極端值可能性的投機性風險（三級動差或偏態係數）。前者是否為正效用，端視人們的風險偏好態度而定，後者通常視為負風險，將可提升人們

的預期效用水準。

6.4.3.　風險的來源與衡量

不確定性是人們安排資產組合所需面臨的基本問題。在訊息不全下，人們對環境因素變化的掌握存在許多空白領域，造成無法精確預測金融資產價格，促使預期收益可能無法實現，從而形成投資風險。若進一步區分金融資產（股票）價格波動風險的來源，將可得到表 6–2 顯示的內容。

表 6–2　風險來源的分類

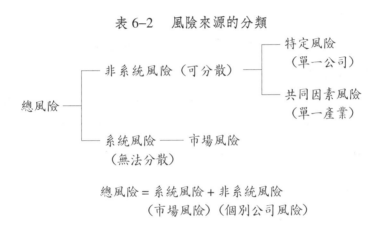

總風險 = 系統風險 + 非系統風險
（市場風險）（個別公司風險）

1.系統風險：金融資產若在公開市場掛牌交易，交易價格將受金融市場變化衝擊，而市場因素包括社會心理、政治經濟、國際局勢等所造成的價格波動，此即系統風險或稱市場風險，如：政局不安定、匯率劇烈波動、通貨膨脹過速、能源危機、景氣變化等變動，所有投資活動皆會受到這些風險的影響，人們從事金融操作將無法規避，僅能透過衍生性商品市場進行風險移轉。

2.非系統風險：針對金融資產本身獨特的因素，如：廠商營運、財務情況以及經營管理等因素造成個別股價波動。非系統風險可經由安排資產組合多元化進行消除，此即一般盛行「不要將雞蛋放在同一籃子」的道理。

接著，風險通常係指預期報酬率與實際報酬率的差異性或分散程度，衡量方式包括：

1.絕對平均差 (average absolute deviation)：未來各種情況報酬率與預期報酬率的平均差距。絕對平均差愈大顯示風險愈高,絕對平均差愈小表示風險愈低。

$$|離均差| = |報酬率-預期值|$$

2. 標準差或變異數: 統計學運用標準差衡量實際值與預期值之間差異的估計值。在觀念上,平均差等於 0 不適合充當風險的指標,故以離均差的絕對值代替離均差求取絕對平均差,另又以離均差的平方代替離均差來衡量風險程度。標準差愈大顯示實際值與預期值相距愈多,風險就愈高;標準差愈小顯示實際值與預期值差異性愈少,風險就愈低。不過採取標準差衡量風險,將隱含規避報酬的離散程度,對鉅額虧損和超額收益所持的偏好態度係屬一致。實務上,出現偏差的原因若是實際收益率優於預期收益率,則無人會將此視為風險。

3. 變異係數 (coefficient of variation): 為比較不同投資計畫的風險程度,人們採取相對風險概念評估。假設臺灣股票市場投資聯電的風險是 6%,預期報酬率為 30%,投資台塑的風險是 4%,預期報酬率為 10%。後者的風險與預期報酬率均低於前者,精明的投資人利用承擔風險對預期報酬率的比率,或相對風險概念的變異係數 CV_x 進行評估,結果獲得投資聯電顯然較為有利的結論。

6.4.4. 報酬率的衡量

人們安排資產組合,除面臨風險問題外,將需評估預期報酬率,相關的報酬率概念如下:

1. 市場報酬率: 人們安排資產組合,取得收益來源包括金融資產孳息 D_t 與買賣金融資產的價差 $(P_{t+1} - P_t)$ 兩種。

$$r_t = \frac{D_t + (P_{t+1} - P_t)}{P_t}$$

2. 盈餘收益率 (earnings yield) 或純益率: 稅後盈餘與廠商總收入的比值,比率越高將顯示廠商整體獲利能力越強。

3. 淨值或權益報酬率 (return on equity, ROE): 廠商稅後盈餘與廠商淨值的比值,每股盈餘 (earning per share, EPS) 或股本報酬率係指稅後盈餘與普通股總數的比值,人們從兩種報酬率的高低,可以評估發行廠商獲利能力和分配股利的能力。

4. 資產報酬率 (returns on asset, ROA): 稅前盈餘與平均資產總額 (期初與期

末資產總額的平均值）的比值，顯示廠商運用資產的獲利能力，資產報酬率高表示資產運用績效越佳。相反的，資產報酬率愈低，將代表廠商未能善用資產爭取利潤。廠商資產係由股東提供的股權資金，以及包括銀行、公司債投資人等債權人提供的債務資金給予融通。是以資產報酬率的分子部分將包括分配給股東的稅後盈餘，以及支付債權人的利息，經過調整的資產報酬率可表為：

$$資產報酬率 = \frac{稅後盈餘（股權資金）+利息支出（債務資金）}{平均資產總額}$$

6.4.5.　Tobin 的投資者均衡

依據預期效用函數型態，風險中立者僅是投資預期報酬率最高的單一資產，而風險愛好者則是選擇風險最高的單一資產，此種結果無法詮釋多數投資人採取資產組合多元化的現象。是以 Markowitz (1952) 與 Tobin (1958) 利用平均數（預期報酬率）與變異數（風險）兩項統計動差詮釋風險怯避者選擇資產組合的決策行為，衍生出金融理論廣泛使用的分析工具。

假設風險怯避者安排資產組合內容包括兩種風險性資產（債券與股票），股票風險 σ_a^2 大於債券風險 σ_b^2，股票預期收益率 $E(\tilde{r}_a)$ 大於債券預期報酬率 $E(\tilde{r}_b)$，前者持有比例為 x，後者持有比例為 $(1-x)$。資產組合報酬率將是：

$$\tilde{R}_p = x\tilde{r}_a + (1-x)\tilde{r}_b$$

資產組合預期報酬率與風險分別為：

$$E(\tilde{R}_p) = xE(\tilde{r}_a) + (1-x)E(\tilde{r}_b)$$

$$\sigma^2(\tilde{R}_p) = x^2\sigma_a^2 + 2x(1-x)Cov(\tilde{r}_a, \tilde{r}_b) + (1-x)^2\sigma_b^2$$

接著，Markowitz (1952) 定義效率投資前緣 (efficient investment frontier) 為：在可行的資產組合中，挑選在風險固定下，預期報酬率最大之資產組合；或在預期報酬率固定下，總風險最低的資產組合，形成最佳資產組合的軌跡。基於上述定義，首先由 $E(\tilde{R}_p)$ 式求出 x 值：

$$x = \frac{E(\tilde{R}_p) - E(\tilde{r}_b)}{E(\tilde{r}_a) - E(\tilde{r}_b)}$$

將 x 值代入 $\sigma^2(\tilde{R}_p)$，可得 Markowitz 效率投資前緣函數如下：

$$\sigma^2(\tilde{R}_p) = \{ \frac{[E(\tilde{R}_p) - E(\tilde{r}_b)]}{[E(\tilde{r}_a) - E(\tilde{r}_b)]} \}^2 \sigma_a^2 + \{ \frac{E(\tilde{r}_a) - E(\tilde{R}_p)}{E(\tilde{r}_a) - E(\tilde{r}_b)} \}^2 \sigma_b^2 + 2$$

$$\{ \frac{[E(\tilde{R}_p) - E(\tilde{r}_b)]}{E(\tilde{r}_a) - E(\tilde{r}_b)} \} \times \{ \frac{[E(\tilde{r}_a) - E(\tilde{R}_p)]}{[E(\tilde{r}_a) - E(\tilde{r}_b)]} \} \rho \sigma_a \sigma_b$$

兩種資產報酬率間的相關係數 (correlation) 可定義為：

$$\rho = \frac{Cov(\tilde{r}_a, \tilde{r}_b)}{\sigma_a \sigma_b}$$

　　風險怯避者追求預期效用最大，將在 $\mu - \sigma$ 無異曲線 EU_1 與 Markowitz 效率投資前緣 BA 相切於圖 6–8 中的 E_1 點時，達成投資者均衡，從而決定最適資產組合的預期報酬率與風險。由於個別資產預期報酬率均屬已知，故可求出投資人持有各種風險性資產的最適比例。在其他條件不變下，A 資產的預期報酬率上升，圖 6–8 中的 A 點將上移至 C 點，Markowitz 效率投資前緣將由 BA 曲線旋轉至 BC 曲線，投資人將在新的 $\mu - \sigma$ 無異曲線 EU_2 與 Markowitz 效率投資前緣 BC 相切於 E_2 點時，重新達成投資者均衡。連接 E_1 與 E_2 兩點可得在風險維持不變下，A 資產的預期報酬率發生變化，人們安排資產組合發生變化的資產組合擴張軌跡 (portfolio expansion loci)，從該軌跡將可求出 A 風險性資產的需求曲線。

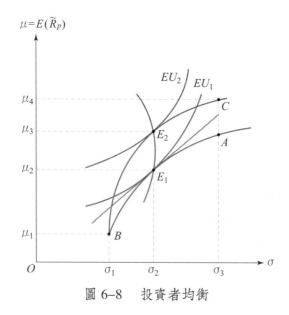

圖 6–8　投資者均衡

6.4.6.　投機性貨幣需求與票券需求

運用前節的討論結果，當人們選擇的金融資產修正為安全性資產（票券或貨幣）與風險性資產（股票或債券）時，Markowitz 效率投資前緣修正如下：

㈠股票與票券

人們的資產組合僅包括票券與股票兩種資產，前者的風險 $\sigma_b^2 = 0$、預期報酬率 $E(\tilde{r}_b) = r_b$，效率投資前緣的函數將修正為：

$$E(\tilde{R}_p) = r_b + [\frac{E(\tilde{r}_a) - r_b}{\sigma_a}] \cdot \sigma(\tilde{R}_p)$$

上述函數可表為圖 6–9 中的 BA 直線，$r_b = OB$。

㈡貨幣與股票

人們的資產組合僅包括貨幣與股票兩種資產，前者的風險 $\sigma_b^2 = 0$、預期報酬率 $E(\tilde{r}_b) = r_b = 0$，效率投資前緣的函數將修正為：

$$E(\tilde{R}_p) = E(\tilde{r}_a) \cdot [\frac{\sigma(\tilde{R}_p)}{\sigma_a}]$$

上述函數可表為圖 6–9 中的 OA 直線，$r_b = 0$。

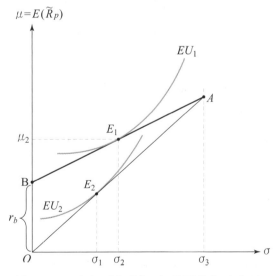

圖 6–9　票券（貨幣）與股票的投資組合

比較上述兩條效率投資前緣可知：*BA* 軌跡顯然優於 *OA* 軌跡，人們安排資產組合，將不會考慮貨幣與股票共組的投資機會集合，亦即貨幣將會由資產組合中消失。換言之，當金融市場存在類似票券或儲蓄存款（M_{1B} 貨幣）等安全性資產時，J. M. Keynes 所稱的投機性貨幣（M_{1A}）需求將不會存在，亦即僅會出現投機性或投資性的票券或儲蓄存款需求。同樣的，在圖 6–9 中，當 μ-σ 無異曲線 EU_1 與效率投資前緣 *BA* 相切於 E_1 點時，將會達成投資者均衡，決定投資組合的最適風險與預期報酬率，同時決定投資股票與票券的比例。

習 題

◉ 選擇題

1. 楚留香從事股票操作，何種操作結果係屬正確？ (a)分散投資股票類型，將可同時降低系統風險與非系統風險 (b)增加不同產業股票投資，將可降低資產組合之非系統風險 (c)多元化投資股票組合可以分散系統風險 (d)擴大投資區域將可降低系統風險與非系統風險。

2. 就風險怯避者而言，風險與報酬率間存在的關係是： (a)風險愈大，實際報酬率愈低 (b)風險愈大，預期報酬率愈高 (c)風險與預期報酬率無關 (d)風險與預期報酬率間的關係不確定。

3. 張無忌選擇兩種股票的價格走勢相關係數等於 1，何者正確？ (a)資產組合風險最大 (b)資產組合風險等於個別股票風險 (c)資產組合屬於安全性組合 (d)資產組合風險最小。

4. 張無忌與趙敏同屬風險怯避者，後者厭惡風險程度甚於前者。假設兩人同時進入股票市場操作，有關兩人選擇股票的方式，

何者錯誤？　(a)在相同風險下，趙敏將要求較高報酬率　(b)在相同報酬率下，張無忌願意承擔較高風險　(c)在相同風險下，張無忌可以接受較低報酬率　(d)在相同報酬率下，趙敏能忍受較高風險。

5.元大多元股票基金若欲降低資產組合風險，可採取的策略為：(a)減少持有股票的種類　(b)加入和原組合報酬率相關係數為 0 之股票　(c)加入和原組合報酬率相關係數為負之股票　(d)增加預期報酬率較高的股票。

6.何者係屬於風險性資產之效率前緣？　(a)所有相同風險資產組合構成的集合　(b)所有相同預期報酬率資產組合構成的集合　(c)所有無風險資產組合構成的集合　(d)在特定風險下，所有預期報酬率最高資產組合構成的集合。

◉ 問答題

1.試說明在完全資本市場上，相同營運風險廠商的市場價值必然相同，且與其資本結構無關。

2.試說明投資人運用技術分析與基本分析評估股票價值可能面臨的問題。

3.張三豐對資產組合報酬率的效用函數為 $U(R) = a + bR + cR^2$，在不確定狀況下，試回答下列問題：　(a)張三豐的預期效用函數為何？　(b)張三豐若為風險袪避者，c 係數值的正負方向為何？ 理由是？　(c)就張三豐的效用函數而言，其投資決策是否需要考慮偏態係數的影響？ 理由是？　(d)何謂變異性風險與投機性風險？ 在張三豐的預期效用函數中，是否會出現這兩種風險？

4. 何謂系統風險與非系統風險？風險分散與風險移轉對解決前兩者有何關聯？

5. 趙敏擁有 100 萬元，選擇投資台塑公司（預期報酬率 $E(\tilde{r}_a) = 20\%$，風險 $\sigma(\tilde{r}_a) = 8\%$），與聯電公司（預期報酬率 $E(\tilde{r}_b) = 30\%$，風險 $\sigma(\tilde{r}_b) = 16\%$）兩種股票。當兩種股票報酬率存在完全負相關（$\rho = -1$）時，趙敏若要規劃安全性資產組合，投資兩者的金額各自為何？該組合的預期報酬率為何？

6. 高僑公司發行公司債 5,000 萬元與股票 1 億 5,000 萬元（依據市場價值發行）募集營運資金，並於當年獲取營運所得 5,100 萬元，而支付公司債利率為 $r = 6\%$。試為李董事長計算高僑公司財務資料： (a)高僑使用全部資金營運所獲之報酬率為何？ (b)高僑董事會決定將盈餘全部分配，並享有產業升級條例的免繳所得稅優惠，張無忌投資高僑的報酬率為何？ (c)依據 MM 理論，高僑發行股票必須支付股東的財務風險溢酬為何？ (d)假設高僑當年適用 25% 的營利事業所得稅率，趙敏投資高僑的報酬率為何？

3
第三篇

金融產業
與金融市場

第7章　金融產業類型

在訊息成本與交易成本偏高下，赤字單位與盈餘單位直接互通資金有無，將需承擔高風險，導致資金市場規模成長緩慢，阻礙投資與儲蓄間的溝通管道。為求紓解該項困擾，體系出現金融廠商撮合資金供需雙方，大幅提升融資效率。金融廠商係指在經濟活動中組合實質投入（勞動與實體資本）與金融投入（股權與負債資金），提供金融性產權效用者，以提供資產轉換與經紀勞務為核心業務。至於金融業是提供金融商品的廠商集合，隨著金融商品異質性擴大，依據業務內容，將細分為銀行業、保險業、票券金融業、證券金融業、租賃業、證券投資信託業、投資顧問或資產管理業與創投業等。

本章首先依據金融勞務性質對金融廠商分類，同時說明銀行信用類型。其次，將探討銀行業組織架構，說明基層金融運作特質。第三，將探討信託內涵，說明信託業運作方式。第四，再探討保險業組織架構與保險商品類型，說明保險經紀人及再保險公司的內涵。第五，將說明租賃 (lease) 產品與租賃業類型。接著，隨著金融業逾放比例急遽上升危及金融業正常營運，金融當局成立資產管理公司 (asset management company, AMC)、金融資產服務公司 (financial asset service company, FASC)、重建基金或金融資產再生公司 (resolution trust cooperation, RTC) 等金融廠商，協助金融業解決營運困境的問題。最後，將探討與電子資金移轉制度相關的金融服務業。

7.1. 金融產業組織

7.1.1. 金融廠商類型

在表 7-1 中，金融廠商係以提供資產轉換（創造信用）與經紀兩種勞務為核心業務。金融廠商提供資產轉換勞務，將發行金融負債吸收資金，經過徵信調查再以不同型態授信，資金性質（流動性、風險、期限）經過授信過程將完全改觀。在資產轉換過程中，金融廠商再依是否創造貨幣（發行支票）區分為銀行與非銀行金融中介。前者以銀行為核心，發行支票作為交易媒介，也發行儲蓄存款吸收資金，透過資金運用而創造銀行信用。後者包括信託投資、保險、

票券、證券金融及租賃等公司，僅能發行負債工具吸收資金，創造特殊信用。反觀以信託（基金）、資產管理、投資或財務顧問、外匯經紀及期貨、電子交易資訊傳遞等業務為主的金融廠商，係以提供金融經紀勞務，撮合資金供需雙方，並無吸收資金與授信現象（無創造信用功能）。

表 7-1　金融服務類型與相關廠商

金融產業

資產轉換
── 銀行與基層金融：創造信用與貨幣
── 非銀行金融中介：創造特殊信用
　＊信託投資公司、保險公司、票券公司、證券金融公司、租賃公司、建築經理公司、創業投資公司、投資銀行、分期付款公司、應收帳款公司

經紀中介
── 金融周邊事業：撮合資金供需雙方而收取佣金者
投信公司、證券公司、外匯經紀公司、期貨公司、投資或財務顧問公司、信用卡公司、金融資產服務公司、金融資產管理公司、金融資產再生公司

資訊傳遞
── 金融周邊事業：傳遞電子交易資訊與認證
財金資訊公司、網路認證公司、信用評等公司

除上述與金融資產移轉有關的金融服務外，金融業屬於處理金融資訊的產業。金融當局為促進金融電子化、提升金融交易效率，成立財金資訊公司與認證公司等與電子資金移轉制度有關的廠商，同時為解決逾放問題與健全金融廠商營運，另外成立資產管理公司與金融資產服務公司。

基於表 7-1，再討論表 7-2 顯示的金融廠商與金融市場關係。金融廠商依其提供的主要金融勞務內容，將可劃分成三大類：

1.創造銀行信用：金融廠商發行金融負債吸收資金，經過徵信部門評估，採取放款或投資策略進行授信，創造各種銀行信用。依據金融廠商發行的金融負債在經濟活動中扮演的角色，再劃分成兩大類：①銀行：銀行擁有發行支票帳戶權利，人們持有支票等同於交易媒介。銀行又因經營業務性質不同而再分成商業銀行與投資銀行，前者以從事間接金融活動為主，後者則從事直接金融活動。②非銀行金融中介：非銀行金融中介發行負債憑證僅能作為價值儲藏工具。該類金融廠商從事間接金融活動，將因創造的銀行信用性質不同而分成信託、

證券金融、票券金融、保險、租賃、創業投資、建築經理等金融廠商。

2.提供金融經紀勞務：金融廠商協助資金供需雙方，順利完成資金與資產互換的交易活動，並向雙方收取佣金。金融廠商提供經紀勞務各有特色，故可再劃分成債券、股票、票券、期貨與外匯等經紀商，以及保險經紀人、資產管理或財務管理公司、投資顧問或財務顧問公司、私人銀行 (private banking)、金融資產再生公司（金融重建基金）、金融資產服務公司等。

3.提供金融資訊傳遞與處理勞務：隨著網路使用普遍化與電子通訊科技進步，金融資產交易全部採取電子化交易型態，為提升交易效率與安全性，金融資訊認證、傳遞與處理勞務將扮演重要角色，而財金資訊公司、銀行網路認證公司、信用評等公司則是屬於提供相關勞務的金融周邊事業。

表 7-2　金融廠商與金融市場的關係

7.1.2. 銀行信用與金融廠商

國內金融業提供的銀行信用類型，將如表 7–3 所示：

表 7–3　銀行信用類型

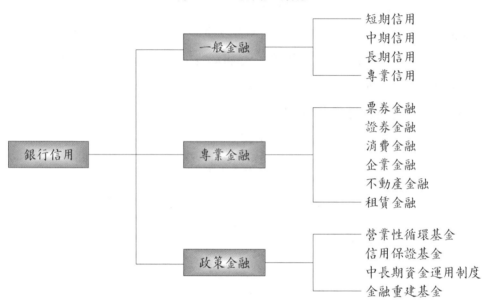

1.一般金融：由民營金融廠商提供融資，基本上係由銀行信用市場供需決定，純粹取決於經濟與金融因素。依據銀行法第 5 條與第 88 條的定義，一般金融提供的信用包括四種類型：①短期信用：融資期限在 1 年以內者，如：商業放款 (commercial loan)，商業銀行、票券與證券金融公司屬於短期信用提供者。②中期信用：融資期限超過 1 年而在 7 年以內者，如：房地產抵押放款等，銀行儲蓄部與儲蓄銀行屬於中期信用提供者。③長期信用：融資期限超過 7 年以上者，如：資本放款 (capital loan) 等，儲蓄銀行、專業銀行與壽險公司屬於長期信用提供者。④專業信用：針對特殊部門或產業所需資金進行授信，如：工業信用、農業信用、輸出入信用、中小企業信用、不動產信用與地方性信用等，各類型專業銀行屬於專業信用（中長期信用）提供者。

2.專業金融：金融廠商針對特殊資金需求提供特定型態的信用，屬於一般金融的一環。為融通特別的信用需求及給予特殊金融服務，金融業遂成立專業廠

商供給該類資金，包括票券、證券、消費、企業、租賃與不動產等專業金融。

　　3.政策金融：基於政策目的與矯正金融市場不完全性，金融當局將掌控的資金，透過銀行對特定部門或產業提供融資，純粹取決於政策需求。政策金融的資金來源有二：①以郵匯局向民間吸收的資金為主，勞工保險基金、退休撫恤基金與勞工退休基金為輔等所成立之中長期資金運用制度；②政府編列法定預算為主要來源：行政院開發基金、中美社會發展基金與交通建設基金等非營業循環基金、金融重建基金以及信用保證基金（中小企業信用保證基金、農業信用保證基金、華僑貸款信用保證基金）均屬之。

7.1.3.　金融業類型

　　金融業以提供金融勞務為主，金融勞務異質性促使金融廠商差異性極大。在表 7–4 中，金融業依不同標準區分如下：

表 7–4　金融業的劃分標準

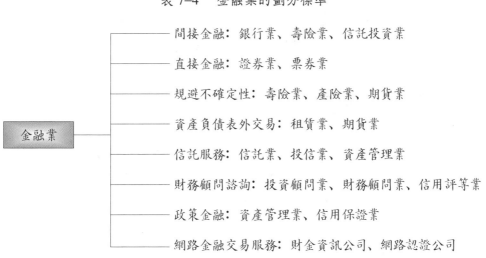

　　1.間接金融：盈餘單位與赤字單位透過金融廠商的資金運用而間接互通資金有無，此類廠商屬於間接金融業，包括銀行、信託投資公司與壽險業等。

　　2.直接金融：盈餘單位與赤字單位透過金融廠商居中撮合而直接互通資金有無，此類廠商屬於直接金融業，包括票券金融業與證券金融業等。

　　3.規避不確定性：經濟成員從事經濟活動過程中，面臨詭譎多變的環境風險

與財務風險，而提供規避環境風險 (environment risk) 的廠商包括壽險業與產險業，規避財務風險的廠商為期貨業。

4.表外交易：廠商營運所需的機器設備與廠房可採取租賃策略，此與資產負債表無關，係屬於表外交易活動，提供此類業務的廠商包括租賃公司、分期付款公司、汽車融資公司等。

5.信託服務：接受人們委託代為管理資產、從事金融操作，此類廠商包括信託公司（銀行信託部）、資產管理公司、證券投資信託公司等。

6.財務顧問諮詢：提供金融財務資訊與規劃、財務管理與投資理財操作等專業訊息的廠商，包括信用評等公司、投資顧問公司、財務顧問公司、私人銀行等。

7.政策金融：金融當局基於政策目的提供融資活動，包括金融資產管理公司、金融資產服務公司、金融資產再生公司（金融重建基金）與各種信用保證基金等。

8.網路金融交易服務：金融資產交易採取電子化交易程序，為提升電子資金移轉效率性與安全性，財金資訊公司與網路認證公司應運而生。

7.2. 銀行業

表 7-5 係銀行業組成架構，包括中央銀行（通貨發行機構）、本國商銀、專業銀行與外國商銀等創造存款貨幣機構，基層金融包括屬於存款貨幣機構的信用合作社、農會與漁會信用部三者，而合作金庫為基層金融的中樞機構，收受基層金融剩餘資金，並供給其所需資金，協助其資金調度與業務健全發展。在基層金融中，儲蓄互助社屬於內政部管轄，不具創造存款貨幣能力，並非存款貨幣機構的一環；郵匯局受交通部管轄，屬於無法創造存款貨幣與直接放款的準銀行。本節將探討銀行業的組成內容，央行將留待第 20 章與第 21 章再討論。

表 7-5　銀行產業組織架構

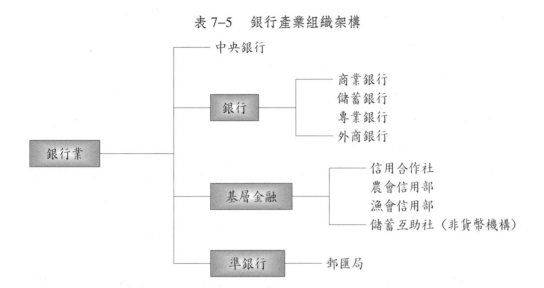

7.2.1.　商業銀行

　　依據銀行法規定而由財政部特許成立,並經營銀行業務之金融廠商即是銀行。傳統貨幣銀行學討論銀行決策行為時,偏重制度面考慮而未強調是否為最適選擇決策,往往以金融機構或銀行機構稱之。隨著金融創新活動成為金融發展主流, 銀行對經濟金融環境變遷的反應迅速而且敏感,Klein (1971) 遂以銀行廠商取代傳統的銀行機構稱呼,強調其決策行為係考慮各種限制條件下的最適選擇結果。

　　銀行法第 70 條定義,凡是以收受支票存款、供給短期信用為核心業務之銀行即稱為商業銀行。國內經營商業銀行業務之銀行來源分成五類:①既有的老銀行: 包括臺灣銀行、交通（兆豐） 銀行、農民銀行、中央信託局、土地銀行、合作金庫、台北銀行、第一銀行、彰化銀行、華南銀行、上海銀行、中國國際商業銀行、華僑銀行、世華銀行及高雄銀行等 15 家。②新銀行: 財政部於 1991 年 6 月底開放新銀行設立,計有玉山、華信（建華）、台新、萬泰、萬通等 16 家新銀行設立營運, 其中的大安銀行於 2002 年 2 月 18 日併入台新銀行。③信託投資公司改制: 中國信託銀行、國泰銀行（匯通銀行）與慶豐銀行係在 1992 年以後由信託投資公司改制。④信用合作社改制: 誠泰、高新、

第七、華泰、板信、聯信、陽信等 8 家銀行係 1997 年以後係由信用合作社改制。⑤中小企業銀行改制：台北、新竹與臺中 3 家國際商銀係於 1998 年以後由企銀改制。

外商銀行在臺灣採取分行型態營運，花旗銀行與第一勸業銀行等設立多家分行營運，以辦理外匯、放款、票據貼現及承兌為主要業務，吸收新臺幣存款原先限制不得超過匯入資本額的 15 倍，不過財政部於 1994 年 8 月取消該限制。外商銀行設立第 1 家分行的最低資本額為 1.5 億元，每增設 1 家分行必須增加資本額 1.2 億元，地點與家數不受限制。此外，財政部於 1985 年 7 月規定外商銀行對任一客戶授信總額，新臺幣部分不得超過新臺幣授信總額之 7% 或新臺幣 2 億元，以兩者中較高者為準。外幣部分不得超過總行淨值的25%，但對政府機構、公營企業及政府專案放款不受限制。值得注意者：央行於 1973 年將美元外銷放款業務劃歸外商銀行獨家經營，採取預售外匯方式融通出口廠商。同時，央行於 1993 年放寬銀行承作外匯新種業務與經營票券業務，花旗、荷蘭與法國巴黎等外商銀行積極從事外匯、票券、證券與衍生性商品業務，在直接金融業務獲得較多利潤。

7.2.2. 專業銀行 (specialized bank)

金融當局針對產業未來發展趨勢，就特殊部門或產業所需信用分別建立專業銀行，提供的專業信用計有六種：

1. 工業銀行 (industrial bank)：金融當局為配合產業發展趨勢，鼓勵創業性投資及中長期開發性融資，指定交通銀行籌辦開發銀行業務，並將工業銀行授信對象之工、礦、交通及其他公用事業列為開發金融業務，而其授信即是工業信用。財政部於 1998 年公布工業銀行設立及管理辦法，總共成立中華開發工業銀行（成立於 1959 年，而於 1998 年改制為工業銀行）、台灣工業銀行（成立於 1998 年）與交通銀行（成立於 1906 年，於 1979 年改制為開發銀行）等 3 家。

工業銀行與商業銀行在經濟活動中的扮演角色明顯有別，兩者差異性列於表 7–6 做一比較。

表 7-6　工業銀行與商業銀行的比較

項　目	工業銀行	商業銀行
銀行性質	批發性金融，協助融通廠商轉型期之資金需求，以企業金融為主	零售性金融，對廠商及大眾提供存放款及消費金融
投資創投業務	得直接投資相關金融事業及創業投資事業	投資額不得超過資本額 5%
主要收入	投資收益及利息收入	利息收入
資金來源	發行金融債券，吸收特定對象存款，最低資本額為 200 億元	吸收廠商及大眾存款、發行金融債券，最低資本額為 100 億元
存款對象	授信戶、投資戶、保險業財團法人及政府機關	大眾及廠商
轉投資標的	國內生產事業、金融相關事業、創業投資事業及國外產業	轉投資生產事業需逐案報請財政部核准，投資金融周邊事業額度需自資本額中扣除
分行設立	不得超過 10 家	家數不限
主要資金用途	供給工、礦、交通及其他公共事業中長期放款	中短期商業授信
未來發展	轉型為投資銀行	朝金融控股公司發展

　　除工業銀行外，提供類似工業信用的金融廠商還包括：①投資銀行：投資銀行在實務或法律解釋上皆非銀行，銀行基於法令規定不得兼營或承銷證券買賣業務，投資銀行係以此為核心業務，並且擴及廠商購併、諮詢服務、創業投資、商業銀行等業務。國外著名的投資銀行包含美林 (Merri Lynch)、摩根史坦力添惠 (MSDW)、雷曼兄弟 (Lehman Brothers)、高盛證券 (Goldman Sachs) 等，國內工業銀行具有部分投資銀行色彩。②政府非營業循環基金：具有投融資性質的基金，以成立於 1972 年 7 月的行政院開發基金與 1965 年成立的中美經濟社會發展基金（中美基金）為主，目的在於鼓勵產業升級並且投資高科技事業，兩者具有提供工業信用的性質。③創業投資 (venture capital) 公司亦具有類似功能，截至 2003 年底國內創投公司計有 241 家，實收資本額共計 1,717.1 億元，

累計投資國內外高科技企業超過 3,000 家，顯示創投業發揮協助科技產業取得股權資金效果。

2.農業銀行：農業係直接利用自然資源生產，性質顯著異於製造業與服務業。金融當局為調節農村金融，融通農、林、漁、牧生產及有關事業所需之農業信用，而成立農業銀行。國內辦理農業放款的金融廠商包括農會與漁會信用部、農民銀行、合作金庫與土地銀行。其中，土地銀行於 1946 年接收日據時期日本勸業銀行在臺的 5 家分行改組成立，專門辦理不動產信用並兼營農業信用，具有調節土地金融及農業金融、發展農林漁牧，配合政府推行土地及農業政策之任務。合作金庫係於 1946 年接收日據時期之臺灣產業金庫改組成立，以調節合作社、農漁會及合作農場等之資金供需為主並兼營農貸業務，法定農貸比率為 27% 而項目包括農業生產、漁業產銷、農產運銷、農業加工及農業金融周轉等放款，並且辦理信用合作社及農漁會信用部業務檢查及輔導事宜。此外，行政院決定於 2005 年成立農業金庫作為農業金融體系之母行，作為農漁會信用部資金調節、農業資金融通及農業金融系統內查核、輔導、監督單位。該銀行的資本額下限為 200 億元，由政府出資 49%，其餘由農漁會以現金投資或信用部作價投資認股。

3.輸出入銀行 (export-import bank)：基於協助廠商拓展外銷及輸入工業必需設備與原料所需之輸出入信用，金融當局於 1979 年 1 月 11 日成立輸出入銀行，辦理專業性之中長期輸出入融資、保證及輸出保險業務，配合政府經貿政策提供金融支援，協助廠商拓展對外貿易與海外投資活動，營運內容包括：①針對出口廠商為掌握重要原料供應、為拓展外銷而從事對外投資，以及承包國外工程所需資金與合約責任之保證，提供各種期限融資。②辦理輸出機器設備及資本財所需資金或技術服務費，以及出口廠商輸入與其外銷有關之原料、零件所需資金等之保證、融資與保險。③提供國內外市場調查、徵信、諮詢及服務事項。中央信託局成立於 1935 年，從事金融與貿易多元性業務，除信託處辦理存款、放款、保證、外匯、證券及保管等銀行信託業務外，其餘各處分別辦理進出口貿易、貨運、倉儲、人壽保險及公務人員保險等業務。

4.中小企業銀行：為協助中小企業改善生產設備及財務結構、健全營運管理

所需資金，金融當局輔導合會儲蓄公司改制為中小企業銀行，提供中小企業信用。臺灣合會儲蓄公司於 1976 年 7 月 1 日改制為臺灣中小企銀，其餘 7 家區域性（臺北區、新竹區、臺中區、臺南區、高雄區、花蓮區、臺東區）合會儲蓄公司亦於 1978 年至 1979 年陸續改制為區域性中小企銀。隨著金融當局於 1992 年開放 16 家新銀行加入營運，銀行業競爭趨於激烈，中小企銀在資本額、營業區域、業務範圍與資金運用等方面受法令規範，無法與一般銀行公平競爭，自 1998 年起計有台北企銀、新竹企銀與臺中企銀 3 家改制為商業銀行。

中小企銀以中小企業為主要授信對象，資金運用需受兩項限制：①對中型企業授信不得低於放款總額 30%，小型企業不得低於 4%。②中長期放款總額不得超過其吸收定存總額的 1.2 倍。為協助紓困廠商，經濟部引用中小企業發展條例，由中小企業處協調銀行提供中小企業專案及緊急融資，共有行政院開發基金、經建會紮根貸款、中小企業信保基金及省屬行庫等四種政策金融。此外，金融業提供類似信用的組織有二：

(1)中小企業信用保證基金：由政府及銀行捐助於 1974 年成立之非營利財團法人，主管當局為財政部。中小企業向銀行申請融資，經濟部中小企業處透過聯合輔導中心對申貸廠商進行放款條件評估，當銀行同意核貸，而廠商無法提供抵押品或擔保品不足時，只要符合信用保證資格，即可請銀行利用信用保證基金之保證解決擔保問題。信保基金對企業保證之融資額度最高為 1 億元，主要業務包括一般放款、購料周轉融資、政策性放款、外銷放款等四項信用保證。

(2)中小企業互助保證基金：該基金仿效民間互助會，推出「中小企業互助圈貸款」，篩選 20 家小企業組成互助圈，成員依營運需求及基金會審核的分級繳交保證金，由基金會匯集保證金額形成保證能力提供保證，安排投保放款保險。原則上，互助圈成員依繳交保證金多寡可獲最高 10 倍金額的放款，期限 3 年，風險由參與者共同分擔。為防止成員倒閉產生連鎖效果，放款也有防火牆設計，包括召集人或成員負擔有限責任，發生違約放款，召集人最高僅需負擔 0.5% 服務費的損失，原則是放款金額的 15% 為上限。申貸者繳交費用包括互助金（3 年期滿無息退還）是

放款金額 15%、保證手續費是放款金額 2%、召集人服務費 0.5% 及徵信
調查費用 2,000～5,000 元。

上述兩種基金的差異性如下：①保證額度：信用保證基金最高放款額度為
1 億元，保證對象為較具規模的中小企業。互助保證基金則以每戶放款平均數
500 萬元為加入對象。②作業程序：信用保證基金保證對象須先經銀行徵信，
但因無法提供銀行認可的擔保品，再由信用保證基金給予保證，為銀行分擔
70% 的理賠風險。互助保證基金保證對象則由該基金會徵信調查後，同意其加
入互助會再洽請銀行承貸。

5. 不動產銀行：金融當局基於供給土地開發、都市改良、社區發展、道路建
設、觀光設施及房屋建築等所需之中長期不動產信用，而成立不動產銀行。該
類信用欠缺流動性，其所需長期資金來源必須由政府指撥專款或發行金融債券
募集。土地銀行的主要任務係配合推行土地改革與供給農業信用，同時也提供
不動產信用。

6. 國民銀行：為促進區域建設及均衡發展、繁榮國民經濟，金融當局針對其
資金需求設置供給地方性信用之專業銀行，此即國民銀行。國內目前尚無國民
銀行出現，不過基層金融提供的信用相當於地方性信用，類似機構包括中小企
銀、郵匯局、儲蓄互助社、合作社、農會與漁會信用部。

➤ 7.3. 基層金融

基層金融由存款貨幣機構與準銀行兩部分組成，前者包括區域性中小企業
銀行、信用合作社與農漁會信用部，後者包括郵匯局與儲蓄互助社。在臺灣早
期限制銀行設立時期，基層金融藉區域地利之便及長期顧客關係，在金融業曾
扮演重要角色。根據資料顯示，在 1980 年代晚期，信用合作社及農漁會信用
部在全體金融廠商放款占有率約為 20%，1983 年甚至高達 24%。隨著信用合
作社改制商業銀行、合併及購併，以及農漁會信用部營運體質衰弱而被接管合
併，直迄 2004 年 7 月底的存款市場占有率逐漸下降至低於 10%。

7.3.1.　信用合作社 (reedit cooperative)

　　信用合作社係基於信用合作社法成立的基層金融，屬於市鎮地區之地方性金融廠商。信用合作社吸收存款無須提列準備，放款利息收入也無需繳交營業稅，營運內容類似銀行，包括吸收各種存款資金、從事各種期限放款、投資票券與債券，辦理國內匯兌、信用卡業務、商業匯票承兌，簽發國內信用狀與辦理國內保證業務，代理收付款項、代銷各種證券，辦理與前列業務有關之倉庫、保管及代理服務業務，經主管當局核准辦理一般銀行外匯業務之代收件等，實際上能夠從事的業務範圍有限。營運對象原則上限於社員，放款總額以不超過該單位存款總額 78% 為原則。至於信用合作社與銀行的差異性如下：

　　1.營運動機：信用合作社屬於社團組織，以服務社員、追求社員福祉為目標，理事選舉採政治程序由會員票選，經營者擁有眾多會員支持，卻未必擁有最多股權，容易釀成嚴重的代理問題。銀行屬於股份有限公司組織型態，經營者擁有最多股權支持，以追求銀行價值極大為目標。

　　2.股本數量：信用合作社認股係採門戶開放自由入股政策，認股總額隨時變動，且經信用合作社同意下轉讓，盈餘分配係以社員交易數量為分配標準。反觀銀行股本為固定值，股票可自由轉讓，且依股權比例作為分配盈餘標準。

　　3.營運對象：信用合作社受信與授信對象以社員為主，社員與客戶同屬一體，但亦開放廠商加入為社員，而銀行營運對象則無此限制。

　　表 7-7 是 1990 至 2003 年的本國銀行與信用合作社總（分支）機構變動比較。該表顯示：在 1990 年代之前，國內金融業的信合社總機構家數以絕對優勢大於銀行，亦即 1990 年的本國銀行僅有 24 家、信用合作社高達 74 家，前者分行總數為 996 家，後者分社為 399 家。國內信用合作社在 1993 年的存款市場與放款市場占有率分別同時達到 13.94% 與 10.58% 的歷史高峰，顯見地方金融之盛。

　　隨著財政部在 1992 年開放新銀行設立後，促使金融業競爭趨於激烈。爾後，1995 年爆發彰化四信擠兌案，引起一連串的信用合作社擠兌風潮。另外，信用合作社法在 1993 年單獨立法，財政部訂定信合社變更組織為商業銀行之

表 7-7　本國銀行與信用合作社總（分支）機構表

時間	總機構		分支機構	
	本國銀行	信用合作社	本國銀行	信用合作社
1990	24	74	996	399
1991	25	74	1,046	425
1992	40	74	1,212	439
1993	41	74	1,382	482
1994	42	74	1,577	530
1995	42	73	1,807	556
1996	42	73	1,936	595
1997	47	64	2,176	505
1998	48	54	2,404	446
1999	52	50	2,576	416
2000	53	48	2,693	394
2001	53	39	3,005	373
2002	52	37	3,068	358
2003	51	35	3,130	341

資料來源：金融統計指標，財政部金融局

標準及辦法，提供大型信用合作社申請改制為區域性商業銀行，只要資本額超過 35 億元與提足備抵呆帳，即可申請單獨或合併改制為商業銀行，因而帶動改制商業銀行與被合併的風潮，總共包括誠泰、陽信、板信、第七、高新、華泰、聯信與三信等改制成為商業銀行。表 7-8 係國內信用合作社自 1997 年以後改變經營型態的狀況，調整方式包括改制商業銀行、由商業銀行概括承受、以及由金融重建基金接管再受讓予商業銀行。接著，金融重建基金在 2001 年接管 7 家經營不善的信用合作社，將其併入其他銀行經營，促使 2003 年底的信用合作社家數銳減為 35 家、分社剩下 341 家，存款與放款市場占有率已經低於 3%，影響力日漸衰微。

在調整營運型態的策略中，信用合作社改制為銀行將享有下列利益：

1.營運區域擴大：信用合作社改制銀行後，營運區域由原來侷限於單一縣市，擴大至鄰近的兩個縣或市（總共三縣市），每年申請增設分行家數可由 2 家增

表 7-8　信用合作社變更經營型態表

(1)改制為商業銀行	
時間	名稱
1997 年 1 月	台北三信 → 誠泰銀行
1997 年 9 月	台中七信 → 第七銀行
	陽明山信用 → 陽信銀行
	板橋信用 → 板信銀行
1997 年 12 月	高雄一信 → 高新銀行
1999 年 1 月	台北二信 → 華泰銀行
	台中三信 → 三信銀行
2000 年 7 月	台中六信 + 屏東一信 → 聯信銀行
(2)由商業銀行概括承受	
1997 年 1 月	新竹二信 → 誠泰銀行
1997 年 9 月	高雄五信 → 板信銀行
	北港信用 → 華僑銀行
1997 年 10 月	高雄十信 → 泛亞銀行
1997 年 12 月	台中八信 → 誠泰銀行
	新竹六信 → 第七銀行
1998 年 1 月	台南二信 → 中興銀行
	台南一信 → 台新銀行
1998 年 4 月	台南四信 → 萬泰銀行
1998 年 5 月	南投信用 → 慶豐銀行
	旗山信用 → 高新銀行
1998 年 6 月	台南十信 → 大眾銀行
1998 年 7 月	彰化二信 → 第七銀行
	台北七信 → 安泰銀行
1999 年 4 月	台中四信 → 中興銀行
1999 年 9 月	東港信用 → 臺灣銀行
2001 年 8 月	苗栗信用 → 萬泰銀行
2001 年 9 月	嘉義二信 → 誠泰銀行
(3)金融基金接管再受讓予商業銀行	
2001 年 9 月	台中一信、台中五信、台中九信及台中十一信 → 合作金庫
	岡山信用 → 誠泰銀行
	員林信用及屏東二信 → 陽信銀行
2002 年 8 月 *	台南五信 → 陽信銀行

資料來源：〈金融統計指標〉，財政部金融局

為 5 家。總社在臺北市與高雄市的信用合作社最多僅能成立 11 家分社，改制為銀行就無此限制。

　　2.營業範圍擴大：信用合作社營業範圍受嚴格限制，無法承作外匯、信託、保證、承兌、買賣黃金等業務，改制為銀行將可開辦承作，有助於提升獲利。人們持有信用合作社的股金在轉換為銀行股票後，股票將視銀行獲利狀況而存在增值機會。

　　3.營運對象擴大：信用合作社改制為銀行後，原先限制僅能對社員放款，將可不受限制，經營規模得以擴大。

　　不過信用合作社改制為銀行後，仍會喪失下列優惠：①喪失租稅優惠：信用合作社改制為銀行後，將需增加印花稅支出，平均純益率在扣除稅負後將相對減少。②信用合作社轉存合庫的定期存款，依央行規定免提法定準備，但在改制後將失去此項權利。

7.3.2.　農會與漁會信用部

　　農業金融產生原因是基於農業生產特性，在和非農業廠商競爭資金時，常為一般金融排擠而不易取得資金，特性包括：①農業投資多數屬於長期性質，如：對土地、機械或農舍投資均需數年才能回收，一般金融若無特殊誘因，將缺乏承作周轉期限長的放款意願。②農業生產受季節限制，資金需求隨季節而異。③農業金融的授信對象係小農戶或針對不同作物別，眾多小額融資迥異於企業金融的整批集中性。④農貸成本相對偏高，農業金融倒帳風險高於一般金融。

　　農業金融由一般農業金融與政策性農業金融兩大系統構成：

　　1.一般農業金融：金融業提供農業信用的農民銀行、土地銀行與合作金庫等專業銀行以及農漁會信用部均屬於一般農業金融提供者。後者營運項目、組織型態與授信對象類似信用合作社，屬於社員制的金融組織。至於其他金融廠商，如：第一銀行及彰化銀行亦提供中短期農林漁牧等整體性放款。華南銀行於 1988 年開始提供以農業加工為主的短期放款，在此之前則以農林漁牧放款為主。臺灣銀行於 1984 年開辦長、中、短期的整建農宅放款，並於 1987 年增加

農產運銷放款。

2.政策性農業金融：農委會、糧食局、台灣糖業公司及台灣菸酒公司等政府機關或國營企業基於本身業務或政策性需求而提供農業金融，如：糧食局的雜糧生產放款與稻作肥料放款、台糖公司以無息方式貸放中期的代購肥料款。農委會辦理的放款多數以長期為主，包括農田水利放款、輔導農業大規模綜合經營放款、加強農村建設放款、協助農民購地放款、修建農宅放款等。另外，政府於 1983 年成立農業信用保證基金，專門辦理農業放款保證業務。基金成立初期總額為 3 億元，由中央政府捐助 40%、臺灣省政府 10%、臺北市政府及高雄市政府各 5%、農民銀行、土地銀行與合作金庫各 10%，各地區農漁會共10%。隨著保證業務持續成長，原有基金不敷因應，遂於 1986 年及 1990 年各增加基金 3 億元，基金總額為 9 億元。該基金針對農漁會信用部及農業銀行承辦之農貸提供保證業務，降低倒帳風險，基本保證費率視保證對象而異。

農會係兼具政治、經濟、社會與教育性質，辦理農業生產、行銷、推廣與保險等服務的綜合性農業團體，初期僅有少數農會設立信用部，為會員辦理互助存款與放款。爾後，政府輔導各地農會設立信用部，於 1972 年頒布臺灣地區農會信用部管理辦法，由金融當局監理。立法院在 1974 年 6 月通過農會法修正案，農會信用部辦理農民存款、放款、匯兌與代理收付等業務，負有調節農業金融與促進農業發展任務，屬於基層農業金融廠商。至於漁會信用部屬於基層漁業金融，在漁會法於 1981 年 7 月修正後取得合法金融地位。

在農業金融中，聯行制度 (corresponding banking) 扮演重要角色，亦即提供農業信用的專業銀行（農民銀行、合作金庫與土地銀行）屬於都市銀行與以農漁會信用部為主的鄉村銀行進行策略結盟：

1.資金支援與間接轉融通：農漁會信用部除吸收會員存款及政府提供的政策金融外，亦可由 3 家專業銀行提供資金支援。農漁會信用部以服務居住於組織區域內之農漁會員為原則，雖能吸收非會員存款，卻不得對非會員授信（存單質借及受託代放款項除外），經常面臨剩餘資金狀況。由於基層農漁會彼此間不得有資金往來，是以 3 家銀行承擔調度資金任務，並以合作金庫為主。此外，農漁會信用部的分部遍及農村，對個別農民經營能力及財務信用狀況較易掌

握。3 家銀行透過農漁會信用部對個別農漁民間接轉融通,除降低倒帳風險外,並能獲取代辦手續費,增加業務收入。反觀放款比率偏高之農漁會信用部,亦可利用間接轉融通調整資金運用方式。

2.業務輔導與檢查:金管會檢查局委託合作金庫對農漁會信用部進行實地檢查、督導檢查及報告稽核。

3.資源充分利用:農漁會信用部辦理訓練員工方式包括:①新進人員職前訓練與農貸專業訓練:由中華民國農民團體幹部聯合訓練協會主辦。②金融專業知識及實務訓練:由基層金融研究訓練中心主辦。③地方性訓練:由當地縣政府及農會主辦,課程由 3 家銀行負責或參與安排。此外,3 家銀行提供農漁會信用部代為辦理國內匯兌及受託代理付款等業務,充分運用本身的剩餘產能。

7.3.3. 郵政儲金匯業局

郵政儲金匯業局於 1962 年在臺復業,須受金融法規限制,係由郵局(改組成中華郵政公司)兼辦並隸屬交通部。郵匯局分支機構遍布各地,儼然是基層金融的一環,發行郵政儲金與簡易壽險保單吸收資金,匯集游資成為龐大的資金來源。郵匯局除進行定存質押與壽險保單質押兩種放款外,僅能轉存央行或商銀,或從事拆款或投資業務,屬於不完全的授信過程,可歸類為零售與批發的準銀行。

郵匯局透過遍及各地的郵局與提款機提供多元化金融服務,從日常性繳款(如:保費、稅款、貸款、電費、瓦斯費等)的自動轉帳、交易轉帳、自動提款機轉帳、延長自提時間為早上 6 點至凌晨 1 點、存款者憑提款卡在自動提款機辦理提款、郵政匯票禮券連線作業、推廣媒體轉帳收付款業務、配合健保局在澎湖開辦健保 IC 卡發卡業務等,以及電話語音即時轉帳和預約轉帳,結合網際網路、郵匯局電腦網路和郵匯局寄送服務所發展的電子購物。郵匯局對穩定經濟活動扮演重要角色:

1.吸收小額儲蓄資金:郵匯局以眾多營運地點、較長營運時間及免課利息所得稅,相對優於其他金融廠商提供的服務,成為吸收資金最多的金融廠商,具有穩定金融活動的功能。

2. 促進公共建設：臺灣在早期推動經建計畫期間，面對金融業尚未蓬勃發展，郵匯局遂成為動員儲蓄轉為投資的重要機構，可由大部分國民均在郵匯局開戶存款獲得證明。此外，金融當局在 1993 年成立中長期資金運用制度，郵匯局採取間接轉融通方式，將資金以定存型態轉存商業銀行，由後者融通自償性的公共建設與民間重大投資計畫。

3. 控制貨幣數量：在 1980 年代以前，郵匯局除保留部分周轉金外，吸收的資金全部轉存央行，相當於提存全額準備。爾後，央行評估金融環境狀況，再將郵匯局轉存款撥給專業銀行授信或融通中長期投資，遂成為最重要的貨幣工具。

4. 創造盈餘：中華郵政公司屬於國營事業，分成郵政與郵匯兩部門經營。一般而言，郵政業務係採服務方式營運，營運收益經常不敷成本，歷年經常陷入虧損狀態。不過郵匯局的資金運用係以轉存央行或商業銀行、投資公債與拆款獲取固定收益，不僅安全且有盈餘繳庫，對國家財政收入助益頗大。

7.3.4.　轉存制度

在國內金融業中，銀行與其他金融廠商間存在兩種特殊的轉存制度關係：

㈠信合社轉存制度

依據信用合作社資金融通及管理辦法及農漁會信用部資金融通及管理辦法規定，基層金融持有剩餘資金，可依牌告利率轉存合作金庫，針對轉存之定期存款部分，本身無須提存準備，此即信合社轉存制度。信合社轉存制度施行已久，農漁會信用部存款餘額高達 1.3 兆元、轉存款餘額約 7,000 億元，反映該制度誘使基層金融缺乏授信意願，形成放款比率偏低現象。信合社轉存款多數集中在合作金庫，造成影響包括：

1. 當金融市場處於寬鬆狀態時，基層金融轉存款競相流入合作金庫，造成後者持有過多超額準備 (excess reserve) 無法消化；反之，當金融市場趨於緊縮之際，合作金庫吸收的信合社轉存款卻快速流失，容易陷入準備匱乏現象，必須付出較高代價尋求資金來源。

2. 合作金庫必須依據牌告利率無限制吸收信合社轉存款，在面對資金寬鬆環

境時，不僅無法拒收轉存款與調低轉存款利率，更無從迅速透過放款來消化氾濫的資金，被迫轉為拆款大戶，釀成拆款利率劇烈波動，嚴重破壞拆款市場穩定性。當金融業拆放利率遠低於轉存利率時，合作金庫將陷入每日虧損狀態。反之，當金融市場的資金緊縮時，信用合作社紛紛解約轉存款，而合作金庫無法迅速收回放款，僅能透過拆款市場借入資金，面對拆款利率攀升下，同樣陷入虧損狀態。換言之，合作金庫面對信用合作社轉存款的變異性，無法充分掌控資金流量，從而反映在加劇新臺幣拆款利率的鉅幅波動。

為紓解上述問題，央行自 1986 年 3 月起評估經濟金融環境變化，機動訂定合庫吸收信合社轉存款得以轉存央行額度（以 600 億元為限），避免信合社轉存制度導致合庫資金氾濫而干擾拆款市場正常運作。爾後，央行於 1994 年增加臺銀、台北銀行與高雄銀行共同接受信合社轉存款，規定以 1994 年 2 月底的轉存款餘額再加 10% 為基礎，信合社新增轉存款必須自行提存法定準備，轉存型態由原先的定存改為可轉讓定期存單，提升信用合作社與銀行業資金互動效果。另外，央行規定大型信用合作社依存款規模分等級，只要存款規模達到商業銀行水準，將可加入金融業拆款市場，促使資金供給力量平均化，避免過度集中轉存於合作金庫。

(二)郵匯局轉存款制度

央行在 1964 年規定郵匯局資金需全部轉存央行，並以郵匯局轉存款設立中長期信用基金，用於融通重大經濟建設。央行在 1982 年 3 月規定新增郵匯儲金依 40%、25%、25%、10% 比例轉存交銀、土銀、臺灣中小企銀與農銀等 4 家專業銀行，在 1986 年 3 月調整為 70% 轉存央行，30% 轉存專業銀行，1989 年 3 月再調整為新增郵匯儲金中的 80% 轉存央行，20% 轉存 4 家專業銀行，均用於融通中長期或專業性融資需求。央行在 1992 年為因應金融環境需求，開放郵匯局針對新增郵政儲金可以自由轉存銀行或購買公債、國庫券、央行儲蓄券及金融債券，轉存央行之郵政儲金利息中的 20% 交付郵匯局自行運用，為避免造成通貨膨脹壓力及影響金融穩定性，已轉存央行之郵政儲金仍需續存。另外，央行自 1993 年 4 月 16 日起撥還郵匯局轉存款 1,200 億元，郵匯局透過銀行提供六年國建、交通建設等公共工程或中央政府核定之重大建設專案

融資。央行自 1993 年起再將郵匯局轉存款提撥給各銀行，辦理無自用住宅的首次購屋低利貸款，配合政策投入股市穩定基金等，1993 年 5 月 15 日起再度調整轉存央行之郵儲到期利息釋出比例，1995 年 9 月改為全額釋出充分供給市場所需流動性。央行於 1997 年 12 月 16 日起評估經濟金融情勢及市場資金狀況，適時將轉存央行之郵政儲金本金撥還郵匯局或要求其再回存。

上述兩種轉存制度涉及的資金數量龐大，資金流向衝擊金融環境寬鬆與利率甚鉅，尤其是後者轉存比例係央行管制銀行信用數量的重要貨幣工具。

7.3.5. 儲蓄互助社

儲蓄互助社起源於 1849 年德國南部，基於「人們面臨社會與經濟問題，最佳解決方式即是讓他們自己幫助自己」的互助原則，組成第一個儲蓄互助社。國內金融廠商多數坐落於市鎮地區，偏遠地區居民往往無法享受銀行服務，遂透過教會或社區力量成立儲蓄互助社，追求改善生活、增進社員福利、促進社區發展。國內首家儲蓄互助社於 1964 年成立於新竹市西門街的天主堂，截至 2003 年底，全國儲蓄互助社超過 352 家、社員 18 萬人（原住民占 5 萬人）、資產總額超越 2,001 億元、累計放款超越 1,000 億元，1997 年通過的儲蓄互助社法為規範的法源，主管機關為縣市政府或直轄市政府。

儲蓄互助社的組織與特色包括：①民主結構：凡具有同一社區、教會、團體、公司等共同關係，願意承擔共同責任及共享其服務者均可自願參加。不論交易額（認股或貸款）多寡，社員享有平等投票權與參與儲蓄互助社的決策過程。凡儲蓄互助社支持的組織或協會採取比例制或代表制選舉，選出的幹部均屬義務職不得支領薪資，但得支付正當費用。②社會目標：針對社員、幹部、職員及一般民眾，儲蓄互助社基於經濟、社會、民主與自助互助的原則積極推動教育，並與其他儲蓄互助社及合作組織，在地方性、全國性及國際性等各層次的組織間謀求合作，對社員及社區提供良好服務。

儲蓄互助社營運方式包括：①吸收股金：儲蓄互助社吸收社員存款稱為股金，社員儲存股金至少一股，每股 100 元，不得超過全社股金總額 20% 與 100 萬元。社員提領股金須經理事會同意，若有必要得延遲支付，但不得超過 60 日，

退股如在年終決算前，該部分不計股息。在年終決算後，盈餘需提撥公積金20%，公益金 5～10%，剩餘部分均分配股息。另外，考核績優儲蓄互助社若擁有較大業務量、股金在 2,000 萬元、社員 300 人以上、擁有自有辦公房舍與專職人員，可發行類似銀行活期存款性質的特別股，利率比照銀行牌告利率，如：臺南新樓互助社就曾發行特別股。②社員互助貸款：儲蓄互助社將吸收的股金存入銀行，對社員放款再由銀行提出，放款月利率不超過一分（約年息12%），相當於銀行的下游廠商。放款委員依放款規定審核，以無擔保放款為原則（最多 100 萬元），採取按期攤還本金與按月繳付利息，利率及還款期限由理事會決定，無擔保放款償還期限不得超過 7 年，擔保放款以 15 年為限。③參加協會代辦之各項互助基金：類似商業保險，貸款安全互助基金和人壽儲蓄互助基金為儲蓄互助社特有業務。此外，儲蓄互助社還可參加綜合損失互助基金、各級幹部互助基金、社員團體定期互助基金與平安儲蓄互助基金等。④代理收受社員水電費、瓦斯費、學費、電話費、稅金及罰鍰，參加協會資金融通、購買公債與經中央主管機關核可之相關事項。

在先進國家中，儲蓄互助社已經成為金融體系與社會安全制度的一環，發揮效果如下：

1.金融中介功能：透過儲蓄互助社金融業務，匯集分散的資金用於融通社員，因其組織特性而能發揮提升儲蓄意願、提供金融周邊服務等中介功能，促進經濟活動順利運行。

2.社會功能：儲蓄互助社採取一人一票運作方式，提供民主方式訓練的機會，強調命運共同體概念，放棄個人主義與功利主義的作風。

3.教育功能：儲蓄互助社利用經濟方法吸引民眾，教育民眾以共同合作方式紓解問題。

在基層金融中，儲蓄互助社與信用合作社扮演的角色雷同，前者係由具有共同關係的自然人與非營利法人組成的封閉性社團法人，以「非為營利、非為救濟、乃是服務」為經營目標，營運規模較小而服務對象僅限於社員，工作人員均屬義工性質。後者係由金管會許可經營部分銀行業務的金融廠商，參與社員包括自然人或非營利法人，中小企業亦可加入為準會員，營運規模較大，經

營動機兼具服務社員與追求營利目的。

7.4. 信託業

隨著人們對資產管理需求成長，信託商品頻頻創新，信託業逐漸成為金融業發展的主流趨勢。信託業基於追求成長，採取延伸對客戶服務範圍的策略，結合投資、保險與信託創新多元化信託商品，如：保險金信託、年金信託、發行共同管理信託基金、生前契約等，同時也積極從事多角化經營，如：不動產證券化、保管業務、簽證業務、借券業務等，擴大營運收益來源。

7.4.1. 信託投資公司 (investment and trust company)

信託法與信託業法規範信託投資公司以信託與投資業務為營運核心，從事攸關資本市場的特定投資為主要授信活動。信託 (trust) 係指委託人將財產權移轉或為其他處分，使受託人依信託目的，基於受益人利益或特定目的，代為管理或處分信託財產之活動，屬於財產管理制度的一環。基於該項定義，信託投資公司係指以受託人地位，依據特定目的收受、經理及運用信託資金與經營信託財產，或以投資人角色參與資本市場特定投資之金融廠商。

一般而言，委託人、受託人與受益人在信託活動中的關係將如圖 7-1 所示，具備兩種條件：①委託人需將財產權移轉或設定他項權利予受託人，使受託人成為該財產權之權利人。②受託人接受財產權移轉後，基於受益人利益或特定目的，代為管理或處分信託財產。受益人若是信託人，此即自益信託；反之，受益人是其他人，則屬於他益信託。信託屬於獨具特色的財產管理模式，透過對信託財產實施獨立管理和運作，在委託人自有財產和信託財產間建立有效的法律保障，兼具實現信託財產保值、增值與保障信託財產安全性。

信託活動基本上轉變傳統「持有」觀念而為「規劃運用」的作法，人們透過信託銀行或信託公司以「專業管理、集體運作」策略進行資產管理，取代傳統單打獨鬥的理財操作。信託活動的特質包括：

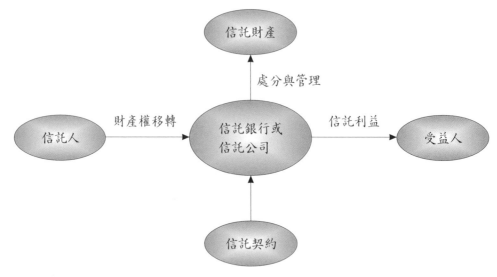

圖 7-1　信託活動的關係

1.財產獨立性：信託財產係以受託人名義登記，卻非其自有財產，權利名義人與利益享受人分屬不同主體，具有獨立性。

2.財產保障：信託財產不屬於受託人的破產財產範圍，債權人無法強制執行或逕自拍賣，無法主張與非信託財產之債務抵銷，具有保障財產不受政治、經濟、外匯管制、債權訴訟、子女或收益人管理不善等因素影響的特質。

3.彈性運用：人們採取信託策略，將類似法人延續至身故或隨時終止，並可重新分配信託財產、更換受益人、從事投資與進行跨國移轉。

4.節稅效果：人們移轉財產涉及贈與稅或遺產稅，採取信託策略設立信託財產，不受信託人死亡影響，同時採取貼現方式繳納稅負，將可發揮節稅效果。

金融當局於 1971 年開放信託投資公司設立，目前僅存 3 家，中聯信託、亞洲信託主要從事存放款業務，偏向商業銀行性質；台灣土地開發偏重投資業務，業務趨向多元化。信託投資公司的業務包括：①投信業務：收受、經理及運用信託資金，募集信託基金，受託管理財產，包括管理運用年金及基金、擔任債券發行受託人、執行遺囑及管理遺產、以及擔任公司重整監督人。②投資業務：進行投資票券、債券及股票，承銷證券、自營買賣或代客買賣證券。③授信業務：從事中長期放款、保證發行公司債與從事國內外保證業務。④其他

業務：擔任債券或股票發行簽證人，代理證券發行、登記、過戶及股息紅利發放事項，提供發行證券顧問服務，辦理與其業務有關之代理服務事項，包括經營保管箱及倉庫業務。⑤中央主管機關核准辦理之相關業務。

信託業發行信託基金吸收資金，從事放款與投資活動而創造銀行信用，將發揮下列功能：

1.長期融資與資產管理：信託業發行信託憑證吸收中長期資金，代為管理運用財產與從事中長期授信活動。

2.健全資本市場發展：信託業從事證券投資信託業務，將剩餘資金導向生產用途，提升資源配置效率。另外，信託業透過大規模徵信與搜集訊息，提供發行公司募集資金之顧問服務，以及擔任債券發行受託人，協助廠商順利由資本市場募集資金。

3.代理業務：信託業提供代理服務降低交易成本。就個人代理而言，除出租保險箱外，接受個人委託處理有關事務、經理證券或不動產代理等多項服務。在公司代理方面，可辦理股務代理、支付代理或財務代理等。有關團體代理方面，將代理慈善機關或教育機構籌募、保管、處理捐贈得來的基金。

信託投資公司吸收信託資金（非存款），無須提列法定準備，但是改為提列信託基金準備（可用央行認可的證券存放在央行，如：公債），然後透過投資與放款過程而創造銀行信用。信託基金係指金融廠商以受託人角色收受信託款項，依照約定條件為信託人指定之受益人利益而經營的資金。多數信託資金係由信託公司代為確定用途，承諾保本保息並附加紅利，性質類似定期存款，表 7–9 顯示兩者的差異性。

一般而言，信託基金類型有三：

1.共同信託基金：發行受益憑證 (beneficiary certification) 募集具有共同信託性質，代為從事確定用途的資金，如：放款證券化與土地證券化。

2.證券投資信託基金：以投資證券為目的而發行的基金，如：股票與債券基金。

3.指定用途信託基金：人們交付信託資金予信託業並指定運用範圍，種類包括：①逐筆指示運用範圍：人們與信託銀行 (trust banking) 簽訂信託契約，逐

表 7-9　信託基金與銀行定存的差異性

項　目　　　資　產	信託基金	定期存款
1.利益關係人	包括信託人、受託人與受益人三個關係人且具他益性。	僅有銀行與存款者兩個關係人且具自益性。
2.利益分配	信託基金收益在支付直接費用、手續費及保證本息後，悉歸信託人所有且得採實績分紅制。	定存支付利息係由銀行負擔，存戶無法干涉且不得採實績分紅制。
3.資金運用	基金運用方式、範圍、利益分配及所負責任均應依契約條款辦理。	由銀行綜合運用，存款者不能指定營運方式。
4.提存準備	可用央行認可之證券抵繳信託基金準備。	須以現金資產提存法定準備。
5.投資憑證	簽訂信託契約或發給信託憑證。	發給定期存單。

筆指示信託資金之運用。②指定國外基金經理機構代為運用：人們與信託銀行簽訂信託契約，指定將資金運用委託特定國外基金經理公司辦理，而信託銀行事先與國外基金經理公司 (management company) 及保管機構簽約。③指定代為投資國內外基金業務：人們簽訂信託契約委請信託銀行代為投資國內或國外基金。

實務上，信託投資公司與銀行營運的差異性如下：①信託投資公司無法吸收活存與支存，吸收信託資金須受淨值 12 倍的限制，資金成本相對較高。②信託投資公司業務與銀行類似，但無法承作活存、支存、短期放款、外匯買賣及國內匯兌等業務。同時，銀行每年最多可獲准成立 5 家分行，信託投資公司最多僅能成立 2 家分公司。③信託投資公司僅能從事中長期授信業務，相對於銀行缺乏競爭力。

7.4.2.　證券投資信託公司

證券投資信託係指募集眾人資金，透過專業經理人從事金融操作，投資各類金融商品，損益由投資人依比例分享的投資方式。證券投資信託公司 (投信

公司）或稱基金經理公司是該類信託運作的主角，營運內容包括：①發行受益憑證募集資金、②運用證券投資信託基金從事證券及相關商品投資、③接受客戶全權委託投資 (discretionary investment business)、④經證期局核准之業務。

財政部證期會為促進國內資本市場國際化，於 1983 年開放成立國際、光華、建弘、中華 4 家證券信託投資公司，分別發行國內外基金募集資金，用於投資國內與國外證券市場。爾後，財政部於 1992 年全面開放新證券信託投資公司成立，截至 2004 年 6 月底，國內共計有 44 家投信公司，設立條件包括最低資本額限制（3 億元）、設立第一個基金的最小規模（封閉型 (close end)20 億元，開放型 (open end)30 億元）、股東持股比例和專業能力與員工組成規範，營運收入主要來自管理資產收取的管理費，管理費係每天由基金淨值中扣除。一般而言，股票基金管理費高於債券基金，後者管理費又高於貨幣基金。投資人申購與贖回基金均須支付手續費，若考慮轉換其他基金，進行轉換尚需支付轉換費。

共同基金主要分為開放型與封閉型兩類，屬於小投資人的間接投資工具，而國內基金投資標的侷限於股票與債券兩類。另外，投資人（委任人）將資產（包含現金、股票或債券）委託投顧或投信公司（受任人），由後者的專業投資經理人依雙方約定的條件、投資方針、承擔風險範圍等進行證券投資，此即全權委託投資業務、專戶管理 (discretionary account management) 或俗稱的代客操作。全權委託投資針對資金運用與保管係採分離制，投顧或投信公司不負責保管受託資產，係由投資人指定保管銀行負責保管，由其代理投資人辦理證券投資之開戶、買賣交割或帳務處理等事宜，確實保障權益。專戶管理是投信或投顧公司為大戶量身訂做的理財金融商品，須事先與投資人面談，或請投資人填寫財務狀況與投資預期，依承受風險與獲利目標擬定投資計畫，進而設計特定商品。

7.4.3.　投資顧問公司與財務顧問公司

投資顧問公司係指提供證券價值分析、投資判斷建議，或基於該判斷為委任人執行證券投資業務，從而獲取報酬。投資顧問公司經營業務包括投資理財

顧問諮詢（證券價值評估、財務策略規劃顧問、企業資本規劃暨釋股方案執行、標購／拍賣／鉅額買賣顧問、企業購併規劃服務）、資產管理顧問業務（客戶專案服務、投資組合建議）、全權委託投資業務（代客操作）、各項金融商品諮詢服務等。在信託市場上，投資顧問公司從事全權委託投資業務，資本額須達3,000萬元以上並有3年業務經驗，投資人委託操作金額須達2,000萬元以上，或介於1,000～2,000萬元之間，代客操作任一股票的資金總額限制不得超過委託資產淨值30%。

　　財務顧問公司扮演紅娘角色，藉由尋找企業融資專才，提供尋找投資標的、評估營運狀況發展潛力、會計師律師查帳、提出收購建議書，協助談判簽約，提供購併後的財務計畫，如：提供貸款與接管後的人事管理等整套專業協助。廠商從事跨國與跨業購併活動時，為避免經營策略失當，將可透過財務顧問公司擬定或評估經營策略，考察標的公司是否符合經營策略需求。此外，財務顧問公司追求規劃最佳經營策略，也會參與收購公司過程中的活動，如：審查評估階段、進行商業審查、管理可行性分析，甚至協助擬定購併後的整合與融資計畫等。

➤ 7.5.　保險業

7.5.1.　保險業組織

　　在訊息不全下，當事人約定一方交付保險費於他方，他方因未預期或無法抗拒事故肇致之損害，負擔賠償財物之行為即是保險。保險業務依大數法則與風險分散原則，將預期損害透過保險而由多數人共同分攤。圖7-2顯示保險業之組織架構。要保人（或被保險人）可直接向保險公司購買保險單，或透過保險經紀人中介間接向保險公司投保。保險公司接受投保後，將評估保單風險與承擔風險能力，採取自行承保、與其他保險公司共保、或轉由再保險公司承保等三種策略。前兩者係由保險公司承擔風險，獲取較高的承保利潤。後者是將全部或部分保單轉由再保險公司承保，本身收取佣金而不承擔風險。

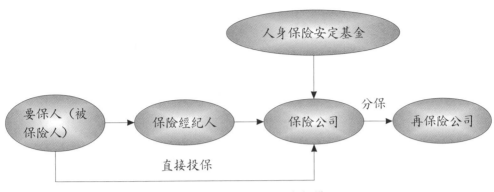

圖 7–2　保險業組織架構

　　另外，財政部為求提升壽險資金周轉效率，穩定壽險市場運作，設立總額定為 40 億元的人身保險安定基金，依據壽險業每年收取保費總額的 0.1% 徵收。該項基金的動用情況如下：①對經營困難的壽險公司提供低利融資。②對承受經營不善壽險公司之有效契約保單，提供低利融資。③當壽險公司喪失清償能力，保戶申請求償而未獲清償部分時，得向安定基金請求償付。④金融當局核定之用途。

　　在訊息不全下，保險業對經濟活動發揮的貢獻包括：①就經濟成員而言，保險將降低未來前景的不確定性，發生損失可獲經濟補償。另外，保險提升經濟成員的信用評等，尤其是投保壽險必須按期繳納保費，隱含強制儲蓄 (forced saving) 性質。②就體系而言，保險業就要保人繳納保費提存責任準備，形成體系內重要資金供給來源，透過融通投資活動而有助於加速經濟發展。尤其是保險業透過保險提供保障，降低人們對未來的不確定性，提升社會安全。

7.5.2.　保險商品類型

　　保險商品基本上分為存款、人身與財產保險三類，是以保險公司亦有三種類型：

　　1. 存款保險 (deposit insurance) 公司：中央存款保險公司依存款保險條例成立於 1985 年，針對參加存款保險之金融廠商的每一存款戶，提供 100 萬元以內的保障，此即國內存款保險制度的起源。存款保險公司的功能在於定期業務檢查強化銀行營運體質，降低金管會檢查局金檢負擔，促進金融業健全發展與

維護金融市場秩序。存款保險公司除對問題銀行提供融資協助外,若無銀行願意合併或概括承受,將扮演過渡銀行 (bridge bank) 角色,暫時代為經營直至體質改善或採取直接清算,並先墊付債權人保額外存款的資金 (依可回收資產負債的比率墊付款項),避免單一問題銀行引發支付體系危機。

2.人壽保險公司:以人身為對象的保險,依保險功能及對象再劃分為:①保險功能:兼具保障與儲蓄功能的保險,如:儲蓄性質較高的生死合險,可用於籌措子女的教育基金或養老金。②保險對象:保障本人或被保險人家屬的保險,如:意外保險、定期保險、終身保險、住院醫療保險、防癌保險及失能保險等,係以本人死亡為給付條件及保障被保險人健康醫療的保險。

3.產物保險 (property insurance) 公司:經濟成員為規避環境風險,運用產物保險進行風險管理活動。該類保單包括火災保險、海上保險、陸空保險、責任保險及其他財產保險等類型,屬於短期性質,缺乏持續性。不過住宅火險分為1年期及長期保單,後者係指房屋抵押借款人配合銀行授信要求,以放款期間為保險期間投保長期住宅火險。一般火險期滿後,要保人若無出險理賠,保費全屬保險公司。不過火災還本保險具有期滿還本特色,兼具保障及儲蓄功能。舉例來說,富邦產險提供住宅及店鋪火災還本保險,要保人在保險期間如未請求賠償或累計賠償金額未超過保險金額的 80%,期滿後將可領回本金。產險公司將保費視為銀行存款,須依一定利率計算保費利息。保險期滿後,保險公司將支付保費與利息給要保人。

保險公司取得保費收入後,除支付營運費用外,另須提存責任準備。保險業營運收益係以承保與投資收益為主,前者在國內收取保費計算公式中訂有一定標準,金融當局視實際損失率調整。另外,保險業將累積的責任準備與其他資金,依據保險法第 146 條規定,投入銀行存款、投資公債、國庫券、公開發行公司股票或公司債 (須符合連續 3 年稅後報酬率超過 6%) 與不動產、進行擔保放款等,獲取投資收益形成公司盈餘的主要來源。

7.5.3. 保險經紀人 (insurance broker)

保險經紀人係指基於被保險人利益,代向保險公司洽定保險契約者。一般

而言，要保人向保險公司採取直接投保策略，經常面臨下列問題：①保險商品（契約）：保險契約多數由保險公司採取規格化發行，再售予要保人，未必符合消費者需求。②保險費率：保險市場具有壟斷性質，保險費率通常由保險公司單方面訂定而由要保人接受，個別要保人議價能力有限。③保險理賠：要保人發生意外事故而要求保險理賠時，業已處於企盼保險補償狀況，而理賠部門基於保險公司利益，往往由保險契約與損失狀況中尋求拒賠線索，形成雙方利益衝突。

　　基於要保人利益，保險經紀人代向保險公司洽定保險契約，提供高品質保單，促使後者擁有持續穩定的保費收入，有助於安排資金的長期用途。保險經紀人收取後者支付的佣金，而核保、發單、理賠作業仍由保險公司處理。依據委託者不同，保險經紀人分為狹義保險經紀人和再保險經紀人。前者係指介於投保人和原保險人之間的中間人，直接受投保客戶委託。再依據業務性質差異，狹義保險經紀人又分為壽險經紀人和產險經紀人，前者係指在人身保險市場代表投保人選擇保險人、代辦保險手續，並從保險人收取佣金；後者係安排各種財產、利益、責任保險業務，在訂定保險契約雙方間斡旋，促使保險契約成立而向保險公司收取佣金。

　　保險經紀人業務最終仍須向保險公司投保，前者業務量增加將引起保險業整體業務量增加，降低保險公司發展業務費用。在保險市場上，保險經紀人將保險公司的再保額度推銷出去，消除保險公司無法分保的憂慮，大幅降低營運風險。此外，保險經紀人代為辦理保險事務，降低要保人進行索賠時，帶給保險業不必要的索賠糾紛，提升保險公司經營效率。

7.5.4.　再保險公司

　　再保險 (reinsurance) 係指保險的保險，是保險公司的經營基礎。保險公司接受經濟成員投保後，將風險移轉給再保險公司承擔。保險公司擁有再保險契約，類似製造業持有原料，藉由再保險移轉承保風險，促使低資本保險公司得以承保眾多業務，此即保險特性也是再保險的功能。國內保險業將再保險功能發揮到極致，高達 95% 以上比例的大型保險業務完全透過再保險而移轉給國

外再保險公司承保，僅是扮演代為收取保費的角色，賺取再保險公司支付的佣金，承擔風險比例極小。

臺灣再保險業僅有中央再保險公司一家，係依據中央再保險公司條例於1968 年設立之再保險專業廠商，執行政府再保險政策，協助國內再保險市場穩定發展，從事財產及人身再保險業務，運用契約及再保險業務之承受與轉分保，進而擴大國內保險市場規模。依據外國保險業許可標準及管理辦法規定，截至 2003 年底，共有慕尼黑再保 (Munish Re)（全球最大）、瑞士再保 (Swiss Re)（第二大）、科隆（已與美國通用再保合併）、漢諾威再保、格林再保、日本東亞再保及美國 RGA 再保公司等 7 家國際再保險公司在臺設有辦事處，只能收集資訊而不能營業，但分公司則可從事實際營運活動。

🔺 7.6. 租賃業

在非正式金融中，租賃公司係以實體商品租借取代融資，分期付款公司則是兼具商品交易與融資性質的商業信用提供者，兩者均屬合法經營卻未納入金融監理範圍，表面上雖非金融廠商，卻有提供信用之實。

7.6.1. 租賃公司

租賃基於「以融物代替融資」的概念，強調機器設備的價值在於使用權而非所有權。租賃係指在固定期間內，租賃公司將其設備使用權，提供他人使用而收取租金的借貸行為，成為廠商取得設備資產的另一管道，屬於表外交易活動。在雙元性金融體系，租賃公司屬於經濟部管轄而未納入金融監理範圍，運用本身信用向金融廠商取得融資，轉而提供製造業中長期信用。由於租賃商品多屬機器設備，有助於資本累積，承租者多屬信用欠佳的中小企業，透過租賃公司承擔風險以彌補銀行授信不足。

一般而言，廠商可採取購買或租賃策略取得機器設備，而租賃公司將發揮下列效果：①保留資金：採取租賃策略無需支付設備頭期款與提供補償餘額，將能保留營運資金周轉，具有全額融資效果。②時效性：採取租賃策略無需編

列資本預算，租賃交易較融資購買程序簡單，而且租金視為營運成本支出。③
條件寬鬆：銀行放款所需條件較租賃嚴苛，租賃業提供的融資將彌補銀行提供
中長期信用的不足，授信對象偏重中小企業，為其提供另一融資管道。④所有
權風險的移轉：採取租賃策略無須承諾購買設備，當機器設備陳舊過時或因業
務成長迅速而不適用時，將可終止租賃以規避損失。⑤改善財務結構：相較融
資購買設備，採取租賃策略將可降低負債比例，不僅降低財務風險，兼可提升
信用評等，免除處理資產的帳務成本。

　　國內租賃公司多數係從事融資性業務，自 1972 年首先由中聯、第一、中
國、國泰及華僑等 5 家信託投資公司開辦融資性租賃業務，財政部接著在 1973
年 1 月公布信託投資公司辦理機器設備租賃業務辦法作為辦理租賃業務之依
據。信託投資公司辦理租賃業務受到許多限制，業務推廣不甚理想。往後融資
性租賃公司紛紛成立，信託投資公司的租賃業務幾呈停頓，遂另行成立租賃公
司取代經營。國泰租賃公司率先成立於 1973 年 1 月，中央國際租賃公司於同
年 10 月成立。中國租賃公司接續成立於 1977 年 10 月，歷經數次合併改組為
中租迪和公司，在國內租賃市場占有率超過一半。租賃公司提供的租賃商品類
型如下：

　1. 融資性或資本租賃 (finance or capital lease)：租賃公司提供廠商營運所需
機器設備融資，再以收取租金方式回收融資成本。在租約到期時，廠商可以擁
有租賃設備，此種租賃方式類似擔保借款，但以融物方式取代融資，具有下列
特質：①與分期付款取得設備同義。在租約到期時，承租人有權承購，購買價
格可事先決定而與市價無關。②契約期限通常與設備的經濟年限相等，承租人
承擔稅負、維護及保險費用，可享有投資抵減及折舊的節稅利益。③契約具不
可取消性且採安全攤銷（指租金現值等於租賃設備價格），通常需要保證存款
而類似頭期款。一般而言，融資租賃係由廠商選擇所需使用設備規格，與製造
商或經銷商議價，再由租賃公司購買此機器，同時簽訂租賃契約，條件是租金
要完全攤銷租賃公司的投資成本與投資報酬。

　2. 營業性租賃 (operating lease) 或服務性租賃 (service lease)：租賃公司保有
租賃物所有權，以出租獲取租金為目的，特性如下：①租賃公司須負擔維護租

賃設備、稅負與保險等費用，承擔設備性能陳舊或價值貶低風險，收取租金包括維修及管理費用。②租賃公司收取租金通常無法清償設備的全部成本，出租年限往往短於設備之預期壽命，不過以後可將設備再出租，由所收租金或處理設備來回收成本。③租賃契約可以中途解約，當設備陳舊效率較差，承租人可以退還設備。

3.售後租回：廠商將土地、建築物或設備賣給租賃公司，同時簽約以特定條件在某一期間租回此項資產。承租人（賣方）取得租賃公司支付的購買價款，同時保留資產使用權，支付租金相當於租賃公司的投資報酬。售後租回與融資租賃相異之處是：後者承租設備屬於全新，係由租賃公司向製造業或經銷商購買。前者可視為融資租賃的特殊型態，廠商預期使用期限很短、設備淘汰率很快或隨時需要現代化的設備，採短期營業租賃將較融資租賃為佳。

4.分期付款業務 (installment sales)：租賃公司為廠商購買所需原物料或機器設備，廠商再依雙方協議期間及付款方式分期攤還金額。

5.應收帳款受讓業務：隨著廠商追求擴張業務而快速累積應收帳款餘額，承擔資金周轉壓力與倒帳風險日益擴大。租賃公司（應收帳款管理公司）提供應收帳款受讓管理業務，廠商將應收帳款所有權轉讓給銀行或租賃公司，取得帳款八成貨款，並於應收帳款兌現後，再取回扣除手續費剩下的餘額。此種金融商品紓解廠商應收帳款餘額擴張的壓力，提升資金運用效率，協助強化財務管理與帳款管理。此外，租賃公司透過過該項業務，提供有關買主信用調查及財務狀況、信用風險、市場分析及選擇海外銷售代理諮詢服務，成為廠商從事財務風險管理的重要工具。

7.6.2. 分期付款公司

分期付款係指廠商事先買進商品，再以融資性分期付款方式轉售客戶。本質上，分期付款屬於商業信用的一環，相較前述的租賃商品而言，買賣色彩大於融資色彩，在法律性質上屬於兼具商品交易與融資的混合契約。一般而言，分期付款交易的買方以消費者為主，又稱為消費貸款或消費者信用 (consumer's credit)，範圍包括金融廠商或一般廠商對消費者授予信用融通其購買商品。

　　分期付款交易區分為傳統式與融資性分期付款兩類。前者係指交易過程僅涉及製造業與消費者兩方；後者涉及製造業、消費者與金融廠商三者，又可分為生產性與消費性融資兩類。生產性融資依清償方式分成生產性分期付款融資（如：租賃）與一次付款清償，消費性融資分成消費性分期付款融資（如：分期付款公司提供汽車融資）與一次付款清償（如：信用卡融資）。此外，再依融資方式分成消費性直接與間接授信，前者係指金融廠商直接對人們的消費活動授信，如：銀行的消費金融 (consumer's finance)；後者係指由銀行放款給分期付款公司或製造業，由其轉貸給消費者，或由銀行向製造業或經銷商購買其對消費者售貨之分期付款契約，此種間接授信方式又稱為分期付款銷貨融資 (instalment sales financing)。

　　國內分期付款業務出現於 1950 年代，民間家電製造廠商藉著分期付款擴展市場，而合會公司（改制為中小企銀）、土銀、中國商銀等金融廠商亦先後開辦物產合會及消費性分期償還貸款業務，前者類似美國之銷售金融公司，後者類似消費者貸款公司之業務。至於專業性分期付款公司則以 1978 年 11 月成立的華財公司與 1979 年 7 月成立的誼信公司為始祖，目前著名的分期付款公司以汽車融資為主，包括裕隆汽車子公司裕融企業（上市公司）、福特汽車子公司福灣公司、中租迪和子公司合迪公司等，從事提供汽車分期付款、批售融資、營運資金融資等金融商品予消費者與經銷商。這些公司以從事分期付款融資為主要業務，但以買賣業型態向經濟部申請設立登記。另外，中租迪和與日本消費金融公司 ACOM 合作成立中租安肯資融公司，從事個人消費分期業務，讓客戶可在統一超商 7–11 繳費。

　　分期付款公司以提供分期付款融資服務為主，融資項目以交通工具（汽車）、生產原料與工具機械三類較為重要，就其性質來看仍以經營消費性融資為核心。分期付款融資條件包括四項：①融資期間：依據商品性質訂定不同融資期限，多數為 1 年或 2 年。②融資比例：為爭取客戶起見，分期付款公司採取降低頭期款策略，而於第二期開始採頭大尾小策略要求清償借款，融資比例約為耐久財貨款的 70%～80%。③清償方式：通常要求客戶提供定期到期票據，除降低人員收款成本與不便性外，並可以此票據向銀行申請貼現放款。④擔保

品：基於保障債權，分期付款公司要求消費者以購買的商品作為抵押品且需保險，簽發按月到期票據而由保證人背書，甚至要求提供其他擔保品。

↗7.7. 金融資產管理業

景氣衰退促使銀行逾期放款餘額持續累積，逾放比率節節升高，資產品質惡化嚴重影響健全營運。為解決潛在金融危機，針對銀行不良資產，金融當局採取策略包括：①設立中央處理機構，集中處理不良資產、②在特定銀行設立專責單位處理不良資產、③設立金融資產管理公司與金融資產服務公司、④不經重整逕行拍賣不良資產。

金融資產管理公司 (AMC) 與金融資產服務公司 (FASC) 係協助銀行處理不良資產的公司，前者從事收購處理銀行不良債權，促使銀行加速打銷呆帳降低逾放比率，健全銀行資產結構，其所扮演的角色如下：①收購銀行不良資產、②融通並處理問題放款與不良資產、③透過重整及重建方式管理問題放款、④管理放款抵押品、⑤有效率地處理不良資產以取得最大回收價值。

金融資產管理公司通常由金融當局主導與提供資金，如：美、日、韓、大陸和東南亞國家採取國營型態，台灣金聯資產管理公司 (TAMCO) 成立於2001 年 5 月，係由銀行、票券公司和外國投資銀行三者組成的民營公司，至於採取國營或民營型態的優劣點將列於表 7–10 做一比較。金融資產管理公司營運成功條件包括商業能力、透明度、提供投資人公平機會、專業性、採取最佳實務與獨立性，俾能協助銀行正常營運、運用資產重整與管理技術來提升不良資產價值，並針對銀行部門結構性問題提供中期解決方案。

值得注意者：金融資產管理公司與以資產管理為核心業務的怡富、富蘭克林、德盛等外國資產管理公司到底有何不同？兩者差異在於管理的資產不同。一般投資人面對的是共同基金，係由專業投資機構募集資金，基金經理人透過操作金融資產累積基金價值。對資產管理公司而言，其募集基金的資產就是投資人託付的現金，基金經理人負責操作並由投資人分享利潤。反觀金融資產管理公司操作標的為金融廠商持有的不良資產（以抵押放款債權為主），故與投

表 7–10　金融資產管理公司經營型態之比較

	公營型態	民營型態
優點	1. 金融當局保證，募集資金能力較強。 2. 可運用公權力收購不良資產，較無圖利他人嫌疑。 3. 可獲立法機關預算支持，並推行資產證券化等相關配套措施。 4. 可與金融重建基金結合。	1. 不受政府銓敘審計等法規限制，自主性較高。 2. 依市場機制運行，彈性大且效率高。 3. 處理成本由出資機構分攤，無須轉嫁納稅人。
缺點	1. 恐受利益團體及政府法規干預，彈性較小且效率較低。 2. 處理成本源於納稅人，易導致爭議。 3. 若政府過於保守，則有淪為持有不良資產機構之虞。	1. 若受法令限制，募集資金能力將受限。 2. 若無公權力介入，銀行配合出售不良資產意願恐打折扣。 3. 銀行若為出資人，恐有利益衝突之虞。

資料來源：《今日合庫》，2001/05（〈我國成立資產管理公司之探討〉，林偉仲）

信或投顧公司從事的資產管理活動截然不同。

　　由於法院拍賣放款抵押權程序過於冗長，為加速拍賣速度（拍賣時間可縮短至兩個月完成）與避免賤售不良資產，金融資產服務公司建立法院以外的拍賣機制，扮演公正第三者鑑價機制，協助金融資產管理公司與銀行重新包裝不良資產、鑑價及執行拍賣不良債權活動，提供清理不良資產工作服務及技術諮詢。台灣金融資產服務公司 (FASC) 成立於 2001 年 10 月，係由本國銀行、票券公司與外國投資銀行出資成立的民營公司，業務包括：①接受金融資產管理公司委託，辦理公開拍賣就其取得執行名義的第一順位抵押權的不動產。②辦理主管機關請法院委託準用強制執行法規定的拍賣。③接受強制執行機關委託及監督，依強制執行法辦理金融廠商聲請的強制執行事件。④接受金融廠商委託評估不良債權的合理價格，作為公開拍賣價格的依據。

　　一般而言，銀行採取兩種策略處理不良債權：①委託金融資產服務公司對不良債權進行重組、包裝，經過價格評估後，公開拍賣給資產管理公司；②直接將不良資產售予金融資產管理公司。至於處理方式包括自行處理，透過自行催收、債權整理方式再行銷售、拍賣抵押權、或採資產證券化。金融資產管理

公司承購不良債權後,接續處理方式有三:①拍賣不動產抵押權、②自行催收、進行法院追訴(包括和解)、③債權整理,對持續經營而暫無償債能力之廠商,提供財務規劃及資金支援,待其恢復正常營運後出售。

　　接著,為處理問題銀行,穩定金融秩序與改善銀行體質,金融當局基於金融重建基金條例,於 2001 年 7 月設立金融重建基金,此即類似國外的金融資產再生公司 (RTC),如:美國之重整信託公司與日本之整理回收機構,進行處理問題銀行,統籌處理存款保險公司無法解決的保額外存款(確保存款人權益),和整頓淨值淪為負數的基層金融。金融重建基金處理對象包括調整後淨值為負數、無能力支付債務、財務狀況顯著惡化經金融當局認定無法繼續經營之問題銀行。另外,金融重建基金得委託中央存款保險公司處理問題銀行,策略包括:①賠付銀行負債,並承接銀行資產及標售處理該資產、②賠付負債超過資產之差額、③以特別股方式入股銀行。

　　金融資產管理公司 (AMC) 與金融資產再生公司 (RTC) 的差異性如下:

1. 標的不同:當銀行面臨流動性匱乏而陷入困境,但未達到喪失償債能力,此時由金融資產管理公司承受銀行不良資產,透過對融資控制或接管方式,提升銀行償債能力,進而提升不良資產的市場價值,亦即處理對象屬於尚稱健全之銀行。反觀金融資產再生公司係以營運艱困銀行為對象,屬於為銀行退出市場、結束營業之善後機構,組織上以公營型態為佳,典型代表為美國之重整信託公司。

2. 性質有異:相較行政機關而言,金融資產管理公司本質上偏向具有獨立性、自主性與專業性等決策特質的金融廠商,追求最小成本與最高效率之經營決策。反觀金融資產再生公司營運,往往牽涉公權力運作,並與存款保險業務部分重疊,是以適合由政府成立公營公司(金融重建基金),作為問題銀行的退出機制。

▲ 7.8. 金融交易資訊處理與認證服務

　　隨著通訊科技發達與電子商務活動盛行,金融交易活動全面採取電子資金

移轉制度。為求提升交易效率與安全性，金融當局主導成立財金資訊公司與臺灣網路認證公司。財政部為促進金融業共用資源與互通資訊，提升金融自動化，於 1984 年 10 月設立金融資訊服務中心（金資中心），負責金融廠商跨行資訊網路之規劃、設計與建置工作，從事金融廠商跨行資訊系統的規劃開發及跨行資訊網路的營運。面對金融自由化與國際化潮流盛行，財政部與銀行接續於 1998 年共同出資籌設財金資訊公司，概括承受金資中心原有之資產、負債、員工及業務，於 1998 年 11 月正式營運，業務包括金融廠商跨行資訊系統之營運與跨行業務之帳務清算、辦理與金融廠商間業務相關之資訊傳輸與交換、金融廠商間資訊系統災變備援之服務、金融廠商間業務自動化之規劃、諮詢及顧問業務。

　　傳統交易活動係以書面文件及簽名蓋章來確定交易雙方之權利義務，並確立交易合法性。在網路交易活動（尤其是電子資金移轉制度）中，電子交易需要類似傳統印鑑的交易機制，以達到下列目標：①識別交易雙方身分、②防止委託單交易資料內容被竄改或偽造、③防止交易雙方事後否認交易事實、④對傳輸資料進行加密，確保不會外洩。是以網路認證係指認證機構於網路交易過程中居於公正客觀地位，確認憑證申請人身分資料的正確性、憑證的合法性及交易雙方資料的有效性。當經濟成員進行網路交易（如：網路下單或網路轉帳）時，銀行或證券商必須確定是否為帳號擁有者，以確保交易安全性。臺灣網路認證公司 (TaiCA, certificate authority) 是國內第一家符合電子簽章法規範的憑證廠商，係由臺灣證券交易所、財金資訊公司、關貿網路公司及臺灣證券集中保管公司（總計持股 80%）與所羅門、異康、精業等資訊業（合計持股 20%）於 2000 年 5 月出資成立，採取網路認證基礎建設 (PKI) 系統，提供銀行業、證券業、保險業與關貿體系的網路認證服務，包括網路銀行交易憑證、網路證券下單憑證、網路繳稅憑證、信用卡網路交易憑證、網路電子商務憑證（可供電子採購、電子申報、電子詢價／報價等用途）等，確保電子商務活動的安全性，建立便捷可信賴的網路交易環境。

習題

◉ 選擇題

1. 有關壽險業營運的敘述，何者錯誤？　(a)壽險公司接受投保時，將擁有保險費請求權；在發生承保危險事故時，需依承保責任負擔賠償義務　(b)壽險公司發行次級證券取得資金，並購買初級證券獲取收益，用於支付業務費用並獲取利潤　(c)撮合資金供給者與資金需求者　(d)壽險業透過發行壽險保單賺取資本利得。

2. 有關租賃活動的敘述，何者正確？　(a)融資租賃並非屬於融資的來源　(b)當出租人的所得稅率高於承租人時，租賃將具有價值　(c)在低利率期間，租賃較可能有價值　(d)營業租賃並非資產負債表外的融資。

3. 比較信合社與郵匯局轉存制度的內涵，何者正確？　(a)前者具有穩定金融市場的效果　(b)兩者係重要的貨幣工具　(c)前者造成金融拆款利率變異性擴大　(d)兩者係金融當局執行政策金融的主要資金來源。

4. 有關信託基金的敘述，何者正確？　(a)投信公司發行受益憑證屬於共同信託基金　(b)信託公司提存信託基金準備可用公債繳存央行　(c)信託公司吸收信託基金須提存法定準備　(d)信託基金可作為交易媒介使用。

5. 有關產險與壽險公司營運的差異性，何種說法係屬錯誤？　(a)產險業資金來源缺乏穩定性且為短期性質　(b)壽險公司發行

壽險保單，未來均須還本且附加紅利　(c)壽險業發行儲蓄型保單屬於穩定性的長期資金來源　(d)產險業不可從事中長期授信。

6. 針對工業信用與中小企業信用性質的說法，何者正確？　(a)兩者係融通中小企業創業性與中長期開發性投資所需資金　(b)中小企業銀行可以融通中小企業的創業性資金需求，性質同於工業信用　(c)創業投資公司係創業性投資的重要資金來源，卻非工業信用提供者　(d)工業銀行僅能提供工業信用，無法進行創業性投資。

7. 比較商業銀行與工業銀行的差異性，何者正確？　(a)兩者均可向一般民眾吸收資金　(b)兩者均可投資製造業，無須再經財政部核准　(c)兩者均可發行金融債券募集資金　(d)商業銀行提供中長期信用，工業銀行提供工業信用。

8. 隨著逾放比率攀升危及銀行正常營運，在紓解該項問題的過程中，何種金融廠商將扮演正確角色？　(a)存款保險公司需對存款戶理賠，故可直接處分銀行不良資產　(b)金融資產服務公司將可收購銀行不良債權　(c)金融重建基金除挹注問題銀行資金，並接管銀行營運進行重整　(d)金融資產管理公司將協助銀行拍賣不良債權。

◉ 問答題

1. 試說明消費者採取直接向保險公司投保策略，將會面臨何種問題？如何解決該類問題？

2. 試比較金融資產管理公司、金融資產服務公司與金融重建基金的差異性。

3. 試說明中央存款保險公司及中央再保險公司在金融體系中扮演的角色。

4. 試說明專業銀行類型與其提供的專業信用內容。

5. 試說明國內信合社轉存制度與郵匯局轉存制度對金融體系穩定性的影響。

6. 試比較銀行存款與信託基金的差異性。

7. 何謂工業信用？國內提供該類信用的機構有那些？

第 8 章　票券金融業與貨幣市場

　　天下熙熙皆為利來，天下攘攘皆為利往。資金融通隱含的獲利性與風險，吸引無數淘金者競相折腰，而金融市場是提供金融資產交易的場所，撮合資金供需雙方而整合體系財富。金融市場提供固定交易場所與促使憑證標準化，紓解直接金融過程中，資金供需雙方必須面臨訊息不全、缺乏流動性與交易成本偏高等因素的困擾。不過金融市場能夠健全發展成為溝通儲蓄與投資的管道則非一蹴可及，需有許多條件與環境配合。尤其是在多元化金融市場中，基於滿足盈餘單位安排投資組合與赤字單位選擇財務組合的需求，將產生期限、流動性與風險性不同的融資性市場，並以貨幣市場與資本市場作為典型的代表。

　　本章首先探討金融市場發展條件與對各部門的影響，說明金融市場劃分標準與類型，進而說明效率市場臆說 (efficient market hypothesis) 的內容。其次，將說明票券金融業發展與營運。第三，將針對票券市場工具性質進行探討。第四，將逐項說明票券市場特質與交易情形。接著，再介紹金融業拆款市場內涵。最後，將探討貨幣基金市場內涵。

8.1.　金融市場發展

8.1.1.　金融市場發展條件

　　財務工程發展頻頻創新金融商品，金融市場領域隨之迅速成長。在眾多金融市場中，融資性金融資產市場（貨幣市場與資本市場）扮演核心角色。直接金融係指赤字單位在金融市場發行證券，直接向盈餘單位募集資金。直接金融市場發揮中介資金證券移轉與重分配資金兩項功能，不過需受證券交易法、證券投資信託事業管理規則、票券金融管理法等相關金融法規的規範以及金融當局監理。

　　金融市場提供資金供需雙方交易場所，透過提升資金借貸憑證（信用工具）的流動性，增進融資效率與資金運用方便性，促使央行執行貨幣政策能夠順暢，

對體系發揮的影響如下：

1.家計部門：金融市場提供多元化資產供人們安排投資組合，尤其是資產流動性提升將大幅降低交易成本。

2.廠商：資金匱乏廠商在金融市場發行證券，募集不同期限的資金，選擇最適財務結構。擁有剩餘資金廠商將透過金融市場安排短期閒置資金用途。

3.銀行：銀行若能由金融市場迅速取得融資，除可擴大金融操作彈性，無需保有超額準備部位外，甚至採取負數操作 (negative intervention) 策略，提升資金運用效率。

4.財政部：當財政部面臨預算赤字時，可在金融市場發行公債融通，降低向央行融資而避免通貨膨脹發生。

5.央行：金融市場提供央行採取公開市場操作空間，透過改變銀行超額準備及貨幣供給，影響金融廠商決策與經濟活動。

接著，金融市場若要健全發展與擴大規模，必須具備下列基本條件：

1.國民儲蓄累積：經濟成長帶動所得成長與儲蓄累積，人們為安排儲蓄資金用途，將視風險偏好態度而衍生不同資產需求，此即金融市場出現發展的重要誘因。舉例來說，臺灣經濟在 1980 年代呈現飛躍成長，對外貿易活動長期呈現巨額順差，國民儲蓄率最高曾達到38%，豐沛的儲蓄資金在 1976 年以後湧入股票市場尋求出路，引爆理財風潮，刺激金融市場規模急遽發展與擴大。

2.資產多元化：經濟成員的資金來源性質、承擔風險程度、要求報酬率各有不同，形成的資產需求性質自然有所差異。是以金融市場若要蓬勃發展，必須存在多元化資產供人們選擇，才能吸引不同來源的資金加入市場。

3.央行與金融廠商的關係：央行係金融廠商的最後支持者，兩者間須維持良好緊密關係，央行採取各種貨幣政策，才能透過金融廠商影響金融市場運作。

隨著金融市場規模擴大，金融市場運作效率性將影響資金供需意願，而衡量競爭效率的指標包括下列三者：

1.廣度 (breadth)：金融市場存在各種資金來源的成員參與交易，此即顯現資金供給來源多元化。

2.深度 (depth)：在現行金融資產價格下存在大量交易值，此即顯現金融市場

的熱絡性以及資產流動性。

3.彈性 (resiliency)：金融資產價格稍有變動，將會招來套利活動而產生大量交易，此即反映金融市場的穩定性。

8.1.2.　金融市場類型

財務工程發展大幅改變投資理財與風險管理概念。金融資產頻頻創新，為提供金融資產流通交易，不同型態的金融市場紛紛成立。以下將依表 8–1 的劃分標準，對金融市場進一步分類。

表 8–1　金融市場類型與劃分標準

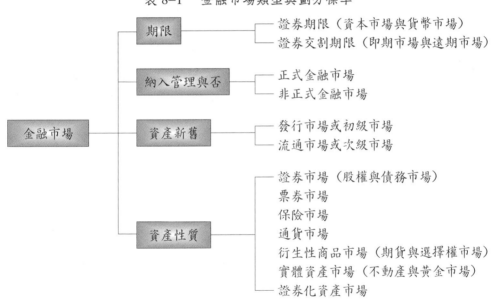

㈠金融資產期限

金融資產期限包括資產到期日(融資期限)與資產交易後的交割日期兩種。

1.融資期限：赤字單位發行證券募集資金，通常存在既定到期期限。若以融資期限作為劃分標準，金融市場將如表 8–2 所示包括兩類：①短期資金市場：短期資金（或票券）係指融資期限或到期日在 1 年以內者，通常在銀行或票券公司櫃檯交易，屬於店頭市場 (over-the-counter market) 範圍，包括銀行周轉金放款市場、由金融業拆款市場與票券市場組成的貨幣市場。②中長期資金市場：

中長期資金（或證券）係指融資期限或到期日在 1 年以上或未訂期限，可分為在銀行或證券公司櫃檯交易（屬於店頭或興櫃市場），或是透過證券交易所、櫃檯買賣中心撮合交易（屬於上市或上櫃市場），包括銀行中長期放款市場、由股票與債券市場組成的資本市場，而證券集中市場、櫃檯市場與興櫃市場均屬於該範圍。

表 8–2　融資期限與金融市場類型

2.交割期限：人們從事金融現貨資產交易，需在即期或數日內完成清算交割，屬於現貨市場範圍。另外，人們從事未來金融契約交易，約定在未來某一期限完成清算交割，則屬於遠期市場範圍。

㈡納入管理與否

金融市場若受金融法律規範，並受央行、金管會（銀行局、保險局、證期局與檢查局）與中央存款保險公司等金融當局監理，則屬於有組織或納入管理的正式市場，如：金融資產的公開市場 (open market) 或銀行放款市場。金融市場若未受金融法律規範或金融當局監理時，則屬於無組織或未納入管理的非正式市場，一般稱為地下金融市場。該類市場係由供需雙方議價成交，又稱為商議市場 (negotiated market)，如：股票盤商市場或地下錢莊。公開市場與商議市場間的差異性如下：

1.交易單位：公開市場為求提升交易效率，通常將金融資產交易單位標準化，如：股票交易以 1,000 股為單位、債券交易以 10 萬元為單位、期貨交易則以一口為單位。至於商議市場交易單位則無一定標準。

2.風險性：人們在公開市場從事金融操作，享有資訊較為透明公開、金融當局監理等好處，承擔風險與交易成本較低。反觀人們在商議市場從事金融操作，

則因欠缺金融當局監理與訊息不全，承擔風險與交易成本顯然較高。

3.流動性：公開市場運作較為健全與效率，能夠以較低成本迅速撮合供需雙方，資產流動性較高。反觀無組織的商議市場缺乏集中撮合供需雙方機制，資產流動性偏低。

4.競價過程：公開市場（集中市場）採取競價方式撮合供需雙方，買賣價差較小而具有效率。反觀商議市場係由供需雙方議價完成交易，買賣價差較大而不易成交。

(三)資產新舊

在證券市場流通的金融資產存在新舊之分，故金融市場可分為兩類：

1.初級市場：赤字單位發行證券募集資金的市場，或證券首次交易的市場，又稱發行市場 (issue market)。由於廠商募集資金龐大，經常透過證券或票券承銷商向盈餘單位募集，又稱為承銷商市場。

2.次級市場：廠商發行證券後，若存在後續交易場所，稱為次級市場、流通市場 (circulating market) 或公開市場。所有證券均存在初級市場，在符合上市或上櫃條件通過嚴格審查過程後，才能在公開市場轉讓交易。若未符合這些條件，人們僅能私下轉讓，盤商市場或興櫃市場提供未上市或未上櫃股票交易場所，但未在次級市場定義範圍內。

(四)資產性質

金融資產分為基礎資產與合成資產,後者由原始資產與衍生性資產兩類構成。依據資產性質，金融市場劃分如下：

1.證券市場：赤字單位募集資金的市場，依據發行憑證性質區分成債務市場（債券與票券）與股權市場。

2.通貨市場（外匯市場）：各國貨幣進行兌換或交易的市場。

3.保險市場：產險與壽險商品進行交易的市場。

4.衍生性商品市場：包括商品與金融衍生性商品交易的市場，前者以商品期貨市場為主，後者包括金融交換、選擇權、期貨與遠期協定等市場。

5.實體資產市場：黃金市場與不動產市場。

6.資產證券化市場：共同基金市場、資產（不動產、銀行信用與保險商品）

證券化市場。

8.1.3. 效率市場臆說

人們從事金融操作將強調金融資產未來性，亦即「有夢最美、希望相隨」。是以人們必須蒐集金融資產的相關訊息，形成對金融資產價格的預期，據以作為決定買進或賣出的依據。由於訊息瞬息萬變造成人們的預期隨時在變，醉步理論 (random walk theory) 因而指出金融資產價格既非昨日價格變動的結果，也無法預示明天價格漲跌，價格波動類似酒徒醉步搖擺不定，人們無法憑藉任何規律進行預測。換言之，在效率金融市場中，人們從事金融操作無法持續擊敗市場績效而賺得超額報酬。

醉步理論認為金融資產價格的歷史軌跡，將無法作為預測未來價格變動的根據，但未否定利用其他歷史資料預測未來價格變動的有效性。同時，從醉步理論對資產價格波動的解釋來看，資產價格是圍繞在理論價值呈現上下波動，亦即資產價格的醉步型軌跡正是向其內在價值中心調整的反應。是以醉步理論的涵義是：當資產價格偏離內在價值過大時，人們將可擬定買入和賣出決策。一旦資產價格超越內在價值時，人們可適時賣出，反之，則買入。

接著，Kendall (1953) 發表效率市場臆說，指出任何時刻的股價都是基於對該種股票內在價值的評估，係人們利用現有訊息和預期公開的新訊息，所作出的評估結果。隨著新訊息持續出現，人們對新訊息的預期未必相同，甚至因預期差異而採取相反決策，造成股價呈現波動現象。換言之，反映所有情況的市場價格為具有效率的價格，亦即在連續均衡狀態下，當金融資產理論價值隨機變動時，市場價格總是能及時配合理論價值變動調整。爾後，Fama (1965) 提出三種效率市場型態，推翻過去股價變動可作為預測未來走勢的看法，亦即過去的股價走勢與今天或未來股價變化毫無關係，理由是：股價波動屬於隨機性而無一定型態，未來股價波動將無從準確估計，但非意味著股票市場出現失序現象。

人們參與金融市場交易的動機各自不同，但面對隨機性的資產價格波動趨勢，均須依據所能掌握的訊息對金融資產價格形成預期，再據以擬定操作決策。

金融資產價格預期 P_t^e 形成可表為：

$$P_t^e = E(P_t | I_t)$$

I_t 是人們在 t 期掌握的訊息，而在金融市場流通的訊息包括過去（已經公開）、目前（正在公開）與未來（尚未公開）等三大類型。Fama (1969) 依據訊息類型，將效率市場臆說的理論分為三種類型，而股價隨機性是決定市場屬於何種效率市場的主要因素：

1. 弱式型態 (weak form)：現在股價充分反映廠商過去股價走勢及相關訊息，過去的歷史價格毫無用處，人們利用技術分析亦無法預測未來股價走勢。在這種效率市場中，一般買賣訊號已迅速反映於股價，單憑買賣訊號來預測未來股價走勢，僅能取得與市場相同的報酬。

2. 半強式型態 (semi-strong form)：股價不僅充分反映市場價格變動訊息，連廠商財務報表、業績及管理品質等公開資訊，亦已被人們消化並反映於市場價格。是以人們運用廠商發布的資訊，尋求謀取暴利的成功機率不高，理由是：這些資訊已在市場廣泛流傳，人們早已立即作出反應，股價已根據資訊內容作出調整。

3. 強式型態 (strong form)：股價除反映公開資訊外，同時反映內部訊息，人們利用內部訊息謀利將有困難。金融市場若屬於該類型態，所有理論分析均無用處，人們獲取暴利純屬意外。

效率市場臆說強調效率金融市場具備的條件是：①人們具有理性、②訊息迅速公開、③市場具有完全性，人們無力操縱股價之變動。一旦金融市場滿足上述條件，該臆說指出人們從事金融操作，能否獲利純屬意外，全係取決於偶發因素，是以常見飽學之士專心鑽研技術分析與基本分析，反而無利可圖，市井之徒茫然無知，卻獲利豐碩。

效率市場臆說雖曾做嚴謹定義，卻仍具下列缺陷：①股市存在完美訂價：金融市場欠缺完全性與訊息不全，促使人們無從精確評估金融資產內在價值，未能以其最佳的內在價值交易。②訊息迅速傳播：訊息傳播受限於客觀環境而存在時間落後，具有價值的內部訊息不易傳遞至每個人。③無法影響市場價格：證券經紀商或投資銀行扮演造市者角色，具有引導資金進出市場的能力，人們

要將蒐集的訊息轉換成真正評估值極為不易,且隨分析能力高低影響評估價值的準確度,造成所獲報酬自然有所差異。

實務上,人們運用效率市場臆說從事金融操作,重要啟示將是:①歷史沒有記憶:在弱式型效率市場上,金融資產價格未來走勢與過去走勢並無關聯,過去漲跌並不影響未來升降。②市場價格屬於最可相信的價格:證券市場價格係市場絕大多數人綜合各種訊息分析評估的均衡值,反映絕大多數人的總體預期,從統計平均值來看,將可視為對證券價格的最好判斷。③市場沒有幻覺:在效率市場上,證券價格取決於實際內在價值,倚賴製造假像(如:對會計報表、會計處理方式等進行調整和變換)將無法真正影響證券價格。

最後,金融市場是否具有效率,除運用廣度、深度與彈性三個指標衡量外,人們可從內部與外部效率市場 (internally or externally efficient market) 角度進行探討。前者主要衡量人們從事金融操作所需支付的交易成本多寡,如:交易手續費、交易稅、買賣價差,又稱為操作效率市場 (operationally efficient market)。後者主要探討資產價格能否迅速反映攸關資產評價的訊息,又稱為價格效率市場 (pricing efficient market)。

↱ 8.2. 票券金融業

8.2.1. 貨幣市場起源與功能

貨幣市場係指期限在 364 天以下的短期資金交易場所。在 1970 年以前,臺灣民間盛行以遠期支票調頭寸,此種黑市票貼業務相當於非正式金融的貨幣市場交易雛型。爾後,1973 年的能源危機為臺灣帶來輸入性通貨膨脹 (imported inflation),對經濟活動造成重大衝擊,以劉大中與蔣碩傑為首的六位經濟院士在 1974 年提出控制貨幣供給以穩定物價的說法,建議金融當局成立貨幣市場,提升央行採取公開市場操作來控制貨幣供給能力。

金融當局於 1975 年 12 月發布短期票券交易商管理規則,核准中興(1976年 5 月)、國際(1977 年 1 月)、中華(1978 年 12 月)3 家票券金融公司作為

貨幣市場的中介機構，從事票券承銷 (underwriting)、簽證、自營與經紀業務，正式金融的貨幣市場於焉成立。爾後，金融當局於 1977 年規定票券利息收入適用分離課稅，1978 年規定除銀行業、信託業及票券交易商以外之營利事業買賣票券之利息收入免徵營業稅，以促進貨幣市場成長。金融當局為提升資本市場的金融資產流動性，在 1984 年 6 月准許到期期限在 1 年內的公債、公司債及金融債券 (bank debenture) 等可在貨幣市場交易。隨著國內股票市場自 1986 年起趨於熱絡後，投資理財概念盛行，財政部自 1992 年 5 月開放銀行辦理票券自營、經紀業務，截至 2004 年 6 月底計有 62 家銀行從事該業務。並於 1994 年 10 月修正短期票券交易商管理規則為票券商管理辦法，共計成立大中、大慶、台新、萬通、力華、聯邦、玉山、中信、富邦、中央（華南）、宏福（臺灣）等 11 家新票券公司，資本額最低為 20 億元。嗣後於 1995 年 8 月開放銀行辦理票券簽證、承銷業務，截至 2004 年 6 月底計有 40 家銀行從事該業務。接著，立法院於 2004 年 6 月修正票券商管理辦法為票券金融管理法，票券公司將可發行公司債取得長期資金，並可從事金融債券之簽證、承銷、自營與經紀業務。

票券市場扮演撮合短期直接金融角色時，對經濟活動發揮影響如下：①廠商尋求短期資金來源，除銀行提供短期間接金融外，將在票券市場發行票券取得融資。反之，廠商若有短期閒置資金，將透過票券市場進行資金運用。②銀行透過票券市場發行可轉讓定存憑單募集短期資金，或進行短期資金運用，提升資金調度彈性。③央行係貨幣市場的最後資金融通者，在貨幣市場從事公開市場操作，控制貨幣供給及銀行信用，發揮貨幣政策效果。

8.2.2.　貨幣市場參與者

圖 8-1 是貨幣市場中介短期資金的流程。貨幣市場係融通短期資金供需的場所，主要參與者包括：

1. 廠商：廠商基於融通季節性購買原料或短期周轉金需求，發行商業本票募集資金；反之，廠商握有短期閒置資金，將投資票券而成為資金供給者。

2. 銀行：銀行吸收存款必須持有流動性準備部位，並以票券為主。銀行持有

剩餘資金（超額準備）亦可投資票券，成為貨幣市場的核心資金供給者。反之，銀行面臨短期資金缺口，採取發行可轉讓定期存單募集資金，成為資金需求者。此外，銀行可在初級市場從事票券簽證與承銷業務，而於次級市場從事票券自營與經紀業務。

3.政府部門：財政部面臨短期資金缺口，發行國庫券 (treasury bill) 募集短期資金，成為資金需求者。

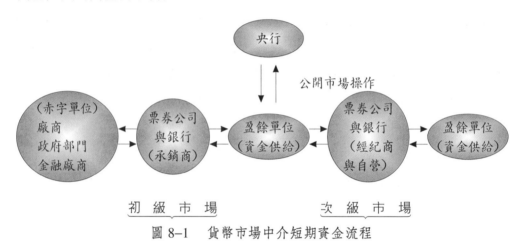

圖 8-1　貨幣市場中介短期資金流程

4.央行：央行發行國庫券，進行公開市場操作控制貨幣數量，穩定金融市場運作，成為貨幣市場的最後資金融通者與調節者，同時扮演資金供給者與需求者角色。

5.其他金融廠商：信託投資公司與票券金融公司擔任發行商業本票保證人，後者在初級市場接受發行人委託，依約定包銷或代銷票券，扮演承銷商角色；同時在次級市場扮演接受客戶委託中介買賣票券之經紀商角色，以及基於本身利益與客戶從事票券交易，扮演交易商角色。

6.投資人：投資人將短期閒置資金投入貨幣市場而成為資金供給者，面臨短期資金需求時，在貨幣市場賣出持有的票券，成為資金需求者。

一般而言，票券金融業從事的營運內容如下：

1.保證業務：相當於授信業務，須受兩項限制：①保證和背書總額為淨值的12.5 倍；②對同一廠商發行票券的保證和背書為淨值的 15%，採取無擔保方式

則限制為淨值的 5%。

2. 債券操作: 屬於投資業務, 包括買進持有債券賺取固定利息收益、或從事債券附買回操作賺取長短期利率差價。

3. 票券附買回操作(養券): 票券公司向投資人以附買回方式取得較低成本的短期資金, 用於融通長天期票券的利息支出, 以短支長若有利可圖即為套利(養券成本低於收益), 否則即出現損失。

4. 轉投資: 投資不動產總額限制為公司淨值的 30%（包括非自用不動產的 10% 在內）轉投資銀行、綜合證券商及其他廠商須經財政部核准, 同類事業以一家為限, 總額不得超過實收資本額的 30%。該項限制與銀行轉投資總額不得超過資本額 40% 的差別在於: 銀行轉投資非金融事業的上限為資本額的 10%, 票券業不可轉投資非金融事業。另外, 銀行持有單一票券公司股權逾越 20% 以上者, 將列為關係企業, 後者僅能申請投資關係企業銀行已轉投資的證券公司, 如: 甲銀行持有 20% 以上的乙票券公司股權, 而甲銀行已轉投資丙證券公司, 則乙票券公司僅能申請轉投資丙證券公司, 不能再投資別家證券公司。

8.2.3.　貨幣市場類型

在金融市場中, 貨幣市場係以票券作為交易工具。投資人與資金需求者可就信用工具種類、期限、利息等條件自行選擇, 選擇在最有利的條件下完成交易。貨幣市場缺乏類似資本市場存在的具體市場, 實務上由資金供需雙方透過票券公司撮合公開交易。

貨幣市場若要健全發展, 發揮撮合短期資金供需與控制貨幣數量功能, 主要條件是需具備足夠優良的短期信用工具作為交易籌碼, 具備特質包括: ①安全性: 信用工具全無瑕疵, 人們無需顧慮真偽, 到期必須清償具有充分保障。②收益性: 信用工具期限在 1 年以內, 具有符合市場利率水準的收益率, 收益率浮動調整。③流動性: 信用工具需具備市場性, 人們需用資金能夠即時變現。當短期信用工具滿足上述條件, 並為資金供需雙方接受, 將成為央行實施公開市場操作的工具。依據票券金融管理法第 4 條規定, 票券係指期限在 1 年以內到期之憑證, 類型包括:

1.國庫券：財政部為調節國庫收支或央行穩定金融環境而發行的票券。

2.銀行承兌匯票 (bank acceptance)：廠商簽發而由銀行承兌，承諾於指定到期日兌付的可轉讓票據，亦稱為遠期匯票。

3.商業承兌匯票 (trader's acceptance)：廠商簽發而由另一廠商承兌並承諾於指定到期日兌付的商業票據。

4.商業本票 (commercial paper)：廠商以本身為發票人，承諾於指定到期日無條件支付受款人或執票人一定金額之票據。此種票據必須由金融廠商保證，再由票券公司簽證，屬於安全性資產，係為貨幣市場最具流通性的信用工具。

5.可轉讓定期存單：銀行承諾於指定到期日按票載利率支付本息並得自由轉讓之存款憑證。

6.經財政部核准之短期債務憑證：包括 1 年內到期之公債 (goverment bond) 與金融債券。

表 8–3 係貨幣市場類型，主要分為票券市場、金融業拆款市場與貨幣基金市場。票券市場適合一般人參與交易，包括國庫券、商業本票、銀行承兌匯票、可轉讓定存單與公債附條件交易等市場。金融業拆款市場屬於金融廠商間（須為拆款中心會員）的交易，以央行支票為移轉工具，包括新臺幣與外幣拆款市場。

表 8–3　貨幣市場類型與工具

8.3.　票券市場

8.3.1.　國庫券市場

國庫券係金融當局為調節季節性國庫收付分際或穩定金融市場,基於國庫券及短期借款條例而發行的短期政府票券,以無記名方式發行為主,亦可發行記名式。國庫券類型有二:

1.甲種國庫券:政府支出具有例行性與規則性,收入呈現季節性波動,財政部為調節國庫收支,發行未滿一年之國庫券或短期借款以資彌補,未償還餘額不得超過當年度中央政府總預算歲出總額 10%。甲種國庫券係依面額發行,票載利率,到期依面額清償本息。財政部在 1985 年 11 月發行一次甲種國庫券後,遂改採發行乙種國庫券取代,理由是:甲種國庫券的票面利率固定,發行利率決定日與發行日間常有落差,容易出現發行利率偏離市場情形。

2.乙種國庫券:央行採取貼現方式發行乙種國庫券、央行可轉讓定存單與央行儲蓄券控制貨幣供給,由金融廠商標購,以超過所訂最低售價依次得標,到期照面額清償,目前均由金融廠商持有而缺乏流動性。

國庫券反映政府信用,資產安全性與流動性極高,債信高於其他票券,銀行可持有作為次級準備或流動準備。臺灣國庫券市場的缺陷為:國庫券是財政部籌措短期資金工具,有需求才發行,一旦國庫存款面臨高峰期,可能很長期間均不會發行,供給缺乏規則性。此外,財政部發行國庫券,限制由銀行、信託投資公司、保險業、票券金融公司及郵匯局投標,自然人及其他法人須委託票券公司,以票券公司名義投標。

國庫券採取無實體形式 (登錄國庫券) 發行,降低保管及交割風險,標售採單一利率標,分為競標及非競標兩種策略:①競標:投標利率以貼現率表示,以低於底標利率由低至高依次得標,得標利率相同而餘額不足分配時,按投標金額比例分配,得標者依全部得標者所投最高利率換算之單一發行價格計算應繳價款;買回的投標利率則以殖利率表示,得標者依買回利率計算應收價款;

②非競標: 依前述發行價格計算。申購數額超過公告發行數額時，按申購數額比例分配。

8.3.2. 商業本票市場

廠商透過票券公司發行商業本票，或透過銀行發行銀行承兌匯票，在票券市場募集短期資金。前者類型分為兩種:

1.自償性或交易性商業本票 (CP I): 公司基於實際交易活動，為籌集營運周轉金，在取得銀行授予信用額度，並經金融廠商保證而發行商業本票。銀行將依據實質票據學說 (real bills doctrine) 或商業放款理論 (commercial loan theory) 給予融通。

2.融資性商業本票 (CP II): 赤字單位透過票券公司承銷發行商業本票，須經金融廠商保證，不過下列狀況無需保證: ①上市公司財務結構健全，取得銀行信用額度承諾發行本票。②政府事業機構發行本票。③證券金融業發行本票。④財務結構健全的公開發行公司取得銀行信用額度承諾，發行面額逾 1,000 萬元本票。

廠商透過銀行或票券公司保證發行商業本票，由票券公司承銷簽證，須依信用評等支付保證費用、簽證、承銷費用與發行利率。隨著商業本票市場規模擴大，長期利率通常高於短期利率，誘使廠商偏好以短支長的財務操作策略，頻繁採取票券融資取代長期融資。此種操作策略導致廠商短期負債占全部負債比例偏高，一旦負債與資產結構的存續期間 (duration) 不一致性擴大，容易醞成流動性缺口 (liquidity gap)，財務風險大幅上升。銀行為面對直接金融的競爭壓力，挽回流失的短期周轉金放款，創新「以長支短」的票券發行融資 (notes issuance facilities, NIF)，該項工具屬於以短期利率計價的長期負債，性質類似商業本票，解決廠商偏好票券融資肇致財務風險高漲的問題。

廠商與主辦銀行簽訂 NIF 契約，銀行團提供可循環使用的中長期 (3～7 年) 信用額度，廠商在期限內評估資金需求狀況，選擇發行票券時點與期間 (3～6 月)，要求主辦銀行安排承兌銀行與投標銀行構成的銀行團包銷，由各投標銀行競標票券利率，廠商藉以取得成本低廉資金。廠商若不滿意該利率，

可拒絕以該利率發行票券；一旦流標，承兌銀行須負責籌措該筆資金。

　　隨著跨國公司競相在國際金融市場尋求融資，浮動利率債券 (FRN) 與票券發行融資兩種工具日益盛行。前者係公司債票面利率依據新加坡拆款市場 (SIBOR) 或倫敦拆款市場 (LIBOR) 的 3 或 6 個月利率加碼。另外，中期票券 (medium term note, MTN) 與票券發行融資的性質類似，發行期間長達 2～10 年，幣別多元化，發行種類包括浮動利率可轉讓定期存單 (FRCD)、浮動利率債券 (FRN) 等，銀行或跨國公司募集資金將較具彈性。中期票券的發行過程類似債券，係由主辦者尋找銀行團授予廠商信用額度，再由廠商評估資金需求或利率較低期間發行的債券。廠商發行中期票券的優點是：節省議定新約的成本與時間差，促使發行利率貼近市場利率，尤其是在持續面臨資金需求之際，採取分次發行債券成本偏高，一次籌足又浪費利息，選擇發行中期票券將屬較佳決策。不過缺陷是：隨著廠商財務管理活動日趨專業化，對廠商發行債券有利的時點，未必符合銀行成本效益，是以發行中期票券的問題在於期初向銀行團銷售的過程，而且必須支付銀行承諾費用。

　　中心工廠票據係指衛星或協力廠商供應中心工廠原料而取得銷貨票據，係以實際交易為基礎，屬於交易性商業本票範圍。中小企業銷貨對象 (即中心工廠) 若屬於票券公司授信對象且給予買入票據額度，可持中心工廠開立的本票、匯票或票據、交易憑證，票券公司可依交易性商業本票利率為報價基準給予全額貼現，此即買入中心工廠票據業務，流程將如圖 8–2 所示。

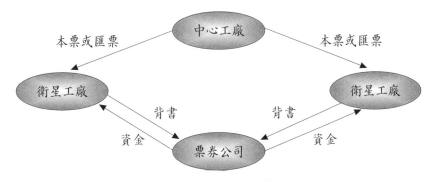

圖 8–2　買入中心工廠票據業務流程

8.3.3. 銀行承兌匯票市場

在交易活動中，匯票係由發票人（商品或勞務買方）簽發委託付款人，於指定到期日支付確定金額與受款人（商品或勞務賣方）的票據，經買方或賣方承兌稱為商業承兌匯票，由銀行承兌則為銀行承兌匯票，期限在 6 個月內。銀行承兌匯票分為二種：①買方委託承兌：賣方簽發以受買方委託之銀行為付款人之匯票而經銀行承兌者。②賣方委託承兌：賣方將取得之遠期支票轉讓予銀行，並依支票金額簽發以銀行為付款人之匯票而經銀行承兌者。

銀行承兌匯票依性質又分為兩類：①實質性：買賣雙方基於交易行為產生的匯票，具有自償性並以銀行為承兌人，承諾於指定日期無條件支付票款。匯票期限為 6 個月以內，經過承兌後，持票人可在匯票到期前由票券公司或銀行以貼現方式買入，提前取得資金。②融資性：財政部於 1992 年開放銀行承作票券業務，許多銀行接受廠商以稅單（發票）代替交易單據，大幅提升集資便利性，不過廠商以同一發票向不同銀行多次承兌，造成重複融資現象。

除政府事業機構外，廠商發行商業本票須經銀行或票券公司保證，才能在票券市場流通，但因後者無承兌業務，承兌匯票僅能由銀行承兌。廠商發行銀行承兌匯票無須金融廠商簽證承銷，經銀行承兌保證付款的商業性匯票餘額出現逐漸擴張趨勢，理由是：發行商業本票須負擔貼現利率、保證費、承銷費與簽證費，發行銀行承兌匯票僅須負擔承兌費與貼現利率，省略承銷費與簽證費而成本較低，吸引體質較佳廠商改採發行融資性銀行承兌匯票取代商業本票，進行募集資金。銀行承兌匯票係由銀行保證，造成銀行通常持有至到期，很少在票券市場交易。

本國與外商銀行提出〈貨幣市場工具投標合約書〉，建立銀行承兌匯票投標制度，由 15 家銀行組成「投標銀行團」，6 家銀行組成「承諾銀行團」，在投標過程中若無銀行參與競標時，後者必須負擔承兌匯票義務，廠商必然可以取得融資，國內係由嘉新水泥首度使用該制度。

8.3.4.　可轉讓定存單市場 (NCD)

可轉讓定存單係指銀行發行在固定期間按約定利率支付利息之存款憑證，期間為 1 個月至 1 年，投資人可持有定存單至到期日或於貨幣市場轉讓。另外，央行為調節金融市場資金，採取競標與非競標方式發行可轉讓定期存單，購買者僅限於銀行、信託投資公司、票券金融公司、郵政儲金匯業局以及其他經央行核可之金融廠商。競標方式的存單利率按得標利率訂定，非競標方式的存單利率由央行訂定。央行為提高操作彈性，透過金融業拆款中心公布央行定期存單標售的訊息，包括標售數額、存單發行期間及投標截止時間等。

可轉讓定存單與銀行定存的差異性包括：①期限：存單期限以「月」為單位，最長不得超過 1 年。②利率：可轉讓定存單利率原先與銀行同期限的定期存款相同，為固定利率型態，但央行於 1980 年 11 月 7 日公布銀行利率調整要點後，改由發行銀行視本身資金情況自行訂定，不得中途解約提取，故無利息打折問題。③可轉讓定存單如逾期提取，除到期日為銀行休假日另付休假日利息外，自逾期之日起停止計息，並採分離課稅。④可轉讓定期存單一般採無記名發行，以 10 萬元面額倍數發行，可自由轉讓。記名式之可轉讓定存單較不具市場性。

8.3.5.　債券附條件交易市場

債券屬於資本市場的證券，當到期日剩下不足一年時，亦可成為貨幣市場信用工具。債券交易方式基本上分為兩種：

1. 買賣斷交易 (outright purchase or sell, OP、OS)：債券交易完成交割後，買方支付成交金額，享有固定收益與承擔利率風險。實務上，債券買賣斷均以法人為主，參與者包括銀行、郵匯局、證券商、票券商等。報價資訊來源包括路透社 (Retuers)、道瓊社 (Dow Johns Telerate)、精業資訊及櫃檯買賣中心，報價單位係以 5,000 萬元為單位，通常採取殖利率報價方式。

以 15 年期中央政府公債為例，大華債券交易商在 1999 年 10 月 5 日的市場報價為買價 6.26%、賣價 6.24%，張無忌與交易商議價結果，成交價為利率

6.25%、單位 5,000 萬元、交割日 10 月 7 日。假設 1999 年 11 月 5 日市場利率下跌，金鼎債券交易商報價為買價 6.23%、賣價 6.22%，張無忌以利率 6.23% 賣出該債券部位給金鼎債券交易商，交割日 11 月 7 日，除獲得 1 個月利息外，將產生 2 個基本點 (6.25%–6.23%) 資本利得。反之，若屆時利率上揚，張無忌以利率 6.26% 賣出債券，將發生 1 個基本點 (6.25%–6.26%) 資本損失。

2.附條件交易：交易雙方從事債券交易時，約定承作金額、天期與利率，到期再以約定利率計算的本息金額進行買賣回。人們從事公債附條件交易的優點在於可依個人資金需求，在店頭市場進行附買回或附賣回交易以調配資金。當人們從事公債附買回時，保管銀行將開具公債附條件交易憑證以保障權益，安全性極高，對短天期閒置資金而言，公債附條件交易的利息收入高於活存。附條件交易有兩類：①附買回交易 (Repo, RP)：人們與票券商約定在特定日期以約定價格，由票券商買回原先出售債券之交易，在交易期間因買回價格確定而無利率風險。②附賣回交易 (Reverse Repo, RS)：人們與票券商約定在特定日期以約定價格，由票券商賣回前者原先出售之債券。

▶8.4. 金融業拆款市場

金融業拆款交易係銀行為調整準備部位,由擁有超額準備銀行放款給準備匱乏銀行，用以補足當日準備差額之極短期信用借貸。銀行公會於 1980 年設置同業拆款中心,係金融廠商會員間從事短期融通的高度信用化卻未證券化的金融市場,包括新臺幣與外幣拆款市場兩部分。金融廠商參與金融業拆款市場,必須加入拆款中心成為會員,成員包括銀行、信託公司、票券公司、郵匯局、大型信用合作社與外商銀行等。

本國銀行將同業拆款視為擔保放款，過去係由放款銀行開立央行支票，將資金存入借款銀行在央行的帳戶，拆入者提供央行本票作為擔保品。金融廠商每次拆入金額，均須派遣行員將央行本票送至拆出金融廠商，人工跑票作業成本既高也有運送風險。金融業拆款中心設在臺銀，每日下午拆借款的銀行專員聚集在臺銀等著開立支票，再跑到央行補足準備部位。隨著央行自 1995 年 5

月起將人工拆借款轉帳作業改為電腦與人工的雙軌作業，拆款交易電腦化系統於 1997 年 7 月上線，為提高金融廠商加入誘因，拆款中心協調合庫、臺銀、郵匯局、土銀等金主行庫加入為會員，拆款可免檢附央行本票作為擔保品，取消提供央行本票保證之拆款交割方式，改採無實體支付之期約轉帳方式，並由路透社開發「臺灣利率交易系統」作為拆款電腦化的交易系統。

　　金融業拆款市場供給來源包括：①擁有公庫存款的臺銀、②擁有信合社與農漁會信用部轉存款的合作金庫、③分支機構眾多且無法放款的郵匯局、④符合淨值達 20 億元、存款餘額在 400 億元以上、社員權益占資產比例在 5% 以上、逾期放款比例低於平均值等四項條件的大型信用合作社。相對的，金融業拆款市場需求來源以外商銀行及票券公司為主，由於外商銀行的分支機構極少，吸收存款有限，必須倚賴隔夜拆款市場拆借資金來支應。金融業拆款期限劃分為隔夜、「2～10 日」、「11～30 日」、「31～60 日」、「61～90 日」、「90～180 日」等六種期別，並以隔夜拆款為主。拆款中心每天將所有拆款交易合併計算出「加權平均利率」作為拆款利率指標，隔夜拆款市場是銀行間市場的最短期融通，拆款利率 (interbank call loan rate) 類似美國聯邦資金利率 (Fed Fund Rate) 是短天期利率指標，與銀行業保有超額準備部位變化有關，係反映票券市場利率變化的指標。是以央行將隔夜拆款市場獨立出來，公布最高、最低和加權平均利率，而由最高與最低利率變動即可測知市場對利率水準的反應。

　　國內金融業的資金分配不均勻，多數銀行缺乏合格擔保品可向央行融資，一旦面臨準備部位匱乏，只能採取向同業拆款策略。資金供給者過去以臺銀、合庫與郵匯局 3 家為主，資金供需角色分明，金融業拆款市場容易形成單向報價，彼此直接議價，毋須透過經紀商中介，造成專業經紀商無生存空間。是以國內拆款市場並不健全，拆款中心只負責記錄拆款情形與資訊收集，並未發揮中介功能，無法透過市場機能來平衡短期利率。

　　新臺幣拆款市場自 1997 年 2 月 1 日起改採雙向報價制度，拆款市場運作及拆款利率行情長期由金主銀行主導局面逐漸改變。以往金融業拆款市場開市，金融廠商對拆款利率行情只盯住臺銀與合庫掛牌拆放利率兩大指標，隨著郵匯局加入市場，三大金主銀行的資金寬鬆動向將引導當天拆款利率行情。單

向報價結果造成拆款市場只有拆出掛牌利率,有資金需求的金融廠商只能被動選擇金主銀行的拆款利率;一旦金融環境緊縮時,還需靠關係才能獲得金主銀行拆款金援,規模較小或資金短缺的金融廠商並無主動出擊空間。

臺銀、合庫、土銀、華南銀行、一銀、彰銀及臺灣企銀七行庫及郵匯局屬於在拆款市場中較具規模者,央行希望能夠配合政策操作,如:市場資金緊縮,8 家銀行可扮演轉拆資金給其他銀行的角色;相對的,央行將在銀行轉拆過程給予利率差距利潤,未來若有資金需求也會優先融通,此舉用意在提高公開市場操作的效率性。

外商銀行吸收存款受制於分行有限,屬於缺乏臺幣資金的族群。金管會限定對同一銀行拆款額度,外商銀行需尋求多家金融廠商才能拆到足夠資金。面對拆款困難度提高以及央行開放無本金交割新臺幣換匯交易,外商銀行可透過換匯市場取得臺幣資金。通貨交換就是期初、期末交換等值的兩種貨幣(如:新臺幣和美元),交換價格則根據兩種貨幣利差和天期計算得出。基本上,對外商銀行而言,取得外幣資金較便宜且容易,改採換匯交易取得資金無須繳交印花稅等,成本未必較貴,此是最佳解決策略。

當拆款市場資金氾濫時,銀行預期貨幣市場利率下跌,採取放空式或負數操作策略,將資金持續投資票券與債券。一旦銀行面臨準備部位不足,即向拆款市場借進現金補足準備。另外,銀行提存法定準備期間為 1 個月(每月第 4 日至次月第 3 日止),只要在每月 3 日的最後期限,將法定準備累積總額補足至法定額度即可。理論上,銀行應每日計算當日超額準備變化,無需每日提足法定水準,持有超額準備部位可正可負。是以銀行將評估當月份貨幣市場與本身資金狀況,調整每日提列實際準備部位,至提存期底軋平即可。舉例來說,當銀行研判月初例行性資金需求高峰時,市場資金水位下降造成短期利率上揚,遂採取投資短期票券,促使實際準備部位小於應提準備,產生準備部位不足的負數缺口。直迄每月中旬後,貨幣市場資金趨於寬鬆,帶動短期利率走低之際,銀行再從事正數操作,出售票券補足部位缺口。

除臺幣拆款市場外,外幣拆款市場 (TIBOR) 係由臺北 (1989 年 8 月成立) 與元太 (1998 年 6 月成立) 兩家外匯經紀公司中介,外幣拆款供給是由央行

提供包括 200 億美元、10 億馬克與 150 億日圓；外幣拆款需求是來自外匯指定銀行為主，拆款期限以隔日或 10 天期為主。銀行辦理進口機器設備外幣放款的資金來源包括自國外引進外幣資金、吸收外幣存款，和自臺北外幣拆款市場拆入短期外幣資金，再透過不斷展期來支應長期外幣資金需求。

8.5. 貨幣基金市場

　　貨幣基金投資標的為高流動性的貨幣市場工具，包括短期存款、國庫券、商業本票、銀行承兌匯票和商業本票。廠商通常發行大面額商業本票或銀行承兌匯票募集資金，以降低發行成本，造成人們在貨幣市場甚難買到小面額票券，自行操作不符成本效益。貨幣基金募集小額短天期游資，由基金經理人操作貨幣市場工具，突破投資門檻。當人們對其選擇的資產前景不甚樂觀時，將資金暫時轉入收益穩定的貨幣基金避險，期待新投資標的出現後再行轉出。該類基金屬於保本型基金，具有低風險、收益穩定、高流動性的特質，管理費極低，國外貨幣基金甚至給予投資人使用支票權，享有在各地消費付款的便利性，類似結合活存、支存與票券投資的金融商品。

　　跨國基金公司發行貨幣基金，有各種主要貨幣報價，人們可透過基金公司、銀行或投資顧問公司購得。貨幣基金本質上類似銀行存款，而基金規模龐大享有較高議價能力，績效高於多數定存（期限短於 6 個月）的報酬率，風險則與定存相近。就破產風險來看，貨幣基金投資人的保障高於銀行存戶，理由是：一旦基金公司破產，人們可全數取回所持單位價值，而銀行倒閉，人們僅能取回被保險的存款金額。此外，人們選擇海外貨幣基金需承擔匯率風險，報酬率尚需考慮匯率的變動率。

　　國內股市大戶賣出股票後，通常運用票券（債券）附買回或債券基金作為資金暫泊的工具，但對小投資人來說，將面臨額度不夠或手續太過麻煩的困擾。金融當局過去並未開放貨幣基金發行，誘使投信公司操作債券基金時，投資組合遂以持有高比例的貨幣市場工具為主，債券基金有著類似貨幣基金的面貌。隨著金融當局在 2003 年 11 月核准復華銀行與台新銀行率先募集國內貨幣基

金後，兩者投資標的出現明顯區隔。債券基金的投資組合必須持有較高比例期限在 1 年以上的資產，基金平均存續期間必須超過 1 年；貨幣基金的投資組合則不可超過 180 天，運用在銀行存款、票券、附買回交易的總金額須達基金淨值的 70% 以上。

　　相較於債券基金收益率在 1.8%～2%，貨幣基金收益率不到 1%，不過後者流動性較高、風險相較為低，兩者間的替代效果不大。反觀法人適用的活存利率最多只有 0.2%，證券戶活儲存款利率約 0.2% 上下，貨幣基金報酬率優於活存。當人們需要靈活運用資金，又希望暫時閒置資金的獲利率較高，貨幣基金屬於較佳的選擇，促使貨幣基金和活期存款的替代性較高。最後，投資人安排短期閒置資金用途，主要包括貨幣基金、商業本票及票券附買回交易等，三種工具的比較列於表 8-4。

表 8-4　貨幣基金、商業本票、票券附條件交易比較

	商業本票	票券附條件交易	貨幣基金
1.適用對象	法人	自然人（個人）	法人及高所得個人
2.稅　賦	20% 分離課稅	個人免稅	自然人、法人皆免稅
3.期　間	新作、續作要預設天期	同左	無天期限制
4.提前解約	利息可能折扣	同左	無
5.資金調度彈性	天期、利率靈活度低	同左	高
6.交易方式	客戶需具備議價能力；天期訂定、利率研判 客戶→票券公司／行庫	同左 客戶→券商→行庫	專家經營，議價能力高 客戶→貨幣基金→券商／行庫
7.承作利率	議價能力低	同左	議價能力高
8.費　用	無手續費	同左	無手續費但有經理費、保管費

資料來源：怡富投顧

　　另外，債券基金應以投資公債、公司債、可轉換公司債等標的為核心，不過臺灣債券市場工具較少，投信公司不易進行資金配置，導致債券基金將多數資金投入貨幣市場工具，賦予投資人隨時贖回權利，成為投資人與廠商的短期資金調度工具，變相成為貨幣基金。貨幣基金募集資金將對存款形成替代效果，是以金融當局在 2003 年 11 月開放銀行發行貨幣基金，降低存款流失壓力。投

信公司係以經營長期的資本市場基金為主，和短期的貨幣基金性質相違背，是以金融當局開放投信公司募集貨幣基金的時間表將在銀行之後。表 8-5 係各國貨幣基金比較。

表 8-5　各國貨幣基金比較

	美國	法國	日本	德國	臺灣
募集機構	證券公司或投資公司	銀行	證券商或投資信託公司	投資公司	銀行
開立支票及轉帳	可	否	否	否	否
造成銀行存款流失	是	否	是	是	否
銀行資金成本提高	是	是	是	是	是
提法定準備金	FED 曾經一度規定應提存特殊邊際法定準備金（1980 年 3 月至 6 月）	否	否	否	否
對貨幣政策衝擊	是	是	是	是	是
貨幣定義	M_2 及 M_3	M_3	廣義流動性	M_3 擴大範圍	M_2 擴大範圍

資料來源：中央銀行

習 題

◉ 選擇題

1. 假設臺灣的股票報酬率呈現隨機漫步型態，將意味著何者正確？　(a)人們將能預測股價　(b)股價符合弱式效率市場臆說　(c)股價符合半強式效率市場臆說　(d)股價符合強式效率市場臆說。

2. 有關股票市場效率性的敘述，何者錯誤？　(a)技術分析將協助人們獲取超額利潤　(b)在弱式效率市場中，人們無法運用過去報酬率預測未來報酬率而獲取暴利　(c)股票市場常有異常現象，如：週一報酬率特別低，這些現象未必違反效率市場臆說　(d)大部分實證結果指出強式效率市場臆說不成立。

3. 證券分析師強調技術分析有效者，將隱含何種效率市場不成立？　(a)只有弱式型不成立　(b)只有弱式型及半強式型不成立　(c)只有強式型不成立　(d)弱式型、半強式型及強式型均不成立。

4. 假設臺灣股票集中市場符合半強式效率市場，人們追求獲取超額報酬率，將需從事：　(a)技術分析　(b)基本分析　(c)研究報紙所有資訊　(d)獲取內線消息。

5. 若以市場組織是否制度化與列入金融監理範圍為標準，金融市場將區分成：　(a)貨幣市場與資本市場　(b)公開市場與議價市場　(c)初級市場與次級市場　(d)債務市場與股權市場。

6. 有關國庫券發行的敘述，何者錯誤？　(a)央行發行國庫券穩定金融活動進行　(b)財政部發行國庫券融通短期國庫收支失衡　(c)財政部發行國庫券用於融通預算赤字　(d)央行發行國庫券係屬於緊縮貨幣政策。

7. 廠商發行債務工具募集資金，何種性質係屬正確？　(a)期限通常很長　(b)收益率隨著每日淨值變動　(c)除非廠商結束營運，否則不具有資產請求權　(d)債務工具價值波動幅度通常小於股權工具。

8. 張無忌與大華證券從事公債附條件交易，何者正確？　(a)買賣公債並另訂付息條件　(b)只有附加條件滿足時，買賣公債才算

成交　(c)附上轉換條款的債券　(d)賣出公債並約定買回利率及時間。

◉ 問答題

1. 試分析在票券市場流通的金融資產類型。試說明其意義與特性。
2. 金融市場的主要功能為何？如何才能發展成為效率性金融市場？
3. 試評論：「銀行承兌匯票是資本市場的信用工具，交易場所為拆款中心，利率與票券價格同向變動。」
4. 「精於技術分析與基本分析的基金經理人在股市操作績效有時會遜於菜籃族的老媽媽」，試分析當中道理。
5. 試分析效率市場在投資過程中扮演的角色。
6. 試說明票券發行融資的性質與扮演的功能。

第 9 章　證券金融業與資本市場

在營運過程中，廠商同時需要短期營運周轉金與中長期固定資本設備資金，公司法規定兩者用途確定不得流用。廠商採取債務融資與股權融資策略，分別透過企業金融市場（間接金融）與資本市場（直接金融）募集中長期資金。就前者而言，廠商向金融廠商申請廠房、機器設備抵押的資本放款 (terms loan)，此係屬於間接金融範疇。就後者而言，廠商發行證券直接向盈餘單位募集中長期資金，此係屬於直接金融範圍，並因發行證券性質不同，再分成發行股票的股權融資與發行公司債的債務融資。至於在證券市場扮演不同角色的金融廠商集合，泛稱為證券金融業 (security finance industry)。

資本市場（證券市場）係指中長期資金（1 年期以上）進行交易的金融市場，由於流通的金融資產性質迥異，將包括股票市場、債券市場、證券化資產市場與購併市場。股票與債券市場屬於融通中長期資金（股權與債務）的證券市場；證券化資產市場係針對缺乏流動性的不動產與債權，透過信託方式發行憑證型態，然後在資本市場交易的金融資產。至於購併 (mergers & acquisitions, M&A) 市場係指廠商間進行買賣股權與合併活動的交易市場。換言之，資本市場的金融資產類型包括股票、債券、共同基金與證券化資產，綜合證券公司與投資銀行居中撮合，透過這些金融資產交易撮合中長期資金供需，提升資金運用效率。

本章首先探討證券金融業的發展，說明證券金融業的組織架構，剖析證券金融廠商的類型，以及證券金融業面臨的營運風險。其次，探討廠商組織型態及股票市場類型，進而說明股市交易型態。第三，將說明債券市場運作狀況，包括債券類型、債券創新內容與債券市場交易型態。接著，將說明共同基金市場與基金類型。最後，再說明購併市場運作情形。

9.1.　證券金融業

9.1.1.　證券金融業的發展

臺灣資本市場發展起源於日據時代，當時的電力、製糖、紡織等產業均由日人獨占經營，多數透過日本證券市場募集中長期資金，未在臺灣設置證券市

場，不過中介證券交易的號子甚多。直到 1942 年，日本殖民政府准許這些號子成立臺灣有價證券組合，由會員認股另設臺灣有價證券株式會社。爾後，財經當局在 1953 年推動耕者有其田政策，以省營之臺泥、臺紙、工礦與農林等四大公司股票補償地主，土地價款以實物土地債券七成及四大公司股票三成辦理補償。由於地主不瞭解股票價值採取脫手求現，擁有資金人士紛紛收購，一時之間貼紅紙條「買賣證券」、「高價收買證券」之行號如雨後春筍般林立，連跑單幫在內高達數千人之多，證券行號亦有 200～300 家。隨著土地債券、股票及愛國公債逐漸在市面流通，先後出現代客買賣證券之商號，初期零散的證券店頭市場自然形成，此即資本市場出現的雛形。

臺灣證券交易所於 1962 年開業，集中市場隨之建立。金融當局積極推動證券市場健全化，如：1968 年頒行證券交易法讓證券發行與交易取得法律基礎及規範；1973 年允許臺銀、交銀與土銀開辦融資信用交易，證券市場正式出現信用交易；1980 年成立復華證券金融公司提供完整的信用交易制度。1979 年實施統一股票面值及印製規格工作，為證券辨認、結算、交割與保管等作業奠定良好基礎。隨後，行政院在 1982 年逐步開放外國專業投資機構 (QFII) 投資國內證券，促進證券市場朝國際化發展。此外，1982 年 10 月重新開辦店頭市場，以政府債券、金融債券及國營事業公司債為買賣標的，並於 1989 年開放股票上櫃交易、1994 年成立櫃檯買賣中心、2001 年建立股票興櫃市場，提升公開發行公司股票流動性、2003 年開放證券化資產上櫃交易。

為因應證券市場發展需要，財政部證券管理委員會（後改為證券暨期貨管理委員會，簡稱證期會）在 1984 年成立證券市場發展基金會從事研究、推廣及搜集證券資訊工作，成立會計研究發展基金會協助建立公開發行公司財務會計制度及審計事宜；建立證券投資顧問制度，核准設立證券投資顧問公司提供有關證券資訊服務。隨著金管會在 2004 年 7 月 1 日成立後，證期會遂由財政部移轉至金管會而改為證券期貨局（簡稱證期局）。

就債券發行市場而言，1990 年代以前的政府預算存在歲計剩餘，無須發行公債融通；廠商偏好採取銀行中長期放款或利用短期周轉金放款展期來融通長期資金需求，公司債發行量不多。再就交易市場而言，債券多數為金融廠商

長期持有作為流動準備，在 2002 年 2 月之前買賣金融債券與公司債須支付交易稅 0.1%，導致債券交易極為稀落。隨著政府預算自 1991 年後累積赤字餘額激增，擴大公債發行量，同時採取一系列活潑市場交易策略，再因股市交易低迷，投資人遂將部分資金轉向債券，債券市場規模呈現急速擴大。

　　在證券市場提供直接金融服務的廠商包括證券經紀商、承銷商及自營商，1988 年以前僅有 14 家，另有 14 家銀行兼營證券業務。面對金融自由化與直接金融盛行，金融當局於 1988 年開放證券公司設立，1992 年開放新證券投資信託公司設立，發行受益憑證（共同基金）募集資金，從事股票及債券操作，提供投資人採取間接投資策略的管道。接著，金融當局於 1980 年核准復華證券金融公司辦理上市股票的融資融券業務，1990 年開放綜合證券公司及銀行兼營之證券公司辦理信用交易業務，1995 年開放富邦、安泰與環華等 3 家新證券金融公司設立，協助投資人從事擴張信用交易。

　　資本市場類型將如表 9–1 所示包括股票市場、債券市場、信託基金市場、證券化市場與購併市場等。

表 9–1　資本市場類型與金融資產

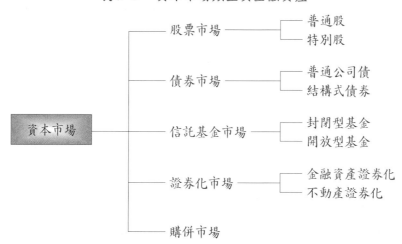

9.1.2.　證券金融廠商的類型

　　資金需求者（廠商、金融廠商與政府）在初級市場（或發行市場）發行股

票或債券向資金供給者募集資金。如果發行公司股票符合上市（或上櫃）條件，經由證券交易所（或櫃檯買賣中心）與證期局核准同意後，將在臺灣證券集中市場或店頭市場掛牌交易。證券金融業係基於〈證券交易法〉及相關證券法規成立的產業，以中介及撮合中長期資金供需業務為主的直接金融業，中介的資產包括股權與債務性質的證券，透過股票市場與債券市場落實中介中長期資金的功能。圖 9-1 係證券金融業涵蓋的類型。其中，隸屬金管會的證期局扮演監理證券與期貨市場運作的角色，從事受理及審查股票上市上櫃申請案、監視及處理公開市場、查證公開發行公司重大訊息等業務。證券暨期貨發展基金會則是主導證券與期貨市場發展方向的研究與提供相關資訊。除上述官方機構外，證券金融業依業務性質劃分為五種類型：

(一)撮合中心

證券市場係以證券交易所與櫃檯買賣中心為撮合中心。前者在多數國家係採會員制，臺灣則採取股份有限公司組織，屬於撮合上市股票交易的機構。隨著網路交易成長大幅降低交易成本，跨國股票交易與日俱增，電子通訊網路 (ECN) 威脅全球知名證交所的支配性地位。為因應該項情勢衝擊，倫敦證券交易所 (LSE) 轉變長達 240 年的會員兼股東組織型態，除將股票售給 294 位會員外，並將證交所轉型為上市公司。會員出售 LSE 股票不受限制，取消傳統 LSE 股東需為會員的條件。全球最大的紐約證券交易所於 1999 年 11 月公開上市，美國全國證券自營商協會 (NASD) 規劃讓 Nasdaq 證券市場轉型為上市公司。至於櫃檯買賣中心係撮合上櫃與興櫃股票交易，採取財團法人的組織型態。另外，證券市場於 1985 年成立臺灣證券集中保管公司實施款券劃撥制度，從事證券保管、買賣交割、代辦公開發行公司股務等業務，除降低交割風險外，並推動無實體證券交易制度。投資人開立活期存款帳戶（資金）及集中保管劃撥帳戶（款券），於委託買賣股票成交後，將須支付的交割資金（款）或股票（券）以劃撥方式自動轉存或扣款，此種程序稱為款券劃撥。

(二)證券經紀與承銷

金融當局在 1988 年修正證券交易法，授權證期會核准綜合證券公司兼辦經紀、承銷與自營業務，同時開放新證券公司設立。證券公司分為兩類：

　　1.專業證券經紀公司：證券經紀商（通稱券商或號子）僅能從事代客買賣證券的經紀業務，接受投資人交易單，再轉到交易所或櫃檯中心集中撮合交易，以收取手續費為主要營運收入，成立的最低資本額為 2 億元。經紀業務屬於勞力密集型，工作人員包括接單營業員、輸入交易委託單的助理營業員、交割人員、會計財務人員、清算股票人員、電腦系統設計操作人員、總機、開戶、總務人員等，公司盈餘取決於客戶開發與成本控制。

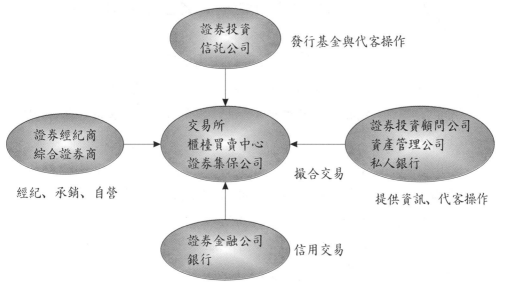

圖 9–1　證券金融業的組織架構

　　2.綜合證券公司：最低資本額為 10 億元，包括經紀商 2 億元、承銷商 4 億元、自營商 4 億元，可以從事經紀、自營、承銷與信用交易等業務，營運收入來源包括經紀業務手續費、操作股票差價、承銷證券收益與債券部門收益等。其中，承銷商負責的承銷工作包含融資與配銷兩個程序，前者指現金與證券之交換，亦即直接向發行公司包銷 (firm-commitment underwriting) 證券；後者即將包銷之證券銷售給其他投資機構或大眾，或代發行機構承銷證券予投資人。承銷商在資本市場扮演的角色如下：

　　⑴輔導功能：公開發行公司邁向股票上市或上櫃過程，必須經過證券承銷商輔導、申請和公開承銷等三個階段。輔導是對公開發行公司的業務、

財務、會計、獲利、內部控制、股權分配等掛牌審核項目進行規劃，使其符合申請上市或上櫃標準，輔導完成、議定承銷價格後即可申請掛牌。廠商若通過上市或上櫃審查，接續就是證券公開承銷或包銷。承銷商成立股務代理部門，承攬公開發行公司股票或封閉型基金的股務作業，辦理過戶、配息配股與股東會等事項。

(2)購買功能：承銷商以特定價格承購發行公司預擬發行之證券，發行公司取得固定資金，無須擔心以原訂價格募集資金失敗的問題，此即稱為全額包銷。

(3)分銷功能：承銷商將發行公司的證券公開承銷給投資人，協助批發承銷商 (wholesaling underwriter) 分銷證券，扮演零售商角色賺取佣金。

(4)顧問功能：承銷商提供資本市場資訊作為發行公司募集資金參考，並依其財務結構、證券市場狀況建議發行證券類型、時機及發行價格等，協助順利募得資金。

(5)保護功能：在銷售新發行證券期間，承銷商將扮演造市者角色，維持市價穩定以建立投資人信心，保護投資人避免買入發行價格偏高的證券。

接著，金融當局為提升綜合證券公司扮演投資銀行角色，擴大證券承銷業務：①財務顧問業務，②創業投資及計畫性融資、合作融資等相關業務，③合併或購併之顧問、中介或參與業務，④參與大型開發計畫或資產證券化之證券商品設計規劃業務。其中，創投業屬於高風險產業，提供股權資金給高科技公司營運發展，協助推動股票上市或上櫃，能於公開市場募集資金。綜合證券公司投資創投業與其業務有關，投資金額不得超過淨值 5%、持股不得超過創投公司資本 10%。

另外，自營商運用自有資金與借入資金操作股票賺取利得，獲利重點在於操盤績效，理論上肩負穩定市場價格（護盤）的任務，故從事操作時需受限制，如：買（賣）申報價格不得高（低）於當日最高（最低）漲（跌）幅的 50%。

㈢信用交易

銀行與證券金融公司是提供投資人採取擴張信用操作的主要金融廠商。復華證券金融公司成立於 1980 年 4 月，環華、富邦及安泰相繼於 1995 年 5 月以

後成立，從事融資與融券業務，誘導盈餘單位將剩餘資金透過證券投資，發揮促進資本累積與充裕產業資金效果。融資係指投資人買進符合信用交易資格的股票，僅需支付自備款，待賣出融資持股時，由賣出價款扣除融資金額與利息。融券係指投資人看壞股市，向證券金融公司繳納保證金借股票賣出，待股價下跌再買回股票還給融券機構，賺取差價。

(四)間接投資

為促進證券市場國際化與擴大市場規模，財政部證期會在 1983 年開放成立中華、光華、國際與建宏 4 家證券投資信託公司，發行受益憑證募集資金，代為從事股票與債券投資操作，提供投資人從事間接投資的工具。爾後，財政部於 1992 年全面開放新證券信託投資公司成立，截至 2004 年 6 月底，國內共計有 44 家投信公司。另外，大戶或法人可委託投顧、投信或私人銀行等資產管理業者代為從事金融操作，此即為大戶量身訂做的全權委託投資業務、專戶管理或俗稱的代客操作。

(五)證券資訊諮詢服務

金融當局於 1983 年公布證券投資顧問事業管理規則，開放證券投資顧問公司接受投資人委託，提供證券投資相關建議與分析，作為擬定投資決策的參考。另外，證券投資顧問公司、私人銀行、資產管理公司與證券投資信託公司亦可從事全權委託業務（代客操作），為投資人量身訂作從事金融操作。

9.1.3.　證券金融的風險型態

在直接金融過程中，證券公司在資本市場扮演中介證券交易的角色，從事經紀業務面臨的風險來源有二：①市場風險：證券業務具有景氣循環特質，經紀商營運收入需視股市榮枯而定，造成證券金融業營運風險偏高。②競爭風險 (competitive risk)：證券公司面對經紀業務進入障礙低，促使經紀市場競爭性日益激烈。接著，證券公司的營運風險包括外部風險與內部風險，前者包括市場風險與交割風險，市場風險並非證券公司所能掌控，交割風險相當於授信風險，如：1998 年證券公司買賣順大裕股票即遭遇交割風險。後者以管理風險為主，如：證券公司營業員的品行操守有問題，將會形成營業員風險。綜合證

券商營運面臨的作業風險 (operational risk) 來源如下：

1. 交易對象風險：證券公司的經紀業務若是集中於少數投資人，一旦投資人違約或不再往來，勢將面臨經營危機。此外，證券公司為爭取業務，默許投資人利用人頭戶大量開立信用交易帳戶或授予過度信用，勢必擴大問題影響層面。

2. 交易作業風險：證券公司發生執行意思錯誤或無效委託而形成錯帳時，須以公司專戶處理錯帳。投資人未如期履行交割義務而發生違約時，公司依規定須代辦交割。

3. 股務作業風險：證券公司收受證券時，若是收到變造的實體證券，將會面臨損失風險。

4. 資產品質風險：投資人從事擴張信用操作完成交割後，證券公司將面臨標的證券品質惡化或呈現非正常波動，如：下市、暫停交易或無量飆升等，可能無法收回融資的風險。

5. 管理風險 (management risk)：證券公司營業員盜賣投資人集中保管證券、代客保管存摺或印章、挪用款券等，從而造成公司損失。

6. 作業風險：證券經紀業務必須仰賴資訊系統，一旦電腦當機即可能生作業風險。

9.2. 股票市場

9.2.1. 發行公司類型

表 9–2 顯示廠商募集股權資金，發行股票的交易市場類型。公司型態的營利事業主要有二：①有限公司：規模通常較小（最少需要五位股東），股東依公司實收資本額持有某一比例的股權，移轉股權屬於財產交易行為（無股票），需將交易所得扣除必要成本與費用後列入綜合所得，繳納所得稅可能高達 40%。②股份有限公司：過去需要 7 個股東（新公司法規定只要一位股東即可）才可成立，須依實收資本額發行股票，股東依股權比例持有股票，股票移轉屬

於證券交易，僅需依據交易金額繳納證券交易稅 0.3%。

　　公司採取發行普通股與特別股募集股權資金（面額 10 元），公開發行公司可採取折價發行股票，發行價格與面額差距須列為資本公積減項，資本公積不足須由保留盈餘中扣減。投資人持有普通股代表擁有公司固定比例的所有權，權利包括表決權、盈餘分配權、剩餘財產分配權與優先認股權等。股東持有特別股，在分配公司盈餘與清算資產的權益優於普通股，但無投票權。隨著公司規模成長，依其相關資訊是否公開而分為兩類：①公開發行公司：公開發行係指向不特定投資人公開募集資金，所有資訊須向大眾公開。公開發行公司可能為掛牌（上市或上櫃）或未掛牌公司，前者係指股票上市或上櫃交易者，後者為未申請上市但辦理公開發行手續，屬於證期局管轄。②未公開發行股票：屬於經濟部管轄，公司資本額未達 5 億元或經主管機構核准而未公開發行。

表 9–2　股權與股票市場類型

9.2.2.　股票市場類型

㈠初級市場

　　公司募集資金發行證券的市場。公司首次在公開市場掛牌交易，需將股票分散給投資人，由發行公司、投資人及承銷商組合而成，又稱為承銷商市場。交易方式包括：

　　1.承銷：公司發行股票募集資金，委託銀行信託部或證券承銷商推銷新股票的活動，方式包括：①代銷：證券承銷商替公司承銷證券，未保證全數售出，如：銷售期間到期卻未售完，證券將歸還發行公司，由後者負擔資金募集不足的風險。②包銷：證券承銷商依據協議，採取全額包銷公司發行的證券，或在

承銷期結束時，將剩餘證券自行購入的餘額包銷。投資銀行或綜合證券公司與發行公司議定發行價格採取包銷策略，當實際募集資金未達預定發行額時，剩餘部分由承銷商全部承購，由後者承擔發行證券風險。當廠商發行證券數額較大時，通常由幾家承銷商組成承銷團 (underwriting syndicate) 確定包銷分額、包銷收費水準、承擔風險方式等條件。

2.圈購 (book building)：發行公司透過探詢市場實際需求狀況，據以訂定承銷價格，並配售給有意承購之投資人。投資人向承銷商遞交圈購單表達認購意願，後者受理圈購僅係探求投資人意願，雙方並無購買或銷售義務。承銷商彙總圈購情況後，與發行公司議定承銷價格，不宜低於訂價當時市價之九成，轉換公司債送件時，發行價格宜達理論價格扣除流動性溢酬之九成。除普通公司債外，每一圈購人申購總數不得超過承銷總數 3%，承銷總數係指不包含證券商自行認購但包含公開申購部分。專業投資機構 (銀行、保險公司、證券投資信託基金、外國專業投資機構、行政院開發基金、郵政儲金、公務人員退休撫恤基金、勞工退休基金及勞工保險基金等)，實際認購數量不得超過該次承銷總數之 10%。

3.競價拍賣 (competitive bidding)：發行公司及承銷商以證期會承銷價格計算公式議定拍賣底價，當競價拍賣股數全部標售，以得標價格與數量之加權平均數作為公開申購承銷價，最高承銷價以超過底價 1.5 倍為限，得標總數未達提出競價拍賣股數，則以底價作為公開申購承銷價格。舉例來說，中央產險公司提出承銷競價拍賣數量 10,000 股，投標底價每股 30 元，承銷價最高倍數為底價的 1.5 倍，競拍結果如下所示。

	正常情形		流標情形		超額需求情形	
投標結果	50 元	0 股	50 元	0 股	50 元	7,000 股
	45 元	5,000 股	45 元	0 股	45 元	3,000 股
	40 元	5,000 股	30 元	10,000 股	30 元	0 股
公開申購承銷價格	42.5 元／股 $[\dfrac{45 \times 5,000 + 40 \times 5,000}{5,000 + 5,000}]$		30 元 (投標底價)		45 元／股 (30×1.5)	

㈡次級市場或公開市場

　　金融當局監理的上市與上櫃市場才屬於次級市場或公開市場,證券私下轉
讓並不列為公開市場的一環。國內股票交易場所劃分如下:

甲、未上市與未上櫃股票

　　凡是不在公開市場(集中市場與櫃檯市場)交易的股票均屬於未上市股票,
可分為公開與未公開發行兩類,兩者的區別是資本額 (股本) 超過 5 億元需強
制公開發行 (經過申請核准可無須公開發行),所有公司資訊需公開揭露。公
司辦理股票公開發行係邁向上市或上櫃的起步,準備股票掛牌的公司先和證券
承銷商簽訂輔導契約進行公司財務規劃、股權及資本形成的工作,並辦理公開
發行。其中,承銷商需交出輔導月報告,由主管機關審閱核准公開發行後,再
作股權分散。投資人買賣未上市與未上櫃股票,可選擇下列市場:

　　1.盤商市場: 在 1980 年代後期,臺灣股市出現大多頭市場榮景,多數準備
上市上櫃的公司透過黑市盤商組成的聯誼會中介股票交易。未上市股票交易最
初是特定法人機構,如: 創業投資公司、中華開發及交銀等,為輔導中小企業
成長,在未上市、上櫃公司股價低檔時介入,等到公司營運上軌道帶動股價上
漲後,就在未上市股票市場轉讓。

　　2.興櫃股票 (emerging stock) 市場: 申請上市 (櫃) 公司經由 2 家以上證券
商推薦,有專業股務代理機構辦理股務,經過櫃檯中心核准,在正式掛牌前需
在興櫃市場至少交易 6 個月以上。興櫃股票的交易系統由推薦證券商負責應買
與應賣的報價作業,不過買賣價差極大,導致股票難以成交。證期局評估建置
興櫃股票市場交易系統平臺,由推薦證券商先行報價,投資人參考其報價,再
與推薦證券商、證券經紀商直接議價交易。

乙、上市與上櫃股票

　　1.櫃檯市場:臺灣證券市場最早係從店頭市場開始發展,金融當局為了發展
集中交易市場,在 1962 年 2 月成立臺灣證券交易所時,即關閉場外交易的店
頭市場,直到 1982 年先恢復債券店頭市場交易,1989 年再恢復股票店頭市場
交易。店頭市場係指透過證券商營業櫃檯,以議價方式進行交易的市場,此種
交易活動又稱為櫃檯買賣。上櫃與上市的主要差異在於: ①上櫃股票需透過自
己帳戶交易,不可借用他人帳戶賣出,此即稱為圈存制度;②上櫃股票僅在當

日參考價格漲跌幅內議價成交，揭示價格不受成交價格有上下兩檔限制，從開盤到收盤均採取集合競價方式。

2.集中市場：證券交易所提供場地撮合證券成交，供自營商以及經紀商買賣上市公司股票，投資人須委託特定資格之交易員代理進場交易，如：證券經紀商或交易員。營業日交易時間為星期一至星期五上午 9:00 至下午 1:30，投資人向證券商提出買賣委託書，依序逐筆輸入證券交易所電腦系統進行撮合交易，上市證券如有特殊情形者，可採取議價、拍賣、標購或其他交易方法。上市股票在開收盤時以集合競價方式撮合、盤中以成交價的上下兩檔為限連續競價。另外，盤後定價交易係指在每日收盤後，有價證券依集中市場收盤價格進行交易之方式。收盤價格係指證券在營業日最後一筆成交價格，若當日無成交價格產生，則該證券盤後定價交易暫停。投資人可於週一至週五每日下午 2:00～2:30 向證券商委託買賣證券，由後者將買賣委託輸入證券交易所電腦主機，下午 3:00 將自動撮合。為求公平起見，證券交易所將所有委託依電腦隨機排列方式決定其優先順序。

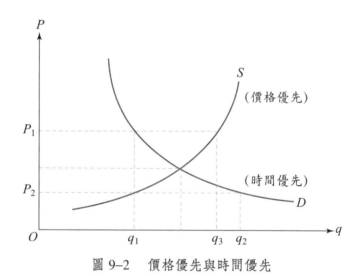

圖 9-2　價格優先與時間優先

在圖 9-2 中，競價交易標準係依據供需原理，首先係採取價格優先：「出最高價買者優先買到（依據需求價格買進）、出最低價賣者優先賣掉（依據供給價格出售）」。其次，再依據時間優先原則：「當價格在 P_2（價格一樣）時，

出現超額需求 $(q_2 \succ q_1)$，先排隊者優先享有 Oq_1 的買進成交權利」。反之，「當價格在 P_1 時，出現超額供給 $(q_3 \succ q_1)$，先排隊者優先享有 Oq_1 的賣出成交權利」。

最後，針對店頭市場與集中市場交易制度，將列於表 9–3 進行比較。

表 9–3　店頭市場與集中市場交易制度比較

項　目	集中市場（上市股票）	店頭市場（上櫃股票）
撮合機構組織型態	臺灣證券交易所（股份有限公司）	證券櫃檯買賣中心（財團法人）
交易方式	電腦輔助交易	1. 等價系統：電腦輔助交易 2. 議價方式：自營商營業處所議價
款券劃撥	強制	1. 等價系統：強制 2. 議價方式：自行決定
共同責任制 給付結算基金	已成立	已成立
漲跌幅度	7%	7%
撮合原則	集中競價	逐筆最合理價格（接近交易所方式）或議價
近一價格委託數量揭示	有	有
盤中價格穩定措施	有	無
信用交易	有	有
當日資券相抵	有	無
融資比率	六成	五成
融券保證金成數	九成	九成
交割時間	次日交割	次日交割
監視制度	已建立	已建立

資料來源：證券交易所、櫃檯買賣中心

9.3. 債券市場

9.3.1. 債券類型

債券是借款憑證的證券化，政府部門、金融廠商或企業界為募集資金而發行 1 年期以上的債務憑證。不論發行機構獲利如何，須依發行條件定期支付固定金額或比率的利息，到期償還本金。依據發行機構，債券類型劃分如下：

1.公債：財政部發行公債融通預算赤字，由國庫署編列發行額度並訂定票面利率，再委託央行國庫局採標售方式發行，發行期限目前從 3 年到 15 年都有，本金清償方式包括到期一次還本與分期還本兩種。公債依發行單位不同分成中央政府公債與直轄市政府公債，前者可依自償性再分成甲乙兩類。甲類公債及甲類借款之還本付息由財政部編列預算償付，乙類公債及乙類借款之還本付息由各建設主管機關成立之附屬單位預算特種基金編列償付。債票形式包含實體債券（無記名）及無實體債券 (book entry bond) 或登錄公債（自 1997 年 9 月起全面發行），後者以登記形式發行而不交付實體債票，由央行或清算銀行將投資人承購公債的相關資料登載於電腦，發給公債存摺，到期本息直接撥入投資人帳戶。

2.公司債：股份有限公司發行的債券即是公司債，國內限制只有公開發行公司才能發行公司債。

3.金融債券：國內原先僅有專業銀行與儲蓄銀行才能發行金融債券，財政部於 2003 年 5 月修正銀行發行金融債券辦法，放寬所有銀行基於供給中長期信用，可發行金融債券募集中長期資金。

4.國外債券：亞洲開發銀行 (ADB)、美洲開發銀行 (IADB) 或歐洲復興開發銀行 (EBRD) 等跨國性金融組織發行以新臺幣計價之債券，來臺募集資金。曾在臺灣發行新臺幣債券之國際金融組織包括亞洲開發銀行、歐洲復興開發銀行、美洲開發銀行、歐洲投資銀行 (EIB)、北歐投資銀行 (NIB)、歐洲理事會開發銀行 (CEDB)、中美洲開發銀行 (CABEI)。

9.3.2.　債券創新

　　債券屬於固定收益的一環，傳統上採取借錢還錢與固定票面利率的型態發行。隨著股票市場規模擴大吸引投資人目光後，遂成為債券市場的強烈競爭者。為求擴大債券商品的附加價值，投資銀行或綜合證券公司積極從事債券創新，結合傳統債券與其他金融商品，提升吸收資金的競爭力。債券創新方式集中在還本創新與利息創新兩方面。

(一)債券還本創新

　　債券還本創新方式包括：①結合選擇權概念：廠商發行債券賦予投資人有權選擇以現金或其他資產償還。②結合各種指數概念：廠商發行債券償還本息金額將與相關指數結合，可隨指數變動調整。

　甲、結合選擇權概念

　1.借錢還股票：投資人有權在固定期間以固定轉換價格，將債券面值轉換成同一家公司股票，此即可轉換公司債。當轉換價格高於股票市場價格時，投資人將放棄執行轉換權，但因公司債票面利率偏低，公司將提高利率，或以優惠利率贖回，補償先前給付的較低利率。另外，投資人若有權在固定期間以固定交換價格，將債券面值轉換成別家公司股票，則是屬於可交換公司債。

　2.借錢還黃金：投資人有權在固定期間以固定價格，將債券面值轉換成黃金，此即黃金債券 (gold bond)。

　3.借國幣還外幣：投資人有權在債券到期時，選擇以國幣或外幣償還債券本金，此即雙元通貨債券。

　乙、結合各種指數概念

　　發行公司將債券還本金額與經濟指標（經濟成長率）、商品價格、匯率或股價指數相結合，若選擇與物價指數結合，則稱為指數化債券或實質債券 (real bond)。股價連結式債券 (equity-linked bond) 係指在債券持續期間，與債券連結的股價不超過先前設定條件時，發行機構將以面額償還本金。反之，投資人將以執行價格將投資金額轉換為股票，再伺機出售。舉例來說，1999 年 4 月23 日發行的匯僑工業股價連結式債券，到期日訂在 6 月 21 日，債券面額為 10

萬美元，發行折價幅度為 96.45%。依據發行機構設定的新臺幣匯率為 32.71 元兌換 1 美元，以及債券轉換為普通股的轉換價格為新臺幣 34.65 元計算，每 10 萬美元的債券約可兌換 9,437.23 股的匯僑普通股。相較直接投資債券或股票，股價連結式債券不僅讓投資人在限制條件下，享有投資債券保本的好處，即使股價波動超出原先預期，仍能繼續持有股票，與直接投資股票的風險並無太大差異。

㈡債券利息創新

傳統債券屬於長期債務，採取支付固定利率；反觀票券屬於短期債務，採取支付浮動利率型態。隨著金融創新活動盛行，傳統債券轉變為浮動利率債券，票券則是轉變為支付固定利率型態的貨幣市場工具。

1.投資人選擇將債券轉換成股票或外幣，發行公司可能支付零票面利率。

2.公司債支付利息採取釘住經濟指標、商品價格、匯率、股價、物價指數而浮動，如：股價指數報酬證券 (stock index return securities)。

3.浮動利率公司債係釘住利率指標加上風險溢酬，每季或半年調整一次。

4.零息債券：公司採取貼現方式發行債券，到期依面額償還本金，面額與發行價格間的差額即為投資人持有期間之利息收入。投資人持有零息債券，到期取得確定的債券面額，可避免報酬率不確定的再投資風險 (reinvestment risk)。壽險公司為配合某一時點清償特定債務需求，必須持有確定現金流量，是以偏好持有零息債券。

9.3.3. 債券市場類型與交易方式

表 9-4 是債券市場類型。初級市場係發行機構為籌措中長期資金，以辦理新債券發行之市場，該市場無固定發行時間與地點，屬於無形的市場。依發行機構不同，發行方式亦有不同。

㈠發行市場（初級市場）

依據中央政府建設公債及借款條例，中央政府公債與借款占當年度中央政府總預算歲出總額 113%，地方政府發行不得逾越當年度各市總預算歲出總額 40%，其中政府償還的甲類公債與借款上限為 89%，具自償性的乙類為 24%。

銀行發行金融債券需受銀行發行金融債券辦法限制，不得超過其發行前一年度決算淨值之 2 倍，且須符合金管會規定的其他條件。至於廠商發行公司債受公司法限制，不得超逾現有資產扣除全部負債及無形資產後之餘額，無擔保公司債總額不得超逾前項餘額。

接著，財政部發行公債的方式如下：

1.標售：投資人參與初級市場的公債標售，需透過中央公債交易商投標，可分成競標及非競標二種方式。競標部分依利率低者得標，非競標部分依競標得標加權平均利率依比例分配。財政部過去發行公債時，係由央行將發行債券額度分配給配售之金融廠商，全部以面額認購，此即配售制度。爾後，自從 81–1 期央債開始，中央公債改採競標方式標售，方式有三種：

　⑴複式價格標 (discriminatory auction)：財政部發行公債時，公債交易商在投標當天 12:00 以前至央行國庫局債保科投標，開標後按照競標價格高低決定得標順序，此係公債標售制度最常使用的方式。

　⑵荷蘭標 (Dutch auction)：又稱單一價格標，係指依投標價格超過底價的高低順序依次得標，並以最低得標價格作為發行價格來計算得標價款，利率是唯一。

　⑶利率標：1998 年 9 月 23 日首次發行之無實體公債 (87 年度甲類第一期中央政府建設公債)。競標部分依投標利率低的標單優先依次得標，非競標部分依競標得標之加權平均利率發售。公債票面利率以半碼 (0.125%)為級距，以開標後「得標加權平均利率」之相等或最接近且較低之半碼數訂為票面利率。

2.按面額認購：除中央政府公債外，其他公債均依面額認購方式發行。

㈡交易市場（次級市場）

次級市場是發行在外債券交易的流通市場，包括集中市場與店頭市場，前者交易量微乎其微，後者為交易重心，幾乎占全部債券交易總量。

1.店頭市場：政府債券及經證期局指定之債券均可在櫃檯買賣，發行機構將發行事項資料函送證期局轉知證券商同業公會公告後開始買賣，其餘債券之櫃檯買賣由發行機構檢具申請書件向證券商同業公會申請。店頭市場交易採取之

表 9–4　債券市場類型

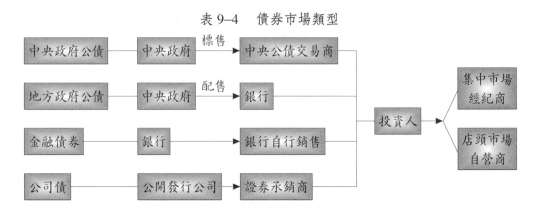

議價方式有兩種：①議價且買賣斷，採「等價自動成交系統」撮合證券商受託或自行買賣之交易。②議價且附條件交易，投資人與金融廠商約定在公債交易後，一定期間內由金融廠商買回或賣回。

2. 集中市場：公債直接在交易所上市買賣，金融債券與公司債需依交易所與發行機構所訂之上市契約規定辦理，才得在交易所上市買賣。國內債券在集中市場交易採買斷、賣斷的競價交易方式，證券交易所於 1991 年 11 月實施債券交易電腦化，結算交割作業採取款券劃撥方式，以提高交易安全性及便利性。國內債券交易係以議價為主，只有大戶才有議價空間，小投資人面對證券商壟斷而無議價機會，是以證券交易所的債券集中交易系統在缺乏證券商報價下形同虛設。反觀小投資人委託買賣債券，透過統一證券的「一點差價債券交易系統」直接下單，凡是揭示在報價系統上的買賣價格，只要填妥報價單而由櫃檯業務人員輸入電腦，由統一證券總公司負責撮合成交。由於成交效率直逼股票交易系統，且僅接受金額 1,000 萬元以下的債券委託買賣，反而成為債券的集中交易市場與小額債券買賣中心。

投資人在債券市場的操作策略如下：

1. 買賣斷交易 (OP/OS)：債券所有權在完成買賣交割手續後即需移轉，債息自成交日起即歸買方所有，並承擔利率波動風險。債券通常採取半年或 1 年付息一次，成交日若落在兩次付息日之間，買方須支付賣方自上次付息日至成交日的利息。投資人預期利率下跌，可買入債券獲取債券價格上漲利得。反之，投資人預期利率上升，可賣出債券規避債券價格下跌損失。

2.附條件交易: 包括債券附買回交易 (RP) 與債券附賣回交易 (RS) 兩種方式。

(1)債券附買回交易 (RP): 投資人向債券自營商買入公債並約定買回利率, 期滿時由後者買回, 賺取固定利息, 無須承擔債券價格波動風險。舉例來說: 張無忌在 2003 年 6 月 1 持有資金 300 萬元, 向大華證券承作天期為 31 天 (到期日為 2003 年 7 月 1)、議定利率為 6% 的債券附買回交易:

到期利息收入: $3,000,000 \times 6\% \times (31/365) = 15,288$

到期金額為: $3,000,000 + 15,288 = 3,015,288$

(2)債券附賣回交易 (RS): 投資人將債券賣給債券自營商, 約定於特定日期按約定利率與價格由後者賣回。投資人為求調度短期資金, 賺取債券收益率與短期 RS 利率的利差。假設趙敏於 2003 年 7 月 8 日持有面額 500 萬元的 90–2 期債券, 面臨短期資金需求, 以該債券與大華證券債券部承作附賣回交易, 約定利率 5%、承作 30 天, 到期日為 2003 年 8 月 7 日, 到期解約支付:

利息部分: $5,000,000 \times 5\% \times (30/365) = 20,548$

本利和: $5,000,000 + 20,548 = 5,020,548$

RP 類似銀行定存, 屬於短期信用工具, 兩者差異如下: ① RP 天期由客戶決定, 而定存最短期限為 1 個月、② RP 可中途解約, 中途解約定存利息需打折扣且未滿 1 個月不計利息、③ RP 有公債作抵押品, 銀行存款無抵押品, 而存款保險最高給付額為 100 萬元、④ RP 收益屬於免稅, 存款利息需併入 27 萬元利息免稅額中計算、⑤ RP 利率可以議價, 銀行利息依牌告利率而定。此外, RP 與商業本票亦有相似之處, 後者由票券公司保證, 適用 20% 分離課稅。

3.保證金交易: 投資人向債券交易商買斷債券, 於交割日繳交一定比例的保證金, 不足部分則以買進的債券向交易商質押借款; 就交易商而言, 相當於在交割日當天結合債券賣斷 (OS) 與附賣回 (RS) 交易, 兩者差額為投資人繳交的保證金。舉例來說: 張三豐於 2003 年 7 月 5 日與國票證券債券部承作保證金交易, 買斷面額 5,000 萬元的 90–1 期中央公債, 交割日為 2003 年 7 月 8 日,

殖利率為 6.02%，成交價格為 56,144,486 元，保證金為 173 萬元。爾後，張三豐在 2003 年 7 月 18 日賣出債券，可用三種例子說明其獲利或虧損。

在此過程中，張三豐首先在 7 月 8 日繳交保證金 173 萬元，與大華證券債券部以 90-1 期債券承作附賣回交易，利率為 5%，至 7 月 18 日支付的本息共為：

$$(56,144,486 - 1,730,000) \times (1 + 5\% \times \frac{10}{365}) = 54,489,026$$

⑴假設張三豐賣出時，殖利率下跌 15 個基本點而為 5.87%，成交價格為 56,757,097 元，獲利為：

$$56,757,097 - 54,489,026 = 2,268,071$$

$$2,268,071 - 1,730,000 = 538,071$$

⑵假設張三豐賣出債券時，殖利率持平於 6.02%，成交價格為 56,234,520 元，獲利為：

$$56,234,520 - 54,489,026 = 1,745,494$$

$$1,745,494 - 1,730,000 = 15,494$$

⑶假設張三豐賣出債券時，殖利率上揚 15 個基本點而為 6.17%，成交價格為 55,717,999 元，損失為：

$$55,717,999 - 54,489,026 = 1,228,973$$

$$1,228,973 - 1,730,000 = -501,027$$

4.期前交易 (when issued, WI) 或預期交易市場：財政部國庫署標售公債前八天左右，投資人於正式標售前進行預約交易，交割日在發行日之後，交割標的為尚未發行的公債。舉例來說，財政部若在 10 月 30 日標售 500 億元公債，將可提前在 22 日進行交易，綜合證券商預期未來利率上漲，採取事先預售債券，等待標售時再標來還券以賺取差價；反之，若預期未來利率下跌，則可事先預買債券。歐美國家通常將期前交易情形視為即將發行債券之價格指標。臺灣債券市場在 2003 年 4 月開放債券期前交易，對活絡債券市場交易有相當大的助益。實際上，此種債券發行前交易行為早已存在檯面下多年，只是業者通常僅提前一、兩天交易而已。在財政部標售債券前五、六天，利率通常先行反映，是以金融當局開放期前交易，標售債券前的多空行情都可以先做，讓標售債券

前的利率區間更加明顯，有助於建立利率指標。

最後，投資人從事債券交易支付的成本有二：①手續費：每戶成交金額在 500 萬元以下收取 0.1%，500 萬元以上的部分為 0.075%，超過 5,000 萬元部分為 0.05%。②稅賦（證券交易稅）：投資人賣出公債無須繳交證券交易稅，此即公債交易市場熱絡的原因，反觀公司債與金融債券過去須依成交值課徵 0.1% 交易稅，造成兩者交易完全停滯，該項規定直至 2002 年 2 月才廢止。至於債券交易所得免稅，但須負擔利息所得稅。

9.4. 共同基金市場

9.4.1. 共同基金的起源

共同基金起源於 18 世紀末葉的英國單位投資信託 (unit trust)，臺灣稱為證券投資信託基金，美國稱為投資公司。在工業革命後，英國中產階級累積大量財富，委託值得信賴的人士代為處理海外投資事宜，投資信託事業初具雛形。直到 1868 年，英國出現倫敦國外及殖民政府信託，以投資殖民地公債為主，此即最早的證券投資信託公司組織。在第一次大戰後，美國經濟呈現快速成長，民眾的投資理財需求強烈，遂引進英國的證券投資信託制度。美國政府為健全市場與保障投資人權益，於 1940 年通過投資公司法促使共同基金市場趨於健全，逐漸擴展成為跨國投資工具。臺灣的共同基金採取契約型態，美國則是屬於公司型基金，兩者內涵列於表 9-5。

表 9-5　契約型與公司型基金的定義

基金型態	定　義
信託基金 （契約型）	・信託財產交由投信公司運用，信託銀行保管，投資績效需分配給受益人。 ・發行受益憑證，以利一般大眾投資。
公司型基金 （投資公司）	・投信公司係以投資為目的，公司持續發行附買回的股票，在投資人請求買回時，須隨時依市價買回股票。

9.4.2. 共同基金的類型

共同基金屬於標準化商品，係由證券投資信託公司發行受益憑證募集資金，交由基金經理人操作管理，收益歸投資人所有的間接投資工具。基金管理的資產規模較大，採取不同資產組合方式，有效分散投資風險。基金類型可依下列標準劃分：

㈠發行方式

1.開放型基金：投資人可隨時向投信公司買入或贖回的基金，發行單位隨投資人申購與贖回而變，風險包括基金淨值波動風險與投信公司暫停贖回風險。

2.封閉型基金：基金單位發行時就已固定，並在證券交易所掛牌上市，投資人在集中市場交易轉讓，無法向投信公司要求贖回。封閉型基金在集中市場交易，投資人將需承擔基金淨值與基金市價波動兩種風險，市場價格相較基金淨值往往處於折價狀況。

3.半封閉型基金：基金屬於封閉型，但投資人擁有選擇權，當基金淨值和市價差距太大，支付較高手續費就可要求投信公司贖回。為降低套利活動，投信公司通常訂立一定期限，才讓投資人執行贖回選擇權。

㈡投資區域

1.單一國家基金 (single-country fund)：以單一國家證券市場為投資標的，如：怡富投信的臺灣增長基金係以臺灣上市公司為投資標的；怡富投信的新興日本基金係以投資日本上市公司為主。

2.區域型基金 (regional fund)：針對特定區域的證券市場作為投資標的，將能分散投資單一國家所需承擔的政治、經濟等系統風險，常見的區域型基金有北美、歐洲、遠東、東南亞與東協等地區。新興市場型基金 (emerging-markets fund)係指基金投資標的為開發中國家的掛牌股票，看好其產業前景及市場潛能，追求產能成熟的最大獲利，如：拉丁美洲基金、新興市場基金、亞洲新興市場基金和東歐基金等。

3.全球型基金 (global fund) 或國際基金 (international fund)：投資世界各地的上市公司股票、固定收益證券、公債及各類貨幣存款。由於投資標的分散於

世界各地，各國利率循環、景氣循環與經濟基本面各有不同，促使該類基金的風險相對降低。

依據投資區域劃分，共同基金分為海外與國內基金兩種，兩者比較如表 9-6 所示。

表 9-6　海外與國內基金的比較

	海外基金	國內基金
1.投資標的	海外股票、債券、貨幣、認股權、選擇權、期貨等各種標的	國內股票、債券為主
2.投資市場	包括單一國家、區域與全球性而較具選擇性，可適度分散風險	單一市場（臺灣），風險較大
3.種　類	在臺已有 200 多種，選擇多	種類少，選擇性低、同質性高
4.流通性	不同基金間可轉換以規避市場風險	視基金經理人及股市漲跌而定
5.投資管道	銀行或國外基金公司	銀行或國內投信公司
6.投資方式	一次投資或定期定額投資	同左
7.稅　賦	海外投資免稅	資本利得免稅，股利繳稅
8.基金型態	絕大部分屬於開放型，依淨值交易，投信公司需負責贖回	封閉型須在公開市場交易，開放型由投信公司負責贖回
9.手續費用	較高（約 2.5%～3%），有些基金賣出時還要扣除賣出費用	不到 1%

(三)投資目標

1.成長收益型基金 (growth and income fund)：以追求長期資本利得及穩定股利收入為目的，投資標的多為股利分配穩定而前景看好的股票，如：公用事業類、成熟產業類的股票，或者兼具股票與債券特性的可轉換公司債。

2.收益型基金 (income fund)：以追求安全性和穩定報酬為目的，投資標的包括短、中、長期（超過 15 年）公債、債信評等較高的公司債以及約 2～6 個月平均到期日的貨幣市場工具。有些收益型基金將部分資金投資股利較優的股票和可轉換公司債，以增加資本利得成長的潛力。債券基金屬於該類型，風險較低，每年定期（1 個月或一季）分配現金收益，適合需要有定期收入的投資人，如：退休人士。

3.平衡型基金 (balanced fund)：基金的投資組合維持一定比例的股票與債

券，兼顧股市與債市的投資。基金的投資組合可採取維持股票（三成）和債券的比例固定，或在某一範圍內讓股票與債券的比例隨著股市與債市行情變動調整。動態比例的平衡型基金與國外資產配置型基金性質類似，可隨時調整投資組合中的資產配置情形，不過後者的投資標的較多，除股票與債券外，選擇權、金融期貨、房地產與黃金等其他金融商品均可納入。

4.積極成長型基金 (aggressive growth fund)：投資價格波動性大的股市，如：小型高成長股、轉機股與高科技股，認股權證或選擇權等衍生性金融資產，甚至運用財務槓桿操作，透過融資來擴大資本利得，兼具高風險高報酬的特性。該類型基金追求基金淨值累積，採取不分配收益策略，投資人透過處分基金賺取差價，而規避所得稅。

5.價值型基金 (value fund)：投資價值低估或具有資本增值空間的股票為主，價值型股票通常係指市值低於公司淨值的股票。公司真正價值將反映在股價，投資人若能找到價值低估的股票，在價格尚未上漲前就介入，將能獲取相當大的利潤空間，此即價值投資法。

6.保本型基金 (principal guarantee fund)：採取結合收益型資產和衍生性金融商品組合的策略，將基金投資於公債或定期存款，再將孳生的利息投資槓桿倍數較高的期貨選擇權或期貨等高風險、高獲利的衍生性金融商品，此舉保障投資人至少可以拿回本金。

7.資產配置基金 (asset allocation fund)：針對全球經濟和金融情勢變化，基金在不同金融市場選擇配置資產比例，投資標的涵蓋股票、債券和貨幣市場，視基金屬性在三種市場調配基金資產。

㈣投資標的

1.債券基金：投資標的以債券為主，利息收入為主要收益來源，匯率波動與債券價格波動也會影響基金報酬率。國內債券基金分為兩類：①貨幣型：國內債券基金多數具有貨幣基金特質，以投資定存、票券、公債附買回交易、公債與公司債等固定收益證券為主，投資人享有定存收益率、基金具有高度流動性、採取累積淨值而不分配收益（將應收利息轉化為證券交易所得），無須繳所得稅但須支付管理費；②積極型：以投資公債、公司債與金融債券等標的為主，

以追求利息收益與資本利得為目標。舉例來說，中華開泰、成龍、群益安利、元富瑞騰債券基金原本屬於貨幣型，現已轉型為積極型，荷銀光華投信的荷銀臺灣債券基金則是屬於積極型。

2. 外匯基金：以各國貨幣為投資標的，利用外匯資產賺取匯兌利益，如：現貨外匯、外匯保證金、外匯期貨、外匯選擇權等。

3. 類股基金：以特殊類別的股票或產業為投資標的，如：電子類股、高科技基金。

4. 店頭市場基金：投資標的以店頭市場股票為主，上櫃公司多數屬於中小企業，規模小、未來成長性大，可以快速累積基金淨值，風險和獲利潛能較高。

5. 特別情況型基金 (special situation fund)：選擇具有特別情況的股票，包括小型公司、轉機型股票、股價低估的低價股票、較冷門股票，或者未受發掘或留意、研究但具成長潛力股票，這些股票的股價具有大幅成長潛力，不過風險高居股票基金之冠。

6. 指數基金 (index fund)：依據預擬投資的市場指數採樣成分和比重，決定基金組合中的個股成分和比重，促使基金淨值變動緊釘指數漲跌。該類基金無須挑選股票，只要遵循個別股票占加權指數的權數買進即可，無須考慮投資策略，只要指數成分股變更，基金經理人就跟隨調整持股比重，如：中華投信的中華 100 基金、中華店頭 50、中信投信的和豐指數基金。

7. 可轉換公司債基金：可轉換公司債具有轉換成發行公司股票的權利，當股市低迷時，投資人享有債券的固定利息收益，當股市前景亮麗時，可依執行價格 (exercise price) 轉換成股票。

8. 認股權證基金 (warrant fund)：以認股權證為主要投資標的，槓桿倍數約為一般基金的 3～5 倍左右，投資人與基金在操作過程中均可擴張信用，屬於高風險高報酬的基金。

9. 房地產基金：以與不動產有關的金融商品（擁有待開發不動產的營建股、不動產證券化商品、營建業類股或資產股、房地產抵押放款證券化）與實體資產（房地產）為主要投資標的，基金收益來源除房地產增值外，還有租金收入。由於房地產流動性極低，房地產基金通常附有較嚴格的贖回限制。

10.避險基金 (hedge fund) 或對沖基金：從市場大幅波動中牟利的基金，基金經理人擁有充分授權與資金運用自由，只要是有利的投資策略都可運用。投資標的除股票和債券外，還可投資期貨與選擇權等衍生性金融商品。

11.套利基金 (arbitrage fund)：套利活動係指針對相關性極高的兩種金融資產價格出現不合理關係時，採取買進價格低估資產、同時賣出價格高估資產，鎖定其中價差，隨著兩者關係恢復正常時，就可實現獲利。套利基金屬於避險基金的一種，可以買進、也可放空，操作標的包括股票、期貨、選擇權等。

12.貴金屬基金：以黃金、白銀和其他貴金屬相關證券為主要投資標的。以黃金基金為例，投資標的以全球黃金或貴金屬礦產相關工業之股票為主，淨值波動性通常較金價為大。

13.產業型基金：以產業股票為主要投資標的，常見分類包括高科技產業基金、房地產基金、公用事業基金、黃金基金等，產業型基金的風險與產業特性有關。

14.雨傘型基金 (umbrella fund)：基金組合涵蓋許多不同類型和投資不同市場的子基金，形成一個完整系列。投資人只要購買其中的子基金，可在一定期間與次數內轉換成其他子基金，投信公司不再收取額外手續費。

15.基金中的基金 (fund of funds) 或群組基金：以同一投信公司管理的基金為主要投資標的。由於單一基金安排的投資組合和區域不同，各自承擔不同的市場風險及非系統風險，但因礙於持股比率限制，無法將風險降到最低，是以投信公司募集資金後，再從自己管理的基金中挑選目前最有增值潛力者作為投資組合。

(五)註冊所在地

臺灣所稱的海外基金有兩種：①募集國內資金投資海外市場，基金在國內證期局註冊，如：怡富大歐洲海外基金。②投資人從事跨國金融操作，將面臨國內外稅負問題，在免稅天堂的境外金融中心註冊，將可解決此種困擾，如：英屬的馬恩島、澤西島、盧森堡、開曼島、都柏林等。

(六)操作策略

1.傳統策略基金：傳統基金操作策略係以長期持有股票和債券為主，少數持有銀行存款，很少進行短線操作，且不採用槓桿操作。是以傳統型基金甚難規

避股票市場劇烈波動，對投資報酬下跌風險的控制能力相對薄弱。由於股票基金持有現金餘額不得超過規定，縱使在空頭市場，仍需買進持有股票。

2.非傳統策略基金：不論是多頭或空頭市場，金融操作均存在產生獲利的方法，此即稱為絕對報酬。相對的，基金運用傳統投資策略所得之獲利，稱為相對報酬，意指其僅發生於多頭市場。非傳統策略基金經理人運用財務槓桿、作空、相對價值投資、技術性買賣策略等操作方式，全面發揮操作技術。

共同基金屬於標準化商品，而全權委託投資或俗稱代客操作是由投資人（委任人）將資產（可包含現金、股票或債券）委託投顧或投信公司（受任人），由後者的專業經理人依雙方約定的條件、投資方針、投資人承擔風險程度等進行證券投資。兩者差異是：前者募集資金集體運用，依發行計畫擬定的方針與投資標的進行操作的標準化商品；後者係依個別投資人的特定需求量身訂作，依據符合委託人需要的投資範圍與方針進行操作。全權委託投資制度運作的主要當事人包括投資人（委託人）、投信或投顧公司（受託人）及保管機構（銀行信託部或信託業）三者。由投資人與投顧或投信公司簽訂契約委託後者操作，投資人另與金融廠商簽訂委任契約，保管委託投資的資產及代理辦理買賣證券之相關開戶、交割等事宜，再由三方當事人共同簽訂三方權益協定，確認彼此間的權利義務關係。

9.5.　購併市場

9.5.1.　產業購併活動風潮

面對經濟自由化與金融國際化潮流，掌握時間、技術、資訊與市場通路即是競爭優勢，促使國際間重要企業集團積極採取購併活動，獲取競爭優勢、掌控市場通路，進而削弱競爭廠商的策略。自 1990 年代以來，眾多金額龐大、跨越國界與跨業的購併活動，有如雨後春筍般在國際金融市場持續蔓延擴大，促使購併市場成為資本市場的重要一環。

以廠商購併交易量及金額衡量，國際購併市場規模在 1998 至 1999 年達到

歷史高峰，爾後因景氣衰退緣故，購併規模與案件遂呈現每況愈下。表 9–7 與
表 9–8 顯示：在 1996～1998 年之間，美國與全球的前十大購併案內容，反映
全球購併活動急遽增加。以美國為例，1997 年宣布的購併件數高達 10,700 件，
累計購併金額高達 9,200 億美元，占 GDP 比例由 1991 年的 2% 提高至 12%，
其中以電信產業購併金額最大而達到 906 億美元，占購併總額的 10.1%。再就
金融業購併活動而言，以美國花旗銀行與旅行者保險集團在 1998 年 4 月 6 日
的合併案最受矚目，購併金額高達 700 億美元，為全球有史以來金額最大的購
併案。購併後的花旗集團資產總額高達 7,000 億美元，營運市場橫跨全球 100
個以上的國家，擁有超過 1 億名以上的客戶，營業範圍涵蓋傳統銀行業務、消
費者信用貸款、信用卡、證券經紀、資產管理、產物與人壽保險，成為橫跨銀
行、證券與保險業務的金融巨人，為全球最大的資產管理機構。

表 9–7　　1996～1998 美國前十大購併案

購併日期	購併公司	被購併公司	被購併公司業務範圍	購併金額（億美元）	取得股權
1998/6	Travelers Group	Citicorp	全球金融服務	700	100%
1998/11	SBC Communica-tions	Ameritech	美國電信服務	642.4	100%
1998/13	NationsBank	BankAmerica	美國銀行業務	590	100%
1997/1/10	Worldcom	MCI Communica-tions	美國電信服務	370	100%
1998/6/8	Norwest	Wells Fargo	美國銀行業務	340	100%
1998/6/1	American Home Products	Monsanto	全球生命科學	336	100%
1998/6/24	AT&T	Tele-Communica-tions	美國有限電視	318	100%
1998/4/13	Banc One	First Chicago NBD	美國銀行業務	288	100%
1996/4/22	Bell Atlantic	Nynex	美國電信服務	230	100%
1998/6/19	Berkshire Hath-away	General Re	全球再保險	220	100%

資料來源：http://www.clarusresearch.com/rankings/Rankings8.htm

表 9–8　1997～1998 全球前十大金融業購併案

購併日期	購併公司	被購併公司	被購併公司業務範圍	購併金額（億美元）	取得股權
1998/4/6	Travelers Group	Citicorp	全球金融服務	700	100%
1998/4/13	NationsBank	BankAmerica	美國銀行業務	590	100%
1998/6/8	Norwest	Wells Fargo	美國銀行業務	340	100%
1998/4/13	Banc One	First Chicago NBD	美國銀行業務	288	100%
1997/12/8	Union Bank of Switzerland	Swiss Bank Corporation	瑞士銀行業務	236	100%
1998/6/19	Berkshire Hathaway	General Re	全球保險、再保	220	100%
1997/10/16	Zurich Group	BAFS	險及全球投資	172.5	100%
1997/11/18	First Union	CoreStates Financial	美國銀行業務	166	100%
1997/8/29	NationsBank	Barnett Banks	美國銀行業務	155	100%
1998/4/17	CIBC Toronto	Dominion Bank	北美銀行業務	153.47	100%

資料來源：http://www.clarusresearch.com/rankings/Rankings1.htm

　　繼歐美電信、汽車、石油、銀行業間積極進行大合併活動後，國內金融、半導體、電信等產業也積極合縱連橫，尋求競爭利基以因應全球競爭。臺灣自 1999 年 5 月放寬上市（櫃）公司合併規定後，聯電五合一、台積電與德碁／世大、元大與京華等大型企業的購併案相繼發生。尤其是臺灣在 2001 年通過金融控股公司法後，金融業相互購併蔚為風潮，廠商購併活動逐漸成為資本市場的重要活動。

9.5.2.　購併活動對體系的影響

　　隨著廠商進行跨國與跨業購併活動，購併規模持續攀升，促成跨越不同產業的龐大集團逐漸成型，除改變產業生態與國際競爭優勢外，產業寡占化趨勢日益明顯，資源配置趨向集中在少數企業集團。尤其是少數國際大廠主宰國際標準規格、尖端技術以及市場配銷通路，在掌握技術、規格、資源、研發與市場等重要策略性因素後，透過相加與相乘效果的綜效發揮後，競爭地位變得難

以撼動，相對提高新廠商進入市場障礙。

針對購併活動對體系造成的衝擊，可說明如下：

1.自 1980 年代以來，國際產業競爭愈趨激烈，廠商積極投入龐大研發費用，從事商品創新與提升製造能力、強化競爭力及經營管理效率等高附加價值活動。國際購併活動盛行，促使具有創新能力且掌握關鍵技術的小廠商成為購併標的，大型廠商透過購併活動，掌握優勢、取得制訂標準規格權力與成為主流趨勢，相關周邊產業依附在此規格下，開發衍生性產品，直接、間接設下潛在競爭者進入市場的障礙。舉例來說，在電腦與半導體產業中，微軟 (Microsoft) 與 Intel 掌控作業系統或微處理機的市場占有率高達九成，而在辦公室應用軟體上，微軟的世界市場占有率亦超過五成以上。

2.廠商從事購併活動強調產業上下游整合，包括有形資產、產銷體系與無形的網路關係，進行效率的產業分工，強化因應商品市場激烈競爭與經濟轉型能力。在購併活動過程中，廠商整合產銷體系分享資源，除取得在創造價值過程中的資源配置與運用能力外，廠商組織結構、監督機制及管理制度將隨之變化，從而影響市場競爭力。

3.就金融環境來看，廠商積極進行購併活動，發揮刺激資本市場熱絡與規模擴大效果；若從廠商營運角度觀察，購併活動具有產業技術及提升生產效率的效果。尤其是國際購併活動風潮的特點是，廠商傾向於追求經濟區域整合與擴大市場利基，如：歐洲經濟貨幣整合及北美經濟整合帶動歐美廠商相互購併風潮，追求能夠跨入對方市場。另外，東亞國家受金融風暴衝擊，造成優質金融廠商或企業資產價值發生低估現象，尤其是這些國家面臨廠商債務危機及基於吸引外資考量，許多策略性產業被迫開放外資經營或放寬外資持股比率限制，遂成為歐美企業集團趁機展開收購對象。

4.廠商進行跨國購併動機包括：①基於確保原料供應無虞，採取直接投資介入上游生產作業；②突破貿易或非貿易障礙，降低對出口貿易的依賴直接至消費地投資；③擴張國際市場、保障市場占有率，透過購併或對外投資活動，原廠利用本身技術、管理及商譽的優勢，強化對當地產銷網路之控制。就個別產業而言，金融、保險及證券業三合一已成趨勢，資訊、通信、有線電視網路等

三 C 產業三合一亦已成為趨勢；而汽車、運輸及能源產業三合一亦漸成趨勢；化學、製藥醫療及生技產業三合一也成為產業發展趨勢；此外，結合物流、零售及配銷系統亦是建立行銷網路的重大突破。相關產業的購併結合趨勢，將大幅提高未來競爭者進入市場的障礙。

9.5.3.　購併活動程序

隨著資本市場規模擴大，大量公司持續進入公開市場（上市與上櫃）募集資金，除提升股票流動性外，透過掌握標的廠商一定比例的股權，即可達到控制經營權的目的。公開市場存在為購併活動提供基礎，不過廠商購併活動涉及諸多法律與政策問題，包括金融法規、公司法、稅法、公平交易法等與商業交易的基本政策，屬於極為複雜的交易過程。有關廠商購併活動程序如下：

購併目的明確化→選定標的廠商→特定廠商購併策略的擬定→組成購併小組→購併活動交涉→簽訂購併意向書→評估標的廠商→確定最終購併策略→訂定購併契約

針對上述購併活動程序，分別進行說明：

1.購併目的明確化：廠商依據營運狀況評估預擬購併的效果，擬定購併標的廠商的條件，包括經營計畫、規模、市場占有率等，以及往後預擬執行的營運方向，最後再選擇購併策略。

2.選定標的廠商：廠商確定購併目的後，可委託投資銀行、財務顧問公司代為選定標的廠商，亦可自行操作。廠商應列出數個標的廠商，針對其營運、財務及公開的訊息進行收集，然後排列購併的優先順序。

3.特定廠商購併策略的擬定：廠商排定標的廠商的優先順序後，將面臨選擇購併策略問題，不同策略反映租稅負擔不同，通常包括資產收購 (asset purchase) 和股權收購 (stock purchase) 兩種。廠商採取股權收購策略時，必須評估是否容易購買對方股權、小股東持股比例、以及對持反對意見股東的策略。在可能取得標的廠商經營階層同意下，廠商評估採取資產收購策略，稅負上是否對計算資產折舊帶來好處。另外,對標的廠商價值可採取現金或股票方式支付,就後者而言，廠商可評估以本身股票或其他廠商股票給付。當廠商確定購併策

略後，採取友善購併或惡意購併，亦是值得評估的問題。

4.組成購併小組：廠商選擇購併策略後，將組成購併小組，成員包括投資銀行、財務顧問公司、律師、會計師以及公司購併專案小組等。

5.購併活動交涉：當廠商確定預擬購併的標的廠商，成立購併小組展開購併活動交涉。在未與標的廠商正式接觸前，廠商無從確知標的廠商對購併活動的態度，透過與其經營階層接觸，從友善購併活動可能性著手蒐集訊息，以此為基礎進入交涉階段。

6.簽訂購併意向書：此係表達購併交易雙方誠意的步驟，在往後的談判中互相信任。意向書中通常表示購併活動是出於雙方意願，購併雙方需耗費成本解釋意向書中不精確允諾的條款。

7.評估標的廠商：買方指派會計師評估標的廠商的財務結構、營運狀況與行政事務的評價。另外，買方律師針對廠商報表和專利權等進行調查，查閱所有的原始契約、保證書和專利權認證等，針對標的廠商員工的勞動契約、工會意見、公司慣例和退休金等情況進行查閱。

8.確定最終購併策略：當廠商完成上述程序後，原先購併策略可能發生變化，或許從預估的友善購併活動轉為惡意購併活動。是以廠商採取的購併價格與方式將因時空轉變而調整，在此階段將確定最終購併策略。

9.訂定購併契約：假設廠商採取友善購併活動，接續將與標的廠商訂定購併契約，明確規定購併價格、購併條件、支付條件以及作為購併契約核心內容的表明和保證條款。

在 1998 年之前，臺灣幾乎無購併市場存在，著名案例是統一企業在 1990 年購併美國威登餅乾公司，金額高達 3.35 億美元，係臺灣購併史上最大的跨國購併案。隨著國際商品市場結構改變，產業間競爭更加激烈，產業的生存者均需不斷提升競爭力。國內廠商過去採取交叉持股方式已不符合時代潮流，且在 1999 年以後逐漸出現企業集團或廠商經營階層願意放棄控制權，與外來資金合作，從而促使臺灣購併市場日趨活絡。舉例來說，2000 年國巨向外購併飛利浦海外的被動元件部門，證實臺灣廠商也有能力向外進行購併活動。以金融業購併案而言，美國萬通金融集團 (MassMutual) 投資三商人壽、保誠人壽

入主京華投信、匯豐集團買下中華投信、台新銀行與大安銀行合併、群益證券
納入國泰金控、荷蘭銀行購併光華投信、元大證券與京華證券合併案等。

習 題

◉ 選擇題

1. 張無忌投資封閉型富邦店頭股票基金，對該基金特質的認知，何者正確？　(a)基金規模隨著投資人買進或賣出改變　(b)必須承擔基金淨值波動風險與市場風險　(c)以基金淨值為基金交易價格　(d)可以向富邦投信要求贖回。

2. 趙敏與大華證券進行債券附買回交易，何者正確？　(a)最短承作天期為 1 個月　(b)領取之利息收入需繳納利息所得稅　(c)必須承擔利率波動風險　(d)屬於長期投資活動。

3. 郭靖購買統一投信發行的黑馬基金，此係屬於開放型基金，何種操作方式係屬錯誤？　(a)以基金淨值扣除風險溢酬在市場買賣基金　(b)須承擔基金淨值波動風險與暫停贖回風險　(c)基金規模將隨基金交易而發生變動　(d)郭靖係以基金淨值要求統一投信贖回。

4. 楚留香以新臺幣 10 萬元向統一證券買進 92–1 期中央政府公債，約定由統一證券於 10 天後支付 1.95% 利息買回，就統一證券而言，此種交易方式係屬何種類型？　(a)附買回交易　(b)附賣回交易　(c)買斷交易　(d)賣斷交易。

5. 在國內股票集中市場，一般交易與盤後交易的最大差異，何者錯誤？　(a)前者交易時間為交易所營業日之上午 9:00 到下午

1:30，後者為下午 1:30 至 2:00　　(b)前者以千股為交易單位，後者屬於零股交易　　(c)前者依交易雙方報價進行競價成交，後者成交價之計算基礎為一般交易之收盤價　　(d)前者係投資人均可下委託單，後者僅限於鉅額委託單。

6.隨著零利率時代來臨，趙敏預擬將多年儲蓄投入資本市場，必須掌握何種訊息係屬正確？　　(a)集中市場係以價格優先為主要交易方式　　(b)買進零息債券僅是賺取利率波動差價，並無實際利息收益可言　　(c)股票盤商市場提供轉讓股票的場所，屬於公開市場的一環　　(d)趙敏可利用價格優先策略，在興櫃市場迅速買進股票。

7.天揚精密公司規劃 2 億元的現金增資案，如何掌握發行方式的成功與否？　　(a)委託大華證券全部公開承銷，天揚精密將能順利募得所需資金　　(b)元富證券同意全額包銷，天揚精密必然可以取得所需資金　　(c)群益證券建議採取詢價圈購募集資金，群益將需承擔發行失敗風險　　(d)委託中信證券全部公開承銷，中信證券須承擔發行失敗風險。

◉ 問答題

1.分別說明股票市場與債券市場、發行市場與流通市場、集中市場與店頭市場的差別。

2.資本市場在工商發達的經濟活動中扮演何種角色？ 功能為何？

3.在臺灣店頭市場交易中，上櫃股票與興櫃股票的條件有何不同？

4.試說明證券承銷商對資本市場的貢獻。

第10章 衍生性商品市場

　　自從 Bretton 森林協定在 1970 年廢止固定匯率制度後，再加上歷經 1970 年代兩次石油危機衝擊，國際金融市場的金融資產價格（匯率、利率與股價）變異性日益擴大，國際貿易活動與跨國投資風險大幅遞增。為規避投資風險，衍生性商品市場與避險商品創新活動逐漸在金融體系中躍居重要角色。

　　衍生性金融商品係以基礎金融市場（包括貨幣市場、資本市場與外匯市場等）的資產作為標的資產 (underlying asset) 而衍生的金融商品，亦即從外匯、債券、股票、票券等現貨市場衍生的金融商品。具體而言，衍生性金融商品是財務工具或契約，價值是由交易雙方根據標的資產價值（如：外匯匯率、票券或債券利率、股票價格等）或其他指標（如：股價指數）來決定。一般而言，衍生性金融商品交易具備表外交易、槓桿操作及高科技產品等重要特質。隨著衍生性商品市場規模迅速成長，產品逐漸朝標準化（在交易所上市的期貨與選擇權）、以及特殊化（由銀行針對客戶需求量身設計套裝產品，亦即組合衍生性商品創新再衍生性商品）兩種趨勢發展。

　　本章首先探討衍生性商品市場特性與衍生性商品類型，說明其與現貨資產的關係，然後再探討避險策略類型。其次，將探討股票的衍生性商品，包括股價指數期貨 (stock index future)、認股權證與選擇權、以及股權交換等。接著，將探討金融期貨發展與類型。最後，將探討衍生性商品內容，包括利率交換、利率選擇權、遠期利率協定與利率期貨 (interest rate futures)。

10.1. 衍生性商品市場

10.1.1. 衍生性商品特性與功能

　　基本上，衍生性商品市場係以遠期契約、期貨、選擇權（認購權證）及金融交換為核心商品，隨著金融創新活動盛行，店頭市場出現量身訂作的複雜多元化合成資產，促使市場規模加速擴大、交易日趨活絡。衍生性商品普遍具有下列特質：

1.槓桿操作：衍生性金融商品採取保證金或權利金的高財務槓桿操作方式，衍生性商品價值通常為操作資金的倍數。此種以小博大的槓桿操作，促使預期損益金額與風險大幅超越傳統金融商品。

2.表外交易活動：衍生性商品並無交易實體，係依交易標的資產價值變動計算盈虧，盈虧金額與時點難以認定評估，導致交易分錄（無交易實體）與評價（盈虧金額與時點）成為嚴重問題。尤其是衍生性商品屬於表外交易活動，對資產負債變化並無直接衝擊，財務報表未完全揭露廠商的財務活動，成為隱藏性財務行為，對財務報表使用者構成隱藏性風險。

3.高科技產品：衍生性金融商品朝標準化與特殊化的兩極化發展，商品訂價係利用艱深的數理統計原理求出，如：Black 與 Scholes (1973) 利用物理學的「熱傳導原理」導出評價公式。經濟學家運用國際金融市場的價格失衡，設計無風險套利機會，稱為高科技產品並不為過。

4.複雜多元化：基本衍生性商品與標的資產經過交叉組合，可創新再衍生商品，種類繁多且非常複雜。尤其是在店頭市場交易的衍生性金融商品，複雜程度超乎想像。

5.以投機活動為主：衍生性金融商品的高財務槓桿特性，提供人們運用少量資金從事高達數十倍的擴張信用操作活動，屬於低成本、高預期報酬率與高風險的金融操作。此種特性促使衍生性金融商品原先係以避險為目的，卻轉換成以投機性交易活動為主，參與者多數以追求更大投機利潤為目的。

6.高風險：操作衍生性金融商品的風險除傳統金融資產具備的風險（信用風險、市場風險、流動性風險、作業風險與法律風險）外，基於高財務槓桿操作、表外交易、複雜多變、評價困難、高投機性等特質，使其風險遠遠超越傳統金融資產，價值衡量與監控相對困難。

經濟成員適當操作衍生性金融商品，將對財務操作、風險管理或避險及資金調度發揮正面效果。就金融當局而言，衍生性商品與現貨之間的套利活動，有助於提升市場流動性和交易效率，兩個市場並行發展，將促使金融市場趨於完整與健全。再從企業、金融廠商、政府部門與跨國投資人立場來看，衍生性金融商品發揮下列效果：①消除匯率或利率風險，降低融資成本與提升資金運

用效率。②提升財務處理及資金調度彈性，擴大資金來源管道。③規避法令限制，調整財務結構促使資產與負債做更佳配合。

　　基於上述特質，經濟成員操作衍生性商品將面臨下列風險：

　　1. 市場風險：或稱價格風險，可用 Delta 係數衡量（Delta＝商品價格變動金額／標的資產價格變動金額）。

　　2. 信用風險：通常以重置成本衡量，其評估需考慮當前風險（如：交易對手現在違約的重置成本）及未來潛在風險（如：交易對手在未來某一時點違約的重置成本）。信用風險較難評估，通常採取的評估值為預期風險及最大風險。前者為未來所有可能重置成本的平均值，後者指發生違約可能性造成的最大損失。

　　3. 作業風險：未能確實執行內部控制與稽核等有關規定而釀成的損失。

　　4. 流動性風險：當金融市場深度不足或突發事件發生時，將面臨不易獲得交易機會或買賣價差過大的流動性風險，以及人們無法在交割日或保證金追繳時付款的資金流動風險。

　　5. 法律風險 (legislative risk)：人們操作衍生性金融商品前，必須確定交易對手合法性及有無適當的主管授權。尤其是在個別衍生性金融商品交易完成前，人們必須評估交易契約的法律效力。

10.1.2.　衍生性商品類型

　　表 10–1 係衍生性商品的基本類型，以下分別說明其內容。

㈠遠期契約

　　廠商為掌握原料成本，與原料供給者約定在一定期限後以特定價格購買特定數量原料，此即遠期契約。早在 12 世紀時，Flemish 商人利用稱為 "de faire" 的文件作為遠期商品的交易工具，文件主要說明未來特定時日買賣雙方交貨內容，此即遠期契約的前身。演變至今，遠期契約係指經濟成員針對特定標的物，買方同意在未來約定時日支付一定金額，以交換賣方特定數量的商品、通貨或利息支付方式的契約。金融市場盛行的遠期契約以遠期外匯與遠期利率協定為主。

表 10-1　衍生性商品類型

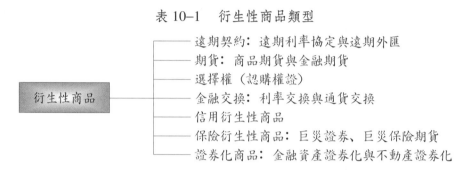

衍生性商品
- 遠期契約：遠期利率協定與遠期外匯
- 期貨：商品期貨與金融期貨
- 選擇權（認購權證）
- 金融交換：利率交換與通貨交換
- 信用衍生性商品
- 保險衍生性商品：巨災證券、巨災保險期貨
- 證券化商品：金融資產證券化與不動產證券化

㈡期貨

期貨屬於具有特定交割方式、交割期限（到期日）、固定商品規格及一定交割數量等性質的標準化遠期契約。早在西元前 2000 年的印度史料中即有期貨交易記錄，日本在 16 世紀出現期貨交易型態，英國及日本商業活動在 17 世紀即盛行遠期契約，美國 Chicago 則於 1848 年成立歷史上第一個期貨交易所。期貨在經濟活動中扮演的角色為：①價格風險管理：期貨係於目前鎖定未來價格，降低或消除未來風險的契約，賣方願以此價格在未來交付商品，買方則以此價格在未來收受商品。避險活動係期貨市場出現的主因，交易與套利活動則屬次要。②發掘價格 (price discovery)：人們透過期貨市場交易掌握未來市場供需狀況，瞭解未來價格訂定。③降低壟斷訊息能力。

當人們持有期貨到期時，期貨價格 (F) 應該等於現貨價格 (S)，否則將買進兩者較低價者，同時在較高價者的市場賣出套利。依此原理，人們在訂定期貨契約初期，買進現貨持有至到期賣出，將與直接購買期貨的價格相同。在持有現貨過程中，人們支付的儲存成本是 C，持有標的資產衍生的利益是 R，則顯示彼此關係即是持有成本理論 (cost-of-carrying theory)：

$$F = S + (C - R)$$

上式可以運用在任何期貨，以債券期貨而言，R 係持有債券而收取的利息，若就股票期貨來看，R 是持有股票的利得，C 是投資股票或債券的資金成本。當上式不成立時，將出現套利活動促使該式趨於成立。若以基差 (basis) 代表現貨與期貨的差距，

$$basis = F - S$$

　　基差係人們從事期貨與現貨套利活動的重要參考指標，短線投資人若依基差操作而不看價格交易，將屬於基差交易者。依據現貨與期貨價格的價差，期貨市場劃分為：①正常市場 (normal market)：期貨價格高於現貨價格，遠期期貨價格高於近期期貨價格；②逆價市場 (inverted market)：期貨價格低於現貨價格，遠期期貨價格低於近期期貨價格。至於期貨與遠期契約比較將列於表 10–2。

表 10–2　期貨與遠期契約的比較

	期　貨	遠期契約
契約標準化	有嚴格規定	交易雙方協議調整
交易方式	有集中交易市場（期貨交易所）	私下或櫃檯交易
履約風險	結算所背書保證	存在違約風險
違約風險	保證金交易制度	有風險，需慎選交易對象
解除合約義務	可採取反向操作或到期履約交割而解除合約義務	到期時需履約交割義務。

　　期貨市場的商品包括商品期貨與金融期貨，前者包括農產品、金屬與能源期貨三大類，後者包括利率、匯率與股價指數三大類商品，標的物是外匯、債券、股票指數等金融商品，兩種期貨類型分別列於表 10–3。

表 10–3　期貨類型

金融期貨	現股期貨	
	指數期貨	日經指數、S&P500 指數
	利率期貨	三十天利率、1 個月 LIBOR
	外匯期貨	美元、馬克、日圓、瑞士法郎、英鎊
	債券期貨	
商品期貨	農產品期貨	農產品期貨、農畜期貨、食品、原料
	金屬期貨	貴金屬（黃金、白銀、白金）與基本金屬（銅、鋁、鎳、鋅、錫）
	能源期貨	石油、鈾、油、丙烷、天然氣

　　美國芝加哥商業交易所 (CBOT) 設立國際貨幣市場分部，在 1972 年 5 月推出外匯期貨後，各國交易所競相仿效，紛紛推出各自的外匯期貨，促使外匯

期貨商品趨於多元化，進而引發創新金融期貨風潮。接著，芝加哥期貨交易所 (CME) 在 1975 年 10 月率先推出利率期貨（GNMA 的抵押憑證期貨），美國堪薩斯期貨交易所 (KCBT) 在 1982 年 2 月推出綜合股價指數期貨，顯示三大類金融期貨的結構初步形成。

金融期貨具有期貨的一般特點，相較商品期貨而言，標的資產不是實物商品，而是傳統金融商品，如：證券、貨幣、匯率、利率等。相對傳統的農產品期貨、金屬期貨成長緩慢，金融期貨在 1980 年代以空前速度成長，成為期貨市場中交易量最大的族群，占期貨市場交易量高達 80% 以上。芝加哥期貨交易所在 1980 年代初期，壟斷絕大多數的金融期貨交易，但不到十年期間，美國以外的金融期貨交易所紛紛崛起，美國交易所的優勢地位逐漸喪失，1989 年全球七大金融期貨交易量依序分別出現在芝加哥、東京、巴黎、倫敦、大阪及雪梨等交易所。

與金融商品相關的期貨種類很多，主要包括三大類：

1. 利率期貨：以利率為標的物的期貨契約，包括短期利率與中長期利率期貨。前者用於鎖定未來資金成本或報酬率，借款人規避利率上漲風險，投資人避免未來報酬率下跌損失。後者是到期日由 2 年至超過 15 年的美國聯邦公債期貨，係指在未來期間以約定價格交付或收受一定數量、一定品質的債券，提供賣方規避未來債券價格下跌風險，買方規避未來債券價格上漲風險。

2. 外匯期貨：以匯率為標的物的期貨契約，交易雙方約定在未來某一期間，依據約定匯率進行通貨交換。外匯期貨係因應貿易活動和國際金融業務需求而生，提供人們規避匯率風險。美國芝加哥商業交易所的國際貨幣市場分部在 1972 年首先推出外匯期貨，各國跟進相繼建立外匯期貨市場，外匯期貨遂成為世界性金融商品。在國際金融市場，外匯期貨交易涉及的貨幣以英鎊、美元、德國馬克、日圓、瑞士法郎、加拿大元、法國法郎、澳大利亞元以及歐元等貨幣為主。

3. 股價指數期貨：以股價指數為標的物的期貨契約，提供賣方規避未來股價下跌損失，或買方規避未來股價上漲損失。股價指數期貨自 1990 年起在世界重要股票交易所登場，交易量最多者首屈美國，以芝加哥商業交易所的

S&P500 為首，其次是紐約交易所一千五百種股票綜合指數期貨與由二十種績優股組成的主要市場指數 (MMI) 期貨，股價指數期貨採取現金方式交割。

㈢選擇權

選擇權買方支付權利金，在未來特定期間或日期，有權以執行價格買進（買權）或賣出（賣權）特定數量商品，標的資產包括金融資產（如：股票、債券、外匯）、實物商品（如：黃金、石油）或期貨契約（如：股價指數期貨），但無義務必須履約。選擇權賣方收取權利金，在買方要求執行權利時，必須履行以執行價格賣出（買權）或買進（賣權）特定數量商品。選擇權交易的起源甚早，直到 Black 和 Scholes (1973) 提出歐式股票買權的評價理論，提供交易基礎，才廣泛應用到金融市場。Chicago 選擇權交易所接續在 1973 年成立，為選擇權市場交易建立規範，而清算公司出現進一步降低交易風險，提高投資人信心。

選擇權商品在經濟活動發揮的效果包括：①遞延投資決策：人們基於市場前景不明，採取支付權利金而擁有未來決定是否執行權利，具有遞延投資決策的功能。②提供金融資產保險：衍生性商品具有避險功能，而選擇權則提供保險中的保險。舉例來說，投資人持有資產多頭部位而希望保障獲利，可購買該資產相同單位的賣權，將損失控制在僅止於支付權利金，而資產價格若是上漲，獲利將是資產漲價部分扣除權利金。③促進金融市場完整性：金融市場完整性係指「任何型態的市場預期心理，均可運用現有的投資工具獲得滿足」，縱使市場處於盤整格局，投資人仍可利用選擇權組合的交易策略創造利潤。

相對期貨而言，選擇權特質包括：①權利與義務不對等：期貨交易雙方的權利與義務對等，反觀選擇權買方有權利無義務，賣方有義務而無權利。②避免利潤被固定：期貨與現貨價格具有同向關聯特性，投資人透過持有期貨多頭部位抵銷現貨空頭部位、或持有期貨空頭部位抵銷現貨多頭部位，此種避險策略將固定獲利空間。反觀投資人採取選擇權避險，消除價格不利變動後，將保留價格往有利方向變動的獲利空間。③降低投資風險：期貨市場採取逐日計算追繳保證金制度，當市場朝不利方向變動時，投資人將面臨追加保證金壓力，否則只好斷頭出場；如果市場趨勢有利，投資人將可持續取回一定比例的保證金。反觀選擇權的權利金在履約期間永遠固定，選擇權的投資風險遠低於期貨。

④擴充信用：選擇權交易所為保證賣方履約，交易制度只要求賣方維持保證金額度，一般店頭市場交易則無此設計，促使賣方得以擴充信用。

㈣認購權證 (call warrant) 與認售權證 (put warrant)

在特定日期或期間內，人們支付權利金有權以執行價格購買（或出售）特定數量資產，發行者收到權利金，將需承擔履行被執行的義務。由於發行者需承擔反向市場風險，發行認購權證時，需在市場買進相對部位的資產避險。對經濟成員而言，認購權證屬於兼具投資理財與避險工具，特質如下：①避險功能：人們持有現貨或期貨部位，認購權證將屬於有效的避險工具。舉例來說：張無忌預期美國聯邦準備理事會將調高利率，而看壞臺灣股市，想採取空頭操作，但又擔心預期錯誤。為求控制風險起見，張無忌可在股市放空股票，並以少許資金買進看多臺灣股市的認股權證（以股票為標的之認購權證）。②高財務槓桿：認購權證交易僅需支付權利金，具高財務槓桿效果。

㈤金融交換 (financial swap)

金融交換係指交易雙方在未來期間內互換商品，交換種類包括利率交換、資產交換 (asset swap)、股權交換與信用交換等多種方式，基本類型包括：①基本利率交換：相同貨幣、不同計息方式（浮動與固定利率）的互換交易。②基差利率交換：相同貨幣、不同浮動利率計息方式（全球各金融市場的浮動計息基礎不同）的互換交易。③通貨交換：不同貨幣、相同計息方式的互換交易，類似雙方互相貸放給對方一筆不同幣別的資金，並在交換期間支付對方事先約定的利息。④交叉貨幣利率交換：不同貨幣、不同計息方式的互換交易。

㈥信用衍生性商品 (credit derivatives)

國內金融體系歷經亞洲金融風暴衝擊、公司債違約頻傳、銀行逾放比率暴增的衝擊，促使信用衍生性商品日益盛行，成為金融業從事風險管理的重要工具。為管理信用風險，信用衍生性商品的基本類型有三種：

甲、以違約事件發生為前提的信用交換 (credit swap)

1.資產交換 (asset swap)：甲方將公司債交給乙方，乙方定期支付某一利率指標加上利差，直到債券到期為止。一旦公司債發生違約，甲方將公司債信用風險轉嫁由乙方負擔。

2.違約交換 (default swap)：甲方定期支付固定金額，直迄標的債券發生違約即停止支付。乙方僅在違約出現時，支付債券面額給甲方。此種交換類似保險，甲方定期支付金額如同保費，乙方在發生違約時支付債券面額，則類似保險公司理賠。

3.信用違約交換 (credit default swap)：甲方定期支付某一利率指標加上固定加碼，直迄標的公司債發生違約為止。乙方定期支付同一（或另一）利率指標給甲方，無論債券有無違約均須全期支付。此種交換契約僅是規避利息部分的信用風險，本金不在保障範圍內。

乙、以違約風險溢酬為標的的信用衍生性商品

1.信用差距選擇權 (credit spread options)：假設 y 是無信用風險公債殖利率，y^* 為條件類似之公司債殖利率，當 $y^* \succ y$ 達某一程度以上時，發行機構須支付差額。舉例來說，$y^* = 6.5\%$、$y = 6\%$、差額為 0.5%，在契約期間，一旦 $(y^* - y) \succ 0.5\%$，投資人可向發行者要求給付，金額為兩者實際利差超過 0.5% 部分乘上名目本金。信用差距也可定義為不同等級公司債的殖利率差，如：當 AA 及 BBB 級公司債之殖利率差超過 0.75% 時，投資人可要求發行機構就超過部分給付。

2.債券交換選擇權：投資人支付權利金，有權將一單位特定公司債交換 Q 單位公債。公司債存在違約風險，相同面額的公司債價值將小於公債，是以 $q = 1/Q \prec 1$。當公司債信用品質惡化導致價格下降，投資人將執行交換權利以確保公司債價值。

丙、以信用評等為標的而設計的衍生性商品，當廠商信用評等跌落某一等級時，投資人可要求發行公司以特定價格贖回，具有賣權性質。

(七)保險衍生性商品

CBOT 在 1993 年以保險服務機構 (Insurance Services Office, ISO) 資料為標的之房屋保險期貨、健康保險期貨與巨災保險期貨 (insurance futures) 開始交易。保險期貨的流動性、保密性與交易成本均優於再保險，將資本市場引進參與巨災保險，可在較穩定價格下提供額外承保數量。成熟的保險衍生性商品市場將吸引資金投入保險業，有利於擴大風險分散程度。相對再保險而言，保

險衍生性商品特質包括：①成本較低：投保人利用保險衍生性商品避險，在到期日之前只要認為風險程度降低，都可結束原先部位，逐年續約成本也將消失。反觀再保險契約原則上也可隨時終止，但交易成本較高。②低違約風險：保險衍生性商品透過期貨交易所撮合，交易雙方違約可能性極低。③訊息充分：保險衍生性商品採取公開交易，參與者均可取得相關資訊，降低管理成本與資訊不對稱現象。④市場進入障礙低：保險衍生性商品交易可讓無保險經營執照者也能參與市場。⑤理賠迅速：當保險衍生性商品即將到期時，最後賠款將迅速給付。⑥提升市場效率：保險衍生性商品屬於較短的標準化契約，將可產生具有流動性的交易市場。

此外，產險公司或再保險公司為規避巨災（包括地震、颱風、海嘯等）風險，發行巨災風險證券化商品吸收資金，用於解決承保能量不足的問題。對投資人而言，巨災風險和市場其他財務風險無關，將可降低非系統風險，巨災債券 (catastrophe bond) 將是安排投資組合多元化的重要標的。以國外例子來看，巨災債券投資人以基金公司、銀行及壽險公司為主，報酬率則以倫敦金融同業拆款利率 (Libor) 加上 2.5%～3% 計算，相較其他固定收益資產報酬率高。

(八)證券化商品

證券化商品係指廠商或銀行將未來現金流量，以證券化形式表彰其權利。創始機構將資產信託給金融當局許可的機構，加以包裝並進行證券化出售，投資人購買該類證券，未來將可收到穩定利息，此係類似債券的固定收益金融商品。舉例來說，第一銀行、華南銀行、中國信託商銀將房屋抵押放款進行證券化。由於房貸戶必須定期償付利息，從而產生現金流量，投資人購買放款證券化商品，在約定期間將可取得穩定收益。此外，具有明確未來現金流入的住宅、辦公大樓等標的資產適合包裝進行土地證券化，國內首件不動產證券化商品係於 2004 年 6 月掛牌的萬國商業 (IBM) 大樓資產信託受益憑證。至於旅館、高爾夫球場、醫院等特殊產業的商品，具有未來現金流量容易確認的特性，也是證券化商品的標的資產。

10.1.3.　衍生性商品與現貨資產的關係

圖 10–1 顯示基本衍生性商品間的關係。基本衍生性商品係以期貨、遠期契約、選擇權與金融交換四種為主。為因應不同客戶需求，金融市場重新排列組合基本衍生性商品，創新多元化商品，如：遠期交換、期貨選擇權、交換選擇權、交換期貨、交換期貨選擇權等，此即再衍生性商品。

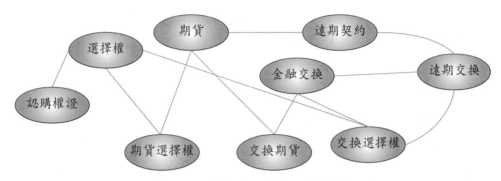

圖 10–1　基本衍生性商品間的關係

表 10–4 顯示基本衍生性商品與現貨資產的關係。衍生性商品的標的資產基本上包括利率（債券）、匯率（外匯）、股價（股票）與商品價格（商品）等。

表 10–4　基本的衍生性商品與標的資產的關係

現貨資產 ＼ 衍生性商品	遠期契約	期　貨	金融交換	選擇權 店頭市場	選擇權 交易所
利率（債券）	遠期利率協定	利率期貨	利率交換、利率貨幣交換	利率上限、利率下限、利率上下限	利率選擇權
外　匯	遠期外匯	外匯期貨	利率交換、貨幣交換	通貨選擇權	
股　票		股價指數期貨	股權交換	股票（指數）選擇權	
商　品	遠期商品契約	商品期貨	商品交換	商品選擇權	

10.1.4. 避險策略類型

人們從事避險活動,利用衍生性商品損益彌補現貨資產損益,採取避險操作策略,除利用單一衍生性商品外,並可結合標的資產、期貨、選擇權與交換,創造合乎本身需求的避險資產組合。人們面臨風險來源不一,不同資產價格之間可能相關,若能彼此互沖同樣達到避險效果,此即內生避險機能;若利用衍生性商品避險,則稱為外部避險機能。人們採取避險操作策略,可依下列標準分類:

1.依避險目標分類:①單一避險 (micro hedging):人們針對個別投資部位的價格風險進行避險。②整合避險 (macro hedging):人們考量整體投資部位的狀況,針對內生避險互沖效果後的剩餘風險進行避險。概念上,整合避險效果較佳,交易成本亦較低。人們應將焦點放在剩餘風險,而非個別部位的價格風險。舉例來說,電子業同時擁有外幣的營業收入與外幣負債,將可透過調配現金流量而達成部分避險效果。保險公司面對利率上升,資金成本雖然上升,收益也相對增加,具有部分相互沖銷風險效果。

2.依避險時間分類:①連續性避險 (continuous hedging):人們不願承擔風險,希望將資產價格控制在某一範圍。②選擇性避險 (selective hedging):人們面對資產價格波動對其不利的可能性增加時,才進場操作期貨,享有資產價格波動對其有利時之好處。舉例來說:在股市下挫之際,人們不願認賠賣出持股,改採放空臺灣股價指數期貨避險,運用期貨空頭部位規避股票多頭部位的風險。

3.依避險商品分類:①直接避險 (direct hedging):人們利用與現貨相同的期貨從事避險,希望達到現貨與期貨部位間損益可以互抵的目的。②交叉避險 (cross hedging):人們從事避險操作,績效良窳關鍵在期貨與現貨的相關性,兩者是否為同一商品並非必要。同樣商品的價格變動自然存在相關性,一旦人們需要運用的期貨未上市交易,若可找到與現貨相關的其他期貨時,仍然可以發揮避險效果。當期貨與現貨不同時,稱為交叉避險。實務上,人們使用金融期貨避險時,多數屬於交叉避險。人們以股票為標的進行避險操作時,可利用各種指數期貨進行對應之避險。

4.依避險數量分類:①過度避險 (over-hedging):人們利用期貨避險的數量

多於現貨部位。舉例來說，臺灣股價加權指數在 8,000 點（每點 200 元）時，每口期貨契約值是 160 萬元，如果人們持有 1,000 萬元股票，放空七口股價指數指貨將屬於過度避險。②避險不足 (under-hedging)：人們利用期貨避險的數量少於現貨部位。

5. 依避險狀態分類：①靜態避險 (static hedging)：人們依據避險期間（一週、1 個月、甚至 1 年）選擇避險比例 (h) 及投資變動組合（beta 值），除非避險原因消失，否則無需調整。②動態避險 (dynamic hedging)：人們利用衍生性商品與現貨組成之資產組合保險 (portfolio insurance)，依據市場價格變動隨時調整衍生性商品部位，以改變投資組合 beta 值。動態避險策略在執行資產組合保險時，必須在風險性資產價格上升，增加持有風險性資產部位；反之，則降低其持有比例。

6. 依持有衍生性商品部位分類：①多頭避險：對持有股票或預擬投資股票的投資人而言，在預期股價上漲時，可建立多頭股票指數期貨部位。②空頭避險：對持有股票或預擬出售股票的投資人而言，在預期股價下跌造成利潤減少時，可建立指數期貨空頭部位。

10.2.　股票的衍生性商品

10.2.1.　股價指數期貨

股價指數期貨係 1980 年代創新的衍生性金融商品，以特定股票市場未來某時點的指數（如：3 個月或 6 個月後的發行量加權股價指數）為交易標的物之契約，提供參與股票市場的避險管道。人們操作股價指數期貨，係以進場與出場兩個時點的指數差額計算盈虧。股價指數是反映股票組合價值的指標，人們買賣一口股價指數期貨，相當於買賣列入計算指數的股票所組成的投資組合。

期貨具有特定到期日，交易雙方到期必須交割標的資產。股價指數並非商品，交易雙方要如何交割呢? 理論上，賣方可用指數內含的成分股票交予買方，

實務上，股價指數包含的成分股票眾多，執行實物交割有其困難，是以改採現金交割策略。指數期貨規定指數衡量單位的現金價值，如：臺股指數期貨每點200元，交割時以每點的現金價值乘上臺股期貨指數漲跌點數，作為買賣雙方應付或應得金額，直接以現金結算。

股價指數期貨係以上市公司為母體,依產業別挑選具代表性的公司作樣本來計算指數值。國際金融市場採樣原則雖有不同，但指數通常符合三個條件：①需能反映產業對資本市場的相對影響力、②包含固定數目且具有相當活絡性的股票、③滿足期貨等衍生性商品市場的避險及套利需求。由於股票與股價指數期貨交易的差異性頗大，人們操作股價指數期貨，將可規避直接操作股票的缺陷：

1.股價指數期貨代表大盤走勢，期貨市場甚難出現現貨市場的大戶效果。由於人們瞭解大盤較瞭解個股容易,技術分析應用在股價指數的可信度將高於個股，從而降低非系統風險。

2.投資股票將暴露在公司營運風險,買賣臺股指數期貨僅需注意總體經濟環境變化,個別股票的非系統風險將因股價指數期貨包含數百種股票的資產組合多元化而降低。

3.期貨交易具有高財務槓桿特性，期貨買單只要有相對賣單即可成交，不受現股多寡限制，放空與作多的待遇完全相同。反觀股票融資融券將受資券數量限制，尤其融券條件較嚴苛，無法享受如融資一般的待遇。

4.期貨屬於未來到期契約，無籌碼限制，扮演多頭或空頭的條件相同，人們採取沖銷操作彈性遠勝於股票。尤其是交易雙方擁有足夠保證金即可當日沖銷，無沖銷次數限制。

股價指數期貨類似其他期貨商品，具備包括契約數量、契約月份、交割日期及交割方式等標準化契約規格。全球曾經以臺灣股市為交易標的資產的期貨包括臺灣發行量加權股價指數期貨（本土臺股指數期貨、電子期貨、金融期貨等）、SIMEX 的 Morgan 臺股指數期貨、CME 的道瓊臺灣股票指數期貨與香港期交所的臺灣指數期貨等四種，不過後兩者已經停止交易。

臺灣加權股價指數期貨的每口契約價值為「加權指數 × 200 元」。以 1998

年 12 月 12 日的臺灣證券市場收盤指數 8,398 為例，每口契約價值 8,398 × 200 = 1,679,600 元。假設張無忌預期臺灣股市於 1998 年底將上漲至 8,800 點，遂買進一口臺股指數期貨，成交指數 8,300 點。另外，假設趙敏預期東南亞金融風暴將持續擴大，遂賣出一口臺股指數期貨，成交指數 8,350 點。假設 1998 年 12 月 17 日的臺股收盤指數為 8,700，兩人以相同股價指數平倉，損益分別為：

張無忌 $(8,700 - 8,300) \times 200 = 80,000$ 元（獲利）

趙敏 $(8,350 - 8,700) \times 200 = -70,000$ 元（損失）

假設 12 月 17 日的臺股收盤指數為 8,100，兩人以相同股價指數平倉，損益分別為：

張無忌 $(8,100 - 8,300) \times 200 = -40,000$ 元（損失）

趙敏 $(8,350 - 8,100) \times 200 = 50,000$ 元（獲利）

Morgan-Stanley 投資銀行在 1996 年編列有關臺灣股市的指數，納入該公司的新興市場指數組合中，新加坡國際金融交易所 SIMEX 採用該臺灣股市的指數作為期貨交易標的，挑選臺灣 77 支具有產業代表性及流動性佳的股票，涵蓋臺灣股市 60%，並於 1997 年 1 月 9 日正式掛牌交易。SIMEX 的 Morgan 臺指期貨係以美元交易，保證金為 3,000 美元，無須繳交 0.025% 的期交稅，但需考慮匯率風險。Morgan 臺指期貨漲跌單位是 0.1 點，損益為美元 10 元。舉例來說，張無忌買進 Morgan 臺指期貨一口，Morgan 臺指上漲 10 點，獲利為 10 美元 × 100 = 1,000 美元。表 10-5 係股票與股價指數期貨的比較。

表 10-5　股票與股價指數期貨的比較

項　目	股　票	股價指數期貨
功　能	投資、募集資金、投機	投機、避險、套利
交易標物	個別公司股票	股價指數
財務槓桿	信用交易（融資或融券）	保證金交易
損益來源	價差、股利分配	價差
到期日	無到期日	到期日固定
籌碼限制	個別公司流通在外股數	無限制
放空限制	有融券配額限制	無放空限制
交易成本	成本較高	成本較低

結算時間	無需逐日結算	逐日結算
超額損失	除信用交易外，最大損失僅限於原始投入金額	交易人損失可能大於原始投入金額
交　割	成交後第二個營業日	到期以現金交割
風　險	系統風險與個股非系統風險	系統風險
當日沖銷	須有信用交易帳戶，且事先聲明	符合保證金規定即可

10.2.2. 選擇權與認購（售）權證

選擇權與認購（售）權證的性質類似，前者包括買權與賣權兩類，後者包括認購權證與認售權證。兩者均是人們支付權利金，可於固定期間以執行價格向發行者購買或出售標的資產。以股票為標的資產的認購權證又稱為認股權證，相當於股票買權，兩者差異性將列於表 10–6。

認購權證的類型眾多，可依下列標準劃分：

1.擁有權利：①擁有買進特定商品權利的認購權。②擁有賣出特定商品權利的認售權證。

2.發行人：①公司認購權證 (company warrant)：公司發行認購權證，通常伴隨股票或公司債發行，藉以提升吸引力。②備兌認購權證 (covered warrant)：由企業以外的第三者發行。

3.執行時點：①美式認購權證：在認購（售）權證期滿日之前一天，投資人皆有權利隨時執行認購（售）權。②歐式認購權證：投資人僅能在認購（售）權證有效期的最後一天執行權利。

4.標的資產：①單一股票型認購權證 (single-stock warrant)：以單一股票為標的發行權證。②股票組合型或類股權證 (basket warrant)：以數支股票為標的發行權證，通常以產業別為股票組合的基礎。③外匯型認購權證 (foreign exchange warrant)：以兩種貨幣的匯率為標的發行權證，以匯率差價為給付標準。④利率型認購權證：以特定利率指數為標的發行權證，行使權利係採現金交割（履約利率與特定市場利率的差額）。⑤指數型認購權證 (index warrant)：以股價指數為標的發行權證。

表 10–6　認股權證與股票買權的比較

類　別 項　目	認股權證	股票買權
1.發行者	只要發行者具有履約能力或經由第三者保證履約，並符合交易所上市規定即可。	由結算所或交易所為發行人，經證期局核准後上市交易。
2.標的物	股票	股票、股價指數
3.權利金與保證金	買方支付權利金，交易雙方均無保證金問題。	買方支付權利金，賣方繳納保證金。
4.期　限	期限為 1 至 3 年，臺灣的認股權證期限規定在 1 至 2 年間。	期限較短，多為 3、6 或 9 個月。
5.稀釋效果	若屬給付股票之認股權證，則有稀釋效果；若為現金交割之認股權證，則無稀釋效果。	無稀釋效果
6.發行數量、發行與履約價格	訂在發行契約	a.無發行價格 b.履約價格由交易所視標的資產的目前價格計算出來，故有不同履約價格的選擇權。 c.發行數量以市場上未平倉契約數表示。
7.中介機構	交易所對權證交易負交割之責，但不負履約之責。	雙方完成結算手續後，交易對手的違約風險由結算所承擔。

5.流通市場：區分為在店頭市場與在集中市場交易之認購權證。

6.交割方式：採取現金交割或實物交割的權證。

7.是否依附其他證券：獨立或伴隨型、附認股權證公司債、認購權證基金。

8.能否獨立於原始債券交易：包括可分離認購權證 (detachable warrant) 與不可分離認購權證 (non-detachable warrant)。

9.有無擔保：有擔保或無擔保認購權證。

10.2.3.　股權交換 (equity swap)

　　股權交換係指股票投資報酬與利率的交換，交易雙方約定交換的名目本金、交換期間、交換標的股票報酬率與利率，到期時再根據標的股價報酬率與

標的利率進行交換。股權交換包括股價報酬率與固定利率交換、股價報酬率與浮動利率交換、不同股價報酬率交換等形式。舉例來說，東隆五金大股東與信孚銀行簽訂股權交換契約，名目本金 1 億元，大股東 1 年後支付信孚利率 10%（1,000 萬元），信孚支付大股東等值東隆五金股票（以簽約時之股價計算股數）在該年內的投資報酬率（包括股利與資本利得）。假設大股東計算前述股票報酬為 1,500 萬元，信孚僅須給付 500 萬元予大股東。反之，信孚計算前述股票報酬為 500 萬元，大股東僅需給付信孚差額部分 500 萬元。在股權交換過程中，理論上，交易雙方無須在股票市場購買股票。實務上，信孚銀行為求避險，必須評估股價波動風險再決定購買數量。

股權交換在金融市場扮演的角色如下：①規避外匯管制與外人投資限制：股權交換雙方無須從事實際股票交易，所需資金與投資利得無須匯入匯出相關國家，故不受外匯管制法令規範，且無實際投資活動，亦不受外人投資限制之法令規範。②彈性調整資產組合部位規避風險：投資人面對法令或事實限制致使無法調整資產組合部位者，或調整部位所需交易成本過高，即可採取股權交換達到規避風險目的。③降低交易成本：交換雙方無須進行實際股票買賣，包括證券交易稅與手續費等成本可因股權交換交易而免除。

投資人（如：因現金增資而需護盤或特殊需求之上市公司）與投資銀行簽訂股權交換契約，約定承作日、到期日、交換時程、標的股票、總股數、融資利率、融資成數、追繳條件以及補繳時間等條款，投資人繳交約定成數之保證金，投資銀行則買進約定數目之標的股鎖定籌碼。在約定交換時點，投資人與投資銀行就融資金額之利息與標的股漲跌金額互換。融資利率通常依投資人信用評等，以倫敦銀行同業隔夜拆款利率 (LIBOR) 加碼方式訂定。交換雙方進行利率與股票報酬率交換時，採取淨額交割方式，由淨支出者付費給淨收入者，交換時程通常是每月一次，到期日再作最後一次交換。追繳條件視標的股票價格變化狀況約定，可能在下跌 7% 至 15% 之間，補繳時限多訂為次交易日前，亦即標的股票價格每下跌 7% 或 15% 時，投資人即需於當日補繳等同總下跌金額之保證金，否則即斷頭出場。

10.3. 利率衍生性商品

10.3.1. 利率交換 (IRS)

利率交換係指交易雙方彼此同意在固定期間,就既定名目本金互換支付利息方式（固定與浮動利率、浮動與浮動）,本金不交換,期限短則 1 年、最長可至 10 年。廠商信用評等不同導致融資成本發生差異,大型廠商信用評等較佳,取得長期資金具有相對優勢,中小型企業信用評等次佳,取得短期資金具有比較利益。雙方透過利率交換,除利用長短期融資成本差異性進行套利活動外,將可改變資產或負債結構性質,規避利率風險,落實資產負債的風險管理。

利率交換市場參與者區分為最終使用者及中介者,有些銀行、保險公司、政府機構代理人、外國政府、國際經紀人、跨國企業則是兼具兩種角色。利率交換可由交易雙方直接洽商完成,實務上,尋找交換對手不僅耗費時間且須承擔信用風險,通常尋求中介銀行撮合。金融廠商基於業務往來,較能掌握利率交換供需雙方,容易找到潛在交換者,並可以其信用降低交易雙方的信用風險。中介銀行與交換雙方分別訂立契約,互換契約若是完全配合,僅是賺取服務費用或差價。一旦預擬交換雙方的契約金額不合,中介銀行可擔任一方之交換者,先行承擔交換之利率部位,待尋獲另一交換對手後再將部位軋平。此外,金融廠商基於財務管理、資金調度、風險管理等因素,亦常需使用利率交換與銀行同業或大型企業互謀比較利益。

廠商運用利率交換工具,將可發揮下列效果:①降低資金成本:交換雙方面對信用評等差異性,基於相對比較利益進行套利,尋求降低雙方資金成本。②規避利率風險:廠商針對既有債務,利用利率交換重組債務組合。舉例來說,廠商預期利率下跌,可將支付固定利率債務轉換成支付浮動利率;若預期利率上漲,則採反向操作規避利率風險。③提升資產收益率:廠商預期未來利率下跌時,可將浮動利率資產轉換為固定利率型態,或預期未來利率上漲時,轉換固定利率資產為浮動利率型態。④擴大融資管道:當廠商面臨債信不足而無法

取得某種資金，或面臨不同資金市場及各國外匯管制障礙，利用利率交換將可
取得所需資金。⑤靈活資產負債管理：當廠商考慮調整資產或負債類型組合，
配合資產組合管理或鎖定利率未來動向時，運用利率交換工具調整，將無需賣
出資產或償還債務。浮動利率資產與浮動利率負債相配合，固定利率資產與固
定利率負債相配合，促使未來現金流入與流出相配合。

　　在利率交換市場，短期負債交換成長期負債以規避利率上漲風險最屬常
見。假設華邦電子信用評等 AAA，支付長期資金固定利率 3%，支付短期資金
浮動利率 (LIBOR + 0.2%)。瀚宇彩邑信用評等 BBB，支付長期資金固定利率
4.5%，支付短期資金浮動利率（LIBOR + 0.5%）。比較兩者融資成本，華邦電
子採取長期固定利率舉債較瀚宇彩邑低 1.5%（4.5% − 3%），若以浮動利率舉
債僅較瀚宇彩邑低 0.3%〔(LIBOR + 0.5%) − (LIBOR + 0.2%)〕。相反地，瀚宇
彩邑以浮動利率舉債較華邦電子高 0.3%，改採固定利率融資較華邦電子高
1.5%。是以 2 家廠商透過利率交換，除滿足各自資產負債管理需求外，將同時
享有因比較利益帶來融資成本降低的好處。

圖 10–2　直接利率交換

　　在圖 10–2 中，2 家廠商進行直接利率交換，華邦電子融資成本變為 LIBOR
−0.5%，事先以固定利率 3% 融資扣除收到瀚宇彩邑之 3%，再加上支付瀚宇彩
邑的LIBOR − 0.5%。瀚宇彩邑融資成本變為 4%，亦即以浮動利率 LIBOR+
0.5%融資，減去收到華邦電子 LIBOR − 0.5%，再加上支付華邦電子固定利率
3%。在此，華邦電子達到追求支付浮動利率的目的，較直接以浮動利率融資
時低0.7%，亦即 LIBOR + 0.2% 浮動利率減去 LIBOR − 0.5% 的利率交換成本。
反觀瀚宇彩邑也同時達成支付固定利率的目的，融資成本降低 0.5%，即直接
以固定利率 4.5% 融資減去利率交換後之 4%。

實務上，2 家廠商甚難取得彼此需求的資訊，從而透過銀行居中撮合，方得順利實現利率交換。銀行從中收取手續費用，交換過程結果將如圖 10–3 所示。經過花旗銀行居中撮合後：

華邦電子融資成本為：3% + (LIBOR − 0.4%) − 3% = LIBOR − 0.4%，融資成本降低 (LIBOR + 0.2%) − (LIBOR − 0.4%) = 0.6%。

瀚宇彩邑融資成本為：3.10% + (LIBOR + 0.5%) − (LIBOR − 0.5%) = 4.1%，融資成本降低：4.5% − 4.1% = 0.4%

花旗銀行賺取手續費為：(LIBOR − 0.4%) − (LIBOR − 0.5%) + (3.1% − 3%) = 0.2%

圖 10–3　間接利率交換

舉例來說，德榮投資公司預期利率長期呈現下跌走勢，決定放空利率，遂選擇存入 2 年期定期存款 1,000 萬元，利率固定為 7.2%，並與花旗銀行訂定 2 年期利率交換。假設固定利率在 2 年內持續超過浮動利率，德榮投資將可得到 1,000 萬 × 7.2% = 72 萬元利息，外加固定利率與浮動利率之差價。反之，德榮若預期利率上漲，可與花旗銀行訂定以固定利率交換浮動利率之利率交換，若固定利率在 2 年內持續低於浮動利率，將可得到 72 萬元利息外加浮動利率與固定利率之差價。

10.3.2.　利率選擇權

利率選擇權係以利率為標的資產的選擇權，買方支付權利金，在契約到期日（歐式）或持續期間（美式）有權以履約利率執行權利，賣方有義務履行契約。利率選擇權協助買方將資金成本或投資收益固定在某一水準，以規避利率變動不利買方產生的損失。賣方收取權利金，當利率變動不利買方而放棄履約

時，賣方獲取利益便是權利金；若利率變動不利賣方時，賣方將承擔履行契約的損失。利率選擇權分為三類：

1.利率上限 (cap)：此即利率買權。買方支付權利金，在履約當日，若特定浮動利率高於約定利率上限，賣方須補償利率上限與浮動利率之間的差價予買方。對以浮動利率籌資之廠商而言，可將長期負債資金成本鎖定在一定水準之下，有效規避利率風險。

2.利率下限 (floor)：此即利率賣權。買方支付權利金，在履約當日，若特定浮動利率低於約定利率下限，賣方須補償利率下限與浮動利率間的差價予買方。人們可將長期資產收益鎖定在一定水準之上，確保投資收益不會低於利率下限水準。

3.利率區間 (collar)：此即利率上限與利率下限契約的組合，買方支付權利金，約定上限及下限利率區間，在履約當日，若市場利率上漲超過利率上限，賣方須補償市場指標利率與利率上限之間的差價予買方，若市場利率下跌超過利率下限，買方須支付市場指標利率與利率下限間的差價予賣方。人們購買利率區間選擇權，意味著同時買入利率上限與賣出利率下限，鎖定利率波動風險於上下限之間。

舉例來說：中租迪和向中信銀行購買利率上限選擇權，名目本金為 5,000 萬元，利率上限（履約利率）為 6%，2 年後到期，市場利率釘住商業本票利率，結算頻率為每 3 個月一次，2 年共有八個交割次數。中租迪和支付權利金為本金之 1.05%，即 5,000 萬元 × 1.05% = 525,000 元。在契約期間，每 3 個月於利率重訂日時，3 個月期商業本票利率倘若高於 6%，中信銀行須支付中租迪和兩者利率差價。反之，3 個月期商業本票利率若低於 6%，中信銀行無須支付差價。假設 3 個月期商業本票利率為 6.25%，中信銀行須於交割日補償中租迪和 31,160 元。假設重訂期間有 91 天，則：

$$5,000\ 萬 \times (6.25\% - 6\%) \times (91/365) = 31,160$$

至於影響利率選擇權的權利金因素包括：①履約利率：當利率上限規定之履約利率愈高，權利金隨之下降，平價選擇權 (at the money) 價格將高於價外

選擇權 (out of money) 價值。當利率下限規定之履約利率愈高時，履約日被執行之機率較高，權利金隨之攀升。②市場利率：當市場利率遠低於履約利率，利率上限在計算支付結算差價可能性愈低，選擇權價值將愈低或趨近於零。③利率波動幅度 (volatility)：當金融市場利率波動性極大時，無論利率上限或下限選擇權，權利金會較高。反之，市場利率趨於平穩時，權利金將較低。④契約期間：選擇權含有時間價值，到期期限愈長，利率上限和利率下限的價值愈高。⑤結算頻率：結算頻率愈高代表包含之單期選擇權愈多，其利率上限與利率下限價值也就愈高。

10.3.3. 利率交換選擇權 (swaption)

利率交換選擇權係以利率交換為標的資產的選擇權，買方在期初支付權利金，有權在未來某特定時點執行權利，並進入一個利率交換契約。針對標的利率交換契約，利率交換選擇權分為兩類：

1. 支付固定利率之利率交換選擇權 (payer's swaption)：買方有權進入「支付固定利率、收取浮動利率的利率交換契約」，一旦未來交換利率高於執行利率時，買方選擇執行契約，享有以較低交換利率進行利率交換的好處。

2. 收取固定利率之利率交換選擇權 (receiver's swaption)：買方有權進入「收取固定利率、支付浮動利率的利率交換契約」，一旦未來交換利率低於執行率時，買方選擇執行契約，享有以較高交換利率進行利率交換的好處。

另外，根據買方執行權利，利率交換選擇權包括：①歐式利率交換選擇權：買方僅能在選擇權到期日決定是否進入利率交換契約。②美式利率交換選擇權：買方能在選擇權到期日之前的任一時點，決定是否進入利率交換契約。③百慕達式利率交換選擇權 (Bermudan swaption)：百慕達式為介於歐式與美式契約間的商品，買方僅能在選擇權存續期間的特定時點，決定是否進入利率交換契約。

10.3.4. 遠期利率協定 (FRA) 與利率期貨

廠商若無從確實掌握未來利息支出或收入流量時，將無法效率管理現金流

量，亦即未來利息收支將需面臨利率風險。是以交易雙方針對未來開始的一段期間內，訂定固定利率與固定名目本金的遠期利率協定，雙方僅針對利息差額結算，並不交換名目本金。遠期利率協定是管理利率風險的效率工具，買方用以規避利率上漲風險，賣方則可免於利率下跌風險。

遠期利率協定參與者包括交易商、投資機構及一般廠商，交易商係具有新臺幣利率衍生性商品交易商資格之金融廠商（外商銀行及本國銀行），證券公司須取得櫃檯買賣中心核發之新臺幣利率衍生性商品營業許可，方具備交易資格。新臺幣遠期利率協定之主要交易商報價資訊，可在美聯社資訊系統取得參考報價，契約規格通常為 1×4（意義為 1 個月後的 3 個月期利率）、3×6（3 個月後的 3 個月利率）、2×5（2 個月後的 3 個月）、6×9（6 個月後的 3 個月）等，報價形式如下：

FRA	1×4	2×5	3×6	4×7	5×8	6×9	9×12
交易商報價	1.93/1.83	1.95/1.80	1.95/1.75	2.00/1.80	2.00/1.80	2.00/1.80	2.00/1.80

以 1×4 報價 1.93/1.83 為例，表示對於 1 個月後之浮動利率指標（通常為 90 天 BA 次級市場中價），交易商支付固定利率 1.83%，收取固定利率 1.93%。舉例來說，高僑公司預期 6 個月後將進口設備，並於 3 個月後需要支付資金 1,000 萬美元，財務部門預測屆時利率將上漲，為鎖定利息支出遂與中國商銀訂定遠期利率協定，支付 "6×9 FRA" 固定利率，報價之協定利率為 "5.6%～5.9%"，雙方議定利率為 5.9%、名目本金 1,000 萬美元。6 個月後，市場利率果然上漲，3 個月市場利率（180 天 BA 次級市場報價）為 6%。在清算日，中國商銀需支付高僑利息差額如下：

$$\frac{(6-5.9) \times 10,000,000 \times 90}{360 \times 100 + (6 \times 90)} = 2,463.05$$

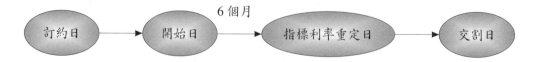

高僑公司配合未來資金需求，6 個月後以市場利率 6% 借入為期 3 個月之

資金，但因承作 FRA 避險交易，資金成本固定為 5.9%，淨財務成本計算如下：

借入資金利息成本：$10,000,000 \times 6\% \times (90/360) = 150,000$

遠期利率協定利息差價收入：2,463.05

淨財務成本：$150,000 - 2,463.05 = 147,536.95$

$147,536.95 \div 10,000,000 \times (360/90) = 5.9\%$

財務成本為 5.9%，即為原先 FRA 設定之資金成本。假設高僑公司在短期資金市場的議價空間較大，能夠取得低於指標利率 6% 的資金，如取得 3 個月利率 5.95%：

借入資金利息成本 $10,000,000 \times 5.95\% \times (90/360) = 148,750$

遠期利率協定利息差價收入：2,463.05

淨財務成本：$148,750 - 2,463.05 = 146,286.95$

$146,286.95 \div 10,000,000 \times (360/90) = 5.85\%$

「亦即為 $5.9\% + (6\% - 5.95\%) = 5.85\%$」

反之，高僑在當期若無法取得低於 6% 的資金時，支付利率相對高於 5.9%。

　　1970 年代的兩次石油危機導致金融市場利率波動劇烈，促使資金供需雙方面臨重大風險，尤其是債券投資人基於規避利率風險需求，促使美國芝加哥商業交易所在 1975 年分別推出短期國庫券、中長期國庫券、商業銀行定期存款、歐洲美元存款等金融工具的利率期貨。利率期貨係以債券為標的資產的期貨，用於規避利率波動引起證券價格波動風險。利率期貨包括短期利率和長期利率期貨，前者係以金融業拆款市場 3 月期利率為標的物，後者以 5 年期以上的長期債券為標的資產。

　　利率期貨特點包括：①利率期貨價格與實際利率呈反向變動，即利率越高，債券期貨價格越低：利率越低，債券期貨價格越高。②利率期貨主要採取現金交割方式，有時也採現券交割。現金交割是以銀行現有利率為轉換係數來確定期貨交割價格。

10.4. 期貨市場組織

10.4.1. 國內期貨市場發展

　　臺灣期貨市場發展分為兩階段，先開放國外期貨交易、再建立國內期貨市場。立法院在 1992 年 6 月通過國外期貨交易法，主管機關為財政部證期會，於 1993 年底核准 14 家國內及 9 家國外期貨經紀商籌設許可，1994 年 4 月成立第一家期貨經紀商，投資人可以經由正式管道從事國外期貨交易。接著，行政院在 1997 年 6 月公布實施期貨交易法正式取代國外期貨交易法，期貨交易所則在 1997 年 9 月正式成立，提供期貨集中交易市場，藉由期貨交易達到對現貨標的物之價格發現及風險移轉效果，並於 1998 年 7 月 21 日推出「臺灣證券交易所股價指數期貨契約」第一個期貨商品。為因應市場需求，在 1999 年 7 月 21 日再推出「電子類股價指數期貨」及「金融保險類股價指數期貨」兩個股價指數期貨。

　　期貨市場參與者包括交易人、專業人員、主管機構與自律組織，期貨交易人依動機分為投機者、套利者與避險者，可至期貨商、兼營期貨業務之證券商或期貨交易輔助人處開戶，三者差異如下：①專營期貨商：凡主管機關核准之國內外期交所及衍生性商品均可承作，交易人可進行較多商品交易。②兼營期貨商：證券商兼營期貨業務者，依其申請項目僅能承作證券相關期貨業務，如：股價指數期貨經紀業務。③期貨交易輔助人：得承作證券相關期貨業務，期貨交易輔助業務包括招攬、開戶、接單及轉單，因其不能與期交所直接連線，故須轉由其委任期貨商進行代為執行委託單。

　　在期貨市場中，投機者買賣期貨係在追求價差而非規避現貨風險。避險者為規避現貨價格波動風險，藉著期貨交易價差沖銷持有現貨多頭部位的盈虧。一般而言，上述交易者將是相輔相成，理由是：避險交易若無投機者承接，避險成本將大幅提升，投機者也須依賴避險者大量進出，方能維持期貨和現貨的穩定關係及流動性。此外，套利者同時買賣現貨與期貨以賺取無風險價差，兼

具投機與避險動機，套利活動將促使投機與避險分野愈趨模糊。

在期貨專業人員方面，經紀商扮演中介角色，人們從事交易活動，必須在期貨經紀商開立帳戶，將交易訂單交給經紀商的期貨營業員，再轉給場內經紀人執行訂單買賣以及記錄。期貨商將報導所有交易活動，每月定期提供客戶交易活動以及月底保證金帳戶餘額的月報等。另外，中介經紀商係指從事招攬或接受期貨契約、商品選擇權買賣單委託，主要功能在為期貨經紀商介紹客戶，客戶資金均需直接存入其帳戶中。

期貨交易顧問係指藉由出版品、文件或電子媒體就未來商品契約（如：選擇權）價值，提供訊息以獲取報酬者。期貨基金經理係指任何以投資信託接受他人交付資金，而用於進行期貨或選擇權交易者。場內經紀人係指在期貨市場為人執行商品期貨與選擇權交易者，主要功能在於代表客戶執行委託交易，報酬為經紀服務費。期貨營業員係指代表期貨經紀商、中介經紀商、期貨交易顧問或期貨基金經理招攬訂單、客戶或客戶基金的銷售員或該銷售員的主管，主要功能包括：①提供新客戶相關資料及開戶手續、②使客戶瞭解期貨交易的相關法規及程序、③提供客戶所需的市場價格資訊、④接受客戶委託單、⑤回報交易結果。

10.4.2. 國內期貨市場交易流程

國內期貨市場交易流程中包括委託人、期貨商與期交所等三個主體，三者間的關係可用圖 10–4 表示。

當人們預擬從事期貨交易時，需至期貨商開戶簽訂受託契約與存入交易保證金。客戶委託單一般係以電話或網路直接傳遞到期貨交易所，再以集合競價方式撮合交易，所有買價與賣價均透過網路系統在瞬間內傳播至各地。當期貨商為客戶完成交易，須製作買賣報告書，以便進行結算。交易所將同時輸入電腦報價系統，成交資訊立刻呈現在交易廳的報價看板，並透過資訊網路傳送市場行情提示系統。一旦訂單執行後，場內經紀人將成交資料背書後送給會員公司之交易場所櫃檯，在打錄時間後回報給客戶。實務上，除少數期貨進行實際交割外，多數契約在到期前即予以平倉，理由是：商品交割日期、品質與數量

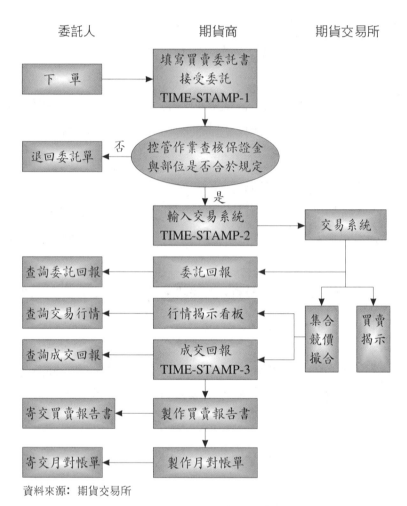

資料來源：期貨交易所

圖 10-4　國內期貨交易流程

　　通常不適合避險者實際需求而將放棄交割。至於投機者追求差價而非保有現貨，自會規避交割。

　　多數投資人避免進行商品期貨交割，不過契約中仍有交割設計的規定：①可交割之現貨商品範圍與品質。②交割時間通常是最後交易日所屬月份。③交割地點不同將享有不同折扣以補貼運費與倉儲費用的差異。一般而言，期貨契約交割條件均由賣方決定，而賣方通常利用相對期貨交割價格便宜的現貨交割，理由是：這些商品流通量較大而其價格不易遭致壟斷。

習　題

◉ 選擇題

1. 人們從事金融期貨交易，主要的持有成本是：　(a)資金成本　(b)倉儲成本　(c)保險費　(d)利率波動風險。

2. 有關遠期契約的特性，何者錯誤？　(a)定型化契約　(b)交易雙方直接議價　(c)交易雙方互相承擔對方信用風險　(d)缺乏流動性。

3. 人們安排避險組合，必須承擔風險的來源為：　(a)期貨價格變動風險　(b)現貨價格變動風險　(c)現貨價格變動風險與期貨價格變動風險之總合　(d)現貨價格與期貨價格相對變動風險。

4. 相較於直接避險策略，人們採取交叉避險策略的風險為何？　(a)高於直接避險策略　(b)等於直接避險策略　(c)低於直接避險策略　(d)無法判斷。

5. 張無忌從事金融操作，面對風險來源包括系統與非系統風險，何者正確？　(a)分散投資可規避系統風險　(b)買賣期貨可降低非系統風險　(c)分散投資可降低非系統風險　(d)多元化投資將降低系統風險，而買賣期貨可移轉非系統風險。

6. 有關靜態避險與動態避險的敘述，何者錯誤？　(a)動態避險績效較佳　(b)靜態避險交易成本較低　(c)持有到期之避險策略屬於動態避險　(d)動態避險調整頻率與交易成本存在正相關。

7. 比較在店頭市場與集中市場交易之選擇權，何種差異係屬正確？　(a)店頭市場選擇權屬於量身訂作　(b)店頭市場選擇權部

位較易平倉　(c)店頭市場有較完善的結算制度　(d)店頭市場選擇權的流動性較佳。

8. 有關選擇權的性質，何者錯誤？　(a)賣權買方須支付權利金 (b)買權賣方需於特定期間內依特定價格買進特定數量商品 (c)選擇權可約定採取實物交割或現金結算方式　(d)買權買方要求履約時，賣方必須依約履行。

◉ 問答題

1. 林教授向美林證券訂定 3 個月股價交換契約，名目金額為 200 萬元。林教授同意 3 個月後支付年利率 24% 給美林證券，後者同意支付 3 個月後到期的聯發科技股價上漲報酬率，而股價交換契約規定的聯發科技股價為 400 元。試計算當股價交換契約到期時，聯發科技股價若為 320 元，交易雙方的損益各自為何？

2. 臺灣期貨交易所在 2001 年 12 月推出 TAIFEX 臺指選擇權上市，試說明期貨與選擇權提供之主要功能，並說明人們如何利用選擇權交易提升資產管理績效？

第11章　外匯市場

外匯的涵義包括動態與靜態兩種層面的意義。就動態意義而言，國際匯兌係指兩國貨幣間的兌換活動；就靜態意義而言，外匯係指可以作為國際支付工具的外國貨幣。基於交易或清算活動的方便性，央行必需保有外幣或可兌換通貨部位，此即外匯存底或外匯準備。依據國際貨幣基金會 (international monetary fund, IMF) 定義，外匯準備包括政府保有的黃金、可兌換的外匯、在 IMF 的準備部位與特別提款權 (special drawing rights, SDR) 等資產，而外匯存底係指外匯準備中扣除以黃金形式保有的部位。

在國際經濟體系中，人們從事貿易活動、資金移動與旅遊等跨國交易活動，勢必引起貨幣支付的清算關係，必須先以國幣購買外幣；從他國收到外幣支付憑證，也須兌換成國幣才能在國內流通，從而產生貨幣間的兌換問題。外匯市場係提供外匯參與者從事外匯資產交易的場所，將可決定不同國家貨幣的交換比例或匯率。

本章首先探討國際收支的意義與內涵，進而說明不同國際收支餘額的概念。其次，將討論外匯市場類型與均衡。第三，將說明匯率決定理論內容。第四，將剖析外匯風險類型與外匯風險管理策略。接著，將討論外匯衍生性商品類型。最後，再探討國際與區域金融中心 (financial center) 的發展、特點及其類型，進而說明境外金融中心 (OBU) 的形成與運作情形。

11.1.　國際收支帳

11.1.1.　國際交易活動類型

國際分工與專業化生產方式盛行，帶動國際貿易活動成長；國際金融自由化與國際金融市場整合程度上升，促使跨國資金在國際間的移動趨於迅速。兩種交易活動的結果將反映在國際收支帳變動,該帳戶係指國內外居民在固定期間進行各項國際交易的系統化記錄,包括商品、勞務、單向移轉 (unilateral transfer)、黃金與通貨、資本交易等項目，通常劃分成經常帳 (current account)、資本帳 (capital account)、金融帳與官方準備交易帳 (official reserve transactions account) 等會計帳，相關內容將如表 11-1 所示。

國際收支帳的重要性包括：①提供財經當局擬定經貿政策與金融政策、進行對外經貿活動及匯率談判之主要依據，並作為分析國際金融情勢變化的重要訊息來源；②國際收支帳是社會會計系統的重要一環，係國內各部門對外經濟活動的總記錄，如：國民所得帳之「對外交易帳」及資金流量帳之「對外金融交易」均係利用國際收支帳為資料來源，而估計全國總資源供需亦需利用國際收支帳之因素所得，是以國際收支統計精確與否，對其他統計資料之正確性將產生重大影響；③身為國際經濟活動的一環，定期揭露國際收支統計資料有其必要性。

表 11-1　國際交易活動類型

跨國交易活動類型	本　國	外　國
商　品	對美國輸出紡織品	自美國購進原棉
非貨幣性黃金	民間金礦主將黃金賣給央行	自南非進口黃金
勞　務		
商品運輸及保險	紡織品由陽明海運承運之運費	支付蘇黎世再保險費用
其他運輸	新航飛機使用中正機場設施	搭乘西北航空飛機出國
旅行	日本旅客來臺觀光	總統赴中南美洲訪問
投資所得	東南亞投資利潤匯回	聯電支付海外公司債利息
政府	尼加拉瓜駐華使領館費用	臺灣駐美使領館費用
其他勞務	出售瓊瑤小說海外版權	支付購買《哈利波特》版權費用
單向移轉		
民間匯款及禮品	張無忌收到親戚殷家匯款	
機關匯款與贈品	收到美國救濟 921 地震物資	李四匯給兒子留學美國費用
政府移轉	美國經濟援助	臺灣贈助法國某學會基金
資本交易		臺灣農耕隊在西非費用
長期資本（民間）	德國西門子公司在臺設廠	
短期資本（民間）	輸入預付款	償還外債本金
地方政府	開發貸款	清償花旗銀行短期借款
中央政府	在國外發行債券	償還國外貸款本金
		亞洲開發銀行認股股本
黃金與通貨	央行持有美國公債減少	央行自外匯市場購入歐元

至於國際收支帳係指在固定期間內，記錄本國與他國居民從事包括商品、勞務、單向移轉、黃金、貨幣與證券等國際交易活動的會計帳，係依據交易者

所在地而非以國籍區分，縱使外國人在臺自美國進口商品，亦將視為臺灣當期的進口。觀光客以停留期間長短區分，1 年以內者視為外國居民，1 年以上者視為本國居民。表 11–2 是國際收支帳內容，基於借貸相等的會計原則，國際收支永遠保持會計平衡，亦即國際收支恆等於零。

表 11–2　國際收支帳

借方 (debit)(−)	貸方 (credit)(+)
A、經常帳	
商品進口	商品出口
商品貿易淨額	
勞務支出	勞務收入
商品與勞務收支淨額	
所得支出	所得收入
商品、勞務與所得收支淨額	
經常移轉支出	經常移轉收入
B、資本帳	
資本帳支出	資本帳收入
合計：A 加 B	
C、金融帳	
對外直接投資	外資來臺直接投資
證券投資（負債）	證券投資（資產）
股權證券	股權證券
債權證券	債權證券
其他投資（負債）	其他投資（資產）
合計：A 至 C	
D、誤差與遺漏淨額	
合計：A 至 D	
E、準備與相關項目	
準備資產	

11.1.2.　經常帳

經常帳或稱經常交易，係國際收支帳的核心，內容涵蓋下列五項：

1. 商品：商品進出口價值採取 FOB 計價，以海關進口統計及向央行押匯、結匯統計而得，包括非貨幣用途黃金，但走私商品屬於非法而未列入統計範圍。

2.勞務：商品貿易的運輸與保險費、旅客運費及港埠費用、國人出國旅遊及外人來臺觀光的消費支出。

3.投資所得：國人從事海外投資活動的收益，如：購買股票、債券及其他資產所衍生的收益；國人向外借款或支付外人投資紅利。

4.其他商品、勞務及所得：居民與非居民有關勞務交易所得未列入前面各項者，如：駐外使領館支出、國民在外工作報酬、外國政府或國際組織在台機構的支出等。

上述四項總和稱為貿易帳 (trade account) 或貿易餘額，將揭示國際商品勞務交易與所得收付情形。商品貿易餘額係商品出口與進口的總額，該餘額占國民生產毛額的比例即是貿易依存度，臺灣的貿易依存度維持在七成左右，該比例下降顯示經濟自主性提高，香港與大陸是臺灣的最大貿易順差來源、其次為美國，逆差則以對日本為主。

5.單向移轉：開放體系進行單向移轉支出，包括私部門的現金或實物捐贈，公部門賠款、對外援助、實物捐贈、技術援助及分攤國際機構經費等，並分為兩類：①經常性移轉：受贈者所獲收入用於消費支出，如：政府補助公費留學生支出、救濟海外難民都屬經常性移轉支出；外國對本國捐贈則屬經常性移轉收入。②資本性移轉：其收支作為資本形成之用，如：外債還本或公有財產無償贈與外國都屬資本性移轉支出；外國援助作為資本形成則屬資本性移轉收入。

累加上述五項餘額稱為經常帳餘額，通常用於衡量各國國民所得變化及擬訂經濟政策的依據。經常帳餘額若是正數，本國擁有淨國外財富必然增加；一旦呈現負數，本國擁有淨國外財富則會遞減。

11.1.3. 資本帳與金融帳

傳統國際收支帳將國際資金移動區分為長期與短期資本移動,兩者合稱資本帳。隨著國際金融市場整合性提升，國際金融交易活動日益頻繁，國際貨幣基金會 (IMF) 於 1993 年將金融性資金移動項目合併為金融帳，顯示國際資金在固定期間進出國境的消長過程。舉例來說，美林證券投資臺灣股市，資金流入代表在臺灣證券投資中的股權證券項目的負債增加。另外，光華投信將資金

匯往美國投資股市，資金流出表示臺灣持有國外資產部位上升，證券投資中的股權證券項目的資產增加。

資本帳係採用借貸方互抵後的淨值入帳，包括兩部分：①資本移轉交易：包括債務免除、固定資產所有權移轉、處分或取得固定資產衍生的資金移轉等。②非生產性、非金融性資產交易：包括無形的專利權、租約、可移轉性契約與商譽等。

金融帳係採淨值入帳，包括金融資產與金融負債，依據投資種類與功能分為四類：

1.直接投資：包括國人對外直接投資、外人來臺直接投資等。

2.證券投資：包括國內外股權與債權證券（長期債券、短期票券、金融衍生產品）買賣。金融當局自 1991 年開放外國專業投資機構投資國內證券，每次可申請 4 億美元，全數匯入後可申請追加額度，全體外資投資單一上市公司的持股比例無限制。

3.其他投資包括借貸、貿易信用、存款、現金及其他。經常帳、資本帳與上述三個金融帳項目係指人們基於偏好、所得、利率、匯率、國內外商品與勞務相對價格等因素，預擬從事國際交易的經濟活動，屬於事前交易或自主性交易（autonomous transactions）範疇。

4.準備資產：金融帳的準備資產項目係指一國面臨自主性交易發生差額或缺口，於事後進行彌補缺口的交易活動，具有事後交易性質，又稱官方準備交易帳，屬於調節性交易（accomodating transaction）。準備資產帳的內容包括：①短期官方資本移動；②其他國際準備資產移動：央行用於挹注國際收支逆差的資產總稱，內容包括貨幣用黃金、外匯資產、其他債權及基金的利用。

11.1.4. 國際收支餘額概念

從會計觀點來看，國際收支恆為平衡。不過央行為衡量對外貿易與資金移動，掌握持有國外資產或負債部位變化情形，針對國際收支帳的特定項目計算餘額，包括商品貿易餘額、商品與勞務收支餘額、經常帳餘額、直接投資淨額、證券投資淨額與整體餘額等概念，藉以彰顯特定經濟活動在一定期間內的變化

情形。一般而言，央行在國際收支帳中虛構一條線，在此線以上之交易科目稱為線上 (above the line) 交易，此線以下之交易科目稱為線下 (below the line) 交易。概念上，前者屬於自發性交易項目，後者係融通線上交易項目而發生的調節性交易，調節自發性交易而出現的相關國際收支變化。有關國際收支餘額概念可定義如下：

1. 商品貿易餘額 (trade balance)：商品出口減去商品進口。

2. 勞務餘額 (service balance)：勞務收入減去勞務支出。

3. 所得餘額 (income balance)：所得收入減去所得支出。

4. 商品、勞務與所得餘額：商品出口、勞務收入與所得收入總和，扣除商品進口、勞務支出與所得支出總和後之餘額。

5. 經常移轉淨額為經常移轉收入扣除經常移轉支出。

6. 經常帳餘額：商品貿易餘額、勞務餘額、所得餘額與經常移轉餘額等四項交易淨額之總和。經常帳餘額顯示的資訊，係反映一國商品的國際競爭力、國際收支變化狀況等，這些變化對總體經濟活動運作將發揮重要影響。

7. 基本餘額 (basic balance)：經常帳、資本帳與金融帳三者餘額之總和。

8. 誤差淨額與遺漏項 (net errors and omissions)：類似走私與販毒等非法交易本質上屬於進出口貿易，因無法為官方得知而未能記載於國際收支帳。理論上，交易活動發生應同時於借貸雙方各記載一筆資料，但在實際交易流程中，商品貿易係由海關記錄，進出口貨款的資金往來則於銀行間進行，兩者非同時記載與登錄，遺漏與誤差實難避免。

9. 官方沖銷餘額 (official settlements balance)：商品勞務貿易、資本與金融等交易活動之加總淨額，又稱為整體餘額 (overall balance)。當官方沖銷餘額為零時，準備資產累積為零。就功能性角色而言，整體餘額變化可用於觀察一國競爭力相對他國的消長過程，整體餘額持續盈餘或赤字，顯示該國貨幣存在升值或貶值壓力。

📌 11.2.　外匯市場

11.2.1.　外匯市場類型

外匯市場係指提供外匯供需雙方透過電話、電傳、電報及其他電訊系統等方式報價，進而從事外匯交易活動的場所。依據下列標準，外匯市場類型劃分如下：

1. 集中交易場所存在與否：交易者於一定時間、於外匯交易所集中買賣外匯的有形市場。交易者利用電話、傳真及網路等方式進行外匯交易，無特定對象與交易時間的無形市場。

2. 外匯參與者範圍：銀行間市場 (interbank market) 係指外匯指定銀行基於軋平部位或創造利潤，彼此間從事外匯拋補活動，此係狹義的外匯市場。隨著國際貿易活動頻繁，跨國投資活動盛行，除銀行係外匯交易活動核心外，貿易商、海外基金及跨國金融操作者亦是交易主體，是以銀行間市場及銀行與顧客間市場 (bank-customer market) 構成廣義外匯市場。

3. 交易數量多寡：銀行在外匯市場從事大額拋補活動，買賣價差小，屬於躉售市場性質。顧客與銀行間的外匯交易多數屬於不同金額、幣別的小額交易，銀行因拋補不易、風險及成本較高、買賣差較大，屬於零售市場性質。

4. 外匯流通性：包括以國幣為主要交易單位的國內外匯市場，與以主要國際貨幣（如：美元、歐元、日圓、馬克、英鎊）為交易單位的國際外匯市場。

5. 外匯管制與否：在 1980 年代之前，金融當局將外匯視為總動員物資，在外匯準備稀少下，採取嚴格管制外匯措施，外匯市場屬於管制性市場。直迄 1987 年 7 月 15 日，金融當局正式解除外匯管制，外匯市場才朝向自由化發展。

隨著臺灣經濟長期蓬勃發展，加以美元在 1978 年呈現持續貶值現象，新臺幣釘住美元形同貶值，造成央行持有的外匯準備不斷累積。在央行採取外匯集中清算制度下，體系內貨幣供給急遽增加，形成通貨膨脹壓力。為紓解該項壓力，央行遂於 1978 年 7 月 10 日宣布美元兌換新臺幣匯率自次日起由 38 元

升值為 36 元，同時改採機動匯率制度或稱管理浮動匯率制度。為配合實施該制度，金融當局於 1979 年 2 月 1 日成立外匯市場，依市場供需機動調整匯率，並由臺銀、中國商銀、一銀、華南、彰銀等成立外匯交易中心，在外匯市場扮演中介角色。1989 年 3 月，中國商銀、世華、華僑銀行及上海銀行等以外匯交易中心為基礎，成立臺北外匯市場發展基金會，並於 1990 年 2 月 21 日開始運作，其下附設臺北外匯銀行聯誼會，採會員制，外匯指定銀行為會員，共同使用聯誼會提供之外匯交易中介服務。接著，第一家專業外匯經紀商「臺北外匯經紀公司」在 1994 年 7 月 27 日開始營業，臺北外匯市場發展基金會解散外匯銀行聯誼會，停止中介外匯交易業務，專職於研究發展活動。

臺灣外匯市場建立於 1979 年 2 月，主要包括兩個市場：

1. 銀行與顧客間市場：外匯指定銀行與顧客進行外匯交易的市場，由供需雙方議訂匯率。匯率報價分為即期（支票）與現金兩種，分成買價與賣價，價差存在主要反映銀行持有外匯部位成本，匯率風險、利息成本與交易行為變化是影響持有外匯部位成本的主要因素，現金的價差較即期外匯的價差為大。

2. 銀行間市場：銀行間外匯市場參與者包括：①外匯指定銀行：銀行接受顧客買賣外匯後，當日買匯與賣匯金額未必相等，必須軋平買賣超部位，規避匯率風險及外匯部位不足或過剩問題。②外匯經紀商：臺北外匯經紀公司與元太外匯經紀公司（1998 年 5 月成立）從事外匯交易撮合工作。前者每隔 15 分鐘將成交價格、成交區間與成交數量等資料公布於相關即時金融系統（如：路透社、美聯社即時交易系統）。後者則是每小時公布相關交易資料，但無法由即時資訊系統獲得。③央行：基於調節外匯供需或政策考慮，必要時將進行調節性或政策性干預。

11.2.2. 外匯市場參與者

外匯供需是經由國際間從事商品、勞務、投資、借貸或投機等交易活動所引起，亦即發生外匯交易係基於與他國進行貿易或金融交易所產生的行為，是以外匯市場參與者包括個人、廠商、外匯指定銀行、外匯經紀商與央行。

1. 央行：在浮動匯率制度下，央行基於維持外匯市場穩定，經常採取干預外

匯市場措施。舉例來說，各國採取浮動匯率制度，並非放任外匯市場自由決定匯率走勢，美、日、德、英、法、加拿大與義大利組成的七國高峰會議 (G–7)，對主要貨幣之匯率設有秘密協議限定匯率波動幅度，並採取聯合干預行動維持匯率穩定。

2.外匯指定銀行：外匯指定銀行（銀行國外部）係指央行核准可以從事買賣外匯商品（如：外幣現鈔、外幣存款、旅行支票、銀行匯票、外幣本票、外幣支票等）、進出口外匯業務、匯出匯款、外幣貸款及外幣擔保付款保證等六項外匯業務，係外匯供需間的橋樑。

3.外匯經紀商：外匯經紀商提供中介服務為顧客買賣外匯，賺取佣金收入，本身不承擔外匯交易盈虧風險。

4.貿易商及其他外匯供需者：隨著貿易往來與跨國投資活動進行，在商品出口或進口後的貨款清算，以及運輸、保險、旅行、留學、國外證券投資、基金買賣、國外借款利息支付等因素而產生的外匯供給者與需求者。

5.外匯投機交易者：投機者預測匯率走勢，利用財務槓桿原理，運用即期外匯、遠期外匯或外匯期貨等工具，以保證金方式從事大額外匯交易，行情看漲先買外匯後賣，看跌則先賣外匯後補回沖銷，利用匯率波動賺取差價，是以外匯投機者是主要的外匯供給及需求者。

11.2.3. 匯率類型

在浮動匯率制度下，匯率是依據外匯供需原則，透過公開市場及全球國際性銀行連線，透過國際知名新聞機構（如：美聯社及路透社等）即時資訊傳遞，將透明化與公開化訊息呈現給投資人。匯率表示方式有兩種：①直接標價法 (direct quotes) 或直接匯率：以國幣表示的外幣價值 $e = (NT/US)$，如：1 美元價值 33 元新臺幣，1 英鎊價值 49.7 元新臺幣。②間接標價法 (indirect quotes) 或間接匯率：以外幣表示的國幣價值 $e^* = (1/e) = (US/NT)$，1 元新臺幣價值美元 0.0303 元，1 元新臺幣價值 0.02012 英鎊。

匯率波動將使兩國商品的相對價格發生變化，進而影響相對競爭力，是以上述匯率又是名目匯率 (nominal exchange rate)。當兩國物價發生變動時，以名

目匯率衡量兩國商品競爭力將會出現偏誤，若以物價指數修正，此即實質匯率 (real exchange rate) 概念。金融當局選擇合適期間作為基期 (名目匯率為 100)，此即名目匯率指數。實務上，臺灣的主要貿易對手包括美、日、德、英、加拿大、香港 (大陸) 等，同一期間，新臺幣可能對馬克、日圓貶值，卻對美元、英鎊升值，而各國物價水準變化不一致，若以某國名目匯率與物價變化作為衡量實質匯率的基礎，僅能反映相對該國競爭力的改變，無法反映在國際經濟活動的平均變化情況。有鑑於此，金融當局採取有效匯率 (effective exchange rate) 與實質有效匯率進行修正。

1. 有效匯率：以某時點為基準，選擇貿易關係密切國家的貨幣組成貨幣籃，衡量彼此間貿易額、競爭程度及相對物價變動情況，賦予主要貿易對手國的名目匯率適當權數，透過加權計算新臺幣匯率變動情況，提供央行擬定貨幣政策參考。有效匯率考慮多國匯率變化情況，較能反映國貨在國際市場競爭力的平均變化情況，以及國幣相對各國貨幣升貶值的平均情況。臺灣的有效匯率指數 e_e^i 原先以 1979 年為計算基期，選擇貿易關係密切的九個國家貨幣組成一籃貨幣，爾後改以 1993 年為基期，選擇貨幣種類增加至十五種，再依某一權數累加而得：

$$e_e^i = \sum_{j=1}^{n} \theta_{ij} \, e_{ji}$$

e_{ji} 是 i 種貨幣對 j 種貨幣的匯率，θ_{ij} 是權數，計算方法為：採取幾何加權平均法，加權方式考慮雙邊貿易、多邊貿易和第三市場加權等方式，共有十一種，並再引進消費者物價指數來計算。

2. 實質有效匯率指數：實質匯率指數係一單位舶來品可以兌換國貨數量，實質有效匯率指數則為一單位國貨可兌換的舶來品數量，兩者單位不同。計算實質有效匯率指數涉及多國匯率間的加總，係選擇占臺灣貿易比重較大國家的貨幣，權數則視政策目標而定，包括出口、進口、貿易、世界出口市場、平均出口、平均貿易權數與雙重加權等多種。臺灣的實質有效匯率指數，係採取貿易比重為權數：

新臺幣實質有效匯率指數

$$= \alpha_1 (\frac{P}{e_1 P_1^*}) + \alpha_2 (\frac{P}{e_2 P_2^*}) + \cdots + \alpha_n (\frac{P}{e_n P_n^*})$$

$$= \alpha_1 (\frac{1}{e_r^1}) + \alpha_2 (\frac{1}{e_r^2}) + \cdots + \alpha_n (\frac{1}{e^n})$$

P 與 P_i^* 分別是臺灣與一籃通貨範圍內的 i 國物價指數，e 是 i 國貨幣以新臺幣表示的匯率，α 是 i 國所占權數，e 是臺灣與 i 個國間的實質匯率指數。基期實質有效匯率指數為 100，t 期指數高於 100，顯示國幣對一籃貨幣價值高估，應有貶值空間。

11.2.4. 外匯市場均衡

G. Goschen (1861) 提出國際借貸說 (theory of international indebtedness)，認為匯率決定於外匯市場供需，而外匯供需源自於貿易往來與跨國投資活動所衍生的國際借貸。該理論從國際收支帳著手系統化解釋外匯供需變化，分析匯率波動原因，故又稱為國際收支理論。

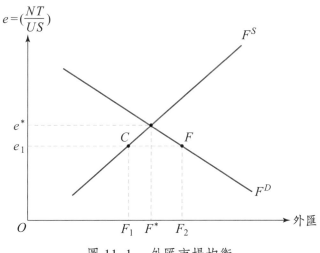

圖 11–1 外匯市場均衡

在圖 11–1 中，F^D 與 F^S 是臺灣外匯市場的美元供需曲線。在其他情況不變下，當匯率 $e = (\frac{NT}{US})$ 貶值時，以臺幣表示的舶來品價格上升，臺灣進口舶來

品意願下降，美元需求數量隨之下降，美元需求曲線呈現負斜率。另外，以美元表示的國貨價格下降將提升本國外銷競爭力，美元供給數量隨之增加，美元供給曲線呈現正斜率。當外匯供需相等時，即可決定均衡匯率 e^* 與外匯交易數量 F^*。至於影響外匯供需因素包括兩國物價變動、技術進步、關稅或季節性因素變動等。舉例來說，臺灣實施每週 42 小時的工時案，導致生產成本增加與國貨價格上升，削弱出口競爭力，美元供給曲線將向左移動。另外，國貨價格上升提高舶來品競爭力，本國進口意願上升，美元需求曲線隨之右移。綜合兩者變化，均衡匯率將上升，臺幣相對美元出現貶值趨勢。

在浮動匯率制度下，匯率將由外匯供需決定，央行不介入干預。不過體系面臨匯率波動擴大時，央行基於削減匯率變異性而採取干預策略，則屬於機動匯率制度。假設央行釘住國幣與外幣的兌換比率 e_1，配合外匯干預（賣出美元以滿足超額外匯需求 CF）以維持匯率穩定，則屬於固定匯率制度。實務上，央行無法固定國幣與所有外幣間的兌換比例，通常改採將國幣釘住關鍵性貨幣（如：美元）的兌換比例，而與其他外幣的匯率則視美元與其匯率的浮動關係而定，此即聯繫 (linked) 匯率制度。某些國家採取商業匯率 (commercial exchange rate) 與金融性匯率 (financial exchange rate) 並行的雙元性匯率 (dual exchange rate) 制度，前者針對經常帳交易而將匯率固定在某一水準，後者則針對金融帳交易而讓外匯供需浮動決定匯率。

➤ 11.3.　匯率決定理論

11.3.1.　購買力平價理論 (purchasing power parity hypothesis, PPP)

G. Cassel (1916) 提出購買力平價理論，認為匯率主要取決於兩國貨幣的購買力，而貨幣購買力或貨幣價值係決定於單位貨幣在國內所能買到的商品和勞務數量，亦即透過物價水準體現出來。在無交易成本、運輸成本與貿易障礙等因素下，人們透過套利活動，將促使同質商品在不同市場的價格應該只有一

個。換言之，商品價格不會因其所在地理位置的差異性而有所不同，此即單一價格法則 (law of one price)。在購買力平價理論下，P 與 P^* 是本國與外國物價，e 為以國幣表示的外幣價格，三者間的關係可用下列理論說明：

㈠絕對購買力平價理論

兩國貨幣的兌換比率或名目匯率將視兩國貨幣的相對購買力或物價水準而定：

$$e = \frac{P}{P^*}$$

$$P = eP^*$$

實質匯率係指兩國商品的相對價格或稱貿易條件 (terms of trade)：

$$\varepsilon = \frac{eP^*}{P} \gtrless 1$$

購買力平價理論顯示：各國物價轉換成以同一貨幣表示時將趨於相同，是以匯率將取決於各國同一組商品的相對價格。當本國物價上漲而外國物價維持不變時，國幣相對外幣將面臨貶值壓力，理由是：上述現象反映國貨相對舶來品的競爭力下降，本國競爭力下降導致出口數量減少，進口商品數量增加，本國經常帳陷入赤字狀態，國幣將出現貶值現象。該理論缺陷在於假設所有商品均能自由貿易或移動，而且不考慮關稅、配額和運輸等交易成本，同時僅適用於商品而忽略勞務，但是勞務卻可存在顯著的價值差距空間。

《經濟學家》(Economist) 雜誌基於購買力平價理論，提出大麥克指數 (big Mac index)，選取的一籃商品和勞務就是麥當勞的大漢堡，將大漢堡在美國的價格（採用亞特蘭大、芝加哥、紐約、舊金山的平均價格 2.59 美元）作為基準，該漢堡在英國的價格是 1.99 英鎊，顯示美元與英鎊間的購買力平價匯率是 \$1.3，假設市場匯率為 \$1.45，將意味著英鎊高估 12%。

㈡相對購買力平價理論

相對購買力平價理論指出均衡匯率應隨兩國預期通貨膨脹率調整，或匯率變動率將等於兩國預期通貨膨脹率的差距：

$$P_t = e_t P_t^*$$

$$P_{t+1} = e_{t+1} P_{t+1}^*$$

就上述兩式相除，可得：

$$\frac{P_{t+1}}{P_t} = \frac{e_{t+1}P_{t+1}^*}{e_t P_t^*}$$

$$\frac{P_t(1+\pi)}{P_t} = \frac{e_t(1+e_t^*)P_t^*(1+\pi^*)}{e_t P_t^*}$$

$$(1+\pi) = (1+e_t^*)(1+\pi^*)$$

$$\pi = \pi^* + e_t^* + e_t^*\pi^*$$

$$e_t^* = \frac{\pi - \pi^*}{1+\pi^*} \qquad 或 \qquad e_t^* = \pi - \pi^*$$

上述關係顯示：當匯率貶值率等於兩國預期通貨膨脹率的差額時，相對購買力平價關係即成立。接著，貨幣學派再引進貨幣數量學說，顯示兩國各自的物價水準與其國內的貨幣數量有關：

$$MV = Py$$

$$P = M \cdot (\frac{V}{y}) = kM$$

M、V、P、y 分別是本國的貨幣數量、貨幣流通速度、物價與產出。外國的狀況亦相同（上標加星號），是以兩國物價分別決定於各國的貨幣數量。

$$P = kM$$

$$P^* = k^*M^*$$

再引進購買力平價理論的關係：

$$e = \frac{P}{P^*} = \frac{kM}{k^*M^*} = \theta \cdot (\frac{M}{M^*})$$

就上式取對數再對時間微分,可得匯率貶值率將等於兩國貨幣成長率的差額：$(\mathrm{d}\ln\theta / \mathrm{d}t = 0)$

$$\dot{e}_t = \dot{M} - \dot{M}^*$$

11.3.2. 利率評價理論 (interest parity theory, IRP)

J. M. Keynes (1923) 提出利率平價理論，認為各國利率差異性直接影響短期資金在國際間移動，從而引起匯率變化。投資人追求高收益，將資金從低利

率國家轉往高利率國家,資金移動促使高利率的貨幣出現升值。投資人在國際金融市場進行跨國金融操作時,須評估各地預期報酬率,在本國投資一年所獲本息為 $(1 + i)$,赴海外投資若未採取拋補 (uncovered) 操作策略,預期所獲本息為 $\frac{1}{e_t}(1 + i^*)E(\tilde{e}_{t+1})$。當兩者報酬率相等時,代表在本國與外國投資並無差異,資金將無移動現象。由此相等關係將可推演出國際 Fisher 效果 (international Fisher effect):

$$1 + i = (1 + i^*)[\frac{E(\tilde{e}_{t+1})}{e_t}] = (1 + i^*)(1 + e_t^*)$$

$$1 + i = 1 + i^* + e_t^* + i^* e_t^*$$

$$i - i^* = e_t^*(1 + i^*)$$

由上式可解出預期匯率貶值率 e_t^* 將等於:

$$e_t^* = \frac{i - i^*}{(1 + i^*)}$$

假設 $(e_t^* i^*) = 0$,預期匯率貶值率將等於兩國利率之差:

$$e_t^* = i - i^*$$

▶ 11.4.　外匯風險管理

11.4.1.　外匯暴露型態

在營運過程中,廠商暴露在匯率風險的來源有二:①從事國際貿易業務、②在國際金融市場籌資或投資而形成外幣負債或資產部位。在此,外匯暴露係指未預期匯率變化對廠商資產與負債價值、競爭力或未來現金流量現值與財務報表結構產生衝擊的程度:

$$外匯暴露 = \frac{廠商在時間 T 以國幣表示之未預期財務結構變化}{在時間 T 未預期匯率變化}$$

或

廠商在時間 T 以國幣表示之未預期財務結構變化

＝外匯暴露×在時間 T 未預期匯率變化

外匯暴露程度係以經過物價水準平減的實質國幣價值變化來衡量,暴露對象涵蓋資產、負債等存量變數與廠商營運所得流量變數。依據未預期匯率變化對廠商產生不同層面影響,外匯暴露包括經濟暴露 (economic exposure) 與會計暴露兩類。

11.4.2. 經濟暴露

㈠交易暴露

交易暴露 (transaction exposure) 或契約暴露 (contractual exposure) 係指廠商持有外幣資產或負債部位,其國幣價值受匯率波動影響的程度。舉例來說,廣達電腦出口筆記型電腦 1 億美元,臺幣收入將受交割美元當時的即期匯率影響。在訊息不全下,廣達從接單、生產、出口、直迄收款的期間,應收帳款的國幣價值與獲利水準將因匯率波動而成為隨機值。該項交易暴露劃分如下:廣達在 t_1 點評估生產成本、時間成本與未來匯率走勢等因素後提出報價。在國外廠商接受報價前,匯率波動將影響廣達原有的報價成本結構,此階段稱為報價暴露 (quotation exposure)。一旦國外廠商接受報價並於 t_2 點下單,廣達隨即進入生產程序。在生產期間與出貨前,匯率波動將使廣達產品價值發生未實現獲利或損失,此階段稱為積貨暴露 (backlog exposure)。筆記型電腦在 t_3 點出廠裝船外銷交貨,國外廠商在 t_4 點收到貨品完成驗收手續並支付貨款,廣達的實際營運收入在貨款入帳前存在不確定性,此即請款暴露 (billing exposure)。此外,廣達若向花旗銀行借入外幣融通,以國幣表示之還款金額將受匯率波動影響,此即還款不確定的交易暴露。

面對匯率波動,廠商若未採取避險活動,以國幣計價的營收將暴露在交易風險,是以將需評估採取下列避險策略,此即契約化避險 (contractual hedge):

1.遠期外匯:廠商採取預售或預購遠期外匯策略,不論未來匯率波動為何,外幣資產與負債的國幣價值將呈同向變動而相互抵銷。

2.貨幣市場：廠商將外幣資產部位質押與銀行預借外幣，再兌換成國幣投資於國幣資產。此種策略相當於將未來外幣資產事先貼現，改以國幣資產形式保有。

3.匯率選擇權：廠商預期未來國幣匯率貶值時，採取買入美元賣權保證未來國幣收益的下限，並有機會賺取匯率貶值時的額外匯兌收益。不過廠商必須支付權利金，一旦匯率未如預期貶值，或貶值幅度不足以彌補選擇權權利金，勢必影響未來國幣收益水準。

綜合以上分析，各種匯率避險策略的比較將列於表 11–3。

表 11–3　　各種匯率避險策略比較

避險方式	避險過程	避險結果
無避險	不採取避險動作，6 個月後至即期市場賣出美元。	新臺幣收入視當時即期匯率而定。
遠期外匯	預售 6 個月期美元遠期外匯。	營運收入確定。
貨幣市場	將美元質押予銀行，再以即期匯率兌換成新臺幣，投資臺幣資產。	營運收入視臺幣資產報酬而定。
匯率選擇權避險	支付權利金買入美元賣權。	收入隨匯率貶值幅度增加而提高。

(二)營運暴露

營運暴露或競爭性暴露 (competitive exposure) 係指未預期匯率變動對廠商競爭力的衝擊，範圍包括市場結構、競爭對手市場策略與經濟開放程度等。值得注意者：縱使廠商銷售對象與原料來源皆在本國，或銷貨與成本皆以國幣計價，然而匯率變化將改變外國廠商在本國市場的相對競爭力，進而衝擊本國廠商營運。廠商針對環境特性及財務結構，可採取下列策略降低營運暴露或營運風險。

1.提前或延遲債權、債務清償：廠商基於預期匯率及財務結構，提前或延遲收付相關款項，降低現金流量波動造成的營運暴露程度。

2.風險分擔：廠商為維持長期商品供給來源與品質穩定，避免匯率變動造成對方損失，進而衝擊本身營運，可簽訂風險分擔條款，分散彼此營運暴露程度。

3.選擇低營運成本區域：產品競爭力除受產地工資、原料成本與技術影響外，

產地幣值變動亦會造成衝擊,是以廠商可評估在幣值或生產成本相對較低國家生產,利用當地生產條件保持競爭力。另外,廠商選擇在不同國家設立據點,彈性調整生產區位,避免匯率變動對競爭力的影響。

4.市場多元化:廠商營運市場若集中於單一國家,易受單一貨幣匯率波動影響營運與競爭力,大幅提升營運暴露程度,採取分散市場將可降低匯率風險。

5.創新活動:廠商透過創新活動,擴大產品差異性改變需求彈性,不致於因匯率波動帶動成本上升,造成市場需求大量流失。

6.財務避險:廠商營運暴露源自於未預期匯率變化對債權收益或債務成本的影響,則可利用換匯換利,不同廠商間互相交換債務支出,達到降低雙方成本與減輕營運暴露目的。

(三)會計暴露

會計暴露或匯兌換算暴露 (translation exposure) 係指未預期匯率變化對廠商綜合財務報表結構的影響。以跨國公司而言,海外分支機構或子公司的資產、負債價值係以子公司所在國貨幣表示,匯率波動將使子公司以母公司所在地貨幣表示之價值產生變化。基於稅賦負擔的計算、揭露廠商價值高低、投資績效評估、廠商內部管理控制、市場分析師與投資人需求等,有必要整合子公司與母公司財務報表。是以廠商須利用相關匯率的換算方式,顯示匯率波動對子公司資產與負債結構的衝擊,藉以確切反映跨國公司財務結構。

概念上,經濟暴露與會計暴露皆屬衡量未預期匯率變化,對廠商財務狀況的衝擊。由於著眼觀點不同,兩者衡量廠商外匯暴露將存在明顯差異:

1.經濟暴露強調廠商未來市場價值或現金流量受匯率變化影響。基於稅賦、廠商內部營運績效等因素考量,會計暴露強調匯率變化對廠商會計價值的影響。

2.經濟暴露針對未來匯率波動影響進行評估,會計暴露主要反映既有與過去匯率波動對財務結構的衝擊。

3.經濟暴露考慮匯率變化對廠商現金流量與價值的影響,包括有形資產、負債價值變化與廠商競爭力、市場占有率消長等。會計暴露僅計算揭露於會計報表內之項目受匯率變化衝擊的程度。

4.除非原料來源與市場競爭對手侷限於本國市場,否則廠商必然會面臨經濟暴露問題。不過廠商若無海外分支機構, 會計暴露問題將不會存在。

5.從市場因素著眼的廠商競爭力消長,與以財務結構著眼的廠商價值變化,係影響廠商經濟暴露程度的主因,反觀廠商採取何種會計原則係影響會計暴露程度的主因。

11.5. 外匯衍生性商品

11.5.1. 遠期外匯

在浮動匯率制度下,貿易商將面臨較大的匯率風險,央行為提供外匯避險管道,遂在 1978 年 8 月 11 日開辦美元遠期外匯業務,此即遠期外匯市場成立的先驅。遠期外匯屬於店頭市場契約,廠商預先與外匯指定銀行訂定在未來以議定匯率(遠期匯率)交易的契約,直迄契約到期日才進行交割完成交易。廠商須持進出口單據才可向銀行承做遠期外匯,且依正常程序,銀行對廠商承作遠期外匯將限制額度,且可自行選擇承作時點,承作期間以 180 天為限,到期得展期一次。廠商與銀行簽訂遠期外匯契約,須繳交 3% 保證金或等值擔保品。在契約到期,廠商若未履約交割,銀行除沒收 3% 保證金,並要求繳付違約金(遠期外匯的匯率與到期日匯率間的差額)。舉例來說:高僑公司預期未來將有外幣收入(支出),基於避險需求可評估預售(預購)遠期外匯。在契約到期日,高僑將收到的外幣以議定匯率賣出(或將購入外幣用於支付外幣支出),則以國幣表示的收入或支出將不受到期日匯率波動影響,暴露在匯率風險的外匯部位為零。

遠期匯率的訂定方式,可用人們採取拋補操作策略進行跨國投資推演而得。人們從事國內金融操作所獲本息為 $(1 + i)$,從事國際金融操作並配合同時出售遠期外匯避險,操作結果將確定為:

$$\frac{1}{e_s}(1 + i^*) \cdot e_f$$

$$1 + i = (1 + i^*)\frac{e_f}{e_s} = (1 + i^*)(1 + \beta)$$

遠期外匯的溢酬或貼水可表示如下:

$$\beta = \frac{i - i^*}{1 + i^*}$$

遠期與即期匯率的差距將等於兩國利率差距:

$$e^* = \frac{e_f - e_s}{e_s} = i - i^*$$

若未考慮匯率預期因素,交易雙方訂定遠期匯率 e_f,將反映以國幣或外幣持有資金在同期間所獲利息收入,兩種貨幣的利率不同而出現差距。一旦國幣利率較高,就應在匯率補貼外幣,以彌補持有外幣時較低的利息收入。外匯指定銀行根據該價格加減碼公開掛牌,亦即預期未來匯率走勢平穩時,純以利率差距計算遠期匯率,當新臺幣利率高於美元利率時,遠期匯率將高於即期匯率,遠期匯率將出現溢價情況,遠期匯率相較即期匯率貶值。反之,當新臺幣利率低於美元利率時,遠期匯率將低於即期匯率,遠期匯率出現折價現象,遠期匯率相較即期匯率升值。溢酬或折價係指遠期匯率與即期匯率之差,又稱為換匯匯率 (swap rate) 或換匯點 (swap point)。一旦兩種貨幣的利率相等,將無上述問題,遠期匯率等於即期匯率,此即稱為平價 (par)。

傳統遠期外匯到期必須進行實際交割,而無本金交割遠期外匯 (non-delivery forward exchange, NDF) 特質是:交易者無須提供實質商業交易所產生的發票、信用狀及訂單等交易憑證即可進行操作,到期日只要交付結算日之即期(到期交割前兩個營業日上午 11 點整之銀行間匯率)與遠期匯率差額部分即可,不過該項金融商品僅限國內外法人(公司)才能操作。舉例來說,廣達電腦與第一銀行在 2001 年 12 月 1 日訂立 3 個月新臺幣美元 NDF 契約,約定在 3 個月後以 $(NT/US) = 32$ 的匯率自第一銀行購入 100 萬美元。若結算日的銀行間匯率 $(NT/US) = 33$,廣達電腦在交割日無需支付 3,200 萬元購入美元,第一銀行亦無需出售 100 萬美元給廣達電腦,僅需就遠期匯率與結算日即期匯率的差額支付 100 萬元新臺幣給廣達電腦即可。無本金遠期外匯的市場報價通常是以即期匯率加上契約期間天期的換匯點表示,換匯點是指遠期匯率減去即期匯率

的價差，如：假設即期匯率 $(NT/US) = 32.5$，3 個月 NDF 換匯點價格為 0.5 元新臺幣，3 個月期 NDF 報價將是新臺幣 33 元。

　　遠期外匯交易僅有一個議定匯率，到期日以議定匯率執行交易。區間遠期外匯 (range forward) 或零成本選擇權 (zero cost option) 修正該項特點，在契約到期日，即期匯率若落在區間內，則以即期匯率交割；反之，則以區間匯率作為交割匯率。區間遠期外匯的特性為買權與賣權的執行匯率相等，兩者的權利金互相抵銷，此種組合式選擇權商品稱為合成遠期外匯 (synthetic forward)。實務上，執行匯率相等的買權與賣權的權利金未必相等，是以廠商可選定美元買權執行匯率 e_1，再計算出具相同權利金之美元賣權的執行匯率 e_2。若到期日即期匯率高於 e_1，廠商買入買權之執行匯率低於即期匯率，廠商將以執行匯率 e_1 購入美元。若到期日匯率介於 e_1 與 e_2 之間，廠商將以即期匯率購入美元。若到期日即期匯率低於 e_2，美元賣權買方將執行以 e_2 匯率賣出美元。由於廠商是賣權賣方，需配合買方動作以執行匯率 e_2 買入美元。

　　反之，廠商持有美元部位，可以選擇賣出美元買權與買入美元賣權的組合方式，建立新臺幣區間遠期外匯。首先，廠商選定買入美元賣權的執行匯率 e_1，再計算具相同權利金之美元買權執行匯率 e_2。若到期日期即期匯率低於 e_1，廠商買入美元賣權之執行匯率高於即期匯率，執行此美元賣權對廠商顯得有利，將以執行匯率 e_1 出售美元。若到期日即期匯率介於 e_1 與 e_2 之間，廠商將以即期匯率購入美元。若到期日即期匯率高於 e_1，美元買權買方將以執行匯率 e_2 買入美元。雖然到期日即期匯率較高，不過廠商是買權賣方，需以執行匯率 e_2 賣出美元。

11.5.2. 外匯期貨與換匯

　　外匯期貨 (currency future) 係指在契約到期日依當天匯率交付特定數量的指定貨幣，如：台南紡織須於 3 個月後支付 25 萬馬克貨款，為規避匯率風險可買入二口馬克外匯期貨鎖住匯率，無須擔心未來匯率波動的損失。外匯期貨類似遠期外匯，交易雙方在起始日訂立未來交割匯率 F_{t0}，至到期日再以 F_{t0} 交易未來外幣的商品，兩者相異處為：期貨具有每日清算、規格化與到期日固定

等特性。遠期外匯需進行實際交割，外匯期貨在到期日採取實際交割的比例非常低，持有者通常在到期日前採取反向操作策略，將期貨部位軋平。遠期外匯與外匯期貨交易主要差異為：

1. 交易方式：遠期外匯為客戶與銀行或銀行間直接進行交易，交易金額與到期日視交易雙方實際需要訂立。外匯期貨係由期貨交易所撮合，交易金額與到期日皆為定型化契約。

2. 遠期外匯手續費隱含在遠期匯率買賣價差，交易者必須提存保證金。臺灣在遠期外匯市場發展初期，交易者需預先繳納固定比例交易金額作為保證金。自 1996 年 1 月後，各銀行自行訂立保證金。反觀期貨交易基於每日清算的特性，交易者需事先提存保證金以供清算。若匯率波動致使交易者產生損失時，交易者需補足保證金，否則為保證交易契約的履行，交易所將對保證金不足者予以斷頭。

3. 流動性：遠期外匯屬於量身訂做性質，未必符合第三者需求而導致轉手困難。若採取訂立反向操作的遠期外匯，雖可將原先的遠期外匯部位沖銷，但新議定的遠期匯率與到期日未必會與原先契約相同，將可能蒙受匯率損失或產生外匯部位暴露於匯率風險。外匯期貨屬於標準化格式，交易金額以固定單位計算且到期日固定，交易者可依實際需求經由交易所買賣，提高原有外匯期貨部位或軋平部位，流動性較遠期外匯為高。

4. 遠期外匯到期日才交割，利用遠期外匯避險產生的利潤或損失視到期日即期匯率而定。以買進遠期美元為例，到期日即期匯率高於遠期匯率，買進遠期美元將出現利潤；反之，到期日即期匯率低於遠期匯率，採取遠期外匯避險未必有利。是以到期日前匯率波動劇烈，由於尚未進行交割動作，縱有損失也未實現。只有直迄到期日時，採取遠期外匯避險產生的利潤或損失方才實現。反觀外匯期貨類可在未到期日前以當時外匯期貨價格出脫，盈虧在未到期前便立即實現。

綜合以上分析，外匯期貨與遠期外匯的比較將列於表 11-4。

表 11–4　遠期外匯與外匯期貨的比較

	遠期外匯	外匯期貨
交易方式	客戶與銀行或銀行間交易	透過交易所撮合
到期日的訂立	由交易雙方依實際需求議定	每單位金額固定
交易手續費	依實際需求由雙方議定	依據交易所規定日期為到期日
保證金	所需費用隱含在遠期匯率買賣價差	交易者需事先提存一定金額保證金，以供每日清算
交割方式	到期日進行實際交割	僅有少部分進行實際交割，大部分期貨部位在到期日前，利用買進反向部位軋平
交易時間	24 小時	依據交易所訂立時間進行交易
不履約風險	交易者自行負擔	交易所承擔、交易者無此風險
流動性	難以尋求第三者接手，到期日方知損益水準	透過交易所直接轉售第三者、每日清算，損益立即實現

11.5.3.　通貨交換

　　經濟成員面對金融市場不完全性、金融交易成本差異，將各自具有比較利益，彼此協議互換金融工具將可各蒙其利，此種活動即是金融交換。此外，交換雙方面對稅負與法規上的差別適用性不同,使用金融交換進行風險管理的成本較低廉，或是金融交換無法藉由現存金融商品複製，凡此均有助於金融交換市場發展。

　　通貨交換係指交易雙方約定在一定期間內，就兩種貨幣進行期初、期末互換一定金額，如：第一銀行與花旗銀行簽訂 1 個月期新臺幣美元換匯交易。第一銀行在期初將等值新臺幣資金交付給花旗銀行,花旗銀行亦將等值美元交付給第一銀行，並依議定匯率到期後再互換回來。基本上，通貨交換係結合即期與遠期外匯交易，兩種貨幣期初交換係以即期匯率為依據，期末交換係依遠期匯率計算方式得出交換匯率，再進行通貨交換。概念上，通貨交換是附買回協議的外匯交易，即與對方約定在未來一定時間，將原先賣出的貨幣買回，或將原先買入的貨幣賣回。

　　另外，換匯換利為廠商管理匯率與利率風險的金融工具，同時進行本金和

利率交換,交換流程為: 交易雙方在期初以即期匯率交換兩種貨幣的本金金額,在契約期間再就利息部分交換兩種不同貨幣的利息流量。隨著契約到期時,交易雙方以交易起始日約定的匯率,就本金部分再進行一次期末交換。

通貨交換可提升銀行及廠商運用資金效率,無須膨脹資產或負債,兼具活絡貨幣市場與債券市場的功能。就本國廠商而言,多數擁有較充沛的新臺幣資金部位,取得新臺幣資金成本相對低廉。若是廠商面臨美元需求,採取通貨交換策略取得美元資金,資金成本通常低於直接借入美元,有助於提升調度資金彈性。另外,外商銀行擁有合格票券有限,無法向央行融通足夠資金,與本國銀行拆借資金亦有固定限額,超過限額便需透過其他銀行中介,造成拆款成本大幅上升。外商銀行評估匯率走勢與利率成本後,可採取在外匯市場賣出美元換取臺幣資金策略,但將對外匯市場造成衝擊。是以央行採取通貨交換操作,調節市場的新臺幣或外幣資金,降低季節性買賣匯壓力,削弱對外匯市場的衝擊,係屬於貨幣政策工具的一環。

最後,廠商從事換匯換利活動,追求降低資金成本與改變資產負債結構的幣別。基於信用評等考慮,廠商取得不同幣別資金,各自擁有絕對利益,如:以新臺幣資金而言,本國廠商借貸臺幣資金成本,相較外國廠商在外國借貸臺幣資金成本為低。同樣地,本國廠商在臺灣借貸美元資金成本,相較外國廠商在美國當地借貸美元資金成本為高。是以本國廠商需要美元資金、外國廠商需要新臺幣資金時,雙方透過投資銀行中介換匯換利交易,將能同時降低兩家廠商借貸美元與新臺幣資金的成本,從而互蒙其利。

11.5.4. 外匯保證金

外匯保證金交易係指人們透過外匯指定銀行開立存款帳戶,存入資金 (保證金) 作為擔保品,與銀行國外部門簽訂契約,由銀行設定信用操作額度 (通常係保證金之 2 倍～50 倍)。人們在信用額度內自由買賣等值外匯,操作損益由銀行帳戶提撥扣存。小投資人利用較小資金取得較大交易額度,除用於規避風險外,並從中謀取匯率差價。外匯保證金交易的特色如下:

  1. 擴張信用交易: 不論追求避險或賺取匯率價差,人們採取保證金交易,僅

需繳交實際交易餘額的 2% 作為保證金，屬於高槓桿的財務操作。

2.高預期報酬率：匯率的年度平均波動幅度為 20%～30%，每日震幅僅 0.7%～1.5% 左右。人們採取保證金策略操作，將可擴大預期報酬率，承擔風險亦相對擴大。

3.高流動性：外匯保證金交易採詢價方式，銀行同時報出買價及賣價，人們自行決定交易方向，隨時進出市場與改變策略、轉換貨幣類別。由於外匯市場屬於每天 24 小時交易，人們僅需考慮匯率變化，無須擔心流動性問題。

4.交易成本低廉：外匯交易成本除詢價之買賣價差隨成交量大小不同增減外，提供諮詢服務需另收手續費，外匯保證金交易手續費約占操作金額之 0.06%～0.08% 左右，交易成本低廉有利於外匯市場短線操作。

5.彈性的風險管理：在銀行授信額度內，外匯保證金交易的信用擴張完全取決於投資人意願及風險承擔程度，適合不同風險偏好者。

11.6.　國際金融中心

11.6.1.　國際金融中心的發展

金融中心係指在一定區域內擁有高度密集金融廠商、健全活絡的金融市場、金融資訊透明公開、金融設施先進、高效率金融服務、金融影響層面較大等特色的融資樞紐中心，通常以經濟發達的中心城市為核心。在 1830 年代工業革命後，隨著歐洲與北美間的國際貿易和跨國投資活動迅速發展，大幅提升跨國金融服務需求，國際性融資、保險、外匯交易活動規模在歐洲大城市（如：巴黎、柏林）日益成長。尤其是英國係當時世界最大的工業品生產國和輸出國，英鎊成為貿易結算過程廣泛使用的貨幣。在發展商品輸出的同時，英國也成為世界最大的資本輸出國，促使倫敦發展成為最早主要國際金融中心。

傳統國際金融中心的形成過程係歷經地方性金融市場、全國性金融市場，再發展為國際金融市場，發展成功條件包括：①擁有強大工業基礎、對外貿易和資金實力為基礎；②優良的金融服務和相對完善的銀行組織；③經營所在國

貨幣的融資業務,受所在國法律和金融條例或管理的制約;④整體上是分散的,沒有形成一個世界範圍的一體化國際金融市場。

邁入 20 世紀後, 隨著國際分工深化和世界市場形成, 國際貿易與跨國投資活動逐漸擴散至世界各地, 帶動國際金融活動相對集中在世界主要地區, 促進區域性和全球性國際金融中心出現。尤其是在 1960 年代以後, 美國出現持續性國際收支赤字, 採取限制資金外流政策, 跨國公司紛紛將美元資金撤離美國本土, 以歐洲美元 (Eurodollar) 或亞洲美元為名的境外美元市場逐漸確立, 進而擴大成包括歐洲馬克、歐洲日圓等多種境外貨幣組成的歐洲通貨市場 (Euro-currency market), 國際金融中心呈現緩慢發展階段。1970 年代以後, 已開發中國家逐漸開放金融帳, 在金融創新活動盛行下, 跨國投資與融資規模迅速擴大, 除倫敦、紐約、巴黎、蘇黎世、法蘭克福等自然發展的國際金融中心持續成長外, 在政府推動下又陸續出現新加坡、巴林、巴哈馬、開曼群島等國際金融中心。日本經濟活動自二次大戰後持續二、三十年成長, 在 1980 年代導引東京躍居僅次於紐約和倫敦的國際金融中心, 國際上同時形成多元化、多層次的國際金融中心格局。在 1990 年代, 隨著日本泡沫經濟破滅和景氣持續衰退, 東京國際金融中心地位呈現衰落現象, 紐約則以美國新經濟 (New Economy) 為基礎, 長期高居全球國際金融中心龍頭老大地位。

從上述地區形成新型國際金融中心的過程,展現共同特質包括: ①政治制度穩定、②金融自由化不受金融法律管制、③突破國際金融中心必須是國內融資市場的傳統、④擁有足夠健全的銀行與金融廠商,以運用相當規模的金融資產、⑤交易所經營標的包括所有自由兌換的貨幣、⑥現代化通訊設備和完善金融服務設施,以滿足國際金融業務需求,結合各中心經營活動為一體、⑦地理位置和時區位置優越,在營業時間能與其他金融中心緊密相連。

11.6.2. 國際與區域金融中心

國際或區域金融中心是對國際金融市場具有深厚影響力的樞紐區域,該地區以外幣進行包括集資、聯貸、金融支援等國際金融業務活動。兩類金融中心的特質不盡相同,必備的條件卻如出一轍。一般而言,文獻上認為國際金融中

心具有下列共同特點：

1. 金融廠商多元化：國際或區域金融中心都是國際著名商業銀行、證券公司、投資銀行、信託投資公司與保險公司聚集的地方。

2. 金融業務多元化、金融資產市場化程度高：國際金融中心的金融服務功能遍及全球，金融資產多元將可以滿足各種需求，提升資金流動性。

3. 金融電子化：國際金融中心採取現代電子計算技術、通訊網路交易，可在瞬間完成跨國資金調撥。

4. 融資國際化：在國際金融中心，來自境外註冊的金融廠商超過當地註冊金融廠商總數的 50%，考慮策略聯盟、交叉持股與控股等情況後，此一比例甚至高達 90%，如：新加坡。

5. 金融監理制度健全：國際金融中心的金融法律、交易制度和金融秩序健全完備。在金融管制和政府政策方面，國際金融中心逐步按照 Basle 協定、世界貿易組織（WTO）的關貿總協定等國際公約進行統一規範管理，逐漸放鬆利率、存款準備與外匯等方面管制，甚至採取租稅優惠。

一般而言，成為國際金融中心的必備條件是政經情況穩定，此係最基本且最必要條件。安全投資環境係投資人首要考慮的前提，政經情況穩定且經濟活動逐步成長趨勢，除建立投資人信心外，並提升各國信賴度樂於將資金投注於該金融中心。此外，專業金融人才、健全的金融廠商、先進的資訊設備及健全的金融制度與法規，才能提供高質量、高效率金融服務，自由化的寬鬆金融政策才能吸引跨國投資人加入。

11.6.3. 境外金融中心

McCarthy（1979）定義境外金融中心或稱歐洲通貨中心（Eurocurrency center）為：一國採取降低或廢止金融及外匯管制，提供租稅優惠待遇，以吸引國際銀行參與經營銀行業務，此種銀行業務係以外幣為媒介，並以非當地居民為交易對象。金融當局為提升臺灣在國際金融市場地位，提升參與國際金融活動能力，進而推動區域性金融活動，遂於 1983 年 11 月通過國際金融業務條例，而中國商銀於 1984 年 6 月 5 日開始國際金融業務分行營運，臺北境外金融中

心正式成立。

依據國際金融業務條例，臺灣稱境外金融中心為國際金融業務分行 (OBU)，係指在國境內以外幣為交易媒介，以較少的金融業務管制配合租稅優惠措施，吸收境內非當地住民的外幣資金，參與該地區的境外金融業務，可視為設置在國境內的會計獨立之海外分行組織。換言之，境外金融中心係國內廠商為尋求租稅或其他方面優惠，以設立在國外的境外公司名義進行交易的市場，最大特徵為「境內掌控、境外法律管轄」，特質包括：

1.隔離性：境外金融業務經由特別立法而與國內金融體系分離，降低對當地經濟活動之衝擊（倫敦例外）。

2.租稅優惠：國際金融業務分行免繳營利事業所得稅、營業稅、印花稅，免提存款準備以吸引國際知名銀行，存款利息免稅。

3.金融躉售業務：處理大金額的躉售銀行業務，而非零售銀行業務。

4.金融管制較少：境外金融中心資金自由進出，利率比照國際市場利率調整，不受當地外匯管制與一般金融法規約束。

5.以外幣作為交易媒介，係以非當地居民交易為對象。

境外金融中心的資金來源取之於境外，用之於境外和國內金融業務截然不同，業務主管機關為央行，行政主管機關為金管會銀行局。境外金融中心業務包括吸收境外資金（如：外匯存款、發行債券或票券）、承作外幣放款業務、承作即期、遠期及換匯等外匯交易、外幣信用狀之開發、押匯及外幣保證業務、外幣票據貼現及承兌、辦理境外客戶之新種金融商品（如：外幣保證金交易、利率交換、遠期利率協定、選擇權、及金融期貨）。

接著，境外金融中心將可劃分如下：

1.依市場性質：①功能中心 (functional center)：或稱融資型中心，倫敦、紐約和東京等老牌國際金融中心係外國銀行和金融廠商聚集地，憑藉強大經濟實力和悠久的金融業發展歷程，提供金融服務吸引全球客戶，從事存放款業務並負責處理帳務，帳務處理均在該中心發生。②記帳中心 (booking center)：或稱名義中心，巴哈馬群島、開曼群島等小經濟規模國家，政府為增加收入，利用地理位置優良及通訊便利優勢，採取租稅優惠和寬鬆金融管制策略，提供跨國

銀行和金融廠商註冊和記帳便利性，處理授信交易帳務享受租稅優惠，僅設有連絡員負責傳遞各項資訊及處理帳務，實際並未設立分支機構。

2. 依市場結構：①國內外金融混合型：境外金融與本國金融市場合而為一，如：香港、倫敦。②國內外金融隔離型：境外金融與本國金融市場分離，如：美國 I.B.F (international banking facilities)、新加坡 A.C.U. (Asia currency unit)、日本及臺灣的國際金融業務分行。③租稅天堂型：僅以低稅率為目的而形成的記帳中心，實際上並無金融市場實體存在，如：西印度群島中的巴哈馬、巴林、和開曼群島等。

3. 依成立發展原因：分為自然形成（國內外金融混合型通常屬於該類）及人為設立（國內外金融隔離型屬於該類）。

4. 依市場涵蓋範圍：分為國際金融中心及區域金融中心。

習　題

◉ 選擇題

1. 當臺幣實際有效匯率貶值時，將會發生何種現象？　(a)臺灣出口競爭力提高，投資美元資產的臺幣收益率上升　(b)臺灣出口競爭力提高，投資美元資產的臺幣收益率降低　(c)臺灣出口競爭力降低，投資美元資產的臺幣收益率降低　(d)臺灣出口競爭力降低，投資美元資產的臺幣收益率上升。

2. 高僑公司從事跨國營運時，面對的會計暴露風險係指：　(a)高僑取得進口機器設備 30 天後支付日圓貨款的風險　(b)高僑將美國子公司財務報表轉換為母公司財務報表時的風險　(c)高僑面對匯率波動引起原料價格變化而遭受損失的可能性　(d)

高僑對美國廠商報價後，臺幣匯率發生巨幅波動。

3. 當新臺幣對美元匯率出現升值趨勢時，何者正確？　(a)外匯市場將出現超額美元供給　(b)匯率升值將降低超額美元需求　(c)匯率升值將繼續擴大超額美元需求　(d)進出口不受影響。

4. 央行採取低估臺幣價值政策，將導致何種結果？　(a)加速資金外逃　(b)外匯準備持續累積　(c)貿易收支逆差擴大　(d)進口成本降低。

5. 根據國際收支學說內容，何者將導致臺幣匯率貶值？　(a)本國相對外國的國民所得下降　(b)本國相對外國的物價下降　(c)本國相對外國的利率上升　(d)預期本國貿易逆差上升。

6. 有關臺灣國際收支帳的敘述，何者錯誤？　(a)資本帳最重要　(b)貿易帳對臺灣經濟成長貢獻最大　(c)央行累積外匯準備之來源　(d)外資進出臺灣之金額歸類在金融帳。

◉ 問答題與計算題

1. 元大投信考慮將 33.5 百萬元新臺幣從事海外投資，若以即期匯率 $\frac{NT}{US} = 33.5$ 結匯，並投資美國股市 3 個月。假設美國股市的預期年報酬率為 15%，投資國內股市 3 個月的預期報酬率為 5.4%，試回答下列問題：

(a) 元大投信未採避險措施，當 3 個月後的臺幣升值至 $\frac{NT}{US} = 33.3$，則該項跨國投資策略是否成功？

(b) 元大投信前往遠期外匯市場賣出 3 個月期美元避險，假設預售美元遠匯沒有成本，試問外匯指定銀行應將遠期匯率訂為多少，才不會造成套利現象。

(c)元大投信前往外匯指定銀行購買外匯賣權，權利金為 100 萬元，執行匯率為 $\frac{NT}{US} = 33.5$。假設 3 個月後即期匯率為 33.3 時，該投資策略是否成功？

(d)元大投信與外匯指定銀行訂定區間遠期外匯，匯率區間在 32.8～33.1 之間，假設 3 個月後的即期匯率落在 33，該投資策略是否成功？

2.法國和德國在 1990 年代的通貨膨脹率及其預期都相同，不過法國政治和經濟不確定性都高於德國。法國在 1990 年代出現幾次政治變動導致法郎數度貶值。根據國際 Fisher 效果，兩國的預期利率是否相同？為什麼？

3.試說明絕對與相對購買力平價理論的差異性。

4.試評論國際短期資金移動對匯率的影響：

(a)本國利率水準上升吸引國際短期資金內移，匯率趨於貶值。

(b)一國實質利率提高吸引國際短期資金流入，促使經常帳餘額出現順差，引起匯率升值；反之，將引起匯率貶值。

(c)利率變動將對即期和遠期匯率產生影響，高利率國家的即期匯率升值，遠期匯率出現貼水。

5.試說明貨幣學派對匯率決定理論的看法。

6.試說明境外金融中心本質上可分為幾種？有何差異？

4

第四篇

銀行產業
運作模式

第 12 章　銀行產業組織

　　銀行業係間接金融的核心，面對來自直接金融的強烈競爭，在融資市場的占有率呈現長期下降趨勢，不過銀行業產值仍然高居金融業 GDP 的首位。銀行業在金融市場以提供一般銀行信用為主，吸收資金賦予支票作為交易媒介特性，成為金融體系的重要清算機構。

　　本章首先探討銀行業的組成內涵，包括銀行的成立與銀行產業組織類型。其次，將探討銀行產品類型，說明銀行產品衡量方式。第三，將討論銀行營運風險。第三，隨著金融廠商間的競爭日益激烈，不同型態的銀行紛紛出籠，如：信託銀行、投資銀行、多國籍銀行 (multinational banking)、電子銀行與網路銀行，將分別針對其特質與營運方式做一介紹。接著，銀行業屬於高風險與受管制的產業，銀行倒閉 (bank failure) 屢見不鮮，其原因與徵兆值得探究。最後，金融預警制度 (early warning system, EWS) 內涵與扮演的角色亦值得說明。

📌 12.1.　銀行產業

12.1.1.　銀行的成立

　　依據銀行法第 2 條規定，銀行係由財政部特許成立從事銀行業務之金融廠商，申請條件分成兩類：①本國商銀：商業銀行設立標準規定商銀設立的最低實收資本額為 100 億元。②外國商銀：外國銀行設立分行及代表人辦事處審核準則規定資產或資本排名世界前 500 名或往來業績在 10 億美元以上的外商銀行，可申請來臺投入 1.5 億元資本額設立第一家分行。除上述基本條件外，金融當局針對銀行負責人資格條件、銀行業務範圍等，分別在銀行負責人應具備資格條件準則第 3 條加以限制，且於銀行法第 62 條訂定懲罰辦法。

　　在國際金融市場，銀行業經營模式包括三種：①日本銀行業可與其他產業（未必是金融廠商）交叉投資、相互持股或策略聯盟，從而構成金融版圖。②

美國銀行業採取銀行控股公司 (bank holding company) 模式，同時掌握銀行、證券、保險等獨立金融廠商的經營權。③歐洲銀行業採取綜合銀行模式，以銀行為主體在內部成立獨立部門（擁有獨立資本額與會計制度），分別從事證券、票券及保險等金融業務。

　　國內銀行業採取以銀行為經營主體，分別成立業務部、儲蓄部、國外部、信託部、消費金融部與信用卡部等部門，獨立從事各種業務，同時將特殊業務交由轉投資金融公司營運。隨著金融自由化及國際化潮流盛行，金融集團化及金融業務多元化衍生許多金融關係企業問題，進而引發金融集團事業組織型態之選擇問題。臺灣金融業盛行綜合金融集團經營策略，轄下公司經營者均屬同一集團，彼此間存在轉投資或交叉持股關係，但未必純粹由單一控股公司全部掌控銀行與金融周邊事業。

　　金融當局於 2001 年通過金融控股公司法，用以解決上述問題及金融業跨業經營的限制，尤其是非銀行之金融業的業務多元化問題。隨著該法案通過後，以銀行（如：一銀金控）、人壽保險公司（如：國泰金控與新光金控）、產物保險公司（如：富邦金控）或票券金融公司（如：國票金控）為主體的金融集團，紛紛進行重組金融控股公司，其架構將如表 12–1 所示。

　　金融業採取控股公司模式跨業經營銀行、保險、證券及相關金融事業，透過共同行銷、資訊交叉運用、產品組合，提供一次購足的金融服務，將發揮下列優點：

　1.在分業管理體制下，銀行業務範圍受到嚴格限制，但透過金融控股公司在不同領域設立子公司，將可落實金融業務多元化。

　2.在分業體制下，消費者無法從銀行享受證券、保險業提供的服務。金融控股公司有效利用營業據點，消費者透過銀行帳戶享受存放款、證券、保險、外匯交易等多元化金融服務。

　3.金融控股公司運用其網路模式，針對不同客戶需求設計金融商品，有利於發揮整體優勢、降低資金成本、提高經營收益。由於銀行分支據點多、客戶穩定，金融控股公司旗下子公司的金融商品可透過銀行子公司進行銷售。

　4.金融控股公司採取金融百貨公司的經營策略，配合金融創新活動發展，透

表 12-1　金融控股公司的組織架構

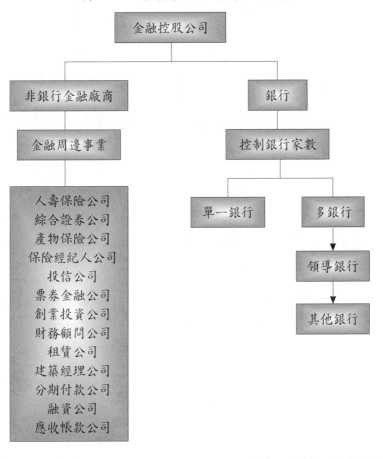

過集團化、國際化和電子化而成長壯大，銀行、證券、保險、信託四位一體的大型跨國金融集團在歐美國家成為普遍的現象。

　　至於金融控股公司發展策略模式可用表12-2 說明。金融控股公司從技術面強調資金效益、跨業銷售與節省成本，從策略面追求商品與市場結合，如：商業銀行培養客戶，投資銀行創新與銷售金融商品賺取手續費，創投則從事較高風險投資活動，亦可從事高風險的併購業務。

12.1.2.　銀行產業組織

　　銀行業係由不同類型銀行組成，依不同標準劃分如下：

表 12–2　金融控股公司發展策略

產品 市場	利差收入	手續費收入	資本利得
批發市場	法人金融 （銀行）	募集資金 財務顧問 資產管理（產險、投資銀行）	直接投資 創業投資 NPL 買賣與管理（創投、AMC、證券、投資銀行）
	高風險高報酬	較低風險與較高報酬	較高風險與較高報酬
零售市場	消費金融 （銀行）	證券經紀 財富管理 （證券、投信、投資銀行、壽險）	獲利發動機 （投資銀行）
資金基礎：由壽險公司提供中長期資金			

㈠銀行產業組織型態

　　銀行產業組織型態包括單一銀行 (unit banking)、分支銀行 (branch banking)、連鎖銀行 (chain banking) 與銀行控股公司或集團銀行制等類型。單一銀行制產生於美國，係指法律上禁止或限制銀行設立分行、各家銀行獨立經營，在銀行市場具有壟斷性競爭性質。相對的，分支銀行制源自英國，係指銀行設立總行與在國內外普遍設立分行，屬性傾向於寡頭壟斷，總行扮演角色為：①總行制：總行兼具管轄分行與對外經營業務、②總管理處制：總行僅負責管理分行，不對外經營業務。連鎖銀行制係指由某人或集團持有若干銀行股權以控制銀行（經營權和所有權），同時取得單一銀行制和分支銀行制的經營利益。

　　實務上，銀行業全部採取分支銀行組織，甚少僅設單一總行營運者，單一銀行可視為虛擬的銀行產業組織，但仍可從不同角度剖析兩者差異性：

　　1.組織架構：單一銀行係指銀行僅有單一營運單位而無分行，符合設立標準即能自由進出產業。該類銀行坐落位置、資本額與營運業務限制較多，營運規模較小，市場壟斷力低(彼此替代性高)，屬於壟斷性競爭產業。表12–3 係 1992 至 2003 年的臺灣存款貨幣機構家數，外國銀行在臺分行家數在 2003 年總計有 36 家，除花旗銀行設有 9 家分行屬於最多、以及少數外商銀行設立 2～4 家分行外，多數僅有 1 家在臺分行營運。外商銀行只要符合我國銀行法規定，在世

界銀行市場排名前 500 名,均可隨時申請來臺設立分行或撤離,1994 年 8 月修正為設立首家分行需要 1.5 億元,第 2 家分行再增加 1.2 億元,該標準遠低於國內申請設立銀行所需的 100 億元,類似屬於單一銀行產業組織。

表 12-3　臺灣的存款貨幣機構家數

時間	總公司					
	本國銀行	外國銀行 在臺分行		基層金融		
				信用合作社	農會信用部	漁會信用部
1992	40	36	386	74	285	27
1993	41	37	386	74	285	27
1994	42	37	386	74	285	27
1995	42	38	385	73	285	27
1996	42	41	385	73	285	27
1997	47	45	378	64	287	27
1998	48	46	368	54	287	27
1999	52	41	364	50	287	27
2000	53	39	362	48	287	27
2001	53	38	324	39	260	25
2002	52	36	315	37	253	25
2003	51	36	313	35	253	25

資料來源:財政部金融局

　　分支銀行係指銀行擁有總行與眾多分行的營運單位,所需資本與規模相對龐大,屬於寡頭壟斷產業,其參進阻止障礙的門檻較高。一般而言,金融體系採取分支銀行組織型態,銀行業屬於寡頭壟斷型態,參與及退出產業困難重重。由表 12-3 與表 12-4 顯示:直至 2003 年底,本國銀行共計 51 家,每家銀行(輸出入銀行除外) 最少有 6 家以上的分行或辦事處,分行家數達到 3,130 家,屬於分支銀行型態的產業組織。另外,基層金融包括信用合作社、農會與漁會信用部的家數合計為 313 家,分支機構高達 1,208 家,亦是採取分支銀行型態。

　　2.營運風險:單一銀行具有區域性銀行性質,營運活動與區域經濟活動緊密結合,個別業務的營運風險將因訊息較為充分而降低。就整體環境而言,該類銀行營運規模較小,營運環境易受區域景氣循環影響,承擔風險較為集中。分

表 12–4　臺灣存款貨幣機構的分支機構家數

時間	本國銀行	外國銀行在臺分行		基層金融		
				信用合作社	農會信用部	漁會信用部
1992	1,212	50	1,242	439	770	33
1993	1,382	55	1,304	482	788	34
1994	1,577	57	1,395	530	827	38
1995	1,807	58	1,486	556	886	44
1996	1,936	65	1,567	595	925	47
1997	2,176	69	1,496	505	943	48
1998	2,404	72	1,453	446	958	49
1999	2,576	71	1,436	416	971	49
2000	2,693	70	1,416	394	973	49
2001	3,005	69	1,300	373	883	44
2002	3,068	68	1,245	358	847	40
2003	3,130	69	1,208	341	828	39

資料來源：財政部金融局

支銀行具全國性銀行的屬性，整體而言，由於擁有眾多分行，在大數法則運作下，以及營運環境受整體景氣循環影響，營運風險遠低於單一銀行。

3.受信與授信：單一銀行營運集中於區域性銀行市場，在坐落位置吸收資金時具有寡頭專買 (oligopsony) 力量，從事授信則具有寡頭壟斷角色。不論是受信或授信，該類銀行營運對象為區域性資金市場，因坐落位置迥異致使彼此產品異質化，形成利率多元化現象。反觀分支銀行除吸收區域性（各地分行）資金外，並發行金融債券在全國性市場募集資金，再於全國性市場授信，資金配置效率優於單一銀行。實務上，分支銀行產業僅由少數銀行組成，一旦組成銀行公會協商勾結，存放款利率將呈現單一化趨勢，類似採取價格領導制度 (price leadership)。

4.資金配置效率：單一銀行的資金來源侷限於區域性存款市場，壟斷力端視區域性與全國性存款市場間的替代性而定。至於赤字單位到處詢價，未必會向區域性單一銀行融資，區域性與全國性放款市場間的替代性較大，壟斷放款市場能力較低。單一銀行的資本與營運規模相對較小，中介資金過程面對的不確

定性與訊息成本較高，致使資金運用或金融資源配置效率較差。反觀分支銀行以全國性銀行市場顧客為營運對象，在分行眾多與規模龐大下，透過大數法則運作所須負擔的單位訊息成本顯著下降，資金運用方式或金融資源配置效率較佳，壟斷放款市場力量超越單一銀行。

5. 銀行產品：單一銀行以區域性銀行市場為營運對象，提供銀行產品內容則有兩種說法：①全額服務 (full service)：在中介資金過程中，理論上，單一銀行將提供所有金融勞務，如：零售存放款、外匯業務、信託服務、研究部門與徵信調查等，以滿足消費者需求。②部分服務 (partial service)：基於營運規模狹隘與區域性市場需求有限的雙重限制，實務上，單一銀行提供所有服務將不符經濟效益，通常提供基本受信與授信服務，其餘金融勞務則委託其他銀行辦理。

再就分支銀行而言，營運對象雖以全國性市場為主，但個別分行仍以區域性利益為主，提供銀行產品亦有兩種說法：①全額服務：分支銀行的營運規模較為龐大，以全國性銀行市場為營運對象，總行必然提供全額服務滿足消費者需求，享受規模與範圍經濟效果。②部分服務：分支銀行的各個分行規模類似單一銀行，營運對象主要係滿足區域性市場需求，通常提供部分服務，其餘勞務則委託總行處理。

6. 管理效率：單一銀行採集中管理，有助於提升經營效率而降低管理風險。隨著營運規模擴大，容易出現內部經濟現象。不過單一銀行僅有一家，營運規模較小而使行員缺乏升遷機會，降低工作誘因。分支銀行在總行設立總管理處，統一擬定營運方針，授權各部門或分行經理自行營運，此種現象容易形成內部不經濟現象。不過分支銀行營運規模龐大，眾多分行提供行員升遷機會較大，有助於提升工作誘因。

㈡銀行營運策略

銀行將因營運策略不同而分成三種類型：

1. 批發銀行 (wholesale banking)：從事企業金融與聯合放款為主的大型商業銀行，以大公司和大機構為主要授信對象。授信金額相對龐大而具有批發性質，本國銀行過去屬性傾向於批發銀行。尤其是郵匯局無法承作放款業務，吸收資

金多數整批轉存其他銀行與央行，屬於典型的批發銀行。

2.零售銀行 (retail banking)：從事各種零售業務，包括各種消費金融的商業銀行，以消費者為營運對象，授信金額相對較小而具有零售性質。外國銀行在臺分行吸收存款資金受到限制，偏好小額消費性放款，如：信用卡融資、投資理財放款等，屬性偏向於零售銀行。

3.批發與零售銀行：直接金融發達促使企業金融業務競爭白熱化，本國銀行面對獲利率下降與風險遞增的情形下，逐漸轉向承作小額多件的消費金融，朝兼顧批發與零售銀行的型態發展。

(三)銀行領取的營業執照

1.全國性商銀：銀行設立營業據點可遍及全國，申請成立的最低資本額為100億元。

2.區域性商銀與中小企銀：信用合作社與中小企業銀行改制為商業銀行，將面臨營運範圍限制，營業區域與設立分行僅能跨越數個縣市，資本額必須超過35億元。

🖋 12.2. 銀行產品

銀行吸收存款提存準備後，隨即投入授信（證券投資與放款）活動、購買固定資產與保有國外資產等。從中介資金過程觀之，銀行屬於資源密集產業，其成本函數型態對經營階層評估營運績效或擬定經營決策（增設分行、合併與擴張業務）將扮演重要角色，如何衡量銀行產品將是討論的焦點。

12.2.1. 銀行產品類型

銀行是間接金融核心，在中介資金過程中提供的金融勞務類型有二：

1.資產轉換勞務：在中介資金過程中，銀行吸收存款資金，透過徵信調查轉換為放款資金，兩者性質截然不同，此即資產轉換勞務，內涵包括三種：①交易媒介：銀行吸收支票存款賦予交易媒介角色，隱含提供方便、安全與對帳等三種聯合性金融勞務。②價值儲藏：銀行吸收儲蓄存款賦予價值儲藏角色，隱

含提供安全、保值與獲利等勞務。③銀行信用：銀行授信活動將是對借款者提供融資與流動性勞務。

　　2.經紀勞務：銀行提供金融經紀勞務，降低金融交易成本與提升融資效率，其類型包括：①收付通貨：銀行營業部從事受信與授信活動，提供收付通貨與資金清算工作的勞務。②儲蓄服務：銀行儲蓄部發行儲蓄存款與定期存款，提供價值儲藏工具。③國內外匯兌：外匯指定銀行（銀行國外部）提供外匯資產交易的經紀勞務，提供人們轉換國內外資產。④信託服務：銀行信託部提供客戶代為管理資金服務，以及從事資本市場的交易活動。⑤其他實質服務：倉儲、保管及代理服務。⑥提供資訊：銀行的徵信調查室、資訊室或研究室針對個別產業發展與廠商營運狀況進行瞭解與掌控，這些個體資料將可提供金融當局擬定政策參考。

　　針對上述勞務類型，銀行產品基本上分為兩類：

　　1.技術性產品 (technical output)：商品或勞務經由生產過程轉變為其他商品。銀行提供的金融勞務屬於技術性產出，類型包括：①提供活期存款客戶的支付機能管理、②存款者與貸款者間的中介勞務、③信託活動及提供資產管理顧問勞務。

　　2.經濟性產品 (economic output)：生產係指創造較原先投入更高附加價值，產品型態是否改變並不重要。銀行授信活動係以存款資金為基礎而創造更高價值，故屬於經濟性產品。

　　在此，銀行的一般化生產函數可表為：

$$F(Q_i, \sum L_i + \sum S_i, DD, SD; N, K) = 0 \tag{12.1}$$

Q_i 是各種金融勞務，$BK = \sum L_i + \sum S_i$ 是銀行信用（放款與投資證券），DD 與 SD 為活期存款與儲蓄存款，K 是銀行的實體資本（銀行行舍與設備），N 是銀行行員。

12.2.2.　銀行產品的衡量

　　銀行提供多元產品與複合產品，是以有關衡量銀行產品的方法亦是眾說紛紜。

(一)單一產品方法 (single-value measure approach)

銀行生產各類型單一產品，可基於不同理論基礎定義銀行產品如下：

1. 個體或信用觀點 (credit view)：在授信過程中，銀行採取放款與投資型態融通人們的消費與投資支出，重新效率分配金融資源與實質資源，對經濟活動運行發揮貢獻。採取銀行信用衡量銀行產品，係在強調附加價值的經濟性產品。當銀行扮演授信角色，追求創造高附加價值時，(12.1) 式將可表為：

$$\sum L_i + \sum S_i = BK = g(DD, SD; N, K) \qquad (12.2)$$

採取銀行信用衡量銀行產品將面臨存量與流量問題，銀行產出是流量概念，資產負債表上的銀行信用屬於過去放款與投資總額累積的存量概念，早已發揮配置資源效果，兩者在理論上並不一致，且以此衡量銀行產品將有重複計算現象。另外，銀行信用包括各類型放款與投資，型態迥異肇致發揮之融資效果不同。若以銀行信用總值衡量銀行產出價值，無疑是認為所有放款與投資均屬同質，無形中將低估銀行產品價值，顯然不符現實。為解決上述缺點，一般採取以變動量方式衡量、針對銀行信用組成內容分別給予權數再行累加，但卻又衍生新的問題：①銀行信用變動量未必為正，負值將扭曲銀行產品含意，故宜以銀行每年進行的新授信為代表；②銀行信用中單項資產權數的決定，宜另找其他方法解決。

2. 中介方法 (intermediation approach)：銀行營運以提供金融勞務為主，並非存放款帳戶的生產者，是以放款和投資金額、勞動、資本及資金屬於作業流程中的投入，營運成本與利息成本之和是衡量銀行總成本的正確方式。換言之，銀行扮演金融經紀商角色時，產品即是各種金融勞務 (如：安全、方便、保值、融資、信託)，屬於技術性產品。另外，當銀行扮演金融中介者角色，以提供金融勞務為業務內容，(12.1) 式將重新表為：

$$Q_i = f(\sum L_i + \sum S_i, DD, SD; N, K) \qquad (12.3)$$

3. 總體或貨幣學派觀點：貨幣學派強調銀行與非銀行金融廠商的差異，前者創造活存充當交易媒介，其貨幣性或流動性屬於技術性產品。採取活存衡量銀行產品的理由是：活存是交易媒介，提升交易效率與降低交易成本，有助於提升國民產出。在此觀點下，上述生產函數中的 DD 是銀行產品，其餘項目則為

投入。以活存總量衡量銀行產品，銀行生產函數將修正為：

$$DD = h(\sum L_i + \sum S_i; N, K) \qquad (12.4)$$

以活存衡量銀行產品同樣面臨存量與流量問題，亦即活存屬於存量概念，銀行產出是流量概念，兩者在理論上並不相同。針對該項缺失，文獻採取的修正方式是：可採固定期間內的平均活期存款餘額乘上平均流通速度，從而轉換成流量概念，此即銀行在固定期間內提供的流動性數量。不過該項勞務係屬無償使用，或許已經反映在當期 GDP 增加，甚難評估其正確價值。

(二)產品加權指數方法

一般而言，銀行產品分成兩類：①貸放產出 (lending output)：銀行以賺取存放款利差為主，銀行信用是核心產品。②非貸放產出 (non-lending output)：直接金融盛行促使銀行授信面臨強烈競爭，遂轉向從事非銀行活動 (nonbanking activity) 的業務，提供金融勞務賺取手續費收入 (fee-based income)。在完全競爭市場，消費者依據享受福祉支付商品價格，故可用銀行勞務的社會價值（銀行收入毛額）衡量銀行產品價值，而支付銀行信用代價可估計如下：

$$\frac{R_l}{A} = a_0 + b_1 \frac{L_1}{A} + b_2 \frac{L_2}{A} + b_3 \frac{L_3}{A} + \cdots = a_0 + \sum_{i=1}^{n} b_i \frac{L_i}{A}$$

R_l 是銀行貸放產出的總收益，A 是銀行資產總值，L_i 是各種授信資產數量，b_i 是各種貸放產出的價格。經過上述評估程序，銀行生產貸放產出的價值將是 $\sum_{i=1}^{n} b_i L_i$。類似作法亦可用於評估銀行的非貸放產出價值，兩者之和即是銀行產品價值。

(三)帳戶數目方法 (number of account approach)

銀行營運多元化，業務範圍包括放款、投資、貼現、存款、信託與匯兌等項目，而有各自獨立的生產程序。一般而言，銀行係依顧客開設帳戶（存款、放款、信託、保險箱）提供金融勞務，與帳戶金額並無直接關聯，故可採取每一期間內銀行提供帳戶數或交易次數衡量產品，總成本為支付提供這些產品的營運成本，但不包括利息成本。此類方法符合流量概念，排除通貨膨脹肇致的偏誤，允許帳戶數及帳戶金額對成本有不同的影響，缺點是：未針對個別勞務對體系產出貢獻的差異性進行加權，而且遺漏其他金融勞務。是以我們可將銀

行產出分成活期存款、定期存款和儲蓄存款、不動產放款、企業放款及分期付款的帳戶數等五類，用於修正這項缺失。

㈣國民產出方法 (national product approach)

在生產過程中，銀行創造的附加價值可用銀行利潤衡量，可表為貸放產出（放款 L_i 與投資 S_i）收益加上金融勞務收益 $p_i q_i$ 扣除存款利息、行員薪資 WN 及資本設備的租金 ρK。不過國內銀行在 2002 年與 2003 年大量處理不良放款 (NPL)，導致連續兩年出現巨幅虧損，此種現象是否意味著銀行存在是屬於負面效果？該方法將銀行存款視為金融投入，忽略其提供流動性勞務或保值（安全）勞務對體系的貢獻，將利息支付作為負面項目扣除。

$$\pi = \sum_{i=1}^{n} r_i^\ell L_i + \sum_{i=1}^{m} r_i^s S_i + \sum_{i=1}^{o} p_i q_i - \sum_{i=1}^{j} r_i^d D_i - WN - \rho K$$

採取上述方法評估銀行產品價值，必須修正理由是：銀行發行的活存提供交易安全性與方便性，該部分無償提供經濟成員使用，故須設算其價值。活存提供流動性勞務數量為 D_i，設算價格 P 包括兩者：

1.顯現成本 (explicit cost)：$(\frac{\partial C}{\partial D})$ 是銀行增加提供活存所需支付的成本。

2.隱含成本 (implicit cost)：$[(1-\theta)r_\ell - r_d]$ 是銀行利用活存資金從事授信所增加之報酬，r_ℓ 是授信報酬率，θ 是銀行提存的準備，r_d 是活存利息支付。

$$P = (\frac{\partial C}{\partial D}) + [(1-\theta)r_\ell - r_d]$$

考慮流動性勞務的設算價值後，銀行對體系當期的貢獻為：$(\pi + P_d D)$。不過 D 是指用於最終用途交易的流動性勞務數量，廠商使用部分（視為中間財）須適度扣除。由於存款在經濟活動中扮演的角色無法事前主觀認定，Berger 與 Humphrey (1991) 建議先使用資產方法 (asset approach)、使用者成本方法 (user cost approach) 或附加價值方法，分別評估每種資產與負債扮演的角色，再決定採取何種方法衡量銀行產品。

1.資產方法：銀行負債資金主要用於授信，具有因素投入特性。反觀銀行資產直接產生收益，具有產出特性。資產方法認為銀行是提供金融中介勞務的廠商，放款和生息資產屬於銀行產品，存款和其他負債則屬於中介過程所需的因

素投入。由於該方法忽略其他的銀行服務，是以 Mamalakis (1987) 明確區別銀行中介資金及存款服務，中介服務係將負債資金轉為資產，透過利息收付差額來顯示資金的時間價值。

2. 使用者成本方法：依據金融商品對銀行收益的淨貢獻，來判斷係屬產出或投入。資產報酬率若大於機會成本，或負擔的資金成本小於機會成本，則視為銀行產出，反之則屬於因素投入。該方法的缺陷是：①隱藏性收益區分不易，導致判定金融商品角色及設定權數會出現偏誤；②理論上應對資產和負債的信用及流動性風險進行調整，評估其機會成本才會相同。若未經正確調整，進行推估將會產生偏誤；③某些金融商品在某段期間內的角色並不穩定，有時視為投入，有時則視為產出。

3. 附加價值方法：當銀行資產或負債創造附加價值很大時，可視為重要產出，其他依其特性而視為次要產出、中間產出或因素投入。附加價值方法異於使用者成本方法在於利用營運成本資料，而不計算隱藏性的成本及收益。一般而言，活期、小額定期及儲蓄存款和放款屬於重要的銀行產品，因其占了大部分 (約 80%) 的附加價值；購入資金 (purchased fund) 或稱借入款 (borrowings) 屬於金融中介過程的投入，在取得過程中僅需少量實質勞動和資本投入；而政府債券和其他非放款性的投資屬於次要產出，因其創造的附加價值較低。

12.3.　銀行營運風險

自 1990 年代以來，各國銀行營運風險持續上升，如何有效管理風險成為主要課題。尤其是財政部於 1999 年 5 月中旬開放網路銀行轉帳業務後，金融業競相投入攸關銀行營運競爭力之新業務，積極創新網路銀行服務，追求提升市場占有率，但也衍生新的營運風險。表 12–5 顯示銀行面臨的風險類型，主要包括流動性風險、利率風險、信用風險、市場風險、資本風險、破產風險或償債能力風險、財務風險、帳外業務風險、技術與業務操作風險、外匯風險及國家風險。銀行從事風險管理決策過程，可採取從上而下 (top-down) 與由下而上 (bottom-up) 兩種策略。前者基於整體觀點，將銀行目標落實至營業單位或

經理人與個別客戶交易，著重相關政策及業務評估指標與績效目標的訂定，定期發布收益目標、風險上限及準則為其特色。後者強調銀行應如何將基層業務單位之風險報告與監督成果反映至經營階層。

　　銀行經營階層追求預期報酬目標，面對的風險類型將如表 12-5 所示，可分從環境、人力資源、金融勞務與資產負債表四個角度來討論。

表 12-5　銀行營運風險類型

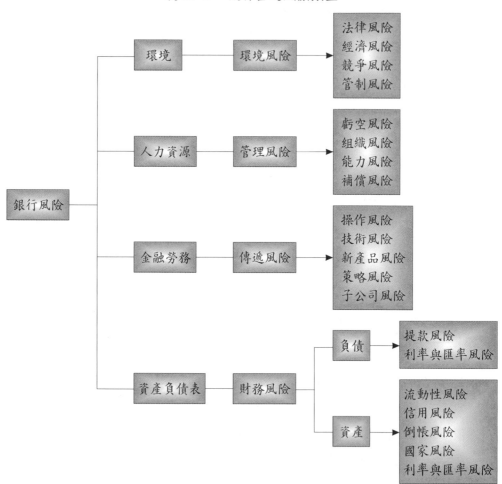

(一)環　境

　　銀行屬於受管制的金融廠商，是體系支付系統的核心，經營環境改變將會衝擊銀行營運，此即環境風險。尤其是電子商務和網際網路盛行，促成個人金

融交易業務日益盛行，大幅衝擊銀行經營環境，一旦廠商與消費者能利用個人電腦進行交易活動的清算，銀行分支據點必然縮水。

1.法律風險：銀行未依循金融當局法令、糾正措施或銀行內規辦理業務而引起之風險；另外，銀行面臨法律變更，包括因交易契約、法律文件欠缺或不詳等法律障礙，造成財務與商譽損失之風險等。

2.經濟風險 (economic risk)：銀行面臨全國景氣循環與區域經濟發展因素改變，導致銀行營運遭致損失的風險。

3.競爭風險：隨著金融創新活動盛行，金融與非金融廠商競相創新銀行產品與勞務。

4.管制風險 (regulatory risk)：金融當局調整加諸於銀行營運的管制內容時，勢必置於銀行不利競爭的風險。

(二)人力資源

銀行營運將面臨經營階層與行員忠誠度發生問題的疑慮，而形成管理風險。該類風險包括經理人員或經營者缺乏誠信的代理問題，而釀成虧空風險 (defalcation risk)、銀行缺乏效率組織運作機能的組織風險 (organization risk)、銀行管理缺乏良好決策一致性的能力風險 (ability risk)、銀行補償政策無法提供適當管理誘因的補償風險 (compensation risk)。

(三)金融勞務

銀行提供金融勞務過程所產生的傳遞風險 (delivery risk)，主要包括四種：①作業風險或負擔風險 (burden risk)：銀行治理鬆弛、監管不周、內控欠佳、系統故障導致作業流程缺失或電腦支援系統不順暢，促使銀行面臨服務無法滿足客戶需求、延誤客戶交易時效、曝露客戶隱私或與客戶發生糾紛訴訟等，而產生商譽受損風險。②技術風險 (technological risk)：銀行營運引進網際網路與電子通訊設備後，除面臨維護交易訊息隱密、完整、來源辨識、不可重複及不可否認等風險外，銀行必須承擔來自駭客入侵、竄改或攻擊銀行電腦與網路系統的技術風險。③策略風險 (strategic risk)：銀行經營階層針對營運目標、商品設計、系統開發、設備投資、人力資源、教育訓練、行銷推廣、客戶服務、安全管理、成本效益等經營管理策略進行調整，難以充分掌控確定成敗得失而產

生的風險。④新產品風險 (new product risk)：銀行新產品將面臨需求低於預期、成本高於預期與缺乏管理新產品市場的能力，將會引發新產品行銷風險。⑤子公司風險：銀行採取轉投資策略擴充營運，一旦子公司營運虧損，將會拖累銀行營運。

㈣資產負債表

銀行吸收資金從事授信活動，將反映在資產與負債組合內容的變動，並且共同面臨利率與匯率風險。銀行持有負債與資產部位各自面臨的獨特風險如下：

1.負債面：銀行資金來源以存款為主，且承諾存款者可隨時提領的權利，一旦無法滿足提款者的需求，將面臨擠兌風險或提款風險 (withdrawal risk)。另外，銀行採取高財務槓桿營運，資金來源包括存款與借入款，必須承擔隨時或定期還本付息壓力，此即財務風險或資本適足性要求。

2.資產面：銀行持有資產組合的變現性，若未持有足夠資金應付存款者的資金需求，將形成流動性風險。是以銀行在保有存款準備與流動性準備外，另外必須持有高流動性資產。其次，銀行授信活動將面臨客戶或交易對手不能履約的壞帳或信用風險，如：放款或買入證券的分期攤還現金流量無法受償。銀行為防止信用擴張，針對單一商品設定包括交易員額度、交易對象額度、交易對象國別的額度與全行額度等上限，交易員從事金融操作，必須符合階層式的額度控管機制以降低風險。銀行持有資產面臨的價格風險如下：

⑴利率風險：金融自由化擴大利率變異性，直接影響銀行的利息收支，衝擊銀行收益，而利率風險來源包含市場利率變動性（外在因素）、調整資產及負債組合重新訂價的速度，以及改善資金來源與運用之到期未配合的數量（內在因素）。

⑵匯率風險：匯率變動影響銀行持有外匯資產與負債部位的價值。

⑶股價風險：股價變動對銀行資產負債表內與表外部位可能產生之損失。

⑷銀行操作選擇權與衍生性金融商品所面臨的保證金變動風險。

⑸國家風險 (country risk)：銀行從事跨國金融操作，面對外國政治、社會、法律、經濟等因素變化所衍生之風險。

12.4. 特殊銀行類型

12.4.1. 信託銀行

近半世紀以來，臺灣面臨經濟發展與社會環境顯著變化，如何讓人們享有富裕生活、擴大內需維持經濟持續成長、因應高齡化社會及公益問題，以及財富如何效率運用等，均需倚賴信託業務來解決。金融當局自 1996 年公布信託法、2000 年公布信託業法後，接續於 2001 年修改信託相關稅制與信託業法施行細則等，促使投資信託、資產管理、都市更新土地信託以及金融資產證券化等業務取得法源依據，誘使信託業積極創新信託商品，帶動信託業成為金融業發展主流之一。

金融創新活動導引資產證券化盛行，信託業扮演角色日益重要，除對聯繫貨幣市場與資本市場、金融資本與產業資本、投資人與融資者間的關係發揮溝通效果外，同時提供新金融商品、新的投融資管道，促進民間資金資本化，提升資源配置效率。信託銀行扮演中介資金擁有者與使用者的橋樑，或扮演資產管理者角色。就經營型態而言，商業銀行屬於零售型銀行，信託銀行則屬於批發型銀行。就收益方面來看，商業銀行偏重利息收入，信託銀行則以手續費與信託報酬收入為主。國內經營信託業務以信託投資公司與銀行信託部兩者為主，具有長期金融及財務管理兩大機能，提供金融勞務包括:

1.信託: 信託銀行接受信託人委託，基於受益人利益代為管理與運用財產，從事財產權信託業務包括金錢與證券信託、金錢債權及其擔保物權信託、動產與不動產信託、租賃權信託、地上權信託、專利權信託、著作權信託與其他財產權信託。其中，委託人若未指定金錢信託的營運範圍與方法時，信託銀行僅能代為操作存款、票券、債券與經上管機關核准之金融商品。

2.顧問服務 (advisory services): 信託銀行提供人們安排資產組合、財務管理及不動產開發顧問服務，扮演與信託業務有關不動產買賣及租賃的中介角色。另外，信託銀行提供公司發行證券與募集資金方式之顧問服務。

3.代理：信託銀行作為經濟成員的代理人，代為處理財產移轉，如：代理證券發行、轉讓、登記及股息利息紅利之發放。辦理信託財產取得、管理、清理、清算及租賃之代理事務。

再探討國內信託銀行提供之信託商品類型：

1.安養信託：屬於指定用途信託的一環，信託銀行接受年長者委託代為財務規劃，資金運用方式端看其需求而定，包括新臺幣與外匯活期與定期存款、債券、股票、指定用途國外信託資金等。相較其他信託商品而言，安養信託公益性質濃厚，信託銀行獲利率較低。

2.保險信託 (insurance trust)：包括個人壽險與企業保險信託，前者為保險當事人將壽險理賠金債權（發生保險事故，壽險契約預擬支付的保險金）委託信託銀行，約定於保險期滿或發生保險事故時，由信託銀行領取保險金，負責管理運用保險金並交付予受益人。保險信託依委託人需求劃分如下：

(1)依信託銀行是否代付保費，區分為不附基金 (unfunded) 與附基金壽險信託。前者是委託人將保單交由信託銀行代為管理，保險費由委託人自行繳納。後者是委託人將保單交付信託銀行代為保管，同時將一定現金或證券交付信託銀行管理，以其收益代付保險費。若信託財產運用收益在支付保費後尚有剩餘，委託人可要求將其用於支付受益人、儲蓄或投資。

(2)依信託銀行領取保險金是否負有管理運用義務，區分為主動與消極壽險信託。前者係指委託人將保單移轉給信託銀行保管，一旦發生事故，信託銀行即向保險公司領取保險金額，負有積極管理運用保險金的責任和義務。後者係指發生事故後，信託銀行向保險公司領取保險金額，依契約之約定分配保險與受益人，分配完畢後，信託關係即告終止，信託銀行不負保險金的管理與運用責任。

3.放款信託：受託人與多數信託人之間訂定單一信託契約，將募集資金以放款或票據貼現為主要運用方式的金錢信託，並以受益憑證表彰該信託。

4.不動產信託：不動產所有權人（信託人）基於受益人利益或特定目的，將不動產移轉給信託銀行或信託業（受託人），使其依信託契約代為管理運用或處分，方式包括：①不動產開發信託：以開發不動產為目的之信託，不動產所

有權人為有效提高不動產利用價值，將不動產委託銀行辦理規劃、設計、發包施工及資金管理，建造完成後將建築物返還委託人之信託。②不動產管理信託：以管理不動產為目的之信託，信託收益主要來源為租金收入；委託人可以保有不動產所有權，亦可效率運用不動產追求長期穩定之收益。③不動產處分信託：以出售不動產為目的之信託，在信託關係終了時將不動產所有權移轉予承購人，並將出售金額分配予受益人，不動產處分信託結合開發與管理信託，追求取得開發後擴大之附加價值及出售利益。

　　不動產投資信託是信託公司發行受益憑證募集資金，從事不動產或房地產抵押放款投資，屬於資金信託投資方式之一，優點如下：①透過集中化專業管理和多元化投資組合，選擇不同地區和不同類型的不動產專案及業務，有效降低投資風險，取得較高之預期報酬率。②人們透過不動產投資信託，承擔有限風險間接取得大規模投資不動產利益。③提供人們從事不動產投資的管道，其營運特質（組織形式、有限責任、專業管理、自由進出轉讓、多元化投資、租稅優惠與有效監管）可以吸收大量資金（發揮規模經濟），具有較高預期報酬率和較低風險，屬於資本市場投資工具。

12.4.2.　投資銀行

　　投資銀行在國際金融市場扮演呼風喚雨的角色，對經濟發展影響深遠，尤其是在美國享有華爾街主角的盛譽。投資銀行相當於商人銀行 (merchant bank)，主要是扮演盈餘單位與赤字單位的橋樑，也在次級市場充當經紀商及交易商角色，與傳統商業銀行經營存放款業務的型態截然不同。國際間著名投資銀行集團包括美林 (Merri Lynch)、摩根史坦利 (MSDW)、雷曼兄弟 (Lehman Brothers)、高盛證券 (Goldman Sachs) 等。國內金融業以交通銀行 (兆豐金控)、中華開發及台灣工銀 3 家工業銀行具有投資銀行色彩。投資銀行業務發展和組織結構變遷，反映國際金融業務和資本市場發展趨勢，即由傳統間接金融向直接金融轉換。

　　R. L. Kuhn 依業務範圍定義投資銀行：

　1. 最廣義：所有位於美國華爾街公司的業務均包括在內，從國際企業承銷、

分支機構零售業務、金融服務（如：房地產業和保險業）行銷皆在投資銀行業務範圍。

2.次廣義：涵蓋所有資本市場活動，從證券承銷、公司理財、企業購併、諮詢服務、基金管理、創業投資到商人銀行及金融廠商批發性質的巨額交易活動等均在此定義範圍內，但證券零售、房地產中介、抵押放款及保險商品等業務則不在涵蓋範圍內。

3.次狹義：僅包括部分資本市場活動，尤其著重於證券承銷和企業購併業務，基金管理、創業投資、商品交易、風險管理等業務則未涵蓋其中。

4.最狹義：投資銀行最傳統之功能，相當於國內綜合券商之業務，包括初級市場的承銷業務及次級市場經紀與自營業務。

國內證券公司從事證券發行、承銷、自營、經紀等業務，以及代理債券兌付、證券保管、投資諮詢、代發股息等相關業務。投資銀行業務在此基礎進行更大發展，亦即投資銀行是在證券公司基礎上發展起來的金融廠商，不僅實現商業銀行無法完成的功能，兼具承擔證券公司甚難解決的重任，主要功能如下：

1.資金供需中介者：投資銀行扮演溝通資金供需雙方的橋樑，促使盈餘單位效率運用資金，協助赤字單位取得融資，但不介入投資人和證券發行者間的權利和義務關係，而係撮合雙方相互進行交易，此即直接金融。在中介資金過程中，投資銀行收取手續費，係廠商籌措中長期資金的重要途徑，反觀商業銀行偏重短期資金市場，在間接金融過程中賺取存放款利差。

2.資本市場核心：證券市場是由發行公司、投資人、證券監理機構和投資銀行四個主體構成，而投資銀行在證券市場扮演核心角色，發揮作用如下：①資金供需雙方通過諮詢、承銷、包銷、融券等方式輔助構建證券初級市場，投資銀行是建立高效率、低成本、標準化資本市場的先決條件。②投資銀行在次級市場分別以自營商、經紀商和造市商角色參與證券交易，維持價格的穩定性和連續性，提高交易效率，維持市場秩序，發揮價格發現機能。③投資銀行從事金融創新活動，運用衍生性商品有效控制風險，促使金融市場更趨活絡。④投資銀行為廠商發行股票和債券籌集資金，撮合經營不善廠商被購併，促使績優廠商迅速成長，加速產業結構調整。

3.促進產業發展：專業化與大規模生產將導致產業集中度上升和壟斷力攀高，反過來又將發展更高層次專業化與大規模生產。其中，購併活動是廠商進行成長與擴張的重要策略之一，而投資銀行則在此活動中發揮重要效果。廠商購併屬於高專業技術性的活動，選擇合適標的、時機、價格與針對購併活動的合理財務安排等工作均需大量的資訊、專業人才和先進技術，此係一般廠商難以勝任。尤其是購併活動多數係透過次級市場進行，操作程序繁瑣與複雜，若無投資銀行作為業務顧問和代理人，購併活動幾乎無法進行。

　　一般而言，投資銀行的核心業務是企業金融，作為發行公司的輔導機構，提供證券包銷與配券、財務顧問服務。與前述服務緊密相連的證券業務主要是經紀服務，同時公司重組、包裝和輔導上市工作接近完成時，將積極參與撰寫研究報告，向投信公司及投資人推薦，協助完成股票承銷和包銷工作。投資銀行將可直接投資，協助廠商解決上市前的融資安排，實現發展計畫。此外，投資銀行因應金融市場發展，推動基金管理、衍生性商品、計畫性融資、投資理財、債券業務、外匯期貨、貨幣市場等業務。總之，投資銀行業務範圍涵蓋所有資本市場活動，層面遍及證券（股權及債權）承銷、經紀與自營業務、非公開募集、購併、公司重整、融資收購、創業投資、專案融資、國際金融業務、投資管理與研究、公營事業民營化及財務諮詢服務等。

　　1.經紀與自營業務：次級市場以經紀和自營業務為主。自營是以自有資金從事證券買賣，賺取差價並承擔風險；經紀則是接受客戶委託代為買賣，賺取手續費為收入來源。

　　2.私下募集 (private placement)：發行公司採取私下募集方式銷售股權或債權憑証時，免除公開發行所受之規範。發行公司採取私下募集策略，通常透過投資銀行尋找潛在投資人，但因證券缺乏流動性，投資人要求的必要報酬率將因風險增加而相對提高。

　　3.購併：投資銀行在購併過程中協助安排合併撮合，並對目標公司評價，亦可協助目標公司抗拒被購併的危機。

　　4.公司重整：廠商陷入營運困境可採重整方式，包括資產重整、事業體重整以及廠商內部重整等。在企業重整過程中，投資銀行通常扮演協助與輔導的角色。

5.融資收購：經營階層自行籌措資金，收購公司股票取得控制權，稱為管理購併 (management buyout, MBO)。經營階層採取舉債策略融通管理購併活動所需資金，而資金來源包括發行公司債或向創業投資公司及商人銀行等機構取得，各種金融商品都需經由投資銀行精心規劃而成。

6.創業融資：投資銀行募集創投基金賺取佣金，或管理基金賺取管理費用。

7.計畫性融資：大型投資計畫所需資金龐大，執行期間較長且風險較大，故需先經投資銀行參與規劃，研擬執行策略提高預期效益，有效控制風險程度。計畫性融資是獨立的融資計畫，償債來源為投資計畫的未來收益，銀行對股東不具有債務追索權。銀行評估計畫性融資授信，強調該計畫未來產生的現金流量與相關的商業契約架構，而非以擔保品內容評估授信風險。

12.4.3. 多國籍銀行

金融國際化大幅提升國際金融市場整合性，帶動銀行國外部門逐漸展露頭角，甚至演變成為多國籍銀行的營運型態。表 12-6 是本國銀行邁向國際化的步驟。本國銀行從事國際化操作的基本核心，係申請成為外匯指定銀行，融通從事國際貿易活動廠商的資金需求，配合廠商海外投資活動協助取得營運資金。其次，銀行進入國際銀行市場，針對外國銀行授信以及參與國際聯貸 (international syndicated loan) 市場業務。接著，銀行將建立境外分行或國際金融業務分行 (OBU)，前往外國設立代表辦事處 (representative offices)，對外國廠商授信或進行接觸。最後，本國銀行採取進入國際銀行市場的策略，包括與外國銀行策略聯盟、設立海外分行、成立子銀行、收購外國銀行股權與成立國際金融控股公司，正式成為多國籍銀行。

1.策略聯盟：銀行與其他跨國銀行策略聯盟成為聯行關係後，無須從事實質投資即可提供顧客完整的國際金融勞務。

2.成立國外部門：本國銀行申請成為外匯指定銀行，成立國外部門將是在國內提供國際金融勞務的基礎。銀行國外部門提供勞務範圍廣泛且操作方式特殊，記帳方式與行員需求異於其他部門，另稱為銀行內的銀行。

3.參與 (participations)：銀行透過國際金融業務分行參與國際聯貸市場，此

表 12–6　本國銀行的國際化步驟

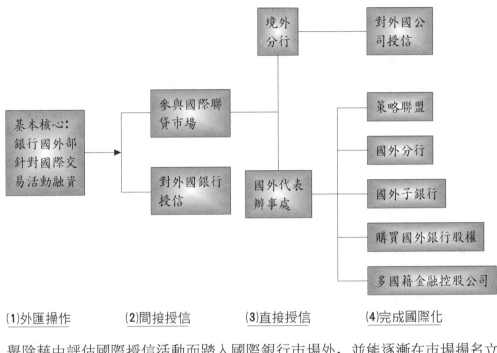

(1)外匯操作　　　(2)間接授信　　　(3)直接授信　　　(4)完成國際化

舉除藉由評估國際授信活動而踏入國際銀行市場外，並能逐漸在市場揚名立萬。

4.代表辦事處：銀行赴國外設立代表辦事處，無法在當地吸收存款或承作放款、外匯等業務，卻可間接在當地進行徵信作業，收集市場訊息。當廠商赴海外投資時，這些據點可將廠商資料傳送給銀行營業部門，由國內分行提供授信服務。另外，辦事處直接掌握廠商在國外經營狀況，一旦國際市場發生變化，將可立即提供總行決策參考。

5.海外分行：針對外國銀行要進入本國銀行市場，各國通常要求先設立代表辦事處或經過辦事處階段才能升格為分行，後者方可直接提供國際勞務與吸收新客戶。隨著分行營運規模擴大，將可獨立成為子銀行。分行與子銀行的差異為：前者業務限於批發，僅能吸收大額存款或向同業拆款來授信，不能承作零售業務。子銀行視同當地銀行，可在其他地區申請設立分行，國際化速度可以加快。另外，本國銀行從事購併外國金融廠商活動，購買外國金融廠商（如：銀行、壽險公司等）股權，發展成為多國籍金融控股公司，完成銀行國際化歷程。

隨著國內廠商擴大對外投資活動，金融當局積極推動金融國際化政策，促使國內銀行只要符合國際清算銀行 (BIS) 訂定的資本適足性標準，將採取向國外設立分行的策略，早期的海外分行均以設在美國為主。直至 1980 年代，國內廠商前往東南亞投資金額高居當地外資首位，加以財經當局積極推動南向政策，銀行遂於 1990 年代紛紛在東南亞設立分支機構，方便對海外臺商融資。至於兩岸的銀行交流則受兩岸金融政策並未開放的影響，迄今僅止於設立代表辦事處或收支處而已。表 12-7 係截至 2003 年底的本國銀行的海外分支機構狀況。其中，中國商銀係國內擁有最多海外分行的本國銀行，共計 20 家分行。

12.4.4. 電子銀行或網路銀行

隨著網路交易活動盛行，美國的安全第一網路銀行 (Security First Network Bank) 率先於 1995 年 10 月發展網路銀行經營型態，客戶不受時間與空間限制，享受每天 24 小時銀行服務。網路銀行基於商業銀行基礎，結合電子資訊技術與傳統銀行業務進行延伸和創新，對商業銀行經營觀念、業務類型、經營方式、組織架構、管理體系等發揮全面性影響。截至目前為止，全球最大的 1,000 家銀行中超過 600 家提供網路金融服務。美國網路銀行中的前 6 名除第二、三名屬於傳統銀行（花旗和富國銀行）外，其餘均屬純網路銀行。

網路銀行係指銀行以本身的電腦系統為主體，以客戶電腦為網路操作終端，透過網路提供銀行服務的虛擬銀行櫃檯。換言之，網路銀行就是網路虛擬銀行櫃檯，將傳統銀行業務搬上網路，在網路從事銀行業務操作，包括傳統銀行櫃檯交易、ATM 自動提款機、POS 機和電話銀行的延伸，無須購置銀行行舍與雇用大批行員，節省鉅額支出而擁有低廉成本優勢。相對傳統銀行而言，網路銀行沒有分支機構，完全依存於網路，可將觸角伸向世界每一角落，超越國界提供金融服務。

電子銀行業務係指金融廠商與客戶進行金融交易，係透過電子設備及通訊設備，客戶無須親赴金融廠商櫃檯，即可直接取得金融廠商提供之金融服務，包括自動化服務區、電話語音理財服務、企業與家庭銀行、網路銀行等各項服務系統。對銀行而言，電子銀行除提供客戶營業時間之外的服務，重要的是降

表 12-7　本國銀行海外分支單位統計表

洲　別	地　區	分行	辦事處收支處	子銀行	子銀行之分支機構	合　計
亞　洲	日本	6	0	0	0	6
	越南	5	4	1	0	10
	香港	13	7	5	0	25
	澳門	1	0	0	0	1
	新加坡	7	1	0	0	8
	印尼	0	2	1	5	8
	高棉	1	0	0	0	1
	菲律賓	2	3	1	19	25
	泰國	1	3	0	0	4
	馬來西亞	2	2	0	0	4
	巴林	0	1	0	0	1
	印度	1	0	0	0	1
	中國	0	7	0	1	8
北美洲	美國	24	0	3	36	63
	加拿大	1	0	2	3	6
中南美洲	巴拿馬	2	0	0	0	2
	巴拉圭	1	0	0	0	1
	巴西	0	1	0	0	1
	薩爾瓦多	1	0	0	0	1
歐　洲	法國	1	0	0	0	1
	英國	3	3	0	0	6
	荷蘭	3	0	0	0	3
	比利時	0	0	1	0	1
	波蘭	0	1	0	0	1
非　洲	南非	1	0	0	0	1
大洋洲	澳大利亞	3	0	0	0	3
	帛琉	1	0	0	0	1
合　計		80	35	14	64	193

資料來源：中央銀行

低成本。表 12-8 係經濟成員使用傳統分行、ATM、電話、網路銀行進行金融交易的比較。

表 12-8　傳統分行與電子銀行之比較

項　目	分　行	ATM	電　話	網路銀行
服務範圍	位於分行附近的客戶	機器設置地點附近的本行或他行客戶	限制只有本行客戶才能使用	除本行客戶外，只要能上網的人皆為潛在客戶
服務方式	面對面雙向溝通	單向服務	單向／雙向服務	單向／雙向溝通
服務時間	9:00～15:30	24 小時	24 小時	24 小時
收益來源	存放款利率差服務手續費	跨行手續費	轉帳客戶	主要為手續費
平均每筆交易成本	US$1.07（約新臺幣 29 元）	US$0.27（約新臺幣 8 元）	US$0.015（約新臺幣 4 毛）	US$0.01（約新臺幣 3 毛）

資料來源：HP

　　網路銀行與電子銀行透過電腦連線進行轉帳、支付帳款、匯款等作業，不過兩者間仍存在若干差異。前者作業流程是客戶在網路銀行開戶後，只要透過可以連上網際網路的電腦即可輸入網址與密碼，進入網路銀行執行轉帳、匯款、付款等作業，一切交易資料都會妥善的被貯存在網路銀行的伺服器中。後者係指使用電腦與通信科技傳遞和處理銀行勞務與交易的銀行，客戶須將往來銀行提供的軟體安裝到自己的電腦，透過這部電腦與電子銀行連線，進行轉帳、匯款、支付帳款等作業，無法像網路銀行一樣跳脫時空限制。

　　隨著手機使用普及化，通訊技術不斷推陳出新，強調隨時上網的無線通訊儼然成為發展電子商務的新潮流，銀行業結合運用手機與資訊科技不斷創新金融服務。金融當局在 1999 年開放行動電話銀行業務，提供類似個人專屬的隨身 ATM 服務，轉帳服務（即時轉帳、預約轉帳、預約轉帳取消）、查詢服務（餘額查詢、末筆轉帳查詢、預約轉帳查詢）、其他服務（銀行密碼變更、金融卡掛失）以及用戶管理（轉帳記錄查詢、帳戶設定、選單密碼變更、選單密碼開關）。

12.4.5.　私人銀行

　　金融商品琳琅滿目，金融控股公司如何銷售金融商品，或以最有效率方式讓消費者接受，貴賓理財中心將是達成「單站購足」(one-stop shop) 的最佳場所，是以貴賓理財業務躍居資產管理市場的重要商品，對銀行盈餘貢獻扮演重要角色。其中，富邦銀行與花旗銀行合作關係密切，係國內金融業最早跨足資產管理市場的銀行。

　　私人銀行或個人理財中心係指銀行專業人員依據客戶財務狀況、風險偏好程度及稅負等不同需求，規劃及執行合法的投資理財、信託節稅等資產管理活動，提供不同銀行產品組合的管理顧問業務。私人銀行的客戶群定位在高所得階層，開戶門檻從 50 萬美元到上千萬美元不等，高盛私人銀行在歐美的門檻是 2,500 萬美元，亞洲則是 1,000 萬美元；Morgan-Stanley 是 500 萬美元；美林、花旗集團、瑞士銀行、德意志銀行等私人銀行則是服務擁有 100 萬美元以上資產者。臺灣的私人銀行門檻係因時因地制宜，如：瑞士銀行集團 (UBS) 在臺的私人銀行門檻是 50 萬美元，美林證券的牌告門檻是 100 萬美元，但客戶可從 50 萬美元起跳，再將往來資產規模提升到 100 萬美元。這類帳戶設有每月最低存款餘額限制，存款不足將需支付費用，提領存款金額與次數、存款種類均有限制。

　　接著，國際私人銀行業務係以投資國外股市及基金為主，衍生性外匯選擇權與股票連結型商品，私人銀行業務均可代為操作。國際私人銀行業務採取量身訂做策略，為高所得階層從事資金運用，並且提供完整的理財諮詢服務。尤其是人們選擇國際私人銀行業務，除考慮投資報酬率外，資金安全性更是強調的焦點。舉例來說，兩岸關係出現緊張狀態，放在國外存款及資產不會受到影響。此外，臺灣課稅採取屬地主義，國外收益不用課稅，在海外開戶理財不僅避稅，還可規避資金流向曝光，是以國際私人銀行業務提供避險與避稅係最大的誘因。

　　銀行發展私人銀行業務，聘用投資管理及私人銀行業務專家的成本支出高達營業收入的 40％，是以採取自動化財富管理系統及低成本電子通路以降低

費用支出。一旦人們習慣使用 PDA、網路銀行、電話銀行、行動銀行、MMS、ATM 時，電子通路雖無法完全取代私人銀行，但將提供即時化便利性，如：當客戶資產面臨匯率、利率、股價、基金淨值劇烈波動而發生變化時，財富管理系統使用藍芽模組的 PDA 即時通知客戶，發出電子郵件提供財務建議，客戶可立刻透過網路銀行確認帳戶餘額，若有疑問可透過網路與理財專員線上對談，甚至立刻申請貸款，在配合完整帳戶整合及交易系統下，所有服務都由財富管理系統及整合式電子通路代勞。私人銀行提供的財富管理服務包括：

1. 財富諮詢服務：提供理財諮詢與銀行複合式金融商品。

2. 客戶管理服務：用於內部銷售整合自動化，如：貴賓理財中心（理財專員、客戶關係經理）、客服中心（客服人員）。

3. 帳戶管理服務：提供集中帳戶管理、提高資金收益、靈活調度資金、節省交易成本、資產管理與配置等理財服務。

4. 多元整合服務：整合貴賓理財中心系統、客服中心、網路銀行、行動銀行等，提供財富管理服務，工具包括 WAP 手機、Web 瀏覽器、PDA、Call Center、ATM。

5. 後檯交易服務：支援跨行業金融商品、提供帳戶整合與執行交易。

📌 12.5. 金融預警制度

12.5.1. 金融預警制度的功能

自 1980 年代起，金融自由化迅速躍居金融發展主流，先進國家紛紛解除或放寬金融管制，影響所及加速國際金融體系整合與效率提升，金融技術與金融商品不斷推陳出新，對金融廠商風險管理及金融監理產生重大衝擊。

基於防範金融風暴與金融危機發生，保護存款人權益及穩定金融秩序，金融監理當局須隨時掌控銀行經營動態，有效評估風險，及早發現問題銀行，藉以採取適當監理措施。面對金融監理資源有限，金融監理當局若要發現問題銀行早期風險，除採取現場實地檢查外，建立金融預警制度進行監控，將是預防

金融危機的重要工具。

　　金融預警制度係於平日蒐集銀行財務、業務資料，透過科學化分析模型，及早篩選出問題銀行與確認其經營缺失，提出妥適因應策略，採取最小成本方式化解金融危機。該制度兼具金融管理及診斷經營狀況雙重效果，依據金融業經營管理原則，選定變數建立預警函數、指標或基準值，一旦發現未符合規定或逾越警戒範圍之狀況，預警模式即顯示警訊，提供金融監理當局及早採取監控或例外管理措施，限期改善缺失，促進健全經營。

　　金融當局在 1988 年 6 月建立金融預警制度後，成為輔助金融監理活動的重要工具，發揮金融監理功能如下：

　1.掌握銀行營運動態：申報資料排序系統評估銀行定期申報資料後，即會產生應加強追蹤分析名單，列示經營績效欠佳的銀行，針對資本適足性、資產品質、獲利性、流動性及其他方面表現異常者，列示其相關重要財務、業務資訊，提供金融監理人員確認分析潛藏問題，進而採取適當監理措施預先消弭問題。

　2.效率運用金融監理資源，加強問題銀行處理，充分發揮金融監理功能。

　3.檢查評等結果將依銀行營運績效評估等級，金融監理當局依據風險等級採取不同監理措施，如：依問題嚴重性程度分別採取要求限期改正、密集專案或一般檢查、積極輔導、罰鍰、罰金及撤換負責人等不同程度之處分措施。

　4.中央存款保險公司為降低存保風險，必須掌握要保銀行經營動態，針對潛在問題要保銀行，建議金融監理當局採取迅速有效的監理措施以解決問題，而訊息來源即是金融預警系統提供之資訊。

　5.金融預警制度的檢查評等系統以客觀量化資料為基礎，實地瞭解各銀行管理能力，以獨立超然原則評估銀行經營績效，確實反映銀行經營績效與風險程度。基於要保銀行營運風險差異性，對金融體系造成衝擊亦有差異，中央存款保險公司自 1999 年 7 月 1 日起實施存款保險差別費率，收取不同的保險費率。

12.5.2.　金融預警制度的發展沿革

　　中央存款保險公司於 1985 年推動金融預警制度，發展過程分為四個階段：

　1.第一階段（1985 至 1990 年）：在金融預警制度發展初期，中央存款保險

公司廣泛蒐集各國金融預警制度資料，派員至美國五家聯邦金融監理機關研習金融預警系統作業，在 1988 年 6 月完成要保機構「檢查資料評等系統」與「申報資料排序系統」之電腦應用系統開發與運作。

2. 第二階段（1990 至 1991 年）：財政部在 1990 年 3 月邀集央行、中央存款保險公司及合作金庫協商建立包含檢查資料評等 (examination data rating system) 與申報資料排序 (call report ranking system) 等兩大系統的金融預警制度。前者利用實地檢查報告資料，評估檢查時之銀行財務狀況與經營績效，客觀給予等級；後者利用銀行定期申報財務資料，比較同業間每季經營績效變化情形，作為研判經營趨勢參考，進而對經營不佳銀行提出警示。

3. 第三階段（1992 至 1994 年）：金融預警檢查資料評等系統在 1993 年 7 月正式運作，同年 10 月金融預警申報資料排序系統正式運作。

4. 第四階段（1994 年迄今）：中央存款保險公司蒐集 1990～1998 年之各類銀行檢查報告資料與每季申報資料，作為新修正系統資料基期來源，財政部於 1999 年 6 月核定「新修正全國金融預警系統案」及「檢查資料評等系統管理能力屬性非量化指標綜合評估表」。中央存款保險公司於 1998 年修正金融預警制度內容，由財政部在 1999 年核定作為實施存款保險差別費率之風險指標之一。

金融預警制度的檢查資料評等系統與申報資料排序系統可說明如下：

1. 檢查資料評等系統：參酌美國聯邦金融檢查評議委員會 (FFIEC) 之「統一金融機構評等制度」或稱 CAMEL 等級制度，將評估屬性分為資本適足性 C、資產品質 A、管理能力 M、盈利性 E 流動性 L 等五項，再加上市場風險敏感性及其他項目，依各組群銀行特性，利用金融檢查單位歷年檢查報告資料選出各評估屬性之評估指標，賦予不同權數及配分，計算出個別銀行檢查綜合評分，依綜合評分將銀行檢查評等結果分為 A、B、C、D、E 五個等級，以判定銀行經營良窳。

2. 申報資料排序系統：利用百分位排序概念建立分析模型，依據銀行每季申報資料，計算各項評估指標值在同組群中之百分位排序及綜合百分位排序，用於篩選應特別注意之銀行檢查名單。該系統之預警方式除觀察銀行檢查各季百

分位排序之變動，掌握經營趨勢變化外，在綜合得分百分位排序落於某一臨界值外，或 1 年內綜合得分排序惡化達某個百分位以上，或單一評估屬性排序落於某一臨界百分位以後者皆視為警訊，而須加強監督控管。

12.5.3.　銀行營運失敗的原因

銀行在營運過程中面臨眾多風險，若因營運不善而陷於倒閉泥沼，將會危及金融體系穩定。所謂問題銀行係指財務發生困難的銀行，Sinkey (1975) 利用 1969～1972 年間美國問題銀行與正常銀行的資產負債表與損益表資料，比較兩者財務特徵的差異性，歸納出問題銀行財務具有下列特色：①流動性：短期流動性資產占資產總額比率低於正常銀行。②放款比重：放款資產占資產總額比率高於正常銀行，應付長期流動性需求能力較差，承受財務風險較高。③放款品質：放款損失準備占營業費用比例高於正常銀行，差距呈逐年擴大現象。④資本適足性：問題銀行的資本適足性明顯偏低，呈現逐年惡化現象。⑤經營效率：經營效率顯著偏低，營業費用占營業收益比率呈遞增現象。⑥收益來源：證券投資收益比例低於正常銀行，放款收益比例高於正常銀行。⑦營運成本：支付存款利息比例低於正常銀行，顯示資金來源偏向借入資金而非存款。同時，問題銀行支付其他費用比例高於正常銀行，偏向圖利經營階層的管理而缺乏效率。

追究銀行營運發生問題甚至陷入困境的因素，將包括兩部分：

㈠內部因素

從安排資產組合模式與採取營運管理策略來看，銀行營運陷入失敗困境的理由如下：

1. 流動性與負債管理失當：銀行持有資產與負債的存續期間嚴重失衡，反映於資產負債表上的現象包括短期流動性資產不足、高估短期借入資金能力、資本適足性偏低等。此外，銀行國外部門預測資產價格走勢錯誤，持有國外資產與衍生性商品部位發生偏誤而釀成重大損失。

2. 銀行資產品質不佳：銀行授信集中於特定產業或客戶，為追求放款業績成長而對邊際客戶授信，導致倒帳風險偏高、投資高風險證券、處理不良放款資

產態度消極。

3.內部管理制度鬆弛：銀行會計制度不健全、內部稽核形式化、經營階層決策品質低落、代理問題嚴重與違反法令規章營運等現象，均是釀成銀行失敗的主因。

㈡外部因素

國內外經濟金融環境瞬息萬變，將會立即衝擊銀行的經營環境，從而擴大營運風險，此即釀成銀行失敗的外部因素。這些外部因素包括往來銀行倒閉牽連、景氣衰退衝擊、國際金融風暴衝擊、金融市場大幅動盪與非預期資產價值遽跌等。

12.5.4. 銀行營運規範與限制

銀行為間接金融與金融體系清算活動的核心。為確保銀行穩定經營，金融當局往往附加各種限制與規範，尤其是在銀行法明顯訂定原則性規範條款。

1.確保存款者權益：銀行資金來源以大眾儲蓄資金為主，賦予存款者隨時提領權利，故將面臨提款風險。為避免銀行遭遇擠兌危機，央行規定銀行吸收存款必須提存準備（第 42 條），必要時可對自一定日期起增加之支存及活存餘額另訂額外準備比例。此外，央行訂定銀行持有流動性資產與負債比例之最低標準（第 43 條），維持銀行資產流動性。同時，金融當局為保障存款人權益，設立中央存款保險公司（第 46 條）對銀行吸收存款提供一定額度的存款保險。

2.資本適足性：為提升銀行償債能力，金融當局要求銀行股東權益與風險性資產比例必須維持在 8% 以上（第 44 條），同時評估在全國劃分區域、審酌各區域人口、經濟發展情形及銀行類型等因素後，分別核定銀行資本最低額（第 23 條）。銀行若未維持最低資本適足性要求，分配稅後盈餘須先提存 30% 法定盈餘公積，在公積未達資本總額前，現金股利不得超過資本總額的 15%（第 50 條）。此外，銀行營運發生虧損超逾資本 1/3 時，必須限期現金增資補足（第 64 條）。

3.內部防火牆：為規避銀行對特定人員授信，形成不當利益輸送，銀行授信活動將需訂定內部防火牆：①不得對本行負責人與職員，或對前者有利害關係

者進行無擔保授信，擔保授信條件不得優於其他同類授信對象（第 32 條與第 33 條）。②銀行負責人及行員不得向存戶、借款人或其他顧客收受佣金，同時不得兼任其他銀行職務（第 33 條之 1、第 35 條）。

4. 業務品質規範：為降低營運風險，銀行營運需受規範：①銀行業務範圍需受限制（第 3、4、22 條），不得經營未經核定的業務。②金融當局得視國內經濟、金融情形，於一定區域內限制銀行、分行或國外分行的增設（第 26、27 條）。③規範銀行對無擔保放款或保證的限制條件，央行於必要時得選擇若干種類之抵押品，規定銀行的最高放款比率（第 36、37 條）。④商業銀行從事中期放款餘額不得超過定存餘額，儲蓄銀行從事短期放款與票據貼現餘額不得超過定存與活存餘額的總和（第 72、82 條）。⑤銀行不得投資其他企業及非自用不動產，但可從事配合政府經濟發展計畫且經核准的投資計畫。除營業用倉庫外，銀行對自用不動產投資不得超過當時的淨值，投資前者須受當時存款餘額 5% 的限制。再者，銀行行使抵押權或質權而取得之不動產或股票，應於取得之日起 2 年內處分（第 74、75、76 條）。⑥銀行發行金融債券，開始還本期限不得低於 2 年，發行額須受銀行淨值 20 倍的限制（第 80、90 條）。

5. 資料填報：資料填報：當營業年度結束時，銀行應將營業報告書、資產負債表、財產目錄、損益表、盈餘分配決議於股東會承認後 15 日內，報請主管機關及央行備查，並於所在地之日報公告（45 與 49 條）。

6. 內部與外部稽核：就內部稽核而言，銀行設有稽核室統籌查核營業單位，營業單位需依總行規定定期自行查核。在外部稽核方面，隨著金融業務與銀行財務結構多元化，為保障存款者權益，考慮金融查核專業性及金融檢查人力不足問題，金融當局於 1996 年 12 月訂定財政部委託會計師查核金融機構辦法，規範會計師之資格、責任、委託查核時機、委託程序、主要查核程序及查核費用負擔等，落實委託專門職業及技術人員辦理金融檢查（第 45 條）。為落實金融檢查目的，銀行必須定期編製各種報表、公布與送交主管當局（第 49 條）。

最後，完整的金融預警制度包括三部分：

1. 預警資訊來源：金融當局應就預警指標所需資訊，要求銀行定期（依季別、半年別及 1 年別）填報作為研判評估依據，內容包括資產負債表、損益表、財

務狀況變動表、逾期放款與催收款變動或收回可能性分析表、自用與非自用不動產投資（含承受債權所得之不動產）明細表、經營績效分析表（營業收入與營業費用比率、資產報酬率、淨值報酬率、總資金成本率、營運量值比較表）、存款準備金調整與查核計算表、流動準備調整表、實際流動部位評估報告表、股權結構明細表、自行稽核執行情形報表、營運政策與方針計畫表、員工舞弊或意外損失報告表、營運計畫執行成果檢討報告表、金融檢查缺失事項追蹤檢討報告表等。

2.配合措施：金融當局應嚴格要求銀行針對會計事務處理程序、簿籍及憑證、科目、報告等內容應依銀行業統一會計制度規定辦理，資產評價方法亦應力求統一，促使經營績效有一致的評估基礎。再者，金融當局隨時對銀行報告及檢查資料作分析評估，建立與銀行間的完整資訊系統，有效掌握銀行營運，防範發生問題銀行倒閉情形。另外，金融當局須訂定各種負債與淨值比率，以及銀行業營運財務指標，督促銀行定期公布經營內容以發揮市場監督機制。

3.選擇預警指標：金融當局選擇下列指標評估銀行營運績效：①資金管理：流動性管理、資產品質管理、利率敏感性管理及資本適足性管理。②經營績效：資金運用情形、業務成長率、各項支出的控制及獲利能力。③內部管理制度：董監事運作情形、營業廳操作管理、內部牽制與查核制度辦理情形及員工培育、分層負責、休假、輪調之辦理情形。④其他評估指標：股權結構變動分析、對關係企業融資情形及遵守金融法令情形。

習　題

◉ 選擇題

1.臺灣自 2001 年 12 月迄今已經成立 14 家金融控股公司，該類

公司顯現的營運特質, 何者錯誤？　(a)效率重分配集團內各金融子公司的資源　(b)實際投入經營金融業務　(c)透過控股方式從事跨業經營　(d)必須考慮資本適足性。

2. 有關銀行產業組織的運作型態, 何者正確？　(a)工業銀行屬於金融控股公司的變形　(b)綜合銀行採取金融百貨公司方式營運　(c)綜合銀行與金融控股公司均可從事授信活動　(d)銀行控股公司與分支銀行的運作模式完全相同。

3. 針對富邦金融控股公司的運作模式, 何者正確？　(a)富邦金控直接從事授信活動　(b)富邦金控僅是掌握各類型金融公司的經營權而已　(c)富邦金控兼具從事直接與間接金融活動的特色　(d)富邦金控的業務與投資銀行雷同。

4. Morgan-Stanley 投資銀行從事的業務項目, 何者不包括在內？　(a)直接投資廠商股票　(b)包銷廠商發行的現金增資股票　(c)從事存款與放款業務　(d)代理買賣有價證券。

◉ 問答題

1. 試說明銀行在中介資金過程中會生產那些金融勞務？
2. 何謂經濟性產品與技術性產品？
3. 試由信用觀點分析銀行產品的內容。該觀點有何缺陷？
4. 以國民產出方法衡量銀行產品價值會發生何種問題？如何修正？
5. 試說明金融預警制度對經濟活動發揮的影響。

第 *13* 章　銀行財務結構理論

　　傳統銀行理論認為銀行僅能採取非價格策略吸收存款資金，且須面臨資本適足性管制，是以銀行財務結構與資金來源總量通常視為外生變數。然而 1970 年代兩次能源危機釀成停滯性膨脹 (stagnation)，金融當局採取利率管制嚴重扭曲資金配置，加以直接金融興起對銀行業營運形成強烈競爭，從而刺激金融創新活動盛行，新穎的金融資產紛紛出籠，促成銀行資金來源趨於多元化。在多元化的資金來源中，銀行吸收存款資金高居核心地位，但因承諾存款者隨時提領權利，將面臨提款風險，是以金融當局對銀行財務結構附加各種限制，包括資本適足性、法定準備比例、流動性準備比例等。尤其是銀行業扮演體系支付制度的核心角色，一旦經濟金融環境遽變促使銀行倒閉事件頻傳，勢必釀成金融危機而衝擊實質部門發展。為避免該現象發生，要求銀行業必須嚴格執行資本適足性，已經成為銀行監理焦點。

　　本章首先說明銀行的財務槓桿與負債資金來源。其次，將探討制度性儲蓄市場的性質、存款類型與新型存摺類型。第三，將討論最適存款結構與存款利率的訂定。接著，將探討銀行的非存款資金來源，包括銀行負債與股權資金來源，進而探討最適股權的決定與銀行資本適足性的內涵。最後，將探討其他金融業的資本適足性內容與產生的衝擊。

13.1.　銀行資金來源

　　表 13–1 是銀行資產負債表，資產面代表銀行資金用途 (銀行資產組合)，包括準備資產、銀行信用、固定資產與國外資產等；負債面顯示銀行資金來源 (銀行財務結構)，也隱含募集資金的金融市場，包括債務融通與股權融通。

　　表 13–2 係銀行的資金來源。在營運期間內，面對預擬的資產規模，銀行首先評估選擇財務結構策略，該決策涉及自有資金比例、負債比例、負債資本比例或資本適足性的決定，進而形成股權融通及債務融通。就前者而言，銀行在股票市場募集股權資金，包括銀行資本 (發行普通股或特別股)、公積金與保留盈餘等股東權益。就後者而言，銀行決定舉債融通占資金來源的比例後，

表 13–1　銀行資產負債表

資產（資金用途）	負債（資金來源）
1.準備資產 　(1)在央行的存款 　(2)庫存現金 　(3)同業往來 2.銀行信用 　(1)證券投資 　(2)放款 3.固定資產 4.國外資產	1.債務融通 　(1)存款市場 　　貨幣性存款 　　儲蓄性存款 　　外幣存款 　(2)借入款 　　同業拆款與央行融通 　　可轉讓定存單 　　金融債券 　　國外負債 2.股權融通 　　銀行資本（股票） 　　公積金與保留盈餘

表 13–2　銀行的資金來源

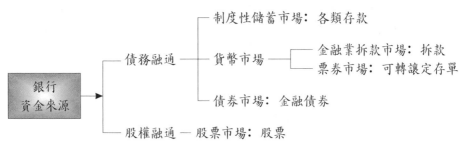

接續評估負債組合內涵，安排債務工具多元化，決策程序如下：

　1.最適負債組合：銀行採取舉債融通，資金來源包括吸收存款與借入資金，故須評估最適存款與借入款的比例，前者係指銀行在存款市場發行各類存款商品，吸收儲蓄資金；後者來源包括：①間接金融：由央行給予重貼現或短期擔保融通放款；②直接金融：就貨幣市場而言，銀行在金融業拆款市場借入短期資金，或在票券市場發行可轉讓定存單向投資人吸收短期資金；就債券市場而言，銀行在國內發行金融債券，或在國際金融市場發行浮動利率債券吸收中長期資金。

　2.最適存款組合：銀行吸收活存與定存，支付利率、處理成本、提存準備與

承擔風險完全不同，故須進行選擇最適存款結構的決策。

　　實務上，金融業採取高財務槓桿營運，除少數自有資金（股東權益）外，資金來源多數係舉債而來。至於銀行採取股權與債務融資，銀行與投資人對兩種資金性質的看法各不相同，將列於表 13–3 做一比較。

表 13–3　銀行股權與債務融資性質

融資方式　　角　色	股權融資	債務融資
銀　行	1. 安全性負債。 2. 須支付較高的股利。	1. 風險性負債。 2. 支付較低的舉債成本。
投資人	1. 風險性資產。 2. 要求較高的預期報酬（須承擔財務風險與營運風險）。	1. 安全性負債。 2. 獲取安全性資產報酬率（亦可視銀行負債比例而要求倒閉風險溢酬）。

13.2.　制度性儲蓄市場

　　存款市場屬於制度性儲蓄市場，存款性質完全細分，銀行在牌告利率下須無限制接受客戶存款。銀行無法透過利率競爭吸收存款，僅能採取傳統反應 (traditional response) 的次佳策略，提供金融勞務改變儲蓄者偏好，採取支付隱含利息或非價格競爭策略，降低存款流量變異性。這些策略包括：①積極性促銷與廣告，提供促銷溢酬。②提供存款者具有吸引力的信用條件。③提供方便性勞務，包括延長銀行營運時間、推廣 ATM 的使用、增設分行。④結合衍生性商品發展結構式存款 (structured deposit)。

　　隨著直接金融活動盛行，廠商利用票券與存款間的利差，以低利率發行票券取得資金，再轉向利率較高的定存或債券基金進行套利，促使銀行針對大額存款另採利率議價因應。央行發布大額存款利率自由牌告要點，規定大額存款底限為新臺幣 300 萬元、高限為 9,900 萬元，需逐筆計價且公告牌告利率。不過銀行收受基層金融與郵匯局轉存款，仍以一般存款牌告利率計息。另外，銀行可評估本身資金情勢制定「階梯式計息方式」，依據存款數額訂定利率水準，

並在營業廳公開牌告。

13.2.1. 存款類型

金融創新活動促使銀行存款商品多元化，可依下列標準劃分：

㈠存款商品性質

1.貨幣性存款：包括支票存款與活期存款，屬於 M_{1A} 定義範圍。其中，支票屬於交易媒介，但部分為銀行匯款取代，理由是：匯款立即可到且屬確定，而票據交換係採實體交換，跨區交換尚須經過托收、郵寄，耗時可達一週且有退票風險。

2.儲蓄性存款：包括活期儲蓄存款與定期存款兩類。人們須利用存摺提款或持有固定期限的定存單。銀行結合活存及定存特質而為綜合存款，人們與銀行約定活存餘額達到一定水準即轉為定存，並提供繳納公共事業費用與透支服務。為避免保管存摺風險，花旗銀行及美國銀行率先推出無存摺帳戶，人們持有客戶識別證而非存摺，辦理存款、提款手續僅須識別證即可，享有免補登、24 小時自動查詢餘額、提款、轉帳的方便性。

面對直接金融競爭，銀行競相創造存款附加價值。舉例來說，泛亞銀行（寶華銀行）提供薪資轉帳存戶使用自動提款機跨行提款，銀行自行吸收手續費且不限次數、不限開戶數的薪資轉帳金額、銀行到府服務，會計部門無須派員到櫃檯辦理。富邦銀行結合電子銀行，提供轉帳戶購車優惠及汽車保險、壽險投保優惠等，客戶購買富邦基金按一般收費標準優惠一成。安泰銀行的薪資轉帳戶享有定存利率及活儲流動性，由職工福利委員會開立綜合存款帳戶，存款餘額須維持一定水準，當資金累積一定金額時，銀行將自動轉為定存。該帳戶利用職福會的總帳戶控制資金進出，活儲與定存比率須維持 4 比 6 或 5 比 5，用於創造一定的利息收益。

理論上，銀行吸收不同類型存款用於授信，對經濟活動將造成不同影響。貨幣性存款屬於交易媒介，具有膨脹性；儲蓄性存款係為價值儲藏工具，有助於資本累積。另外，銀行從事企業及住宅建築放款，總額以放款時的存款餘額及金融債券發行額的 20%（銀行法第 84 條）為限，當不動產授信比例達到該

項上限後,銀行遂轉向運用購屋儲蓄貸款辦法進行授信。當購屋者存款半年後,將能享受取得存款 10 倍的放款 (最高為 600 萬元),亦即購屋儲蓄放款市場不受上述比率限制,此即儲蓄性存款創造的附加價值。

(二)存款創造性

1.原始存款 (primary deposit) 與衍生存款 (derived deposit):銀行吸收存款稱為原始存款,而運用存款資金授信經由回存而增加存款數量,即是衍生存款。

2.自發性與誘發性存款:銀行吸收存款若與經濟因素無關,則稱為自發性存款 (autonomous deposit)。銀行進行授信勢必引發體系內經濟變數 (利率、所得與物價) 調整,釀成存款數量變化,此即誘發性存款 (induced deposit)。舉例來說,銀行存款需求函數可表為存款利率 r_d、所得 y 與通貨膨脹率 π 的函數:

$$D = D(r_d, y, \pi \cdots) = D_0 + ar_d + ay - a\pi$$

(三)存款期限

1.活期性存款:包括活期與活期儲蓄存款兩種,具有隨時到期性質。隨著銀行推出電腦語音轉帳、國內股市自 1995 年 2 月 4 日後改採款券劃撥制度,銀行存款結構出現逆轉,活存或支存轉變成活期儲蓄存款的比例大增。其中,銀行辦理證券戶活儲業務,投資人透過銀行轉帳從事證券投資,而銀行提存法定及流動準備比率遠超過一般活儲,造成該部分資金成本相對較高。

銀行過去比照活儲牌告利率支付證券戶活儲,不過承作收付股款業務必須增加人力及設備,證券戶活儲資金在股市交易熱絡期間明顯增加,造成銀行資金成本上升。是以央行依據大額存款利率自由牌告要點同意銀行另外訂定「證券戶活期儲蓄存款」牌告利率,但需依規定通報央行。投資人過去在證券商開立股票帳戶,未必在證券商的代理銀行開立帳戶,致使證券商在投資人賣出股票後,以其交割專戶 (證券商在銀行開立專為交割用的帳戶) 名義開出支票給投資人。隨著款券劃撥制度實施後,證券商無法以支票和客戶完成交割,投資人的支存勢將轉為活儲。

2.通知存款 (call deposit):儲蓄者預擬提款須提前通知銀行,「指定到期日存款」及「指定到期日 NCD 存款」商品具有類似性質。

3.定期存款:附有既定到期日的存款,以「整存整付」、「零存整付」、「存款

領息」與「本息到期提領」等四種型態。此外，銀行推出由存款者決定時間與金額的存款商品，如：中國商銀的「生涯規劃儲蓄存款」，特點為：人們隨時存款，銀行按月付息，存款者可隨時提領利息，未提息則直接轉為本金複利計算。銀行通常僅提供提款卡給活期性存款者，中國商銀針對該定期性存款也提供提款卡，提升存款、提領利息及轉帳等資金調度和交易的方便性。不過儲蓄者在定存到期前，除辦理提前解約外，不得提領本金，但可辦理質借，質借利率依存款利率加 1.5% 計算。

為解決定存缺乏流動性問題，銀行創新定期性存款商品，除具有較高的定存利率外，人們可透過各種方式提領定存帳戶中的資金，促使定期性存款活期化。銀行雖然支付較高定存利率，卻增加客戶和業務量，而且提存法定準備比率低於活期性存款，其間差距除可彌補增加支付的定存利率，並有多餘資金移作他用。上述發展趨勢導致依據活期性、定期性存款項目統計的各類貨幣定義指標失真，間接影響貨幣政策效率性。是以央行規劃重新界定活期與定期存款的定義，如：活期性與定期性存款不再依銀行所掛存款名目區別，改採以存戶在固定期間提存頻率來認定存款性質。以美國為例，活期性或定期性存款改採在一定期限內的提領次數為界定準則，超過某一頻率即視同活期性存款，反之，則屬定期性存款。

(四)存款來源

1.家計部門：人們在銀行開立的交易帳戶（支存與綜合存款帳戶）、儲蓄帳戶及定存帳戶均屬於零售帳戶 (retail account) 性質。

2.廠商部門：廠商屬於大存款者，其在銀行開立的商業放款帳戶及可轉讓定存單帳戶係屬於躉售帳戶 (wholesale account) 性質。

3.政府部門：各級政府在銀行之普通存款、公庫專戶存款、公庫收入總存款及外匯存款。政府部門收付活動係由臺銀、台北銀行與高雄銀行 3 家代庫機構代理，帳戶均屬活期帳戶性質。代庫機構定義是代理國庫歲入與歲出收付的銀行，除向財政部收取手續費外，由於國庫存款僅有部分計息，故存放在代庫銀行帳戶期間，是銀行低成本的資金來源。央行代理國庫業務分為中央政府機關的專戶存款與經理國庫存款兩部分，當兩者資金由銀行體系轉入央行國庫帳

戶，市場資金將趨於緊俏，國庫撥款則會導致市場資金寬鬆。是以央行提出國庫轉存款辦法，將國庫資金轉存一般銀行，藉此降低國庫利息支出，減少資金進出國庫對貨幣市場形成的干擾。

　　4.金融廠商：銀行間因業務往來而保持的存款，以郵匯局與基層金融轉存款為主，重要類型包括：①信合社轉存款：基層金融原先僅能轉存合作金庫，後來開放可轉存台北銀行、高雄銀行與臺銀 3 家。②郵匯局轉存款：央行將郵匯局轉存款部分轉存 4 家專業銀行，以及中長期資金運用制度運轉時，郵匯局將資金以定存型態存入銀行，再由其轉貸給該制度核准的申貸者。③存款保險公司與正常銀行支援問題銀行的存款，如：金融重建基金接管基層金融與土地銀行代管中興銀行等。④國內金融廠商習慣使用「臺支」交易，在臺銀均開立同業存款帳戶，央行准予抵充存款準備。目前有 16 家行庫在臺銀開立同業存款帳戶，存款總額僅十餘億元。

13.2.2.　新型存摺類型

　　銀行業金融創新活動集中在資產證券化及證券存摺化（無實體化），用於提升資產流動性及降低交易成本。後者提升銀行扮演保管登錄資產角色，收取保管費用遂成重要收益來源。新型存摺類型包括：

　　1.公債存摺：實體公債在交易過程中須耗費大量人工成本搬運、鑑定真偽，領息時剪下息票或持公債到銀行兌領。無實體公債或登錄公債係將投資人身分證字號（營利事業統一編號）、持有公債面額等資料由電腦儲存保管，只要完成登記手續，權利就可獲得保障，但無法要求以公債存摺兌換為實體公債。當公債存摺遺失時，投資人可向發摺的清算銀行辦理掛失後申請補發，本息到期將由清算銀行撥入持有人帳戶。隨著無實體公債清算交割系統啟用後，銀行透過電腦連線辦理擔保程序，公債將是公開市場操作的主要擔保品。清算銀行可獲取轉帳費與帳戶維護費等收入，同時增加活期性存款業務。

　　2.證券存摺：國內股票市場在 1990 年實施證券集中保管帳簿劃撥制度，買賣股票需透過證券存摺進行，除降低每日交割清點股票的成本與搬運風險外，並防止偽造或變造股票流通，提升交易安全性。證券存摺是由證券集中保管公

司發行，係以收付股票及代為保管為主。此外，集保公司於 1994 年 5 月 1 日開放證券存摺設質交付劃撥制度，銀行藉此從事集保證券抵押放款，取代部分的證券抵押放款業務。

3.黃金存摺：人們參與黃金市場操作，選擇標的包括黃金存摺、黃金基金及黃金現貨三種。黃金存摺是中長期小額黃金投資的工具，黃金基金是標準化間接投資工具，黃金現貨屬於適合金商大額交易工具。其中，黃金存摺係指人們存入一定金額，存摺即登錄相對的黃金數量，爾後可憑存摺要求回售、轉帳或提領帳戶內的黃金。

13.2.3. 存款創新活動

金融創新活動刺激銀行持續研發存款商品，創新方式有二：

(一)利息創新

銀行將定存的預期利息收益，投入操作其他金融資產，追求較高預期報酬率。花旗銀行創新投資型新臺幣定存，儲蓄者藉由將定存利息投入股市，享有較高預期報酬率，但也需要承擔風險。富邦銀行吸收一年期定存，將預擬支付利息轉投資國內開放型股票基金，這種投資型定存藉著定期定額投資套牢百萬元以上的存款者，同時每月可有固定手續費收入。對存款者而言，以定存利息收入進行定期定額投資基金是低成本、風險較小的強迫儲蓄方法。理論上，投資型新臺幣定存是以新臺幣為基礎，本金全無風險，以新臺幣定存利息投資風險性資產，享有資產價格上漲收益。

(二)本金創新

銀行推出雙元通貨存款 (dual currency deposit)，亦即銀行吸收定存後，人們在到期時可選擇以其他貨幣償還。

1.雙元通貨存款：儲蓄者將外幣存入銀行並約定執行匯率，銀行支付高於定存的利率，銀行到期時可依匯率走勢，選擇弱勢貨幣還給存款者，故又稱為加值利率外幣存款 (premium deposit)。該產品的設計原理是：存款者出售賣權，銀行擁有選擇以弱勢貨幣償還存款債務的權利，故將支付的權利金折算成加值利率付給存款者。存款者投資該類定存雖可享有高利率，卻也面臨匯率風險。

　　富邦銀行理財中心推出多元通貨活存及外匯定存商品。前者的開戶金額只要 500 美元或等值外幣，投資人在同一帳戶享有多種幣別的選擇，除降低每種幣別就需開立一個帳戶的成本外，銀行將按月寄發清單供存戶核對。在外匯定存方面，富邦的存款商品係採到期本息自動續存，客戶無須往返辦理手續，每筆存款最低只要 5,000 美元或等值外幣。

　　2. 結構式存款：結合衍生性商品與定存的商品，但維持存款本金安全性的特質。花旗銀行的「連結金融組合式外幣存款」，係結合定存與選擇權、遠期外匯、換匯等衍生性商品，將外幣定存的利息部分投資於股票、商品、利率、外匯等金融指數。假設人們預期新臺幣匯率升值，持有外幣存款的匯率損失將擴大，除採取解約、認賠換回新臺幣的策略外，還可選擇結合不同商品的增值型或保本型 (principal guaranteed) 外幣存款商品，如：結合黃金價格的增值型外幣存款。

　　舉例來說：外商銀行創新結合黃金價格的外幣存款，最低投資金額是 25 萬美元，存款以 3 個月為一期計算報酬率，人們可選擇獲利出場，或繼續投資下一階段的「黃金投資型」外幣定期存款，條件須視當時市場情況和預期再作修正。該項工具除到期領回本金外，還有投資收益，收益率為 0.49% 加上 3 個月後金價減去即期金價的差額，除以即期金價。如果人們的投資策略和預期走勢相反，投資收益率將等於零，若金價與當時買入價格相同，則除本金外，還有保障收益率 0.49%。另外，外商銀行結合黃金選擇權與 3 個月期的外幣存款，預先提撥定存利息所得作為購買黃金選擇權的權利金。如果 3 個月後金價與預期相反，人們將損失 3 個月利息收益，但保有本金；反之，則享有選擇權議定金價和即期市場金價差額的獲利，以及取回定存本金。

🔺 13.3.　存款結構

13.3.1.　最適存款組合

　　在營運期間，銀行面對預擬保有的資產部位與資本適足性限制下，首先評

估安排最適財務結構。一旦確定股權融資與舉債融資比例，銀行接續尋求負債資金來源，追求舉債營運成本與風險最低。除非受到經濟因素（吸收資金的處理成本）與金融管制影響，銀行將採取兩種策略謀求負債多元化：①透過轉型為銀行控股公司或廣設分行，在不同區域性市場發行多元化存款商品，吸收不同來源的資金。②在同一區域性存款市場發行到期日、流動性及租稅處理方式迥異的存款商品，吸收不同偏好儲蓄者的資金。

銀行發行存款商品在不同資金市場募集資金，將因長短期負債比例不同，促使成本結構發生變化。在營運期間內，風險中立銀行面對預擬保有 EA_0 資產部位，在追求預期利潤最大下，首要決策將是選擇最適存款組合。假設銀行發行貨幣性存款 D 與儲蓄性存款 S 募集資金，兩者對儲蓄者而言係屬異質商品。銀行吸收資金融通預擬持有的資產部位，預期報酬率為 $E(\tilde{r}_a)$，預期利潤函數 $E(\tilde{\pi})$ 可表為：

$$Max \quad E(\tilde{\pi}) = E(\tilde{r}_a)EA_0 - r_d D - r_s S - C(D, S) - E(L)$$

r_d 與 r_s 分別是貨幣性與儲蓄性存款利率，$C(D, S)$ 是銀行處理兩種存款的成本，$E(\tilde{L})$ 是銀行面臨準備匱乏遭致的預期損失。此外，銀行決策須受資產負債表限制：

$$s.t. \quad EA_0 + R = D + S$$

R 是銀行提存的準備。銀行面臨的存款成本函數 $[r_d D + r_s S + C(D, S)]$ 與預期準備匱乏的成本函數 $E(\tilde{L})$ 的內容分別如下：

㈠存款成本函數 $[r_d D + r_s S + C(D, S)]$

儲蓄者對貨幣性與儲蓄性存款的需求函數分別為：

$$D^d = D(r_d, r_s) \qquad 或 \qquad r_d = r_d(D, r_s)$$
$$S^d = S(r_d, r_s) \qquad 或 \qquad r_s = r_s(S, r_d)$$

隨著銀行業務多元化，銀行成本內涵趨於複雜，依據成本型態劃分如下：①資金成本：銀行吸收存款與進行金融業拆借，將需支付存款利息或拆款利息，此係銀行成本的核心。②管理費用：銀行從事業務活動，必須支付行員薪資、電子設備運轉費、保險費等管理費用。③租稅與其他費用支出：隨業務量成長

而變化的費用支出，如：業務招待費、業務宣傳費與營業稅等。④補償性支出：包括固定資產折舊、無形資產攤銷、遞延資產攤銷等。⑤提存準備金：包括提存壞帳準備與投資跌價損失準備等。⑥營業外支出：與銀行業務經營活動無直接關係，但需從銀行盈餘扣除的支出。綜合以上所述，銀行成本函數簡化為：

$$TC(D, S) = r_d D + r_s S + C(D, S) \qquad C_D > C_S > 0$$

再定義銀行吸收兩類存款組合的等成本曲線，或在銀行吸收兩種存款所需成本固定下，貨幣性與儲蓄性存款各種組合的軌跡。就上式全微分，並令 $dTC = 0$：

$$r_d\, dD + D\frac{\partial r_d}{\partial D}dD + C_D dD = -r_s\, dS - S\frac{\partial r_s}{\partial S}dS - C_S\, dS$$

將上式轉換成彈性概念，經移項可得銀行吸收兩種存款組合的等成本曲線斜率：

$$\left.\frac{dD}{dS}\right|_{dTC=0} = \frac{-\left[r_s(1 + \dfrac{1}{\varepsilon_S}) + C_S\right]}{\left[r_d(1 + \dfrac{1}{\varepsilon_D}) + C_D\right]}$$

$\varepsilon_S = \dfrac{\partial \ln S}{\partial \ln r_s} \succ 0$、$\varepsilon_D = \dfrac{\partial \ln D}{\partial \ln r_d} \succ 0$ 是儲蓄性及貨幣性存款需求的利率彈性。依據存款需求函數內容，銀行調整某類存款報酬率，僅是誘使儲蓄者將部分資金在不同帳戶間移轉，徒然釀成吸收存款成本遞增。為降低處理成本，銀行可採帳戶區隔化 (segmentation of accounts) 處理，如：將存款凍結在某期限上、定存提前解約的懲罰措施及最低存款水準限制等策略，促使在存款利率調升過程中，提升增加吸收新存款的可能性，而非僅是不同帳戶間的資金移轉而已。此外，$\dfrac{\partial D}{\partial r_s}$

$\lesseqqgtr \dfrac{\partial S}{\partial r_d}$ 顯示兩種存款需求的交叉影響並無對稱性，亦即銀行同時等幅反向調整兩種存款利率，發揮的影響效果未必一致。

圖 13-1 顯示：ACB 等成本曲線代表銀行吸收存款的平均成本遞減，或維持總成本 TC 不變下，銀行反向調整兩種存款利率，ΔD 減幅小於 ΔS 增幅，將促使吸收存款總量 $(D + S)$ 上升，故 $AC = \dfrac{TC}{D + S}$ 隨之遞減。AEB 等成本曲線意

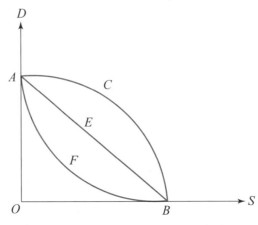

圖 13-1 存款組合等成本曲線

調著銀行吸收存款的平均成本固定，當總成本 TC 持平時，銀行反向調整兩種存款利率，ΔD 減幅等於 ΔS 增幅而使存款總量不變，平均成本持平不變。至於 AFB 等成本曲線顯示銀行吸收存款的平均成本遞增，當總成本 TC 持平時，銀行反向調整兩種存款利率，ΔD 減幅超越 ΔS 增幅而使存款總量縮水，平均成本因而隨之攀升。

㈡預期準備匱乏的成本 $E(\tilde{L})$

在營運期間內，銀行維持存款結構（$\frac{D}{S}$ 比例）不變，當存款總量 $(D + S)$ 遞增時，淨存款流失機率密度函數 $f(x)$ 的變異數 σ_x^2 將會變大。此外，銀行吸收存款總量不變，貨幣性對儲蓄性存款比例 $(\frac{D}{S})$ 攀升時，基於貨幣性存款流動性超越儲蓄性存款流動性，淨存款流失機率分配的變異數亦隨之擴大。有鑑於此，淨存款流失機率分配的變異數將是兩類存款比例 $(\frac{D}{S})$ 的函數：

$$\sigma_x^2 = \sigma_x^2(\frac{D}{S}) \qquad\qquad \frac{\partial \sigma_x^2}{\partial D} > \frac{\partial \sigma_x^2}{\partial S} > 0$$

當銀行發生準備匱乏之際，必須支付比例性懲罰成本 b，預期準備匱乏成本 $E(\tilde{L})$ 將是：

$$E(\tilde{L}) = \int_R^\infty b(x - R) f(x; \mu_x, \sigma_x^2) \mathrm{d}x$$

μ_x 是淨存款流失機率分配的平均數，$f(x)$ 是常態分配。以下分別對 R、D 與 S

偏微分：

$$\frac{\partial E(\tilde{\pi})}{\partial R} = -E(\tilde{r}_a) + b\int_R^\infty f(x)\mathrm{d}x = 0$$

$$\frac{\partial E(\tilde{\pi})}{\partial D} = E(\tilde{r}_a) - r_d - D\frac{\partial r_d}{\partial D} - C_D - b\int_R^\infty (x-R)\frac{\partial f}{\partial \sigma_x}\frac{\partial \sigma_x}{\partial D}\mathrm{d}x = 0$$

$$\frac{\partial E(\tilde{\pi})}{\partial S} = E(\tilde{r}_a) - r_s - D\frac{\partial r_s}{\partial S} - C_S - b\int_R^\infty (x-R)\frac{\partial f}{\partial \sigma_x}\frac{\partial \sigma_x}{\partial S}\mathrm{d}x = 0$$

綜合上述三式，銀行安排最適存款組合的條件如下：

$$E(\tilde{r}_a) = b\int_R^\infty f(x)\mathrm{d}x = r_d(1+\frac{1}{\varepsilon_D}) + C_D + b\int_R^\infty (x-R)\frac{\partial f}{\partial \sigma_x}\frac{\partial \sigma_x}{\partial D}\mathrm{d}x$$

$$= r_s(1+\frac{1}{\varepsilon_S}) + C_S + b\int_R^\infty (x-R)\frac{\partial f}{\partial \sigma_x}\frac{\partial \sigma_x}{\partial D}\mathrm{d}x = 0$$

上式涵義為：在營運期間內，面對預擬持有資產部位 EA_0 已知下，銀行採取擴大吸收貨幣性或儲蓄性存款支援授信金額，由此衍生之邊際收益，將相當於資產報酬率 $E(\tilde{r}_a)$ 或預期準備匱乏成本降低之數值 $b\int_R^\infty f(x)\mathrm{d}x$。同時，該項邊際收益值將等於支付吸收個別存款的邊際利息成本、邊際處理成本與提款風險擴大釀成準備不足的預期邊際損失等三者之和。

實務上，銀行採取差別利率訂價 (interest rate discrimination) 策略安排不同的存款組合，而儲蓄存款利率超越活期存款利率的理由包括：

1. $\varepsilon_S \succ \varepsilon_D$：活期存款扮演交易媒介角色，在缺乏替代品下，促使其需求缺乏利率彈性；至於儲蓄存款扮演保值角色，替代品充斥而使其需求具有利率彈性。

2. $C_D \succ C_S \succ 0$：由於活期存款提存次數頻繁且涉及票據交換處理問題，銀行必須耗費大量人力與物力處理，邊際處理成本相對偏高。反觀人們視儲蓄存款為保值工具，提存次數較少且無票據交換問題，邊際處理成本相對較低。

3. 活期存款流動性顯著高於儲蓄存款，銀行擴大吸收活存，引起淨存款流失變異性擴大（機率分配變異數遞增）的可能性，將超越吸收儲蓄存款，前者必須提存之準備與發生準備匱乏的預期損失將大於後者。

13.3.2. 存款利率的訂定

在央行控制存款利率時期，銀行僅能憑藉各自領域的傳統優勢穩定客戶，或採取其他服務吸引客戶，無法利用商品品質和利率競爭策略，進行市場行銷存款商品取得資金。隨著利率自由化促使金融市場競爭趨於激烈，單一銀行無法長期維持對存款商品和訂價的壟斷力，存款訂價最終取決於整個市場而非單一銀行。銀行雖然可以自行訂定存款利率，最終也僅能成為價格接受者，是以銀行產品訂價決策將取決於競爭和時間優勢，必須運用多元化商品和優質服務，不斷靈活創新和服務，為客戶提供量身訂做商品，建立銷售管道擴大商品銷售。

金融市場發達促使銀行資金來源多元化，不過存款資金所占比例仍居顯著重要地位，存款利率訂定將是銀行的重要決策之一。Spellman (1979) 假設銀行決策期間只有一期，吸收存款並無利率管制，在融通相同期限放款的報酬率亦無限制。銀行在區域性存款市場吸收資金，基於銀行家數、區位差異而具有寡頭專買性質，面對的存款需求 D^d 函數為：

$$D^d = D(r_d, r_a, y, W)$$

r_d 是存款利率，r_a 是其他資產報酬率，y 是所得，W 是財富。銀行吸收存款須提存準備，而放款市場屬於全國性而具有完全競爭特性。銀行授信報酬率為 r_ℓ，依規定須提存壞帳率 β；而銀行受信（吸收資金）與授信的處理成本為 $C(D)$ 及 $C(L)$，是以利潤函數為：

$$Max \quad \pi = (1 - \beta)r_\ell \cdot L - r_d D - C(D) - C(L)$$

假設銀行追求利潤極大，$L = (1 - \theta)D$，就上式對 D 偏微分，令其為 0：

$$\frac{\partial \pi}{\partial D} = (1 - \beta)r_\ell \frac{\partial L}{\partial L}\frac{\partial L}{\partial D} - r_d - D\frac{\partial r_d}{\partial D} - \frac{\partial C}{\partial D} - \frac{\partial C}{\partial L}\frac{\partial L}{\partial D} = 0$$

整理上式，可得下列最適條件：

$$(1 - \beta)(1 - \theta)r_\ell = D \cdot \frac{\partial r_d}{\partial D} + r_d + \frac{\partial C}{\partial D} + (1 - \theta)\frac{\partial C}{\partial L}$$

當銀行追求利潤極大時，放款的淨邊際收益 $MR_\ell = (1 - \beta)(1 - \theta)r_\ell$ 需等於

放款的邊際成本 (*MC*)。此外，銀行為擴大放款，需增加吸收存款融通，支付成本包括邊際利息成本與邊際處理存款成本 MC_D，並需負擔邊際處理放款成本 MC_ℓ。當 $MR_\ell = MC_D$ 時，將可決定放款數量，促使銀行達到利潤極大。

由上式可得銀行訂定存款利率的條件：

$$r_d(\frac{1}{1+\varepsilon_D}) = (1-\beta)(1-\theta)r_\ell - \frac{\partial C}{\partial D} - (1-\theta)\frac{\partial C}{\partial L}$$

或

$$r_d^* = (\frac{\varepsilon_D}{1+\varepsilon_D})[(1-\beta)(1-\theta)r_\ell - \frac{\partial C}{\partial D} - (1-\theta)\frac{\partial C}{\partial L}]$$

$\varepsilon_D = (\frac{\partial \ln D}{\partial \ln r_d}) > 0$ 是存款需求的利率彈性。上式顯示銀行訂定存款利率的考慮因素包括：

1. 淨放款報酬率：銀行吸收存款須提存準備，僅剩下 $(1-\theta)D$ 的資金用於放款獲取毛報酬率 r_ℓ，在提存壞帳率 β 後，銀行吸收存款衍生之淨收益率為 $(1-\theta)(1-\beta)r_\ell$。

2. 生產成本：銀行吸收資金與授信均需支付實質成本，兩者的成本函數可表為：

$$C(D) = \delta D^\lambda \qquad\qquad C(L) = \gamma L^b$$

兩者的平均與邊際生產成本分別為：

$$APC_D = \frac{C}{D} = \delta D^{\lambda-1} > 0 \qquad 、\qquad APC_\ell = \frac{C}{L} = \gamma L^{b-1} > 0$$

$$MPC_D = \frac{\partial C}{\partial D} = \delta\lambda D^{\lambda-1} \qquad 、\qquad MPC_\ell = \frac{\partial C}{\partial L} = \gamma b L^{b-1}$$

在中介資金過程中，銀行將面臨規模經濟問題，亦即視 $\lambda \succ 1$ 或 $\lambda \prec 1$、$b \succ 1$ 或 $b \prec 1$ 而定。當 $\lambda, b \succ 1$ 時，銀行中介資金將面臨規模不經濟現象，兩者的邊際成本呈遞增現象。當 $\lambda = b = 1$ 時，銀行中介資金將處於固定規模狀況，兩者的邊際成本為固定值。一旦 $\lambda, b \prec 1$ 時，銀行中介資金將面臨規模報酬遞增，兩者的邊際成本呈遞減現象。

13.3.3. 補償餘額

銀行進行中長期資本放款，要求借款者在活期帳戶平均維持一定比率（相對於借款數量）的金額，以補償銀行授信帶來的準備流失，兼具抵充享受銀行勞務（如：支票清償與收款、處理薪資帳戶等）之費用，此即補償餘額。一般而言，信用良好的大廠商是銀行競相爭取的授信對象，理由是：這些廠商的信用評估成本與倒帳風險均低，帳戶中經常維持大量交易用途的支存與活存資金，在央行限制給付支存利息下，兩者將是銀行最便宜的資金來源。此外，這些廠商還是銀行勞務（如：匯款、保險箱、外匯交易等）的最大客戶，銀行除利用各種策略排斥其他銀行參與對大廠商授信外，規定補償餘額比率更是削減其他對手參與競爭的有效方法。

銀行授信（及訂定放款利率）通常重視客戶是否持續使用銀行勞務，以其發行之支存及活存充作交易媒介。為了保證借款者繼續維持這種關係，銀行採取規定回存比率將是簡便有效的策略。至於小廠商、農人、家庭（個人）等之情形恰好與大廠商相反，銀行對這些顧客擁有相當的壟斷力，無懼於對手銀行參與競爭；另一方面，銀行規定回存比率耗費之機會成本並不為零，從而較少對這些客戶設定回存比率。

在不確定環境下，當金融環境呈現緊縮時，銀行與其迅速調整放款利率，不如暫時調整回存比率變相提高有效放款利率 (effective loan rate) 比較有利；另一方面，銀行面對競爭吸收資金壓力，亦將提高回存比率，擴大補償餘額條件適用範圍。尤其是在利率管制情況下，銀行利用補償餘額條件，變相提高有效放款利率與減輕競爭吸收資金壓力。在此，廠商負擔的實際借款利率可計算如下：

$$廠商實際借款利率 = \frac{廠商實際支付的借款利息 - 補償性餘額利息}{廠商借款總額 - 補償性餘額}$$

$$= \frac{名義利率 - 存款利率 \times 補償性餘額比例}{1 - 補償性餘額比例}$$

舉例來說：日帝威公司從台灣企銀取得期限 1 年的 100 萬元融資，融資年

利率為 10%，銀行要求的補償性餘額比例為 20%，並以活期存款利率計息 1%，日帝威公司實際負擔的借款利率 = (10% – 20% × 1%)/(1 – 20%) = 12.25%。再從銀行角度來看，銀行以名義利率 (notional rate) 放款，要求廠商提供某一比例的回存，將增加銀行可運用資金，在提存法定準備後，再以名義利率放款出去。是以銀行的有效放款利率可計算如下：

銀行有效放款利率

= 名義利率 × [1 + 補償性餘額比例 × (1 − 存款準備率)] − 補償性餘額比率 × 存款利率

在前述案例中，台灣企銀吸收活存的法定準備率為 10%，對日帝威公司授信的實際有效放款利率 = 10% × [1 + 20% × (1 − 10%)] − 1% × 20% = 11.6%。

13.4.　銀行的非存款資金來源

13.4.1.　銀行負債資金來源

銀行面對有利可圖機會，採取吸收存款資金支應緩不濟急，改採創造性反應 (creative response) 策略，調整發行證券報酬率達到在金融市場吸收資金的目的。銀行可在貨幣市場、債券市場、國外金融市場與股票市場募集資金，前三者不僅是屬於銀行負債證券化市場，亦是銀行從事投資活動的主要場所。

銀行採取創造性反應策略，首先考慮在金融業拆款市場與票券市場募集短期資金。銀行吸收定存資金期限最長僅有 3 年，授信期限可長達 10～20 年，反映銀行採取以短支長策略，吸收短期資金支應長期授信活動。當短期利率低於長期利率時，銀行可維持正利差，一旦當短期利率突然超越長期利率，銀行將面臨虧損。有鑑於此，銀行發行金融債券募集以中長期資金配合長期授信活動，期限最短為 2 年，最長不得超過 20 年，金額以發行當時淨值之 2 倍為限。財政部於 2001 年 1 月開放商業銀行發行金融債券，發行餘額不得超過發行前一年度決算後淨值的 2 倍，優點包括：①票面利率係以定存利率加碼，鎖定利

率。②無須提存法定準備，資金成本較低。③金融債券未到期前，投資人不得要求贖回，資金來源穩定。④配合銀行資金需求彈性發行。

股票市場規模擴大迅速成為銀行爭取短期資金的重要來源，包括代收股款、上市承銷或現金增資繳款以及股款儲存專戶。銀行在證券商營業廳設立櫃檯代收股款，世華銀行的市場占有率最大，取得眾多低成本資金。另外，證期會過去驗資時間較長，協辦銀行將股款收足轉交主辦銀行後，資金停留在銀行帳戶至少 1 個月，以活存利率計息，屬於銀行短期廉價資金來源。至於銀行向上市公司爭取股款儲存專戶，主辦銀行收足股款再將資金轉到上市公司指定的帳戶。

隨著國際金融市場整合程度深化，銀行國外負債係指銀行對非居住民的負債，包括國外銀行同業存款、國外銀行同業透支、應付國外票據、承兌國外匯票、國外同業融資、匯出國外匯款、國外聯行往來貸方餘額、發行國外票券、對國際金融業務分行負債等。銀行為籌措中長期資金，前往國際金融市場發行浮動利率定期存單或金融債券，此即浮動利率可轉讓定期存單 (floating rate certificate of deposit, FRCD)，票面利率係以國際金融同業拆款利率 (LIBOR 或 SIBOR) 為基準，依據發行銀行的信用評等加碼，每隔 3 個月或 6 個月調整一次。

13.4.2.　銀行股權資金來源

銀行採取高財務槓桿操作，但仍需擁有自有資金（銀行淨值），此即屬於股權融通部分。銀行資本用於融通購置行舍與設備，此係操之於銀行本身決策而屬於安全性用途。一旦銀行資本用於承作各種風險業務，當做各種損失的緩衝工具而屬於風險性用途，並將面臨放款倒帳損失、投資跌價損失與營運損失等風險。

銀行淨值包括：①資本額：依公司法登記的實收資本額，係銀行淨值的核心，包括發行在外普通股與特別股的面值總和。②公積金：包含盈餘公積與資本公積兩類，前者係指銀行盈餘依法提撥法定公積和特別公積，後者來源包括銀行採取溢價發行股票或資產重估增值。其中，銀行稅後盈餘必須先提存法定

盈餘公積 30%，當其未達資本總額前，分配現金股利不得超過資本總額 15%。
③未分配盈餘：銀行盈餘扣除法定公積、特別公積及發放股利後之餘額而逐年
累積者。在會計學上，資本的意義是指股東繳足，並向主管機關登記的資本額。
在金融管理上，資本是衡量銀行承受營運風險的能力，實質意義接近股東權益
或淨值。依據中央存款保險公司的研究報告，銀行淨值的定義可分成：

1.帳面淨值：資產負債表上的資產與負債項目的差額，包括股本、資本公積、
盈餘公積、法定盈餘公積、特別盈餘公積以及放款與保證等各類損失的準備金。

2.市價淨值：以市價為基礎衡量銀行資產與負債價值後的淨值，將可充分反
映銀行股東權益的實質價值，不過市價評估有實務上的困難，並未廣泛採用。

3.自有資本：國際清算銀行在 1988 年提出銀行根據風險程度計算的資產，
應該保有自有資本比率 8% 以上，此即銀行從事國際業務必須遵循的標準。財
政部規定自有資本淨額是自有資本總額扣除銀行間相互持股，而資本總額是第
一類與第二類資本的合計數額。第一類資本包括普通股、非累積特別股、預收
資本、資本公積、法定盈餘公積、特別盈餘公積等，第二類資本為輔助性資本，
包括累積特別股、固定資產增值公積、可轉換債券等。

一般財務分析師甚少注意銀行資本數量，反而關心銀行的相對資本部位。
衡量銀行資本適足性的門檻包括資本對存款比例、資本對資產比例、資本對風
險性資產比例，三種比例均是以帳面價值為基礎。Sinkey (1978) 指出能夠區別
問題與非問題銀行的最佳資本比例即是淨資本比例 (net capital ratio, NCR)，定
義如下：

$$NCR = \frac{資本+準備-分類資產}{平均資產}$$

分類資產 (classified asset) 係基於金融檢查資產品質後，被列入次標準化發生
損失的資產。至於銀行使用股權資金（銀行淨值）營運發揮的效果包括：

1.降低倒閉風險：銀行資本適足性要求屬於安全性或事後管制的一環，係在
強化股權資金扮演的角色，誘導銀行維持強固的資本基礎，控制其過度從事高
風險業務。

2.構成放款與投資的限制：銀行對同一法人授信不得超過淨值 15%，同一自

然人不得超過淨值 3%，同一關係人不得超過淨值 40%，無擔保授信不得高於淨值 5%。此外，財政部對大額暴險 (larger exposure) 訂定風險管制，大額暴險係指銀行進行大額授信活動所暴露的風險。舉例來說，銀行投資甲公司股票、公司債、商業本票及放款額度的總額不得超過一定額度,促使銀行對單一客戶、企業集團授信與投資活動受到嚴格管制。其次，銀行不得投資一般企業，不過配合政府經濟發展計畫，經財政部核准者不在此限（銀行法第 74 條），如：土銀、臺銀、合庫等投資台灣高鐵公司的特別股。

銀行業投資活動包括兩類：①資金運用性質：除經金融當局核准外，儲蓄銀行應以投資上市股票為限（銀行法第 83 條），財政部於 1997 年 9 月放寬投資上櫃股票，總額不得超過投資時所吸收存款餘額及金融債券發行額之和的 25%，投資單一股票金額不得超過該公司資本額 5%。此外，銀行儲蓄部投資上市公司發行的證券與受益憑證，不得超過銀行淨值 20%，上櫃股票以銀行淨值 5% 為限。②參與經營直接投資性質：為避免銀行從事企業投資，對被投資公司同業形成不公平競爭，財政部於 1996 年 3 月開放銀行轉投資企業總額不得超過實收資本額的 40%，轉投資非金融相關事業總額不得超過實收資本總額的 10%，1998 年 8 月開放銀行設立創業投資公司為不得超過實收資本額的 5%。

接著，證期會於 1997 年 6 月規定銀行經過財政部金融局核准，才能向交易所申請發行認購權證，且須持有 100% 以上的股票現貨。同時，銀行須自訂風險控管措施，包括內部控制記錄良好、發行額度不得超過法定投資上市股票上限、提出過去投資績效，證明掌控股價變動及承擔風險能力。此外，財政部准許銀行發行認購權證，當然也同意銀行購買認購權證避險。由於銀行投資上市證券金額不得超過淨值 20%，投資認購權證券將併入這項比率限制。

3.股東權益：當銀行發生虧損逾資本 1/3 時，董事或監察人應即申報中央主管機關並限期補足，逾期未經補足者將遭到勒令停業（銀行法第 64 條）。

4.股東權益（銀行淨值）與存款間的替代性：銀行使用股東權益與負債資金營運，兩者財務風險與資金成本迥異，存有代替性而形成安排最適財務結構或銀行資本適足性問題。

5.業務成長基礎：銀行擁有足夠資本用於授信及維護營運安全性，將是提供未來存款成長的基礎，達成銀行追求成長的目標。為確保銀行經營體質，財政部對赴海外設立分行的銀行，嚴格要求資本適足性須達 10% 以上。

　　銀行發行兼具股票與債券性質的特別股，發行期間在 5 至 7 年左右，主要是吸收中長期資金、提高銀行自有資金比率。特別股類型包括四種：

　　1.累積 (cumulative) 與非累積特別股：銀行若無足夠盈餘分配特別股股息時，將逐年累積至有足夠盈餘分配為止，此即累積特別股；非累積特別股將無追索股息的權利。

　　2.參加 (participating) 與非參加特別股：前者可再與普通股分享公司盈餘，後者無此權利。

　　3.可轉換與不可轉換特別股：前者發行一段期間後，投資人依約要求以一定方式轉換成普通股；後者無此權利。

　　4.可贖回 (callable or redeemable) 與非贖回特別股：前者發行一段期間後，投資人依約要求銀行以一定價格贖回；後者無此權利。

13.4.3. 　最適資本的決定

　　Kareken 與 Wallance (1978) 運用 Modigliani 與 Miller (1958) 的理論，說明銀行面對進入障礙存在下，將透過對存款者的交易服務而獲取獨占利潤，故負債愈多（即存款愈多），銀行價值愈高，從而誘使銀行擴大使用負債資金直到股權資金等於零才停止。不過考慮破產成本後，銀行負債上升將擴大破產機率，進而抵銷負債資金增加所帶來的利益。換言之，銀行追求股東財富價值極大，在同時考慮舉債利益與破產成本時，將會存在最適資本結構。

　　假設銀行在期初預期持有的資產部位為 A，經營階層的決策在於選擇最適財務結構。在營運期間，銀行預擬吸收存款 D，支付存款利率 i，期末存款負債為 $D(1+i)$。銀行預期期末可由生息資產獲得收益 y，機率密度函數為 $g(y)$。當銀行擁有期末資產 $(A+y)$ 小於負債，將陷入破產情況，破產的臨界條件是：

$$(A+y) - D(1+i) \prec 0$$
$$y \prec D(1+i) - A$$

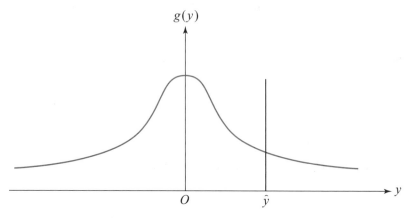

圖 13-2　銀行收益的機率分配

　　圖 13-2 係銀行收益的機率分配曲線，$\hat{y}$ 是銀行陷入破產的臨界點。在其他情況不變下，破產機率與存款呈正向關係，而與銀行資本 $E\,(=A-D)$ 呈負向關係。銀行面對的破產成本與資本不足 $(\hat{y}-y)$ 數額呈正向關係，假設每單位資本不足成本為 a 元，預期破產成本 S 可表為：

$$S = \int_{-\infty}^{\hat{y}} a(\hat{y}-y)g(y)\mathrm{d}y$$

綜合以上分析，銀行的預期利潤函數可表為：

$$Max \quad E(\tilde{\pi}) = E(y) - iD - S - \rho E$$
$$s.t \quad A = D + E$$

ρ 是銀行發行股票募集資金的機會成本。就上式對 E 偏微分，令其為 0，可得銀行追求預期利潤極大的條件為：

$$\rho - i = -S_e$$

或

$$\rho = i - S_e$$

S_e 即是破產風險溢酬，可表為：

$$S_e = -\int_{-\infty}^{y} a(1+i)g(y)\mathrm{d}y$$

　　上式的涵義為：當銀行發行股票的邊際機會成本 $(\rho - i)$ 等於預期破產成本下降的邊際收益 $(-S_e)$（以 S 的減少表示），將可決定最適資本數量。當銀行

預期持有資產部位確定時，必須吸收的存款數量亦將同時決定，最適財務結構將取決於參數 ρ、i、a 與資產收益的機率密度函數 $g(y)$。同時，人們要求的銀行股權報酬率 ρ，將是無風險存款報酬率 i 與破產風險溢酬 $(-S_e)$ 兩者之和，且如圖 13-3 所示：當隨銀行存款負債與股權比例 $(\frac{D}{E})$ 遞增，破產風險隨之擴大，銀行惟有提高支付股權報酬率（破產風險溢酬遞增），發行股票吸收資金才能成功。

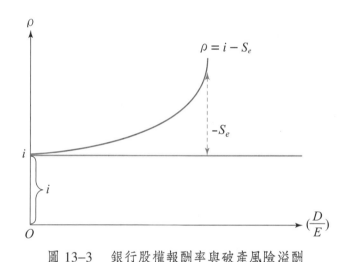

圖 13-3　銀行股權報酬率與破產風險溢酬

13.5.　金融業的資本適足性

在國際清算銀行（BIS）主持下的 1975 年的巴塞爾協定（Basle Concordat）、1988 年的巴塞爾協議（Basle Accord）與 1997 年的銀行監管基本原則，已經為金融制度健全的國家和地區所接受和遵守。爾後，包括銀行業、保險業、證券業、票券業、租賃業等涉及融資的金融業，均仿照銀行資本適足性的規定而落實資本適足性要求。

13.5.1.　銀行業資本適足性

銀行法規範銀行資本適足性的內容包括：①金融當局將全國劃分區域，評

估各區域人口、經濟發展情形及銀行種類,分別核定或調整銀行最低資本額(第
23 條)。②除非金融當局核准,銀行自有資本與風險性資產比例不得低於 8%,
若未符合標準,金融當局將限制盈餘分配方式 (第 44 條)。金融當局執行銀行
資本適足性目的包括: ①公平性競爭: 提供參與國際銀行市場的標準,維持競
爭公平性。②表外交易問題: 隨著衍生性商品市場發達,銀行從事表外交易活
動遞增,形成營運風險的主要來源,故要求保有足夠資本以應付未來可能損失。
③營運健全: 用於鼓勵健全的低風險銀行。

衡量銀行資本適足性的方式如下:

1. 自有資本比例

$$\frac{自有資本}{風險性資產} = \frac{核心資本+輔助資本}{風險性資產} \geq 8\%$$

$$\frac{核心資本}{風險性資產} \geq 4\%$$

2. 風險性資產的衡量

$$風險性資產 = (帳內 + 帳外) \, 風險性資產$$

$$= (帳內資產 + 帳外資產 \times 轉換係數) \times 風險係數$$

財政部於 1991 年 7 月 1 日規定風險性資產範圍與計算方法,並將銀行自
有資本分為兩類: ①核心資本 (core capital) 或第一類資本: 包括實收股本 (資
本及預收資本)、帳面列示公積 (disclosed reserves) (資本公積、法定盈餘公積、
特別公積、累積盈餘),加上少數股東權益及權益調整 (包括兌換差價準備減
未實現長期股權投資損失加減累積換算調整數),再扣除商譽。②輔助資本
(supplementary capital) 或第二類與第三類資本: 包括特別股、資產重估增值準
備及證券隱含利益、可轉換公司債等複合資本憑證、備抵呆帳等。實務上,銀
行估算上述資本的限制包括: ①輔助資本額不超過核心資本、②自有資本總額
應扣除銀行間相互持股與轉投資金融公司持股、③營業用不動產重估及證券隱
含利益 (證券市價與帳面價值差額) 之 45% 可計入第二類資本。

銀行持有資產的風險權數 (α) 設定如下: ① $\alpha = 0$: 現金、對本國政府機
構或由其無條件擔保之債權、對外國中央政府或央行之當地通貨債權、以存款

或政府債券擔保的債權。② $\alpha = 10\%$：對本國各級地方政府機構及其保證的債權（兩者不含公營事業機構）。③ $\alpha = 20\%$：對國際開發銀行、本國與外國銀行或由其保證之債權（1 年期以內），對外國各級政府及其保證之債權及出口押匯餘額與買入匯款，依銀行法規定經政府核准設立之信用保證基金保證之債權。④ $\alpha = 50\%$：住宅擔保放款。⑤ $\alpha = 100\%$：對民間部門與公營事業債權、營業用土地、建築物、動產或其他固定資產、不動產及其他投資等。

接著，資產負債表內交易之信用轉換係數 (credit conversion factor) (θ) 如下：① $\theta = 100\%$：銀行的間接授信活動，如：擔保信用狀、票據承兌、銀行承擔信用風險之附買回協定與確實執行之承諾。② $\theta = 50\%$：銀行的或有負債，如：履約保證、投標保證、票券發行融資 (NIF) 與循環包銷轉融資 (revolving underwriting facilities)，原契約期限 1 年以上之其他承諾，如：正式借款預約契約及授信額度等。③ $\theta = 20\%$：與貿易有關之短期自償性或有負債，如：跟單、信用狀等。④ $\theta = 0$：原契約期限 1 年以下之其他承諾業務或隨時可取消之其他承諾業務。

至於衡量銀行表外風險性資產方式如下：①外匯、利率交易以外之表外交易係將各交易金額乘上適當信用轉換乘數，即得信用風險等值 (credit risk equivalent)，再依交易對象分別乘上適當風險權數並且累加。②外匯、利率交易係採當期暴露法 (current exposure method) 計算。首先就各筆交易依殘存期限乘上權數（外匯相關交易的殘存期間 1 年以內，權數為 1%，1 年以上權數為 5%，利率相關交易的殘存期間 1 年以內，權數為 0%，1 年以上權數為 1.5%），再就各筆交易進行市場評估重置成本（市場評估有盈餘時不予計入）。合計兩者即得信用風險等值，再依各筆交易對象分別乘上適當風險權數。

最後，國際清算銀行要求實施資本適足性，對銀行造成的衝擊如下：

1.營運成本上升：銀行須增加較高成本的股權資金進行授信，透過轉嫁於金融商品，造成借款者的間接金融成本上升。

2.營運風險內容改變：銀行為降低增加股權資金的壓力，短期將以高流動性債券取代高風險的商業放款，促使風險結構由利率風險取代倒帳風險。就長期而言，商業銀行推動放款證券化，透過放款銷售市場出售放款債權，逐漸轉型

成投資銀行。

3.銀行資本適足性對風險權數的評估有異,同類資產品質差異化無法反映於風險權數。

4.銀行資產組合調整:銀行將高風險權數的資產調整成低風險資產,強化銀行從事金融創新活動的誘因。

13.5.2. 證券業資本適足性

金融當局對證券業採取風險管理措施,包括最低資本額、負債比率、違約損失準備、買賣損失準備、受託或自行買賣證券上限、包銷證券額度上限、資金用途上限等。隨著資本市場自由化、國際化及證券多元化,風險管理活動轉向強調整體風險管理,具體表現不僅反映在資產負債表上的資產風險,同時擴及表外交易風險及經營業務風險。是以金融當局規範證券商資本適足性,即在傳統規範外,另外要求證券商維持足夠資本以因應營運衍生的整體風險,達成健全證券市場發展及保護投資人的目的。

有鑑於此,證期會於 1999 年採取日本模式建立證券商資本適足性制度,特色包括:①強調整體風險管理以補強個別風險管理之不足、②同時重視資產負債表上資產風險與表外交易風險、③採取成本市價孰低法評價證券商的資產部位,計算自有資本比率時,均應調整為以公平市價計算。該制度施行對證券商營運發揮的正面效果是:證券商維持較高的自有資本比率,將可提升承擔風險能力與健全經營。在營運過程中,證券商除重視獲利能力提升外,亦需強調維持資產品質,全面加強風險管理活動,將促使證券市場健全發展。不過證券商維持過高的自有資本比率,可能降低股東投資報酬率,故應評估本身需求維持適當自有資本比率。

衡量證券業資本適足性的方式如下:

$$\frac{自有資本}{風險性資產} = \frac{核心資本+輔助資本}{風險性資產} \geq 150\%$$

證券商的自有資本具有吸收營業虧損及承擔營運風險的功能,並依其性質劃分為第一、第二類資本。參酌國際清算銀行規定及本國證券商特性,直接承

擔證券商損失與風險項目將列為第一類資本，在證券商持續經營狀況下，可以負擔損失及風險的類似資本項目則列為第二類資本，金額不得超過第一類資本。舉例來說：中信證券擁有第一類資本 100 億元、第二類資本 150 億元，則後者僅能認列 100 億元。至於證券商持有風險性資產或風險約當金額，係指證券商營運面臨未來可能產生損失之金額，範圍包括：①市場風險約當金額：證券商持有資產部位面臨價格不利變動市場風險，上市股票的風險係數是 15%、上櫃股票是 25%、包銷取得之未上市（櫃）股票是 100%、全額交割股票及管理股票是 100%。②交易對象風險約當金額：證券商面臨交易對手違約交割風險。③基礎風險約當金額：證券商執行業務疏誤衍生之風險。

當證券商未符合資本適足性要求時，證期局將採取下列措施矯正：①縮短每月申報證券商資本適足性的頻率為每週。②增加內部控制與內部稽核的查核頻率。③證券商須提出現金增資或降低風險性資產的計畫。④提列特別盈餘公積。⑤不准開辦新業務與增設分公司。⑥縮減包括買賣債券倍數。附買回 (RP) 或附賣回 (RS) 限額與包銷額度等業務，甚至停止買賣。⑦專案檢查輔導。當資本適足性未達 100% 時，將適用上述七大措施；當資本適足性介於 100%～120% 時，須辦理上述第一至第六項改善措施；當資本適足性介於 120%～150% 時，須辦理上述第二至第五項改善措施。

13.5.3.　票券業資本適足性

票券金融業係貨幣市場撮合短期資金的核心，由於票券業曾經發生國際票券、中央票券（華南）與宏福（臺灣）票券的重大弊案，嚴重影響短期資金市場運作穩定性，是以金融當局在 2002 年 1 月實施票券金融公司資本適足性，衡量方式如下：

$$\frac{合格自有資本淨額}{風險性資產} = \frac{（第一類+第二類+第三類）資本}{風險性資產} \geq 8\%$$

票券業的合格自有資本劃分為第一、第二及合格且使用第三類資本：①第一類資本：包括普通股、永續非累積特別股、預收資本、資本公積（固定資產增值公積除外）、法定盈餘公積、特別盈餘公積、累積盈虧（應扣除營業準備

及備抵呆帳提列不足之金額)、少數股權與權益調整之合計數額減除商譽及庫藏股。②第二類資本:包括永續累積特別股、固定資產增值公積、未實現長期股權投資資本增益之 45%、強制性可轉換債券、營業準備、備抵呆帳(不包括針對特定損失所提列者)、長期次順位債券及非永續特別股之總額。③第三類資本:包括短期次順位債券及非永續特別股之總額。

接著,票券金融業計算合格自有資本總額,需符合下列規定:①第二類資本及合格且使用第三類資本之總額,不得超過第一類資本。②支應信用風險所需資本應以第一類及第二類資本為限,且使用後者不得超過支應信用風險之第一類資本。③第一類及第二類資本於支應信用風險後的剩餘部分得支應市場風險。④第三類資本僅能支應市場風險,第二類及第三類資本支應市場風險之總額不得超過支應市場風險之第一類資本 250%。

至於風險性資產總額包含兩部分:①信用風險資產:票券業資產負債表表內與表外交易項目乘以信用風險權數之加權總額。②市場風險資產:票券業資產負債表表內與表外交易項目乘以市場價格(如:利率、股價、匯率)波動導致損失風險權數之加權總額。

當票券業資本適足性介於 6%~8% 之間時,金融當局採取下列策略矯正:①分配現金股利不超過當期稅後盈餘 20%、②限制申設分公司、③必須提出於一定期間內增加資本、降低風險性資產總額之改善計畫。一旦票券業資本適足性低於 6% 時,金融當局將再採取下列措施:①限制支付董監事酬勞、②禁止分配現金股利、③禁止從事投資活動,且限期處分持有投資公司股權、④於一定期間內裁撤部分分公司、⑤限制從事增加風險性資產總額之業務。

13.5.4. 金融控股公司資本適足性

金融當局自 2001 年開放金融廠商轉型為金融控股公司,計有 14 家金控公司從事銀行、證券、保險(壽險與產險)與票券等行業的跨業經營。金控公司之子公司必須符合各業別資本適足性之相關規範,而本身的資本適足性衡量方式如下:

$$\frac{金融控股公司合格資本淨額}{集團法定資本需求} > 100\%$$

金控公司集團的法定資本需求包括金控公司之法定資本需求與依持股比率計算各子公司法定資本需求之總額,前者係指比照銀行資本適足性計算之風險性資產總額與銀行資本適足性之法定最低標準相乘後之數額。接著,金控公司合格資本淨額係指資本總額扣除下列餘額:①投資子公司與非子公司的帳列金額、②依期貨業及創投業方式計算,該子公司合格資本超過其法定資本需求數額、③依銀行業及票券業方式計算之子公司合格資本及法定資本需求,其合格資本總額超過法定資本需求總額之數額,或計入該類子公司合格資本之次順位債券總額, 二者較低之數額。

其次,金控公司需依業別計算持有子公司的合格資本:①銀行業、票券業、證券業及保險業需依各自的資本適足性規定,計算合格自有資本淨額、自有資本或約當數額。②期貨業及創投業係以資產扣除負債之淨額。③信用卡業及信託業比照銀行業計算。④除所在地金融監理當局另有規定外,國外金融廠商比照期貨業及創投業計算。⑤除金融當局同意比照業務相近業別計算外,其他金融業均依期貨業及創投業計算。

金控公司需依下列業別計算子公司的法定資本需求: ①銀行業、票券業、證券業及保險業依據各自的資本適足性規定,計算之風險性資產總額、經營風險之約當金額、風險資本與其法定最低標準比率相乘後之數額或約當數額。②期貨業及創投業資產總額之 50%。③信用卡業及信託業比照銀行業計算。④除所在地金融監理當局另有規定外,外國金融廠商比照期貨業及創業投資事業計算。⑤除金融當局同意比照業務相近業別計算外,其他金融業均依期貨業及創投業計算。

當金控公司集團資本適足性未符合標準時,將不得發放現金股利,金融當局同時採取下列措施矯正:①金控公司必須限期提出增資與降低風險性資產之改善計畫。②限制給付董監事酬勞、紅利及車馬費。③限制申設分支機構與投資。④需於一定期間內處分持有投資事業股權。⑤解任董事並限期重新改選。⑥撤換經理人。

13.5.5. 保險業資本適足性

隨著金融自由化盛行，就壽險業而言，原為壽險商品主流之儲蓄險逐步由投資型保險及年金險取代；就產險業而言，產險業將可經營傷害險並推動費率自由化政策，促使保險公司需對投資策略、核保策略進行通盤考量。保險公司的最低資本額為 20 億元，有些積極投資股票與不動產等價值波動性高的商品，有些將資金投入公債與銀行存款，兩者承擔風險截然不同，若要維持相同的財務安全性，必須擁有的自有資本顯然不同。基於控管保險業的財務穩健性，金融當局引進風險基礎資本 (risk based capital, RBC) 制度，自 2003 年 7 月 9 日起施行保險業資本適足性。

風險基礎資本係指保險業營運所需之約當金額。保險業營運將需面臨資產面之市場風險及信用風險、負債面之核保風險，以及因利率、政策或其他因素造成資產負債期間變動不一致之風險，無法歸類於上述風險即屬於其他風險。考慮上述風險及給定適當風險係數後計算之風險資本額，即為保險業營運所需之資本。基於金融監理要求，保險業的資本適足性要求為：

$$\frac{保險公司認許資本}{風險資本需求} > 200\%$$

金融當局認許之保險業資本總額包括經認許之業主權益與依規定調整項目。風險資本係指依保險業從事營運所需承擔風險程度計算之資本，而風險範圍依保險業類型劃分如下：①壽險業：資產風險、保險風險、利率風險與其他風險。②產險業：資產風險、信用風險、核保風險、資產負債配置風險與其他風險。前項風險資本之計算應依據金融當局規定辦理。至於認許資本總額係業主權益扣除非認許資產後的淨額，非認許資產內容包括：

1. 保險業持有未上市、未上櫃股票，係以該公司每股淨值與投資成本孰低評價。保險業針對未上市、未上櫃股票的抵押放款，授信金額超過質押股票以每股淨值計算之金額部分，將屬於非認許資產。

2. 保險業持有應收票據到期日超過評價基準日、應收保費或其他應收款超過入帳日、應收收益超過契約收款日等達 3 個月以上；應收票據到期未兌現；應

攤回再保賠款與給付超過保險賠款與給付日、無足額擔保品之應收再保往來金額超過入帳日等達 6 個月以上，均屬於非認許資產。

3.除暫、預付稅款或購買不動產、電子資料處理設備與電腦軟體外，暫、預付款項屬於非認許資產。

4.無經濟效益或無法獨立使用之土地的鑑定價值低於投資成本部分屬於非認許資產。

5.不動產以外之固定資產屬於非認許資產。電子資料處理設備與電腦軟體扣除累計折舊及攤銷後之認許資產金額，不得超過保險業上 1 年度業主權益扣除兩者帳面價值、淨遞延所得稅資產以及淨正商譽後餘額之 3%。

6.遞延所得稅資產扣除遞延所得稅負債後之剩餘金額，不得超過保險業上 1 年度業主權益扣除電子資料處理設備與電腦軟體、淨遞延所得稅資產以及淨正商譽後餘額 10% 及未來 1 年內能實現之金額兩者較小者。

7.未提供適當抵押品之催收款、存出再保責任準備金超過再保險契約收款日之期限 6 個月，屬於非認許資產。

依據美國實施的 RBC 制度，保險公司的資本適足性達 200% 以上者，屬於合格的標準。在 150～199% 者，保險監理機關不會採取任何措施，但保險公司須呈送計畫書給監理機構，說明如何改善資本。一旦該比率落在 149% 以下者，保險監理機構將採取行動，如發布糾正命令、限制新業務發展、撤換經營團隊等。

金融當局施行風險基礎資本制度，控管保險公司投資及經營績效，將對保險業產生下列衝擊：

1.重視資產負債管理：風險資本制度規範各種資產之風險係數，除反映投資與信用風險外，具有引導公司重視投資策略，適當調整資產負債管理決策，健全處理財務能力。

2.強化及健全核保策略：風險資本制度針對保險業經營之險種釐定不同風險係數，隱含該險種之風險程度。為符合金融監理要求，保險業除採取調整投資組合外，並調整經營險種策略以達到金融監理標準。

3.促成產業合併：保險公司若無法達到最低資本適足性，除由資產面及負債

面調整營運策略外，亦可考量產業合併以達成符合資本適足性之金融監理標準。

習 題

◉ 選擇題

1. 有關原始存款與衍生存款的差異性，何者正確？ (a)前者因現金存入銀行而生，後者因銀行授信活動而生 (b)前者可充當法定準備，後者無法作為法定準備 (c)前者與貨幣供給無關，後者將增加貨幣供給 (d)兩者均屬活期存款性質。

2. 有關銀行資產負債表的敘述，何者錯誤？ (a)該表顯示銀行在固定時點的財務狀況 (b)屬於流量概念 (c)銀行資產組合代表其運用資金方式 (d)銀行負債組合將顯示其資金來源。

3. 依據法定準備率由低至高排列，銀行吸收的存款排序為： (a)定期存款、活期儲蓄存款、支票存款、活期存款 (b)定期存款、活期存款、活期儲蓄存款、支票存款 (c)定期存款、活期儲蓄存款、支票存款、通知存款 (d)定期存款、通知存款、活期存款、支票存款。

4. 為確保營運安全性，決定銀行股東權益占資產比例的關鍵因素為何？ (a)銀行存款與放款的比率 (b)銀行資產結構與其風險間的關係 (c)放款期限結構 (d)市場景氣狀況。

5. 海天企業向中信銀行借入 1,000 萬元，名義放款利率為 12%，中信銀行要求保留 20% 的資金在支票帳戶作為補償餘額。對海天企業來說，實際負擔的利率為？ (a) 9.6% (b) 12% (c)

14.4%　(d) 15%。

◉ 問答題

1. 假設臺灣金融體系處於銀根緊縮狀況。聚隆纖維向土地銀行申請廠房設備抵押放款 1,000 萬元，土銀授信條件包括聚隆纖維需在活期帳戶中維持放款金額的 20%。假設土銀給予的名義放款利率為 6%，活期存款帳戶利率為 0.5%，土銀提存活存的準備率為 10%，超額準備維持為零。試計算土銀承作該筆放款的有效放款利率為何？聚隆纖維實際負擔的借款利率為何？

2. 華南銀行從事投資活動時，將會受到何種限制？

3. 銀行吸收貨幣性存款與儲蓄性存款而用於授信，對體系造成的影響有何不同？

4. 國際清算銀行提高銀行資本適足性，將對銀行營運造成何種衝擊？

5. 中信銀行訂定儲蓄存款利率較活期存款利率為高，考慮因素為何？

6. 試評論：由於活存利率遠低於定存利率，銀行應該全力吸收活期存款，以降低利息支出。

第 *14* 章　銀行資產組合

　　傳統上，銀行係以受信與授信業務為營運核心，發行存款商品吸收資金，經由授信活動（創造銀行信用）而持有各種資產部位，此即屬於銀行活動 (banking activity) 範圍，亦是營運收入與獲利的主要來源。銀行採取放款與投資策略進行授信活動，兩者性質與運作方式截然不同。尤其是銀行投資活動選擇標的與投資額度需受金融法規嚴格限制，占銀行授信比例不高，是以放款部位遂成為銀行資產組合的核心。

　　本章首先探討銀行持有準備資產部位的原因、內涵以及如何決定持有最適準備部位。第二，將探討銀行授信活動類型，銀行進行信用評等的原因，以及銀行放款資產的分類。第三，將探討商業放款、資本放款、不動產金融與外匯放款等企業金融類型內容。接著，將說明消費金融與證券金融的類型。最後，將說明銀行如何安排最適放款組合，進而探討放款利率的訂價方式。

14.1.　銀行準備資產

14.1.1.　持有準備資產的原因

　　銀行收益來源包括銀行活動與非銀行活動的營業收入，前者完全反映在資產負債表的資產項目變化。銀行吸收存款資金，承諾存款者擁有隨時提款權利，是以當提款需求未獲滿足，銀行將立即面臨擠兌的信用緊縮危機。為降低銀行營運風險與維護金融環境穩定，央行要求銀行吸收存款與國內外負債資金時，依據每日餘額提存準備資產。除法令規定外，銀行持有準備資產部位，考慮因素包括：

　　1.保障存款者權益：銀行資金來源多數是大眾的儲蓄（債務融資），而資金運用將面臨高度風險（倒帳風險與信用風險），營運不善陷入虧損勢必損及存款者權益。是以金融當局要求銀行採取持有準備資產部位、維持資本適足性與參加存款保險等三種策略進行防護。

2.應付金融危機：在金融危機期間，銀行基於降低擠兌風險，採取擴大流動性資產部位作為防範。此外，銀行業出資成立銀行資金互助制度，紓解問題銀行因擠兌事件而陷入資產流動性不足的困境，問題銀行需提出優良債權作為擔保品，由中央存款保險公司代為保管（銀行法第 47 條）。

3.避免準備資產匱乏：當銀行面臨擠兌而導致流動性資產大幅流失時，採取的因應策略有二：

⑴在金融業拆款市場向其他金融廠商借入資金充當借入準備 (borrowed reserve, BR)。

⑵向央行申請短期融資：①重貼現 (rediscount)：銀行持央行核准票據，前往央行業務局的貼現窗口 (discount window) 請求 180 天以內的重貼現放款，支付重貼現率的資金成本。②短期融通：銀行基於甲戶準備帳戶向央行申請 10 天以內的短期融通，額度不能超過每月應提準備的 35%。不過銀行出現連續二旬準備不足時，銀行須支付短期融通利率 1.5 倍的懲罰利率 (penalty rate)。③擔保融通：銀行利用央行認定的合格票據，包括乙戶準備金、商業本票、銀行承兌匯票、國庫券、公債等，向央行申請 360 天以內的重貼現放款、短期融通與擔保融通等三種類型融資。

14.1.2. 準備資產類型

銀行吸收存款後，保有初級準備 (primary reserve) 內容，限制為轉存央行的活期存款、窖藏現金 (vault cash) 與銀行同業往來等現金資產 (cash asset) 型態，持有部位將取決下列因素：

1.存款結構：銀行依存款類型提存法定準備轉存央行，並分成甲、乙兩帳戶。其中的四成法定準備存在甲戶，相當於無息活存可自由動用，六成存入乙戶由央行付息而不能動用，央行於每年 6 月 21 日與 12 月 21 日將乙戶準備金的利息撥入銀行在央行的帳戶。至於存款準備計息係有歷史淵源，銀行在 1975 年以前須提存付現準備與保證準備，後者可用公債抵充而有公債利息收入，故在改制為存款準備後，央行為彌補銀行損失，遂就乙帳部分計息。

2. 差別準備制度 (differential reserve system)：央行評估金融環境變化及銀行坐落位置後，針對銀行在既定日期起新增的存款或金融負債，訂定額外準備比率，此即差別準備制度（中央銀行法第 23 條）。舉例來說，央行自 2000 年 12 月 8 日起首度要求銀行收受外匯活期、定存新增部分（包含到期續存），應以原幣提存 5% 的準備無息轉存央行，但不包括國際金融業務分行 (OBU) 在內。外匯存款過去並未納入提存準備的範圍，央行曾於 1990 年 6 月與 1993 年 6 月兩度採取要求銀行就新增的外匯活存與定存部分轉存央行措施，以穩定外匯市場交易秩序。

3. 季節性因素：資金需求將隨景氣循環呈現循環性變化，銀行須評估金融環境變遷，隨時調整持有準備資產部位。

　　銀行提存法定準備方式有二：①即期準備會計制度 (contemporary reserve accounting system)：銀行提存準備期間與計算準備基期一致，吸收存款餘額變化即時影響提存法定準備數量，市場利率將能透過存款變動而影響法定準備。②落差準備會計制度 (lagged reserve accounting system)：央行於 1995 年 11 月起將每旬提存法定準備改為每月提存，銀行每日計算當日準備變化，但無需提足法定水準，只要在每月 3 日的最後期限，提存準備總額能補足應提的法定額度即可。

　　除持有初級準備部位外，銀行考慮面臨類似亞洲金融危機衝擊的狀況，安排資產組合將持有貨幣市場工具，此係屬於保護性投資 (protective investment) 的一環，銀行理論稱為次級準備。隨著財政部在 1993 年首先開放銀行承做票券經紀、自營業務，接續再核准承作承銷、簽證業務後，銀行轉變持有次級準備的消極概念而積極投資票券，並投入承作票券業務。在營運期間內，銀行持有實際準備部位相當於初級準備，依用途分成法定 (RR) 與超額準備 (ER) 兩部分：

$$R^a = RR + ER$$

　　再就實際準備來源觀察，銀行維持準備資產流動性的方法有二：①資產流動性：在金融環境穩定下，銀行預期存款出現變異的可能性不大，吸收存款提存準備屬於可以掌控的流動性資產，此即非借入準備 (unborrowed reserve,

UR)。②負債流動性：銀行向央行或金融業拆款市場借得資金，此種透過舉債取得的流動性資產無法充分掌控，係屬於借入準備 (BR) 範圍。從來源面看，銀行持有實際準備部位可表為：

$$R^a = UR + BR$$

我們再定義自由準備 (free reserve, FR) 為銀行可以自由運用的資金，亦即吸收各種資金來源扣除提存準備後的剩餘資金（超額準備），可全部投入授信活動。不過超額準備來源可能係銀行借入資金充當準備，該部分資金屬於短期或具政策融資（如：重貼現放款）性質，不適宜支援長期授信活動。

$$FR = ER - BR$$

有鑑於此，銀行評估資金部位是否寬鬆時，自由準備資產變化將是密切觀察的指標。在景氣繁榮期間，銀行傾向降低自由準備（出售票券）部位換取資金以擴大授信，央行若欲控制銀行業的自由準備部位，可對銀行縮減融資而迫使利率上升。當銀行持有自由準備部位下降，意味著銀根邁向緊縮；反之，自由準備部位遞增將是顯示銀根趨於寬鬆。

最後，央行為提升銀行資產流動性，要求銀行針對吸收的存款總額，依法定比例 7% 提存流動準備，銀行可用超額準備、國庫券、可轉讓定存單、銀行互拆借差、銀行承兌匯票、公債等經央行核定的證券或流動資產持有流動準備部位。此外，央行針對銀行的各種負債訂定應提列的最低流動準備比例，促使具有高度安全性與變現性的公債成為銀行選擇作為流動準備的主要標的。

*14.1.3. 最適超額準備部位的決定

銀行持有準備部位包括法定與超額準備，前者取決於央行規定與銀行吸收的存款結構與數量，後者則是銀行最適選擇的結果。一般而言，銀行資產負債表經常出現活期存款與交易帳戶的鉅額短期負債，存款者擁有隨時提取現金的權利。實務上，銀行評估扣除每天資金外流後的活存餘額，在每日基礎上形成相對穩定的長期資金來源，構成銀行核心存款 (core deposits)。銀行每日面對營運支出、存款流失與承諾的放款資金外流，將被新增存款、銀行從事資產負債表內及表外交易活動產生的收益等現金流入抵銷，基於長期累積經驗，將能

預測正常營運日內的淨存款流失機率分配。

　　在營運期間初期，銀行持有自由準備部位 F_0 包括超額準備（現金資產）E_0 與票券 S_0 兩種資產，直迄營運期間結束仍持有超額準備部位 E_1：

$$F_0 = S_0 + E_0$$
$$E_1 = E_0 + N + Q \geq 0$$

　　銀行評估存款者的行為模式後，假設淨存款流失量 N 呈現常態機率分配。Q 是銀行在營運期間處分票券數量，$Q \prec 0$ 代表買進票券以取代現金資產的超額準備，$Q \succ 0$ 反映出售票券以增加持有現金資產的超額準備部位。

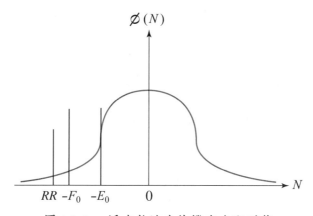

圖 14–1　淨存款流失的機率分配型態

　　圖 14–1 係銀行面對的淨存款流失機率分配 $\phi(N)$，反映銀行無法吸收足夠資金（包括營運收入的現金流入）以抵消提款（包括營運支出的現金流出）的資金流失。面對資金流失風險，銀行將採取負債管理與準備資產管理兩種策略應對。傳統上，銀行依賴前者為最原始的調整機能，不過大型銀行傾向採取透過金融市場緊急融通的負債管理策略，用於紓解流動性匱乏的風險。

　　為求簡化分析，風險中立銀行僅是評估安排自由準備的組合內容，以追求預期利潤最大。在未考慮實質投入成本下，銀行考慮的成本僅有設算存款流失引發預期準備匱乏的損失。在營運期間結束時，銀行面臨情況包括：① $E_0 + N > 0$：銀行面臨淨存款流失 $(N \prec 0)$，但期末超額準備部位仍維持正值，將無須出售票券 $(Q = 0)$ 與負擔損失。② $E_0 + N < 0$：銀行面臨淨存款大量流失 $(N$

$\prec 0$)，期末超額準備部位轉為負值，必須出售票券 $[Q \geq E_0 + N]$ 換取現金，以維持期末超額準備部位為正值 $E_1 \geq 0$。在此，銀行只要預估淨存款流失超過期初超額準備部位 $(N < -E_0)$ 時，即需出售票券 $S_0 = F_0 - E_0$ 換取流動性，並且支付固定成本 G 與比例成本 b，預期損失將是：

$$G \int_{-F_0}^{-E_0} \phi(N)\mathrm{d}N - b \int_{-F_0}^{-E_0} (-E_0 - N) \phi(N)\mathrm{d}N$$

在營運期間，銀行預期利潤可表為：（r_s 是票券報酬率，r_d 是存款利率，D_0 是預期存款數量）

$$Max \quad E(\tilde{\pi}) = r_s S_0 - G \int_{-F_0}^{-E_0} \phi(N)\mathrm{d}N - b \int_{-F_0}^{-E_0} (-E_0 - N) \phi(N)\mathrm{d}N - r_d D_0$$

考慮銀行期初持有自由資產部位 F_0 後，對 E_0 偏微分：

$$\frac{\partial E(\tilde{\pi})}{\partial E_0} = -r_s + G \cdot \phi'(-E_0) + b \int_{-F_0}^{-E_0} \phi(N)\mathrm{d}N \leq 0$$

銀行期初保有超額準備部位 $E_0 \geq 0$，當上式小於 0 時，$E_0 = 0$（角解）。就上式移項，可得銀行持有最適超額準備部位的條件如下：

$$r_s \geq G \cdot \phi'(-E_0) + b \int_{-F_0}^{-E_0} \phi(N)\mathrm{d}N \leq 0$$

上式涵義為：銀行擴大持有超額準備部位損失的收益 r_s，必須等於持有超額準備部位不足所設算之預期損失。當銀行期初持有超額準備部位為正值時，超額準備需求 E_0^* 將是 r_s、G、b 與 $\phi(N)$ 機率分配的函數，而 $\phi(N)$ 函數若用 (μ, σ) 參數表示：

$$E_0^* = Max \ [f(r_s, \ G, \ b, \ \mu, \ \sigma), 0]$$
$$(-)(+)(+)(-)(-)$$

μ 與 σ 分別是淨存款流失機率分配的平均數與變異數。銀行持有超額準備呈現拗折需求曲線形狀，當票券報酬率高於 r_s^* 時，銀行持有超額準備部位為零。一旦該報酬率低於臨界值 r_s^* 時，銀行預擬持有超額準備部位將迅速遞增。

▲ 14.2.　銀行授信活動

14.2.1.　授信活動類型

銀行吸收資金扣除持有準備部位後，剩餘資金將以放款與投資型態從事授信活動。放款係銀行運用資金的核心與營運收益的主要來源，係指與顧客約定期限而於到期收回本息，或在約定期間分期收回本息。投資則為銀行從事證券交易獲取資本利得。放款與投資同屬銀行的生息資產，投資業務可採取主動，隨時在公開市場拋售變現，放款業務居於被動，未到期無法收回本息。

銀行授信活動包括辦理放款、透支、貼現、保證、承兌及經指定的業務，依表 14-1 所示分成兩類：①直接授信：銀行直接將資金貸與赤字單位，賺取存放款利率差距。該類授信分為短期融資與中長期融資，前者包括票據貼現、短期周轉金放款與透支三類。②間接授信：銀行提供本身信用給赤字單位，提升後者的信用評等而能獲得融資，如：票據承兌與保證。

表 14-1　銀行授信活動類型

接著，銀行授信對象包括自然人與法人兩類，兩者差異如下：

1. 授信型態：銀行對自然人授信以直接授信為主，主要方式包括放款（消費金融）與透支為主。對法人授信則是兼具直接授信與間接授信兩類，包括放款（企業金融）、透支、票貼、保證與承兌等。

2. 資金用途：自然人向銀行融資主要用於購置耐久財與投資理財，通常歸類為消費金融。法人向銀行融資，主要用於短期周轉或購置機器廠房設備，通常

歸類為企業金融。

3.償債來源：自然人係以未來的預期所得或處分資產作為償債來源。法人則以未來營運收入、處分資產、資產折舊或採取現金增資等方式作為償債來源。

4.徵信評等：銀行對自然人徵信重點在個人財富、信用狀況、預期所得來源與保證人的財務狀況等。對法人徵信範圍較為廣泛，重點在廠商基本營運狀況與產業前景、財務狀況與現金流量分析等。

14.2.2. 信用評等

信用評等是對廠商償債能力進行評比，包括兩部分：①發行機構信用評等：對證券發行人償債能力（基本信用情況）之當前意見，主要評估是否有具有準時履行財務承諾之能力及意願。②債務發行評等：對特定債務而言，評估債務人依約清償本息能力，以及對債務提供保障性，是以次順位債務 (junior debt) 評等較發行人信用評等為低，擁有良好擔保品的債務評等將高於發行人信用評等。信用評等提供發行單位（借款人）、投資人與金融廠商的好處如下：

㈠針對發行單位（借款人）

1.擴大籌資彈性：信用評等擴大廠商取得資金來源管道，提升籌資彈性。

2.降低融資成本：信用評等提供獨立可靠的評估資訊，協助廠商規劃融資策略及金融廠商決定授信政策的參考。對借款人而言，具有信用評等公司發行公司債或商業本票將可減少提供擔保品，降低擔保成本與資金成本。

3.穩定籌資來源：證券發行人及投資人藉由信用評等，清楚掌握廠商債信變化狀況。縱使廠商面臨意外衝擊時，藉由評等機構精確評估，揭露對財務狀況影響程度，將使投資人避免陷入恐慌，從而穩定債權人信心。

4.評估相對人 (counterparty) 的風險：相對人泛指除投資人外，所有與借款人信用風險有關者，如：借款者的保險公司及保險受益人、租賃提供人、上下游相關業者等。信用評等經常被銀行和金融廠商引用作為審核交易性融資、換匯協議、貨幣市場交易、保險以及不動產租賃等項目，以及其他相對人風險的狀況。

㈡針對投資人

1.信用風險指標：人們檢視廠商評等結果，將可迅速客觀評估廠商風險是否適合所需。

2.風險溢酬評估：信用評等提供人們衡量預期收益水準，判定風險溢酬的合理性。

3.資產組合監視：信用評等提供基金經理人、資產受託人及資金擁有者效率的監視系統。債信升等或降級的評等公告將反映於資產組合必須調整的可能性。

㈢針對金融廠商

1.協助資產訂價與承銷：信用評等將協助投資銀行、綜合證券公司或票券公司從事債券、票券發行之規劃、訂價或承銷。

2.市場行銷：信用評等有助於投資銀行或綜合證券公司向投資人銷售新金融商品，降低金融商品或發行人信用品質的不確定性。

3.監控相對人的風險：信用評等有助於金融市場中介機構監控其受委託買賣或自營所承擔的風險。

信用評等不僅提升債券承銷競爭力與談判地位，並協助人們擬定投資決策。無論是大型投資機構，如：銀行、保險公司與投信公司，或個別投資人皆可運用信用評等評估資產組合，尤其是前者通常禁止投資未經評等或低於某等級的債券。

銀行授信的最大風險來源為倒帳風險，是以通常運用統計方法訂定借款者信用評等表及步驟，針對各項屬性評分，以得分高低顯現借款者信用狀況，作為授信與否與訂定利率的標準。信用評等將對銀行業發揮下列效果：

1.徵信具體化：銀行透過金融聯合徵信中心與票據交換所取得債信資料，評估廠商營運績效，據此訂定授信準則要件。前者提供銀行授信、廠商財務與大額退票等資訊，係查詢債信的主要來源。後者擁有支票存款戶的精確資料，係提供退票、註銷、拒往戶資料等票信資訊的債信機構。

2.審核授信依據：銀行依據信用評等結果，訂定放款優先次序及利率減碼程度。

3.決定信用額度：銀行基於信用評等結果作為調整信用額度的標準。銀行評

估廠商還款財源時，除考慮廠商盈餘外，尚需考慮提列的折舊準備，透過有效掌握廠商營運績效，進而決定放款額度。

4.訂定放款利率：銀行業依據基本利率訂定放款利率。不過短期利率波動較大，基本利率呈現相對僵化現象，是以銀行業改採短期、中長期放款利率雙軌制，短期放款利率隨貨幣政策與短期資金情況機動調整，適用於短期企業金融；中長期放款利率則依中長期資金成本核定，適用於中長期企業金融、消費金融與購屋放款等。

5.強化廠商財務管理：銀行實施信用評等，促使廠商須提供正確報表，有助於廠商建立完善健全的會計制度，提升經營績效及內控能力。

實務上，銀行評估廠商信用等級，係在評估借款者性質（包括財務與非財務）與預期倒帳機率間的關係，由過去盛行的 3C 是品性 (character)、能力 (capacity)、資本 (capital)，加上擔保品 (collateral) 成為 4C，再考慮企業狀況 (condition of business) 則為 5C。銀行亦可採取考慮個人因素、財務因素、經濟因素的 3F，附加組織因素而成 4F。銀行目前盛行採取 5F 或稱 5P 的評估標準，針對個人 (personal)、目的 (purpose)、還款 (payment)、保障 (protection) 與展望 (perspective) 等因素評估：

1.個人因素：評估借款人狀況，包括信用狀況（有無違約背信記錄）、收入或獲利能力、與銀行往來狀況（廠商存款、貸款及外匯實績），另外還包括與其經濟關係密切的配偶、家屬等。

2.目的因素：放款用途將影響銀行債權的安全性，借款者融資用途涵蓋購置資產、清償債務與歸還股東墊款；前者具有提升生產力之積極效果，後兩者提升銀行授信風險，勢必降低承作意願。

3.還款來源因素：評估廠商還款來源與時機，內容涵蓋：①分析廠商財務、業務現況及營運資料；②評估廠商財務預測及募集資金方式；③洽商還款時機，避免廠商捉襟見肘。一般而言，自償性放款之票據融資以應收客票為清償來源；臨時性與季節性周轉資金放款以銷貨收入為清償來源；經常性周轉資金放款以現金收支結餘為清償財源；資本性放款以現金流量為清償來源。

4.債權保障因素：銀行放款的安全保障來自於還款來源與債權確保，亦即包

含內部與外部兩類保障。前者屬於廠商與銀行間的關係，如：廠商提供擔保品完整性、可靠性及變現性，查詢有無重複抵押或設定他項權利等。後者係指廠商提供的保證人須財力穩厚，銀行才允許其擔負保證責任。

5.借款者展望因素：銀行授信風險包括資金凍結與喪失其他機會，利益則為扣除放款成本後之淨利息收入，以及由放款引申的其他業務往來收益，是以銀行需評估借款人發展前景作為核貸參考，而擔保品未來價值亦是評估焦點。

　　資本累積與大規模化係金融廠商健全發展的重要關鍵，理論上，為避免發生虛盈實虧情況，銀行應視實際狀況提存足夠的備抵呆帳準備，正確反映資產品質。當銀行授信發生倒帳後，將循下列程序轉列呆帳：放款本金超逾清償期限 3 個月以上而未辦理轉期或清償者，以及中長期放款逾 6 個月以上未按期攤還本息者，即屬於逾期未還餘額。若再經 6 個月仍未清償即列為催收款，再經 2 年期間仍未收回者，經由銀行董事會議與通知監察人的程序後，才能將逾期放款及催收款扣除收回部分後的餘額轉銷為呆帳。同時，財政部規定銀行持股超過 50% 的關係企業，除自用房地產外，不得購買銀行承受的不動產抵押品，而且交易價格資訊必須公開。

14.2.3.　放款資產類型

　　銀行授信以放款（間接金融）與證券投資（直接金融）兩種型態為主，前者居於絕大多數而為營運核心。一般而言，銀行放款資產分類如下：

㈠放款型態

　　銀行放款型態包括：①放款、貼現與透支：放款係指銀行依面值買入放款契約，並於固定期間內收取本息。貼現是銀行依面值預扣利息買入票據，到期收回票據面值。透支是銀行與顧客簽訂契約，允許客戶就其存款帳戶在額度內超額使用，歸還日期雖由客戶自定，但仍有最終期限，通常屬於消費金融的一環。②特定交易的放款與放款承諾：前者係指銀行針對廠商從事實質交易活動產生的票據，授予短期周轉性商業放款。後者係銀行針對廠商的長期資本性資金需求授予信用額度，廠商在額度內隨時動用，如：票券發行融資及循環性信用融資。

㈡放款期限

1.定期放款 (time loan)：銀行放款契約訂有固定償還期限。

2.活期放款 (demand loan)：放款期限可由借款者自行決定，不過每一固定期限後仍需進行換約，如：透支與循環性信用融資。

3.通知放款 (call loan)：放款期限由銀行自行決定，如：證券抵押放款。

㈢放款條件

銀行信用與勞動屬於性質特殊的商品，兩者偏向使用權（租賃）的交易而非所有權的買賣，在交易過程中，價格與非價格條件同等重要，後者有時更重於前者。銀行信用的非價格條件包括抵押品、保證人、放款期限與還款條件，依抵押品與保證人有無可分為兩種：①信用放款：銀行依據借款人信用評等放款，未要求提供抵押品或保證人。隨著消費金融市場成長迅速，銀行透過金融聯合徵信中心查詢消費者的信用資料，評估消費者的信用等級，作為是否核貸小額信用放款的首要條件。為求降低倒帳風險，銀行與產險公司合作，消費者須支付借款利率與依放款金額支付信用保險費。一旦發生倒帳，銀行催收無效後，將逾放案轉交保險公司催收。若是無法獲得清償，將由產險公司理賠。②抵押放款 (mortgage loan)：借款人須提供抵押品或保證人方能取得融資。

㈣放款用途

依放款的資金用途區分，包括商業放款、資本放款、消費放款、證券放款、不動產放款與國外放款等類型。

㈤放款對象

銀行授信對象包括自然人（消費者）與法人（廠商與政府部門），是以放款分成兩種：①企業金融：廠商申貸的放款通常屬於批發業務性質，如：聯合貸款。商業放款、資本放款與國外放款屬於企業金融的一環，證券放款與不動產放款則需視借款者身分而定。②消費金融：消費者申貸的放款屬於零售業務性質，如：信用卡融資、消費性貸款等。

14.3. 企業金融

企業金融係指銀行對廠商授信，特質為每筆放款規模較大、面對的競爭性較高、承作成本較低。商業放款、資本放款與國外放款均屬企業金融範圍，不動產放款若由廠商申貸使用，將歸入企業金融的一環。

14.3.1. 商業放款

商業放款理論或實質票據學說係最早的銀行放款理論。銀行營運必須維持資產與負債的期限結構類似，方能避免發生流動性匱乏問題。商業銀行的負債結構係以吸收活期及短期存款為核心，從事授信活動應以具有實質商業交易行為之短期自償性票券（包括交易性商業本票與銀行承兌匯票）作擔保之商業放款為主。銀行從事自償性放款是基於維護資產安全性，融通廠商從事商品及勞務生產所需資金，此類放款具有自償性且符合實質票據學說要求。

再探討銀行貼現放款與短期周轉金型態的關係。當金融業資金呈現寬鬆時，貨幣市場及拆款市場利率節節滑落，將誘使廠商改採發行票券籌措資金。票券公司利用自有資金或向銀行拆款買入票券，獲取發行票券的保證費用，同時賺取初級與次級市場的買賣價差。銀行提供票券業拆款額度，成為後者調度資金及拆款的主要對象，並將拆款所獲資金購買票券，結果造成銀行面臨商業放款業務流失、放款利息收入銳減、增加購買票券競爭對手及投資票券利差縮小等營運壓力。面對票券市場強烈競爭，大型企業申貸短期周轉金（商業放款）呈現成長停滯現象，迫使銀行創新具有長期負債性質的票券發行融資 (NIF) 來鞏固短期融資市場。

廠商採取票券發行融資策略，由銀行團提供長期保證而屬於長期負債，將可改善長短期負債結構與提高流動比率。在提前還款方面，廠商與銀行團協議，使用 NIF 時可選擇是否發行票券以節省融資成本，享有最大的彈性設計。公開發行公司發行公司債需經證期局核准，同時受公司法設定的額度限制，依規定不能提前還款。至於廠商向銀行貸款後若欲提前還款，通常附帶懲罰性條款。

廠商採取票券發行融資策略，仍會面臨利率風險，是以銀行結合資本放款、票券及利率交換，提供廠商長期授信額度以固定利率發行票券募集資金，此即固定利率貨幣市場工具。國內係由瑞士聯合銀行、花旗銀行與荷蘭銀行等率先推出，相當於對廠商承作票券發行融資後，接續再承作利率交換鎖定利率風險，形成固定利率的票券發行融資。

銀行依據商業放款理論授信，放款成長性將受存款成長限制，尤其是面對直接金融競爭，業務出現停滯趨勢，實務上亦存在下列缺失：①銀行對實質票據貼現若未安排適當到期日結構，一旦遭逢擠兌仍將陷入流動性匱乏的困擾。②實質票據自償性在景氣繁榮期間方得落實，景氣反轉陷入蕭條，商業放款可能變為無法履行自償性。③廠商須與銀行建立良好銀行關係，方能獲得持續融資與特別服務。相對的，銀行為降低倒帳風險與徵信成本，需與廠商維持良好顧客關係。兩者水乳交融的結果，將使商業放款持續展期，無形中變成銀行資產中最缺乏流動性者。

14.3.2. 資本放款

商業銀行資金來源以活期存款為主，若要維持資產流動性，將避免從事中長期授信以凍結資金，不宜對廠商購買機器設備授信。隨著資本市場規模成長與融資商品多元化，大型廠商逐漸改採直接金融募集資金，造成銀行在融資市場占有率逐漸下降。面對直接金融競爭，銀行授信對象逐漸轉向中長期放款，轉變原因如下：

1.成立儲蓄部：商業銀行設立儲蓄部與信託部吸收中長期資金，需具有獨立資本額、營運方式與會計處理方式，然後用於中長期授信。隨著銀行持有中長期資金來源比例遞增，促使存款結構改變後，將有能力支援較長期限的授信活動，陷入流動性匱乏困境的可能性大為下降。

2.新理論興起：隨著金融市場規模擴大，廠商發行債務憑證募集資金，透過金融市場流通賦予債務憑證高度流動性。Suviranta (1963) 提出資產可移轉理論 (asset shiftability theory)，認為只要赤字單位的借款憑證具有高流動性，銀行可將部分資金投資該類資產，理由是：當銀行面臨緊急資金需求時，可透過

公開市場出售資產，迅速取得所需的流動性。隨著資產證券化活動自 1980 年代興起，銀行包裝各類放款而發行放款憑證出售，紓緩資產與負債期限不一致的流動性匱乏問題。隨著銀行出售放款資產後，傳統的間接金融角色將轉變為扮演提供直接金融服務的金融中介角色。

另外，預期所得理論 (anticipated income theory) 建議銀行授信應評估借款者的未來清償能力及還款來源，只要在放款期間有穩定的預期所得來源可供清償，銀行授信依然具有保障。尤其是計畫性融資或契約融資係指借款者僅需以投資計畫的資產及收益作為抵押即可，無需再提供額外的抵押品及保證人，清償來源為投資計畫未來產生的收益，銀行對股東不具債務追索權。是以銀行必須借重會計師、律師或專家提供意見或評估，著名的英法海底隧道即是由多達 200 家銀行組成的銀行團提供計畫性融資，而國內積極推動民營電廠、公共建設 BOT (興建、營運、移轉) 等大型投資案均需要計畫性融資，經建會在 1997 年 12 月通過長生電力公司投資海湖發電廠投資計畫，可視為由交通銀行負責的計畫性融資首例。

3. 階梯效果 (ladder effect)：銀行從事商業放款 (以貼現放款為主)，到期才能收回本金，容易陷入流動性匱乏的困境。反觀廠商申請資本放款必須分期攤還本息，活期帳戶中需要保留交易餘額與補償餘額，銀行只要妥當安排還本付息日期，透過正常攤還本息與要求回存而時有現金流入，流動性匱乏問題將可稍獲紓解，此即資金管理的階梯效果。

接著，資本財融資係指銀行對資本財 (如：機械、自動化設備) 交易授信，性質迥異於資本放款。由於機械設備交易金額龐大，買方通常無法一次支付貨款，促使完成交易的困難度大增。為解決該項問題，賣方採取提供商業信用的策略，由買方以分期方式清償貨款，但將衍生下列問題：①出售機器設備的貨款變成應收帳款，必須承擔倒帳風險；②賣方扮演放款角色，將需承擔積壓資金的壓力。國內工具機廠兼具生產、銷售與融資三種角色，開辦分期付款業務致使應收帳款餘額上升，勢必影響廠商獲利能力與擴大財務風險。是以台中精機與台灣麗偉兩家生產工具機的公司曾與花旗銀行簽約，前者提供附買回保證條件，銀行各提供 1,000 萬美元額度給客戶買主運用。花旗銀行開辦該業務並

無處理抵押品困擾，在附買回保證條件下的倒帳風險較低。

　　銀行對單一客戶授信具有額度限制，當廠商面臨大額資金需求時，需由一家或數家銀行主辦進行聯合貸款，主辦銀行收取主辦費用，負責契約擬定、評估廠商投資計畫等，作為其他銀行參貸的誘因。聯貸可配合廠商現金流量，調整還本付息期間與金額，屬於量身訂做的融資商品。隨著直接金融盛行，廠商改採現金增資或發行可轉換公司債募集資金，以間接金融為主的聯貸市場面臨強大競爭，遂結合直接金融而成為大型聯貸新型態。廠商除依市場利率發行聯貸的 NIF 募集資金外，並在國際金融市場發行浮動利率債券 (FRN)，募集外幣資金滿足中長期資金需求。舉例來說，台聚與聯成公司在 1996 年收購華塑、亞聚與台達化學等 3 家公司，原本規劃向花旗銀行聯貸籌措收購資金，但在評估市場利率走低下，改採票券發行融資 (NIF) 取代。

　　銀行從事資本放款係採浮動利率計價，同時面臨來自直接金融與壽險業的競爭。廠商透過銀行保證，轉向壽險業申請固定利率的中長期企業金融，部分取代資本放款和發行公司債。廠商為取得固定利率資金來源，轉而採取發行公司債，但受限於公司法與證券交易法，舉債成本未必低於向壽險公司融資。保戶購買壽險，壽險公司將支付約定的保單利率，故在資金成本固定下，壽險業將可承作固定利率的資本放款。根據保險法第 146 條從事授信活動，保險業須以銀行保證、不動產抵押、合格有價證券質押及以壽險保單質借的放款等業務為限。為因應市場利率波動，壽險業通常半年檢討一次調整放款利率。

　　隨著廠商營運邁向國際化後，資金調度與風險管理愈形重要，外商銀行引進浮動利率債券 (FRN)、票券發行融資 (NIF) 與聯合貸款遂成為大型廠商融資的熱門方式，對改善廠商財務結構與擴展銀行關係各有不同效果，三者比較列於表 14–2。在此，FRN 與 NIF 屬於廣義的聯合貸款，前者貸放形式是債券，後者形式則是商業本票或銀行承兌匯票。

14.3.3. 不動產金融

　　廣義的不動產金融泛指與不動產交易、融資、保險、信託與證券化有關的金融活動。銀行對不動產授信屬於不動產金融的核心，依申貸者與資金使用者

表 14–2　新型企業金融商品比較

金融商品 項　目	浮動利率債券 (FRN)	票券發行融資 (NIF)	聯合貸款
發行期間	3～5 年中長期融資	3～5 年中長期融資	5～7 年長期融資
融資往來關係	可擴及國內外銀行、證券公司等機構投資人	可擴及非往來銀行	可擴及非往來銀行
財務比例限制	較鬆	較嚴	較嚴
適合發行廠商	中大型且有明確投資擴廠計畫之廠商	已發行票券的廠商	中大型且有明確投資擴廠計畫之廠商
利基點	提高國際知名度	提高流動比例改善財務結構	擴展銀行往來關係

資料來源：各外商銀行

的性質，分別歸屬於企業金融與消費金融範圍，而放款類型有兩種：

1. 住宅抵押放款：消費者提供住宅作為擔保品向銀行借款，包括購屋貸款與理財型房屋抵押放款，屬於消費金融的一環。依據〈購屋儲蓄放款實施要點〉，消費者在銀行開立購屋儲蓄存款帳戶超過 6 個月，可向銀行申貸 6 個月存款平均餘額 10 倍的貸款（上限 600 萬元），實際額度以購置自用住宅的抵押值為上限。房地產交易將對經濟活動發揮連鎖效果 (linkage effect)，是以央行經常採取房地產信用管制 (mortgage credit or real estate control)。此外，有關住宅抵押放款的政策金融包括內政部的「輔助人民貸款自購住宅」、勞委會的「輔助勞工建購住宅貸款」、人事行政局的「公教人員購置住宅貸款」及國防部的「國軍官兵購置住宅貸款」，刺激購屋需求以紓解房地產不景氣。

2. 建築融資放款：建築業從事生產房屋活動，以土地向銀行申請建築融資與土地融資（購地貸款），屬於企業金融的一環。

　　銀行從事不動產授信活動期限不得超過 20 年、放款總額不得超過當時存款總額與金融債券發行額之和的 20%（銀行法第 38 條與第 84 條），基於還款設計可分為四類：①到期還本型：借款者於放款期間僅繳納利息，到期一次清償貸款金額。②等額攤還型 (constant amortization mortgage, CAM)：借款者將貸款總額平均分攤至各個還款期攤還。③定額付款型 (constant payment mortgage, CPM)：借款者在每期還款金額不變，包含應付利息及本金攤還兩部分。④漸增付款型 (gradual payment mortgage, GPM)：借款者與銀行協議於開始的某一期間僅歸還少數金額（可能低於應付利息），稍後的期間內（3～5 年內）逐期按一定比例或金額增加還款金額，直迄渡過該段期間後，再改採等額攤還或定額付款方式償還貸款。該類放款可能產生負攤還 (negative amortization) 情形，是以國內銀行尚未採行。

　　傳統的不動產放款係按期攤還本息，借款者清償的本金無法再借出使用。隨著投資理財活動盛行，銀行在 1997 年創新理財型、循環使用型或回復型不動產抵押放款，促使理財型房貸逐漸取代傳統房貸。在授信額度內，借款者隨時循環動用，尤其是使用透支額度才計息的特點，提供人們擴張信用操作的資金來源，大幅提升資金運用彈性。理財型房貸商品類型包括：①周轉性房貸：消費者將房屋質押給銀行取得循環額度，透過金融卡隨時提領使用，動用資金才按日計算利息。②綜合性房貸：銀行提供中長期購屋資金與周轉金，消費者動用時才計息。舉例而言：張無忌的房屋抵押價值 500 萬元，目前資金需求僅為 300 萬元，剩下 200 萬元可設定為透支額度。張無忌僅須就 300 萬元房貸部分按月攤還本息，200 萬元透支額度在動用時才按日計息。③回復性貸款：銀行將房貸資金撥入放借款人帳戶，爾後清償房貸本金部分則轉為透支額度。舉例而言，張三豐向第一銀行申貸 300 萬元，清償本金 50 萬元即轉為透支額度，一旦面臨緊急資金需求時，可直接用金融卡提領。有關兩者的比較將列於表 14-3。

　　不動產抵押放款是由銀行依房地產價值授信，借款者每月攤還本息，期限屆滿清償本息。銀行擷取年金保險概念創新年金放款，銀髮族將房屋抵押給銀行，銀行每月支付固定金額，直迄銀髮族過世為止，屆時再由銀行處理房屋抵充債務。一般來說，消費者運用房屋抵押放款作為購屋資金來源，銀行雖然擁有足夠擔保品，但因房屋抵押放款屬於中長期信用，一旦消費者發生意外或因景氣循環而失業時，將因喪失所得來源無法清償，銀行勢必面臨倒帳風險。基於降低借貸雙方風險，銀行授信除要求消費者投保火險外，有時要求投保房貸型壽險。銀行和壽險公司推動策略聯盟，結合房貸及保險業務，創新房貸型壽

表 14–3　傳統型與理財型房屋抵押放款的比較

類　型　　　　　性　質	傳統型	理財型
1.放款額度使用方式	已經攤還的本金無法再使用。	在放款額度內循環性使用。
2.利　　率	適用一般房屋放款利率。	原房屋放款部分的利率類似傳統型房貸，循環性房貸部分的利率較一般房貸高出 1% 左右。
3.資金運用彈性	面臨新資金需求，須向銀行重新申請。	透過金融卡隨時提領使用。
4.資金調度效率	重新申請借款需時 7～10 天，無法配合緊急資金需求。	在額度內隨時取用無須申請。
5.附加成本	重新申請需再繳納相關規費與手續費。	透支額度適用利率較一般房貸高 1% 左右。

險商品，成為不動產金融市場發展趨勢。

　　舉例來說，富邦銀行於 1996 年推出「借房貸送保險理財家專案」，銀行支付保費贈送房貸客戶 300 萬元以內的團體壽險或傷害險，該行作為第一受償人，萬一客戶發生意外事故，銀行優先由保險給付中取回債權，家屬保住房子。消費者亦可追加保險金額，一旦發生意外事故，該部分由受益人受償。此後，降低借款人風險的房貸附加保險商品紛紛出爐，大安（與台新銀行合併）、玉山、花旗、富邦銀行推出相關的套裝金融商品，客戶發生意外而造成家庭經濟變化時，借款人仍可保有房屋，享有「住」的安全權益。

　　銀行從事不動產授信面臨倒帳，自承受不動產抵押品當日起，須提列擔保品 30% 的備抵呆帳，第 1 年及第 2 年再分別提列 30% 及 40% 的備抵呆帳。實務上，銀行承受不動產抵押品通常列為資產項目，從而隱藏實際虧損情況。為降低該項做法的後遺症，金融當局強制銀行積極處置不動產抵押品，充分反映實際資產品質。不過房地產市場不景氣造成銀行不易處理不動產抵押品，遂改採成立建築經理公司作為承作建築融資的避險工具，理由是：①協助處分建築融資擔保品，降低銀行為確保債權而急於透過法院拍賣所造成的帳面損失。②透過建築經理公司協助處理金額龐大建築融資的逾期放款案，有助於降低銀行逾放金額。

最後，央行經常針對房地產建築業的融資進行數量與放款條件管制，此即不動產信用管制，採取管制的理由是：銀行增加不動產信用融資，不但擴張貨幣數量及移轉資源至營建業，而且營建業所得成長容易擴散為對其他商品及勞務需求。此種情勢平常容易獲利，但面臨通貨膨脹或緊縮之際，則有加深景氣循環波動疑慮。值得注意者：不動產信用屬於長期信用且富於高利率彈性，利率變動影響各期償還本息金額至鉅，央行只要依循傳統利率政策或足以影響利率的貨幣政策進行管制即可奏效。

14.3.4. 外匯放款

外匯放款業務過去僅限於廠商在海外購置機器設備與原料時，可檢附交易憑證及進出口單據到銀行申請外匯融資。至於人們持有外匯存款，面對外幣需求時，依規定僅能質借臺幣再兌換成外幣。隨著金融自由化與國際化潮流盛行，央行開放人們持有外匯定存單可質借新臺幣或外幣，提升外匯存款戶融資的方便性，無須負擔匯兌成本。

央行為提供出口廠商購買生產所需原物料的臺幣資金周轉，於 1973 年開放外商銀行辦理出口外銷放款 (export promotion loan, EPL)，外匯指定銀行不能承作該項業務，每家外商銀行每週預售外匯金額以 600 萬美元為限，放款期限不得超過 180 天且不得循環使用，出口商需以出口結匯款扣抵償還。出口商申請該項放款須出具出口訂單，外商銀行確認其可用出口押匯或出口貨款匯入款作為還款來源後，才能進行融資，是以出口商償還時亦需出具押匯、提貨等相關單據。在資金調度下，出口外銷放款承作方式係由外銀拆入美元先於外匯市場出售，再將兌換的臺幣資金撥借出口廠商，銀行和借款人均以美元訂約後登帳。

央行規定銀行不得承作國內美元信用狀 (USANCE) 融資，不過廠商可憑出口單據向銀行申請出口前融資，支付國內的美元信用狀。廠商過去習慣以信用狀直接向外匯指定銀行申請外匯融資，出口前融資一向乏人問津。隨著央行禁止國內信用狀以外幣為支付工具，出口前融資業務逐漸受到廠商重視。出口前融資與出口外銷放款差異是：前者不可兌換成臺幣，後者須兌換成臺幣。除

銀行承作外幣放款外，央行為促進經濟發展，依據中央銀行外幣資金轉融通要點辦理外幣資金轉融通跨國投資。

　　跨國企業興起帶動外幣資金需求日益殷切，大型企業可在國際金融市場直接發行浮動利率債券、存託憑證與可轉換公司債募集外幣資金，中小型企業僅能向銀行借貸美元，利率通常以遠期美元信用狀為基準，再依信用評等等級往下減碼。

14.4.　消費金融

14.4.1.　消費金融產品類型

　　經濟發展刺激消費者偏好一次購足的套裝金融服務(要求人性化、百貨化、方便性與全天候服務)，誘使銀行積極創新消費金融商品。表 14-4 顯示銀行的消費金融特色與類型。消費金融市場除傳統存放款商品外，包括結合衍生性商品的結構式存款、信用卡循環性融資、汽車放款、購屋理財放款、結合保險的放款、無擔保小額信用放款、外幣指定用途海外基金、國際金融卡等金融商品紛紛出爐。此外，除由銀行提供消費金融商品外，非銀行的金融廠商亦積極參與競爭：①信用卡公司：提供消費者從事信用交易的循環性額度。②汽車融資公司：汽車製造商成立融資公司，自行開辦汽車融資業務。③融資公司：租賃業營運方式介於銀行業與非正式金融間，融資公司即是從事無擔保小額放款與分期付款業務。

　　消費金融是外商銀行的獲利來源，以存款外匯化、放款證券化與資產管理三種商品為主。其中，花旗銀行、富邦銀行、台新銀行競相推出國際金融卡，消費者開立新臺幣活存帳戶即可申請國際金融卡，持有該卡的正副卡可在全球各地的櫃員機提領外幣，無需支付手續費，匯率以當日銀行牌告匯率計算。在無擔保小額信用放款方面，消費者依資金調度情況選擇動用時機與金額，未動用部分則不計息，額度可循環使用。

　　外幣指定用途信託提供以外幣為交易貨幣的信託帳戶，投資人直接以外幣

表 14-4　消費金融特色與類型

特　色	消費金融產品類型
人性化	1. 資深客戶諮詢經理
	2. 櫃檯作業公司戶與個人戶分開
百貨化	1. 外幣指定用途海外共同基金
	2. 貸款結合保險
	3. 低利車貸
	4. 國際金融卡
	5. 無擔保小額信用貸款
方便性 （電話銀行）	1. 電話專人 24 小時服務
	2. 外幣轉帳
	3. 電話預約轉帳
	4. 電話跨行匯款轉帳
	5. 理財資訊（理財中心）
全天候服務 （自動櫃員機） （行動銀行）	1. 支票與現金存款
	2. 繳付貸款和帳單
	3. 查詢前十筆交易記錄
	4. 外幣存提款

投資或贖回海外基金，將可規避匯率風險。銀行結合放款與保險創新房屋放款或汽車放款商品，消費者透過壽險規避貸款期間的風險，具有保費逐年遞減與團體費率的特色。另外，汽車放款市場屬於消費金融的一環，參與者包括信託公司、外商銀行、車商及租賃公司等，利率隨廠商資金成本不同而存在議價空間，放款型態分為兩類：①金融廠商開辦消費者汽車放款，屬於外貸。②汽車商承作附條件買賣分期付款業務，俗稱內貸。內貸多數針對某一車型較不具普遍性，規模較大的車商一般採取內貸方式，如：福特公司由子公司福灣企業承作分期付款業務；裕隆公司和子公司裕融公司合作承作汽車放款等。內貸利率往往視車商的資金成本而定，如果車商信用評等和財務結構較佳，取得低利率融資，可能以低利率反映成本回饋消費者。

隨著投資理財活動盛行，投資理財與消費金融結合趨勢日益明顯，銀行創新結合放款與信託的金融商品成為消費金融市場主流。一般而言，消費者從事

投資活動需自備資金，為提升資金調度靈活性，銀行創新「放款轉投資」商品，消費者以不動產、股票或黃金為擔保品，銀行融通外幣資金到海外投資，規避事先取得臺幣資金再兌換外幣的匯率風險，並可與銀行議價取得較高放款成數及較低利率。在放款幣別的選擇上，銀行原則上以信託商品的計價幣別直接貸予外幣，如果投資人願意承擔匯率風險，銀行可貸放新臺幣再由其兌換為外幣進行投資，不過需支付信託手續費、放款利息及年管理費等費用。

　　銀行承作投資理財的消費金融時，將面臨其他金融廠商強烈競爭。在多頭市場中，人們向民間融資、標會、信用卡融資或向銀行申請小額信用放款來滿足資金需求，但需面臨還本、高利率或手續複雜等困擾。人們若持有壽險保單，只要繳足保費累積保單價值準備金後，可向壽險公司申請保單價值準備金或解約金範圍的 80%～90% 的保單放款，利息以臺銀、一銀、合庫及中央信託局等四家行庫月初牌告的 2 年期定期儲蓄存款平均利率外加 1% 計算，每月視利率變動情況機動調整。人們只要按期繳付保費與支付放款利息，保單效力將持續存在，而且壽險公司須按時支付四大行庫 2 年期定儲平均利率的保單紅利，實際利息負擔有限。人們運用保單放款取得短期資金，具有下列優點：①手續簡便：人們只要攜帶保單、印章、身分證至保險公司辦理，通常當天完成給付作業；②無還款壓力：人們按時繳付保費及放款利息，保持應有的保單價值準備金額度，何時償還本金均可；③放款期間權益保障不變，人們若在保單放款期間發生事故，保險公司仍應負理賠責任，但會從理賠金內扣回未清償的放款本息。

14.4.2.　證券金融

　　證券金融係指金融廠商針對資本市場投資人擴張信用操作時，給予融資與融券的金融服務。由於銀行僅能提供證券抵押放款，故由證券金融公司與綜合證券公司提供完整的證券金融商品，成為證券金融市場的核心參與者。證券金融的授信類型有二：

　　1.證券抵押放款：銀行針對公開發行公司股票，依淨值或市價的某一比例辦理抵押放款，人們需將股票質押給銀行。①以集保帳戶劃撥方式辦理證券質權

設定：人們透過集保公司帳簿劃撥與銀行電腦連線作業，設定質押股票取得循環信用額度。由於股價變異性大於一般資產，將存在維持率的問題。當股價下跌時，投資人須補提擔保品維持一定比率，否則價格跌幅過大將遭到斷頭清償貸款的結果。實務上，無不良信用記錄的投資人利用證券抵押放款僅需提供抵押品，取得資金不限用途，並以股票前 1 天收盤價與前 3 個月平均價孰低者作為計算授信金額的基礎。投資人出售質押股票，須先清償貸款解除設質，對短線投資人調度資金相當不便。②海外基金可作為抵押品向銀行融通淨值 60%～80% 的資金。債券或貨幣基金風險較低，可融通淨值的 80%，不過貨幣基金配息率通常低於質借利率，人們甚少以貨幣基金質借。股票基金淨值變異性較大，僅能融通 60% 資金。認股權證基金風險過高，銀行通常拒絕受理質借。銀行評估與核定基金的質借額度，採取該基金前 30 天平均淨值與借款前 1 天收盤價孰低為準。

2.信用交易融資：銀行兼營證券業務、綜合證券商與證券金融公司針對符合融資融券條件的上市與上櫃公司，提供人們擴張信用交易服務。證券抵押放款與股票融資的差異如下：①借款用途：前者不限，後者僅限於購買股票或基金。②開戶條件：前者不限制，後者須開立證券信用交易帳戶滿 6 個月且交易金額或財產證明達一定額度。③融資限制：前者係人們以自有資金買入股票再設定質押取得資金；後者係人們買進可融資融券的上市或上櫃股票，即由金融廠商給予融資。④出售持股：前者須先清償借款解除質權才可出售質押股票，後者則直接賣出融資股票。

證券金融公司從事信用交易業務，需受有價證券得為融資融券標準與證券商辦理有價證券買賣融資融券業務操作辦法兩種法規限制。證券金融公司從事證券擔保融通業務，類似銀行的股票質押放款，對股票市場產生衝擊如下：①兩者的行銷體系不同，銀行授信對象是一般民眾，證券金融公司直接向投資人推銷證券擔保融通業務，資金透過該管道流入股市。②證券擔保融通業務和股票質押放款具有互補性，但非所有股票都能向證券金融公司或證券商融資。③證券金融公司從事證券擔保融通業務，將會提升金融市場間的連動性。由於股票融資業務的經常性資金需求龐大，而證券金融公司資金來源多數來自銀行與

貨幣市場，資金市場受其資金周轉影響更大，股市榮枯將受牽動。

　　此外，央行藉著控制融資與融券業務影響證券供需，此即證券市場融資比例 (margin requirement) 信用管制，即自備款與融券保證金的比例管制。金融當局透過調整外商投資額度，以及對個別公司的投資比例影響證券市場運作。

14.5. 　銀行放款利率的訂定

*14.5.1. 　最適放款組合

　　實務上，銀行從事授信活動扮演寡頭壟斷角色，原因包括：①借款者類型：銀行授信係以消費金融與企業金融為主，兩者具有壟斷性質。②授信區域：銀行授信範圍若為區域性，自然具有寡頭壟斷性質。③授信數量限制：央行基於風險分散原則，規定銀行對單一廠商授信總量不得超過本身資本額的某一比例，其另一層涵義為銀行具有壟斷力而採取以量制價策略。

　　基本上，銀行放款分為消費金融及企業金融兩種類型，兩者的授信風險、評估作業成本、授信額度、放款期限、抵押品與保證人、放款需求彈性各有不同，前者報酬率 r_ℓ，提存呆帳比例為 $\tilde{\beta}$；後者報酬率 r_s，提存倒帳比例為 $\tilde{\theta}$。風險中立銀行如何將資金用於安排最適放款組合，進而訂定放款利率，將是首要的決策。

　　在營運期間，銀行資金來源以存款為主，預期存款負債餘額 D_0，存款利率 r_d。銀行面對淨存款流失的機率分配為常態分配 $f(x)$，持有準備資產部位不足時，須支付固定比率懲罰成本 b。風險中立銀行將資金安排於持有準備部位 R 與放款資產，在兩類融資市場均屬獨占者，$r_\ell = r_\ell(L)$ 與 $r_s = r_s(S)$，在不考慮處理放款的成本下，預期利潤函數為：$(r_\ell < 0, r_s < 0)$

$$Max \quad E(\tilde{\pi}) = [r_\ell - E(\tilde{\beta})]L + [r_s - E(\tilde{\theta})]S - r_d D_0 - \int_R^\infty b(x-R)f(x)\mathrm{d}x$$

$$(14.1)$$

銀行決策須受期初資產負債表限制：（忽略股權資金來源）

$$s.t. \quad R + S + L = D_0 \tag{14.2}$$

將上式代入 (14.1) 式，分別對 L 與 S 偏微分：

$$\frac{\partial E(\tilde{\pi})}{\partial L} = \left\{ [r_\ell - E(\tilde{\beta})] + L \cdot \frac{\partial r_\ell}{\partial L} \right\} - b \int_R^\infty f(x)\mathrm{d}x = 0 \tag{14.3}$$

$$\frac{\partial E(\tilde{\pi})}{\partial S} = \left\{ [r_s - E(\tilde{\theta})] + S \cdot \frac{\partial r_s}{\partial S} \right\} - b \int_R^\infty f(x)\mathrm{d}x = 0 \tag{14.4}$$

重新整理上述兩式，可得風險中立銀行安排最適放款組合條件為：

$$[r_\ell - E(\tilde{\beta})] + L \cdot \frac{\partial r_\ell}{\partial L} = [r_s - E(\tilde{\theta})] + S \cdot \frac{\partial r_s}{\partial S} = b \int_R^\infty f(x)\mathrm{d}x \tag{14.5}$$

在其他狀況不變下，銀行擴大放款（消費金融或企業金融）所獲收益必須等於設算預期準備不足造成的損失。重新整理上式：

$$r_\ell(1 + \frac{1}{\varepsilon_L}) - E(\tilde{\beta}) = r_s(1 + \frac{1}{\varepsilon_S}) - E(\tilde{\theta}) = b \int_R^\infty f(x)\mathrm{d}x \tag{14.6}$$

$\varepsilon_L = \frac{\partial \ln L}{\partial \ln r_\ell} < 0$、$\varepsilon_S = \frac{\partial \ln S}{\partial \ln r_s} < 0$ 是消費金融與企業金融需求的利率彈性。上式結果顯示：銀行追求預期利潤最大，將資金投入消費金融與企業金融兩個市場，必須達到兩者的淨邊際收益相等，同時將採取差別利率訂價方式，視個別市場需求彈性訂定相異報酬率。企業金融的需求彈性大（廠商融資多元化），銀行將要求較低報酬率；消費金融需求彈性較小（消費者融資管道有限），則索取較高報酬率：

$$r_\ell = (1 + \frac{1}{\varepsilon_L})^{-1} \cdot \left[E(\tilde{\beta}) + b \int_R^\infty f(x)\mathrm{d}x \right]$$

銀行訂定放款利率將視放款需求彈性、倒帳率與預期準備不足造成的損失等因素而定。再考慮銀行實際放款的作業成本後，企業金融案件少而個案金額龐大，邊際處理成本較低；相反的，消費金融案件多而個案金額較小，邊際處理成本較高，是以銀行訂定企業金融利率將低於消費金融利率。

14.5.2. 決定銀行放款利率訂價的因素

實務上，銀行針對信用評等最佳的放款案件，先行訂定基本利率或中心利

率,再依信用評等結果訂定放款利率,策略有二:①基本利率加碼 (prime-plus):銀行放款利率等於基本利率加上（或減去）某一基本點 (0.01%)。②基本利率的倍數 (prime timing)：銀行放款利率等於基本利率與乘數調整因素 (multiplicative adjustment factor) 的相乘值，該因素大於 1 屬於溢酬，小於 1 則為貼現。

國內銀行全面推出指數型利率的放款，放款利率訂定方式如下：

1.貨幣市場利率連動法：①商業本票利率連動法：銀行放款利率係由 3 個月期商業本票最近 3 週之平均利率加碼 $\alpha\%$ 而得，每週重新計算並調整一次，幅度以不超過 0.125% 為原則。$\alpha\%$ 將視銀行決策、機會成本、同業競爭力及經營特性等因素而定。②定期存單利率連動法：銀行依據儲蓄或定存單利率加碼 $\beta\%$ 訂定放款利率，加碼幅度係考慮存款準備率、存款保險費率而定，如：中信銀行推出指數型房貸，係以臺銀、土銀、彰銀等 10 家大型銀行 1 年定期儲蓄存款利率平均值再加碼 $\alpha\%$。

2.資金成本法：銀行訂定放款利率，係依據資金成本再加上風險溢酬 $\alpha\%$ 為基礎，方式包括：

⑴平均成本訂價法：（總資金 = 儲蓄存款 + 定存 + 長期債券）

$$放款利率 = 儲蓄存款利率 \times (\frac{儲蓄存款}{總資金}) + 定存利率 \times (\frac{定存}{總資金}) + 長$$

$$期債券利率 \times (\frac{長期債券}{總資金}) + \cdots + \alpha\%$$

⑵邊際成本訂價法：銀行以金融業拆款利率為基礎計算基本利率，由於拆款利率經常變動，基本利率可按成本利率加碼而得，然後再設算風險溢酬而訂定放款利率。

習 題

◉ 選擇題

1. 銀行對信用良好廠商進行授信，要求支付的放款利率稱為：
   ⒜貼現利率　⒝折價利率　⒞基本利率　⒟信用利率。

2. 在銀行理論中，銀行為維持資產流動性，偏好承作短期自償性
   放款，此種說法屬於：　⒜商業放款理論　⒝資產可移轉理論
   ⒞預期所得理論　⒟資金混合使用理論。

3. 銀行進行商業放款，考慮的主要因素為何？　⒜自償性與流動
   性　⒝流動性與獲利性　⒞獲利性與安全性　⒟安全性與流
   動性。

4. 廠商以未到期票據向銀行要求兌換現金，支付當日至票據到期
   日間的利息，此種行為稱為：　⒜貼現　⒝承兌　⒞投資　⒟
   放款。

5. 銀行實際準備扣除提存法定準備後，稱為：　⒜借入準備　⒝
   次級準備　⒞超額準備　⒟自由準備。

6. 有關土地銀行持有準備部位的內容，何者正確？　⒜庫存現金
   與儲蓄存款　⒝庫存現金與金融同業存款　⒞庫存現金與在
   央行的存款　⒟庫存現金、在央行的存款及所有證券。

◉ 問答題

1. 試說明實際準備、超額準備、法定準備、自由準備等銀行準備
   概念間的關係。

2.試說明銀行必須保有準備資產部位的理由為何?

3.何謂信用評等? 其類型為何? 將對經濟體系發揮何種效果?

4.銀行能夠從事資本放款的理由為何?

5.試從清償方式的設計上，說明不動產放款的類型。

第 *15* 章　銀行資產管理與營運

　　隨著直接金融盛行，銀行業（間接金融）面臨證券業（直接金融）強力競爭壓力與日遽增。為因應此種衝擊，銀行轉而改採多元化經營策略，促使非銀行活動營業額的比重出現攀升現象。換言之，銀行轉向發展表外交易活動的金融勞務，賺取滿足顧客需求的費用型收入。此種經營策略的轉變，造成銀行營運收益來源蛻變為授信收益與非銀行業務收益，兩者所占比重呈現不分上下的趨勢。一般而言，多數表外交易活動係基於偶發性請求權 (contingent claims) 的承諾，而銀行轉向扮演金融經紀商角色，透過提供金融勞務賺取佣金，此即非銀行業務活動。

　　本章首先探討銀行執行風險管理活動的目標，同時說明傳統理論內容。其次，將探討銀行如何運用缺口管理 (gap management) 策略以掌控利率風險。第三，將說明銀行如何運用存續期間管理 (duration management) 降低利率變動對銀行淨值的影響。第四，將剖析銀行如何運用衍生性商品規避利率與匯率風險。接著，將探討決定非銀行活動成長的因素，並說明非銀行活動類型。最後，將分析銀行採取的成長策略，進而探討銀行購併活動類型與銀行購併價值的評估。

15.1.　銀行風險管理活動

15.1.1.　銀行風險管理目標

　　Binder 與 Lindquist (1982) 為求掌控銀行資產負債表隱含的風險，將資產負債管理委員會 (asset-liability management committee, ALCO) 提升為風險管理部門，從事擬定與執行風險管理活動，透過表 15–1 的三個階段將操作策略具體化。

　　1. 一般化方法：針對資產負債表內容，銀行經營階層將風險管理活動劃分成資產管理、負債管理與資本管理三個獨立管理目標。

　　2. 預擬達成的特定目標：針對前述一般化目標，銀行經營階層再細分成各個

特定項目，分別規劃特殊策略進行落實。

3.由資產負債表產生損益表：銀行透過前述步驟安排最適資產負債組合，接續採取差價管理 (spread management)、費用負擔控制 (control of burden)、流動性管理、資本管理、租稅管理及表外活動管理等六項策略，尋求達成預期利潤極大化目標。

表 15–1　銀行資產負債管理方法

第一階段（一般化）	
資產管理	負債管理
	資本管理
第二階段（特定）	
準備部位管理	短期負債管理
放款管理	長期負債管理
投資管理	資本管理
固定資產管理	
第三階段（由資產負債表衍生損益表）	
利潤＝收益－利息成本－固定成本－租稅 *落實上述目標所需採取的策略： 1.差價管理 2.費用負擔控制 3.流動性管理 4.資本管理 5.租稅管理 6.表外活動的管理	

基本上，銀行執行風險管理活動屬於中期（3～12 個月）計畫，具有導引朝長期（2～5 年）計畫的發展方向，兼具維持適應短期（11 個月）變動的彈性。除計畫層面外，資產、負債與資本三者的組合、變動及水準控制是資產負債表管理的整合部分。銀行從事資產負債管理活動，將隨營運期間而改變關心的變數，短期焦點在於評估績效，會計衡量指標包括淨利息所得 (NII)、淨邊際利息 (NIM)、淨所得或每股盈餘 (EPS) 等變數。就長期而言，銀行需關心股票價值（包括表外活動的評價效果）的變化。再從策略計畫角度來看，資產負債管理的長期目標在於維持競爭性資產與穩定的資本報酬率(包括資產報酬率

ROA 與股東權益報酬率 ROE），或保證銀行擁有足夠資本以應付營運風險。

15.1.2.　傳統銀行資產管理理論

傳統上，銀行採取下列方式落實管理資產活動：

㈠經驗方法

銀行基於長期營運累積的經驗，配合模型預測分析各種財務報表，用以規劃風險管理策略。小型銀行通常採用該類方法，但卻缺乏理論基礎支持。

㈡資產分配理論 (asset allocation theory)

Zarker (1957) 認為銀行執行風險管理活動，必須評估資金來源成本、流動性及周轉率等因素，訂定投入各種資金用途比例，此即資產分配理論或資金轉換方法 (the conversion of funds approach)。銀行的部門利潤中心採取該理論的觀點，評估資金來源性質的差異性，協助銀行降低持有流動資產準備部位，透過區別資金成本與收益而提升資金運用效率。實務上，該理論存在下列缺陷：①銀行資產負債管理具有動態性質，評估資金來源周轉率或流動性後，再依固定比率投入各項資產，容易導致資金配置失當而降低運用效率。②銀行資金來源與用途存在互動關係（如：補償性餘額），無法明確劃分。③資金運用無法精確依周轉率或變異性來執行，如：小儲蓄者的活儲帳戶流動性及周轉率非常小，無需分配至高流動性資產上；產險公司為火險交換業務而持有銀行活存，無疑是變相的定存資金。

有鑑於此，Robinson (1963) 提出資金混合使用理論 (fund pooled theory)，主張銀行基於安全性與流動性原則，依初級準備、次級準備、放款及證券投資等順序統籌運用資金與相互支援。實務上，該理論雖然較適於執行，但是銀行無法精確掌握個別資金來源的成本效益，過於強調流動性原則將肇致盈餘無法臻於極大。

本國銀行在業務部下設有資金科掌管臺幣資金調度，外幣調度則隸屬於國外部；外商銀行採取功能劃分策略，由財務部負責新臺幣與外幣的資產負債管理。隨著金融自由化與國際化潮流盛行，本國銀行迅速累積國外資產負債部位，競相成立理財部或財務部，積極建立風險管理制度，統合新臺幣（業務部）與

外幣（國外部）的資金調度，負責掌控利率與匯率風險。

15.2. 銀行風險管理策略

15.2.1. 風險管理的定義

銀行從事風險管理活動，提供經營階層在風險與預期報酬間取捨的程序，追求達成以下目標：①認定與衡量銀行承受的風險與要求的預期報酬、②隨時衡量與監控銀行承受風險變化，掌握風險是否符合預期、③控制風險並迅速採取改善措施，使問題不至於擴大、④確保個別風險總和在可接受範圍內。

銀行從事風險管理活動，紓解影響銀行組織的外部與內部風險因素。就外部因素而言，①縱使銀行營運並無變化，但經濟金融環境變遷將衝擊銀行營運風險。②銀行董事會設定盈餘目標，將對經營階層造成營運壓力，進而改變客戶的選擇與預期。③某些情況變化造成組織架構調整，如：金融控股公司法允許金融廠商跨業經營。反之，有些情況產生可能對業務附加新限制，如前述法案有關私密法規部分，促使金融控股公司經營業務，需額外考慮個人資料隱私保障問題。

再就內部因素而言，經由組織再造、產業間與產業內購併引起組織或經營權改變、保持公司現有市場地位與發動攻勢進入新市場的新策略、產品創新或舊產品改變、新技術、新配銷管道與新作業程序使用等，均會對銀行營運帶來風險承擔的改變。

15.2.2. 缺口管理

傳統上，銀行收益來源以存放款利差為主，利率變動影響銀行盈餘與淨值極大。為求管理利率風險，再訂價或資金缺口模型 (repricing or funding gap model) 針對銀行生息資產與付息負債期間的再訂價缺口，進行帳面價值的會計現金流量分析，該模型包括四個部分：①衡量缺口，亦即再訂價資產與負債數量的決定；②估計再訂價金額的利率；③預測未來所得以及④驗證各種不同策略。

銀行缺口部位係指銀行持有利率敏感性資產 (rate sensitive asset, RSA) 扣除利率敏感性負債 (rate sensitive liability, RSL) 的差額：GAP = RSL − RSA。RSA 及 RSL 的意義是：凡在缺口期間內到期或可重新訂價的資產與負債，銀行針對利率浮動或利率敏感性存放款，依到期日劃分成 1 日、1 日至 3 個月、3 個月至半年、半年至 1 年、1 年至 5 年、5 年以上等六種缺口期間。表 15–2 顯示土地銀行在不同期間的利率敏感性缺口部位。除敏感性缺口外，敏感性比率 (sensitivity ratio, RSA/RSL) 亦可用於衡量金融廠商對利率變動的反應，比率大於 1 為正缺口 (positive gap)、小於 1 為負缺口 (negative gap)。

表 15–2　銀行利率敏感性缺口的衡量

期　　間	資　產	負　債	缺　口
1. 1 日	200	300	−100
2. 1 日至 3 個月	300	400	−100
3. 3 個月至半年	700	850	−150
4. 半年至 1 年	900	700	+200
5. 1 年至 5 年	400	300	+100
6. 超過 5 年	100	50	+50
累計值	2600	2600	0

銀行從事風險管理活動，首先控制缺口部位，策略包括：①採取縮小缺口部位，維持銀行穩健經營的保守避險操作。②評估利率走勢，採取調整缺口部位以賺取利潤的積極操作。

$$E(\Delta NII) = \text{RSA} \cdot E(\Delta r) - \text{RSL} \cdot E(\Delta r)$$
$$= \text{GAP} \cdot E(\Delta r)$$

$E(\Delta NII)$ 為預期淨利息所得變動值，$E(\Delta r)$ 為預期利率變動值。當銀行預期利率攀升時，應維持正缺口部位；預期利率滑落，則改採負缺口部位。銀行預估收益曲線形狀，依據利率循環趨勢建立目標缺口部位，採取策略將如表 15–3 所示。

銀行可估計固定期間的累計缺口部位 (cumulative gap, CGAP)，以表 15–2 為例，土地銀行在 1 年內的利率敏感性或再訂價缺口部位計算如下：

$$\text{CGAP} = (-100) + (-100) + (-150) + 200 = -150$$

表 15–3　收益曲線與管理策略

收益曲線斜率	管理策略	目標缺口	*RSA/RSL*
正斜率	借短貸長	負缺口	<1
平坦 （由低至高的轉折）	到期日一致	0	=1
負斜率	借長貸短	正缺口	>1
平坦 （由高至低的轉折）	到期日一致	0	=1

假設 1 年內預期再訂價資產與負債的利率變動值為 $E(\Delta r) = 1\%$，土地銀行預期淨利息所得變動的累積效果為：

$$E(\Delta NII) = (-150) \times (1\%) = -1.5$$

銀行接續採取增量缺口 (incremental gap) 策略，將一般缺口期間再劃分數個子期間 (subinterval)，以每個子期間為新的缺口期間進行深入精確管理。面對利率循環時，銀行針對資產負債表特質採取的操作策略將列於表 15–4。

表 15–4　銀行的操作策略

利率循環 項　目	上升期	高　峰	下降期	谷　底
1. 流動性	下降	不足	增加	過多
2. 投資債券	延長期限 增加投資	使期限最長 儘量取得投資	縮短期限 出售投資	使用期限最短 儘量出售債券
3. 放　款	增加固定 利率放款	增加固定 利率放款	限制固定 利率放款	限制固定 利率放款
4. 資金取得	短期	最短期	長期	最長期
5. 利率敏感性缺口	擴大缺口	使缺口最大	緊縮缺口	使缺口最小

銀行採取缺口管理雖可穩定淨利息收益甚至賺取額外利潤，不過操作失當亦將面臨損失，是以大銀行風險管理部門多數主張敏感性比率應維持在 95%～105% 之間。此外，Mitchell 與 Santoni (1984) 認為缺口管理存在下列缺陷：

1. RSA 和 RSL 適用利率與變動幅度不盡相同，利息收支未必等量同向變化。銀行定義每一到期日區間內的資產與負債時，往往忽略有關資產與負債調

整利率的時間分配訊息，如：RSA 與 RSL 在任一滿期區間的貨幣價值可能相同，不過負債通常在期末重新訂價，資產則在期初重新訂價，從而衍生過度加總問題。是以前述公式可再修正為：

$$E(\Delta NII) = \text{RSA} \cdot [(1+r_a)^{t_a} \cdot (1+k_a)^{1-t_a}] - \text{RSL} \cdot [(1+r_\ell)^{t_\ell} \cdot (1+k_\ell)^{1-t_\ell}]$$

r_a 與 r_ℓ 是原先的資產與負債利率，t_a 與 t_ℓ 是在缺口期間內資產與負債適用舊利率的期間比例，$(1-t_a)$ 與 $(1-t_\ell)$ 是適用新資產與負債利率 k_a 與 k_ℓ 的期間比率。

2. 利率變動對資產與負債價值同時造成衝擊，將形成市場價值效果與所得效果。其中，缺口管理僅著重利率對損益表中盈餘的影響（所得效果），忽略對資產負債表中淨值波動的影響（市場價值效果）。

15.2.3.　存續期間管理

存續期間係指金融資產以現值方式收回價值的時間。銀行運用存續期間衡量資產或負債的利率敏感性，除考慮資產或負債到期日外，同時考慮現金流量到達期間。衡量固定收益證券存續期間的公式為：

$$D = \frac{\sum_{t=1}^{N} CF_t \cdot DF_t \cdot t}{\sum_{t=1}^{N} CF_t \cdot DF_t} = \frac{\sum_{t=1}^{N} PV_t \cdot t}{\sum_{t=1}^{N} PV_t}$$

CF_t 是證券在 t 期期末收到的現金流量（包括利息與本金），N 是最後一期，$DF_t = \dfrac{1}{(1+r)^t}$，$r$ 是市場利率。$\sum_{t=1}^{N} PV_t$ 是債券所有現金流量的現值。

若未考慮銀行淨值對利率變動的敏感性，銀行尋求資產與負債的期限配合，選擇適當資產組合配合銀行承諾的支付義務，從而形成免疫策略 (immunization)。舉例來說：國泰人壽吸收年金保險，面對未來確定債務（年金未來須依計畫付款），可利用存續期間模型選擇固定收益證券。另外，存續期間模型亦可評估銀行的全部利率序列，衡量資產負債表上的存續期間缺口 (duration gap)。Kaufman (1984) 指出利率變動透過存續期間影響資產 A 與負債 L 價值，進而影響銀行淨值，是以銀行資產與負債價值變動可表為：（r_a 與 r_ℓ 分別是資

產與負債的利率）

$$\frac{\mathrm{d}A}{A} = -D_a(\frac{\mathrm{d}r_a}{1+r_a})$$

$$\frac{\mathrm{d}L}{L} = -D_\ell(\frac{\mathrm{d}r_\ell}{1+r_\ell})$$

資產等於負債與淨值 E 之和，故其變動量為：

$$\mathrm{d}A = \mathrm{d}L + \mathrm{d}E$$

將前述兩式代入上式，並令 $r_a = r_\ell = r$：

$$\mathrm{d}E = -(AD_a - LD_\ell)(\mathrm{d}r/1+r)$$

$$= -(D_a\frac{A}{A} - D_\ell\frac{L}{A})A(\frac{\mathrm{d}r}{1+r})$$

$$= -(D_a - D_\ell k)A(\frac{\mathrm{d}r}{1+r})$$

$k = \frac{L}{A} < 1$ 是銀行負債資產比例，可衡量銀行財務槓桿，亦即銀行負債或借入資金用於融通資產組合的比例。上式顯示：銀行淨值變動將視利率變動方向與幅度、銀行規模以及資產負債組合存續期間的差距而定，故可分成下列三種效果：

1.財務槓桿調整後的存續期間缺口：銀行採取以年為單位衡量 $(D_a - D_\ell k)$ 缺口部位，反映資產負債表上存續期間不一致的程度。就絕對值而言，缺口越大，銀行暴露於利率風險愈大。

2.銀行規模 (A)：銀行規模可用資產衡量，規模愈大將使既定利率變動對銀行潛在淨值衝擊愈大。

3.利率波動大小 $(\frac{\mathrm{d}r}{1+r})$：利率波動越大時，銀行淨值變動越大。

總之，銀行淨值變動相當於 $\Delta E = -$（調整後存續期間缺口）×（資產規模）×（利率波動）。舉例說明：建華銀行估計 $D_a = 5$ 年、$D_\ell = 3$ 年，預期利率短期內由 10% 躍升至 11%（$\mathrm{d}r = 1\%$, $1+r = 1.1$），銀行的期初資產負債表為：

資　產	負　債
A=100	L=90 E=10
100	100

一旦上述預測利率變動實現時，建華銀行淨值將出現潛在損失：

$$dE = -(D_a - kD_\ell)A(\frac{dr}{1+r})$$

$$= -(5 - 0.9 \times 3) \times 100 \times (\frac{0.01}{1.1}) = -2.09$$

當利率上升 1% 時，建華銀行淨值將損失 2.09 元，淨值資產比例將由 10% (10/100) 降為 8.29% (7.91/95.45)。為降低該項衝擊效果，建華銀行須調降存續期間缺口，在極端狀況下可將缺口減為 0：

$$dE = -(0) \times A \times (\frac{dr}{1+r}) = 0$$

為落實該項目標，建華銀行可評估下列策略：

1. 降低 D_a：將 $D_a = 5$ 年降為 2.7 年，$(D_a - kD_\ell) = (2.7 - 0.9 \times 3) = 0$。

2. 降低 D_a 與擴大 D_ℓ：採取縮短資產及延長負債存續期間，如：降低 $D_a = 4$ 年及延長 $D_\ell = 4.44$ 年，$(D_a - kD_\ell) = (4 - 0.9 \times 4.44) = 0$。

3. 改變 k 與 D_ℓ：將財務槓桿由 0.9 擴大至 0.95，並將 $D_\ell = 3$ 年擴大為 5.26 年，$(D_a - kD_\ell) = (5 - 0.95 \times 5.26) = 0$。

綜合以上分析，銀行面對利率變動可採取兩種風險管理策略：

1. 消極策略：銀行採取縮小資產存續期間或延長負債存續期間，調整財務槓桿與重新架構資產負債表內容，促使資產與負債存續期間差距 $(D_a - kD_\ell) = 0$，銀行淨值對利率變動具有免疫性 $(dW/di = 0)$。消極策略屬於耗時及花費成本活動，不過隨著銀行借入資金比例成長、放款證券化銷售市場出現，有助於加快調整速度及降低交易成本。

2. 主動策略：銀行精確預測利率走勢，掌握相關的資產負債資料，如：約定利率、到期期限、提前贖回價格、提前償還等，維持資產與負債存續期間的固定差距，將有助於在利率變動過程中獲利，如：維持 $(D_a - kD_\ell) = 1$，當利率全面滑落之際，銀行可因淨值攀升而獲利。

15.2.4.　金融期貨與遠期契約的運用

隨著衍生性商品市場規模擴大，銀行針對利率、外匯及信用等風險暴露進

行避險活動，運用金融期貨及遠期契約改變風險與預期報酬率間的取捨關係。
首先考慮簡單避險狀況，臺銀持有面值 100 元的 20 年期、存續期間 $D = 9$ 年的
債券，t_0 點債券價格為 97 元（債券部位期初價值 $P = 970,000$ 元），若預期未來
3 個月利率將由 8% 上漲至 10%（預期收益率變動 $dr = 2\%$），預期資本損失 dP
為：

$$\frac{dP}{P} = -D(\frac{dr}{1+r})$$

$$dP = (970,000) \times (-9) \times (2\%)/1.08 = -161,666.67$$

面對預期利率變動，債券價格預期將由 97 元降為 80.833 元，臺銀持有債
券組合部位將出現資本損失 161,666.67 元（損失率為 $dP/P = 16.67\%$）。是以臺
銀評估採取表外避險活動，如：出售 3 個月期間交付面值 100 元的 20 年期債
券，在 t_0 點找到願意在 3 個月期間內交付且以 97 元買進的投資人。一旦預期
利率上漲證實為真，臺銀持有債券部位價值下降 16.67%，相當於資本損失
161,667元，同時再以每單位 80.833 元買進債券交付遠期契約買者。在上述遠
期交易中，臺銀獲取利潤為：

970,000　　　－　　　808,333　　　= 161,667
（買方付給　　（銀行在 3 月期即期
銀行的金額）　市場買進債券的成本）

臺銀採取上述操作，在資產負債表上損失 161,667 元，正好為出售遠期契
約的資產負債表外利得 161,667 元抵銷，亦即銀行淨利率風險暴露為 0，完全
免疫於利率風險。

銀行利用遠期契約或期貨規避特定資產或負債風險時，即是進行單一避
險，包括特殊資產與負債存續期間的配合、固定利率放款者將其浮動利率負債
轉換成固定利率、利用選擇權規避固定利率放款承諾風險。再者，銀行持有可
轉讓定存單、國庫券空頭部位或出售利率期貨鎖住資金成本，雖能規避短期利
率上升風險，卻另外衍生基差風險 (basis risk)。

從整體資產組合觀點，銀行利用衍生性商品保護整體資產負債表，讓個別
利率敏感性資產與負債或存續期間相互抵銷，此即整合避險。銀行出售期貨抵
銷資產負債表上的利率風險暴露部位，即屬於連續性避險。銀行評估未來景氣

循環形成預期，選擇資產或負債部位的某一比例避險，而在現貨與期貨資產價格的波動間進行套利，即是選擇性避險。一旦銀行保留部位而未完全避險，或出售較其握有的資產或負債部位為多的期貨進行過度避險,將被金融當局視為投機行為。

　　銀行持有利率期貨部位規避風險暴露，將視利率風險暴露程度、規模以及採取完全或選擇性避險衍生之報酬風險取捨等因素而定。銀行追求目標係在建立期貨部位，當利率上漲造成期貨價格下跌，亦即反映期貨必須交付的債券價值下跌，而債券價格跌幅將視存續期間而定：

$$\frac{\mathrm{d}F}{F} = -D_F \frac{\mathrm{d}r}{1+r}$$

F 是期貨期初價值，D_F 是對應期貨必須交付債券的存續期間，上式可再表為：

$$\mathrm{d}F = -D_F F \frac{\mathrm{d}r}{1+r}$$

$F = N_F \times P_F$ 是外在期貨部位價值,取決於期貨交易量 (N_F) 與契約價格的乘積。由上述兩式可知：銀行採取完全避險活動，必須出售足夠的期貨數量 ($\mathrm{d}F$)，而使利率上漲造成資產負債表的淨值損失 ($\mathrm{d}E$)，恰好為表外的放空期貨利得所抵銷。

$$\mathrm{d}F = \mathrm{d}E$$

$$-D_F(N_F \times P_F)\frac{\mathrm{d}r}{1+r} = -(D_a - kD_\ell)A\frac{\mathrm{d}r}{1+r}$$

整理上式可得：

$$N_F = \frac{(D_a - kD_\ell)A}{D_F P_F}$$

舉例說明：當 $D_a = 5$ 年、$D_\ell = 3$ 年、$k = 0.9$、$A = 100$ 時，

$$N_F = \frac{(5 - 0.9 \times 3)100}{D_F P_F}$$

　　假設臺灣期貨市場流通的債券期貨係以 20 年期、票面利率 8%、票面價值 100 元的債券為標的，目前期貨價格為 97，最低期貨規模為 100,000 元，臺銀可交付債券的存續期間為 $D_F = 9.5$ 年、$P_F = 97,000$。將上述數值帶入 N_F，可得銀行必須出售的期貨部位：

$$N_F = \frac{(5 - 0.9 \times 3)100}{9.5 \times 97,000} = 249.59 \text{（契約單位）}$$

債券與債券期貨分別在不同市場交易，收益率變動 $(\frac{dr}{1+r})$ 影響資產負債表上資產組合的價值，將會異於影響期貨中的標的債券價值，亦即期貨與即期價格並非完全正相關，而缺乏正相關即稱為基差風險。前述分析係假設無基差風險存在的環境，$\frac{dr}{1+r} = \frac{dr_F}{1+r_F}$。實務上，兩者變動狀況未必相等，是以：

$$dE = -(D_a - kD_\ell)A\frac{dr}{1+r}$$

$$dF = -D_F(N_F \times P_F)\frac{dr_F}{1+r_F}$$

當 $dF = dE$ 時，可以求得：

$$N_F = \frac{(D_a - kD_\ell)A\dfrac{dr}{1+r}}{D_F P_F \dfrac{dr_F}{1+r_F}}$$

假設 $\dfrac{dr}{1+r} = \dfrac{dr_F}{1+r_F} = b$，$b$ 係衡量期貨價格收益變動相較於即期價格收益變動的程度。上式可表為：

$$N_F = \frac{(D_a - kD_\ell)A}{D_F P_F b}$$

15.2.5. 選擇權的運用

銀行運用選擇權避險，將較期貨或遠期契約具有彈性，基本操作策略包括購買及發行買權與賣權等四種。小銀行操作策略僅限於買進選擇權，大型銀行雖可發行選擇權，但仍需受限制：①經濟因素：發行選擇權的利益僅限於權利金，潛在損失無窮。銀行雖可發行不同執行價格的選擇權及運用標的債券組合避險來沖銷風險，但風險暴露明顯。②管制因素：發行選擇權具有潛在無限損失風險，尤其是無拋補選擇權 (naked option) 無法全部規避標的資產或負債部位的風險。是以金融當局過去禁止銀行發行買權或賣權，以利進行風險管理。

利率上限相當於對債務的賣權，銀行收取權利金，買方有權取得參考利率（如：LIBOR）超過執行利率的超額部分，在每一清算日，該項支付等於利率差額（以滿期日調整）與名目本金的乘積。利率下限相當於對資產的買權，保護持有生息資產部位免於利率下跌損失。風險怯避銀行關心利率變異性擴大，導致資產組合暴露於風險中，將評估同時買進利率上限與發行利率下限兩種選擇權，形成利率區間選擇權。舉例來說，台新銀行持有 4% 至 9% 的利率區間選擇權多頭部位：

$$Collar[4\%{\sim}9\%] = +Cap[9\%] - Floor[4\%]$$

若上式乘上 (-1)，可得台新銀行持有利率區間選擇權空頭部位，亦即相當於出售利率上限與買進利率下限選擇權：

$$-Collar[4\%{\sim}9\%] = -Cap[9\%] + Floor[4\%]$$

一般而言，大型銀行負債來源多數存在利率敏感性，暴露於利率上漲風險更甚於利率下跌，故採取出售利率下限獲取權利金，用於融通購買利率上限所須支付的權利金。此種操作策略相當於購買利率區間選擇權（購買利率上限與出售利率下限），淨成本為：

$$C = (NV_c \times P_c) - (NV_f \times P_f)$$

$$= 利率上限成本 - 利率下限收益$$

NV_f 是利率下限的名目金額，P_f 是利率下限的權利金。銀行追求完全融通購買利率上限的權利金，權利金與契約金額的關係為：

$$\frac{NV_f}{NV_c} = \frac{P_c}{P_f}$$

隨著銀行業務日益國際化，國外資產與負債餘額在資產負債表所占比重逐漸攀升，匯率風險迅速成為銀行必須面對的問題。金融當局開放新臺幣匯率選擇權業務，銀行除維持國外資產與負債部位平衡以紓解匯率風險外，尚可評估運用匯率期貨及選擇權進行避險，而花旗、瑞士聯合與大通等外商銀行發行匯率選擇權，收取權利金成為銀行收益來源。

15.2.6. 金融交換的運用

金融交換型態包括利率交換、資產交換、股價交換、商品交換、油價交換與通貨交換六種,係交換雙方基於比較利益,重新朝對自己有利方向重新架構資產或負債的現金流量。商業銀行與投資銀行係金融交換市場的主要參與者,扮演交易對手或金融交換的中介者。

1.利率交換:銀行從事以資產或負債的利率交換操作,以規避利率風險暴露。當銀行資產存續期間較負債短而出現負存續期間缺口 $(D_a - kD_\ell) \prec 0$ 時, 可採取出售利率交換契約,將固定利率負債轉換為浮動利率,使其與資產存續期間特性相配合。反之,銀行資產負債結構出現正存續期間缺口 $(D_a - kD_\ell) \succ 0$ 時,選擇購入利率交換契約,將浮動利率負債轉換成固定利率,使其與較長期限的資產相配合。另外,銀行結合利率交換與選擇權,藉由多元化設計降低避險成本及增加避險彈性,吸引大型廠商承作。

2.資產交換:投資人買進轉換公司債後,將隱含收益與發行公司進行資產交換,後者保有包括票面利息收益、轉換收益(未來轉換股票的資本利得)與保障收益率(指投資人未能轉換,持有至強制贖回期可享有的保障收益)等債券附加價值,但將該附加價值以折現方式每年支付浮動利率給投資人。

值得注意者: 銀行將轉換公司債拆解成股票買權與債券,分別賣給不同類型的投資人。一般的資產交換為投資人買進轉換公司債後,將隱含的附加價值賣給銀行,銀行每年支付浮動利率給投資人。經此資產交換後,銀行保有轉換公司債的股票買權,投資人買到較高收益的債券。相反的,投資人與銀行角色互換,投資人支付銀行利息而保有股票買權,該利率相當於支付權利金向銀行買進股票買權,此即反向資產交換 (reverse asset swap)。

3.股價交換: 銀行與投資人協議在未來期限內,定期(季、半年或 1 年)互換利息(以固定利率計價的債券收益)和股價收益的契約(以浮動利率計價的個股股價或股價指數)。由於銀行在期末須支付投資股票報酬率,故需買進股票避險。當投資人看好股票後市,可與銀行進行反向資產交換或股價交換操作的策略,兩者差異在於: 股價交換類似投資人向銀行融資買進股票,投資人需

自行承擔盈虧。若是採取反向資產交換，投資人買入股票買權，最大損失是權利金，收益則是股票上漲利得全歸投資人所有。

4.商品交換 (commodity swap)：銀行針對廠商避險需求量身設計產品，屬於店頭市場性質。由於期貨的報價資訊取得容易，大型銀行具有設計商品的能力，進而在國外期貨交易所規避承作商品交換的風險。

5.油價交換：交易雙方基於預期油價走勢不同，在固定期間對使用不同指數（即浮動油價或固定油價）支付油價的共同名目本金，相互交換油價支付。當長榮航空與中華航空預期油價未來趨於攀升，採取承作油價交換契約，將支付浮動油價轉為支付固定油價，以規避因油價走高而上揚的用油成本。同理，當航空公司預期油價走低，可透過油價交換契約，將支付固定油價轉為支付浮動油價，享受油價走低的好處。

6.通貨交換：交易雙方約定於固定期間內（1 年內）以約定利率換算成換匯點，再加上即期利率作為換匯匯率，在交易期初與期末交換不同幣別之本息。央行利用換匯交易僅會影響資金市場而對匯率影響不大，銀行則利用通貨交換取得所需的幣別資金。換匯交易與換匯換利交易相異處是：前者僅需在期初與期末一次交換不同幣別的本息，後者屬於 1 年以上長天期交易，且須每 3 個月或每半年交換不同幣別孳生的利息。

🔺 15.3.　非銀行業務活動

15.3.1.　非銀行業務活動擴張的利弊

隨著非銀行業務營收占銀行營運收入的比重急遽攀升，已經成為銀行營運的決策焦點。至於能否發揮潛在利益端視下列因素而定：

1.範圍經濟 (economics of scope)：銀行蒐集訊息、分析顧客財務狀況具有比較利益，提供互補性金融勞務將能發揮競爭優勢。是以銀行擴張所有業務的成本，通常低於個別從事單一業務所需支付成本的總和，此即範圍經濟。舉例來說，土地銀行在同一部門從事信用卡 X_1 與信託 X_2 兩種業務，支付總成本為

$C(X_1, X_2)$，亦可單獨成立信用卡部門與信託部門，分別從事兩種業務所需支付成本的總和為 $C(X_1) + C(X_2)$。當前者的成本低於後者時，即是具有範圍經濟效果。另外，銀行從事非銀行業務對消費者具有方便性，使其能於一家金融廠商同時購買多種金融商品，符合生產與消費效率。

2.規模經濟 (economics of scale)：銀行創造信用發揮融資功能，採取增加分行（規模擴大）策略，將有助於降低平均營運成本，形成規模經濟。

3.資訊不對稱：銀行不僅擁有最新資訊且為資金供給者，一旦成為非金融廠商的內部人，在取得內部訊息容易下，將可監控非金融廠商的實質決策與財務決策，解決相關的代理問題。

4.多元化：銀行擴張非銀行業務活動，藉由產品多元化及區域分散來降低倒閉風險。其中，銀行經營人壽保險、保險代理與經紀、財產與意外險等業務有助於降低營運風險，而經營不動產開發、證券業務及產險業務反而會提升營運風險。

隨著銀行積極擴張非銀行業務活動後，逐漸由融通資金角色轉型為金融經紀商的角色，容易釀成下列現象：

1.破產風險上升：銀行同時經營商業銀行與投資銀行業務，雖可提升預期報酬，但轉投資事業發生營運或財務危機，事前若未規範防火牆，勢必波及銀行正常營運。

2.擴大對非銀行業務的保障範圍：面對非銀行業務活動的營運收入比重擴大，金融當局必須擴大保障範圍，理由有三：①傳染效應 (contagion effect)：縱使經營非銀行業務的子公司與其所屬銀行無直接投資關係，但前者營運虧損將使存款者質疑銀行的風險管理發生問題而喪失信心。②金融控股公司透過控制銀行營運收益，用於彌補經營非銀行業務子公司的虧損。③在存款保險制度下，銀行從事非銀行業務活動促成營運風險高漲，亦即經營非銀行業務子公司間接由前者取得融資而衍生風險。

3.利益衝突問題：銀行從事非銀行業務，將造成投資企業的競爭對手要由銀行取得融資將受限制與排擠，勢必衍生利益衝突問題。另外，銀行利用壟斷力量銷售金融商品，容易引發銀行部門與業務部門、銀行部門與證券部門間的利

益衝突。

4.經濟資源遭致壟斷：銀行直接涉入商業活動，將使產業與銀行業結合成企業金融集團，容易採取差別訂價策略強化所屬產業的體質，造成經濟資源為少數集團所控制。

15.3.2.　非銀行活動類型

隨著金融市場自由化與規模成長，績優公司逐漸改採直接金融募集資金，銀行在融資市場占有率相對萎縮，形成反金融中介現象。面對授信利潤日益縮減，銀行積極轉型扮演金融經紀商角色，投入非銀行活動以尋求其他獲利來源。非銀行活動類型如下：

1.經紀業務：隨著間接金融競爭白熱化，銀行追求擴大獲利空間，在業務上積極創造有利誘因吸引客戶，促使手續費收入躍居擴充營運規模的主流，如：英商渣打銀行擴大財務交易室規模，營運獲利來源包括外匯財務交易、證券保管業務、企業金融（進出口押匯收益）和信用卡等收取費用的業務。花旗銀行擴大債券部門、成立綜合證券公司，從事收取費用收益的經紀與承銷等業務。荷蘭銀行、法商東方銀行、法商里昂信貸銀行也跨足費用收益的經紀業務。

2.房屋履約保證業務：在房地產交易過程中，消費者面臨承擔購屋風險。銀行針對房地產交易金額與產權保險，出具履約保證書保障賣方權益，消費者購屋支出由銀行專戶控管，賣方產權交由代書辦理過戶，並授予賣方融資額度以解決移轉過戶期間暫時無法取得資金的特性，此即房屋交易安全制度（ESCROW）。銀行參與成屋履約保證市場，向交易雙方收取履約保證手續費，維護房屋中介或建築經理公司的交易安全性，協助降低房地產業和消費者的交易風險，成為非銀行活動的重要收入。成屋履約保證市場的型態有二：①銀行與房屋中介業共同承作履約保證業務。②房屋中介公司、建築經理公司及銀行三者策略聯盟：不動產交易金額通常以房屋中介公司或賣方名義在銀行設立帳戶，萬一發生房屋公司倒閉、賣方逃逸或被查封時，風險自然增高。是以將引進建築經理公司參與，降低交易風險。

3.銷售基金業務：銀行開辦指定用途的小額信託投資業務，人們選定投資標

的，每月定期定額由往來銀行扣款兼具攤平成本及儲蓄的功能，銀行代銷基金的手續費收入通常由銀行與投信或投顧公司對分。銀行代銷基金並無風險，尚有固定比例的手續費收入，成為銀行爭取的業務。

4.保管銀行 (custodian) 業務：保管銀行依據信託契約及委託人指示，保管委託人交付之資產，提供金融服務包括：①基本服務：保管銀行提供資產保管、交易確認、證券買賣交割、收益領取、公司重大資訊通知、提供報表、稅務管理與行使股東權利等服務。②附加服務：保管銀行業務起源於證券投資信託業的成立，包含投信業募集基金後，在投資前的資金管理，及投資後的交割、清算、帳務查核等工作。隨著投信公司競相募集基金，基金保管業務市場規模持續擴大，銀行從事基金保管業務的利益包括：①保管費用收入為保管基金餘額的 0.1%～0.2%；②基金發行前募集的資金及發行後保留的現金部位均需存放在保管銀行，增加銀行存款餘額及獲取存放款利差；③兼具訓練行員吸取投信經驗等。不過銀行保管業務須具備良好內部控管及電腦作業效率等，需達一定經濟規模才能產生盈餘。

5.財務顧問業務：隨著廠商邁向國際化與大型化，電廠開發、電信專案、高鐵及新市鎮開發等重大投資案陸續出現，帶動融資需求規模擴大與融資方式多元化，廠商對融資規劃、商業契約簽訂、包銷契約、營運計畫說明書規劃等財務顧問服務需求大幅激增。同時，廠商赴海外投資或拓展國際業務，亦須尋求銀行提供財務顧問協助。銀行設立財務顧問部門或轉投資成立財務顧問公司，需檢附從事財務顧問業務類型、作業流程和主要業務人員簡歷等資料，向財政部申請審核通過後，再向財政部申請換發營業執照。

在財務顧問業務市場，銀行與管理顧問公司競爭激烈，前者著重於提供資產管理、證券承銷、理財和融資、廠商購併等財務顧問服務，後者偏向提供企業經營、管理、行銷、會計處理、人力資源等非財務規劃的顧問服務，兩者性質不盡相同。在投資銀行業務中，財務顧問涉及融資可行性評估、訂價及競爭策略、回收期間、市場分析、法令及實體開發等複雜問題，每一環節都需仰賴經驗及專業人才。對銀行而言，財務顧問形同對廠商體質進行體檢，係計畫性融資業務的敲門磚，縱使大型企業的財務顧問費用龐大，但在激烈競價下造成

銀行利潤率不高。銀行投入財務顧問業務除獲取收益外，主要著眼於後續的承銷、釋股、融資等業務，尤其是掌握財務顧問業務將對廠商體質深入瞭解，有機會成為後續商機的獲利者。表 15–5 是投資銀行擔任財務顧問案例。

表 15–5　國內外投資銀行擔任財務顧問案例

投資銀行	主辦對象	主辦案例
高盛證券	中油、中華電信	民營化全民釋股
瑞士聯合銀行	中華電信	民營化全民釋股
中華開發	中油、中華電信	民營化全民釋股
大華證券	台電	民營化全民釋股
匯豐銀行	法商傑卡斯東與德商西門子合資台灣高速鐵路聯盟	高鐵場站開發案
荷商荷蘭銀行	台泥投資的和平電力	民營電廠開發案
花旗銀行	華航機隊擴充誠洲電子投資的新桃電廠	融資案 民營電廠開發案
法商百利銀行	華新麗華	大哥大執照競標案

資料來源：各銀行

6. 其他非銀行業務活動

　⑴租賃業務：銀行轉投資設立租賃公司從事租賃業務，配合銀行放款業務滿足中小企業購買機器設備的資金需求。此外，租賃公司從事分期付款業務，提供廠商購買資本設備資金，廠商依約定期間分期攤還。同時，銀行提供應收帳款收買業務，針對應收帳款債權為收買對象，提供融資給出售債權公司。

　⑵信用卡與保險業務：銀行成立信用卡部門或信用卡公司從事信用卡業務，授與消費者信用額度，提供個人消費延緩付款的金融服務。隨著金融廠商與非金融廠商競相投入信用卡市場，發卡銀行面對激烈競爭，採取與保險公司策略聯盟而提供多元化商品。消費者透過發卡銀行取得保險商品訊息，使用信用卡支付保費，而發卡銀行以團保方式替持卡人投保，爭取較低費率。消費者透過發卡銀行投保附加於信用卡的免費保險，包括旅遊平安險、旅遊不便險、購物保險與失卡遭竊用保險等，未來發

生理賠的糾紛較少。

(3)投資銀行業務：投資銀行業務屬於廣義的直接金融，對廠商提供融資、投資、募資等金融服務，預期報酬率相對高於間接金融。銀行與證券業轉投資成立創投公司，或創投公司投資的高科技公司可成為兩者的客戶，有助於提升獲利機會。除創投公司外，銀行設立投資部門發展以銀行為中心的金融周邊事業。舉例來說，遠東商銀成立投資處，以銀行為中心發展金融相關產業。

(4)證券金融業務：銀行兼營證券業務除自營外，承銷及經紀兩者只能二選一，只有在證券商設置辦法實施前即已開辦證券業務的銀行可以經營三項業務。不過銀行採取持股 100% 的子公司經營綜合證券商業務，在銀行信託部辦理的證券業務將需逐步轉移到前述子公司。隨著金融業轉型為金融控股公司，跨業經營銀行、證券、投信及保險等業務，在資源整合上交互運用，以相互搭配整體行銷方式，提供消費者全方位的商品，行銷通路也隨子公司及分公司增加而深入各地。

(5)資產管理業務：隨著財政部開放資產管理業務後，除信託業外，銀行信託部也可兼營信託業務。銀行信託部從事金融資產管理業務類型，包括直接買賣斷或發行受益憑證購買金融廠商債權，後者類似信託業的共同基金業務，屬於對外募集資金再從事各項投資。不過投信公司發行受益憑證，選擇投資標的以股票及債券為主，反觀銀行辦理的信託基金，選擇標的範圍除股票及債券外，還可包括不動產、黃金及期貨等。

(6)票券金融業務：隨著財政部開放銀行從事票券業務，銀行成立票券金融部或轉投資成立票券公司，從事票券發行、承銷、中介與自營等業務。

(7)參與非金融事業投資業務：財政部放寬銀行投資股票限制、提高投資上市股票淨值比率至 25%，解除銀行不能購買轉投資投信公司所投資的股票禁令，開放銀行轉投資非金融事業，包括投資高風險的創業投資事業、電信服務業及高鐵有關的行業。銀行針對其住宅放款業務，即以一般住宅為標的提供放款業務,可轉投資設立建築經理公司或不動產開發公司，提供專業性服務。

📌 15.4.　銀行成長

15.4.1.　銀行成長策略

　　隨著銀行擴大生產規模（分行家數增加與業務多元化）將能帶來規模經濟與範圍經濟，是以分別從國內與國際市場採取相同的擴張策略。一般而言，銀行採取的成長途徑有二：

㈠內部擴張 (internal expansion)

　　銀行在國內外採取增設分行、設立新部門、推動業務多元化與轉投資設立子公司等策略，朝綜合銀行的營運模式發展。

　　1.銀行業務擴張：成立分行追求規模經濟，開辦新的銀行業務達到範圍經濟，兩者目的在強化金融商品異質性，擴大市場占有率。國內銀行熱中收購海外銀行或增加海外據點，除帶動外匯業務成長外，將可提升銀行國際形象與國際信用評等，進而降低取得資金成本。

　　2.金融周邊事業：針對特殊金融業務轉投資成立專業金融公司營運，逐漸形成金融集團營運模式，甚至轉型成為金融控股公司營運，達到追求收益多元化、風險互抵與跨業經營目標。

　　3.策略聯盟：銀行與不同產業進行結盟，達到擴大市場占有率的目的。

　　⑴銀行業與壽險業：壽險公司收取保費與支付理賠金係由銀行代勞，保戶在銀行開戶採取零存整付方式，銀行增加資金來源，而銀行往來客戶將是壽險公司的潛在客戶，分行營業人員透過加強壽險專業知識，成為銷售壽險人員。舉例來說，彰銀與台灣人壽策略聯盟、花旗與富邦集團進行策略聯盟，花旗集團購買富邦人壽 15% 的股權（花旗集團中的旅行者 (Travelers) 保險集團取得其中的 98.8%），富邦人壽以 7.8 億元承購花旗人壽全部資產，原屬後者的契約與保戶全由富邦人壽承受。

　　⑵銀行業與期貨業：銀行業成為期貨交易所指定的結算銀行，成為結算會員及期貨商的劃撥銀行。

⑶銀行業與證券業：銀行業提供場地或補貼租金給證券公司設立分公司（股款收付處業務），降低後者營業據點的租金成本支出，銀行則藉此吸收大額低利資金，提高低成本活期存款比重。舉例來說，華僑銀行曾經與元大、寶來綜合證券商策略聯盟，以每月 1 元租金提供場地給證券商設立分公司。

⑷異業結盟：統一人壽與銀行（萬通）、塑身（媚登峰）、醫療（哈佛健診）、統一型錄以及投信（統一）進行異業策略聯盟，以多元化行銷管道在既有的業務員行銷方式外，尋求更多客戶層。投保終身還本壽險保戶可獲得第一年免年費的萬通銀行信用卡、塑身禮券、全身健康檢查折價券、型錄雜誌以及統一投信投資理財專刊，申購統一投信定額基金，手續費五折優惠，申購統一投信旗下的開放式股票基金，手續費全免。銀行為促銷整批房貸業務,和房屋中介業者或建築經理公司合作房屋買賣價金履約保證，競相加入不動產交易安全機制。

⒝**外部擴張** (external expansion)

金融市場趨向高度整合，金融業務朝綜合化方向發展是金融發展主流，金融業採取策略聯盟、購併信用合作社與到海外成立分支機構，均屬於外部擴張策略。

15.4.2. 銀行購併活動

金融廠商購併活動或轉型成金融控股公司,促使營運得以超越國境與進行跨業經營，亦即突破銀行、證券與保險業務的障礙，擴大銀行資產規模，成為具備國際競爭力的跨國銀行，如：美國第一銀行 (Bank One) 購併第一美國 (First USA) 信用卡公司後，掀起銀行業購併發卡公司風潮，促成美國信用卡業界加速淘汰、重整行動。表 15–6 是全球金融業大型購併案。

就經濟觀點而言，廠商合併分為同業間的水平合併 (horizontal merger)、結合上下游廠商的垂直合併 (vertical merger)、與生產異質商品但相同運銷設備廠商的周邊合併、業務完全不同的集團合併 (conglomerate merger)、為促進盈餘穩定的兩個現金流量不完全相關廠商的財務合併 (financial merger) 等。銀行

表 15-6　全球金融業大型購併案

時　間	購併主角
1995/5	瑞士銀行 (SBC) 以 18 億美元購併英國華寶證券案
1995/8	富國銀行與第一聯美銀行 12.3 億美元的合併案
1996/1	Morgan Stanley 與 Dean Witter 兩家證券公司 18 億美元的合併案
1997/4	信孚銀行 (BT) 以 27 億美元購併 Alex Brown 證券案
1997/5	瑞士 Societe des Banques Suisses 銀行以 30 億美元購併 Dillon Read 證券案
1997/6	美國銀行 (BOA) 以 50 億美元購併 Robertson Stephens 證券案
1997/6	美國眾國銀行以 12 億美元購併 Montgomerry 證券案
1997/7	加拿大皇家銀行 (CIBC) 以 5.25 億美元購併美國 Oppenheimer 證券案
1997/8	荷興銀行以 6 億美元購併 Furman Selz 證券案
1997/9	Fleet Financial 銀行以 16 億美元購併 Quick and Reilly 證券案
1997/9	旅行者集團以 90 億美元購併所羅門美邦證券案
1997/11	美國第一聯合銀行 (First Union) 與 Corestates 銀行 166 億美元的合併案
1997/12	瑞士聯合銀行 (UBS) 與瑞士銀行 (SBC) 49 億美元的合併案
1998/4	花期銀行與旅行者集團 700 億美元的合併案

與信用合作社合併屬於水平合併，前者將立即增加十個左右的營業單位，若是屬於自有行舍，合併後通常仍在原地發展；如果是租賃行舍，通常會遷往工商業集中的市區或工業區附近。銀行採取該項策略，將可坐收資本及業務擴大優勢，免除申請增設分行的困難度，屬於立即擴大分支機構規模的捷徑。收購與合併是銀行採取外部擴充的成長策略，理由如下：

1. 提升資金運用效率：銀行利用向前整合 (forward integration) 與向後整合 (backward integration) 方式，進行上中下游合併，享受技術經濟與減少交易成本。

2. 綜效 (synergy)：①起動綜效：強調掌握時效，購併成長期的金融廠商，降低學習成本。②營運綜效：提升行銷（如：品牌、通路、售後服務）、金融創新、金融中介與管理效率。銀行（辦理放款的間接金融業務）與票券公司（辦理發行承銷的直接金融業務）合併將能產生金融業務互補效果，預期將降低營運成本與提升競爭力。③財務綜效：金融廠商結合可降低營運風險、風險溢酬及資金成本。④規模經濟：降低金融創新活動、授信、傳輸、資訊電腦化所需

的成本，提升品牌形象及商業資訊蒐集能力。

3. 租稅考量：所得稅扣抵效果、處理閒置資金，利用目標公司為使用之負債潛能以享受節稅效果。

4. 多角化：具備完整的金融產品線，進入新市場與新地區或從事跨業經營。

銀行購併其他金融廠商的型態包括收購與合併兩種不同的法律特性，前者包括資產收購與股權收購，後者包括吸收合併與新設合併 (consolidation)。若就業務觀點，合併包括水平、垂直、同源 (congeneric merger)、複合合併。以財務分析觀點，合併分為營運合併 (operating merger) 與財務合併。表 15-7 是購併型態的內容。

表 15-7　購併型態

特　色	類　型	意　　義
法律合併	吸收合併	消滅銀行申請解散，存續銀行申請變更登記
	新設合併	多家銀行同時消滅而成立新銀行
事實合併	股權收購	購買目標公司股權，使其成為銀行的轉投資事業
	資產收購	銀行購入目標公司全部或部分資產，但不承擔債務
業務觀點	水平合併	相同業務合併，享受規模經濟，提升壟斷力量
	垂直合併	同產業上中下游合併，享受技術經濟，減少交易成本
	同源式合併	相同產業，但業務性質不太相關的銀行合併
	複合式合併	不同產業，業務性質不同且互不往來的公司合併，具財務、管理上之優點
財務觀點	營運合併	合併後，銀行因業務整合產生綜效
	財務合併	預期合併後，因現金流量發生時點不同而發揮互補效果，有助於降低營運風險。

有關銀行進行合併活動的程序包括：①銀行內部評估、②目標公司篩選、③對目標公司評價與協商購併交易、④購併後的整合。表 15-8 是銀行購併活動的流程。

表 15-8　銀行購併程序

(一)內部評估	1.確認增加銀行價值的策略 　購併綜效、銀行成長的適合性（外部成長）、競爭策略（經濟規模、風險分散、羅致人才）、組織結構設計、產品深度整合 2.衡量銀行購併能力 3.完成購併前之保密工作
(二)目標篩選	1.制訂篩選金融廠商目標的準則 2.尋求購併資金來源 3.尋求金融廠商或其特殊部門（業務） 4.對符合標準的目標金融廠商完成實地查證
(三)進行評價	1.確認目標金融廠商價值及收購金額 　收益法（現金流量折現法）、重置成本法（資產負債表重估法）、市場比較法 2.評估實質綜效及購併成本、風險、報酬分析 3.會計方法與租稅考量 　購買法與權益結合法
(四)併後整合	1.視情況調整整合速度 2.闡明合併後之目標和建立對銀行預期 　建立移轉機能、預測管理目標、高層組織問題達成協議、規劃購併後的首次行動 3.溝通、規劃與控制 　確認重要組成分子、在過渡時期達成共識、採取必要控制行動、規劃整合過程 4.發展策略及基本架構 　‧培養挖掘事實的能力 　‧建立並檢視初次的工作目標 　‧以事實為基礎，認識企業系統與銀行在市場的地位 　‧確認成長機會、強化競爭優勢，並排定優先順序 5.改進組織與發展策略 　重新檢討策略（包括期間與綜效測試），檢討組織的異同點並完成策略組織改造

　　當銀行找到標的金融廠商進行購併活動時，未必擁有足夠資金支付收購價款，可採取發行金融債券、過渡性融資（借入資金）、創設公司及發行股票等

策略籌資。一般來說，銀行偏向採取過渡性融資支應，待購併活動完成後，再發行金融債券償還，此即融資收購。國內金融控股公司採取的購併策略，通常係發行新股進行吸收合併，也有採取部分股票與部分現金的收購策略。

除上述合併過程外，銀行面臨業務或財務狀況顯著惡化，無法支付債務或損及存款人利益時，金融當局得勒令停業並限期清理、停止其部分業務、派員監管或接管或為其他必要處置（銀行法第 62 條）。金融當局擬針對該條款在銀行法中明訂「強制合併」，將問題基層金融由正常銀行進行強制合併。

15.4.3.　銀行購併價值的評估

當銀行從事合併活動，或金融控股公司採取吸收合併金融廠商時，對購併雙方而言，換股比例將是能否達成協議的關鍵因素。在計算合理換股比例時，將需評估授信資產品質與應提列的備抵呆帳，才能公正客觀計算金融廠商淨資產，進而評估金融廠商的合理價格。

針對銀行授信資產品質，購併銀行可利用專業信用評等與風險評等機制進行評估。在信用評等方面，由具有豐富企業金融經驗的人員將參與合併的銀行之授信案件逐一審查，根據企業發展、經營者、財務狀況、未來前景、擔保品內容與授信期間風險，訂定銀行授信的風險評等，以實際反映銀行授信風險，藉此調整其呆帳準備。

計算出各銀行整體信用風險評等後，再依據不同等級計算提列備抵呆帳比率範圍，試算合併雙方在提列實際備抵呆帳後的淨資產，依據淨值作為換股比例的最主要參考依據。銀行進行購併活動的原因甚多，如何評估購併標的金融廠商價值，達成追求股東財富極大，可採下列方式評估：

1. 成本效益分析 (cost-benefit analysis)：銀行評估購併活動，掌握銀行價值增加幅度與必須支付成本大小，進而判斷購併是否有利。

2. 帳面價值方法 (book-value apporach)：帳面價值方法廣泛用於衡量合併增值 (P_m)，計算方法為：

$$P_m = \frac{B_1 \cdot e - B_2}{B_2}$$

B_1 是從事購併銀行的每股帳面價值，B_2 是被購併銀行的每股帳面價值，e 是兩者的交換比例。該項方法優點如下：①銀行帳面價值易於瞭解與衡量。②銀行帳面價值相對市場價值穩定。③銀行帳面價值與股票市場反覆無常並無關聯。不過帳面價值屬銀行清算 (liquidation) 或銀行消滅 (dead-concern) 的概念，銀行市場價值係反映銀行永續經營的價值 (going-concern values)，以帳面價值評估購併銀行的價值顯然有低估之虞。

3. 市價與帳面價值方法：投資人通常重視銀行股票的市場價值，該價值反映銀行股票現值，是以前述合併增值公式可修正如下：

$$P_m = \frac{MP_1 \cdot e - B_2}{B_2}$$

MP_1 是從事合併銀行的市場價值。該項方法缺陷是：銀行市場價值往往偏向高估，而且大量股票要能以某一主要價格交易，事實上亦屬困難。

4. 每股盈餘方法 (EPS approach)：基於兩家銀行的每股盈餘 EPS 反映其價值，亦即前述公式修正為：

$$P = \frac{EPS_1 \cdot e - EPS_2}{EPS_2}$$

5. 價格收益方法 (the price-earnings approach)：以價格收益比例 (P/E ratio) 反映銀行價值，亦即前述公式再修正為：

$$P = \frac{(MP/EPS)_1 \cdot e - (MP/EPS)_2}{(MP/EPS)_2}$$

MP_1 是第 1 家銀行市場價值。該項方法的缺點是：銀行股票必須在效率市場交易，否則 (P/E) 比例將不具任何可信賴度。

習 題

◉ 選擇題

1. 彰化銀行從事風險管理活動，何種看法係屬錯誤？ (a)銀行負債的存續期間愈大，銀行資產與負債的存續期間缺口愈小 (b)銀行資產與負債的存續期間缺口愈大，面臨的利率風險愈大 (c)存續期間缺口愈大，銀行將可採取延長放款期間因應 (d)銀行資產與負債的存續期間差距維持為零時，銀行淨值仍然會受利率變動影響。

2. 富邦銀行從事銀行活動與非銀行活動兩種業務的差異性，何者正確？ (a)前者無需承擔風險，後者需承擔風險 (b)前者產生利息收入，後者帶來手續費收入 (c)前者與銀行資產負債表無關，後者將影響資產負債表變化 (d)前者不計入銀行加權風險資產總額，後者要計入銀行加權風險資產總額。

◉ 問答題

1. 何謂資產分配理論？銀行採取該理論進行實際操作時，將會發生何種弊病？

2. 中國商銀為降低利率變動對銀行淨值的影響，將可採取何種策略因應？

3. 試說明銀行擴張非銀行業務活動的影響。

4. 試分析金融控股公司採取購併活動的動機為何？

5

第五篇

總體經濟活動

第 *16* 章　貨幣供需與銀行信用

　　貨幣數量學說係最早有系統探索貨幣與經濟活動關係的理論，原先僅在探究物價水準發生波動的緣由，隨著文獻演繹發展，理論涵蓋層面逐漸遍及景氣循環、物價決定與政策建議等方面。接著，J. M. Keynes (1936) 提出流動性偏好概念，將貨幣數量學說轉變為對貨幣的需求，J. R. Hicks (1967) 甚至指出貨幣需求理論實際上是淵源於此。另外，銀行在中介資金過程中，創造貨幣作為交易媒介，同時提供銀行信用融通支出計畫，進而對經濟活動發揮影響。

　　本章首先說明貨幣數量學說的發展過程，進而引申出古典貨幣需求理論內容。其次，再就 W. Baumol (1952) 與 J. Tobin (1956) 的存貨理論 (inventory theory) 內涵詮釋交易性貨幣需求函數的形成。第三，再以 Whalen (1966) 與 Weinrobe (1972) 的存貨理論描述預防性貨幣需求函數內涵。第四，將分別探索貨幣供給方程式 (money supply equation) 內容與其決定因素。接著，將說明貨幣與銀行信用的差異性，探討決定銀行信用供需函數的因素。最後，將說明銀行信用分配現象形成的因素及其類型。

🔺 16.1.　貨幣數量學說

16.1.1.　貨幣數量學說的內涵

　　歐洲在 16 世紀中葉爆發物價革命 (price revolution) 或嚴重通貨膨脹現象，法國的 J. Bodin (1596) 率先由個體觀點詮釋該現象，指出當美洲黃金與白銀持續流入法國下，兩者價值將因供給遞增而持續下跌。一旦兩者同時扮演貨幣角色時，價值持續貶低顯示已經發生通貨膨脹現象。爾後，J. Locke (1691) 從總體觀點分析該現象，提出貨幣數量學說的原始內容包括：①當貨幣數量固定時，體系內商品價格波動均屬相對價格變化。②貨幣數量增加導致物價等比例調整。③總體貨幣需求函數非常穩定，物價變化端視貨幣數量變化而定。

　　自從 Bodin 與 Locke 提出貨幣數量與物價水準間的關係後，貨幣理論從各

種觀點探討貨幣數量變化對經濟活動造成的衝擊,並且發展出不同型態的貨幣數量學說。這些學說的主張雖然各有特色,核心命題卻可歸納成五項:

1.比例性臆說 (proportionality hypothesis):交易學說 ($MV = PT$) 或所得學說 ($MV = Py$) 主張流通速度 V 取決於社會支付制度與習慣,短期將是穩定值。實質產出 y 或實質交易量 T 係決定於資源、技術與就業水準等因素,短期內亦屬固定。就 $MV = Py$ 取自然對數,並對時間微分而獲得下列成長率關係:

$$\dot{M} + \dot{V} = \pi + \dot{y}$$

$\dot{M}$ 是貨幣成長率,$\dot{V}$ 是貨幣流通速度成長率,π 是通貨膨脹率,$\dot{y}$ 是經濟成長率。基於貨幣流通速度與經濟成長率維持不變 ($\dot{V} = \dot{y} = 0$),體系內貨幣成長率與通貨膨脹率間經常存在比例性關係,$\dot{M} = \pi$。

2.中立性臆說 (neutrality hypothesis):貨幣數量變動不影響實質經濟活動運行。該項觀念又分為絕對與相對中立性兩種,前者係指在靜態體系中,央行擴大貨幣供給僅會造成物價上漲,對實質經濟活動或資源配置並不發生影響。至於後者係指在動態成長體系中,貨幣數量增加並不會影響自然產出 (natural output) 水準。

3.物價水準的貨幣理論:當貨幣數量變化導致人們預擬與實際保有貨幣餘額不一致時,將會拋棄多餘貨幣。在處理過程中,不論是透過直接調整機能或間接調整機能,最終結局將是造成物價水準攀升。同時,體系內發生通貨膨脹均屬於需求拉動 (demand-pull) 型態,央行必須控制貨幣成長率才能紓緩物價波動幅度。

4.貨幣與物價間的因果關係 (causality):貨幣數量學說中的流通速度、實質成交量或產出均屬外生變數,僅有貨幣數量是自變數,物價水準係隨貨幣數量波動而變化。貨幣數量變化是因,物價調整為果,不管兩者係以直接或間接調整機能聯繫,其間關係不具有可逆性。

5.貨幣供給的外生性:貨幣數量學說採取極端的舊觀點理論,認為貨幣供給係由制度性或供給面決定,與金融廠商的資產選擇決策無關。至於實質貨幣存量 (M/P) 將取決於大眾偏好,屬於內生變數。

16.1.2. Fisherian 學派

以 Irving Fisher 交易方程式 (equation of exchange) 為核心的 Fisherian 學派，由事後或交易觀點揭示體系名目交易總值、貨幣數量 *M* 與每單位貨幣在固定期間內用於所有交易之平均周轉次數（稱為貨幣交易流通速度 *V*）之間的關係，從而形成交易學說：

$$MV = PT$$

上式意味著：在固定期間，貨幣數量與貨幣使用次數（資金周轉率）的乘積將等於名目交易總值。預期貨幣流通速度取決於人們的支付習慣，係決定於人口密度、商業習慣、交易速度以及其他技術因素，短期內將是常數。*T* 是實質交易量，包括所有商品與勞務、原料、舊貨與金融市場交易，取決於技術與自然資源（包括原料與勞動）的使用情況。*P* 是物價指數，涵蓋上述交易項目的物價加權值。基於這些假設，體系內物價水準僅由貨幣數量決定，兩者間呈同向同比例變化。

在交易方程式中，貨幣僅是扮演交易媒介角色，人們藉此取得商品和勞務，將不可能因其他緣故而需求貨幣。是以交易方程式基本上並未考慮貨幣需求概念，僅是討論物價水準係由貨幣市場決定，貨幣供給是決定物價水準的唯一因素。不過由交易方程式仍可間接引申出 Fisherian 貨幣需求函數，相當於 Keynes (1937) 的融資動機貨幣需求，顯示人們持有 Fisherian 貨幣需求將視交易金額而定，係屬流量概念。

$$M^d = \frac{PT}{V}$$

Fisherian 學派認為體系內貨幣需求相當於所有成員貨幣需求之和，取決於商品和勞務的平均物價水準、體系總收入與總支出水準、以及體系使用貨幣支付的速度等因素。物價水準或總收入（總支出）的變化，都會導致貨幣需求呈現同向、同比例變化。當人們改變支付習慣，貨幣需求將按比例呈反向變化。

另外，Fisherian 學派認為商品（消費財）與貨幣的關係較為密切，彼此間具有親密的替代關係，故以通貨膨脹過程 (inflationary process) 解釋貨幣數量

變動對體系形成的影響，此即現金餘額機能或直接調整方式。當實際貨幣數量 (M_1/P_0) 超過人們願意保有的實質貨幣餘額 $(M_0/P_0)^d$ 時，多餘的現金餘額將用在商品市場購買商品（消費支出），從而推動物價上漲，最後驅使實際貨幣數量 (M_1/P_1) 等於實質貨幣餘額 (M_0/P_0)。

16.1.3. Wicksellian 學派

Wicksellian 學派從總需求（以 MV 代表體系總支出）與總供給（以 y 代表實質總產出）的概念出發，將 Fisherian 學派的交易學說轉變為所得學說：

$$MV = Py$$

上式意謂著體系達成均衡時，總支出與實質產出透過物價調整來維持兩者相等關係。在此，V 係貨幣所得流通速度，亦即在固定期間內每單位貨幣用於購買最終商品與勞務之平均周轉次數。Wicksellian 學派認為貨幣兼具交易媒介與價值儲藏功能，爾後為 Keynesian 學派所援用，故由上式衍生的貨幣需求函數兼具流量與存量概念。

$$M^d = \frac{Py}{V} + \ell(i)$$

另外，Wicksellian 學派提出累積過程 (cumulative process) 來解釋貨幣數量變動對體系的衝擊，此即利率機能或間接調整方式。在 Wicksellian 學派中，人們認為商品（資本財）與貨幣的關係較為密切，彼此間具有強烈的替代關係。當體系內實際貨幣供給 (M_1/P_0) 超過人們願意保有的實質貨幣餘額 $(M_0/P_0)^d$ 時，多餘的現金餘額將用在資本市場購買金融資產（資本財），促使資產價格上漲（利率下跌），投資增加（資本財需求增加），從而推動物價上漲，最後驅使實際貨幣數量 (M_1/P_1) 等於實質貨幣餘額 (M_0/P_0)。

16.1.4. Cambridge 學派

Cambridge 學派係以 A. Marshall 與 A. C. Pigou 的貨幣數量學說為代表，認為貨幣雖然無法產生金融收益，但是提供方便與安全兩項金融勞務，成為保有貨幣的非金融性報酬。人們經過資產選擇程序後，將在財富存量 Pa 中持有

k_1 比例的貨幣：

$$M_1^d = k_1 Pa$$

k_1 將受貨幣與其他資產間的相對報酬率影響。另外，人們從事日常交易活動，將就所得 Py 中保有 k_2 比例貨幣：

$$M_2^d = k_2 Py$$

累加上述兩式可得人們的總貨幣需求如下：

$$M^d = k_1 Pa + k_2 Py$$

人們通常無法從實際資料精確估計財富存量，不過所得與實際財富存量間存在穩定比例關係 $(y = \beta a)$，上式將可表為：

$$M^d = (k_1 \beta^{-1} + k_2) Py$$
$$= k(i, \pi^e, u) Py$$

i 是金融資產報酬率，π^e 是預期通貨膨脹，u 是人們對貨幣與金融資產的偏好。接著，比較 Cambridge 學派與 Fisherian 學派的差異性有二：

1. Cambridge 學派強調貨幣是生息資產（價值儲藏）的一環，人們的貨幣需求將取決於擁有資產的多寡，係指人們願意以貨幣形式保有資產的比例，屬於存量概念，成為 Hicks（1935）探討資產選擇理論的先驅。反觀 Fisherian 學派主張貨幣僅是交易媒介，貨幣需求與支出活動息息相關，係指人們從事交易活動必須持有的貨幣數量。

2. Fisherian 學派假設流通速度和實質交易量獨立於貨幣供給，而 Cambridge 學派認為人們在總資產中持有貨幣的比例係取決於邊際效用，亦即增加持有貨幣產生的邊際效用，若等於貨幣作其他用途產生的邊際效用時，貨幣與非貨幣資產間的分配比例將是最適。一旦人們持有貨幣的邊際效用超過非貨幣資產的邊際效用，則將出售部分非貨幣資產轉換為貨幣。反之，當非貨幣資產的邊際效用超過貨幣的邊際效用時，人們會將部分貨幣轉換為非貨幣資產。尤其是 Cambridge 學派指出物價水準將與貨幣數量同向變化，但未必呈固定比例變動。

16.1.5. 現代貨幣數量學說

M. Friedman (1956) 全面性重新論述貨幣數量學說，認為該學說本質上僅是貨幣需求函數。貨幣是金融資產的一環，人們持有貨幣，係在享受貨幣提供的交易媒介與價值儲藏勞務。在前述學說中，貨幣需求取決於物價和支出水準，Friedman 再引進持有貨幣的機會成本，包括將持有貨幣借貸出去取得名目利率報酬，以及物價上漲降低貨幣購買力，兩種機會成本上升意味著持有貨幣成本增加，勢必降低持有貨幣的意願。綜合以上所言，Friedman 認為影響貨幣需求的因素包括物價水準、實際支出、名目利率及恆常所得 (permanent income)、預期通貨膨脹率，函數可表為：

$$\left(\frac{M}{P}\right)^d = f(r, y^P, h, \pi^e)$$

r 是一組利率，y^P 是恆常性所得，h 是人力資本對非人力資本的比率，π^e 是預期通貨膨脹率。隨著物價水準變化，名目貨幣需求將呈等比例變化；同時，恆常所得變化引起貨幣需求變化的彈性將大於 1。Friedman 認為只要貨幣需求函數穩定，貨幣供給變化將引起物價變化。從長期來看，貨幣供給變化對實質經濟變數毫無影響，亦即實質產出、實質利率等實質變數維持不變。

綜合以上所述，貨幣數量學說強調流通速度穩定性，不過 Keynes 卻認為流通速度的變異性極大，假設實質貨幣需求函數可表為：

$$\frac{M^d}{P} = L(i, y)$$

將上述函數顛倒，可得：

$$\frac{P}{M^d} = \frac{1}{L(i, y)}$$

就上式的兩邊同時乘上 y，可得流通速度的函數如下：

$$V = \frac{Py}{M} = \frac{y}{L(i, y)}$$

由於貨幣需求與利率呈反向關係，利率波動將改變貨幣需求，流通速度並非固定值。尤其是在景氣循環與利率波動劇烈之際，貨幣需求將出現劇烈變化，

促使流通速度變異性擴大而不再是穩定值。

Wicksellian 學派的貨幣需求函數兼具流量與存量概念，同時引進國民所得概念，以所得取代交易量（支出）作為解釋貨幣需求的因素，此種替換促使貨幣需求函數原先取決於預擬且具動態性質的支出變數，蛻變成決定於事後且具靜態性質的所得變數。

16.2. 交易性貨幣需求理論

16.2.1. Baumol 存貨理論

在日常交易活動中，人們經常面臨收付分際困擾，必須保有貨幣方能渡過難關，Keynes (1936) 將此類貨幣需求分為兩類：①所得動機：人們獲取所得多數在月初出現，支出卻是每日持續進行，在收付分際期間內，將需持有貨幣才能解決流動性匱乏問題。②營業動機：廠商為雇用因素與購買原料，必須保有貨幣(周轉金)支應各項支出，但是銷售商品卻須面臨市場需求不確定的狀況。為能融通產銷間的時距，廠商需要保有周轉金渡過難關，保有數量將視當期收益、成本與商品轉手次數而定。

基於上述定義，所得與營業動機的差異性包括：前者是所得發生時間領先支出，後者恰好相反；前者的不確定性相較後者為小。兩項動機差異顯著，Keynes 卻採取 Fisherian 貨幣需求函數型態而將兩者合併，並以所得（支出）取代交易量變數，指出人們保有交易性貨幣部位，將視預擬支出（以所得變數替代）與收付分際程度而定。稍後，Baumol (1952) 與 Tobin (1956) 擷取存貨理論概念，認為人們持有交易媒介正如廠商持有存貨，持有過多將損失利息收益，持有過少則不利交易活動進行，如何取得平衡將可決定最適交易性貨幣數量。

圖 16–1 (A)顯示：在所得期間 (income period) 內，人們的所得支出型態將是鋸齒狀資產曲線 (sawtooth asset curve)。人們在期初獲取所得 Y 後，預期以均勻速度消費，支出軌跡將如 YD 直線所示，不過實際支出將是環繞於 YD 直

線周圍的曲線。該曲線與 YD 直線的差距相當於未預期支出，人們須保有預防
性貨幣部位 M_P 融通才能渡過難關。當人們在期初獲取所得 Y（假設全部支出）
後，將從銀行提領現金 M_T，並以均勻速度消費，直到 C 點耗盡後再前往銀行
提款。人們前往銀行提款無須事先通告，現金耗盡點 (cash exhaustion point) 將
與現金補充點 (cash replenishment point) 完全一致。

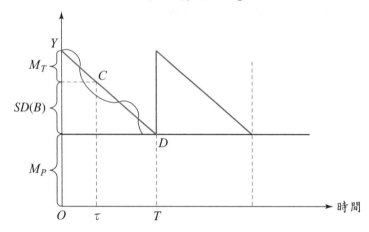

(A)所得消費支出型態

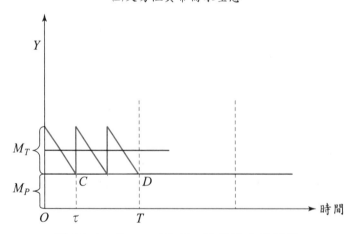

(B)交易性貨幣需求型態

圖 16-1　Baumol-Tobin 的所得支出型態

　　在無法採取信用交易（使用信用卡消費）下，人們必須使用現金交易，故
將持有現金 M_T 應付預擬立即支出，持有儲蓄存款 SD 應付短期預擬支出。假

設人們均勻運用現金購買商品，直至 C 點耗盡現金後，無須通告即迅速由銀行提領現金，並依提領次數支付固定交易成本（金融成本與時間成本）H，是以人們每次持有現金部位 M 所需負擔的機會成本為 C_1：

$$C_1 = \frac{1}{2} \times M \times \tau \times i$$

$\tau = (\frac{MT}{Y})$ 是每次提領現金後的使用時間，T 是整段所得支出期間的長度。消費者在所得期間的提領次數為 $n = \frac{Y}{M}$，負擔的總機會成本或利息成本為：

$$C_1 = \frac{1}{2} \times M \times i \times n$$
$$= (\frac{i}{2}) \times M \times (\frac{MT}{Y}) \times (\frac{Y}{M})$$
$$= (\frac{i}{2}) \times M \times T$$

另外，人們每次提款需支付固定的交易成本，在所得支出期間負擔的交易成本 C_2 將是：

$$C_2 = H \times (\frac{Y}{M})$$

綜合上述分析，人們持有交易現金部位的總成本為 TC：

$$Min \quad TC = H(\frac{Y}{M}) + (\frac{iMT}{2}) \tag{16.1}$$

就上式對 M 微分，將可求得人們保有交易餘額成本最小時的最適提款數量：

$$\frac{-HY}{M^2} + \frac{iT}{2} = 0$$

整理上式可得下列平方根公式 (formula of square root)，此即人們每次提領的最適現金餘額：

$$M^* = \sqrt{\frac{2HY}{iT}} \tag{16.2}$$

人們每次提領現金 M^*，均勻使用後將趨近於零，故整段期間內平均持有的交易現金部位 M_B^d 僅有提款金額的一半：

$$M_B^d = \frac{M^*}{2} = \sqrt{\frac{HY}{2iT}} \qquad (16.3)$$

再就上式取自然對數，然後進行全微分：（$H = Ph$，P 是物價水準，h 是實質交易成本）

$$d\ln M_B^d = d\ln P + (\frac{1}{2})d\ln h + (\frac{1}{2})d\ln y - (\frac{1}{2})d\ln i$$

$y = \frac{Y}{P}$ 是實質所得（支出），$h = \frac{H}{P}$ 是實質交易成本。綜合 Baumol 貨幣需求函數的特色如下：

1. Baumol 交易性貨幣需求函數的所得彈性 $\varepsilon(M_B^d, y) = \frac{\partial \ln M_B^d}{\partial \ln y} = \frac{1}{2}$，利率彈性為 $\varepsilon(M_B^d, i) = \frac{\partial \ln M_B^d}{\partial \ln i} = \frac{-1}{2}$，價格彈性為 $\varepsilon(M_B^d, P) = \frac{\partial \ln M_B^d}{\partial \ln P} = 1$。值得注意者：Fisherian 學派或 Keynes 主張交易性貨幣需求僅受所得（支出）影響且無利率彈性，但經過 Baumol 修正後的交易性貨幣需求卻具有利率彈性，故稱為新 Fisherian 學派的貨幣需求函數。

2. Baumol 貨幣需求函數可重新表為：

$$M_B^d = (\frac{h}{2i}) \times P \times y^{\frac{1}{2}}$$

比較該式與 Fisherian 學派的貨幣需求函數，可知：

$$V = k^{-1} = (\frac{h}{2i})^{\frac{1}{2}}$$

另外，Fisherian 學派面臨支出（或所得）遞增時，貨幣需求呈現等比例增加；Baumol 假設每次提款的成本為固定值，預擬支出遞增勢必發揮降低單位交易成本的好處，人們保有貨幣將與所得（或支出）的平方根成正比，反映具有節省使用貨幣的規模經濟現象。

3. Baumol 貨幣需求曲線包括固定利率彈性的等彈性曲線 (iso-elasticity curve) 與垂直線兩部分。當利率降低至 $i^* = \frac{2H}{YT} = \frac{2h}{yT}$ 時，圖 16–2 中的 $\ell(y_0)$ 曲線將在出現 Keynes 轉折點 (Keynesian kink) A 後轉為垂直線，符合 Keynes 以及 Fisherian 學派缺乏利率彈性的說法。換言之，在運用平方根公式決定交易性貨幣需求量時，必須考慮交易成本過高或利率偏低現象，兩者促使交易性貨幣

需求簡化為僅是預擬支出的函數。

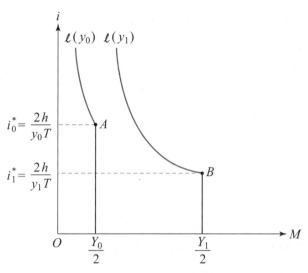

圖 16–2　Baumol 交易性貨幣需求曲線

4. Baumol 貨幣需求曲線的價格彈性為 1，符合 Keynes 及 Fisherian 學派的說法，顯示人們保有名目交易性貨幣餘額將與物價同比例進退，無物價水準幻覺 (price level illusion) 存在。

5. 將 Fisher 方程式 $(i = r + \pi^e)$ 引進 (16.3) 式，可得實質交易性貨幣需求函數：

$$m_B^d = \frac{M_B^d}{P} = \sqrt{\frac{hy}{2(r + \pi^e)T}}$$

r 是實質利率，π^e 是預期通貨膨脹率。當體系出現一次即止的物價上漲現象，人們的通貨膨脹預期仍然維持不變，名目貨幣需求量 M_B^d 將隨物價等比例變動，實質貨幣需求維持不變。當通貨膨脹出現帶動通貨膨脹預期調整，人們勢必降低實質交易性貨幣需求，名目貨幣需求仍是上升，幅度遜於物價上漲的狀況。

6. 考慮整數限制 (integral constraint) 的影響：平方根公式係基於連續性假設推演而得的最適交易性現金部位，實務上，人們前往銀行提款的次數係為整數，持有現金部位所需負擔的總成本將可轉換為提款次數的函數：

$$Min \quad TC(n) = nH + \frac{iMT}{2n}$$

就上式求解可得最適的提款次數如下:

$$n^* = \sqrt{\frac{iYT}{2H}}$$

上述值相當於 $n^* = Y / M^*$ 未必是整數,將其整數部分 n_i^* 與 $n_i^* + 1$ 分別代入總成本函數,再比較 $TC(n_i^*)$ 與 $TC(n_i^* + 1)$ 兩者大小,選擇總成本較小者即是次佳的提款次數。

16.2.2. Tobin 存貨理論

實務上,Baumol 模型適用於傳統的薪水階級,人們安排交易餘額以現金與儲蓄存款(間接金融)為主,提領後者的成本係屬固定值。隨著銀行推出貨幣基金商品(直接金融),甚至允許人們簽發支票提領,交易餘額將轉變為以現金與貨幣基金為主,後者兌現成本係屬比例性質。有鑑於此,J. Tobin (1956) 在圖 16-1 (A)中指出人們在期初獲取所得(存款型態)Y 後,立刻提領部分現金 M,剩餘部分改持有貨幣基金 B,經過 τ 期間使用殆盡,將在現金耗盡點 C 兌現基金,不僅瞬間完成且無資本損失,是以該期間內保有貨幣損失的利息收益為 C_1:

$$C_1 = (\frac{i}{2}) \times M \times T$$

另外,人們每次兌現基金需支付固定比例的交易成本,在所得支出期間負擔的總交易成本 C_2:

$$C_2 = (bM) \times (\frac{Y}{M})$$

b 是比例性交易成本。綜合上述分析,人們持有交易現金部位的總成本為 TC:

$$Min \quad TC = (bM)(\frac{Y}{M}) + (\frac{iMT}{2})$$

就上式對 M 微分,可得:

$$\frac{\partial TC}{\partial M} = \frac{iT}{2} \succ 0$$

上述結果顯示:在所得期間,人們兌現貨幣基金無需通告時間,且係支付

固定比例的交易成本，增加保有貨幣徒然損失利息 $\frac{iT}{2}$ 而無其他好處，故在追求保有成本最低下，最佳決策即是不持有貨幣。舉例來說：統一超商、中信銀行與萬通銀行於 2000 年 10 月 25 日進行策略聯盟，此係便利商店與金融業首度結合，銀行將 ATM 導入統一超商，結合物流業與金流業，提供人們轉帳提款等功能。假設提款支付的成本屬於比例性質 ($b=0$)，人們在統一超商提款與消費，持有貨幣行為將可用 Tobin 模型解釋。

16.3.　預防性貨幣需求理論

16.3.1.　Weinrobe 比例成本模型

Keynes 認為人們基於未雨綢繆，以及廠商為應付突發的有利購買機會、或面臨某項或有負債（如：背書保證）的清償，將會保有預防性貨幣餘額。至於交易性與預防性貨幣需求的差異性如下：前者係確定狀況下，人們面臨預擬收付分際而保有的貨幣；後者係在訊息不全下，人們為避免意外損失而保有貨幣。預防性貨幣需求具有隨機性，不過 Keynes 將其與交易性貨幣需求合併處理，完全取決於所得水準高低，此種處理方式全然不符實際現象。

Weinrobe (1972) 由人們追求保有預防性餘額 (precautionary balance) 成本最小觀點著眼，主張保有預防性貨幣 M_p 的成本有二：①機會成本：預防性貨幣用於購買短期流動性資產（貨幣基金）所獲收益，相當於保有貨幣的機會成本 $C_1 = iM_pT$，T 是期間，i 是利率。②流動性匱乏成本 (illiquidity cost)：當人們保有貨幣不足以應付意外支出 x，將出售短期流動性資產換取現金，同時支付比例性手續費 b。假設意外支出機率分配 $f(x, \mu_x, \sigma_x)$ 如同圖 16–3 所示，當 $x \succ M_p$ 時，人們面臨的預期流動性匱乏成本為：

$$C_2 = \int_{M_p}^{\infty} b(x - M_p)f(x)\mathrm{d}x$$

人們持有預防性貨幣餘額面臨的總成本如下：

$$TC = iM_pT + \int_{M_p}^{\infty} b(x - M_p)f(x)\mathrm{d}x$$

針對上式進行全微分，可得下列最適條件：

$$iT = \int_{M_p}^{\infty} f(x)\mathrm{d}x$$

上式的涵義為：人們增加保有預防性貨幣所需負擔的利息 iT（邊際成本 MC），必須等於增加持有預防性貨幣而減輕的預期流動性匱乏成本（邊際利益 MB），此時正好決定最適預防性貨幣數量 M_p^*。

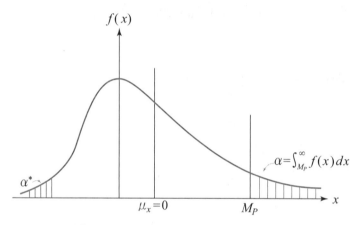

圖 16-3　隨機性淨支出的機率分配

*16.3.2.　Whalen 固定成本模型

Whalen (1966) 提出固定成本的預防性貨幣需求理論，特點是當淨支出超過持有的預防性貨幣餘額 $(x - M_p) \succ 0$ 時，人們將緊急出售短期流動性資產換取現金，每次支付固定成本 H。Whalen 接續利用 Tchebycheff 不等式求出前述模型的機率 $\alpha = \int_{M_p}^{\infty} f(x)\mathrm{d}x$，該不等式內容為：「隨機變數 x 分散於其平均值旁 μ 的距離若超過 k 個標準差 σ 範圍內，發生機率會等於或大於 $1 - (1/k^2)$。」

$$\mathrm{Prob}(\,|x - \mu| < k\sigma) \geq 1 - (\frac{1}{k^2})$$

人們進行任何決策往往戒慎恐懼，面臨的意外支出分配通常屬於左偏的機率分配，左尾機率 $\alpha^* = \mathrm{Prob}\{(x - \mu) < -k\sigma\} = 0$，上式將變為：

$$\alpha = \text{Prob}(x - \mu \ge k\sigma) \prec (\frac{1}{k^2})$$

在長期時，假設人們面臨意外支出或收入的預期值為 $\mu = 0$，同時令 $x = M_P$，可得 k 值為：

$$k = \frac{M_P}{\sigma}$$

人們面臨意外支出超越預防性貨幣餘額的機率是：

$$\alpha \prec \frac{1}{(M_P/\sigma)^2}$$

人們通常採取最保守心態因應流動性匱乏現象，是以可能發生的最大機率是：

$$\alpha = \frac{\sigma^2}{M_P^2}$$

綜合上述分析，Whalen 模型可表示如下：

$$TC = iM_p T + H \cdot (\frac{\sigma}{M_P})^2$$

針對上式求解，可得預防性貨幣需求的立方根公式 (formula of cube root)：

$$M_P^d = \sqrt[3]{\frac{2H\sigma^2}{iT}}$$

上述公式顯示：人們持有最適預防性貨幣餘額將與淨支出分配的變異數 σ^2、流動性匱乏的成本 H 正相關，與持有貨幣餘額的機會成本率 i 呈負相關。同時，人們的預防性貨幣需求的利率彈性為 $(-1/3)$，預防性貨幣需求對所得和支出（淨支出）的彈性為 $1/3$。

16.4.　貨幣供給理論

16.4.1.　強力貨幣的內涵與變動

假設體系是由央行、銀行與大眾三個部門組成，簡化資產負債表分別如表 16–1 所示。

表 16–1(A)　央行資產負債表

資　產		負　債	
國外資產	FA	大眾持有的通貨淨額	C^P
對政府部門債權	CG	銀行存款準備	R
對金融業債權	BA	國外負債	FL
其他資產	OA	對政府部門存款	GD
		對金融業負債	BL
		央行淨值	NW

表 16–1(B)　銀行資產負債表

資　產		負　債	
存款準備	R	活期存款	DD
銀行放款	L	其他負債	OL_B
證券投資	S		
其他資產	OA_B	銀行淨值	NW_B

表 16–1(C)　大眾部門資產負債表

資　產		負　債	
大眾持有的通貨淨額	C^P	銀行放款	L
活期存款	DD	證券	S
其他資產	OA_P	其他負債	OL_P

依據表 16–1(A)的央行資產負債簡表，使用面的強力貨幣可定義為：

$$H = C^P + R$$

再由會計恆等式，來源面的強力貨幣將定義為：

$$H = (FA - FL) + (CG - GD) + (BA - BL) + OA - NW$$

就上式取變動量可得影響強力貨幣變動的因素如下：

$$\Delta H = \underset{\substack{\text{國際收支}\\\text{失衡}}}{\underbrace{\Delta(FA-FL)}} + \underset{\text{財政赤字}}{\underbrace{\Delta(CG-GD)}} + \underset{\text{金融赤字}}{\underbrace{\Delta(BA-BL)}} + \Delta OA - \Delta NW$$

1.國際收支失衡：假設一國進出口與國際資金移動均需透過央行結匯，央行握有國外淨資產變動量 (net foreign asset, NFA)$\Delta(FA - FL)$ 將相當於國際收支失衡。假設央行追求維持匯率穩定，且未採取沖銷政策，勢將釀成強力貨幣數

量變化。

2. 財政赤字：財政部發行公債若由央行購買，則央行持有公部門淨債權變動量 $\Delta(CG - GD)$ 相當於財政赤字，強力貨幣與之同向變動。

3. 金融赤字 (financial deficit)：央行持有私部門淨債權變動量 $\Delta(BA - BL)$，相當於央行對銀行提供融資，此即金融赤字，強力貨幣與之呈同向變動。

接著，大眾部門發行證券 (S) 與放款契約 (L)（合稱銀行信用 BK^S）向銀行貸得資金，而分別以通貨 (C^P) 與活期存款 (DD) 型態保有。至於銀行發行活期存款吸收資金後，依規定提存準備 (R)，然後用於投資證券與進行放款而形成銀行信用需求 (BK^D)。

16.4.2. 貨幣供給方程式

假設央行採取 M_{1A} 貨幣定義如下：

$$M_{1A}^S = C^P + DD$$

將 M_{1A} 貨幣定義與強力貨幣 H 相除，可得貨幣供給方程式如下：

$$\frac{M_{1A}^S}{H} = \frac{C^P + DD}{C^P + R} = \frac{1 + \dfrac{C^P}{DD}}{\dfrac{C^P}{DD} + \dfrac{R}{DD}} = \frac{1 + d}{d + \rho}$$

$$M_{1A}^S = m \times H$$

上述方程式顯示：體系內的貨幣供給係由貨幣乘數 (m) 與強力貨幣兩者構成，此即貨幣乘數方法 (money-multipler approach) 或稱比例方法 (ratio approach)。貨幣乘數係取決於通貨活存比率 $d = (\dfrac{C^P}{DD})$ 與存款準備率 $\rho = (\dfrac{R}{DD})$，兩者的影響如下：

$$\frac{\partial m}{\partial d} = \frac{-(1 - \rho)}{(d + \rho)^2} \prec 0$$

$$\frac{\partial m}{\partial \rho} = \frac{-(1 + \rho)}{(d + \rho)^2} \prec 0$$

值得注意者：當銀行未持有超額準備，提存的準備全部屬於法定準備，ρ

即是法定準備率。假設人們採取支票作為交易媒介，顯示通貨活存比例趨近於零，銀行業從事資金中介過程中，將無現金流失現象。一旦上述狀況同時出現之際，貨幣供給將變為：

$$M_{1A}^{S} = (\frac{1}{\rho}) \times H$$

$m = (\frac{1}{\rho})$ 將是 Phillips (1920) 推演的銀行貨幣乘數或信用創造乘數 (credit expansion multiplier)，係指銀行吸收原始存款能夠創造衍生存款貨幣之最大倍數。

影響貨幣供給的因素除強力貨幣變動外，貨幣乘數變動也將對貨幣供給發揮影響。貨幣乘數為強力貨幣與貨幣供給間的擴張關係，係銀行業運用強力貨幣，透過中介資金過程創造貨幣數量的倍數。貨幣乘數越大，表示央行釋出強力貨幣所能創造的貨幣供給增幅愈大。至於影響貨幣乘數的因素如下：

1. 通貨活存比例 (*d*)：通貨活存比率上升反映人們持有通貨意願上升，銀行可以支撐放款擴張的強力貨幣減少，貨幣乘數相應收縮。比較有趣的案例是：央行在 1980 年正式發行面額 500 元與 1,000 元的大鈔，曾在發行前引起廣泛爭議，理由是：人們基於 1949 年國民政府發行大額金元券引起惡性通貨膨脹的經驗，從而強力反對。不過仔細檢查 1949 年發行大鈔的狀況，我們發現金融當局除發行大額金元券外，同時大幅擴大強力貨幣，體系內貨幣供給大幅增加，才是引爆惡性通貨膨脹的根本原因。如果央行控制強力貨幣不變，發行大面額通貨取代小面額貨幣，將促使通貨活存比例上升，反而形成銀根緊縮效果。尤其是在信用卡市場尚在開展初期，經濟成員使用大面額通貨從事大額交易活動，將會降低交易成本，提升生產效率，有助於增加產出效果。同樣的，央行在 2002 年 7 月底發行 200 元與 2,000 元的大面額貨幣，發行額及占鈔券發行額之比例呈現緩慢成長，但因體系盛行使用塑膠貨幣交易，導致兩種大面額貨幣的市場流通性不高，對通貨活存比例與貨幣供給的衝擊極為微弱。

2. 存款準備比例 (*ρ*)：在其他條件不變下，央行提高法定準備率，銀行將需收縮放款，貨幣乘數相應下降。另外，銀行增加持有超額準備，同樣促使貨幣乘數下降。臺灣於 1995 年下半年面臨中共的文攻武嚇，造成外匯存底流失，

強力貨幣減少速度加快。再者，國內基層金融頻頻出現擠兌的金融風暴，造成存款由基層金融轉向不具放款業務的郵匯局與外商銀行的外幣存款帳戶，致使貨幣乘數效果無法發揮。

16.4.3.　修正方向

前節討論的貨幣供給函數係立基於簡化的銀行資產負債表，無法充分反映銀行實際從事中介資金的過程，以下可朝兩個方向進行簡單的修正：

㈠銀行資金來源的多元化

銀行發行存款商品吸收資金，除活期存款外，儲蓄存款 SD 資金扮演重要角色，兩者提存的法定準備率為 $\rho_d > \rho_s$。此外，銀行除保有法定準備 RR 外，同時保有超額準備 ER，持有實際準備 R 如下：

$$R = \rho_d DD + \rho_s SD + ER$$

假設央行改採 M_{1B} 貨幣定義：

$$M_{1B} = C^p + DD + SD$$

將 M_{1B} 貨定義除以強力貨幣 H，可得 M_{1B} 貨幣供給方程式如下：

$$M_{1B}^S = \left(\frac{C^P + DD + SD}{C^P + \rho_d DD + \rho_s SD + ER} \right) \times H$$

$$= \left[\frac{1 + (\frac{C^P}{DD}) + (\frac{SD}{DD})}{(\frac{C^P}{DD}) + \rho_d + \rho_s(\frac{SD}{DD}) + (\frac{ER}{DD})} \right] \times H$$

$$M_{1B}^S = m_{1B} \times H$$

$$m_{1B} = \frac{1 + d + s}{d + \rho_d + \rho_s s + e}$$

$d = (\frac{C^P}{DD})$ 是通貨活存比例，$s = (\frac{SD}{DD})$ 是儲蓄存款活存比例，$e = (\frac{ER}{DD})$ 是超額準備活存比例。各種金融比例對貨幣乘數 m_{1B} 的影響效果如下：

1. 通貨活存比例 (d)：當人們提高通貨活存比例時，貨幣乘數將會下降。

$$\frac{\partial m_{1B}}{\partial d} = \frac{\rho_d + e - s(1 - \rho_s) - 1}{(d + \rho_d + \rho_s s + e)^2} \prec 0$$

2.儲蓄存款活存比例 (s)：當人們將活期存款轉向儲蓄存款，亦即 s 比例提高將造成貨幣乘數下降。

$$\frac{\partial m_{1B}}{\partial s} = \frac{d(1 - \rho_s) + (\rho_d - \rho_s) + e}{(d + \rho_d + \rho_s s + e)^2} \prec 0$$

3.活期存款的法定準備率 (ρ_d)：央行提高活期存款的法定準備率，將會造成貨幣乘數下降。

$$\frac{\partial m_{1B}}{\partial \rho_d} = \frac{-(1 + d + s)}{(d + \rho_d + \rho_s s + e)^2} \prec 0$$

4.儲蓄存款的法定準備率 (ρ_s)：央行提高儲蓄存款的法定準備率，將會造成貨幣乘數下降。

$$\frac{\partial m_{1B}}{\partial \rho_s} = \frac{-s(1 + d + s)}{(d + \rho_d + \rho_s s + e)^2} \prec 0$$

(二)長短期貨幣供給函數

銀行保有實際準備部位包括法定準備與超額準備,強力貨幣方程式又可表為:

$$H = C^P + RR + ER$$
$$= d \times DD + (\rho_d + e) \times DD + (\rho_s + e) \times SD$$
$$= d \times DD + (\rho_d + e) \times DD + (\rho_s + e)s \times DD$$
$$= [d + (1 + s)e + (\rho_d + s\rho_s)] \times DD$$

另外，M_{1A} 貨幣定義又可表示如下:

$$M_{1A}^S = C^P + DD$$
$$= (1 + d) \times DD$$

將上述兩式相除，可得 M_{1A} 貨幣供給方程式如下:

$$M_{1A}^S = (1 + d)[d + (1 + s)e + (\rho_d + s\rho_s)]^{-1} \times H$$

就短期而言，銀行採取向金融業拆款市場拆借或向央行融通資金充當準備，兩者若非臨時拆款即是具有政策性，融資到期或政策更迭則有收回之虞。

若是忽略銀行保有借入準備因素的影響,採取實際準備做基礎而推演的貨幣供給函數,即是屬於短期性質。就長期而言,銀行中介資金係以制度性儲蓄市場為主,惟有採取調整後的強力貨幣 (adjusted high-powered money, H^a) 概念,消除借入準備變化釀成的衝擊,才能獲得長期貨幣供給函數。是以銀行持有實際準備部位,當中有部分係拆借而來,調整後的強力貨幣可表為:

$$H^a = C^P + RR + (ER - BR)$$
$$= C^P + RR + FR$$

銀行保有法定、超額與借入準備方程式可表示如下:

$$RR = \rho_d DD + \rho_s SD$$
$$ER = e(DD + SD)$$
$$BR = b(DD + SD)$$

e 與 b 是銀行就吸收存款總額 $(DD + SD)$ 提存的超額準備與借入準備比例。$FR = ER - BR$ 係銀行在長期不受拘束而能自由授信的自由準備。是以調整後的強力貨幣又可轉變為:

$$H^a = d \times DD + (\rho_d + e) \times DD + (\rho_s + e) \times SD - b(DD + SD)$$
$$= d \times DD + (\rho_d + e) \times DD + (\rho_s + e)s \times DD - b \times DD - bs \times DD$$
$$= [d + (1 + s)(e - b) + (\rho_d + s\rho_s)] \times DD$$

將 H^a 取代 H,將可獲得消除借入準備影響後的長期貨幣供給函數,其數量或貨幣乘數將小於短期貨幣供給量或乘數:

$$M_{1A}^S = (1 + d)[d + (1 + s)(e - b) + (\rho_d + s\rho_s)]^{-1} \times H^a$$

🔺 16.5.　銀行信用市場

16.5.1.　銀行信用均衡

　　銀行在中介資金過程中扮演受信與授信角色,前者係指發行各類存款商品收收資金,當中的支票存款可作為交易媒介而形成 M_{1A} 貨幣供給的一環;後者

係指經由放款與投資證券進行授信而形成銀行信用主體。兩者同屬體系內流動性的來源，本質上卻有顯著差異：①貨幣係指特定時點上作為交易媒介的存量，而銀行信用泛指銀行在固定期間內擁有某項權利的未來請求權，通常係指請求權擴增的流量。②人們基於交易、預防與資產動機而保有貨幣；銀行吸收資金賦予負債兼具交易媒介功能，使其成為貨幣供給的一環。另外，銀行基於謀利動機，安排資金於證券與放款以便授信而形成銀行信用需求；一般廠商則是發行證券與放款契約，售予銀行取得融資而成為銀行信用供給的來源。

表 16–2 係簡化的銀行資產負債表。若未考慮其他資產 OA_B、其他負債 OL_B 與銀行淨值 NW_B 等項目，銀行信用需求 BK^d 包括銀行進行的放款與證券投資：

$$BK^d = L + S$$
$$= DD - R$$

將強力貨幣代入上式，兩邊遍除 H，可得銀行信用需求方程式如下：

$$BK^d = C^P + DD - H$$
$$= (m - 1) \times H$$

$m = \dfrac{1 + d}{d + \rho}$ 是 M_{1A} 貨幣乘數，$(m - 1)$ 是銀行信用乘數 (bank credit multiplier)，後者乘數顯然較前者遜色。銀行信用需求函數與貨幣供給函數雷同，同樣取決於各種金融比例 (d, ρ) 與強力貨幣 H。在此，通貨活存比例受市場利率 i 影響，銀行保有準備比例端視法定準備率與市場利率（機會成本）而定。當市場利率揚升之際，人們偏好使用支票而降低保有通貨，銀行亦因機會成本攀高而降低保有超額準備，d 與 ρ 兩者同呈遞減現象。至於央行提高法定準備率時，銀行保有準備比例將同步遞增。是以銀行信用需求函數可轉變為：

$$BK^d = h(i, \rho) \times H$$
$$\quad\ -, +$$

人們基於消費與投資目的，發行放款契約或證券換取融資，從而形成銀行信用供給，其影響因素實際上係反映決定消費及投資支出的變數：

$$BK^s = L^s + S^s$$
$$= BK(i, \pi^e, r, i_\theta, \frac{y}{y_P}, a, S_g)$$

表 16–2　銀行資產負債表

資　產		負　債	
準備資產	R	活期存款	DD
銀行信用 BK			
放款	L	其他負債	OL_B
證券投資	S		
其他資產	(OA_B)	銀行淨值	(NW_B)

1. 資產報酬率 (i_θ)：人們發行放款契約或證券募集資金，必須支付貨幣利率 i，兩者間呈反向關係。廠商取得融資購買實體資本從事生產，資本邊際生產力 r 攀升，將會刺激籌資誘因。廠商發行證券與放款契約（銀行信用供給）係以貨幣價值衡量，在通貨膨脹期間，享有實質償債成本貶低之利，預期通貨膨脹率 π^e 攀升更將提升融資意願。再則，人們取得融資亦可購買其他生息資產，只要其他資產報酬率 i_θ 日益誘人，同樣提升擴大融資意願。

2. 所得變數：實際所得 y 包括恆常所得 y_P 與暫時所得 y_t 兩部分。前者係指人們以本身的資源或權利在未來衍生之預期收益，屬於長期穩定值，後者則為隨機值。是以 (y/y_P) 比例波動反映景氣循環趨勢，比例上升顯現景氣邁向繁榮，廠商預期資本報酬率攀升，樂於發行證券與放款契約募集資金，銀行信用供給隨之擴張。反之，比例回跌反映景氣衰退，廠商預期資本報酬率日低，發行證券與放款契約意願低落，銀行信用供給將會遞減。

3. 財富效果 (a)：當廠商擁有實質財富累積，內部資金足以融通預擬投資支出時，採取外部融資意願將會遞減。

4. 金融排擠效果 (financial crowding out effect)：財政當局發行公債 S_g 融通預算赤字，除對利率攀升形成推波助瀾效果外，更因公債品質相對優於公司債，勢必削弱私部門發行證券與放款契約的意願，此即稱為金融排擠效果。

在圖 16–4 中，當銀行信用供給（可貸資金需求）曲線 $BK_1^s = F_1^d$ 與銀行信用需求（可貸資金供給）曲線 $BK_1^d = F_1^s$ 交於 Λ 點時，銀行信用市場（或可貸資金市場）達成均衡，均衡利率 i_1 與銀行信用（或可貸資金）數量 F_1 亦可同時決定。假設央行採取緊縮銀根政策，降低強力貨幣數量，促使銀行信用需求

（或可貸資金供給）左移至 $BK_2^d = F_2^s$，市場均衡落在 B 點，均衡利率上升至 i_2、銀行信用（或可貸資金）數量則降為 F_2。另外，當廠商投資意願擴大時，促使銀行信用供給（或可貸資金需求）右移至 $BK_2^s = F_2^d$，市場均衡落在 C 點，均衡利率上升至 i_3、銀行信用（或可貸資金）數量擴大為 F_3。

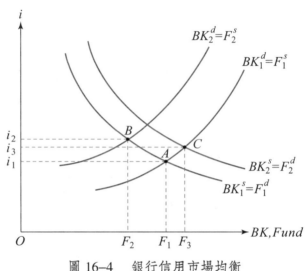

圖 16-4　銀行信用市場均衡

16.5.2.　銀行信用分配的類型

就實際現象觀之，銀行信用市場與一般商品市場具有顯著差異：

1. 市場結構：銀行受金融法令限制與金融當局監理，而且家數有限，借款者對放款利率之議價能力薄弱，是屬於典型的賣方市場。

2. 交易條件：商品市場交易活動通常是當場銀貨兩訖，銀行信用市場交易屬於涉及未來請求權的交易。銀行從事授信活動將面臨多元化風險，除收取利息外，並依借款者信用狀況附加要求提供保證人、擔保品，或是回存部分資金變相提高利率充當風險溢酬。同時，銀行更可限定借款用途、期限、信用額度，促使交易條件趨於多元化。

3. 利率訂定：銀行授信活動攸關金融業發展與穩定，需受金融當局政策干預。同時，基於風險與利潤考量，銀行訂定利率常偏離均衡水準，市場失衡情形成為常態，信用分配即為這種情況下之產物。

當商品市場達成均衡時，供需將會相等。在銀行信用市場中，縱使市場達成均衡，實際上卻存在供需不等現象，亦即有些貸款申請人無法獲得融資，或是銀行存在眾多濫頭寸，一般稱此現象為信用分配。這些現象形成的主因在於銀行無法充分取得借款人的資訊，兩者間存在資訊不對稱問題。面對金融市場緊縮的環境，銀行貿然調整利率，勢必僅是吸引較具風險性的借款人前來申請，違約機率相對提升，容易形成逆選擇 (adverse selection) 現象。為避免發生該種現象，銀行偏好維持利率不變，改採在放款契約中附加非利率條件作為審視工具 (screeing device)，亦即以利率和擔保品作為契約內容，藉著借款人自行選擇機能來消除逆選擇現象。

表 16–3 顯示：金融業存在的信用分配類型包括央行的專案融通與銀行放款市場的信用分配。前者係指央行針對特殊產業的資金需求或為達到特定政策目的，將郵匯局轉存央行的存款透過銀行直接轉貸給特定成員，追求效率分配資金的目的。另外，財政部提出綜合紓困方案，由央行提供資金給銀行，再由後者轉融通發生財務困難的企業進行紓困，此亦是專案融通方式的一種。至於後者係銀行針對貸款申請者進行篩選的活動。

表 16–3　銀行信用分配類型

信用分配
- (1)央行的專案融通（資金分配政策）
- (2)銀行信用分配
  - (a)不均衡信用分配：恆常性與動態性
  - (b)均衡信用分配：資訊不對稱、顧客關係、隱含性契約

Baltensperger (1978) 稱以調整利率分配信用為狹義信用分配，而以調整其他授信條件或方法進行信用分配即是廣義信用分配。文獻對銀行調整放款利率有不同認定方式，是以信用分配又有不均衡信用分配與均衡信用分配兩種層次之分。首先探討不均衡信用分配。在長期資金供需已知下，銀行放款市場利率持續壓抑在均衡水準 i^* 之下，如圖 16–5 所示固定在 i，導致銀行必須附加授信條件分配信用，消除超額資金需求 $F_S F_D$ 現象。由於銀行信用市場失衡係屬長期現象，該類信用分配亦稱恆常性信用分配 (permanent credit rationing)。利率

上限雖可詮釋信用分配現象，但在利率自由化的金融環境中，信用分配的影子依然可見，是以若因法令管制利率釀成信用分配出現，將屬於不均衡信用分配。

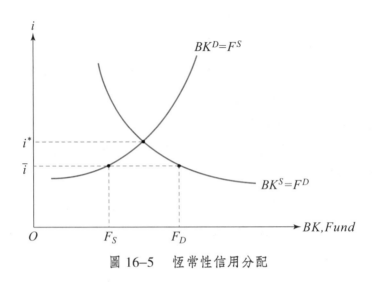

圖 16–5　恆常性信用分配

為解決銀行信用市場長期失衡問題，銀行採取提高非利率條件進行信用分配的策略，如：要求借款者提供有信用的保證人、足額擔保品、對借款人申貸金額打折、要求借款者須回存一定比例的金額，或在銀行帳戶維持補償性餘額等。這些附加的放款條件將降低銀行授信風險，或是增加銀行實際可用資金、變相提高有效放款利率，但也加重廠商實際負擔的利率。

另外，當銀行信用市場短期供需因季節性或突發性因素而出現隨機波動，導引在既定放款利率下，出現或正或負之超額需求，此時銀行係採取調整授信條件紓解信用短缺現象，並不急於調整放款利率。假設長期預期資金供需曲線 F^D 與 F^S 相交於 E 點，決定均衡利率為 $\bar{i}$。圖 16–6 顯示短期實際資金供需曲線係環繞於長期預期資金供需曲線周圍波動。在均衡利率為 $\bar{i}$ 下，當資金環境緊縮促使超額資金需求擴大至 AD 時，利率除緩慢向上調整外，銀行另外採取較嚴格授信條件，或短期內暫緩放款來調節銀行信用數量，此即正的動態信用分配 (dynamic credit rationing)。反之，當金融環境趨於寬鬆而出現超額資金供給 BC 時，銀行除緩慢向下調整利率外，同時放寬授信條件，動態信用分配亦將消失。由於動態信用分配屬於暫時現象，故又稱為暫時性信用分配 (temporary credit rationing)。

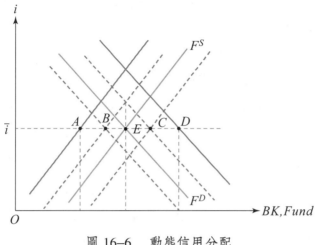

圖 16-6　動態信用分配

　　反觀基於資訊不對稱或代理成本緣故而出現信用分配,則屬於均衡信用分配,理由是:資金供需雙方存在資訊不對稱情況,銀行基於風險考量,縱使面臨超額資金需求,亦不願提高利率,避免徒增授信風險而降低預期利潤。

16.5.3.　資訊不對稱理論

　　交易雙方在市場中擁有的資訊不對稱,亦即一方擁有他方未知的訊息,從而衍生諸多問題。舉例來說,人們何以會找經銷商買好的中古車? 保險公司為何提供不同保費、理賠與扣除額組合才符合本身利益? Akerlof (1970) 以舊車交易的檸檬市場為例,指出賣方較買方對舊貨品質具有優勢資訊,買方僅能以平均品質出價,勢必釀成逆選擇問題,亦即賣方出售中古車多數屬於劣等品,買方經常吃虧上當結果,將導致舊車市場交易停擺。為消除資訊不對稱的困擾,具專業知識的舊車車商以合理價格買入舊車再轉手給客戶,從中賺取合理利潤(舊車車商為維護商譽,將不致拆爛污),對買賣雙方及車商都有利。

　　上述情景在金融市場屢見不鮮。在可貸資金市場上,借款人對資金用途(包括獲利及風險)擁有較多資訊,銀行通常處於劣勢,若採取高利率政策,勢必產生逆選擇問題,造成上門告貸者偏向來者不善或具有高風險的特性。在保險

市場中,保險公司若對要保人的健康情況不瞭解,必然訂出較高保費以求保險,結果僅剩健康情況欠佳者投保,若再度提高保費,勢必將部分健康情況較好者趕走,最終也使高保費「逆選擇」身體狀況相對不良者,健康風險較低者被排出市場。

Akerlof、Spence 與 Stiglitz 同時提出資訊不對稱理論,廣泛應用於金融保險市場,成為金融當局擬定政策的理論基礎。若將資訊不對稱存在期間區分為金融契約簽訂當時(事前)與簽訂之後(事後),則事前資訊不對稱將導致逆選擇問題,事後資訊不對稱則引發道德危險 (moral hazard) 問題,兩者共同構成代理問題。就逆選擇效果來說,借款者相當清楚本身特質,包括風險性、能力、違約成本、努力程度等,反觀銀行卻無從分辨借款者的優劣,貿然調整利率將造成低風險群借款者放棄申請貸款,僅留下破產機率大的高風險群借款者。再就道德危險問題而言,在訊息不全的環境中,銀行授信後無從獲知借款者確實的投資計畫,當放款市場出現超額資金需求時,貿然提高利率只會誘使顧客選擇高風險投資計畫用以彌補資金成本攀升,反而擴大營運風險。為消除資訊不對稱衍生之問題,銀行設計放款契約除考量利率外,通常加入其他審視工具,包括抵押品、借款金額、股東權益、獲得借款之機率等授信條件,有效區分借款者型態。尤其是在既定利率下,縱使出現超額資金需求,銀行通常避免採取調整利率策略,改採強化徵信及信用評等活動,要求借款者提供適度抵押品,否則逆選擇效果及道德危險問題將降低預期利潤,是以信用分配存在將是常態現象。

資訊不對稱理論對金融當局擬定金融政策具有相當豐富啟示,如:金融當局實施強制存款保險,而金融重建基金條例卻規定存款戶理賠無上限,不受存保條例每戶 100 萬元的規範。該項不當政策將會引發巨大的道德危險,理由是:經營者掏空金融廠商資產(如:中興銀行與基層金融),然後將爛攤子丟給重建基金。金融當局採取概括承受方式解決問題金融廠商,反而促使逆選擇問題惡化。由於存款人偏好選擇與提供高利率的金融廠商往來,而願意支付高利率者通常是最有問題、風險最大者。此外,金融當局對廠商紓困,或遭逢天災動輒比照前例給予賠償,造成政府猶如「不收保險費的保險公司」,最終將重創

財政金融，引發不公平問題。

　　銀行營運收入來源以收取存放款利率差距為主，提供銀行勞務（如：活存、外匯交易及保證勞務）的手續費收入所占比例則呈現上升現象。面對資訊不對稱環境，銀行審查授信案件時，評估項目包括購買銀行勞務愈多的老顧客通常給予優先融資，往來頻率較低者經常遭致信用分配命運，理由是：銀行與老顧客維持良好顧客關係，借款者與銀行往來頻率較高，銀行耗費的訊息成本與篩選成本 (screening cost) 顯然較低，高成本顧客自然不易取得授信。換言之，銀行拒絕存戶貸款申請，存戶自然提清存款不再續存，資金流失反而降低長期利潤。在此考慮下，風險性放款僅能針對某些基本顧客為之，而其存款須被證實是具有相當穩定性才可。由於放款顧客被視為是降低存款變異性及增加銀行勞務需求的資產，在利率僵化又有同質借款者申請時，銀行將採取顧客關係區分借款者，往來久遠且有相關銀行勞務需求的老顧客必然優先受到眷顧，新貸款客戶遭致信用分配將是在所難免。

習題

◉ 選擇題

1. 何種決策不會影響強力貨幣變動？　(a)銀行將公債轉換為央行存款　(b)銀行將庫存現金轉為在央行的存款　(c)央行向銀行買入公債　(d)央行向銀行以外的成員買入公債。

2. 在影響貨幣乘數的因素中，何者正確？　(a)央行提高法定準備率，貨幣乘數上升　(b)銀行持有超額準備比例愈大，貨幣乘數愈大　(c)存款準備率愈高，貨幣乘數愈大　(d)民眾持有通貨愈多，貨幣乘數將會下降。

3. 有關道德危險的敘述，何者錯誤？　(a)道德危險是資訊不對稱下的問題　(b)主理人與代理人關係是典型道德危險的例子　(c)在道德危險發生時，人們將無法購得充足的保險　(d)檸檬市場容易發生道德危險。

4. 有關趙敏持有交易性貨幣的行為，何者錯誤？　(a)實質交易性貨幣需求愈大，則貨幣流通速度愈小　(b)趙敏持有名目交易性貨幣餘額，將與物價水準等比例上漲　(c)高通貨膨脹率將導致實質交易性貨幣需求增加　(d)趙敏繳納通貨膨脹稅，將與持有實質交易性貨幣餘額呈正比。

5. 金融統計月報發布 2003 年 12 月底的通貨淨額 $C^P = 6,000$，活期存款淨額 $DD = 10,000$，活期儲蓄存款餘額 $SD = 20,000$，銀行持有的超額準備 $ER = 100$。假設央行規定的活期存款準備率 $\rho_D = 0.15$，活期儲蓄存款準備率 $\rho_S = 0.1$，下列何者錯誤？　(a) $M_{1B} = 36,000$　(b) $H = 9,500$　(c) M_{1A} 乘數 = 1.67　(d) M_{1B} 乘數 = 3.75。

6. 有關國內存款貨幣機構的資料如下：銀行持有庫存現金 = 60，央行的庫存現金 = 40，銀行在央行的存款總額 = 250，央行發行的通貨發行毛額 = 1,200，支票與活期存款淨額 = 2,000，活期儲蓄存款 = 4,000。何者錯誤？　(a) $M_{1B} = 7,200$　(b) M_{1B} 乘數 = 5.035　(c) $H = 1,410$　(d) M_{1A} 乘數 = 2.199。

◉ 問答題

1. 張無忌的每月薪水是趙敏的 2 倍，並且直接撥入兩人的銀行帳戶。假設兩人係分次提款消費，每次提款的成本均為固定值。當兩人結婚後的總和交易性貨幣需求，相較婚前個別持有的交

易性貨幣需求的總和，將呈現何種變化？

2. 試評論下列問題：　(a)塑膠貨幣（如：信用卡、金融卡等）盛行將會降低貨幣需求。　(b)當銀行調降存款利率時，人們將降低貨幣持有量。　(c)央行提高重貼現率將促使貨幣供給增加，此係屬於寬鬆貨幣政策。　(d)銀行持有超額準備，當人們未將借款全部回存銀行時，勢必造成貨幣乘數下降。

3. 貨幣供給模型可表示如下：

$$M_{1B} = m \times H$$

假設 C^P 是流通在外通貨，DD 是支票存款，SD 是儲蓄存款，ER 是超額準備。$\rho_D = 0.1$ 是活存的法定準備率，$\rho_S = 0.02$ 是儲蓄存款的法定準備率。假設 $d = (C^P/DD) = 0.45$、$s = (SD/DD) = 2$、$e = (ER/DD) = 0.01$，$H = 250$ 億元，試計算下列問題：　(a)試推演 M_{1B} 貨幣乘數 m 的內容，並計算 M_{1B} 的貨幣乘數值。(b)當貨幣乘數固定不變，央行希望下個月的貨幣供給額 M_{1B} 增加 1%，則強力貨幣 H 應該增加多少？　(c)承(a)題，假設 d 值在月初下跌為 0.40，其他條件不變（M_{1B} 仍為 250 億元），則該月貨幣供給額 M_{1B} 變動率為何？

4. 張無忌的月薪 20,000 元由武當山直接撥入銀行帳戶。假設儲蓄存款月利率 $i = 2\%$，每次前往銀行提款的成本為 $H = 14$ 元。假設張無忌預擬每月想要儲蓄 5,000 元。請依 Baumol 模型計算下列問題：　(a)每月持有的交易性貨幣數量？必須提款的最適次數？　(b)考慮整數限制後，提款次數為何？每次提款數量？每次提款後的使用天數（T = 30 天）？

5. 某國在 2004 年流通的商品包括甲商品 200 單位、價格為 5 元，乙商品 300 單位、價格 15 元。假設該國央行預測 2004 年的貨

幣流通速度為 5 次，目前流通的貨幣數量為 1,000，則央行必須增加貨幣發行數量為何？

6. 央行發布 2004 年 4 月底的相關金融交易資料，單位是億元：

(a) 央行在外匯市場賣出美元（以臺幣計價）1,000

(b) 財政部國庫署降低在央行的存款 1,500

(c) 央行透過土地銀行對建築業增加紓困融資 800

(d) 央行操作外匯存底所獲的美元投資收益（以臺幣計價）300

(e) 央行發行的可轉換定期存單到期 130

針對上述交易資料，請以央行資產負債表的型態表示，並計算 4 月底的強力貨幣變動量？

第 17 章　需求管理政策

在 1930 年代大蕭條環境中，體系內充斥著過剩產能與失業，J. M. Keynes 在《一般理論》(1936) 探討總需求的構成內涵，認為體系內有效需求 (effective demand) 將是決定景氣循環與就業水準的主要因素，同時探討如何運用權衡性政策來恢復自然就業均衡，而需求管理政策遂成為財政部與央行解決經濟問題的重要工具。值得注意者：由於不同學派對總體經濟環境的看法不同，促使採取權衡性政策解決經濟問題的看法亦有顯著差異。

本章首先由資金流量表 (flow of funds account) 出發說明 Walras 法則 (Walras' law) 內涵，顯示其在總體分析中扮演的角色。其次，將說明 Hicks 與 Hansen 推演的所得支出理論 (income-expenditure theory) 內涵。第三，決策當局為了平抑景氣循環波動，往往採取權衡性貨幣與財政策應對，兩者在執行過程中面臨的限制環境值得關注。接著，將探討權衡性財政與貨幣政策對紓解經濟問題時的相對效率。第四，所得支出理論僅是演繹體系需求面均衡而已，將逐一說明總需求 (aggregate demand) 軌跡的函數內容。接著，將說明勞動市場均衡，進而推演各學派的總供給函數型態。最後，將探討總體經濟均衡。

17.1.　Walras 法則與市場選擇

總體經濟理論為求確切掌握經濟活動脈絡，採取高度累加的總體模型，將所有商品分門別類累加成勞動、商品、債券與貨幣等四個市場。在貨幣經濟中，資金融通係人們進行交易活動的泉源，而資金流量表顯示所有成員決策將受實質資源（所得）與金融資源（資金）限制，每一部門的資金用途將與其他部門的資金來源緊密相連。換言之，所有成員從事任何決策均需考慮預算限制，亦即資金用途必須等於資金來源。

17.1.1.　總體預算限制與 Warlrs 法則

人們追求效用最大，將受個人預算限制。同樣的，體系包括家計部門、廠商與政府部門等成員，三者從事經濟活動亦需考慮資金來源限制，各自的資金

流量表分別如表 17-1 所示:

表 17-1　各部門資金流量表

(A)家計部門資金流量表

資金用途		資金來源	
名目租稅	PT_H	名目薪資所得	WN^s
名目消費支出	PC^d		
名目債券需求變動	$(1/r)(B^d-B)$	紅利收入	π
名目貨幣需求變動	$(M_H^d-M_H)$		

(B)廠商部門資金流量表

資金用途		資金來源	
名目租稅	PT_F	發行公司債融通	$(1/r)(B^s-B)$
名目薪資支出	WN^d	出售商品收入	Py^s
名目投資支出	PI^d		
名目貨幣需求變動	$(M_F^d-M_F)$		
紅利分配	π		

(C)政府部門資金流量表

資金用途		資金來源	
政府對商品與勞務支出	PG	名目租稅收入	$P(T_H+T_F)$
		發行貨幣融通	(M^s-M_0)

針對上述資金流量表,體系內三個部門在固定期間內從事決策活動所需面對的預算限制如下:

1. 家計部門預算限制

$$PC^d + \frac{1}{r}(B^d - B) + (M_H^d - M_H) + (PT_H) = WN^s + \pi$$

2. 廠商部門預算限制

$$WN^d + PI^d + (M_F^d - M_F) + (PT_F) + \pi = Py^s + \frac{1}{r}(B^s - B)$$

3.政府部門預算限制

$$PG = (M^s - M_0) + P(T_H + T_F)$$

累加上述三式，再依市場供需歸類且以物價水準遍除後，可得體系內的總預算限制式或稱 Walras 法則：$(M_0^s = M_H + M_F)$

$$\frac{W}{P}(N^d - N^s) + (C^d + I^d + G - y^s) + \frac{1}{P}(M_H^d + M_F^d - M_0^s) + \frac{1}{rP}(B^d - B^s) = 0$$

Walras 法則將可進一步衍生下列涵義：

1. Walras 法則係指體系內經濟成員從事總體經濟活動，必須面對的總預算限制，與體系是否達成均衡並無關係。

2. Walras 法則隱含體系內所有市場超額需求或超額供給總合為零。

3. Walras 法則隱含當體系內 $(N-1)$ 個市場達成均衡時，第 N 個市場必然也會達成均衡。若要討論總體經濟均衡時，依據該法則將可選擇放棄任一市場不需討論。

17.1.2. 所得支出模型

在大蕭條環境下，Keynesian 學派基於產能過剩與失業充斥的環境，無須討論勞動市場均衡而令物價水準 $P = P_0 = 1$。在剩餘的三個市場中，Keynesian 學派提出流動性偏好理論決定利率的說法，故利用 Walras 法則捨棄債券市場不予討論，僅存商品與貨幣市場共同決定均衡利率與所得水準，此即所得支出理論或 *IS-LM* 模型。

㈠商品市場均衡（*IS 曲線*）

IS 曲線係指能使商品市場供給（所得或產出）與需求（支出）相等的軌跡，故又稱為所得支出曲線。國內總供給即是當期產出，總需求（或支出）E 包括消費 C、投資 I 與政府部門購買商品與勞務支出 G：

$$E = C + I + G \tag{17.1}$$

實質消費支出取決於實質所得 y 與利率 r：

$$C = C(r, y) \tag{17.2}$$
$$-, +$$

廠商採取舉債融通投資計畫，將視景氣循環（以所得為替代變數）與舉債

成本（利率）而定：

$$I = I(r, y) \tag{17.3}$$
$$-, +$$

政府部門購買商品與勞務係由政策性決定，$G = G_0$。由以上各式可得商品市場均衡軌跡 IS 曲線或所得支出曲線的方程式為：

$$y = E = C(r, y) + I(r, y) + G_0 \tag{17.4}$$

就上式全微分，可得 IS 曲線斜率如下：

$$\left.\frac{\mathrm{d}r}{\mathrm{d}y}\right|_{IS} = \frac{1 - C_y - I_y}{C_r + I_r}$$

依據上述的 IS 曲線斜率，將如圖 17–1 所示分成四類：

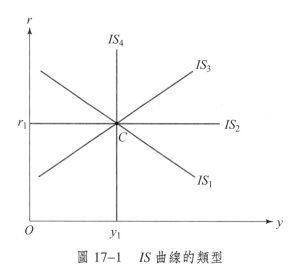

圖 17–1　IS 曲線的類型

1.負斜率 (IS_1)：當 $1 - C_y - I_y \succ 0$ 時，IS 曲線將是負斜率，意味著低利率刺激消費與投資意願，透過乘數過程產生較高的產出（或所得）水準。不過較高投資支出需要配合較高儲蓄，方能維持實質經濟均衡（儲蓄＝投資），而所得愈高才會產生較高儲蓄，是以高均衡所得將會搭配較低利率。IS 曲線斜率主要取決於投資與消費支出的利率彈性，兩者的利率彈性愈大，IS 曲線將趨於平緩。反之，如果兩者的利率彈性很低，IS 曲線將呈現陡峭型態。

2.水平線 (IS_2)：古典學派強調長期分析，認為長期投資函數富於利率彈性，長期消費函數主要取決於財富水準變化，與利率變化密切相關，反映 $C_r - I_r$ 趨

於無窮大，促使長期 IS 曲線趨近於水平狀態或具高度利率彈性。

3. 正斜率 (IS_3)：當 $1 - C_y - I_y \prec 0$ 時，IS 曲線將是正斜率，意味著廠商投資意願受到強烈加速效果影響時，導致邊際支出傾向大於 1。

4. 垂直線 (IS_4)：1950 年代的財政論者 (fiscalist) 強調短期分析，認為短期投資函數取決於景氣循環變化，短期消費函數取決於所得，兩者傾向於缺乏利率彈性，亦即 $C_r + I_r$ 趨近於零，促使短期 IS 曲線趨近於垂直型態或缺乏利率彈性，Felderer 與 Homburg (1987) 稱為投資陷阱 (investment trap)。

㈡貨幣市場均衡（LM 曲線）

LM 曲線係指能使貨幣市場供給與需求（流動性偏好）相等的軌跡。假設體系內 M_{1A} 貨幣供給係由央行發行的通貨 $M_1(y)$ 與銀行創造的活存 $M_2(r)$ 兩部分構成，名目貨幣供給函數將視實質所得與利率而定：

$$M_{1A}^S = M_1(y) + M_2(r)$$
$$= M(r, y) \tag{17.5}$$

Keynes (1936) 指出流動性偏好函數係基於交易、預防與投機等動機而生，實質貨幣需求將是所得與利率的函數：

$$M^D = \ell_1(y) + \ell_2(r)$$
$$= L(r, y) \tag{17.6}$$

綜合上述兩式，貨幣市場均衡軌跡或 LM 曲線方程式可表為：

$$L(r, y) = \frac{M(r, y)}{P} \tag{17.7}$$

基於物價水準僵化，可令 $P_0 = 1$。就上式全微分，可得 LM 曲線斜率如下：

$$\frac{dr}{dy}\bigg|_{LM} = \frac{M_y - L_y}{L_r - M_r}$$

圖 17–2 顯示貨幣市場均衡軌跡呈現四種型態：

1. 垂直線 (LM_4)：古典學派強調貨幣在經濟活動中僅扮演交易媒介角色，人們除握有交易性貨幣 $\ell_1(y)$ 外，缺乏保有投機性貨幣的誘因 $\ell_2(r) = 0$，實質貨幣需求對利率變動並不敏感 ($L_r = 0$)。再則，央行若能充分控制 M_{1A} 貨幣數量，$M^S = M_0$。由於貨幣供需函數均與利率無關，LM_4 線將呈現垂直狀態。

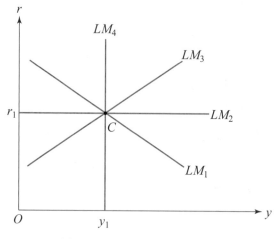

圖 17-2　LM 曲線的類型

2.正斜率 (LM_3)：Keynesian 學派認為貨幣需求函數具有利率彈性，央行將能充分控制貨幣數量 $M^s(r, y) = M_0$ 或 $M^s = M(r)$，LM_3 曲線呈現正斜率。

3.水平線 (LM_2)：極端 Keynesian 學派或財政論者認為當金融市場利率降低至某一低檔時，人們為怯避保有生息資產遭致的資本損失，將無限制保有貨幣，顯示貨幣需求具有完全利率彈性 (L_r 趨於無窮大)，D. H. Robertson 稱為流動性陷阱 (liquidity trap)，LM_2 曲線將是水平線。另外，央行採取釘住利率 ($r = r_1$) 政策而彈性調整貨幣數量，意謂著 M_r 趨近於無窮大，LM 曲線仍是水平線。

4.負斜率 LM 曲線：央行發行通貨或進行公開市場操作，通常採取三種策略：①央行採取 Simons 法則 (1936) 固定貨幣數量，LM 曲線將是正斜率。②央行採取逆風而行 (leaning against the wind) 法則，當景氣趨於繁榮之際，央行採取緊縮貨幣供給策略；反之，在景氣蕭條時期，央行採取寬鬆貨幣策略。是以 $M_y \prec 0$，LM 曲線仍為正斜率。③央行採取順風而行 (leaning with the wind) 法則，配合景氣好壞同步放鬆或緊縮銀根以滿足貨幣需求增減，$M_y \succ 0$。在此狀況下，LM 曲線型態將視 M_y 與 L_y 而定。當 $M_y \succ L_y$ 時，LM 曲線轉變為負斜率 LM_1；$M_y = L_y$ 時，LM_1 曲線為水平線；$M_y \prec L_y$ 時，LM_3 曲線仍為正斜率。

綜合以上所述，就 (17.4) 式的 IS 曲線與 (17.7) 式的 LM 曲線兩條方程式聯立求解，將可求出均衡利率與所得。IS 與 LM 曲線兩條軌跡共同分割圖 17-3

的 $r-y$ 平面成四個區域，每個區域顯示的經濟環境分別為：

I 區：商品充斥 $(y \succ E)$ 與銀根緊縮 $(L \succ M)$。

II 區：商品與貨幣市場同時存在超額供給 $(y \succ E, L \prec M)$。

III 區：商品短絀 $(y \prec E)$ 與銀根寬鬆 $(L \prec M)$。

IV 區：商品與貨幣市場均存在超額需求 $(y \prec E, L \succ M)$。

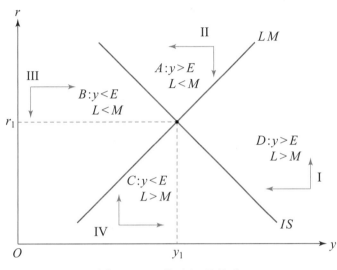

圖 17-3　總體經濟均衡

17.1.3.　總需求曲線

所得支出理論的前提是蕭條經濟，產能過剩與失業充斥致使物價調整緩慢或僵化，故由商品與貨幣市場達成均衡，即可決定體系均衡所得與利率。實際上，物價水準並非一成不變，商品與貨幣市場同時均衡僅是反映需求面均衡而已。

總需求曲線定義為：「能使商品與貨幣市場同時達成均衡的物價與實質所得水準組合的軌跡。」在物價水準浮動下，由 (17.4) 與 (17.7) 兩式聯立求解而消去利率變數後，將可求得總需求函數。在圖 17-4 中，在政府支出 G_0 與貨幣供給 M_0 已知下，既定物價水準 P_0 將使 $IS(G_0)$ 與 $LM(M_0, P_0)$ 相交於 A 點，正好對應總需求曲線 $AD(G_0, M_0)$ 上的 A 點。隨著物價滑落，實質貨幣供給遞增而使 $LM(M_0, P_i)$ 曲線持續右移，由其與 $IS(G_0)$ 曲線不斷相交點將可尋獲 AD

(G_0, M_0) 曲線上的對應點。

　　一般而言，在物價下跌過程中，體系將出現 Keynes 效果，促使總需求曲線呈現負斜率。Keynes 效果涵蓋兩部分：①實質餘額效果：當央行維持既定名目貨幣供給時，物價下降提升實質貨幣供給，資金變得相對寬鬆，有利於需求面產出擴張。②利率效果：資金變得相對寬鬆促使利率下降，刺激消費與投資支出遞增，帶動需求面產出益形擴大。

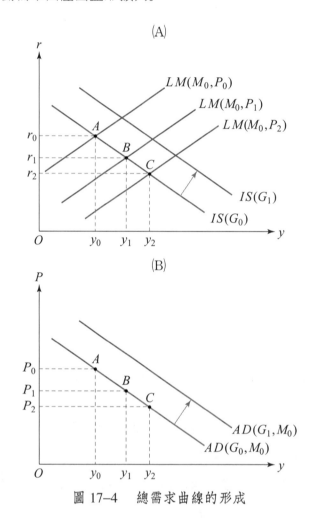

圖 17–4　總需求曲線的形成

　　假設財政部增加政府支出為 G_1，圖 17–4 中的 $IS(G_0)$ 曲線右移至 $IS(G_1)$、$AD(G_0, M_0)$ 曲線同時向右平移至 $AD(G_1, M_0)$。至於央行增加貨幣供給為 M_1，

$LM(M_0, P_i)$ 曲線右移至 $LM(M_1, P_i)$ 曲線，同樣促使 AD 曲線右移。當體系出現流動性陷阱（LM 曲線呈現水平線），或消費與投資支出落入投資陷阱（IS 曲線呈現垂直線）時，總需求曲線將呈現垂直線而完全缺乏價格彈性。

17.2.　權衡性政策的限制

在貨幣經濟中，訊息不全致使人們決策經常出現偏誤，從而釀成景氣循環現象出現。決策當局為求撫平景氣循環幅度與削減附帶產生的社會成本，經常評估當時經濟金融環境，主動調整政策工具，導引經濟活動朝既定軌跡平穩運行。實務上，在訊息不全下，決策當局要精確執行政策，必須考慮下列環境限制：

㈠管理限制

決策當局面臨外生因素衝擊經濟活動時，評估採取何種權衡性政策進行矯正時，相關的時效問題將如圖 17–5 所示：

1.內在落後 (inside lag)：決策當局首先面臨搜集訊息問題，且須耗費時間方能由資料中解讀經濟活動是否發生顯著變化。其次，經濟幕僚擬定政策建議前，仍須耗時詮釋資料顯現的含意，評估財政政策與貨幣政策的相對效率性，進而選擇調整的政策工具類型與數量。從發生外生衝擊經濟活動開始，直迄當局毅然採取政策行動，當中耗費的時間通稱為認知落後 (recognition lag)。

財政部評估採取財政政策，須將預擬調整收支編製預算送交立法機構審定，惟有預算通過方能付諸執行，由編製預算至執行所需耗費的期間稱為行動落後 (action lag) 或行政落後 (administrative lag)。反觀央行從評估採取貨幣政策直至實施政策前所需耗費的時間，亦稱為行政落後。上述兩種時間落後屬於決策當局從面臨外生干擾經濟活動開始，直至著手執行政策所需耗費時間，同屬內部作業程序，可統稱內在落後。一般而言，此類時間落後長度須視搜集研判資料速度、行政立法機構編製與通過預算效率而定，財政政策所需時間遠超過貨幣政策。

2.中期落後 (intermediate lag)：當財政部調整公共預算內容後，對商品與金

融市場造成衝擊，再擴散至整體經濟活動所需時間、長度端視當時經濟金融環境而定。至於央行採取調整利率或信用狀況行動，進而影響經濟活動的時間歷程、長度，則視金融廠商反應與金融市場敏感度而定。比較兩種政策所需的中期落後可知：財政政策所需時間顯然短於貨幣政策。

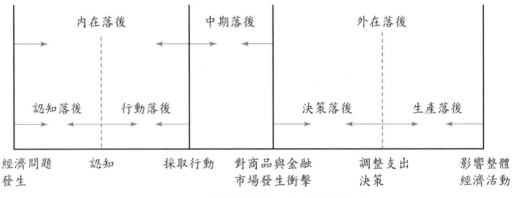

圖 17-5　權衡性政策效果的時間落後類型

3.外在落後 (outside lag)：當財政部重新安排政府收支，或央行調整金融環境後，直至衝擊實質部門活動，當中耗費的時間一般歸為外在落後，可分為兩部分：①人們面對公部門經濟活動或金融環境轉換後，調整決策耗費的時間，通稱為決策落後 (decision lag)；②人們改變決策行為，調整消費與生產活動耗費的時間即是生產落後 (production lag)。

　　比較兩種政策耗費的外在落後可知：貨幣政策效果通常是迂迴轉進，必須透過人們改變決策才能發揮效果，耗費時間較長與呈現不確定性。相對的，財政政策直接改變商品市場的需求狀況，效果明確、耗費時間較短且確定。

㈡政治限制

　　財政部採取財政政策解決經濟問題，內容將反映於政府預算編定，效果不僅關係所得分配狀況，政策轉換亦將直接扭轉財富分配狀態。政府執行政策理應信服下列假設：「選民應該充分瞭解其政策期望，同時決策當局執行政策終將順應選民需求」，然而該項構想往往事與願違，財政政策施行未若想像中順利。追究當中理由約有下列三者：

　　1.訊息不全迫使人們無從真正瞭解自身利益所在，支持偏誤的財政政策，反

而擴大實質部門不穩定性。

2.財政政策引起所得與財富在不同團體間重分配，各種利益團體各顯神通，經由各種途徑影響政策內涵與施行方式，徒增政策擬定的困擾與壓力。

3.財政政策旨在選擇公私部門間的資源配置方式，影響長期經濟成長途徑。不過符合體系利益最大的財政政策，往往無法同時令個人滿意，此種公私利益無法調和的矛盾，導致財政政策執行與否的爭論益形複雜化與尖銳。

反觀貨幣政策效果較具全面性且屬於迂迴間接，在執行過程中面臨的政治環境干擾較小。

(三)經濟限制

在經濟活動運行中，決策當局追求目標包括物價穩定、充分就業、經濟成長、國際收支平衡與國民所得分配公平。經濟理論顯示：各種經濟目標間彼此具有替代性或互補性，決策當局欲以單一財政或貨幣工具同時解決多種經濟問題，將會面臨捉襟見肘的窘境，無法達成預擬目標自在意料之中。

綜合以上所述，政府部門為求穩定經濟活動運行，可採取兩種操作策略：

1.內在穩定因子 (built-in stabilizer) 或法則 (rule)：決策當局在每段期間開始之前，事先評估經濟金融環境，將預擬達成目標所需之政策工具附著於預算制度或貨幣法則，然後依兩者內涵執行即可。

2.權衡性政策：決策當局視實際環境變化，主動調整財政或貨幣政策進行矯正。何種政策較適於解決經濟問題，則屬見仁見智而有分歧說法。

17.3.　權衡性政策效果

景氣循環的原因主要係總需求不規則波動所致，決策當局(央行與財政部)透過運用貨幣工具與財政工具影響總需求，紓緩循環波動幅度，兩種政策即通稱為需求管理政策。然而兩種工具用於紓解經濟問題，何者較具效率性，卻成為不同學派政策辯論的焦點。

(一)財政政策效果

財政政策內容包括支出與融通兩部分，後者可採取課稅、發行公債或貨幣

融通型態。財政部執行擴張性財政政策,採取課稅或公債融通,則稱為純粹財政政策。若是採取貨幣融通方式,Keynesian 學派認為係因政府支出變動才引起貨幣數量變動,故仍稱為財政政策。不過貨幣學派認為政府支出係屬流量概念,當期支出完畢即不留痕跡,貨幣數量係屬存量概念將永遠存在,財政支出採取貨幣融通,最後僅剩下貨幣數量發揮效果,故將劃入貨幣政策範圍。

在圖 17–6 中,*IS* 與 *LM* 曲線均屬正常狀態,財政部採取增加支出策略 ($dG \succ 0$),促使 $IS(G_1)$ 曲線右移至 $IS(G_2)$ 曲線。以下將分兩種狀況討論:

1.假設金融市場不健全或金融當局採取金融壓抑措施,體系內的利率暫時維持在 r_1,財政部採取恆常性增加支出策略,促使所得擴張至 y_2。在所得擴張過程中,人們逐漸增加交易性貨幣需求,金融市場呈現緊縮現象,迫使利率逐漸上升,造成消費與投資意願下降,所得將由 y_2 降低至 y_3,體系在 C 點重新達成均衡。總之,財政部採取恆常性擴張政策推動利率上漲,造成人們的消費與投資意願下降,進而削減消費與投資支出,此種現象稱為 Hicks 交易性排擠效果 (Hicksian transaction crowding-out effect)。

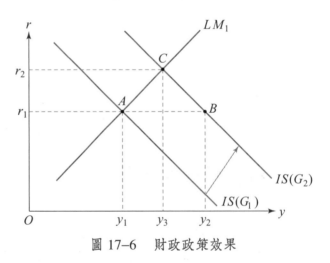

圖 17–6　財政政策效果

2.假設金融市場具有效率性或利率自由浮動,金融市場透過利率迅速調整而處於均衡狀態。假設政府採取恆常性增加支出策略,體系將沿著 LM_1 曲線由 A 點直接移至 C 點,利率與所得呈現逐漸遞增現象。在此過程中,政府支出增加將部分取代消費與投資,促使所得由 y_1 僅增加至 y_3,不會發生所得超額擴

張至 y_2，然後再回降至 y_3 的 Hicks 交易性排擠效果現象。

　　以下討論決定財政政策效果強弱的因素。

　甲、財政政策缺乏效果

　1.垂直的 *LM* 曲線：在圖 17–7 中，當貨幣需求與貨幣供給對利率變動缺乏敏感性 $(L_r = M_r = 0)$ 時，*LM* 曲線呈現垂直狀況。財政部採取擴張性財政政策刺激經濟活動，促使 $IS_1(G_1)$ 曲線右移至 $IS_2(G_2)$ 曲線，體系均衡點由 A 點直接邁向 B 點，利率上漲造成消費支出與投資支出等量減少，形成完全的排擠效果，所得增加為零。

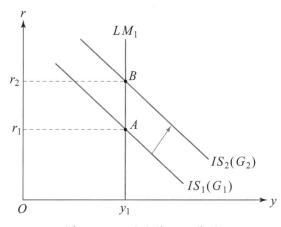

圖 17–7　垂直的 *LM* 曲線

　2.水平的 *IS* 曲線：經濟成員的長期消費與投資支出對利率變動具有高度敏感性 $(C_r + I_r \to \infty)$，意味著 *IS* 曲線富於利率彈性。在圖 17–8 中，財政部採取恆常性擴張支出政策，促使 $IS_1(G_1)$ 曲線右移至 $IS_2(G_2)$ 曲線，將造成利率上漲，導致消費與投資支出巨幅減少，IS_2 曲線迅速左移回原先的 IS_1 曲線，均衡所得變動極少。

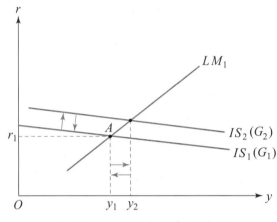

圖 17-8　趨近水平的 IS 曲線

乙、財政政策具有強烈效果

1.垂直的 IS 曲線：在短期內，財政論者認為體系的消費與投資支出對利率變動毫無敏感性 $(C_r + I_r \to 0)$，處於投資陷阱環境，短期 IS 曲線趨近於垂直狀況，廠商和消費者不會因為利率變動而改變支出意願。在圖 17-9 中，財政部採取擴張支出政策，促使 $IS_1(G_1)$ 曲線右移至 $IS_2(G_2)$ 曲線，促使利率上漲，但因商品市場對利率變動的反應冷淡，人們的消費支出與投資支出幾乎不受排擠，財政政策將能發揮擴張所得效果。

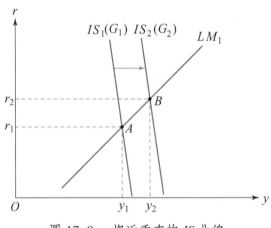

圖 17-9　趨近垂直的 IS 曲線

2.水平的 LM 曲線：當體系內的貨幣需求與貨幣供給對利率變動極為敏感 $(L_r - M_r) \to \infty$，處於流動性陷阱環境，LM 曲線趨於平坦。在圖 17-10 中，當

財政部採取擴張支出政策促使 $IS_1(G_1)$ 曲線右移至 $IS_2(G_2)$ 位置，均衡利率維持不變，消費與投資支出不受影響，財政政策將發揮擴張所得效果。

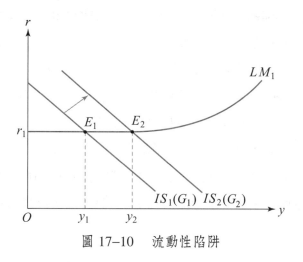

圖 17–10　流動性陷阱

㈡貨幣政策效果

　　貨幣政策是指央行透過調整重貼現率、法定準備率與公開市場操作等貨幣工具，調整民眾持有的現金及存款貨幣總額，達到刺激景氣或降低通貨膨脹壓力的目的。體系內貨幣供給增加的來源有三：

　　1.錢雨 (money rain)：Milton Friedman 為分析純粹貨幣數量增加效果，採取派遣直升機在全國各地灑鈔票的策略，均勻灑在每人身上，目的是：每人持有鈔票餘額在央行增加發行貨幣時，將會等比例增加，消除每人持有貨幣數量非等比例增加可能形成的分配效果 (distribution effect)。

　　2.政府預算限制融通：財政部採取發行貨幣融通預算赤字，預算融通限制式如下：(T_N 是淨租稅，即政府稅收扣除移轉支出)

$$G - T_N = \frac{dM}{P}$$

　　3.公開市場操作：央行在公開市場買進或賣出國庫券，造成貨幣供給增加或減少，關係如下：

$$dM = -\frac{dB}{r}$$

　　央行增加貨幣供給，透過貨幣需求運作促使利率下降，誘使消費與投資支

出增加，帶動總支出增加，經過乘數效果運作提高國民所得。在圖 17-11 中，
IS 與 LM 曲線屬於正常狀態，央行增加貨幣供給 ($dM > 0$)，促使 LM_1 曲線右
移至 LM_2 曲線。在利率 r_1 不變下，人們將超額貨幣供給投入購買金融資產，
促使金融資產價格上漲，迅速導致利率下跌至 r_3，此即稱為流動性效果。實質
部門面對較低的利率水準，流動性效果誘使體系增加消費與投資支出，引起總
需求增加，透過乘數效果提升國民所得。在所得擴張過程中，人們的交易性貨
幣需求逐漸增加，利率逐漸回升，體系將在 C 點重新達成均衡。換言之，央行
採取擴張性貨幣政策造成貨幣市場失衡，透過流動性效果和所得擴張效果相互
影響下，超額貨幣供給自然清結，體系的調整途徑將是由 A 點直接降至 B 點
（貨幣市場調整速度極快，永遠處於均衡狀況），然後再邁向 C 點。

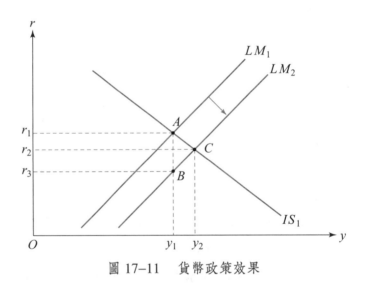

圖 17-11　貨幣政策效果

以下討論決定貨幣政策效果強弱的因素。

甲、貨幣政策具有強烈效果

1.垂直的 LM 曲線: 當貨幣需求與貨幣供給對利率變動缺乏敏感性 ($L_r = M_r = 0$)，
反映人們持有貨幣純粹基於交易動機、央行充分掌控貨幣供給變動，LM 曲線
將呈現垂直情況。在圖 17-12 中，央行採取擴張性貨幣政策，將使 LM_1 曲線
右移至 LM_2，由於貨幣需求對利率變動缺乏敏感性，人們將增加的貨幣數量全
部用於交易活動，促使利率大幅下降，刺激總支出大幅增加，發揮強烈的擴張

所得效果（y_1 擴張至 y_2）。

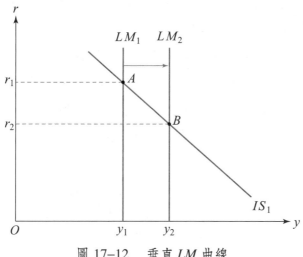

圖 17–12　垂直 LM 曲線

2. 水平的 IS 曲線：在長期時，體系內消費支出與投資支出對利率變動具有高度敏感性（$C_r + I_r \to \infty$），意味著 IS 曲線趨近水平情況。在圖 17–13 中，央行採取擴張性貨幣政策，促使 LM_1 曲線右移至 LM_2 曲線，由於長期消費與投資函數具有高度利率彈性，利率小幅下降即能刺激總支出大幅增加，透過乘數效果發揮強烈的擴張所得作用（y_1 擴張至 y_2）。

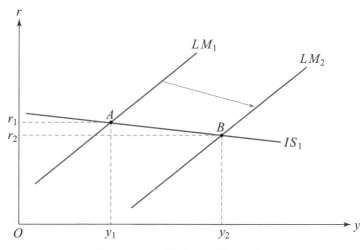

圖 17–13　趨近水平的 IS 曲線

乙、貨幣政策全無效果

1. 垂直的 IS 曲線：在短期內，體系總需求對利率缺乏敏感性 ($C_r + I_r \to 0$)，處於投資陷阱環境，短期 IS 曲線趨近於垂直狀況，人們不會因為利率變動而改變支出意願。在圖 17–14 中，央行採取擴張性貨幣政策，促使 LM_1 曲線右移至 LM_2 而產生超額貨幣供給，流動性效果促使利率下跌，但因商品市場缺乏利率彈性，造成利率必須大幅下降刺激貨幣需求增加來清結超額貨幣供給，而消費支出與投資支出增加幅度極少，促使所得增加有限或不變。

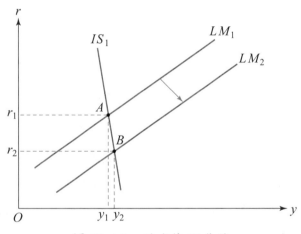

圖 17–14　垂直的 IS 曲線

2. 水平的 LM 曲線：當貨幣需求對利率變動極為敏感 ($L_r - M_r) \to \infty$，體系處於流動性陷阱環境，LM 曲線趨於平坦。在圖 17–15 中，流動性陷阱係指在 LM 曲線上的 E_1 點左方區域，當央行採取擴張性貨幣政策促使 LM_1 曲線右移時，貨幣供給增加將會擴大 LM 曲線的流動性陷阱區域。由於流動性效果促使利率只要些微下降就能引起貨幣需求大量擴張，迅速清結超額貨幣供給，是以對總支出發揮的影響極小，所得擴張效果不大。

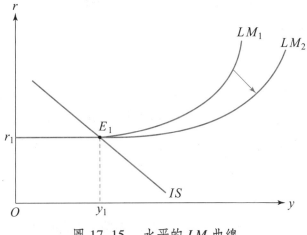

圖 17–15　水平的 LM 曲線

↱ **17.4.　總體經濟均衡**

17.4.1.　總供給函數

生產函數係指固定期間內，廠商使用勞動 N 與資本 K 兩種因素所能生產之最大產出 y，函數型態可表為：

$$y = F(N, K)$$
$$\quad\quad +, +$$

在訊息完全下，新古典勞動供給理論假設人們追求效用最大，在勞動市場願意提供的勞務可表為實質工資率的函數：

$$N^S = g(\frac{W}{P}) \tag{17.8}$$

P 是物價水準，W 是貨幣工資率。就實際現象來看，在訊息不全下，勞工係以對未來物價預期 P^e 取代實際物價，上式將可表為：

$$N^S = g(\frac{W}{P^e}) \tag{17.9}$$

就上式進行轉換，可得以貨幣工資率表示的勞動供給函數：

$$W^S = P^e \cdot g(N, K_0) \tag{17.10}$$

在完全競爭市場上，廠商追求利潤極大，預擬雇用的勞動或勞動需求函數可表為實質工資率的函數：

$$N^D = f(\frac{W}{P}) \tag{17.11}$$

接著，廠商同時扮演雇用因素與銷售商品雙重角色，通常能於商品與因素市場左右逢源，精確掌握因素與商品價格動向。基於該項看法，各學派均認為廠商追求利潤最大，將視勞動需求為實質工資率函數。再就 (17.11) 式進行轉換，可得以貨幣工資率表示的勞動需求函數：

$$W^d = P \cdot f(N, K_0) \tag{17.12}$$

總供給曲線 AS 可定義為：促使勞動市場與生產部門達於均衡的物價與產出組合軌跡。以下將說明體系內的長期與短期總供給曲線。

1. 長期供給曲線 (LAS)：在訊息完全下，古典學派認為勞工準確掌握物價水準，勞動供給函數將是實質工資率的函數，是以 (17.10) 式中的預期物價等於實際物價，$P^e = P$，由該式與 (17.12) 兩式將可決定勞動市場均衡就業量 N^*，此即自然就業水準。在圖 17–16 (A)中，當物價水準由 P_1 上漲至 P_2 時，以貨幣工資率表示的勞動供需曲線分別等幅反向移動，勞動市場將維持在自然就業水準 N^*，貨幣工資率 W_1 與物價水準則呈等比例上漲至 W_2。再將 N^* 引進生產函數 $y^* = F(N^*, K_0)$，即可求得在資本存量固定下的自然產出 y^*，此即圖 17–16 (B)中的垂直 LAS 曲線。理性預期學派 (rational expectation school) 認為在訊息不全下，勞工依據掌握的訊息 I_1 正確預期未來物價水準，亦即 $E(P_2|I_1) = P_2$，則當物價變動時，貨幣工資率呈現相同幅度調整，自然就業水準維持不變，長期供給曲線將是 LAS。

2. 短期供給曲線 (SAS)：Keynesian 學派認為勞工缺乏對物價變動的訊息，或勞動市場貨幣工資率存在僵化現象，當物價發生變動時，短期貨幣工資率仍固定在 W_1 水準，是以與 (17.12) 兩式將可決定勞動就業水準，該水準取決於物價水準 $N = h(P)$，將其代入生產函數可得短期總供給函數 $y = F(N, K_0) = F[h(P), K_0] = F(P)$，此為圖 17–16 (B)中的正斜率 SAS 曲線。隨著實際物價上漲訊息逐漸為勞工掌握，將要求廠商調整貨幣工資率為 W_2，短期供給曲線

$SAS(W_1)$ 將上移至 $SAS(W_2)$。

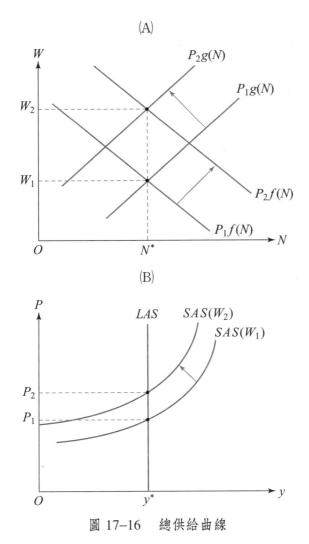

圖 17-16 總供給曲線

17.5.2. 總體經濟均衡

本質上,影響總需求與總供給函數的因素多數屬於短期性質。在短期間,總需求曲線呈現負斜率,總供給曲線則是正斜率,兩者交點將決定均衡物價和實質產出。在此,總需求與總供給決定的就業水準,並不保證體系處於充分就業或自然就業水準。一旦均衡產出低於自然產出 y^*,體系將出現緊縮缺口

(deflationay gap)$(y - y^*) < 0$。

在開放體系中,總供給或總需求受到來自生產因素或消費部門、投資部門、政府部門以及國外部門等因素變動的衝擊, 從而改變體系均衡位置。在圖 17–17中,當總需求曲線 AD_1 與長期總供給曲線 LAS 相交時,體系達成長期均衡點 A,從而決定均衡產出 y^* 與物價水準 P_0。假設臺灣基層金融面臨營運困難而釀成擠兌危機,造成國內總需求明顯減少而出現衰退現象。為解決該項問題,決策當局除採取寬鬆貨幣政策(調降利率、增加貨幣供給)外,亦可採取擴張性財政政策(增加政府支出或減稅)。傳統上, 面對經濟蕭條環境,決策當局傾向先採取貨幣政策,一旦貨幣政策無效或效果未能達成預期目標,才會改採擴大內需及減稅方式的擴張性財政政策(赤字財政政策)。

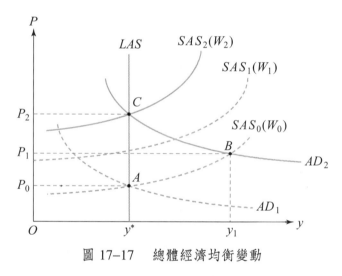

圖 17–17　總體經濟均衡變動

假設貨幣工資率短期具有僵化性 $(W = W_0)$,隨著物價水準上漲,廠商將雇用較多勞工,短期總供給曲線 $SAS(W_0)$ 呈現正斜率。至於長期的貨幣工資率將隨物價水準浮動調整,長期總供給曲線 LAS 將是垂直線。在此狀況下,決策當局推動經濟成長的動力來源包括出口與國內需求擴張,其中出口多數取決於國際需求,並非本國政府所能控制。國內需求包括消費與投資支出,長期而言,政府應以擴大公共投資及帶動民間投資為主要政策,透過擴大國內需求,提升總需求水準。

財政部採取擴張性財政政策，促使總需求曲線 AD_1 沿著短期總供給曲線 $SAS_0(W_0)$ 向右移動，均衡點由 $A(y^*, P_0)$ 移向 $B(y_1, P_1)$，意味著實質產出增加與物價水準上升。假設短期貨幣工資率維持不變，總需求擴張造成廠商的勞動需求大於勞工願意提供的數量，超額勞動需求促使貨幣工資率出現上漲現象，短期總供給曲線將會向左移動。隨著短期均衡持續不斷產生，當貨幣工資率上升速度趕上物價水準上漲速度時，勞動市場將在長期均衡上取得實質工資的均衡，產出水準回到原先的自然產出水準，亦即總需求曲線與長期總供給曲線相交時將達成均衡。

最後，總供給曲線發生改變的原因包括：

1. 供給面衝擊 (supply shocks)：未預期的衝擊對總供給造成影響。

2. 有利的供給面衝擊 (beneficial supply shocks)：有利的供給面衝擊促使供給曲線右移，包括：①農產品豐收，供給增加。②自然資源的發現，如礦產、石油（勞動供給增加）。③經濟制度的改善（如：財產權的訂定）。④生產技術的進步。

3. 總供給減少的因素包括政治不安定、天災、勞動力減少（社會老年化）、制度（如課稅增加）變遷。

習　題

◉ 選擇題

1. 臺灣民眾握有實質貨幣並不在乎利率變動的影響，反而十分在乎利率變動對投資意願的衝擊，試判斷何種說法係屬正確？
   (a) LM 曲線相對 IS 曲線具有利率彈性　(b)貨幣政策效果相對顯著　(c)財政政策將不具排擠效果　(d)財政政策與貨幣政策

均無效果。

2. 何種情況將促使總需求曲線變得具有物價彈性？ (a)貨幣需求的利率彈性縮小 (b)貨幣供給的利率彈性變大 (c)投資支出的利率彈性縮小 (d)消費支出的利率彈性變小。

3. 有關總供給與總需求的敘述，何者正確？ (a)金融危機促使投資意願下降，總需求曲線向右移動 (b)降低政府預算赤字將造成總需求曲線向左移動 (c)資本存量減少會使總供給曲線右移 (d)技術進步促使總供給曲線左移。

4. 擴張性貨幣政策或財政政策將會增加總需求，何種效果係屬正確？ (a)前者將使利率上升，後者促使利率下降，兩種政策均促使消費增加 (b)前者將使利率下降，後者推動利率上升，兩種政策均促使消費增加 (c)前者促使消費增加，後者導致消費減少，兩者均促使利率下降 (d)前者促使消費減少，後者導致消費增加，兩者均促使利率下降。

5. 決策當局利用貨幣政策增加總產出，何種組合發揮的效果最大？ (a)貨幣需求與投資支出的利率彈性愈大 (b)貨幣需求與投資支出的利率彈性愈小 (c)貨幣需求的利率彈性愈大，投資支出的利率彈性愈小 (d)貨幣需求的利率彈性愈小，投資支出的利率彈性愈大。

6. 有關 Walras 法則內容的敘述，何者錯誤？ (a)該法則係總體經濟活動達成均衡的條件 (b)經濟成員從事總體經濟活動，將受該法則的限制 (c)體系內若有 5 個市場，只要討論任意 4 個市場是否達成均衡即可 (d)體系內若有 4 個市場，其中的 3 個市場同時出現超額供給時，第 4 個市場必然處於超額需求狀況。

7. 主計處估計臺灣消費函數 $C = 50 + 0.8y - 2,000r$，投資函數 I

$= 20 + 0.3y - 1,000r$。假設臺灣目前的經濟環境為 $(r, y) = (3\%, 300)$，何者錯誤？　(a)產出呈現擴張趨勢　(b)存在超額商品需求　(c)儲蓄大於投資　(d)廠商面臨非意願性存貨遞減。

8. 「工會要求提高貨幣工資」與「政府支出增加」兩種市場行為造成的影響，何者正確？　(a)對物價影響不同，對產出影響相同　(b)對物價影響相同，對產出影響不同　(c)對物價與產出影響均相同　(d)對物價與產出影響均不同。

9. 在物價穩定下，某國的消費函數 $C = 500 + 0.7y_d + 0.3(\frac{M_0}{P})$、投資函數 $I = 200 + 0.1y$、$G = 100$、租稅函數 $T = T_0 + ty$，y_d 是可支用所得，而 LM 曲線為 $(\frac{M_0}{P}) = 100y - 0.8r$。何者錯誤？　(a) Keynes 效果將不會存在　(b)總需求曲線缺乏價格彈性　(c)體系處於投資陷阱狀態　(d) LM 曲線具有利率彈性。

◉ 問答題與計算題

1. 試利用 IS-LM 模型回答下列問題：　(a)當財政部擴大恆常性支出時，體系均衡所得和利率將會發生何種變化？　(b)當財政部僅是擴大臨時性支出時，前述結果是否發生變化？

2. 臺灣目前有各國來的外籍勞工。請利用總供需模型說明，外籍勞工來臺工作對物價與實質 GDP 之影響。（請說明所作的假設。）

3. 試說明邊際消費傾向、投資對利率的敏感性、交易性貨幣需求對所得水準的敏感性、投機性貨幣需求對利率的敏感性等因素對總需求曲線斜率的影響。

4. 假設太平洋上諾魯共和國的總體函數模型如下：

$$C = 10 + 0.8Y$$

$$I = 50 - 200r$$

$$M^S = 50$$

$$M^d = 20 + 0.5Y - 100r$$

試計算下列問題： (a)求出均衡所得和利率水準。 (b)說明貨幣供給若從 50 下降為 20，均衡所得和利率水準將發生如何變化？ (c)決策當局可以採取何種策略來達成降低所得的目的？

5. 某國使用的生產函數型態為 $y = 10N - N^2$，勞動供給函數為 $N^S = 3(\frac{W}{P}) - 2$，試求總供給函數。

6. 假設總供給曲線為 $AS = 250$、總需求曲線為 $AD = 300 - 25P$，試求： (a)均衡物價和所得水準為何？ (b)假設總需求成長 10%，其他條件不變，新的均衡物價和所得水準為何？ (c)假設總供給成長 10%，其他條件不變，新的均衡物價和所得水準為何？

7. 假設消費函數 $C = 1,000 + 0.75y_d$、投資函數 $I = 250 - 20r$、稅收 $T = ty = 0.2y$、政府支出 $G = 150$、名目貨幣供給 $M = 600$、貨幣需求 $L = 0.5y - 100r$，試求總需求函數。當物價水準為 1 時，所得水準和利率水準為何？ 假設總供給函數為 $y = 2,950 + 90P$，試求總體均衡所得和物價水準。假設自然產出為 3085，體系是否達到充分就業均衡？ 假設央行希望採取貨幣政策實現充分就業均衡，需如何調整貨幣供給？

第 *18* 章　通貨膨脹理論

在貨幣經濟中，通貨膨脹問題長期困擾人們，成為政府部門必須解決的經濟目標之一。尤其是 I. Fisher (1926) 率先指出通貨膨脹及失業率間存有反向關連，Phillips (1958) 與 Lipsey (1960) 接續詮釋，形成 Phillips 曲線理論的先驅。隨後，1970 年代爆發兩次石油危機，各國通貨膨脹與失業率受此衝擊而同時劇增，促使停滯性膨脹盛行於一時，引起學者深入探討其釀成的後果。一般而言，通貨膨脹理論涵蓋三部分：①發生原因：探討通貨膨脹起源與坐大緣由；②解決策略：提供政府部門擬定穩定物價的政策；③經濟後果：評估通貨膨脹釀成的後遺症與財富重分配效果。

隨著創新活動發達，電子工程與財務工程成為政府部門推動經濟發展的主軸，體系生產力大幅提升與商品需求成長率衰退，導致物價上漲壓力在 1990 年代以後逐漸消除，甚至呈現緩步下跌的緊縮現象，長期困擾人們的通貨膨脹問題雖然獲得紓解，但也產生失業率擴大的問題。

本章首先說明物價指數的種類與缺陷。其次，再說明通貨膨脹過程、類型與其衍生之弊病。第二，將說明 Phillips 曲線的起源與其理論的演變。接著，針對 1970 年代石油危機釀成停滯性膨脹現象，分別探究其原因，並說明紓解方案中的所得政策內容。最後，將探討體系發生通貨緊縮現象的原因。

18.1.　通貨膨脹

18.1.1.　物價指數的衡量

個體經濟學關心單一商品價格的決定與變化，總體經濟學則是關注所有商品與勞務平均價格（以物價指數衡量）的決定與變動趨勢。物價指數係指在固定期間，一組商品與勞務依其相對重要性進行加權平均的價格，用於衡量體系物價水準變化時，隱含意義包括：①時間上的平均：每月上旬物價上漲可能被下旬物價下跌抵消；②地區間的平均：臺北市某項商品漲價可能因高雄市跌價而導致平均漲幅不大；③項目的平均：食物類物價上漲可能被電器類物價下跌

抵消。經過多重平均後的物價指數發生變動時,相較單一商品價格變動不敏感,與人們感受不盡相同。物價指數的重要類型包括:

1.消費者物價指數 (CPI):衡量一籃商品與勞務的價格相對基期物價水準的比值,衡量人們在某段期間購買商品與勞務的平均成本,反映的物價包括食品、服裝、住屋、燃料、交通費用、醫療費用、藥品與日常生活所需購買的其他商品與勞務。該指數屬於廣泛採用的通貨膨脹指標,也是央行關切的經濟數據。臺灣消費者物價指數的統計分類包括: ①基本分類:包括臺灣地區消費者物價指數、臺灣地區都市消費者物價指數、臺灣省消費者物價指數,三者除編製總指數外,下分 7 個大類、40 個中類及 63 個小類之分類指數。②特殊分類指數:依商品性質編製特殊分類指數,包括商品類及服務類 2 大類,再細分 8 個中類之分類指數。

在貨幣經濟中,居住於都市的消費者並未直接參與所有商品生產,而是經由市場交易以貨幣換取消費財。是以消費者物價指數將反映人們日常生活水準變化,提供決策當局與廠商調整待遇或勞工簽訂勞動契約時的參考指標。

2.躉售物價指數 (wholesale price index, WPI):依據大宗物資批發價格加權平均編製的物價指數,用於衡量廠商間第一次交易 (不含公司內部移轉) 之所有商品價格變動情形,採取總供給概念 (國產值加進口值) 計算權數結構,除按基本分類編製外,另依產地來源區分為國產品 (含國產內銷品及出口品) 及進口品物價。前者即是生產者物價指數,反映國內產業生產商品的價格變化,另依銷售目的地分為內銷品及出口品物價,內銷品 (含國產內銷品及進口品) 物價可作為觀察消費者物價變化之領先指標。

躉售物價指數代表商品供給面的物價指數,或是反映生產商品或勞務所需因素成本的指數,係顯示生產成本變化,提供廠商清結長期債務與重估資產價值的訊息。反觀消費者物價指數係代表商品需求面的物價指數,或反映購買商品或勞務所需支付的零售價格。兩者間的差異理應包括零售商的利潤、折舊、企業間接稅、政府補貼與企業移轉支付等項目。

3.進出口物價指數: 進口物價指數 (import price index, IPI) 採取 CIF 價格,出口物價指數 (export price index, EPI) 則為 FOB 價格,進口關稅稅率調降不影

響前者但卻影響後者。決策當局為隨時掌握貿易活動變化契機，選擇重要進出口商品的國內批發價格或產地價格，分別編製進出口物價指數。對開放體系而言，進出口物價指數揭露三項涵義：①本國對外貿易條件 $q = (\dfrac{eP_z^*}{P_x})$，$P_z^*$ 與 P_x 分別是進口品的國外價格與出口品的國內價格，e 是匯率。在固定匯率制度下，進出口物價指數變動正好顯示貿易條件或對外比較利益變化，提供決策當局調整匯率的訊息。②物價水準係由非貿易財與貿易財（包括進口財與出口財）兩者價格的加權平均而得，進出口物價指數變化勢將影響一般物價指數變化，從而帶動輸入性通貨膨脹，故為決策當局採取權衡性政策時的重要指標。③當國產品出口受到外國配額限制時，決策當局可依出口財物價指數核定外銷廠商配額。另外，當本國持有的外匯準備匱乏時，決策當局可依進口財物價指數分配進口商外匯數量。

4. GNP 或 GDP 物價平減指數 (implicit GNP or GDP deflator)

$$GNP = \frac{C}{CPI} + \frac{I}{P_I} + \frac{G}{P_G}$$

物價指數通常定義為：人們在不同期間購買相同商品組合所需支出的比值，衡量方式包括：

1. E. Laspeyres (1864) 首次提出以昔日購買的商品組合數量為權數，而以不同期間商品價格加權的比值，亦即將權數固定在基期，此即 L 氏公式。

$$P_L = \frac{\sum P_t Q_0}{\sum P_0 Q_0}$$

Q_0 是基期的商品消費組合，P_0 與 P_t 分別是基期與 t 期的商品價格。

2. H. Paasche (1874) 係以 t 期購買的商品組合數量為權數，而以不同期間商品價格加權的比值，此即 P 氏公式。

$$P_P = \frac{\sum P_t Q_t}{\sum P_0 Q_t}$$

Q_t 是 t 期的商品消費組合。

3. 上述指數各有偏誤，Irving Fisher 提出連鎖權數 (chain-weight) 概念：

$$P_F = \sqrt{(P_L \times P_P)}$$

18.1.2. 通貨膨脹過程

　　歷史上，很多國家曾經發生嚴重的通貨膨脹，尤其是在 20 世紀的兩次大戰後，許多國家的生產機能遭到嚴重破壞，龐大軍費支出造成鉅額財政赤字，迫使政府採取發行貨幣融通，進而陷入惡性通貨膨脹，導致經濟體系幾乎瓦解。以德國為例，在第一次大戰後的 1923 年陷入惡性通貨膨脹，物價較戰前上漲約 14,000 億倍，一份報紙售價高達 2,000 億馬克。第二次大戰結束後，德國再度出現惡性通貨膨脹，促使 1947 年間的大半交易活動改採以物易物方式進行。再看 1945 年臺灣光復之初也曾陷入惡性通貨膨脹，物價水準在 1945～1949 年間是一日數變，每年漲幅在 500%～1,200% 之間。直至金融當局在 1949 年 6 月 15 日實施幣制改革，每 4 萬元舊臺幣兌換新臺幣 1 元，並配合採取包括舉辦優利存款鼓勵儲蓄、充實財政收入撙節支出、積極修復生產設備擴大工業生產、鼓勵農民生產提高農業產量等措施，促使臺灣的物價水準逐漸平穩。

　　通貨膨脹係指物價水準持續上漲的過程，或貨幣價值持續貶低的現象。一般採取通貨膨脹率作為觀察指標，定義為：今年與去年物價指數的差距除以去年物價指數，類型包括 GDP 平減指數膨脹率、CPI 膨脹率、WPI 膨脹率。不過主計處通常採取消費者物價指數年增率來衡量通貨膨脹率：

$$通貨膨脹率 = \frac{當期消費者物價指數-上期消費者物價指數}{上期消費者物價指數}$$

　　圖 18-1 是完整的通貨膨脹過程，包括需求拉動與成本推動 (cost push) 兩個階段。就前者而言，通貨膨脹發生的原因包括貨幣因素（貨幣數量激增）或非貨幣因素，兩者變化刺激消費與投資意願，促使商品市場出現超額需求，廠商（零售商與批發商）預擬保有的存貨遽降，必須向製造業廠商增加訂單。商品市場持續出現超額需求，透過零售商、批發商而上溯至製造業廠商的訂單增加過程，誘使後者擴大生產因素與原料需求。在該調整階段中，廠商面對超額商品需求，採取增加訂單與削減存貨策略應對，屬於數量調整性質。

　　就後者而言，短期因素供給欠缺彈性，製造業廠商擴大因素需求後，因素價格攀升將使體系邁入價格調整階段。因素價格揚升相當於生產成本遞增，成

本轉嫁現象即順著產銷過程由上游往下游推進，直接反映於商品價格變化。在商品價格調整過程中，金融環境寬鬆與否將扮演重要角色。假設金融環境屬於寬鬆狀態，將出現製造業的商品出廠價格、大盤與中盤價格同時上漲，亦即WPI 呈現上漲現象。隨後，商品零售價格與市場價格將跟進上漲，亦即 CPI 呈現上漲現象，此將隱含通貨膨脹已經成形。另外，金融環境若屬於適當狀態，生產成本遞增帶動各種商品價格調整，調整幅度則視個別商品價格供需變化而定，而某些產業在調整過程中將陷入營運困境。面對產業營運困境，央行採取寬鬆貨幣政策進行紓困，結果將支持通貨膨脹持續擴散。

　　綜合以上兩者，前者的需求拉動與後者的成本推動分別代表商品供給者以數量或價格調整來消除超額需求的過程，尤其在獲得央行採取擴張性貨幣政策支持下，將正式宣告通貨膨脹成形，進而引爆人們的通貨膨脹預期，推動通貨膨脹過程持續蔓延。假設央行維持貨幣政策不變或改採緊縮政策，將促成產業結構轉型，但需忍受短期失業率出現攀升現象。

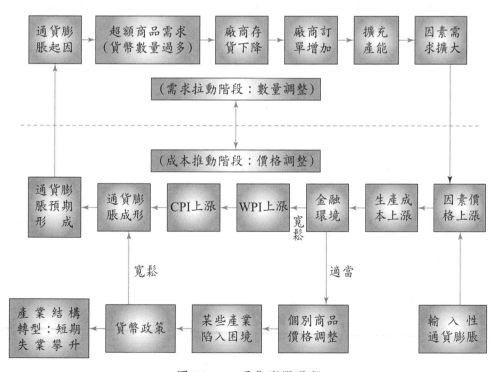

圖 18–1　通貨膨脹過程

18.1.3. 通貨膨脹類型與影響

通貨膨脹過程包括需求拉動與成本推動兩個階段,是以通貨膨脹主要類型有二:

1. 需求面通貨膨脹:商品市場持續出現超額需求,造成物價持續揚升,此即需求拉動的通貨膨脹。由於央行採取紙幣制度,可在無資產準備下發行貨幣,造成購買力擴張而釀成通貨膨脹,是以 M. Friedman (1963) 基於貨幣數量學說指出,通貨膨脹隨時隨地均為貨幣現象。臺灣屬於小型開放體系,國內發生通貨膨脹將吸引外國商品大量輸入,或透過匯率升值抵銷物價上漲,是以在大部分期間的物價波動與貨幣成長率之間的關係,未如貨幣數量學說顯示的密切關連。

2. 供給面通貨膨脹:廠商生產成本或因素價格上升將導致總供給下降,進而推動物價水準上漲。假設央行嚴格控制貨幣數量,切斷融通生產成本攀升的力量後,商品價格將依個別供需彈性或轉嫁成本條件而發生升降互現的現象,持續性物價上漲現象將無從發生。至於成本推動通貨膨脹多數源自市場的不完全性,型態包括下列三種:

　　⑴工資推動物價上漲:勞動市場出現強有力工會組織,利用壟斷力量要求過高的貨幣工資率,後者經由成本加成方式轉嫁至商品價格,總供給因而縮減、物價隨之躍升。

　　⑵利潤推動物價上漲:製造業部門僅有少數廠商存在,運用聯合壟斷力量訂定管理價格,透過減產哄抬價格提高利潤加成,促使總供給減少、物價攀升。

　　⑶輸入性通貨膨脹:歷經 1970 年代的兩次能源危機衝擊,小型開放體系進口原料生產,一旦國外商品與原料價格上漲,或匯率巨幅貶值,造成進口成本大幅上漲,總供給減少將導致物價出現攀升現象。

人們的決策行為橫跨目前與未來,並以各種契約作為聯繫橋樑。貨幣扮演契約單位,在不同期間的價值迥異,人們若能確實預測通貨膨脹率,據以調整契約內容,此即屬於可預期通貨膨脹 (anticipated inflation);反之,即是非預期通貨膨脹。前者通常透過指數化消弭之,體系內僅存貨幣價值貶低效果,相對

價格不受影響，副作用大幅降低。反觀後者勢必改變相對價格，促使人們調整決策改變資源配置，後遺症端視未預期部分大小而定：

1. 重分配效果：金融資產發行往往忽略物價因素，非預期通貨膨脹必然改變金融資產實質價值，無形中造成實質財富由債權人移轉給債務人。另外，勞動契約通常附有期限，貨幣工資在通貨膨脹期間無法適時調整，實質勞動所得將有惡化現象，而廠商利潤（資本所得）卻因工資與原料成本未能迅速反映物價揚升結果，而暫呈遞增現象。

2. 資源配置扭曲：通貨膨脹是物價水準持續揚升現象，實際上並未影響相對物價與資源配置。然而訊息不全混淆相對與絕對物價變動，為求規避實質財富貶值損失，人們競相將資產組合轉向以實體資產為主，除助長投機活動盛行與資源誤用外，更降低儲蓄意願與資本累積速度。換言之，物價波動劇烈致使廠商隨時調整價目表，形成菜單成本 (menu cost) 增加現象。人們追求規避貨幣購買力貶值損失，汲汲營營地奔走於銀行與市場之間，形成俗稱之皮鞋成本 (shoe-leather cost) 遞增現象。兩者均屬資源配置扭曲的結果，且是社會福祉的無謂損失。

3. 國際收支惡化：在通貨膨脹期間，國內物價相對高於國際物價，貿易條件惡化將不利本國商品出口，貿易帳盈餘必然縮水甚至反轉成逆差。另外，物價攀升貶低國幣實質購買力，名目利率若未等幅調升，必然驅使資金外流，金融帳逆差於焉形成。在通貨膨脹期間，一旦金融帳與貿易帳反轉成逆差，國幣貶值壓力將日趨擴大。

🔺 18.2.　Phillips 曲線理論

18.2.1.　Phillips 曲線的起源

I. Fisher (1926) 率先指出通貨膨脹率與失業率間存在統計負相關，不過該項說法卻於冰封三十餘載後，A. W. Phillips (1958) 重新由「勞動市場供需變化」著眼，另行證實貨幣工資膨脹率與失業率間的負向統計關係。爾後，經由 R.

Lipsey (1960) 加入進行演繹，求出彰顯貨幣工資膨脹率 $\dot{W}$ 與失業率 u 關係的軌跡即是 Phillips-Lipsey 曲線，函數型態可設定為：

$$\dot{W} = \alpha + \beta u^{-1} \tag{18.1}$$

除上述關係外，實際資料顯示失業率與貨幣工資膨脹率間尚有類似圖 18-2 的環狀關係。針對此種現象，Phillips 認為在既定失業率 $\bar{u}$ 下，景氣復甦期間的勞動需求壓力通常較強，貨幣工資膨脹率 $\dot{W}_2$ 顯著超越平均水準 $\dot{W}_1$。一旦體系陷入蕭條環境時，勞動需求壓力轉弱，貨幣工資膨脹率 $\dot{W}_3$ 往往低於平均水準 $\dot{W}_1$。隨著景氣循環起伏，總體 Phillips 曲線在某區域內將會呈現循環現象。是以貨幣工資膨脹率不僅決定於失業率，且與失業率的變動密切相關，Phillips 曲線的函數型態可表為：

$$\dot{W} = f(u, \frac{du}{dt})$$

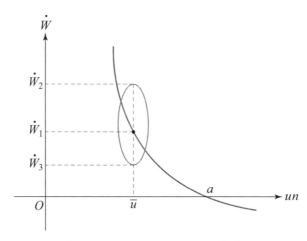

圖 18-2　Phillips-Lipsey 曲線

除上述變數外，解釋貨幣工資膨脹率的因素尚包括：①過去的通貨膨脹率：在物價上漲過程中，勞工依據生活費用上漲而要求調整貨幣工資率，貨幣工資波動經常反映通貨膨脹趨勢。②生產力成長率：在既定失業率下，技術進步或勞動生產力提升促使勞動需求遞增，貨幣工資率將出現上升現象。③公司利潤率：公司獲利率愈高時，工會要求提升貨幣工資率的壓力愈大。④工會獨占力：工會力量愈強將會提升貨幣工資率上漲壓力。⑤實施工資與物價指導綱領

(wage-price guideposts)。⑥社會安全保險 (social insurance)：政府實施全民健保，勞工為維持繳納保費後的所得不變，將要求提高貨幣工資率。

假設廠商係以單位勞動成本為基礎，在考慮利潤率與固定成本折舊後，訂定商品價格如下：

$$P = (1 + \theta)(\frac{WN}{Q})$$

$$= (1 + \theta)(\frac{W}{AP_N})$$

Q 是實質產出，θ 是固定利潤加碼 (profit-margin)，(WN/Q) 是單位勞動成本，AP_N 是勞動平均生產力。就上式取自然對數：

$$\ln P = \ln(1 + \theta) + \ln W - \ln AP_N$$

就上式對時間微分，可得：

$$\pi = \dot{W} - \lambda \qquad (18.2)$$

π 是通貨膨脹率，$\dot{W} = \frac{d\ln W}{dt}$ 是貨幣工資膨脹率，$\lambda = \frac{d\ln AP_N}{dt}$ 是勞動生產力成長率。考慮勞動生產力成長的影響後，(18.1) 式可修正為：

$$\dot{W} = \alpha + \beta u^{-1} + \delta \lambda \qquad (18.3)$$

$\beta \succ 0$，$0 \leq \delta \leq 1$。將 (18.2) 式代入上式，經整理可得 Samuelson-Solow 型態的 Phillips 曲線，此即反映失業率與通貨膨脹率間的關係：

$$\pi = \alpha + \beta u^{-1} - (1 - \delta)\lambda$$

上式顯示：體系內的通貨膨脹率將取決於勞動市場需求壓力 βu^{-1}，以及勞動生產力成長卻未反映於貨幣工資率上漲的部分 $(1 - \delta)\lambda$。在圖 18–3 中，Samuelson-Solow (S-S) 的 Phillips 曲線相對 Phillips-Lipsey (P-L) 曲線，將向下移動 $(1 - \delta)\lambda$ 距離。

在圖 18–3 中，同一條 Phillips 曲線上的不同點所反映的通貨膨脹率變化，係因需求面變動所引起，亦即同一曲線上反映的通貨膨脹係屬於需求拉動型態的通貨膨脹，每年實際通貨膨脹率和失業率只是某一條 Phillips 曲線上的一個點而已。短期內，經濟波動主要來自需求面，而且通貨膨脹率和失業率間存在反向關係。決策當局採取權衡性政策刺激總需求以降低失業率，必然造成通貨

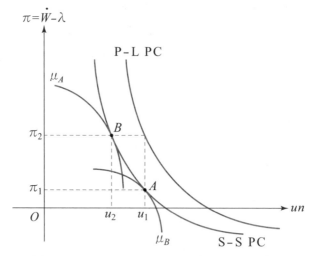

圖 18-3　　P-L 與 S-S 型態的 Phillips 曲線

膨脹率上升；相反的，採取緊縮政策壓制總需求以降低通貨膨脹率，將須忍受
失業率上升的結果。

　　美國共和黨雷根在 1980 年參選總統時，問美國人民：「你的生活比四年前
更好嗎？」，當時美國通貨膨脹率 13.5%、失業率 7.1%，雷根以兩者之和稱為「痛
苦指數」(misery index)，該年痛苦指數高達 20.6%。通貨膨脹率升高將使人民
的所得縮水，失業率升高將使所得無著的人數增加，兩者均屬極其痛苦的事。
決策當局擬定政策應以對抗通貨膨脹與降低失業率為最終目標，設定社會福利
函數 μ 為失業率與通貨膨脹率兩者的函數：

$$\mu = \mu(\pi, u)$$
$$\qquad -, -$$

　　決策當局面對 Phillips 曲線代表的經濟環境限制下，追求社會福祉最大。
當兩條軌跡相切於 A 點或 B 點時，社會福祉將達於最大。值得注意者：不論
A 點或 B 點均屬決策當局在特定期間選擇的最適組合，無法持續適用至下期，
其中理由留待下節另行討論。至於決策當局選擇 A 或 B 點，將視社會福利函
數與 Phillips 曲線型態而定。決策當局若認為 A 點的失業率 u_1 過高，可採貨幣
融通預算赤字，經由 Keynesian 學派的乘數效果運作，失業率隨即下降、而通
貨膨脹率卻是反向遞增，體系所處環境將由 A 點移至 B 點。在此，1% 通貨膨

脹率與 1% 失業率對人們的衝擊並不相同，同樣的 20% 痛苦指數來源若以失業率（如：西班牙）為主，造成痛苦程度顯然遠超過以通貨膨脹率為主的 1980 年代美國。

通貨膨脹率與失業率係由政府主計處逐月發布的統計資料，兩者相加即是痛苦指數。通貨膨脹率與失業率易受季節因素影響，每年夏季 7 月、8 月的颱風豪雨易使物價攀高，畢業生湧入市場尋找工作也推高失業率，臺灣另外存在特殊的農曆季節因素，春節有時落在國曆 1 月或 2 月，是以單月的痛苦指數意義不大，通常以年資料為主要衡量依據，進行歷年比較才有意義。

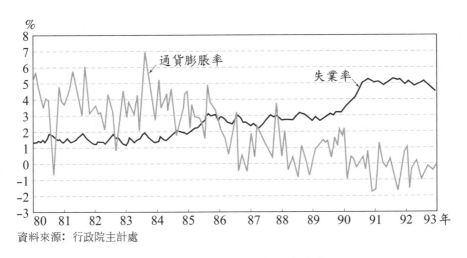

資料來源：行政院主計處

圖 18–4　通貨膨脹率與失業率

圖 18–4 是民國 80 年 (1991)～93 年 (2004)1 月的國內通貨膨脹率與失業率走勢，兩者相加即是痛苦指數，12 年間的痛苦指數大抵維持在 5%～6% 之間波動，組合內容卻有極大不同。在 1999 年以前，臺灣的失業率多數低於 2%，痛苦指數變動純然是反映通貨膨脹率，在 1970 年代的兩次石油危機時期，痛苦指數飆升逾 15%，平常時期通常落在 5%～7% 之間。然而自 1996 年之後，通貨膨脹率（消費者物價指數膨脹率）都在 2% 以下甚至是負值（2003 年 2 月出現 −1.5% 的谷底），痛苦指數高低全然取決於失業率（2003 年 8 月達到 5.21% 的高峰），2003 年 12 月的臺灣痛苦指數 4.89%，與 1980 年代相去不遠甚至更低，但是人們感受到的痛苦難道真的比 1980 年代小嗎？

　　隨著 1997 年亞洲發生金融風暴，亞洲各國紛紛出現貨幣貶值、股市重挫現象，為迅速讓各界知道各國經濟社會痛苦程度，另外出現金融痛苦指數，此係將股市跌幅與貨幣貶值幅度相加而得。

18.2.2. 預期形成與 Phillips 曲線修正

　　M. Friedman (1977) 在獲頒 Nobel 經濟學獎典禮上的演講中，將 Phillips 曲線理論發展劃分為三階段：①通貨膨脹率與失業率間具有穩定替換關係的 Phillips 曲線。②採取靜態預期 (static expectation) 形成的短期 Phillips 曲線，以及採取適應性預期 (adaptive expectation) 形成的長期垂直於自然失業率位置上的 Phillips 曲線。③在景氣循環期間，通貨膨脹率與失業率同向變動的正斜率 Phillips 曲線。

　　就實際現象而言，決策當局選定 Phillips 曲線上的某一點後，即是製造某一通貨膨脹率，短期或許可愚弄人們，但歷經一段期間的訊息傳播後，將促使人們調整預期與決策行為，Phillips 曲線隨之移動。是以 Friedman 指稱的後兩種 Phillips 曲線文獻發展，即在探索通貨膨脹率與失業率在長期是否仍具有替換關係。

(一)自然失業率臆說 (natural rate of unemployment hypothesis)

　　早期的 Phillips 曲線理論認為物價變化在某段期間並不明顯，貨幣工資率將隨總需求水準（失業率）調整。然而 Friedman (1968) 指出在不同失業水準下，勞動市場調整的是實質工資率而非貨幣工資率。自然失業率 u^* 係指在勞動與商品市場的結構性特徵，如：市場不完全性、供需的隨機變異性、職業空缺、相關勞動訊息及勞工遷移成本等因素已知下，體系達成充分就業仍然存在的失業率（包括結構性與摩擦性失業）。當勞動需求激增促使實際失業率低於 u^*，自然形成實質工資率上漲壓力。反之，將出現實質工資率下跌壓力。惟有當實際與自然失業率一致時，此時的實質工資率方能維持勞動市場達成均衡。接著，Friedman 與 Phelps 將預期通貨膨脹率 π^* 與自然失業率同時引進傳統 Phillips 曲線：

$$\pi_t = \pi_t^* + f(u_t) = \pi_t^* - b(u_t - u^*)$$

假設人們採取適應性預期方式形成通貨膨脹預期：

$$\pi_t^* = \theta\pi_{t-1} + (1-\theta)\pi_{t-1}^*$$

綜合上述兩式可知：實際通貨膨脹率將視預期通貨膨脹率、實際與自然失業率間的差額 $(u_t - u_t^*)$（相當於商品與勞動市場的超額需求）而定。在圖 18–5 中，每條短期 Phillips 曲線對應著不同預期通貨膨脹率，且隨預期變化而移動。當人們的預期通貨膨脹率 $\pi^* = 0$ 而 $u = u^*$ 時，體系處於長期均衡狀態。假設決策當局追求控制失業率目標，採取權衡性政策壓低實際失業率至 u_t，促使通貨膨脹率短期內上漲至 π_1。由於勞工與廠商短期內無法精確掌握物價變動，勞工在期初視貨幣工資率上漲為實質工資率提高，樂意增加工作時間，將降低摩擦性或尋找性失業；反觀廠商在期初視物價上漲為商品需求或相對價格遞增，意謂著以商品衡量的實質工資下跌，樂意雇用更多勞工。就在勞資雙方誤解貨幣工資與物價波動內涵下，失業率自然由 u^* 降至 u_t。

實際物價上漲將促使人們修正預期通貨膨脹率，經由調整貨幣工資過程，短期 Phillips 曲線將順著 B 與 C 點朝 D 點移動。隨著人們充分預期通貨膨脹率 π_1 後，Phillips 曲線將維持穩定而不再移動，實際失業率又回復至自然失業率水準。該學說將進一步引申出加速論者臆說 (accelerationist hypothesis)，央行若欲維持較低失業率，必須加速且持續擴張貨幣成長率，持續製造實際與預期通貨膨脹率間的差異性存在，才可能達成壓抑失業率的目標。該學說具有兩項政策涵義：

1.央行僅能就釘住失業率與穩定物價兩個目標間做一選擇。若其意欲釘住失業率，結果將是長期採取寬鬆貨幣政策，加速通貨膨脹進行方可奏功。隨著央行穩定通貨膨脹率後，失業率將回歸至自然失業水準。

2.央行可在眾多調整途徑中，選擇一條達成穩定狀態 (steady state) 通貨膨脹率的軌跡。假設央行追求抑低通貨膨脹，將採取創造閒置產能（蕭條環境），導引實際通貨膨脹率低於預期通貨膨脹率，促使後者向下修正，短期 Phillips 曲線隨之左移，逐漸達成較低通貨膨脹率的目標。

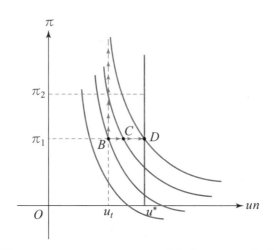

圖 18-5　Friedman-Phelps 型態的 Phillips 曲線

㈡非加速通貨膨脹的失業率臆說 (nonaccelerating-inflation rate of unemployment hypothesis, NAIRU)

上述臆說強調預期通貨膨脹率的係數為 1, Tobin (1968) 領銜的新 Keynesian 學派卻認為無法與實際現象配合，長期 Phillips 曲線的預期通貨膨脹率係數將是顯著小於 1，同時長短期 Phillips 曲線均具穩定性，理由是：訊息不全致使勞工具有貨幣幻覺 (money illusion)，貨幣工資率上升係對人們的顯著獎勵，縱使在實質所得上未獲同等好處。是以 Phillips 曲線的函數可再表為：

$$\pi_t = \theta \pi_t^* + f(u_t)$$

人們在長期若能充分預期通貨膨脹率，長期 Phillips 曲線將變為：

$$\pi_t = \frac{f(u_t)}{1-\theta}$$

在圖 18-6 中，央行採取擴張性貨幣政策壓抑失業率至 u_t 時，體系將由長期穩定狀態的 u^* 循短期 Phillips 曲線 $\pi = f(u)$ 上移至 A 點，此時實際通貨膨脹率為 π_1。由於實際通貨膨脹率 π_1 與預期通貨膨脹率 $\pi^* = 0$ 出現分歧，將促使短期 Phillips 曲線上移，直至實際與預期通貨膨脹率趨於一致，長短期 Phillips 曲線交於 B 點時為止，此時 $\pi_2 = \frac{f(u_t)}{1-\theta}$，擴張性貨幣政策長期仍然能夠發揮效果。

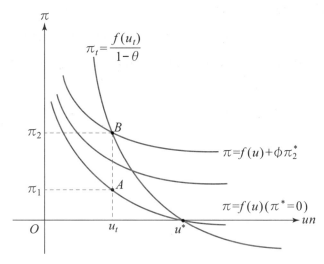

圖 18-6　Tobin 的長短期 Phillips 曲線

㈢理性預期臆說 (rational expectation hypothesis)

　　在景氣循環期間，央行採取權衡性政策造成通貨膨脹率經常變動，而金融體系卻基於正常價格或物價穩定的概念運作。央行基於追求穩定物價，採取時而擴張時而緊縮的「停停走走」(stop and go) 政策，不僅擴大實際與預期通貨膨脹率間的差距，並引發兩種效果：①通貨膨脹變異性遞增必然縮短訂定契約的最適期限，除降低市場經濟效率外，並導致資源配置錯誤。②通貨膨脹變異性擴大，有關相對價格變動訊息將因通貨膨脹中的噪音充斥，致使人們無從獲取正確訊息供做決策參考，體系運作將會喪失效率。

　　Friedman 雖以上述理由說明 Phillips 曲線在轉型期間可能呈現正斜率，卻無法證實 Phillips 曲線已經轉為正斜率。Lucas (1972) 與 Sargent (1973) 採取上述看法，認為理性成員利用攸關經濟結構的訊息形成通貨膨脹預期，自然失業率臆說將包括三部分：

　　1.在訊息不全下，以自然失業率臆說型態表示的 Phillips 曲線為：

$$\pi_t = \pi_t^* - b(u_t - u^*) + \varepsilon_t \tag{18.4}$$

ε_t 是無時間數列相關的隨機變數，平均數 $E(\varepsilon_t) = 0$，變異數為 σ_ε^2。

　　2.在訊息不全下，超額需求函數可表為：

$$u_t = u^* - \theta(m_t - \pi_t) + \eta_t \tag{18.5}$$

體系內的超額需求 $(u_t - u^*)$ 將可表為實質貨幣餘額的遞增函數，而後者 $(m_t - \pi_t)$ 可用貨幣成長率 m_t 超過通貨膨脹率 π_t 表示。η_t 是超額需求方程式的隨機干擾項，平均數 $E(\eta_t) = 0$，變異數為 σ_η^2。

3. 人們採取理性預期形成方式：

$$\pi_t^* = E(\pi_t | I_{t-1})$$

I_{t-1} 是 $(t-1)$ 期的訊息。綜合 (18.4) 與 (18.5) 兩式，可得實際通貨膨脹率方程式如下：

$$\pi_t = \frac{\pi_t^* + b\theta m_t + \varepsilon_t - b\eta_t}{1 + b\theta} \tag{18.6}$$

在 I_{t-1} 已知下，針對上式取條件性預期，可得通貨膨脹率的理性預期值：

$$\pi_t^* = E(\pi_t | I_{t-1}) = \frac{E(\pi_t | I_{t-1}) + b\theta E(m_t | I_{t-1})}{1 + b\theta}$$

重新整理上式，可得：

$$\pi_t^* = E(\pi_t | I_{t-1}) = E(m_t | I_{t-1})$$

上式意謂著理性預期通貨膨脹率將等於預期貨幣成長率 $E(m_t | I_{t-1})$，將其代入 (18.6) 式，可得實際通貨膨脹率為：

$$\pi_t = \frac{E(m_t | I_{t-1}) + b\theta m_t + \varepsilon_t - b\eta_t}{1 + b\theta} \tag{18.7}$$

假設央行充分控制貨幣成長率，且在 $(t-1)$ 期就預先公布，則依理性預期形成方式，人們將能正確預期貨幣成長率：

$$E(m_t | I_{t-1}) = m_t$$

再將上式代入 (18.7) 式，可得：

$$\pi_t = E(m_t | I_{t-1}) + \frac{\varepsilon_t - b\eta_t}{1 + b\theta}$$

上式涵義為：實際通貨膨脹率等於預期貨幣成長率與隨機變數組合之和。再將前述兩式代入 (18.5) 式，將可求出體系內的失業率：

$$u_t = u^* + \frac{\theta\varepsilon_t + b\eta_t}{1 + b\theta}$$

　　假設人們採取理性預期形成方式,實際失業率將在自然失業率附近隨機波動。當央行提高貨幣成長率訊息廣為人們熟知時,通貨膨脹預期必然迅速調整,短期 Phillips 曲線將迅速移動,促使失業率與通貨膨脹率原有的替換關係隨之消失。在此,理性預期臆說雖可解釋體系內失業發生波動的狀況,卻無法充分詮釋在景氣循環過程中,失業率呈現持續波動的現象,亦即實際失業率與自然失業率出現分歧,僅能由兩個隨機項 (ε_t, η_t) 解釋,但兩者卻又與形成預期所需的各種變數值無關。

18.3.　停滯性膨脹與所得政策

18.3.1.　停滯性膨脹

　　在 1970 年代,石油輸出組織國家先後兩次調整油價,各國面臨輸入性通貨膨脹衝擊下,紛紛陷入蕭條困境,停滯性膨脹蔓延成世界性經濟問題。就臺灣而言,歷經 1973 年底的首次油價調整後,1974 年的消費者物價膨脹率為47.47%,當年實質經濟成長率為 −1.3%。稍後,消費者物價膨脹率在 1975 年遽降為 5.24%,實質經濟成長率仍然只有 1.1%。在 1979 與 1980 年的第二次油價調整期間,1979 年的消費者物價膨脹率為 9.75%、1980 年為 19.01%、1981年為 16.34%,同期間的實質經濟成長率分別為 4.8%、4.6% 與 4.6%。換言之,在兩次油價調整期間,國內經濟活動呈現明顯的物價攀升與經濟成長率低於長期應有水準的現象。是以停滯性膨脹可定義為:經濟蕭條(或低度經濟成長)與高通貨膨脹率同時並存的現象,發生原因有二:①在景氣循環後期,停滯性膨脹係出現需求拉動通貨膨脹後的調整過程。②供給面衝擊或成本推動通貨膨脹是停滯性膨脹的成因之一。

　　在圖 18–7 中,體系內總需求 AD_0 與總供給 $AS_0(P_0^*)$ 相交於自然產出水準 y_0,均衡價格等於預期價格 $P_0 = P_0^*$。假設體系面臨供給面衝擊,如:自然災害

（地震、水災或惡劣氣候）、自然資源壟斷、貿易條件惡化、勞動生產力下降、工資或利潤加成上漲，促使 $AS_0(P_0^*)$ 曲線左移至 $AS_1(P_0^*)$。在新的短期均衡點 C 上，實質產出將會下降（反映失業擴大），物價水準上漲至 P_1。面對失業遞增的蕭條環境，央行迫於政治壓力而採取寬鬆貨幣政策，促使總需求曲線 AD_0 右移至 AD_1，物價持續上漲。實際物價上漲促使勞工調整價格預期為 P_1^*，透過要求調升貨幣工資而促使 $AS_1(P_0^*)$ 左移至 $AS_2(P_1^*)$，短期均衡勢必回復至 y_0。不過 D 點上的勞工預期價格 P_1^* 又與實際物價發生差異，勢必持續調整預期，短期總供給曲線持續左移，造成物價上漲與實質產出下降（失業擴大）。此時，央行再次採取寬鬆政策紓緩失業問題，總需求又將右移至 AD_2。由於總需求與總供給兩曲線的反覆運作持續發生，在該圖中自然出現 AC 與 DN 等階段的停滯性膨脹期間。

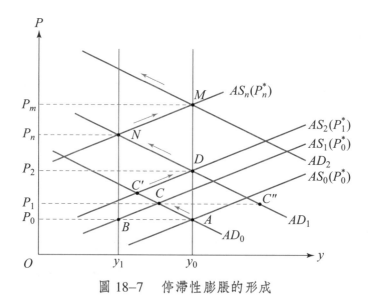

圖 18-7　停滯性膨脹的形成

18.3.2.　所得政策

　　決策當局採取需求管理政策解決經濟問題，勢必造成實際物價變動，引發人們調整價格預期，致使政策效果不彰。是以 1980 年代的供給學派（supply side economics）遂從供給面著手，採取降低供給面的勞動成本、刺激工作效率

與生產力、凍結物價等供給導向的政策或所得政策著手解決。

1.工資與物價的標竿政策：該政策強調不具通貨膨脹威脅的工資協定條件為：「任何產業的貨幣工資上漲率應該等於全面的生產力成長率。」在完全競爭體系，廠商追求利潤最大，將雇用勞動至實質工資率等於勞動邊際生產力為止，由此衍生下列結果：

$$\pi = \dot{W} - \dot{F}_N$$

$\dot{F}_N$ 是生產力成長率。上式顯示：決策當局若要維持物價水準不變，實質工資上漲率必須等於生產力成長率。

2.在通貨膨脹期間，決策當局採取凍結工資與物價措施，該項策略是否見效，端視期初經濟環境（超額需求程度）、控制的理解性及強制執行的嚴格性而定。不過價格管制引發的負面效果包括：①決策當局必須承擔管理機構與執行組織的成本，廠商則需負擔預先通知政府價格形成決策、隨時報告價格變更決策與維持特殊幕僚保證遵守管制等成本。②造成資源錯誤配置與形成全面生產活動下降。③妨礙廠商決定價格及勞資雙方談判工資自由度下降。

3.指數化契約：決策當局將以名目方式訂定的契約與物價水準相連繫，使其能隨物價波動而調整，避免非預期通貨膨脹造成實質財富重分配。假設勞動契約充分指數化，勞工實際上是在辨識實質工資率而非貨幣工資率，而後者可表為：

$$\dot{W} = \dot{W}^* + \pi$$

$\dot{W}^*$ 是契約上簽訂的貨幣工資膨脹率（假設 $\pi = 0$），π 是指契約期間的消費者物價指數膨脹率。

4.決策當局推動人力資源計畫，撮合失業者與既存的空缺，降低失業津貼或保險給付，縮短勞工持續失業期間。兩者目的在降低摩擦性失業，進而移動長期 Phillips 曲線，促使既定通貨膨脹率下的失業率能夠下降。

在 1973～1974 年間發生首次能源危機時，決策當局採取所得政策對付停滯性膨脹。國內物價自 1972 年起出現大幅波動，決策當局於 1973 年 1 月起停止重要物資出口，並由央行特案融資民生日用品、重要工業原料與機器設備進

口，且於 2 月起陸續降低大宗物資進口關稅。決策當局又於同年 6 月 28 日宣布加強執行包括限價在內的 11 項穩定措施，強化經濟部物價會報功能。到了該年 10 月爆發中東戰爭，石油禁運促成國際物價鉅幅上漲，人們預期油電價格勢必大幅調整，掀起搶購風潮而導致物價大幅揚升。直至 1974 年元月 26 日，決策當局公布穩定當前經濟措施方案，內容包括：合理調整油電菸酒價格及交通費率、提高存放款利率與削減貨幣供給增加速度、金融廠商暫停建築用之放款或投資。此外，設立平準基金穩定民生必需品價格，將限價改為議價發揮價格機能。自從該方案實施後，決策當局率先在 1974 年 2 月大幅調整國內物價，隨後即因信用緊縮與搶購惜售風潮消失，配合國際物價逐漸回跌，國內首次出現的停滯性膨脹逐漸平息。

習 題

◉ 選擇題

1. 當體系發生未預期通貨膨脹時，何種影響係屬錯誤？　(a)名目利率不變下，通貨膨脹將使實質利率上升　(b)發揮財富重分配效果　(c)包括菜單成本與皮鞋成本等交易成本提高　(d)體系採取累進所得稅制時，通貨膨脹將增加名目課稅。

2. 依據 Phillips 曲線理論，當失業率維持於自然失業率水準，何者正確？　(a)通貨膨脹率為 0　(b)名目工資等於實質工資　(c)勞動供給具有完全彈性　(d)通貨膨脹率未必為 0

3. 促使短期 Phillips 曲線右移的因素中，何者正確？　(a)政府支出增加，促使總需求增加　(b)自然失業率低於實際失業率　(c)預期通貨膨脹率上漲　(d)貨幣供給減少引起利率上漲

4. 假設實際通貨膨脹率大於預期通貨膨脹率,將會發生何種現象?　(a)短期 Phillips 曲線維持不變　(b)短期 Phillips 曲線往左移　(c)通貨膨脹率與失業率長期仍具抵換關係　(d)實際失業率小於自然失業率

5. 在短期內,體系通貨膨脹率 π_t 與失業率 u_t 間的關係可表為:
（$u^* = 2\%$ 為自然失業率）

$$\pi_t = \pi_{t-1} - 4(u_t - u^*)$$

假設 $\pi_{t-1} = 4\%$,政府追求零通貨膨脹率,體系本期面臨的失業率為何?　(a) 7%　(b) 5%　(c) 3%　(d) 1%。

6. 何者不符合總體經濟現象?　(a)在高通貨膨脹期間,某些商品的相對價格上升　(b)在高通貨膨脹期間,某些商品的相對價格下降　(c)在通貨緊縮期間,某些商品的相對價格上升　(d)所有商品的相對價格都上升。

7. 體系發生未預期通貨緊縮現象,將會發揮何種影響?　(a)對廠商有利但對勞工不利　(b)對勞工有利但對廠商不利　(c)對廠商及勞工均不利　(d)對廠商及勞工均無影響。

◉ 問答題

1. Friedman-Phelps 型態的 Phillips 曲線在長短期時有何差異? 理由是?

2. 央行採取擴張性貨幣政策,在長期何以僅能造成短期 Phillips 曲線右移?

3. 理性預期臆說內容為何? 在該臆說中,長短期 Phillips 曲線何以呈現垂直型態?

4. 試定義需求拉動與成本推動通貨膨脹。區分兩者是否有益於決

策當局執行政策參考?

5.試評論：當人們採取理性預期形成方式，惟有未經宣告的貨幣政策才會發揮實質效果。

6.試說明決策當局短期內可藉提高通貨膨脹率壓低失業率，但在長期卻會失效。

6

第六篇

貨幣政策

第 *19* 章　國際金融危機與調整

歷經 1930 年代大蕭條與 1970 年代能源危機衝擊後，世界各國紛紛體認彼此休戚與共的關係，在面對國際金融危機而需採取政策因應時，必須正視國際政策協調與國外因素干擾的重要性。隨著國際經貿活動自由化與國際金融市場整合性提升，國際干擾因素爆發均會對國際金融活動形成重大衝擊。尤其是自 1980 年代以後，包括美元、日圓與英鎊等 7 大主要工業化國家貨幣匯率出現巨幅波動、包括墨西哥、巴西、阿哥廷等開發中國家面臨巨額外債無法清償問題、跨國基金操炒作外匯市場、股票市場與衍生性商品市場，屢屢釀成國際金融市場劇烈波動，這些現象一再透過各國國際收支的聯繫而引爆重大國際金融危機。面對接踵而來的國際金融危機衝擊，各國金融當局與國際金融組織除協商採取各種政策進行紓解外，並且積極推動國際金融合作，致力於減輕國際金融危機釀成的災難。

本章首先說明國際金融危機的類型與國際收支發生失衡的原因。其次，將探討政府部門經常採取的因應策略。第三，再探討決策當局為維持國內外經濟平衡，如何採取政策搭配方式以達成目標。最後，將探討金融當局推動金融國際化的重要措施，以及臺幣國際化的利弊得失。

19.1.　國際金融危機

19.1.1.　布列敦森林協定 (Bretton Woods System)

在第二次世界大戰末期，非共產國家在 1944 年於美國新 Hampshire 州之 Bretton Woods 協議建立戰後國際金融制度，該協定主要內容包括：

1. 國際金融機構：建立國際貨幣基金會 (IMF)、世界銀行 (World Bank) 與關稅暨貿易總協定 (General Agreement on Tariffs and Trade, GATT) 三個國際金融機構。其中，世界銀行成立於 1945 年底，並於 1946 年開始營運，大部分資金來源借自國際資本市場，小部分則為股東繳交的股本和本身提列之準備。世

界銀行透過提供永久性放款，協助開發中國家從事生產設備及資源開發。世界銀行為應付特殊情況，亦從事非計畫性放款，而為協助開發中國家調整經濟結構，解決嚴重的國際收支失衡問題，並將結構性放款併入非計畫性放款範圍。世界銀行另外成立國際開發協會與國際金融公司兩個重要附屬機構。

2.國際貨幣準備：該體系以黃金為基礎，以美元為主要的國際貨幣準備，此即黃金美元本位制度。各國確認 35 美元折合一盎司黃金的官價，各國貨幣則釘住美元，各國政府或央行可用美元向美國政府兌換黃金。

3.固定匯率制度：採取可調整釘住匯率制度 (adjustable peg system)，規定各國對美元匯率只能在平價 1% 幅度內變動，平價的變動都要經過貨幣基金組織批准。

4.融通資金：會員國面臨經濟結構失調、國際收支失衡、初級產品價格變化等因素衝擊，而出現國際支付窘困時，均可提出貸款申請。

5.取消外匯管制：會員國不得限制經常項目的支付，不得採取歧視性貨幣政策，要在兌換基礎上實行多邊支付。

6.稀少貨幣條款 (scare-currency clause)：為解決國際收支調整負擔不對稱問題，規定一國國際收支持續出現大量盈餘，並且該國貨幣在 IMF 的庫存下降到其份額的 75% 以下時，IMF 可以宣布該國貨幣為稀少貨幣，其他國家有權對稀少貨幣採取臨時性限制兌換、或限制進口該國的商品與勞務。

19.1.2. 國際金融危機型態

1970 年代發生兩次能源危機，造成布列敦森林協定維持的固定匯率制度出現崩潰，促使國際金融體系自 1970 年代起逐漸改採一般化浮動匯率制度，經濟學家雖然持續探討如何改革和強化國際金融制度，不過自 1970 年代以來，國際金融危機事件卻有變本加厲趨勢，金融危機型態可劃分如下：

1.主要國家貨幣發生匯率大幅波動。包括美元、英鎊、日圓等國際金融市場主要貨幣發生匯率大幅波動，衝擊國際金融市場運作。

2.國際收支失衡危機。以 1970 年代兩次石油危機直接造成國際收支失衡最為顯著。

3. 第三世界債務危機。墨西哥在 1982 年夏季宣布無法清償外債，許多拉美、亞非、東歐等國接續要求暫緩清償外債。

4. 證券市場危機。1987 年 10 月華爾街股市暴跌觸發全球性的股災，如：香港恆生指數在 10 月 26 日交易下挫 1120.7 點，指數暴跌高達三分之一，創下空前記錄。至於華爾街股市暴跌原因係美、德兩國在利率和匯率問題發生歧見所致。

5. 地區性貨幣集團的匯率危機。最顯著實例是 1992 至 1993 年間的歐洲匯率機制危機，英國與義大利被迫退出。

6. 貨幣與債務混合的危機。1994 至 1995 年的墨西哥危機、1998 年 8 月的俄羅斯危機、1999 年 1 月的巴西危機、2001 年 7 月爆發阿根廷金融危機等事件，均屬於各國對外負債比例偏高，迫使該國貨幣大幅貶值，釀成國際金融市場震盪。

7. 貨幣、銀行和債務混合的危機。1997 年 6 月起爆發的亞洲金融危機持續期間超越 2 年以上，衝擊範圍之廣、持續時間之久和影響之深，可說是二次大戰結束以來最嚴重的危機。

上述分類方式雖有重複之處，不過共同特徵是：這些國際金融危機事件釀成的財富、就業和所得的損失將是無從估計，促使國際金融新秩序重建工作刻不容緩，此係新金融建築 (New Financial Architecture, NFA) 概念出現的環境背景。依據國際貨幣基金會說法，新金融建築包括五大原則：

1. 高度透明：政府部門、金融廠商和金融市場有責任經常準確向社會揭露政策、法令、措施、業務與財務狀況。

2. 改善銀行與金融制度：會員國須加強金融監理制度，採取國際認可的會計、審計、保險、支付系統等方面的一貫性準則。

3. 民營廠商參與：國際貨幣基金會、世界銀行和各國財金當局加強與民營廠商溝通與合作，鼓勵民營廠商參與金融危機的預防、債務重整、國際債券條款與 Basle 資本適足性的修改，緊急信貸額度的提供等活動。

4. 有次序的自由化：金融自由化須在總體調控與金融監理制度相當完善的前提下，按部就班進行。

5.國際金融市場現代化:會員國的金融部門須採取國際公認的財政與貨幣管理、會計審計、破產法和公司治理 (corporate governance) 的準則。

19.1.3. 國際收支失衡

國際收支係反映本國與他國從事各種經濟活動的結果。經過國際間的商品和資金移動,國內外商品市場與金融市場(包括證券市場和貨幣市場)逐漸結合為一體而相互影響。一般而言,某國商品市場和金融市場發生失衡,透過國際收支途徑傳遞到國外經濟活動;同樣的,外國商品市場和金融市場失衡,也會透過國際收支途徑衝擊國內經濟活動。此種現象意味著:國際收支變動將集中體現在國內外經濟活動的震盪或衝擊及其相互蔓延。至於引起國際收支失衡的原因眾說紛紜,較重要類型如下:

1.季節性失衡:貿易活動隨著產銷季節性調整而發生變化,如:開發中國家出口以具有季節性變動的農產品為主,國際收支失衡多數屬於該範疇。

2.偶發性失衡:國內外突發事件或隨機干擾因素出現,如:氣候驟變導致穀物歉收,以致出口銳減且須大量進口糧食、大規模罷工癱瘓交通運輸、貿易障礙造成國際收支失衡。這種類型衝擊造成的失衡屬於暫時性,隨著這些因素消失,國際收支將會恢復正常狀態。季節性失衡均能事前預見,通常可用季節性順差紓解;偶發性失衡甚難預測,須以國際準備進行彌補。

3.循環性失衡:同一期間內,各國面臨的景氣循環階段未必相同,本國經濟活動處於繁榮階段,貿易夥伴國則是陷入衰退階段,本國對外國商品需求相對外國對本國商品需求旺盛,本國貿易帳容易淪為赤字狀態。二次大戰後,西方主要國家的景氣循環具有同步性,循環性失衡在工業國家有所減輕。工業國家景氣循環釀成的影響,主要反映在衝擊發展中國家的國際收支,前者若是陷入衰退階段,將會削弱對後者出口財的需求,造成其出口下降。

4.結構性失衡:經濟結構失衡包括商品供需和因素價格兩者的結構失衡。本國商品供需結構若無法配合國際市場變化調整,國際收支將面臨長期結構性失衡,亦即國際市場降低對本國出口財需求促使價格下跌,或者國際市場減少本國進口財供給促使價格上漲,一旦本國未能調整貿易結構,將導致國際收支出

現赤字。同樣的，假設本國因素價格變動，逐漸削弱出口財在國際市場的比較優勢，也會導致貿易赤字長期存在。舉例來說，本國原屬勞動稟賦相對豐富，勞動密集型商品具有比較利益，一旦本國工資漲幅超過勞動生產力上升幅度，勞動不再是相對便宜因素，生產出口財成本提高，國際競爭力將逐漸喪失。

5. 投機與資金外逃：隨著各國採取浮動匯率制後，匯率變異性風險將擴大國際收支失衡。短期跨國資金追求投機利潤，將在各國間迅速移動。隨機變化莫測的移動經常造成國際收支失衡或惡化現象。另外，長期資金外移或實施外匯管制均可能釀成國際收支失衡。

6. 貨幣性因素：一國的物價水準、生產成本、匯率與利率等貨幣性因素變動造成國際收支失衡。假設本國發行貨幣數量過多，造成生產成本與物價上升，將導致出口減少、進口增加；另外，本國利率持續下降造成資金淨流出，將促使國際收支出現赤字。貨幣性失衡不僅與經常帳有關，也與金融帳有關。

19.1.4. 國際收支失衡的影響

在國內外經濟活動相互衝擊下，國際收支失衡或外部失衡 (external equilibrium) 勢必衝擊國內經濟活動，造成一國內部失衡 (internal equilibrium)。一般而言，政府部門將追求國際收支平衡視為對外經濟目標，而與充分就業、物價穩定和經濟成長等國內經濟目標並駕齊驅。不論國際收支赤字或盈餘，此種現象透過各種傳遞機能，將對國內經濟活動發揮不同程度衝擊，從而妨礙內部均衡目標的達成。

就總餘額發生赤字而言，首先將釀成國幣貶值壓力，央行若欲維持匯率穩定，將需耗費外匯準備資產進行干預，從而引起貨幣供給緊縮，影響本國生產和就業。外匯準備下降將影響一國對外金融實力，降低國際信用評等。如果一國面臨出口收入無法彌補進口支出，發生長期性國際收支赤字，意味著出現對國外商品淨需求，本國國民所得將會下降，失業呈現遞增現象。如果一國出現淨資金外流，勢必造成銀根緊縮與利率上升，也將影響商品市場需求。

相反的，當國際收支出現長期鉅額盈餘時，外匯準備累積造成貨幣供給成長，將推動物價水準上漲甚至釀成通貨膨脹。同時，本國國際收支盈餘意味著

他國陷入赤字狀況，國際收支盈餘過多必然影響他國經濟狀況，引起國際摩擦而不利於國際經濟關係。假設國際收支盈餘來自於出口過多，將反映本國在此期間可供使用的資源減少，長期勢必影響本國經濟發展速度。

國際收支赤字造成國內經濟活動萎縮與就業不足，勢必導致外匯準備枯竭，是以各國政府對此莫不更加重視。反觀國際收支盈餘對一國造成的壓力相對較輕，通常無須急於從事調節活動。從長期來看，各國均須採取盡可能維持國際收支平衡狀態的措施。

🔺 19.2. 國際收支失衡的調整

假設國際收支失衡非屬於暫時性質，呈現無法自動逆轉的長期現象時，政府將可評估採取下列策略進行矯正：

19.2.1. 彈性方法 (elasticity approach)

在充分就業體系，若能改變國內外商品相對價格，將有助於達成調整國際收支目的，成功與否端視貿易國進口需求彈性能否滿足 Marshall-Lerner 條件而定，面臨的調整成本為犧牲國內經濟穩定。在外國物價固定下，本國物價（或匯率）波動將改變國際商品相對價格，透過需求移轉效果而使國際收支獲得調整。當國際收支發生逆差之際，央行若未採取沖銷政策，本國將出現銀根緊縮現象，依據貨幣數量學說，本國物價相對外國物價下跌，將刺激本國出口擴張、進口減少。決策當局採取緊縮的權衡性政策，透過物價下跌達到調整國際收支目的。在圖 19–1 中，當匯率固定在 $\bar{e}$ 時，本國將面臨國際收支逆差 FH，只要物價相對下跌，進口減少造成外匯需求曲線 D_1 左移至 D_2，出口增加導致外匯供給曲線 S_1 右移至 S_2，國際收支於 C 點恢復平衡。另外，央行若採貶值策略，將匯率 $\bar{e}$ 貶值為 e_1，國產品相對舶來品變得便宜，有助於擴大本國出口與降低進口，國際收支逐漸恢復均衡。至於相對物價或匯率變動能否有效改善國際收支，端視國內外出口供給彈性與進口需求彈性而定。在國內外出口供給具有完全彈性下，只要國內外進口需求彈性之和大於 1，滿足 Marshall-Lerner 條件，

採取變動兩者之一的策略均能達到改善國際收支目的。

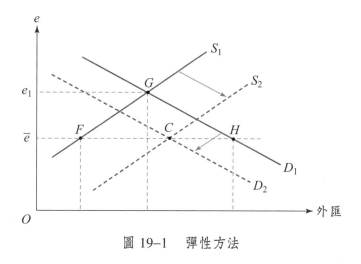

圖 19–1　彈性方法

19.2.2.　所得方法 (income approach)

在未充分就業體系下，政府部門採取調整有效需求政策，改變國內所得水準而影響進出口能力，達到改善國際收支目的，成功與否將視貿易國的邊際進口傾向或進口需求所得彈性而定，調整成本為犧牲國內經濟穩定。在圖 19–2 中，本國所得原為 OY_0，貿易餘額達成平衡。當本國自發性投資支出增加，$[S(Y) - I_0]$ 曲線右移至 $[S(Y) - I_1]$ 曲線的位置，若無國外回饋效果 (feedback effect)，本國所得將上升至 OY_1，貿易餘額發生逆差 Y_1E 數量。假設開放體系面臨國外回饋效果，國內外邊際消費傾向與進口傾向皆相同，當國外回饋效果發揮影響後，本國貿易餘額將由 $[X_0 - Z(Y)]$ 曲線上升至 $[X_1 - Z(Y)]$ 位置，均衡所得擴大為 OY_2，貿易餘額逆差降至 Y_2F。此種現象顯示：在國外回饋效果存在下，本國自發性支出（消費、投資及政府支出）變動的所得乘數較大 (Y_0 $Y_2 \succ Y_0Y_1$)，國際收支逆差較小 ($Y_1E \succ Y_2F$)。

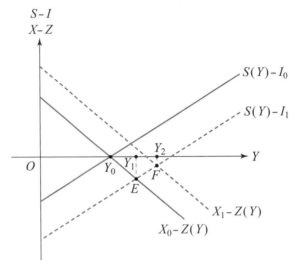

圖 19–2　所得方法

19.2.3.　所得支出方法 (income-absorption approach)

　　政府採取調整權衡性政策影響本國所得與支出活動,透過兩種調整力量改善國際收支:①所得及誘發性支出變動:貿易餘額變動等於所得與支出變動量的差額。②調整支出以改善國際收支:效果端視所得變動幅度與邊際支出傾向大小而定。依據 Keynesian 學派的國民所得均衡條件, 總所得（總供給）等於總支出:

$$Y = C + I + G + X - Z$$
$$= A + B \tag{19.1}$$

$A = C + I + G$ 稱為國內總支出, $B = X - Z$ 稱為貿易餘額。上式顯示貿易餘額(國際收支) 是國民所得與國內支出的差額:

$$B = Y - A \tag{19.2}$$

　　再將國內支出設定為所得的函數:

$$A = \theta Y - D \tag{19.3}$$

θ 是邊際支出傾向等於邊際消費與投資傾向之和, D 是貶值直接影響支出效果。將 (19.3) 式代入 (19.2) 式:

$$B = (1 - \theta)Y + D \qquad\qquad (19.4)$$

依據上式內涵，影響匯率貶值效果的因素可說明如下：

1.所得效果：在未充分就業下，貨幣貶值效果包括：①閒置資源效果 (idle resources effect)：一國若有閒置資源，貶值將擴大出口與減少進口，再加上兩者變動誘發乘數效果必然擴大該國產出。②貿易條件效果 (terms of trade effect)：在貨幣貶值初期，貿易條件惡化導致實質所得減少數量等於 t，由於進出口無法迅速改變，貿易餘額惡化數量將等於 t。爾後，實質所得降低 t 將減少支出 θt（部分係直接減少進口，部分由原生產非貿易財的資源移至生產出口財及進口替代財），貿易餘額因而改善 θt 數量。總之，貨幣貶值造成貿易條件惡化，對貿易餘額影響等於 $t - \theta t = (1 - \theta)t$，唯有 $\theta \succ 1$，貶值才會改善貿易餘額。

2.直接支出效果：當體系處於充分就業或支出傾向大於 1 時，匯率貶值推動物價上漲，削減消費與投資支出方能改善貿易餘額，效果有二：①緊縮銀根效果：匯率貶值通常釀成物價水準上漲，在國幣供給固定下，人們實際保有的實質餘額少於預擬的實質餘額，將採取緊縮商品與勞務支出，同時出售金融資產換成貨幣，造成金融資產價格滑落與利率揚升，接續削減實質消費與投資支出，進而改善貿易餘額。②所得重分配效果：匯率貶值透過物價上漲，將對資本所得者有利，而不利於勞動所得者。前者邊際支出傾向通常小於後者，匯率貶值釀成所得重分配結果，將降低體系總支出，有助於改善貿易餘額。

當開放體系出現支出大於產出而導致國際收支逆差，解決之道不外乎增產或節流，政府可採取下列兩種政策：

1.削減支出政策 (expenditure-reducing policy)：國際收支逆差係因總需求大於總供給 $(B = Y - A \prec 0)$ 所致，政府採取信用管制、緊縮政府預算或直接管制 (direct control) 等策略，除削減支出改善貿易餘額外，並將緊縮國內支出釀成物價下跌，有助於擴張出口與減少進口（貿易餘額改善），此即間接支出移轉效果。

2.支出移轉政策 (expenditure-switching policy)：包括貶值政策（採取緊縮政策誘導國內物價下降）與選擇性貿易管制政策（包括關稅 (tariff)、補貼及配額 (quota) 限制等）。前者誘使人們移轉國內外支出至國產品，後者促使人們將本

國支出由舶來品移轉至國產品,有時也激勵出口而希望移轉外國支出至對國產品支出。

19.2.4. 貨幣學派

貨幣學派認為國際收支純屬貨幣現象,官方清算餘額波動將影響強力貨幣數量,進而影響貨幣供給。官方清算餘額變化顯示國際收支失衡完全是貨幣供需失衡所致,超額貨幣需求經由外幣流入而獲得滿足,國際收支因而出現順差;反觀超額貨幣供給透過國幣外流而獲得紓緩,國際收支卻是呈現逆差。惟有當體系內國幣供需趨於一致,國際收支將自動達成長期均衡。若不考慮利率影響,開放體系內名目貨幣需求可表為:

$$M^d = kPy \tag{19.5}$$

以下將利用表 19–1 說明開放體系貨幣供給變動的狀況。表 19–1 (A)是央行資產負債表,資產項目包括黃金與外匯準備 F,以及央行向政府部門或大眾買進國庫券或公債而放出的強力貨幣,此即屬於國內信用 D_C 部分;負債項目僅有通貨毛額 C,係由銀行 C_B 與大眾持有通貨 C_P 兩者構成,$F + D_C = C$。

表 19–1 (A)　央行資產負債表

資　　產	負　債
黃金與外匯準備 (F)	通貨毛額 (C)
國內信用 (D_C)	

表 19–1 (B)為銀行資產負債表,資產項目包括庫存現金及在央行準備 C_B 以及銀行持有的證券與放款債權,此即國內信用 D_B 的部分;負債係由大眾存款構成,而 $C_B + D_B = D$。

表 19–1 (B)　央行資產負債表

資　　產	負　債
庫存現金與在央行準備 (C_B)	存款 (C)
國內信用 (D_B)	

累加上述兩個資產負債表而成表 19–1 (C),金融體系的資產包括央行的黃

金與外匯準備，以及央行與銀行共同創造的國內信用 $D_A = D_C + D_B$；負債包括央行的通貨毛額扣除銀行庫存現金與在央行準備帳戶的存款後的淨額，亦即流通在外的通貨淨額 $C_P = C - C_B$ 和銀行存款 D，而 $F + D_A = C_P + D$。

表 19–1 (C)　金融體系資產負債表

資　產	負　債
黃金與外匯準備 (F)	通貨淨額 $(C^P = C - C_B)$
國內信用 $(D_A = D_B + D_C)$	存款 (D)
貨幣供給 (M^S)	貨幣供給 (M^S)

體系內貨幣供給定義為：

$$M^S = C^P + D$$
$$= F + D_A \tag{19.6}$$

就上式取變動量，兩邊同時除以 M^S：

$$\dot{M}^S = \alpha \dot{F} + (1-\alpha)\dot{D}_A \tag{19.7}$$

開放體系的貨幣成長率等於國際準備與國內信用成長率的加權平均，權數分別為國際準備占貨幣供給比例 α 及國內信用占貨幣供給比例 $(1-\alpha)$。將上式移項：

$$\dot{F} = \frac{\dot{M}^S}{\alpha} - \frac{(1-\alpha)}{\alpha}\dot{D}_A \tag{19.8}$$

上式的涵義為：外匯準備成長率決定於貨幣與國內信用成長率，只要知道決定兩者成長率的變數，即可由貨幣成長率變化解釋國際收支變化的來龍去脈。在固定匯率制度下，央行無法控制貨幣供給量，貨幣數量係取決於貨幣需求，其成長率等於通貨膨脹率 π 與實質經濟成長率 $\dot{y}$ 之和：

$$\dot{M}^D = \dot{M}^S = \pi + \dot{y} \tag{19.9}$$

依據相對購買力平價理論，匯率變動率等於兩國通貨膨脹率差額：

$$\dot{e} = \pi - \pi^* \tag{19.10}$$

在固定匯率制度 $(\dot{e} = 0)$ 下，上式將變為 $\pi = \pi^*$，亦即本國通貨膨脹率等於外國通貨膨脹率。將其代入 (19.9) 式，可得國幣供給（需求）成長率等於外國通貨膨脹率與本國實質經濟成長率之和：

$$\dot{M}^S = \pi^* + \dot{y} \tag{19.11}$$

央行若要維持匯率穩定，國幣供給須隨外國物價與本國實質所得變動調整。再將上式代入 (19.8) 式：

$$\dot{F} = \frac{1}{\alpha}\pi^* + \frac{1}{\alpha}\dot{y} - \frac{(1-\alpha)}{\alpha}\dot{D}_A \tag{19.12}$$

上式涵義為：本國國際收支將視外國通貨膨脹率、本國實質所得與國內信用兩者的成長率而定。對本國而言，外國物價及經濟成長率決定於外生變數，在固定匯率制度下，央行僅能透過控制國內信用影響國際收支，故國際收支順差或逆差全係取決於國內信用鬆緊，本質上屬於貨幣現象。在國際貿易與資金移動無障礙下，小型開放體系採取固定匯率制度，原先若處於國際收支平衡狀況，依據前述觀點，國際收支係反映貨幣市場供需失衡：

$$BOP = \Delta M^D - \Delta M^S \tag{19.13}$$

當本國物價與利率維持不變時，貨幣需求變動量可表為：

$$\Delta M^D = k\Delta Y \tag{19.14}$$

假設央行未採取擴張國內信用措施，$\Delta M^S = 0$，國內貨幣需求波動只能從國外獲得滿足（反映在外匯準備變動），國際收支餘額將等於貨幣需求變動，(19.13) 式可簡化為：

$$BOP = \Delta M^D = k\Delta Y \tag{19.15}$$

上式意謂著小型開放體系出現經濟成長時，將促使國際收支盈餘擴大或改善國際收支，此與 Keynesian 學派看法（經濟成長導致國際收支惡化）正好相反：①經濟成長導致國際收支惡化的說法，係誤將貿易餘額視為國際收支餘額。不過兩者說法可獲調和，只要經濟成長造成金融帳改善程度超越經常帳惡化程度，國際收支自可獲得改善。②所得提高將增加貨幣需求，在貨幣供給固定下，超額貨幣需求唯有倚賴國際收支順差、國際準備資產累積才能獲得紓解，在其他情況不變下，經濟成長率提高必然改善國際收支。

19.2.5. 直接管制

在可調整固定匯率制度下，決策當局面臨國際收支逆差，採取緊縮政策可

能擴大失業;採取貶值政策並不適用暫時性失衡,且須視進出口供需彈性而定;採取金融帳調整政策誘使資金流入,則因利息負擔加重,國際收支長期也未必改善。當體系處於外匯準備匱乏狀態時,政府無法採取上述措施有效調整國際收支失衡,只好改採直接管制政策調整國際收支逆差。

(一)貨幣管制

1.外匯管制:央行直接干預外匯市場,或採取間接管制商品進口與資金外移,主要策略包括外匯收入必須售予外匯指定銀行、出口商僅能接受可充作外匯準備的外幣、實施外匯配額、以及管制本國資金外流或引進外資。外匯管制政策雖可紓緩國際收支逆差現象,卻另外引發下列問題:外匯管制必須輔以外匯配給才能成功,但將形成外匯黑市。另外,外匯管制有利進口替代 (import substitution) 產業發展,將資源由出口產業部分移轉至進口替代產業,造成資源配置扭曲。

2.複式匯率 (multiple exchange rates):央行針對各類貿易財分別採取不同匯率計價,達到鼓勵出口、限制進口目的,缺陷是:促使高匯率進口財的國內價格偏高,低匯率進口財的國內價格偏低,從而刺激高價格進口替代品增產,減產低價格進口替代品,資源配置遭致扭曲。此外,實施複式匯率的行政手續繁瑣,妨礙貿易活動進行,且耗費龐大行政費用釀成實質資源浪費。

3.開發信用狀保證金比例:央行要求廠商從事進口前,預先將固定比例的進口總值存入銀行,增加其利息成本而類似課徵進口關稅,有助於抑制進口意願。

(二)財政管制

1.關稅:財政部對進口財課徵關稅,經由提高進口財相對進口替代品價格,削弱其競爭力。此舉雖對進口替代產業發揮保護效果,卻對資源配置產生扭曲效果,原先用於生產出口財或非貿易財資源將移往生產進口替代品,該兩部門生產將會萎縮,不利於改善國際收支。

2.補貼:政府針對出口產業與進口替代產業進行金融或財政補貼,改變國際貿易餘額,不過財政貧困的開發中國家卻難以負荷,而且扭曲該國比較利益與資源配置。

(三)貿易管制

1.配額: 政府在固定期間內限定某種商品進口的最大數量,規定自國外輸入商品須事先取得主管官署許可。進口配額促使國內外市場完全隔離,價格機能運作受到嚴重破壞。

2.官方貿易獨占: 政府設立機構統籌進行國際貿易活動,視實際情況管制進出口數量,維持國際收支平衡。在市場經濟下,實施官方貿易獨占勢必損及經濟自由化,經濟效率將大幅下降。

除採取直接管制外,政府亦可採取下列策略來紓解國際收支失衡問題: ①政府採購政策: 政府本身或鼓勵國民購買國貨,降低購買舶來品。②行政留難: 嚴加審查進口簽證、檢疫、通關與產品規格等。③關口估價: 透過高估進口財價格加重關稅負擔,達到限制進口數量目的。④附條件的貿易: 要求貿易對手國出口時,需向本國購買產品或進口某一數量。⑤差別限制: 對貿易順差國家商品實施進口限制,對貿易逆差國家產品則未設限。

19.3. 最適政策搭配

在開放體系中,決策當局追求充分就業、物價穩定、經濟成長、所得分配平均化及國際收支平衡等目標。其中,經濟成長屬於長期動態問題,所得分配涉及政治、社會、制度及傳統價值觀等非經濟因素,故在短期靜態模型中,決策當局通常重視追求充分就業與物價穩定的內部平衡,以及促使國際收支邁向平衡的外部平衡。為求達成全面平衡目標,決策當局雖可採取許多策略解決,不過 Tinbergen (1952) 指出魚與熊掌不可兼得,亦即若要追求達成 N 個獨立經濟目標,至少須具備 N 種獨立且有效的政策工具。爾後,Mundell (1962) 指出只要適當搭配財政與貨幣政策,內部與外部平衡將可水到渠成,此即搭配法則 (assignment rule) 或有效市場分類原則 (principle of effective market classification)。

19.3.1. Swan 模型

在圖 19–3 中,YY 曲線是體系達成充分就業與物價穩定的內部平衡軌跡,

呈現負斜率的理由是：當國內支出較少時，必須倚賴匯率貶值增加出口與減少進口，才能維持內部平衡。*BB* 曲線是國際收支（或貿易餘額）平衡的外部平衡軌跡，呈現正斜率係因國內支出少則進口少，匯率必須升值才能維持國際收支平衡。在內部平衡軌跡 *YY* 曲線右上方，表示在國內支出固定下，匯率偏高；或匯率固定下，國內支出過多，故屬於通貨膨脹區域。反之，該軌跡左下方屬於失業區域。在外部平衡軌跡 *BB* 曲線左上方表示在國內支出固定下，匯率偏高；或匯率固定下，國內支出過少導致出口大於進口，故屬於國際收支順差區域。反之，該線右下方為國際收支逆差區域。

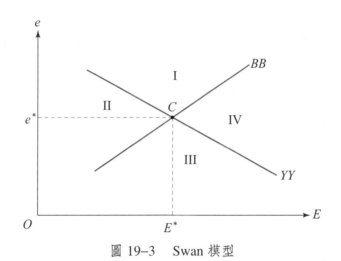

圖 19–3　Swan 模型

當 *YY* 與 *BB* 兩條軌跡相交於 *C* 點，表示開放體系達成全面平衡，而體系可劃分成四個環境：

區域 I：　通貨膨脹與國際收支順差。

區域 II：　失業與國際收支順差。

區域 III：　失業與國際收支逆差。

區域 IV：　通貨膨脹與國際收支逆差。

Swan (1955) 指出當開放體系處於內外失衡之際，決策當局只要適當調整匯率與支出兩種政策工具，即可達成全面平衡目標。在圖 19–3 中，若外部平衡軌跡 (*BB*) 斜率小於內部平衡軌跡 (*YY*)，匯率政策對外部平衡發揮影響力較大，支出政策對內部平衡影響效果顯著，政府部門順勢操作自可達成目標；若

採取反向操作方式，結果與目標背離愈遠，反而釀成體系不穩定。反之，若外部平衡軌跡斜率大於內部平衡軌跡，匯率政策對內部平衡發揮影響力較大，支出政策對外部平衡有較大影響力，決策當局應以匯率政策追求內部平衡、支出政策追求外部平衡，才能同時達成全面平衡目標。

在訊息不全下，Swan 指出決策當局通常無法獲知充分均衡位置所在，面對短期失衡之際，可考慮採取進口管制策略，放任匯率（反映工資與成本）在長期逐漸調整，此舉將可減輕不確定性釀成無法決策的困擾。

19.3.2. Mundell 模型

Mundell (1962) 考慮國際資金移動以及訊息不全等狀況後，將 Swan 的支出調整政策劃分為貨幣與財政政策，運用動態調整方法探討最適政策搭配問題，消除訊息不足引發的困擾。一般而言，財政政策主要調整政府收支，改變所得水準而影響經常帳，貨幣政策則是透過支出變動改變所得水準而影響經常帳，同時也透過利率變動而影響金融帳。由此顯示：貨幣政策通常較財政政策更能影響國際收支，決策當局宜以貨幣政策紓解外部平衡，財政政策應付內部平衡。換言之，Mundell (1962) 基於 Samuelson (1947) 所指體系動態調整而能達成穩定的對應原則 (correspondence principle)，另行提出有效市場分類原則，強調政策工具應與其能發揮顯著影響力的目標相配合。決策當局若未遵循是項原則，必然造成體系出現循環式波動，甚至釀成不穩定現象。

若將總體模型中的目標變數(充分就業與國際收支平衡)視為政策變數(財政政策以預算盈餘 τ 表示，貨幣政策以利率 i 代表) 的函數，則開放體系達成內部平衡時，係指國內總需求恰好等於充分就業總供給 y^*：

$$y^* = E(\tau, i, y^*) + X - Z(E) \tag{19.16}$$
$$-, -, +$$

E 是國內支出，X 是出口，Z 是進口。外部平衡係指在固定匯率制度下，資本淨流出 K 等於出口淨額 $(X - Z)$：

$$BOP = X - Z[E(\tau, i, y^*)] - K(i) = 0 \tag{19.17}$$

就上述兩式全微分，可得內部平衡軌跡 YY 與外部平衡軌跡 BB 兩線斜率：

$$\frac{\mathrm{d}\tau}{\mathrm{d}i}\bigg|_{YY} = \frac{-E_i}{E_\tau} \prec 0$$

$$\frac{\mathrm{d}\tau}{\mathrm{d}i}\bigg|_{BB} = \frac{-(K_i + mE_i)}{mE_\tau}$$

　　假設財政部與央行的決策權相互獨立,只要讓各自政策分別釘住相對具有影響力的目標,則無須確知經濟結構,也無須瞭解政策變數必須等於何值,自然能在調整過程中趨向同時達成各種目標。依據前述分析,央行採取貨幣政策處理外部平衡,財政部以財政政策解決內部平衡,當外部平衡軌跡 BB 斜率小於內部平衡軌跡 YY 斜率時,開放體系將可達成穩定均衡。在圖 19–4 中,在資本移動完全缺乏利率彈性 $K_i = 0$ 下,BB 線斜率將等於 YY 線斜率(兩者合一)。假設資本移動具有利率彈性,$-\infty \prec K_i \prec 0$,BB 線斜率小於 YY 線斜率,兩線交點 E 代表全面均衡。在利率固定下,YY 線右上方代表預算盈餘(緊縮財政政策)偏高而導致失業,左下方則是預算盈餘偏低(寬鬆財政政策)釀成通貨膨脹;在預算盈餘固定下,BB 線右上方代表利率偏高(緊縮貨幣政策)導致國際收支順差,左下方則是利率偏低(寬鬆貨幣政策)導致國際收支逆差。當體系處於失衡區 I 的 A 點(失業與國際收支順差),由於 BB 線斜率小於 YY 線斜率,財政部宜針對失業採取擴張財政政策、央行針對國際收支順差採寬鬆貨幣政策,體系將朝 AE 箭頭方向變動。同理,若體系處於失衡區 III 的 C 點(通貨膨脹與國際收支逆差),財政部宜針對通貨膨脹採緊縮財政政策、央行針對國際收支逆差採緊縮貨幣政策,體系將朝 CE 箭頭方向變動。

　　總之,當外部平衡軌跡斜率小於內部平衡軌跡時,決策當局基於財政政策對內、貨幣政策對外,依據失衡情況適當搭配兩種政策,終將促使開放體系朝全面均衡點收斂。反之,若外部平衡軌跡斜率大於內部平衡軌跡時,則財政政策用於達成外部平衡時將較具效率,決策當局應改弦易轍以財政政策解決外部失衡,而以貨幣政策應付內部失衡。

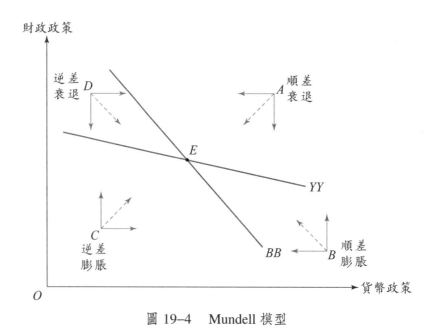

圖 19-4　Mundell 模型

19.4.　金融國際化

19.4.1.　國際經濟金融整合

　　自從 1950 年代第二次大戰結束後，就國際政治層面來看，從各民族分離主義、東歐小國相繼獨立、直到蘇聯解體，呈現分裂獨立狀態。反觀在國際經濟層面上，卻是呈現完全相反走向，區域間的經濟整合 (economic integration) 全面迅速發展，包括早先的歐洲共同市場、近期的北美自由貿易協定、到鄰近的東南亞國協，以及亞太經合會議 (APEC) 與世界貿易組織 (WTO) 等，均顯現出國際經濟邁向逐步整合趨勢。

　　B. Balassa (1962) 將國際經濟整合劃分為五個階段：①自由貿易區：區域內各會員國廢除各自關稅和進口管制，商品得在區域內完全自由流通。②關稅同盟：區域內的商品貿易無關稅障礙，會員國對區域外之關稅則是統一。③共同市場：區域內各國之生產因素（如：勞動與資本等）可完全自由移動。④經

濟同盟：調和區域內各國經濟政策（如：農業、對外貿易政策等），追求消除經濟政策方面的差異性。⑤完全經濟整合：經濟統合之最後階段，區域內各國經濟、貨幣、金融與財政等政策可完全統合，設立超然的國際機構統籌規範共同經濟事務，就經濟意義來說，各國類似形成一新國家，實際上仍維持各國對外主權獨立。

　　觀察歐洲聯盟發展過程，頗為吻合 Balassa 指出的經濟整合階段標準。歐洲經濟共同體 (European Economic Community) 創立於 1958 年，歐洲共同市場 (European Common Market) 成立於 1967 年，並在 1968 年 7 月達成關稅同盟目標，進而邁向共同市場之階段。在此期間，歐洲共同市場貿易額快速成長，係同時期世界貿易額成長率的兩倍。相對商品貿易額迅速擴張，商品價格遂成為影響貿易的重要因素，不過各國間的商品價格卻因匯率波動而須隨時調整，造成交易的困擾，從而促使 1979 年 3 月歐洲貨幣制度 (European Monetary System) 的成立，用於維持參與該制度各國貨幣間之匯率穩定（可在中心匯率上下某一幅度內浮動），建立歐洲貨幣穩定區，隔絕美元可能不穩定造成的經貿傷害，以利大幅貿易成長之需求。

　　歐洲單一法案在 1986 年簽訂，提出單一市場計畫並於 1987 年正式生效，明列歐洲經濟暨貨幣同盟 (European Economic and Monetary Union) 為其發展目標，並據此在 1989 年提出分段實施經濟暨貨幣同盟 (EMU) 計畫。就執行層面來看，會員國首先在 1990 年解除資本管制，加強相互的經濟與貨幣政策協調，並在 1992 年簽訂馬斯垂克條約正式為歐洲聯盟（歐盟）(European Union, EU)，而於 1993 年開始實施歐洲單一市場，保障各會員國內資本、人力和勞務自由流通。歐盟會員國在 1995 年增加到 15 國，除原有法、盧森堡、丹麥、德、荷蘭、比利時、愛爾蘭、英、西班牙、義大利、葡萄牙和希臘外，新加入奧地利、瑞典及芬蘭 3 國，歐盟會員國的國內生產毛額 (GDP) 總值是美國的 1.3 倍、日本的 2 倍，人口總數是美國的 1.5 倍、日本的 3 倍，貿易額占全世界的 40%，歐盟成為全球最大的自由貿易區。

　　接著，歐洲貨幣機構 (European Monetary Institute, EMI) 於 1994 年 11 月於法蘭克福正式設立，協調各國貨幣政策執行、監督外匯市場，進而推動貨幣

整合建立單一貨幣機制。歐洲貨幣機構在 1999 年升格為歐洲中央銀行，以歐元為貨幣單位，決定歐洲貨幣政策，亦即各國必須交出部分貨幣主權和財政主權，由歐洲中央銀行發行歐元與調節歐元供給。在 1999 至 2002 年過渡期間，歐元及本國貨幣同時存在，匯率固定。2002 年元月正式使用歐元，同年 7 月起歐元在各會員國內取代該國貨幣成為唯一的法定貨幣。

　　國際經濟體系實施單一貨幣造成的影響為何？簡單來說，人們出國旅遊須將國幣兌換成外幣以供使用。廠商從事國際貿易活動，從成本報價到交易價格均須以貿易國雙方均能接受的貨幣為衡量標準。舉例來說，廠商前往德國參展要將臺幣換成馬克、到英國則要兌換成英鎊、到法國又要兌換成法郎等，匯率風險加上手續費是必須支付的成本。假設廠商能以臺幣支付一切費用或購買商品，無需前往每一國家即需兌換當地貨幣，顯然具有高度方便性，實施單一貨幣正是朝此簡化制度邁進。歐元出現將使相同商品在不同國家的價格變得透明化，降低觀光客與貿易商的困擾及交易成本。

　　隨著歐元出現，國際金融市場上美元對歐元交易量將遠超過其他外幣交易量。當歐盟會員國無須基於貿易需求而握有大量外匯準備時，有可能大幅降低持有美元外匯準備，造成美元在國際市場需求減少，勢必引發美元貶值。總之，實施單一貨幣將可省下可觀的手續費、避免匯率風險與整合經濟實力，從而達到擴大共同市場的好處。

19.4.2.　貨幣國際化

　　金融國際化真正內涵是本國居民可以自由保有外匯資產，允許外國居民自由持有本國貨幣與資產。前者通常較易實現，後者將涉及貨幣國際化的問題。國際貨幣係指美元、歐元、日圓、英鎊等貨幣，各國央行安排外匯準備部位組合時，通常選擇作為主要貨幣。對國際金融市場而言，各國貨幣或區域性貨幣僅是媒介商品，若要成為世界接受的交易媒介或國際關鍵通貨，必須具備三種功能：①各國央行安排外匯準備組合時，選擇列為準備通貨 (reserve currency) 的一環、②國際交易活動的交易通貨 (vehicle currency)：在人們從事國際交易活動時，將扮演報價單位或計價通貨 (denomination currency)，結算時亦可作

為支付工具，全球貿易中以日圓作為清算貨幣的比率約為 5%、美元約占 48%、③作為金融操作的投資通貨 (investment currency)：關鍵貨幣發行國家的金融市場規模必須龐大健全且具備充分避險工具，吸引跨國投資活動將其納入資產組合的金融資產。表 19-2 是國際貨幣扮演的功能。

表 19-2　國際貨幣功能與用途

功能 ＼ 用途 ＼ 部門	民間部門	政府部門
交易媒介	交易通貨	干預通貨
價值儲藏	投資通貨	準備通貨
計價單位	計價通貨	

　　國際間可供兌換貨幣為數雖多，能夠成為不同國家之間貿易活動的計價標準與交易媒介（支付工具）的貨幣僅有美元、歐元、日圓與英鎊等少數幾種，而且全球貿易約有 70%～80% 係以美元為報價幣值，其他三種國際貨幣也無法取代美元地位。由此現象顯示：一國貨幣要能躍居為國際通貨，發行國必須具有足夠之政治、經濟及金融實力，其外匯準備與國內金融體系須具相當程度的規模與自由化。如此一來，該種貨幣方有足夠吸引力，且能夠提供穩定的供給。一旦貨幣出現國際化後，將為發行國帶來下列利益：

　1.國際通貨的發行國在國際間享有鑄幣權，將可獲取發行貨幣的鑄幣稅。

　2.國際通貨發行國的廠商可將本國貨幣作為國際交易活動的報價單位與支付工具，從而規避匯率風險。

　3.貨幣國際化將能提升發行國金融廠商的對外競爭力，有利於發展成為國際金融中心。

　　自 1980 年代後期，臺灣對外貿易活動持續出現大幅順差，國人出國觀光旅遊活動蔚為風潮、臺商積極從事跨國投資蔚為風潮。財政部在 1990 年 8 月將旅客出入國境攜帶新臺幣限額由 8,000 元提高至 4 萬元，促使新臺幣逐漸流出臺灣地區，流落他鄉數量據非正式統計應在 200 億元左右，在東南亞與大陸沿海地區的商店與旅遊勝地導遊、商家接受度頗高，以新臺幣作為支付工具屢

見不鮮。

　　一般認為只要解除對外國人持有新臺幣或新臺幣資產的金融帳管制就是新臺幣國際化，實際上這僅是貨幣國際化的必要條件，並非充分條件。除解除金融帳管制外，外國人是否具有使用或持有臺幣的意願，以及成立國際清算系統，兩者兼具才能推動新臺幣邁向國際化或成為國際貨幣的初步。針對臺幣國際化或升格為國際交易媒介，在持有方面係指外國央行選擇新臺幣作為外匯準備之一，外國人可開戶存款與安排作為投資工具；在使用方面係指交易上可用新臺幣辦理結算，在國際金融市場可發行以新臺幣計價的資產。至於貨幣邁向國際化衍生的弊病包括：①貨幣國際化後，國際資金自由進出將擴大匯率波動的變異性，促使匯率容易出現過度調整現象，不利於體系穩定成長。②央行衡量通貨發行額與擬定貨幣成長率法則，係假設貨幣僅能在國內流通。一旦新臺幣在國外流通數量過大，必然導致實際流通數量與金融統計數量發生鉅額差異，從而影響貨幣政策的訂定。③通貨發行餘額與經濟活動密切相關，大量進出國境容易影響金融環境穩定性，造成經濟活動變化。④資金自由進出強化國內外利率間的連動性，擴大國際因素對國內金融環境的影響力，央行執行貨幣政策自主性大幅下降。

　　綜合以上所述，國際貨幣的形成必須以強大的政治、經濟甚至軍事力量為後盾，二次大戰以前的英國與目前的美國基於強大的政經與軍事力量而使英鎊與美元成為國際貨幣。至於世界最大的債權國日本與歐洲聯盟雖然具有龐大經濟實力，卻缺乏強大的政治與軍事力量，而使日圓與歐元仍未成為國際經濟活動廣泛接受的國際貨幣。值得注意者：對超級大國而言，貨幣國際化取得鑄幣稅利益遠超過喪失貨幣政策自主性的弊病。但對小規模經濟國家而言，貿然實施貨幣國際化的結果恰好相反，喪失貨幣政策自主性所釀成的經濟傷害，將會超越取得鑄幣稅的經濟利益。

習 題

◉ 選擇題

1. 依據 Mundell 政策搭配法則，當體系發生景氣衰退和國際收支逆差時，決策當局應該採取何種政策？　(a)擴張性貨幣政策和緊縮性財政政策　(b)擴張性財政政策和緊縮性貨幣政策　(c)擴張性貨幣政策和膨脹性的財政政策　(d)擴張性貨幣政策和緊縮性財政政策。

2. 央行為抑制臺幣升值，進行外匯市場干預，但可能遭致失敗的原因是：　(a)國內反通貨膨脹的壓力　(b)外匯準備不足　(c)缺少國際合作和政策協調　(d)缺少國際融資的機會。

3. 隨著國民所得變化而發生的國際收支失衡稱為：　(a)結構性失衡　(b)貨幣性失衡　(c)循環性失衡　(d)偶發性失衡。

◉ 問答題

1. 試說明國際收支失衡的類型。
2. 試由所得支出方法說明影響匯率貶值效果的因素。
3. 試說明貨幣學派對小型國家經濟成長造成國際收支改善的理由。
4. 試說明某國貨幣國際化後可能產生的好處。

第 20 章　中央銀行的行為

在經濟發展過程中，決策當局透過金融業鼓勵儲蓄、動員儲蓄、效率分配資金，促進經濟活動順暢運行，進而帶動實質經濟成長。金融業以從事資產轉換（自行操作）與提供經紀勞務（代客操作）為主，兩者涉及資金與資產移轉，而在分配金融資源或銷售金融勞務過程中，往往伴隨各種形式的風險。此外，金融商品銷售經常涉及廠商融資活動，一旦金融業營運脫軌，廠商財務操作將受到掣肘，營運受到拖累而將衝擊經濟活動穩定性。有鑑於此，金融當局須對金融廠商進出產業與營運方式進行監理，追求維持金融秩序穩定，避免衝擊實質部門運作。國內負責金融監理的當局包括金管會（銀行局、保險局、証期局與檢查局）與央行，前者負責金融廠商行政管理與業務檢查，後者職司執行貨幣政策以促進金融穩定。

傳統上，央行透過調整貨幣工具，影響貨幣供給與銀行信用數量，進而影響經濟活動運行。是以傳統討論貨幣政策的重點集中在其發揮的總體經濟效果，實務上，貨幣政策相當於金融產業政策，在影響總體經濟活動前必然會影響金融廠商營運，此即屬於個體觀點部分。

本章首先說明央行出現的理由、決策流程與發揮的功能。其次，將說明國內央行的組織架構與其擬定貨幣政策的過程。第三，將分別探討央行執行貨幣政策影響經濟活動的途徑。接著，將說明央行經常選為貨幣指標的類型及其優劣點。最後，再探討央行執行貨幣政策的方式。

📌 20.1.　央行的角色

20.1.1.　央行出現的理由

自從體系開始使用貨幣後，經濟活動變化將是反映實質部門與金融部門交互運作的結果。Keynesian 學派與貨幣學派從兩部門運作著手探究景氣循環根源，前者認為景氣循環係私部門支出隨機波動所致，故需仰賴央行穩定市場利率進行撫平。後者主張景氣循環係金融部門隨機變動所致，惟有倚賴央行適度

控制貨幣數量，方能降低景氣循環幅度。除上述兩種迥異論調外，金融發展促使下列兩者成為解釋央行自 17 世紀末萌芽迄今的重要理由：

1.紙幣制度的採行：在商品貨幣制度下，商品貨幣數量取決於商品需求與生產成本，貨幣的價格恆為正值，致使物價水準亦為有限值，商品貨幣將可自行管理。一旦體系改採紙幣制度並且開放自由生產，必然濫發紙幣直至價格為零，釀成惡性通貨膨脹現象。是以決策當局成立央行將鑄幣權收歸國有，避免體系陷入惡性通貨膨脹的窘境，而且限制銀行家數，要求提存法定準備與流動準備等措施，用於規範存款貨幣（支票）發行量。

2.降低交易成本：金融發展促使支票躍升為貨幣供給的核心部分，而票據交換即成為重要的清算環節。央行成立票據交換所集中交換票據，再透過銀行在央行的活存帳戶相互沖銷，有效降低交易成本。此外，銀行業屬於寡頭壟斷性質，無法在既定利率下取得足夠融資，惟有央行提供緊急融資，方能應付金融危機期間的極端流動性需求。

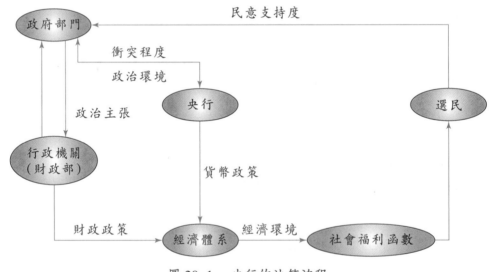

圖 20-1　央行的決策流程

在圖 20-1 中，政府部門包括央行與行政機構（財政部）兩個相互獨立的部門，兩者的決策將受執政者堅持的政治主張影響。一般而言，保守黨政府偏向 Keynesian 學派思想，強調政府部門相對私部門擁有較多訊息，央行應視實

際環境採取權衡性貨幣政策。反觀自由黨政府偏好貨幣學派觀點，宣稱私部門運用資源較具效率，央行應採取貨幣法則，降低誤用權衡性政策對私部門形成不當的干擾。在民主國家中，執政者係由選民投票選出，惟有瞭解選民偏好型態，擬定符合選民需求的政策，方能於大選中獲勝。此種改選壓力造成央行總裁設定的社會福利函數與選民實際偏好發生分歧時，將是造成行政部門與央行決策者間發生衝突的引爆點。隨著衝突程度遞增的結果，若非央行總裁去職，即是修正貨幣政策內涵。至於行政機構依據執政者的政策主張擬定財政政策，以及央行擬定貨幣政策，兩者均需考慮經濟環境與政治環境的雙重限制，甚至被迫必須互相配合而形成衝突景象。就短期而言，央行總裁非由選民直接票選，擁有較大自主權擬定政策。但就長期而言，央行間接承受來自政府部門改選壓力，執行貨幣政策自主權勢將遭到質疑。

20.1.2. 央行的金融勞務

央行係金融業的中樞，異於一般金融廠商之處在於控制或調節銀行信用與貨幣數量，營運目的不在追求獲利。央行於 1961 年 7 月 1 日根據中央銀行復業方案在臺北復業，為配合國家發展需求，除扮演類似開發銀行角色外，並以行政方式分配金融資源促進經濟發展。直至中央銀行法在 1979 年修正後，央行由總統府改隸行政院，營運目標訂為促進金融穩定、健全銀行業務、維護對內及對外幣值穩定，同時協助經濟發展。換言之，隨著臺灣經濟迅速成長，央行肩負的首要任務由原先追求經濟成長，轉變為維持物價與金融穩定，積極參與金融體系建制與改革。

基本上，央行組織架構設有理事會、監事會、總裁與副總裁，理事會由行政院報請總統任命 11～15 人組成，當中的 5～7 人組成常務理事會，至於監事會則由行政院報請總統特派 5～7 人組成。央行總裁由總統特任採取任期制、任期 5 年，設有二個副總裁處理央行業務。此外，央行設置的部門包括業務局、發行局、外匯局、國庫局、金融業務檢查處、經濟研究處以及內部的秘書處、會計處、人事處，並設立中央印製廠與中央造幣廠兩個附屬單位。

央行在經濟活動運行中提供的金融勞務包括：

1.經紀勞務：央行提供經紀勞務，提升經濟效率與降低交易成本，類型包括：①發行通貨：央行擁有鑄幣權，發行通貨作為交易媒介。②外匯管理：央行保管外匯準備，安排國外資產組合獲取收益，兼具維持匯率穩定。舉例來說，新加坡政府投資公司成立於 1981 年，主要任務是管理新加坡的外匯準備，在海外大舉投資股票、固定收益證券以及貨幣基金、不動產以及其他特殊投資項目。③票據清算：銀行在央行開立準備金帳戶，由央行負責清算銀行間債權債務，降低交易成本。④從事國際金融交易活動：央行代表政府履行國際金融協定義務，從事國際金融交易活動，協助完成國際金融合作。⑤金融經濟情勢分析：央行調查分析金融經濟情勢，作為擬定政策依據與提供人們參考。

2.金融監理勞務：央行監理銀行營運與施行貨幣政策，進而影響經濟活動運行：①控制信用與貨幣數量：央行要求銀行提存法定準備，除保障存款者權益外，進而掌控貨幣數量及銀行信用數量，以維持物價穩定。②金融檢查：央行擁有監督及檢查銀行業務之權力，促進銀行業務健全發展。

3.流動性勞務：央行提供不同期限的資金融通銀行與財政部，提供流動性勞務：①重貼現與短期融通：央行扮演資金最後融通者角色，運用重貼現或短期質押方式融通銀行，此即屬於金融赤字範圍。②代理國庫：央行經理國庫存款，協助公債發行與清償，及提供短期融資調節財政收支的季節性變動。財政部發行公債或國庫券，央行若是配合購買而予以貨幣化，則屬於融通財政赤字。

央行提供金融勞務，需循下列原則而行：

1.不經營銀行業務：央行係為銀行之銀行，不應對私部門融資，理由是：①央行監理銀行，若與銀行發生業務競爭，將不易執行監督責任。②央行對銀行負有最後融資責任，一旦從事銀行業務，發生危機即無法作為全國金融廠商後盾。③貨幣政策須賴銀行合作，若與銀行競爭業務，政策將窒礙難行。

2.非營利目的：央行擁有鑄幣權、代理國庫及保管法定準備等權利，營運目標在維持金融秩序穩定而非追求獲利。

3.資產須具流動性：在金融危機期間，央行對銀行負有緊急融資義務，故持有外匯準備需安排於外國短期證券，以維持高度流動性。

4.限制對政府部門融資：央行負有融通政府財政或墊款之責任，融通財政赤

字過多將釀成物價上漲，故對融資數額、期限及擔保品均有限制。

5.維持決策自主性：央行追求社會福祉最大，應立於超然地位避免危害獨立判斷能力，如：對財政部融通應維持自主權、央行理事會成員應具代表性，擬定政策才不會發生偏誤。

6.按期公布訊息：為使金融廠商與經濟成員明瞭金融現況及政策方向，央行應將資產負債表與業務操作狀況按期公布。

20.1.3.　央行角色的獨立性

Goodhart 認為央行扮演角色的獨立性應該包括：①央行擁有鑄幣權，但禁止對財政赤字融通、②不得隨意融通政府部門，或受其控制與影響、③不受預算限制且獨立於政府部門之外、④政府部門應採取課稅、發行國庫券、公債或向銀行借款等方式籌措資金，除非發生戰爭等緊急因素，不得要求央行融通。尤其是央行應享有執行貨幣政策獨立性，落實維持物價穩定目標，但在人事獨立條件下，可向政府部門諮詢貨幣政策。此外，央行應提高執行貨幣政策透明度，讓社會瞭解貨幣政策是否達成人們要求的政策目標。

央行是透過立法產生且賦予權限，是以央行與政府部門間存在某些關係。央行的法律獨立自主性未必表示實際的獨立性，有關獨立性之爭論焦點為央行與政府部門之間權利義務歸屬的妥適性問題，如：限制政府向央行融通，有助於提升央行獨立性。實務上，各國央行運作模式不盡相同，呈現不同程度之獨立性。舉例來說，有些國家在中央銀行法明訂維護物價穩定為貨幣政策惟一目標、或訂定通貨膨脹率的目標範圍、或明訂物價穩定與充分就業均屬貨幣政策目標。此外，央行扮演最後融通者角色，並且監理銀行業運作。換言之，各國央行追求目標不一，Stlvester 與 De Haan (1996) 認為貨幣政策目標可以多元化，但以維持物價穩定為主，央行追求其他目標並不影響其獨立性。

基本上，物價穩定有助於提升經濟活動運作效率，不過失業問題促使政府部門偏好以通貨膨脹為代價來換取經濟成長。央行擁有高度獨立自主性，將是擺脫政府部門壓力，拒絕融通預算赤字，完成穩定物價目標的必要條件。央行若與政府部門同樣短視，追求營造資金寬鬆環境來刺激總需求，初期或許發揮

降低利率效果，一旦出現通貨膨脹，勢必轉向改採緊縮政策，利率最後還是呈現反彈大幅攀升。然而就在央行鬆緊銀根之間，景氣循環卻會擴大。反之，央行若是重視長期利益，在追求物價穩定的前提下，僅會適度降低利率刺激景氣。不過央行實施此種政策卻相當困難，理由是：必須經常向社會說明政策的長期利益，獲取各界支持，同時也需有足夠獨立性，否則很難抵擋利益團體的壓力。

近年來研究央行獨立性問題，逐漸改變傳統要求央行高度獨立自主的觀念，Walsh (1995) 從代理理論觀點出發，指出為避免央行總裁一意孤行，堅持穩定物價目標而忽視大眾利益，主張國家應制定兼顧央行獨立性及全民福祉的誘因契約：契約賦予央行自主權，並給予預算誘因及處罰責任。國內央行隸屬於行政院，總裁由行政院院長任命，故須參加行政院院會與定期至立法院接受質詢。是以央行執行貨幣政策，除受立法院詢問政策緣由與利用控制預算進行干預外，尚需面對行政院經由院會對央行決策施予無形壓力，如：要求貨幣政策需配合其他部門政策。依據中央銀行法，央行追求目標包括促進金融穩定、健全銀行業務、維護對內（物價穩定）與對外（匯率穩定）幣值穩定，以及協助經濟發展。在央行現行組織架構下，財政部與經濟部部長皆為央行當然理事，政府部門可直接影響貨幣政策，促使央行的法定自主性不足。

當央行執行貨幣政策自主性過高時，央行總裁基於政策偏好或個人政治意圖，可能發生過度重視物價穩定而忽略失業及景氣蕭條問題，從而損及民眾福祉，貨幣理論經常提及鷹派及鴿派之央行總裁就是典型譬喻。貨幣政策的決策過程是否正確，將涉及公平正義、金融穩定、效率選擇、決策透明化及政策周延嚴謹問題，此與決策過程及決策機制息息相關。為避免個人因素而不利貨幣政策目標之達成，貨幣政策決策機制採取合議制將較採取總裁制為佳。

20.2. 貨幣政策的角色

20.2.1. 貨幣政策目標

央行執行政策在於追求社會福祉最大，而社會福利函數係由人們的效用函

數 u_i 構成：

$$W = F[u_i(C_i)]$$

C_i 是 i 成員的消費水準。人們的消費水準將視體系內通貨膨脹率 π、失業率 un、經濟成長率 $\dot{y}$ 與國際收支 BOP 等狀況而定，央行擬定貨幣政策目標將是穩定上述四項變數：

1.物價穩定：衡量國內幣值指標包括 GDP 平減指數、躉售物價指數與都市消費者物價指數等，央行將依據貨幣數量學說訂定穩定物價目標，亦即通貨膨脹率將視貨幣成長率、貨幣流通速度及經濟成長率而定。

2.充分就業：體系內摩擦性與結構性失業無法消除，自然失業率必然存在。是以央行執行貨幣政策，僅是在自然失業率水準既定下，追求降低非意願性失業率而已。

3.經濟成長：央行執行貨幣政策，透過效率分配金融資源，刺激資本累積效果，從而提升經濟成長率。

4.國際收支平衡：在固定匯率制度下，國際收支失衡造成外匯準備數量變動，進而導致貨幣供給變動。在順差失衡場合，外匯準備累積促使貨幣供給呈現長期擴張趨勢；在逆差失衡環境，貨幣供給量將趨於減少。反觀在浮動匯率制度下，國際收支失衡將引起匯率波動，進而衝擊經濟活動運行。是以央行宜採取適當貨幣政策控制國際收支趨於平衡，降低匯率或貨幣供給波動釀成的不良影響。

接著，M. Friedman (1968) 認為央行擬定貨幣政策應該有所為與有所不為：

1.貨幣政策無法勝任的角色：①控制利率：央行運用貨幣政策壓低利率，透過流動性效果短期雖可奏效，但因刺激所得增加與物價上漲，透過所得效果與預期通貨膨脹效果，導引貨幣需求增加，利率大致在 1～2 年內回升至原先水準。此外，央行提高貨幣成長率勢必引發大眾預期物價上漲，借款者將願支付更高利率，放款者也將要求通貨膨脹溢酬，顯示貨幣政策無法將利率長期壓低在某一水準。②控制失業率：央行運用貨幣政策壓低失業率，短期透過實際物價與預期物價的差異性，促使失業率下降。隨著勞工逐漸調整物價預期，要求調高貨幣工資率，促使廠商生產成本上升、總供給減少，失業率將逐漸回復至

自然失業率水準。

2.貨幣能政策夠勝任的角色：央行執行貨幣政策，係在維持金融秩序穩定，避免貨幣成為經濟活動的干擾因素。惟有金融環境穩定才能讓人們確認未來物價穩定，而對未來經濟活動進行最佳安排。另外，貨幣政策將能發揮消除干擾因素效果，如：預算赤字引發物價上升，緊縮貨幣政策將可抑制總需求過分膨脹。

20.2.2. 貨幣政策的傳遞過程

央行採取權衡性貨幣政策，對經濟活動影響途徑包括兩種類型：

㈠直接調整方式 (direct adjustment approach)

Hume (1752) 與 Cantillon (1755) 率先以直接調整機能說明貨幣政策的影響方式，爾後的 Fisher (1911) 採取通貨膨脹過程說明，指出貨幣政策變化對經濟活動影響途徑如下：

公開市場操作 (OMO) ⟶ 銀行超額準備 (ER) 擴大 ⟶ 超額貨幣供給 $(M^s \succ M^d)$ ⟶ 總支出 $(E = MV)$ 增加 ⟶ 名目 GDP 擴大

央行採取公開市場操作擴大銀行超額準備部位，促使其擴大授信活動，形成超額貨幣供給現象。假設人們感覺保有貨幣餘額超越願意持有餘額，將在商品市場增加支出。就短期而言，體系無法立即擴張商品與勞務生產，物價水準將因總支出擴張而迅速揚升，直至漲幅與貨幣供給增幅一致時，體系方才回歸均衡。

㈡間接調整方式

Wicksell (1898) 將 Thornton (1802) 的間接調整機能擴大為累積過程，用以描述貨幣政策傳遞過程：

公開市場操作 (OMO) ⟶ 銀行超額準備 (ER) 擴大 ⟶ 超額貨幣供給 $(M^s \succ M^d)$ ⟶ 貨幣利率 (i) 小於實質利率 (r) ⟶ 總支出 $(E = C + I)$ 增加 ⟶ GDP 擴大

央行採取公開市場操作促使銀行超額準備部位遞增，促使其擴大授信活

動，釀成貨幣供需失衡。此種現象迫使銀行降低放款利率（貨幣利率），使其低於實質投資報酬率（實質利率），將發揮兩種效果：①人們將增加消費支出。②廠商增加融資購買資本財。兩者共同推動資本財及消費財價格上漲，帶動一般物價水準上升。在銀行擴張授信過程中，資金外流頻繁發生，創造存款貨幣能力逐漸下降，面對資本財需求及通貨膨脹引申的放款需求殷切，銀行將逐漸調高放款利率緩和放款需求。隨著實質利率下降（資本邊際生產力遞減）及貨幣利率上升（融資成本上升），兩者差距逐漸縮小直至趨於一致，銀行方才停止擴張授信，體系重回均衡。

除上述傳遞機能外，不同學派在間接調整機能基礎持續複雜化，相關的傳遞途徑可說明如下：

1. 所得支出理論：央行採取公開市場操作後，銀行超額準備部位遽增，將會擴大授信活動，造成貨幣市場失衡而導引利率下跌，發揮資本成本效果 (cost of capital effect) 刺激消費與投資支出增加，再經由乘數效果導引所得擴張。不過該效果要能發揮影響，配合環境包括：①市場利率必須下跌：一旦出現流動性陷阱致使利率不變，消費與投資支出將維持不變。②商品市場總支出需具利率彈性：一旦投資陷阱出現而使總支出（消費與投資支出）欠缺利率彈性，縱使利率下跌亦將阻礙總支出擴張。

2. FRB-MIT 學派：央行採取寬鬆貨幣政策擴大銀行超額準備部位，將改變貨幣市場的短期利率，然後傳遞至長期利率調整，誘使實質部門決策發生變化：①抵押放款利率效果：抵押放款利率下跌不僅降低建築業利息成本，並且激勵廠商對機器與廠房設備投資、家庭住屋消費等最終需求。②公司債利率調整效果：廠商採取公司債融通與股權融通募集資金，後者的成本包括債券利率與財務風險溢酬。一旦公司債發行成本遽降時，廠商偏向發行公司債募集資金，刺激投資支出擴張。③公債利率調整效果：寬鬆貨幣政策將降低公債利率，減輕財政部的公債利息支出。

此外，FRB-MIT 學派強調財富與消費支出間的關係，認為貨幣政策透過刺激股價而激發投資意願。依據 q 理論內涵，寬鬆貨幣政策刺激股價揚升，導引 q 比例值超越 1，廠商發行新股融通投資將屬有利可圖，從而刺激投資意願。

實務上，FRB-MIT 學派認為寬鬆貨幣政策提升金融廠商授信數量，原本無從融資而遭中止的支出計畫，將因融資恢復而獲執行，總支出將隨信用擴張而遞增，此即信用可得性效果 (credit availability effect)。

3.溫和貨幣學派：央行採取寬鬆貨幣政策擴大銀行超額準備部位後，經由授信活動擴張而釀成金融市場失衡。人們面對持有貨幣數量遽增，將部分轉移至其他金融資產，促使其價格跟進調升。此種資金移轉造成金融資產價格上漲趨勢，將逐漸擴散至實體資產，如：房屋、非耐久財或耐久財、資本財等，而後者需求增加與價格上升將誘發廠商增產意願。在增產過程中，廠商將需雇用更多因素，帶動因素價格及實體資產價格上漲，同時也因投資與消費支出增加而刺激實質產出增加。最後，物價與實質產出擴張吸收央行釋放的貨幣，體系將逐漸回歸均衡。

↑ 20.3. 貨幣指標

20.3.1. 貨幣指標的特質

貨幣指標又稱中間目標 (intermediate target) 或近似目標 (proximate target)，係指衡量貨幣政策推力方向與效果的變數。一般而言，央行擬定貨幣政策，必須選擇某些變數作為指標，理由是：①央行調整貨幣工具至經濟活動出現回饋效果，須經歷較長之時間落後。②經濟活動變化可能緣自結構性變動或受政策工具衝擊影響，央行無法做精確判定。

有鑑於此，央行為獲知採取權衡性貨幣政策的實際反應，必需事先選擇反應迅速之變數作為近似目標或指標，從該指標變動取得有關貨幣工具調整對經濟活動衝擊的訊息，而貨幣指標變數必須符合下列條件：

1.貨幣指標必須是央行執行貨幣政策衍生傳遞過程中的重要環節，係居於聯繫政策工具與最終目標間的中介變數。

2.政策工具與貨幣指標間的關係密切，前者調整效果將立即反映於貨幣指標變化。

3.貨幣指標變化主要受政策工具變動影響，而受環境變數衝擊應該減至最低。

4.貨幣指標變化應該充分反映目標變數變化。

國內央行在每年年底的理監事會議提出次年的 M_2 貨幣成長率目標區，此即貨幣政策的中間目標，可以發揮三個效果：①訊息變數：反映目前貨幣政策是否過於寬鬆或緊縮，如：當 M_2 貨幣成長率低於目標區將代表貨幣政策太緊；反之，則代表過於寬鬆。②貨幣政策指標：此係央行與大眾溝通的工具。一旦 M_2 貨幣成長率低於目標區，央行接續應該採取寬鬆貨幣政策，人們才不會誤判央行係採「預算赤字融通政策」，而擔心物價上揚。③法則：宣示央行執行貨幣法則的方向。

20.3.2.　貨幣指標類型

央行經常採用的貨幣指標類型如下：

1.利率：貨幣數量與銀行信用數量變化將立即反映在利率變動，其上升即是反映金融市場緊縮，降低則是代表銀根寬鬆。央行通常以金融業拆款利率或可轉讓定存單利率反映銀行業的資金寬鬆指標，作為是否採取公開操作的參考。央行調整貨幣工具將於一週或一旬內影響金融業拆放利率,後者將係央行能直接控制者。尤其是貨幣政策通常透過利率改變，接續才對經濟活動發生影響。實務上，短期利率經常呈現顯著波動，而其漲跌到底緣自內在因素（金融市場供需）或反映外在因素（權衡性貨幣政策）變動，將使貨幣政策與利率循環效果不易區分：①貨幣市場利率常受預期通貨膨脹率變動影響，與央行考慮操縱的利率呈反向變動，故宜區別名目與實質利率。②貨幣市場利率容易受預期因素衝擊影響，不易由市場本身變動中分離出來。③除金融資產市場調整外，資本財供需變動也會釀成金融資產市場失衡，貨幣市場利率隨即發生變化，如：預期利潤率下降削減資本財吸引力，導致金融資產需求增加及收益率下降，此種現象不宜誤解為貨幣政策趨於寬鬆。

2.股價指數：當股票市場具有效率性時，股價指數將可充分反映景氣循環、金融環境變化與貨幣政策方向。一般而言，貨幣政策透過影響存貨、機器設備

及消費耐久財需求而影響實質部門運作,耐久財需求變化足以反映金融環境與貨幣政策情勢。一旦這些商品需求增加,貨幣政策將具有擴張性;反之,需求下降顯示貨幣政策具有收縮性。耐久財需求受外在因素影響極大,如:資本獲利機會、對未來價格、利潤、技術等預期的變動、對風險評價與承受意願等因素,央行無法直接控制這些因素,但可採取適當策略抵銷其需求變化。現有耐久財價格變動(或股價變動)將誘使耐久財生產波動,最終促使對耐久財評價與其新生產成本趨於一致,兩者差異將能反映金融環境變遷,故適合充做貨幣指標。

3.貨幣成長率:貨幣數量變化直接影響經濟活動,是以央行偏好採取貨幣成長率指標。一般而言,貨幣成長率上升表示貨幣政策趨於寬鬆,貨幣成長率下降表示貨幣政策趨於緊縮,不過該項指標的缺點包括:①貨幣定義及控制程度:央行雖然具有控制貨幣數量能力,但操作貨幣數量變動是項複雜過程,能否精確調整頗有問題,而且最適貨幣定義將因環境變遷而更替,令央行難以抉擇。②非銀行金融廠商與銀行間的業務存有高度替代性,縱使後者的資產負債內容不變,前者的資產負債變化也會影響經濟活動。尤其是貨幣所得流通速度並非穩定值,央行僅能控制貨幣數量,對經濟活動方向仍然無從掌控。③貨幣數量與貨幣政策間的關係並不穩定:(a)貨幣乘數受利率變數影響,貨幣數量增減引起利率變動,進而改變貨幣乘數,實際貨幣數量變動與貨幣政策預擬操作目標將發生分歧。(b)外生變數(如:財政政策、債券操作、金融市場變動)也會影響貨幣數量變動。

貨幣供給是強力貨幣與貨幣乘數之積,只要貨幣乘數穩定或變動趨勢可以預測,則因央行能夠直接影響銀行準備,強力貨幣將更適合作為貨幣指標。一般而言,強力貨幣增加代表貨幣政策趨於寬鬆,強力貨幣減少顯示貨幣政策趨於收縮。

4.自由準備:強力貨幣在長期雖具穩定性,卻非央行可以充分控制,故改採自由準備作為貨幣指標。在景氣繁榮時期,銀行傾向出售短期債券或減少自由準備換取資金,用於擴大放款。央行若要銀行維持自由準備部位,採取降低對銀行融通策略,使其另外尋求其他來源之準備,此舉迫使短期利率趨高。是以

自由準備減少是為貨幣市場趨緊現象，自由準備遞增代表金融環境寬鬆。實務上，該指標的缺陷包括：①縱使央行能夠控制自由準備，金融市場利率與貨幣數量指標亦將改變。在目前利率水準下，銀行預擬保有自由準備部位 10 億元，央行自公開市場買進國庫券 1 億元，擴張自由準備部位至 11 億元，但銀行卻擴大授信以恢復原先水準。假設央行堅持自由準備部位 11 億元策略，只有持續買進國庫券，藉利率趨降而迫使銀行選擇持有自由準備部位 11 億元，此舉雖實現預擬自由準備目標，利率與貨幣數量卻已發生變化。②自由準備變動有時將讓央行誤判政策方向，如：提高重貼現率迫使銀行減少授信，自由準備反而增加。就前者來看，貨幣政策屬於緊縮性質；但若就自由準備觀點來看，則屬於信用寬鬆，央行究竟該採信何種看法？

在上述貨幣指標中，央行經常採取金融業拆放利率與貨幣成長率衡量貨幣政策效果。在訊息完全下，兩種指標發揮的效率完全一致。反觀在訊息不全下，不同學派對經濟結構潛在不穩定性來源的看法迥異，導致央行採取貨幣政策該釘住何種指標亦頻起紛爭。不過在金融自由化的環境中，利率是資金的價格，央行應當放任利率自由浮動而採取控制貨幣成長率為宜。

📌 20.4.　法則與權衡

20.4.1.　貨幣政策型態

央行評估當時經濟金融環境，主動採取影響銀行準備、貨幣數量、利率水準及信用數量等變數的權衡性貨幣政策，經由調整金融環境，使其朝預期目標邁進。至於央行實施貨幣政策後，經歷多久期間才會發揮效果、時間落後程度是否可預測，均需深入評估。假設貨幣政策存在長期且不穩定的時間落後，將因無從正確預測，或在不適當時機發揮效果，反而導引金融情勢更趨惡化。貨幣政策效果無法立竿見影，其時間落後若僅是平均時間較長而有確定範圍，央行將能根據預期落後時間差距，預先採取影響未來某一時期金融環境的貨幣政策。遺憾的是：貨幣政策的時間落後變異性甚大，最短者固然只有 6 個月，最

長者達 18 個月，使其不僅無法實現預期目標，甚至釀成背道而馳的結果。

有鑑於此，Simons (1936) 指出貨幣政策型態有二：①權衡：央行依據當時經濟金融環境與預擬達成目標類型，主動操作適當貨幣工具。②法則：央行在年度期間開始之際，依據預估未來經濟金融環境，擬定既定貨幣法則公告周知，然後依法則操作貨幣工具。

在 1930 年代，以 Simons 與 Mints 為首的 Chicago 學派，指出經濟大蕭條主要歸咎於工會拒絕調低貨幣工資、廠商視收益增減調整銀行信用需求，致使銀行在創造貨幣供給時扮演消極角色。就交易方程式 $(MV = PT)$ 而言，因 PT 不穩定導致 MV 不穩定。金融當局若要解決大蕭條問題，宜採全額法定準備制度，方能完全控制貨幣數量，同時為避免流通速度波動產生抵銷效果，貨幣數量最好固定不變，此即 Simons 貨幣法則。此外，Simons 由長期著眼，指出自由放任為維持經濟自由的基本要件，而解決當時經濟問題策略在於儘速改善金融結構。爾後，M. Friedman 接續強調市場機能，指出人們長期追求的目標為政治自由、經濟效率與經濟平等，三者最好能依競爭原則利用資源以求實現，該主張將和下列三者息息相關：政府應基於競爭原則建立貨幣機構、貨幣機構應依據法則運作、體系宜持續降低不平等程度。

貨幣法則支持者採取消極與積極兩種態度，前者認為權衡性貨幣政策執行效果不彰而無法實現預期目標，故應改採貨幣法則紓解外生干擾，理由如下：

1.訊息不全：央行使用未適時且未完全的訊息作為決策依據，管理技術也非完全的控制方法，再因金融環境變遷迅速，導致貨幣政策發生偏差，擴大貨幣供需缺口而出現失衡現象。

2.時間落後：央行面臨外生干擾衝擊之際，原先為追求某一目標而採取的措施，事實上卻因時間落後因素存在，造成需要採取相反的貨幣政策，促使以權衡性政策作為對抗循環武器，反而促使實際情況更形惡化。此外，貨幣政策的時間落後變異性極大，央行選擇何種時機執行政策頗為困難。

3.金融變數的數量效果不確定：央行無從掌握達成既定目標究竟應選擇何種程度的貨幣政策，效果不確定性將使體系朝預擬方向調整極為困難，甚至因操作過度而出現違反預期目標的現象。

另外，積極論者認為採取貨幣法則能夠紓解經濟問題的理由是：

1. 內在安定效果：在蕭條期間，貨幣供給將以高於法則的成長率增加，貨幣需求成長率可能低於長期趨勢值，故將產生超額貨幣供給而發揮寬鬆效果。反觀在繁榮期間，貨幣法則抑低貨幣成長率，貨幣需求成長率可能高於趨勢值，超額貨幣需求出現而產生緊縮效果。是以央行採取貨幣法則，無論在蕭條或繁榮期間，透過貨幣供需自動失衡，將發揮循環調整效果，反觀權衡性貨幣政策則缺乏類似效果。

2. 穩定金融秩序：央行採取權衡性政策釀成貨幣數量易於波動，形成非預期因素而製造不穩定的金融環境，進而衝擊實質部門的穩定性。反觀央行以貨幣法則調整貨幣數量，完全在人們的預期形成之中，方能塑造穩定的金融環境，有助於促進體系持續成長。

20.4.2. 貨幣法則類型

一般而言，央行經常採取的貨幣法則類型如下：

1. Simons 法則：以貨幣數量表示的法則，央行必須維持貨幣數量固定，若要能夠完美操作，需有健全的金融體系為前提。爾後，Fisher (1945) 修正該法則為 Fisher-Simons 物價水準（或指數）法則 (price-level rules)，即經立法程序規定央行應當採取合宜政策維持物價水準穩定，內容為：當物價水準低於目標值時，央行應採寬鬆銀根措施；反之，則應採收縮政策。

2. Friedman 法則：央行採取的貨幣政策雖與物價水準存有密切關係，卻未密切到可用穩定物價作為政策指導原則的程度，況且貨幣管理責任是分散的，一旦物價水準未能穩定，許多機構均有逃避責任的餘地，故 Friedman 主張採取規定貨幣數量變化的法則較為適當，此即固定成長率法則 (constant growth rate rule)：

⑴必須確定最適貨幣定義內容，央行透過貨幣工具控制該項貨幣定義。

⑵基於貨幣數量學說，央行預估每段期間預期達成之經濟成長率、貨幣需求彈性及可忍受的通貨膨脹率，擬定合理貨幣成長率而加以維持。依據貨幣數量學說，可求得貨幣需求函數：

$$M^d = \frac{Py}{V} = \frac{Py}{V(i, y)}$$

V 是流通速度。當貨幣市場達成均衡時，

$$M^d = \frac{Py}{V(i, y)} = M^s$$

就上式取自然對數，並對時間偏微分可得最適貨幣成長率：

$$\dot{M}^s = \pi + \dot{y} - \varepsilon(V, y)\dot{y} - \varepsilon(V, i)\dot{i}$$
$$= \pi + [1 - \varepsilon(V, y)]\dot{y} - \varepsilon(V, i)\dot{i}$$

$\varepsilon(V, y)$ 是流通速度的所得彈性，$\varepsilon(V, i)$ 是流通速度的利率彈性，$\dot{i}$ 是利率成長率通常為 0。

(3)央行預估每季貨幣需求成長狀況，據此決定貨幣成長率，但是累加季成長率不得超過全年的最適成長率值。

3. Bronfenbrenner 法則：假設體系內的貨幣需求可表為：

$$M^d = kPy$$

當貨幣市場達成均衡時，

$$M^d = kPy = M^s$$

上式可再表為：

$$M^d = kPN(\frac{y}{N})$$

N 為勞動力，AP_N 為勞動平均生產力。當體系出現動態成長或發生技術進步時，針對上式取自然對數，再對時間全微分，可得央行擬定的最適貨幣法則為：

$$\dot{M}^s = \frac{\mathrm{d}\ln M^s}{\mathrm{d}t} = \frac{\mathrm{d}\ln k}{\mathrm{d}t} + \frac{\mathrm{d}\ln N}{\mathrm{d}t} + \frac{\mathrm{d}\ln AP_N}{\mathrm{d}t} + \frac{\mathrm{d}\ln P}{\mathrm{d}t}$$
$$= \dot{k} + \dot{N} + A\dot{P}_N + \pi$$

上述貨幣法則較 Friedman 法則具有彈性，此項法則將依據新經濟環境包括勞動成長率 ($\dot{N}$) 與勞動平均生產力成長率 ($A\dot{P}_N$) 等，以及貨幣需求成長率 ($\dot{k}$) 等因素調整，充分反映實際環境變化。

20.4.3.　法則與權衡的效率性

當經濟問題發生時，央行採取權衡性貨幣政策或貨幣法則，何者較能發揮效率的爭議頗多。央行採取貨幣法則解決經濟問題，將會面臨下列問題：

1.央行採取何種貨幣定義，才能正確反映貨幣數量變動對經濟活動的衝擊，長期就是爭議且未定案的問題。

2.在景氣循環期間，貨幣流通速度變化趨勢並不穩定，破壞貨幣與經濟活動間的穩定關係。

3.基於高度變異性的時間落後因素，貨幣數量變動效果甚難確定，貨幣法則強調維持穩定的貨幣成長率，但預測者卻無法精確預測未來。

4.影響經濟活動或總需求因素包括貨幣數量與其他變數，如：經濟結構與環境變數等因素。

5.貨幣法則係建立在物價與工資自由浮動的完全競爭市場，此與現實狀況不符。面對壟斷市場結構，央行採取貨幣法則，將因工資與物價緩慢調整，延誤經濟活動對貨幣法則的反應，反而釀成長期性衰退或物價上漲。

反觀央行用權衡性貨幣政策解決經濟問題，也將面臨下列問題：

1.央行基於過去訊息及未來可能改善程度，無法判斷目前是否應該繼續採行權衡性政策。換言之，央行基於不確定利益，必須評估目前是否仍須繼續承擔執行權衡性政策作為代價。

2.除非央行具有獨立自主的決策權，否則偏向重視金融業的利益與需求，且無足夠誘因使其常以體系需求作為評估依據，故期待權衡性政策實現短期穩定，無異係委託金融廠商執行此項任務，此即 Friedman 堅持「以法則代替權衡」的主要理由之一。

3.貨幣法則強調體系長期穩定性，短期流通速度與經濟成長率雖呈季節性或循環性波動，但兩者在長期仍呈現高度穩定現象。

4.在浮動匯率制度下，央行採取貨幣法則可能加深國內（政策）不穩定現象的說法，將僅出現在若干特殊情況或經濟結構，如：糧食輸入比率甚大的國家或只能適用貶值場合。不過在這種特殊現象下，固定匯率將帶來更不穩定結果。

習 題

◉ 選擇題

1. 央行在體系中扮演的功能，何者正確？ (a)控制利率水準 (b)控制外匯準備數量 (c)控制貨幣數量 (d)控制匯率水準。

2. 有關央行必須維持超然獨立角色的敘述，何者正確？ (a)央行安排外匯資產組合，不受國際金融市場影響 (b)央行擬定貨幣政策，不受行政部門影響 (c)央行採取貨幣法則或權衡時，不受金融廠商影響 (d)央行執行權衡性貨幣政策時，無需考慮金融廠商的反應。

3. 有關央行從事營運內容，何者錯誤？ (a)央行壟斷鑄幣權 (b)代理國庫 (c)直接收受民間部門存款 (d)保管與運用外匯準備資產。

◉ 問答題

1. 央行在經濟活動中提供的金融勞務為何？其異於商業銀行之處為何？

2. 央行執行權衡性貨幣政策，對體系衝擊過程包括直接調整與間接調整方式，兩者差異為何？

3. 央行採取權衡性政策在長期無法達成的目標為何？理由是？

4. 試說明能夠獲選為貨幣指標的條件。

5. 以自由準備充當貨幣指標將會出現何種缺陷？

6. 試說明法則論者認為以權衡性貨幣政策解決經濟問題可能會發生的問題。

第 21 章　貨幣工具類型與效果

　　傳統上，央行調整貨幣工具影響銀行業準備部位，改變市場利率、貨幣數量和銀行信用數量，透過衝擊經濟活動達成物價穩定、國際收支平衡和穩定金融秩序等目標，是以貨幣政策的討論重點通常集中在其發揮的總體效果。實務上，貨幣政策相當於金融產業政策，在影響總體經濟活動前必然影響金融廠商決策，故亦可將部分焦點轉向個體觀點進行討論。

　　央行與財政部係體系內能夠影響金融廠商決策，直接衝擊經濟活動的金融當局。前者透過調整貨幣工具直接或間接改變金融廠商決策，屬於執行積極性貨幣政策。後者採取不同融通赤字方式，間接影響金融廠商決策而屬於執行消極性貨幣政策。兩者職責雖然迥異，卻可互相協調以實現預擬的目標。

　　本章首先說明貨幣工具特質與類型，再探討央行評估貨幣工具效率性的標準。其次，將說明央行執行量的管制政策內容及其發揮效果。接著，再說明央行採取質的管制政策內容及其產生影響。最後，將探討公債管理政策內涵與干預資金用途政策的類型。

21.1.　貨幣工具類型

21.1.1.　兩階段策略 (two-stage strategy)

　　在 1945～1952 年期間，臺灣面臨二次大戰後生產陷入停頓、軍政支出龐大導致惡性通貨膨脹的窘境，央行採取貨幣政策係以控制通貨發行為主。臺灣自 1953 年起分期推動經濟建設計畫，央行採取銀行信用管制、利率管制及外匯管制等金融壓抑的貨幣政策，配合出口擴張與進口替代的經濟發展策略。由於央行在當時尚未復業，委託臺灣銀行代為操作貨幣工具，直迄 1961 年 7 月復業後才收回自行操作。面對金融廠商類型與家數有限、金融市場不發達，央行可用的貨幣工具有限，遂以郵匯局轉存款為主要操作工具。爾後，臺灣經濟發展刺激金融發展，金融市場規模擴大帶動金融資產多元化，操作貨幣工具所

應具備的條件漸趨成熟。隨著國內票券公司自 1977 年起陸續成立，貨幣市場規模日益擴大，央行自 1979 年 1 月開始採取公開市場操作調節貨幣供給，貨幣工具類型更臻完備。

貨幣政策係央行透過調整金融法令或操作貨幣工具，調節貨幣數量及銀行信用分配，落實下列目標：①央行運用貨幣工具調節銀行信用，避免資金過多造成通貨膨脹，或資金過少形成通貨緊縮，藉以維持經濟活動穩定。②央行透過銀行融通經濟發展所需資金，提升資金配置效率，刺激經濟發展。

表 21-1 顯示：央行執行貨幣政策在於追求社會福祉最大，但由調整貨幣工具至衝擊經濟目標卻非一蹴可及，無法精確估計貨幣政策效果（經濟目標），是以採取兩階段策略，透過貨幣指標（中間目標）變化間接掌握經濟目標變動效果。一般而言，取得貨幣數量和利率資料所需時間較國民所得資料為短，前者快則當日、慢則一月，後者則需耗費一季時間。有鑑於此，當貨幣指標（貨幣數量或利率）偏離既定水準，央行可及時發現而迅速調整貨幣工具，否則靜待國民所得資料出爐，再設法扭轉欠當措施，則常為時已晚。

表 21-1　兩階段策略

舉例來說，在決策期間內，央行若欲提高名目所得成長率 5%（經濟目標），評估經由貨幣成長率 6%（貨幣指標）來達成，而貨幣成長率 6% 可透過強力貨幣成長率 4%（操作目標）來實現。為達到強力貨幣成長率 4%，央行須買入 100 億元國庫券（貨幣工具）才可見功。當央行買進 100 億元國庫券後，能否實現 5% 名目所得成長率之經濟目標，觀察一週或 1 個月內的強力貨幣和貨幣成長率變化情況即可分曉。假設強力貨幣僅成長 2% 而非 4%，貨幣成長率 6% 和所得成長率 5% 自然落空，央行必須持續買入國庫券，提高強力貨幣成長率至 4%。

表 21-2 顯示：央行追求物價穩定的經濟目標，該目標除受貨幣工具影響外，更受到環境因素（如：經濟結構）影響，央行無法透過調整貨幣工具，直

表 21-2　貨幣政策架構

貨幣工具	操作目標	貨幣指標	經濟目標
公開市場操作 重貼現率 存款準備率 道德勸說	價格：隔夜拆款利率 數量：準備貨幣	數量：M_2, M_{1B} 價格：中長期利率	物價穩定
控制期間：立即	控制期間：週或旬	控制期間：月或季	控制期間：年

接掌握經濟目標變動。尤其是貨幣政策存在時間落後與遞延效果，央行遂選擇與經濟目標有密切關係之貨幣指標，作為執行權衡性貨幣政策的訊息參考。然而央行同樣缺乏直接控制貨幣指標能力，故將選擇有效且精確控制的變數來充當貨幣政策的操作目標。

21.1.2.　貨幣工具特質與類型

　　貨幣工具屬於經濟結構的一環，具有下列特質：①工具變數必須直接置於金融當局（央行與財政部）的掌控。②金融當局調整工具變數後，將透過貨幣傳遞過程影響金融廠商決策。表 21-3 係金融當局（央行與財政部）使用的貨幣工具類型：

　　1.量的管制：央行透過控制貨幣數量與銀行信用數量改變總支出，全面性影響經濟活動運行，與此相關的貨幣工具稱為一般性信用管制或量的管制，包括法定準備率、重貼現率與公開市場操作。

　　2.質的管制：針對某些產業或部門的特殊問題，央行調整貨幣工具影響其使用資金成本與條件，因其心有所屬且屬局部性，故稱為選擇性信用管制 (selective credit control) 或質的管制，型態有三：①選擇性信用管制：央行針對特殊產業使用資金成本與條件進行管制，包括證券市場的融資與融券、商品市場的消費者信用管制 (consumer's credit control) 與不動產信用管制。②直接管制：央行為控制信用數量提升資金配置效率，直接干預金融廠商授信活動，包括信用分配、直接行動 (direct action)、流動性比例 (liquidity ratio) 與利本上限等。③間接管制：央行採取迂迴方式影響金融廠商決策，包括維持銀行關係、道德

說服、自動合作 (voluntary cooperation) 與公開宣傳 (publicity) 等。

表 21-3　貨幣工具類型

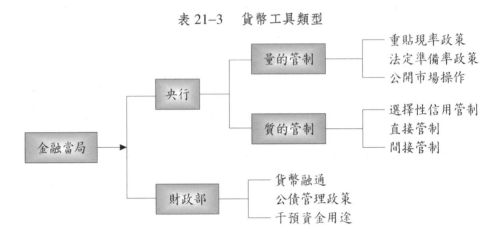

在金融體系中，財政部採取不同融通預算赤字方式衝擊金融廠商營運，形成消極性貨幣政策：①貨幣融通：財政部執行赤字預算而由央行發行貨幣融通。②公債管理政策：財政部發行公債融通預算赤字，其發行數量、期限、利率將會衝擊利率期限結構與金融廠商決策。③干預資金用途政策：財政部提供信用保證、紓困及政策金融等，透過影響營運決策而衝擊經濟活動運行。

21.1.3.　貨幣工具效率性評估

在眾多貨幣工具中，央行評估何者較具效率的標準如下：

1. 控制貨幣數量與銀行信用數量能力：貨幣數量或銀行信用數量變動直接影響總支出與金融環境，或透過利率及實質財富變化間接衝擊經濟活動，是以貨幣工具首重兩者的控制能力，控制能力較差者通常強調賦予其他特殊任務。

2. 對利率期限結構的影響：金融市場利率變動經常影響支出決策，不同政策工具對利率衝擊不僅有異，甚至影響利率期限結構，如：短期利率上升將降低人們保有貨幣及向銀行融資的意願；長期利率攀升將降低資本資產現值，衝擊長期投資意願。不過利率揚升將吸引國際熱錢流入，有助於改善金融帳收支。

3. 彈性：金融情勢瞬息萬變，貨幣工具最好具備充分彈性，可依新環境迅速調整。值得注意者：貨幣工具通常缺乏充分彈性，不同工具的可變程度差距甚

多，甚至某些工具一經實施可能發揮重大效果，彈性很大將使受波及產業無所適從。

4. 對預期形成的影響：貨幣政策施行訊息將釀成人們預期變化，經由調整決策行為而衝擊貨幣政策效果，亦即政策宣告效果 (announcement effect) 影響人們預期，貨幣工具是否具有效率將視其影響方向強弱而定。

5. 對金融廠商決策的影響：貨幣政策必然影響金融廠商決策，當後者利益與社會福祉相符時，自然樂於接受金融當局決策；一旦兩者利益衝突，後者將尋求規避不利衝擊的策略，故貨幣工具強制性遂成為貨幣政策發揮效果的必要條件之一。

21.2.　一般性信用管制

21.2.1.　法定準備率政策

央行調整法定準備率，透過影響銀行業授信能力，控制貨幣數量與銀行信用數量，此即法定準備率政策。法定準備率降低將會提升銀行業超額準備部位，擴大貨幣乘數與銀行信用乘數，促使銀行業資金日益寬鬆。該項工具的內容包含質與量兩方面：

1. 品質管制：銀行提存準備需以庫存現金、在央行業務局開立準備帳戶存款、在央行國庫局開立中央登錄公債存款帳戶餘額、撥存於央行業務局或受託收管機構之跨行業務清算基金專戶存款等資產為限。銀行在央行的準備金帳戶分為兩部分：①準備金甲戶：銀行可簽發支票或利用央行同業資金調撥清算系統隨時存取，不計利息。②準備金乙戶：銀行依據央行規定或因設定之質權實行時，憑存摺存取之存款，央行將支付利息。

2. 數量管制：依存款種類、存款金額、銀行規模和坐落位置等標準訂定準備率範圍，此即稱為變動準備制度 (variable reserve system)。

中央銀行法僅按存款類型分別訂定準備率，而央行使用該項工具頻率極低，理由是：法定準備率政策對超額準備、貨幣乘數及貨幣數量將會釀成強烈

衝擊,對人們預期形成及對銀行決策影響非常顯著。一旦央行頻繁調整法定準備率,迫使銀行必須頻繁改變資產負債管理決策。同時,該項工具影響效果係屬全面性,不論規模大小、經營績效,或是那些銀行才是信用過度擴張或緊縮的真正肇事者。

　　一般而言,央行調整準備率旨在控制貨幣數量與銀行信用數量,間接影響利率水準,但對利率期限結構並無影響。該項貨幣工具缺乏彈性,理由包括:①縱使央行微幅調整準備率,但對銀行超額準備部位、貨幣乘數與銀行信用乘數衝擊卻是深遠。②央行調高法定準備率,將迫使銀行出售流動性資產或擴大借入準備來應付準備不足,銀行對其排斥性極大。③基於前兩項原因,央行提高法定準備率,通常會事先告知銀行,致使此項工具反而變為效率遲緩。

　　國際經濟體系自 1997 年起歷經亞洲金融風暴衝擊,逐漸陷入通貨緊縮狀態,是以美國聯邦準備理事會自 2000 年起採取寬鬆貨幣政策,持續調低重貼現率,國內央行隨後跟進,積極調低法定準備率,調整內容可見表 21–4。

表 21–4　法定準備率調整內容

單位: 對存款額百分比

調整日期	支票存款	活期存款	儲蓄存款 活期	儲蓄存款 定期	定期存款	其他各種負債 新增外匯存款	其他各種負債 其他項目
2000/10/1	13.5%	13%	6.5%	5%	6.25%	0	0
2000/12/8	13.5%	13%	6.5%	5%	6.25%	5%	0
2000/12/29	13.5%	13%	6.5%	5%	6.25%	10%	0
2001/10/4	10.75%	9.775%	5.5%	4%	5%	5%	0
2001/11/8	10.75%	9.775%	5.5%	4%	5%	2.5%	0
2002/6/28	10.75%	9.775%	5.5%	4%	5%	0.125%	0

21.2.2.　重貼現率政策

　　重貼現率政策係指銀行為彌補提存準備不足,以持有之票據向央行貼現窗口請求貼現放款融資,所需支付的貼現利率。其中,銀行對顧客票據貼現而預扣利息即是貼現率,而央行對銀行的票據再予貼現而預扣利息即是重貼現率。另外,銀行亦可向央行申請質押放款、公債質押與外銷放款等轉融通以增加準

備數量，用途包括三種：

1.調整性信用 (adjustment credit)：央行提供 10 天內的短期融通，彌補銀行提存準備數量不足，如：本國銀行業資金匱乏，致使 1994 年 8 月 1 日的拆款利率與貨幣市場利率均躍升至 9% 以上，央行遂於當日下午開啟貼現窗口，依短期擔保融通年利率 5.875% 共計融通 230.5 億元，期限僅有 1 天。

2.季節性信用 (seasonal credit)：央行融通銀行季節性資金需求，滿足因地域或產業等屬性所產生的季節性放款需求。

3.展延性信用 (extended credit)：央行融通營運困難且面臨擠兌之問題銀行，如：央行在 1985 年透過合庫融通給台北十信紓解後者的擠兌危機。

央行運用調整重貼現率和限制融資數量影響銀行準備部位，前者具有宣告效果，若被銀行視為寬鬆銀根的先兆，並預期央行將透過公開市場釋出強力貨幣時，將會採取擴大授信活動，促使貨幣數量與銀行信用數量增加。央行面對銀行準備不足時，採取策略包括：要求支付重貼現率而給予貼現融資，或在連續二旬準備不足下，依央行短期融通利率的 1.5 倍支付懲罰利率。央行採取重貼現率政策時，策略包括：

1.調整重貼現率：央行調整重貼現率改變銀行資金成本，將影響貼現融資意願。此舉同時發揮宣告效果，影響銀行及人們對金融環境預期，進而評估調整決策。

2.決定重貼現票據資格：央行針對銀行資金運用方向決定是否給予貼現，避免銀行運用重貼現取得資金進行套利活動，如：針對促進出口業務，辦理外銷貸款再融資；為加強中小企業融資，辦理周轉資金放款再融資等。

3.訂定融資限額：央行透過融通銀行以控制準備數量，或限制個別銀行再融資額度，如：在季節性融資中，規定各銀行再融資額度以避免信用過分膨脹。

央行採取重貼現率政策，發揮的效果如下：

1.控制貨幣數量：重貼現率政策無法直接干預銀行決策，是否發揮效果端視銀行反應而定，如：央行降低重貼現率時，銀行授信意願闌珊，放鬆貨幣政策將會落空；再如提高重貼現率時，生息資產收益率漲幅更高，無法降低銀行採取貼現融資意願，貨幣成長率依然居高不下。

2.影響利率期限結構：調整重貼現率通常無法變更利率期限結構，只能影響

一般利率水準。唯有實行複式重貼現率制度，混合使用重貼現率與品質管制，央行方能局部操縱利率期限結構。

3.宣告效果：調整重貼現率雖能影響人們預期，唯無從測知預期效果對經濟活動的衝擊，如：央行提高重貼現率，希望人們預期利率上漲，自發性壓抑支出而達成緊縮目的。假設人們預期此係重貼現率持續攀升的起點，反而加速擴大支出，政策效果將適得其反。

總之，向央行申請融資的主動權操諸銀行，央行僅是扮演消極角色，是以重貼現率政策的效果不佳。在景氣衰退期間，縱使央行降低重貼現率隨時提供融資，卻無法吸引銀行前來申請。在景氣繁榮期間，縱使央行緊縮銀根提高重貼現率，銀行只要有利可圖仍將奔向貼現窗口借入資金，致使對抗通貨膨脹政策未見績效。表 21–5 是近年來央行調整各種利率的狀況與實施背景。

表 21–5　央行調整利率的內容與背景

實施日期	重貼現率	擔保放款融通利率	短期融通利率	實施背景
2000/12/29	4.625%	5.000%	9.625%	• 銀行信用緊縮，以及紓解年關資金需求 • 股市下挫，金融面與實質面惡化
2001/2/2	4.375%	4.750%	9.625%	• 失業率上升，2000 年 M_2 成長率創歷史新低 • FED 1 個月內降息 1%
2001/3/6	4.25%	4.625%	9.625%	• 民間生產與商業活動趨緩 • 全球景氣持續降溫
2001/3/30	4.125%	4.500%	9.625%	• 景氣對策信號出現連續 3 個月藍燈 • M_2 年增率再創新低
2001/4/23	4.000%	4.375%	9.625%	• 失業率升高，銀行放款與投資減緩 • 廠商獲利與設備利用率不如預期
2001/5/18	3.750%	4.125%	6.000%	• Fed 第五度降息，民間消費保守，授信緊縮惡化
2001/6/29	3.500%	3.875%	5.570%	• 主計處公布第一季 GDP 僅成長 1.06% • Fed 第 6 度降息
2001/8/20	3.250%	3.625%	5.500%	• 第二季 GDP 衰退 2.35%，全年預測負 0.37% • 預期 Fed 即將第七度降息

2001/9/19	2.750%	3.125%	5.000%	・美國發生 911 事件，Fed 緊急降息 2 碼 ・美股大跌，預期美國景氣延後復甦將影響我國
2001/10/4	2.500%	2.875%	4.750%	・Fed 降息 2 碼反映美國民間消費與投資之疲弱，對我國景氣復甦時程有重大影響
2001/11/8	2.250%	2.625%	4.500%	・Fed 降息 2 碼，全球景氣持續減緩 ・國內民間消費因失業率上升而趨於保守
2001/12/28	2.125%	2.500%	4.375%	・景氣擴張力道薄弱 ・日圓匯價重挫，帶動新臺幣跟進貶值 ・物價平穩
2001/6/8	1.875%	2.250%	4.125%	・國際金融市場略有波動，恐影響全球景氣復甦 ・內需疲弱 ・物價平穩
2002/11/12	1.625%	2.000%	3.875%	・貨幣總計數 M_2 年增率連續 4 個月低於成長目標區下限 3.5% ・市場利率持續走低
2003/6/27	1.375%	1.75%	3.625%	・SARS 疫情造成國內需求與消費者信心下降，經濟活動陷入停滯狀態

資料來源：中央銀行

21.3. 公開市場操作

21.3.1. 公開市場操作特質

央行在公開市場（貨幣、資本與外匯市場）買賣證券（票券或債券）及外幣，改變銀行業準備部位而影響貨幣數量與銀行信用數量，此即公開市場操作，而其成功的條件包括：①金融市場須達一定規模，央行若要持續操作，尚須具備足夠金融資產在市場流通。②金融資產多元化，避免央行操作效果過分反映於資產價格（報酬率）或風險變動上。③公開市場操作需將央行的貼現機能與銀行預擬授信數量相互結合。

一般而言，公開市場操作兼具連續性與可逆性兩項特色，實務上卻面臨下

列困境：①公開市場操作立即破壞銀行資產負債表均衡，將引發一系列調整資產組合過程。②央行採取公開市場操作即是直接從事金融交易，原本追求金融市場穩定性，卻可能擴大市場隨機性。③公開市場操作主要在控制貨幣數量與銀行信用數量，不過季節性或隨機性貨幣供給波動往往糾葛難清、易於混淆，經常釀成錯誤操作方向而擴大兩者變異性，同時引發該項政策操作可逆性的質疑。④央行執行公開市場操作與財政部從事赤字融通往往背道而馳，如何配合值得評估。

21.3.2. 公開市場操作目標

央行採取公開市場操作，預擬控制的目標將出現兩種說法：

1. 市場利率臆說 (market interest rate hypothesis)：新 Keynesian 學派指出利率期限結構是連繫金融部門與實質部門的關鍵變數，央行追求體系穩定性，公開市場操作以釘住長期利率 r^* 為原則。市場利率超越 r^* 顯示金融環境緊縮，央行應採放鬆銀根的公開市場操作。反之，市場利率低於 r^* 代表銀根寬鬆現象，央行宜採緊縮銀根的公開市場操作。

在圖 21–1 中，體系在訊息不全下，預期 IS^* 曲線與 $LM^*(M^*)$ 曲線相交決定均衡所得 y^*，將是央行追求的目標，r^* 則為公開市場操作目標。當 IS^* 曲線波動至 IS_1 或 $LM^*(M^*)$ 曲線波動至 $LM(M_1)$ 時，兩者均推動利率揚升，體系內出現銀根緊縮現象，央行宜採寬鬆銀根的公開市場操作紓解。反之，當 IS^* 曲線游離至 IS_2 或 $LM^*(M^*)$ 曲線波動至 $LM(M_2)$ 時，兩者均促成利率滑落，意謂著體系內銀根寬鬆，央行宜採緊縮銀根的公開市場操作。值得注意者：該項臆說僅能適用金融部門不穩定引發利率背離目標值的狀況，央行執行公開市場操作將可紓解經濟問題。反之，在實質部門不穩定釀成利率背離目標值的狀況，央行若依前述原則操作，反而加速經濟問題惡化。

2. 貨幣總量臆說 (monetary aggregate hypothesis)：貨幣學派指出貨幣數量是串連金融部門與實質部門的關鍵變數，央行應依圖 21–1 所示先決定最適貨幣數量為 M^*，或 LM 曲線必須維持在 $LM^*(M^*)$ 位置。一旦實際貨幣數量 M_2 超越 M^*，LM 曲線右移至 $LM(M_2)$ 意謂著銀根寬鬆，央行宜採緊縮銀根的公開

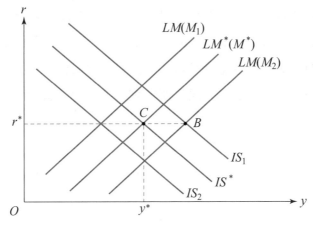

圖 21-1　市場利率臆說與貨幣總量臆說

市場操作。反之，實際貨幣數量 M_1 低於 M^*，LM 曲線左移至 $LM(M_1)$ 顯示銀根緊縮，央行宜採寬鬆銀根的公開市場操作。

21.3.3.　公開市場操作類型

央行採取公開市場操作直接影響銀行準備部位，但附帶達成其他目的：

1. 動態操作 (dynamic operation) 與防禦性操作 (defensive operation)：銀行保有準備部位除考慮市場利率與懲罰利率因素外，更需評估提款頻率，是以實際準備與貨幣供給係為隨機值：

$$R = \bar{R} + \varepsilon$$
$$M^s = \bar{M} + \theta$$
$$E(\tilde{\varepsilon}) = E(\tilde{\theta}) = 0$$

$\bar{R}$ 與 $\bar{M}$ 是預期準備與貨幣數量，ε 與 θ 分別是隨機項。在圖 21-2 中，假設實質部門屬於確定狀況，金融部門將因貨幣供給為隨機值而呈波動狀況，預期均衡所得為 y^*。假設央行追求穩定所得水準 y^*，將須預測貨幣市場干擾銀行準備與貨幣供給的因素 ε 與 θ，然後在公開市場反向操作，消弭干擾因素以維持 $R = \bar{R}$、$M^s = \bar{M}_0$，LM 曲線將穩定在 $LM(\bar{M}_0)$ 位置。此種操作策略旨在穩定貨幣數量，屬於防禦性操作範圍。另外，央行在貨幣市場主動操作票券改變 $\bar{R}$ 與 $\bar{M}_0$ 值，促使預期 $LM(\bar{M}_0)$ 曲線右移至 $LM(\bar{M}_1)$，將屬於動態性操作。

　　實務上，上述兩種操作策略甚難區分：①防禦性操作必須以央行估計金融市場干擾因素為基礎而進行操作，此項估計或有誤差，故即使銀行準備部位遞增，未必表示央行屬意發生這種情況。②公開市場操作不僅持續進行，同時伴隨嘗試與修正過程，兩種概念在操作初期實際上混為一談，造成難以區別央行進行操作的性質。

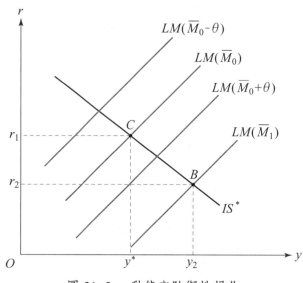

圖 21-2　動態與防禦性操作

　　2. 票券操作政策 (bills only policy)、互換操作 (operation twist or nudge) 與沖銷政策：傳統公開市場操作採取最少干涉原則 (minimum intervention)，操作標的限制為短期公債或國庫券，又稱為票券操作原則。至於央行無法操作其他證券的理由如下：①央行買賣國庫券就能影響銀行實際準備部位，透過授信活動變化可傳遞至中長期利率調整。②操作中長期公債將促使利率走勢產生強烈反應，容易造成央行誤判政策方向，同時擴大債券經紀人風險，反而妨礙貨幣市場運行。③民間支出決策通常考慮利率期限結構因素，且由市場資金供需決定，央行橫加干預無疑是恢復釘住利率情況。

　　央行採取最少干涉原則的票券操作方式，面臨問題包括：①放任金融市場決定利率期限結構，勢必導引投機活動盛行，偶而干涉抑制投機活動仍屬必要。②長短期資金固能相互流通，但是短期利率對長期利率影響卻呈現隨機性時間

落後，央行不易預測政策效果。③同時操作長短期公債可相對穩定債券市場價格及其健全發展。

基於上述理由，央行接續發展出互換操作概念，亦即在公開市場買進長期債券，同時賣出等額短期票券，促成短期利率攀升、中長期利率滑落，但將維持銀行準備與貨幣供給不變，兼顧國內經濟發展與國際收支平衡的雙重目標。另外，央行在外匯市場買賣外幣平緩匯率波動幅度，同時於貨幣市場反向操作收回或放出貨幣，此種沖銷匯率波動的公開市場操作（票券與外幣的互換），稱為沖銷政策。臺灣長期面臨國際收支順差而累積大量外匯準備，貨幣成長率亦呈現遞增現象。央行為維持匯率緩慢升值，兼顧控制貨幣成長率，故於外匯市場大量買入美元（放出臺幣），再利用國庫券、央行定期存單、央行儲蓄券、郵匯局轉存款、4 家專業銀行與合庫轉存款等工具進行沖銷（收回臺幣）。

接著，央行基於擴大公開市場操作深度，將操作對象從僅包括銀行和票券公司，擴大至包括具有造市者功能的證券商，不過僅限於公債附買回交易，不做公債買賣斷交易，亦即央行透過證券商釋出短期資金，但不釋出長期資金。一般而言，央行偏好公開市場操作的理由包括：①該項工具將可直接影響銀行保有準備意願。②該項工具雖然無法發揮立即影響，但央行卻擁有主動權。③可作持續微量操作，萬一情勢有變，將能迅速反向操作。央行雖然偏好公開市場操作，但對大眾預期及銀行決策影響卻甚微弱。就預期而言，觀察央行操作公債大致可看出政策趨向而影響預期心理，但因公開市場操作持續進行隨時可變，究竟屬於防禦性操作或動態性操作不易區別，宣告效果不強，而且不影響銀行決策自主權，僅能發揮間接效果。

21.4. 選擇性信用管制

21.4.1. 選擇性信用管制的理由與作用

央行採取選擇性信用管制策略，理由如下：①輔助或替代效果：央行為求爭取時效，縮短一般性貨幣政策效果的時間落後，如：為迅速抑制銀行信用過度膨脹，採取設定放款利率上限，迅速對銀行授信活動構成限制，然後再透過公開市場操作逐漸降低準備部位。此外，當體系內總支出缺乏利率彈性時，央行採取提高消費金融、住宅抵押放款之自備款比率、縮短償還期限與限制放款數量等，方可壓低總支出而又避免利率過度上升。②修正資源配置方式：當金融市場運作失靈，包括不完全性（如：借款者融資數量受限與金融廠商專業化等）及市場利率無法反映社會價值，促使市場決定的資金分配方式不符國家需求。是以央行採取選擇性信用管制重新分配資源用途，提升資金與實質資源運用效率。③避免所得與財富重分配效果：緊縮貨幣政策經常伴隨不均勻的歸宿效果 (incidence effect) 與財富重分配效果，兩者將視廠商規模、金融廠商適應市場環境變遷彈性、商品需求彈性、人們的資產組合內容等因素而定。央行改採選擇性信用管制仍可維持物價與利率水準穩定，卻避免緊縮銀根肇致的歸宿效果與財富重分配效果。

央行採取選擇性信用管制，旨在修正或重新配置資源用途，能否發揮效果將取決於下列三者：①在資源移出的市場中，有效需求受銀行信用顯著影響。②當資源從次佳用途釋放出來後，是否順利移轉到更佳用途。③次佳用途之銀行信用需求能被非價格策略有效壓低。為達到重新配置資源目的，央行採取策略包括限制銀行選擇資產自由與募集資金條件。

21.4.2. 融資與融券

為維持證券業穩定運行與防止證券市場異常變動，央行透過管制銀行、證券金融公司或綜合證券商的融資與融券業務，以影響證券市場供需。一般而言，

人們擴張信用投資證券，可採證券抵押放款或證券融資方式取得資金，兩者將發揮擴張信用的乘數效果。前者係人們將股票（未必是上市股票）質押給銀行，取得銀行估算股票價值某一比例的放款資金。後者是人們買進上市或上櫃股票時，由綜合證券商同時給予 θ 比例的融資，本身支付 $(1-\theta)$ 比例的資金，θ 是融資比例，$(1-\theta)$ 即是保證金比例，或人們擴張信用買進股票必須自備的最低保證金。

證券金融公司依據有價證券得為融資融券標準與證券商辦理有價證券買賣融資融券業務操作辦法從事信用交易業務，內容包括：

1.融資融券金額限制：融資比率及融券保證金成數係依證券交易法授權證期會規定辦理，2001 年 7 月 9 日分別調整為：①上市證券融資最高比例為 50%、最低融券保證金成數 90%。②上櫃股票融資比例為 50%、最低融券保證金成數 90%。③證券金融公司及自辦融資的證券公司可依風險承擔能力及投資人信用狀況，訂定單一投資人之額度。④建立投資人信用帳戶交易額總歸戶制度，涵蓋總授信額度及信用交易帳戶餘額。

證期會於 2001 年 7 月 9 日取消信用交易分級制，投資人可融資最高限額為 3,000 萬元，投資上市個股融資限額為 1,500 萬元，上櫃個股融資限額為 1,000 萬元。投資人可融券的最高限額為 2,000 萬元，對上市個股融券限額為 1,000 萬元，上櫃個股融券限額為 750 萬元。上市與上櫃股票共用信用交易額度，得為信用交易股票的融資或融券餘額達上市股份之 25% 時，暫停融資買進或融券賣出，直到餘額低於 18% 再恢復信用交易。另外，證券金融業從事融券業務的券源來自融資戶買進，提供授信機構作為擔保品的擔保證券，隨著授信機構及個別證券融資餘額上升，可供融券賣出的證券種類及數量就相對愈多。一般而言，融券餘額若是超過融資餘額（融券差額）時，將暫停融券賣出，直迄餘額平衡後才恢復融券交易。

2.信用交易期限：投資人從事信用交易操作的期限為半年，金融當局將視經濟環境與投資人信用狀況，准予申請展延期限 6 個月，並以一次為限。至於期限計算方法以對月對日之交割日為準，不過當上市或上櫃公司停止股票過戶，除臨時股東會及停止過戶原因不影響行使股東權利外，融券則需提前償還。

3.融資自備款與融券保證金: 投資人從事融資操作必須繳交自備款,當股價下跌導致自備款接近賠光邊緣時,證券金融公司為確保債權,將在市場拋售股票, 此即稱為斷頭。

4.借券: 融券是授信機構提供股票給投資人先賣股票,但可能發生融券差額不足現象: ①融券戶大量賣出,促使融券餘額遽增而超過融資擔保證券數量。②融券餘額並無太大變化,但融資戶大量賣出證券償還融資,或以現金償還融資取回證券,導致融資擔保證券數量遽減而低於融券餘額。

當授信機構面臨某種證券發生融券差額時,可向證券金融公司申請轉融通, 若後者同樣發生券源不足時,將於次一營業日在證券交易所辦理標借。投資人委託證券商透過交易所競價標借股票,參加標借者須將股票存入集中保管帳戶,證券金融公司在借用後的第二天將歸還借用之證券,投資人當日借出的股票,隔日即可賣出。一旦再有不足,將洽特定人在證券金融公司議價洽借,若仍不足即委託證券商辦理標購,以取得融券差額的證券。另外,借券費用係由各融券戶按融券餘額平均分攤,並自其擔保價款中扣還,授信機構的融券餘額越高,融券客戶的標借費用負擔相對較低。

央行採取融資或保證金比例原本針對證券業而行,但亦逐步運用於其他產業, 如: 調整開發信用狀保證金比率改變進口資金需求及成本,進而影響進口意願及進口財價格,甚至因該項保證金須繳存銀行而具收縮貨幣數量效果。

21.4.3. 境外機構投資人制度 (QFII)

境外機構投資人制度 (QFII) 係指經過金融當局核准的境外機構投資人,在一定限制下匯入定額資金,透過專門帳戶投資國內證券市場,資本利得與股息經核准後可匯出國境。QFII 屬於過渡性制度安排,係金融帳未完全開放的新興市場國家或地區,逐步推動證券市場國際化的特殊模式。本質上,QFII 制度屬於資本管制的一環,預擬投資國內資本市場的外國資金必須透過合格機構進行證券買賣,以便央行進行外匯監理和總體調控,降低國際資本移動的變異性,尤其是短期熱錢對國內經濟活動和證券市場造成的衝擊。

QFII 制度運作採取的管制措施有三: ①合格機構資格認定: 包括註冊資本

數量、財務狀況、經營期限、是否有違規記錄等標準，用以篩選具有較高信用評等和實力、無不良營業記錄的機構投資人。②資金匯出入的監理：金融當局採取監理策略，包括規定資金匯出入的時間與額度、對不同資金匯出入時間與額度課徵不同稅率，從而限制跨國資金移動。③投資範圍和額度限制：限制投資機構操作的市場類型與產業範圍，投資額度包括進入國內市場的資金上限和單一投資人的最高投資金額，以及投資單一股票的最高比例。

為促進國內金融市場國際化，引進外資活絡經濟活動，金融當局陸續解除 QFII 制度採取的管制措施，包括取消外國專業投資機構投資 30 億美元額度的限制、取消外國專業投資機構經核准投資，應於 2 年內匯入資金的限制、取消外國專業投資機構資格條件限制、簡化外國專業投資機構申請投資程序等。另外，金融當局解除管制措施的過程中，提出配套管理措施，如：取消外國專業投資機構資格條件限制，但要求外資聲明資金來源並非來自大陸地區，且非屬於對沖基金性質；針對外資來臺投資限制，採取兩階段處理：第一階段是取消外國人專業投資機構投資臺股 30 億美元限制，第二階段則是直接取消外國人投資機構資格門檻的限制，亦即未來將取消 QFII 名稱。

金融當局早期抱著戒慎恐懼心情引進外資，採取限制外資投入國內股市額度。隨著經濟發展層次提升，金融當局逐漸放鬆對外資投入金額限制，如：從 1993 年至 2003 年的八次投資額度調整中，每次放寬外資投資額度均呈現大幅成長，1993 年 1 月 16 日的外資投資額度 1 億元，同年 11 月 19 日即調高 1 倍而為 2 億元，1996 年 12 月 19 日再高 2 倍而為 6 億元，1999 年 11 月 20 日放寬外資投資國內股市額度再增加 1 倍達到 12 億元。

金融當局每次調整外資可投資額度，對臺股加權指數造成極大衝擊，若以 1～3 個月的平均漲跌幅度來觀察，臺股加權指數通常在宣布放寬外資投入國內股市額度的當日及當個星期呈現上漲局面，平均漲幅在五成以上（上漲機率高達 57%），縱使在宣布放寬外資投資限制後的 2～3 個月內，臺股加權指數仍以上漲居多。是以當國內股市面臨衰退不振時，金融當局將評估採取開放外資策略，達到刺激景氣效果。

金融當局基於活絡股市、刺激景氣復甦的考慮，引進外資進行國際化將成

為重要的貨幣工具，不過跨國資金移動若是過於頻繁，國內資本市場與外匯市場的波動性將持續擴大。尤其是金融當局引進外資雖能促進金融市場國際化，促使外資成為廠商資金來源的主流，然而在面臨國內經濟環境無法配合、金融廠商營運體質持續惡化，外資可能在無預警情況下大幅撤出資金，勢必引爆嚴重的金融危機，1997 年爆發的亞洲金融危機，韓國及東南亞國家面臨外資大舉撤出，而在一夕之間瀕臨崩潰的命運。

實務上，臺灣在 1970 年代的外匯準備稀少，金融當局為避免資金外流與有效控制資金進出，規定進口開發信用狀保證金的收取比例不得少於開狀金額的 10%、遠期外匯履約保證金繳交比例為 7%，銀行對該部分資金並不支付利息。爾後，央行為提高外匯指定銀行營運自主性與降低貿易商的避險成本，於 1994 年 4 月 1 日取消原有保證金比例限制，改由外匯指定銀行依廠商信用評等自行決定。另外，央行同時降低外匯履約保證金繳交比例為 3%，可用其他擔保品（如：定期存單）繳交，凡此有助於降低廠商資金成本，提升資金運用靈活性，進而擴大貿易活動進行。

21.4.4. 消費者信用與不動產信用管制

央行管制購屋與汽車放款等消費金融條件,採取調整頭期款金額與清償期限，削弱或刺激消費支出意願。提高頭期款金額相當於降低授信額度，縮短清償期限意謂著提升每期所需償還金額,兩者將抑制耐久財支出與廠商售貨金額成長，不過對市場利率卻無影響。先進國家盛行耐久財的分期付款銷售方式，金融廠商偏好消費放款，造成消費者信用易隨景氣盛衰而呈週期性循環，央行據此而選為對抗通貨膨脹及景氣循環的貨幣工具。

央行運用消費者信用管制工具，發揮的效率性包括：①消費金融與景氣循環同向波動，在繁榮期間，經濟成長致使分期付款支出趨於增加，易於肇致通貨膨脹；在衰退期間，所得減少造成分期付款支出萎縮，經濟復甦日益渺茫，故消費者信用屬於不安定因素宜加管制。②利率在消費金融中未居要角，央行若採提高利率壓制顯然無效，反而妨礙投資計畫進行。③耐久財消費支出通常無需長期規劃，管制消費金融通常能發揮立竿見影效果。

反觀該項貨幣工具存在下列缺失：①對抗景氣循環應由管制總需求變化著手，不宜採取扭曲資源配置的管制消費信用策略。②限制消費金融並未降低貨幣數量或流通速度，故由貨幣數量學說顯示該政策並未影響總需求。③一般貨幣政策對消費金融亦能發揮效果，如：緊縮銀根措施通常釀成所得成長趨緩，消費者支出隨之趨減，而銀行亦會緊縮消費放款。④消費者信用管制衍生不公平問題，無力負擔較高頭期款及每月還款的消費者將排斥在耐久財消費行列外，限制消費金融無異於限制經濟自由。

央行管制不動產建築業的融資數量與放款條件，該措施與消費者信用管制相似，但存在下列差異：①房地產放款期限較長，消費放款則屬中期信用，前者較後者更具利率彈性，利率上升對建築業影響將更為不利。②建築產業與其他產業存有密切的產業關聯，具有高度連鎖效果 (linkage effect)，至於耐久財的產業關聯效果影響較小。③耐久財通常係大量生產，生產期限較短，供需調節較易；住宅生產期間較長，供需調節較難，生產期限易受營建成本影響。

央行管制不動產金融的理由是：銀行擴大不動產融資，不僅擴張貨幣數量及移轉資源至營建業，而該產業所得成長極易擴散為增加其他商品及勞務需求。此種情勢平時容或有利，但在瀕臨通貨膨脹之際，則有加深景氣波動的疑慮。另外，不動產放款多屬長期信用而具高度利率彈性，利率波動影響各期應償還金額至鉅，央行只要採取足以影響利率的貨幣工具進行管制即可奏效。

21.5.　直接管制與間接管制

21.5.1.　直接管制

央行針對銀行授信過程附加限制，直接影響銀行決策而達成控制貨幣數量與銀行信用數量的目的。是以選擇性信用管制涵蓋在廣義的央行直接管制政策在內，而狹義說法專指央行直接干涉銀行授信政策，類型包括：

1.信用分配：央行審視經濟情勢，評估客觀資金需求緩急，對銀行授信活動附加合理分配與管制的措施。在限制授信方面，央行認為金融市場資金氾濫，

將拒絕銀行的重貼現要求（如：以重貼現票據不合規定而予拒絕），或以違反健全信用原則限制貼現融資不得投入某些用途。另外，為配合策略性產業發展政策，央行對若干產業長期給予低利融資，這種專案融通占總放款餘額比例甚高，亦屬信用分配的一環。

開發中國家面臨眾多開發投資機會，資金需求殷切而供給相對有限，央行遂依據某種原則（如：編訂產業優先開發順序）或依資金需求緩急程度，將有限資金分配給各產業，策略包括直接分配、依差別信用條件分配或設立中長期信用基金（郵匯局轉存款）對銀行中長期放款之再融通等。

2. 直接行動：央行直接干預與管制銀行授信決策，型態包括：①限制放款額度：央行可視金融環境情況，對銀行授信活動規定最高授信額度。②干涉銀行吸收活存：央行評估環境變化，可自某日起對銀行吸收支存及活存增加額，另訂額外準備率，不受最高比率限制。③制裁銀行違規營運：當銀行授信活動背離健全信用原則時，央行將拒絕重貼現融資要求，甚至採取懲罰性利率取代拒絕重貼現。④規定放款及投資範圍：就資產項目而言，〈銀行法〉分別限制商業銀行的不動產投資比例、儲蓄銀行投資企業股票比例。就授信額度而言，商業銀行中期放款、不動產及倉庫投資額度均設有最高限制，另外對儲蓄銀行短期放款、股票投資、住宅融資額度亦有最高限制。

3. 流動性比率：針對銀行資產負債表，央行訂定某流動性資產對某負債或其他資產比率，此種策略發揮效果如下：

⑴準備對負債（或資產）比率：法定負債準備比率（如：存款準備率、總負債準備比率等）若超過銀行保有比率，將增加銀行資金成本，推動放款利率上升而降低融資意願。至於資產準備比率（如：放款準備率）超過銀行保有比例，將導致放款報酬率下降與削弱授信意願。央行訂定該類比率是否影響一般廠商營運，端視廠商從其他來源（如：公開市場）取得融資能力而定，若能由金融市場取得融資，該項措施將無法達到抑低利率效果。

⑵流動性資產對存款、總負債或其他資產比率：央行訂定公債存款比率，將提升銀行公債需求，造成公債收益率下降與排擠對私部門授信。假設

廠商轉往公開市場取得融資，且資金需求缺乏利率彈性，利率上升壓力將移轉到公開市場。總之，該項措施僅是改變公債與公司債在銀行與其他借款者間之分配情形，對資源配置與利率並無太大衝擊。

(3)某種證券對負債（或資產）比率：央行訂定抵押放款占總資產的比率，若高於銀行預擬保有比率，將導致銀行利潤下降。假設借款者轉向公開市場或其他金融廠商尋求融資，將推動這些資金市場利率上升。

4.生息資產配額：央行訂定銀行保有單一生息資產占總資產比率，或其增加率的上限。面對放款配額限制，銀行擴張授信決策將面臨有效壓抑。在資金需求強勁時期，放款配額限制促使銀行保有公債占總資產比率上升，推動放款利率上揚，並對借款者附加嚴苛的非價格條件。此外，銀行授信對象將從小企業、新住宅與耐久財購買者轉向信用良好與使用銀行勞務頻繁的大廠商。反觀受到波及的借款者將另尋資金來源，其他資金市場將面臨需求增加而擴大融資。

5.利率上限：銀行中介資金的利率若具僵化性，勢必帶來歧視性的歸宿效果。就吸收存款而言，在銀根緊縮時期，存款利率上限對規模較小、知名度不彰的銀行不利，因其無法採取高利率策略吸收資金，用以抵銷聲譽較低的缺陷。再就放款而言，當銀根緊縮之際，放款利率上限迫使銀行偏好老顧客放款，新借款者面臨信用分配，促使其轉向公開市場尋求融資。另外，利率上限適用範圍僅限於銀行業，造成無法踏入公開市場的小額儲蓄者遭致歧視待遇，迫使其將資金轉向共同基金，間接進入公開市場謀取較高利得。

6.多元資產公開市場操作：央行除操作票券外，可評估擴大操作高社會價值的證券，如：地方政府債券、小企業或策略性產業發行之證券、住宅抵押放款債券等，導引資金流向特定用途，雖可避免緊縮銀根對這些產業造成傷害，卻又產生下列缺陷：①央行雖能買進高社會價值證券，卻無低社會價值證券可賣，僅能賣出公債以維持貨幣數量不變，但卻推動公債利息支出呈現上漲現象，加重納稅人負擔，反觀低社會價值證券發行者卻可置身事外。②央行買進高社會價值證券促成價格上漲，人們遂順勢賣出而轉向投資其他資產，反而不易壓低該類證券報酬率。縱使央行成功壓低該類證券報酬率，但因其供給利率彈性很低，仍無法顯著提升流向高社會價值用途的資金數量。

7.差別性貼現率：金融當局認為電子資訊業、生化科技業與通訊業能夠發揮鉅大外部效果，帶動關聯性產業發展而列為策略性產業，為促進策略性產業發展，銀行以這類廠商發行之票據要求重貼現時，央行將優先貼現並索取較低利率。不過該項工具容易滋生下列後遺症：①央行進行貼現融資釋出過量貨幣，容易產生通貨膨脹壓力。②策略性產業獲得更多融資取得更多資源（由其他產業與家計部門釋出），容易扭曲資源配置。③差別性貼現率係犧牲其他產業與家計部門利益，用以補貼策略性產業，將釀成歸宿效果與所得重分配效果。

21.5.2. 間接管制

央行利用間接迂迴方法影響銀行授信活動，此種間接管制型態包括：

1.維持銀行關係：央行與銀行平時保持密切接觸，將有助於實現預擬的政策目標，方式有二：①透過金融檢查樹立權威：央行定期或隨時檢查銀行業務，降低後者倒閉風險與維持健全經營,而透過金融檢查評估銀行資產品質與營運績效，建立央行權威性。②經常派員與銀行會商：此舉除瞭解各地經濟金融情勢，協助銀行解決問題外，更可解釋央行政策意圖以尋求合作態度，透過經常性接觸增進彼此合作關係。

2.道德說服：央行對銀行說明政策立場，藉由道義影響及說服力量影響銀行決策，故又稱開口政策 (open-mouth policy) 或說教式管制 (jaw control)。舉例來說，央行在 1993 年 9 月 16 日下午 4 時 30 分宣布調降存款準備率，為使此項貨幣工具發揮效果，遂於當日下午 2 時 30 分召集臺銀、農銀、一銀、華銀與彰銀等五家主要銀行總經理進行道德說服，要求配合引導基本放款利率下降。另外，央行外匯局亦於 1994 年 5 月召集本國與外商銀行業者進行道德說服，要求銀行基於便民服務前提，不要拒絕國人持有未用完外幣旅行支票至外匯指定銀行兌換新臺幣。1994 年 6 月初，銀行為反映銀根寬鬆環境而全面降低存放款利率，央行總裁對降低利率係採放任態度，但採取道德說服策略要求不得擴大存放款利差。假設銀行趁機擴大利差狀況，央行將公布其每月的存款平均成本及放款平均收益，並透過融資管道給予處罰。

道德說服方式對銀行決策並無強制拘束力，能否發揮效果取決於：擔當道

德說服者的聲望與權威、預擬說服的銀行家數、銀行合作程度、能夠運用之貨幣工具和權力、道德說服時機及期間長短、說服內容及要求程度。一般而言，當央行無法運用貨幣工具或行政命令改變銀行決策時，訴諸道德說服方式或許更能發揮效果。

3. 自動合作：央行透過重要銀行的自動合作，影響資金成本及信用分配，以符合當時經濟金融環境需求。由於信用分配方式及資金成本將影響一般產業營運，故自動合作通常透過道德說服方式進行。

4. 公開宣傳：央行在公開場合向金融業及大眾說明採取貨幣政策意義，企求獲得各界支持，導引資金朝預期方向波動。央行除於每月公布資產負債概況外，每年發表年報說明本身營運、金融市場環境及銀行營運狀況，同時對財政、貿易、物價及經濟發展情勢發表統計分析。央行總裁應利用記者招待會、學術演講會及公共集會等，說明貨幣政策動向及其依據理由。公開宣傳行動主要係透過宣告效果改變廠商及人們的預期形成，進而影響決策行為與衝擊經濟活動。

常見的公開宣傳實例是：央行每次進行公開市場操作，發行可轉讓定存單收取剩餘資金，均會在操作後公開相關訊息。另外，央行於 1994 年 4 月 3 日主動安排股市投資人代表與央行總裁溝通外資投資國內股市上限，隨後於 4 月 5 日中午宣布提高外資投資國內股市額度。不過國內金融市場相關資訊大多隱匿，如：國庫資金調度、國營企業盈餘、稅款繳庫、銀行存放款變動等重大即時訊息，均握在央行手中而未公開，此種措施容易形成金融市場參與者的決策失誤。

🔺 21.6.　公債管理政策

財政部面臨收支失衡時，將採取發行貨幣（央行賒借）、國庫券與公債三種融通方式彌補缺口。在固定時點上，公債存量是昔日預算赤字與盈餘的淨累積，並隨預算赤字或盈餘等量增減。公債存量取於財政政策，公債結構則受公債管理政策與貨幣政策兩者影響。

金融當局執行權衡性政策，目的在於控制體系內總需求以穩定經濟活動運

行,而影響總需求的途徑之一即是改變人們保有既存資本財的相對報酬率。一般而言,金融當局透過壓低其他資產收益率,促使資本財價格下降,進而影響資本財報酬率。不過資本財報酬率主要取決於預期資本邊際生產力、生產技術與景氣預期,央行採取資本財報酬率作為衡量銀根寬鬆指標,將會發生謬誤的可能性。

接著,財政部面對政府收支失衡,採取不同融通策略發揮之效果如下:

1. 貨幣融通效果:財政部採取向央行賒借策略,新增貨幣數量率先流入銀行業,後者用於授信活動,造成間接金融數量增加與金融資產收益率下降。面對機會成本下降,銀行保有超額準備意願將會遞增。央行融通預算赤字,將促使貨幣數量擴張,為消除超額資本財需求,資本財收益率將會下降。

2. 國庫券融通效果:財政部發行國庫券融通季節性收付分際,銀行持有作為流動性準備或次級準備,取代庫存現金部位,發揮效果遜於央行融資效果。

3. 公債融通效果:財政部發行公債融通具有緊縮性效果,贖回公債則具有擴張性效果。當公債與貨幣互為代替品時,公債發行量增加促使人們基於維持資產組合平衡,將會重新調整資產組合,從而推動公債收益率上升。另外,公債與國庫券亦具有代替性,公債報酬率上升誘使銀行降低超額準備部位,轉而買進公債擴大持有次級準備(國庫券與公債)部位。

4. 公債組合調整效果:金融當局執行貨幣政策與公債管理政策,將會改變公債組合,如:央行採取互換操作效果。當各種資產互為代替品時,前面分析隱含下列結論:①財政部採取向央行賒借策略,取代發行國庫券融通,將具有擴張效果。②財政部採取貨幣融通取代發行公債,擴張效果更大。③財政部採取國庫券融通取代發行公債,緊縮效果較小。

5. 重貼現率變動效果:央行採取降低貼現率策略,將刺激銀行擴大借入準備。當國庫券利率與貼現率差距擴大,將會刺激銀行購買公債與初級證券,造成證券收益率下降。

在金融環境固定下,財政部執行公債管理政策,係在追求安排債務期限結構,促使債務成本最低。首先介紹下列定義式:

政府債務數量 = 貨幣融通 + 國庫券 + 長期公債

淨成本 = (0 × 貨幣融通) − (i_d × 借入準備) + (i_s × 國庫券) + (i_b × 公債)

貨幣融通 = 大眾保有之通貨 + 法定準備 + 超額準備 − 借入準備

i_b 與 i_s 是公債與國庫券的收益率，i_d 是貼現率，上述貨幣融通已經扣除融通銀行而釋出的貨幣數量。在維持金融環境寬鬆下，央行與財政部追求長期債務成本極小化，將可任選兩種債務型態與貼現率。一般而言，在政府會計年度內，央行控制貨幣融通與重貼現率，財政部決定國庫券與公債發行量，以追求支付公債淨成本最低：

淨成本 = 利息支出 + 預期債券價值變動

在會計年度內，財政部支付公債利息等於人們保有公債的收益，是以必須關心預期公債價值變動的可能性。一旦預期公債利率下降（或公債價值）攀升，財政部應暫時發行國庫券融通，直到利率下降後，再改採發行公債融通比較有利。考慮預期公債價值變動旨在促使財政部注意公債發行時機，方能追求長期公債利息成本極小化。

在既定金融環境下，財政部改採發行國庫券融通，應該如何選擇收回公債與歸還央行墊款的比率？採取全部歸還央行墊款，體系顯然過於緊縮；反之，採取全部收回公債勢必過於膨脹，為沖銷國庫券增加效果，部分用於歸還央行墊款，剩下部分則用於替換公債，該比率須視原來公債組合情況而定。相對歸還央行墊款而言，國庫券存量若相當多，歸還央行墊款發揮之緊縮效果較大；另外，公債與國庫券間的代替性若是很大，兩者替換造成的膨脹效果不大。為維持金融環境緊縮程度，財政部歸還央行墊款比率勢必要較小；反之，國庫券存量相對稀少時，國庫券與央行墊款間的代替性就大，歸還墊款比率需較前者為高。

由於重貼現率變化將影響公債淨成本與金融環境鬆緊程度，是以央行同時採取降低重貼現率與賣出公債，或提高重貼現率與買進公債策略，以維持特定程度的銀根緊縮，實現最適公債管理政策所欲追求的目標。

21.7. 政策金融

在金融市場上，金融當局經常扮演雙重角色：①非金融性支出單位、資金剩餘者或匱乏者兼而有之；②兼具融資功能而帶有金融廠商性質。政府部門收入來源包括租稅與國營企業利潤、在公開市場發行債券收益，或直接向央行及銀行融資（甚至從國外引進資金），這些資金除直接用於支出外，若有剩餘尚可融通其他資金需求者。央行與財政部透過收付與融資過程，必然影響私部門的資金配置與使用方式。此種干預資金分配或稱政策金融存在的理由包括：①銀行信用市場未具完全競爭性，無法分配資金至最佳效率，故需金融當局干預以矯正缺陷。②貨幣政策對資金配置影響不均勻，金融當局干預有助於矯正偏差。③市場機能無法反映策略性產業的社會價值，金融當局透過干預資金用途，讓這些產業獲得適當融資與鼓勵其發展。

不過反對干預資金用途者認為，金融當局無法正確評估各種資金用途的社會價值，干預資金分配徒然扭曲資源配置，導致資金分配過程更趨複雜化，反而造成融資成本大幅攀升現象。同時，金融當局干預資金配置通常欠缺全盤計畫，每一干預計畫都是建立在個別獨立基礎，無法達成預期目標。

至於干預資金用途政策的類型包括：

1. 優惠融資：金融當局為鼓勵策略性產業發展，採取補貼外銷產業、國防、精密與農業機械工業等之優惠融資，效果需視受補貼產業面對之資金供需彈性而定。在圖 21–3 中，策略性產業面對的資金需求是 D_1，資金供給是 S，r^* 是融資利率，取得融資數量是 F_0。假設財政部補貼利率 r_2r^*，資金需求曲線將右移至 D_2，該產業取得融資增加 F_0F_1，融資利率上升為 r_1，廠商實際負擔的利率是 r_3。假設該產業發行證券與其他證券間之替代性愈高，面對的資金供給利率彈性愈大，補貼效果自然愈佳。反之，如果該產業資金需求利率彈性愈大，補貼效果將愈不明顯。

金融當局為獎勵民間參與公共建設，促進區域均衡發展，由中美基金與交通銀行（兆豐金控）共同撥款辦理「獎勵民間參與公共建設」與「產業東移」

兩項融資計畫，在 1993～1994 年間共計核貸 26 件，貸款金額達 76.273 億元，優惠利率係依交銀基本放款利率減 2.125%，若經認定是優良客戶可減 2.25%。另外，金融當局利用中美基金提供的資金辦理青年創業貸款，協助中小企業廠商取得創業資金，優惠利率係依臺銀基本放款利率七成計算。

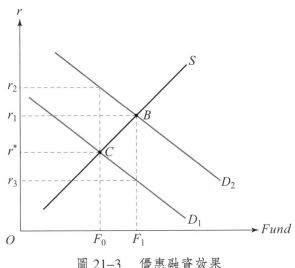

圖 21-3　優惠融資效果

2.限制銀行資產選擇：金融當局規定銀行必須投資策略性產業發行的證券，或規定其占總資產最低比率，用以擴大該產業資金來源，如：工業銀行提供的創業投資、交通銀行的高科技企業低利融資，以及行政院開發基金針對高科技事業給予融資或進行等。該類政策的效率性端視該證券與其他證券間的替代性而定，替代程度愈高則效果愈低。另外，該類產業資金需求的利率彈性愈大，金融當局採取限制銀行選擇資產自由的效果愈大。在圖 21-4 中，S_1 是未限制銀行選擇資產前的策略性產業證券需求曲線（資金供給曲線），具有完全利率彈性。D 是該產業資金需求曲線，S_2 是受管制銀行原來對該產業證券之需求曲線。合併考慮 S_1 與 S_2 可知該產業之有效資金供給曲線是 r^*aS_2，均衡利率是 r^*，受管制銀行原來融資數量是 F_1，其他資金供給者融通 F_1F_3。如果央行限制銀行選擇資產自由，S_2 曲線右移至 S_3 位置，新的有效資金供給曲線變成 r^*abS_3，均衡利率維持在 r^*，融資量仍然不變。唯一差異是受管制銀行的融資數量從 F_1 增加到 F_2，其他資金供給者從 F_1F_3 減少為 F_2F_3。對未受管制之資金供給者而

言，該產業發行之證券若與其他證券存在完全替代性，該政策將毫無效果。

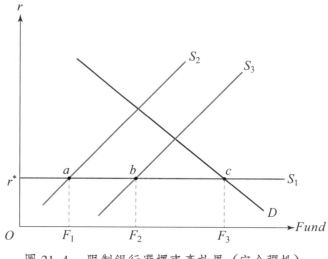

圖 21-4　限制銀行選擇資產效果（完全彈性）

　　再探討另一極端情況，對未管制的資金供給者而言，策略性產業發行證券與其他證券缺乏代替性，亦即其資金供給曲線完全缺乏利率彈性，金融當局採取該項政策效果最大。在圖 21-5 中，S_1、S_2 與 S_3 等曲線代表的意義與圖 21-4一樣，$S_t = S_1 + S_2$ 是央行採取管制前產業面對的資金供給曲線，均衡利率是 r^*，融資數量是 F_1。當央行管制銀行選擇資產自由後，S_2 曲線將右移至 S_3 位置，總資金供給曲線變為 $S'_t = S_1 + S_3$，均衡利率下降至 r_1，融資數量擴增到 F_2。比較優惠融資與限制銀行選擇資產的政策效果，將取決於蒙受優惠產業發行之證券與其他證券間的替代性而定，不過兩者所需條件剛好相反。兩者替代性愈高，補貼效果愈大，但限制銀行選擇資產自由之效果愈小。

　　3.提供信用保證 (credit guarantee)：金融當局針對廠商發行的證券提供信用保證，提升其信用評等而降低倒帳風險，刺激該產業的證券需求（資金供給）增加，促成該產業的融資數量增加、融資利率降低。金融當局分別採取補貼政策與限制銀行選擇資產自由以提高某產業融資數量，提供信用保證必將提升該產業證券對其他證券替代性，造成限制銀行選擇資產效果變弱，優惠融資效果卻會增強。

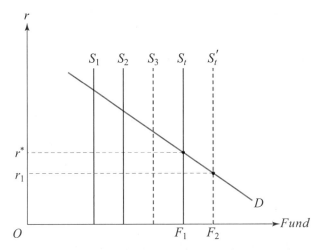

圖 21–5　限制銀行選擇資產效果（缺乏彈性）

　　金融當局為提供借款者信用保證，分別成立農業信用保證基金、中小企業信用保證基金與華僑貸款信用保證基金，針對農民、中小企業與僑胞創業者或臺商事業的借款債務提供信用保證。農業信用保證基金係由財政部成立於1983 年，針對農民或從事有關農業活動的廠商向銀行融資時，提供信用保證使其順利取得資金。中小企業信用保證基金係由財政部於 1973 年成立，針對不易取得融資的中小企業提供信用保證，使其能夠獲得融資。至於華僑貸款信用保證基金係由財政部於 1989 年成立，針對華僑或臺商向銀行融資時，提供信用保證協助獲得銀行融資。

　　4.專案融通：屬於廣義信用分配或政策金融的一環，政府部門編列預算成立基金，直接撥出資金透過銀行放款融通特定成員，如：行政院開發基金、中小企業發展資金、國防工業基金、學生貸款基金、加速農村建設基金等。這種政策有益於借款者取得資金，而且兼具補貼性質（低利貸款）。

　　決策當局為紓解政府的財務壓力，將具有自償性公共建設開放民間經營，央行於 1993 年 4 月提出郵儲專案融資 1,200 億元，透過銀行辦理公共建設專案融資，對象包括新市鎮開發、新社區開發、交通建設與住宅建設等。其次，央行於 1992 年 2 月訂定外幣基金轉融通要點撥出 100 億美元，針對廠商從事跨國投資或購併活動，包括天然資源開發、取得有助於產業升級之高科技及工

業技術與管理知識、建立國際產銷網、產業垂直整合或擴大產業水平關聯等，需向外匯指定銀行融通外幣資金，可給予外幣融通。同時，央行提供策略性科技工業放款、中小企業開發性放款、輔導中小企業升級放款及民營事業污染防治設備低利放款等，以及購買國產自動化機器優惠貸放轉融通。

面對民間投資意願減緩、基礎建設尚有不足，政府部門擴大公共投資所需資金多數仰賴發行公債或向銀行賒借，導致政府預算赤字日益擴大。金融當局擷取日本財政投融資制度及新加坡公積金制度內涵，於 1994 年 6 月實施中長期資金運用制度，針對政府重大建設及大型企業的重大投資計畫，認為對某類產業或廠商有輔導或支援之必要者，得提出專案融資計畫，經由該制度推動小組審議通過，再推薦承辦銀行辦理核貸手續給予融通額度，並協調郵匯局採取轉存款方式提供銀行資金來源，但由銀行承擔授信風險。另外，針對中小企業為取得新技術、推動自動化與電子化之軟硬體設備及擴充營運規模，進行購置土地、廠房、營業場所及機器設備所需資金，金融當局運用經建會掌控的中長期資金，推出紮根專案貸款，提供政策金融。

除上述政策金融類型外，行政院開發基金提供 500 億元震災優惠貸款，針對 921 大地震受災廠商重建毀損之工業廠房所需資金，提供政策金融。此外，中小企業可運用下列政策金融彌補本身融資的不足：①央行提撥郵政儲金轉存款，供銀行辦理製造業購建廠房、機器設備或周轉金放款專案融資。②中小企業紮根專案放款也可用於購置土地廠房、營業場所與機器設備。③中小企業發展基金支援辦理重大天然災害復舊放款。④經建會提撥中長期資金 100 億元，辦理遭受地震災害，急需資金從事復舊之製造業、觀光業、衛生醫事機構、民營公用氣體燃料業、有線電視（播送）系統業。⑤衛生署為加速重建 921 地震受損醫療照護體系，由央行提撥郵政儲金轉存款，供銀行辦理受災醫事機構重建修復建築設施、以及重置修護醫療儀器設備所需資金。

習 題

◉ 選擇題

1. 何種狀況將對銀行信用與貨幣供給造成影響？　(a)央行出售 100 億元長期債券　(b)央行出售 100 億元債券，用於清償到期之國庫券　(c)央行提高長期債券利率，同時降低短期利率　(d)縮短分期攤還放款的償還期限。

2. 央行從事互換操作，在貨幣市場買進國庫券，在債券市場賣出等額公債，將會發揮何種結果？　(a)長短期利率皆上升　(b)長短期利率皆下降　(c)長期利率上升、短期利率下降　(d)長期利率下降、短期利率上升。

3. 央行採取何種政策，將無法對抗通貨膨脹？　(a)降低重貼現率　(b)提高存款準備率　(c)在公開市場賣出國庫券　(d)採取選擇性信用管制措施。

4. 投資人採取融資買進股票，造成貨幣市場資金緊縮，促使央行採取公開市場操作因應，此種操作性質屬於：　(a)防禦性操作　(b)投機性操作　(c)積極性操作　(d)動態性操作。

5. 央行調整重貼現的票據資格，將發揮何種效果？　(a)影響資金運用方向　(b)控制銀行準備部位　(c)影響銀行資金成本　(d)限制銀行再融資額度。

6. 央行在公開市場買進國庫券，將會產生何種效果？　(a)銀行業準備部位增加　(b)銀行業準備部位下降　(c)不會改變銀行業準備部位　(d)引起貼現率上升。

7. 臺灣地區在 1979 與 1988 年間出現房地產價格飆漲，央行對房地產放款進行嚴格審核，此種針對不同用途之放款實行管制是為： (a)公開市場操作 (b)重貼現率政策 (c)選擇性信用管制政策 (d)法定準備政率。

8. 美林證券在臺灣股市獲利並匯出大筆資金，而央行採取穩定匯率目標，則將產生何種效果？ (a)央行採取沖銷政策，臺灣的債券供給會增加 (b)央行採取沖銷政策，臺灣的債券供給將減少 (c)央行採取沖銷政策，臺灣的貨幣供給將會下降 (d)央行採取沖銷政策，臺灣的貨幣供給將會增加。

◉ 問答題

1. 央行採取選擇性信用管制的理由為何？
2. 試說明央行選擇最具效率貨幣工具的標準。
3. 試說明準備率政策工具缺乏伸縮性的理由。
4. 公開市場操作要能成功的條件為何？
5. 試比較市場利率臆說與貨幣總量臆說。
6. 試比較動態操作與防衛性操作的差異性，兩者難以區分的理由何在？

索引

索引

【中文索引】

八　劃

九　劃

十二劃

十三劃

【英中對照索引】

D

G

新經濟學通典　　林華德、謝德宗／著

　　自 Adam Smith 的《國富論》於 1776 年出版以來，經濟學在歷經兩百多年的淬練與不斷修正後，現已成為一門系統化的知識與社會科學的重要顯學之一。然而一般討論經濟學的書籍，不是廣泛運用複雜精深的數學，使有興趣者望而生畏，就是將彼此間的相關性進行切割，導致讀者觀念片斷缺乏連貫性，而無法落實窺其堂奧的效果。因此本書採取某一核心術語為主題，演繹此主題的相關概念，希望能讓讀者完整的了解經濟學的內涵及其發展源流，並提供初學者進入經濟學殿堂的敲門磚。

經濟學——原理與應用　　黃金樹／編著

　　本書企圖解釋一門關係人類福祉以及個人生活的學問——經濟學。它教導人們瞭解如何在有限的物力、人力以及時空環境下，追求一個力所能及的最適境界；同時，也將帶領人類以更加謙卑的態度，相互包容、尊重的情操，創造一個可以持續發展與成長的生活空間，以及學會珍惜大自然的一草一木。隨書附贈的光碟有詳盡的圖表解說與習題，可使讀者充分明瞭所學。

統計學　　陳美源／著

　　統計學可幫助人們有效率的瞭解龐大資料背後所隱藏的事實，並以整理分析後的資料，使人們對事物的不確定性有更進一步的瞭解，並作為決策的依據。本書著重於統計問題的形成、假設條件的陳述，以及統計方法的選定邏輯，至於資料的數值運算，則只用一組資料來貫穿每一個章節，以避免例題過多所造成的缺點；此外，書中更介紹如何使用電腦軟體來協助運算。

財政學　　徐育珠／著

　　本書係作者根據多年從事國內外大學院校有關財經學科教學，及參與實際財稅改革經驗所撰寫而成。其最大特點為內容豐富，範圍不但包括財政學的各種理論，而且也包括了現今各國政府的重要財稅措施，及其對人民生活與社會福祉的影響。除可用作大專院校學生和研究生財政學課程教科書及主要參考文獻，也可作為財稅從業人員的進修讀物。每一章後均有摘要和問題討論。在介紹專門術語及理論架構時，並儘量利用通俗文字，另輔以圖表例證，以深入淺出的方式加以說明，期使讀者易於領會和消化。

國際貿易原理與政策　康信鴻／著

　　GATT、APEC、WTO、特別301……這些新聞中常常出現的用語,想必大家早已耳熟能詳。在全球化浪潮的大舉侵襲下,您到現在還對它們不甚瞭解嗎?沒關係,本書不但能幫助您理解這些國貿詞彙背後的經濟學意義與原理,更能讓您明瞭,臺灣應有怎樣的具體因應之道。換句話說,這是一本理論與實務並重的好書——不但深入淺出地介紹重要的國際貿易理論,更具體而微地探討臺灣的國際貿易政策與對外貿易組織。尤其,2002年臺灣正式成為WTO的會員國;2003年全球爆發了SARS疫情……種種這些最新的局勢變化,會對國際貿易帶來哪些衝擊與影響?本書對這些問題作出了適切的說明。

國際貿易理論與政策　歐陽勛、黃仁德／著

　　自第二次世界大戰結束迄今,世界經濟與貿易快速成長,各國經濟的結合日益緊密,國際貿易組織與區域經濟整合不斷進行調整、重組,各國的貿易政策因勢改變。凡此,均帶給國際貿易理論與政策新的發展和挑戰。本書對於各種貿易理論的源流與演變,均予以有系統的介紹、導引與比較,採用大量的圖解,作深入淺出的剖析,由靜態均衡到動態成長,由實證的貿易理論到規範的貿易政策,均有詳盡的介紹。

國際金融理論與實際　康信鴻／著

　　本書主要介紹國際金融的理論、制度與實際情形。在寫作上除強調理論與實際並重,文字敘述力求深入淺出、明瞭易懂,並在資料取材及舉例方面,力求本土化。全書各章均附有內容摘要及習題,以利讀者複習與自我測試,並提供臺灣當前外匯管理制度、國際金融與匯兌之相關法規。本書論述詳實,適合初學國際金融者,也適合企業界人士,深入研讀或隨時查閱之用。

保險學　陳彩稚／著

　　本書內容主要探討保險制度之基本原理,以及保險產業之經營模式。藉由危險管理與經濟市場之角度,分析保險產品之需求與供給。內容兼具理論與實務觀點,尤其重視保險產品之發展背景、影響因素與潛在趨勢。全書內容簡潔扼要,並以具體之個案範例說明抽象之保險理論,深入淺出,適合大專學生與各界人士閱讀參考。

現代企業管理　陳定國／著

　　本書為企業管理之入門權威著作，對主管人員之任務，經營管理之因果關係，管理與齊家治國平天下之道，偉大企業家經營策略，以及企業決策、企業計劃、企業組織、領導激勵與溝通、預算與控制、行銷管理、生產管理、財務管理、人力資源管理、企業會計，研究發展管理、企業研究方法在企業管理上之最新應用等重點，做深入淺出之完整性闡釋，為國人力求公司治理、企業轉型化、及管理現代化之最佳讀本。

管理學　伍忠賢／著

　　抱持「為用而寫」的精神，以解決問題為導向，釐清大家似懂非懂的概念，並輔以實用的要領、圖表或個案解說，將管理學應用到日常生活和職場領域中，讓理論與實務零距離。讀過本書，方知《管理學》的實用，加上雜誌報導式的寫作風格，使您對抽象觀念或時事個案，都能融會貫通，讓您把握重點，輕鬆準備研究所等入學考試。

財務管理——理論與實務　張瑞芳／著

　　財務管理是企業的重心所在，關係經營的成敗；由財務衍生的金融、資金、股票、貨幣、報酬、風險、投資組合、預算、債券、期貨、選擇權、共同基金、認購權證、銀行融資、報表，若能深入瞭解運用，必可操控企業經營的成功。有鑒於原文書及坊間教科書內容艱澀難以理解，因此本書著重在概念的養成，希望以言簡意賅、重點式的提要，能對莘莘學子及工商企業界人士有所助益。

財務管理　伍忠賢／著

　　細從公司現金管理，廣至集團財務掌控，不論是小公司出納或是大型集團的財務主管，本書都能滿足你的需求。以理論架構、實務血肉、創意靈魂，將理論、公式作圖表整理，深入淺出，易讀易記，足供碩士班入學考試之用。本書可讀性高、實用性更高。

國際財務管理　伍忠賢／著

　　本書之編寫，以理論為架構，利用圖表之方式，對全球融資之目的、全球企業成長階段、財務組織型態關係及效率市場假說做有系統之介紹；以實務為骨肉，力求與實務零距離，讓你具備全球企業財務專員及財務長所需的基本知識。

財務報表分析　李祖培／著

　　財務報表分析為企業經營時，運用會計資訊作為規劃、管理、控制與決策的依據，是非常重要的一門學術。本書主要論述重點包含比率分析、現金流動分析、損益變動分析、損益兩平點分析及物價水準變動分析等。為了配合理論與實務的運用，本書比率分析中的標準比率，採用財政部和臺北市銀行公會聯合徵信中心發布的同業標準比率，提供讀者研習和參考，俾能學以致用。

投資學　伍忠賢／著

　　本書讓你具備全球股票、債券型基金經理所需的基本知識，實例取材自《工商時報》和《經濟日報》，讓你跟「實務零距離」，章末所附的個案研究，讓你「現學現用」！不僅適合大專院校教學之用，更適合經營企管碩士 (EMBA) 班使用。

期貨與選擇權　陳能靜、吳阿秋／著

　　近年來由於電子通訊的發達，全球期貨及選擇權之市場結構及交易制度出現很大的變化。在市場結構方面，開始跨國合併或在一國之內合併；而在交易制度方面，則從傳統的人工喊價走向電子交易。本書以深入淺出的方式介紹期貨及選擇權之市場、價格及其交易策略，並對國內期貨市場之商品、交易、結算制度及發展作詳盡之介紹，適合作為大專相關科系用書，亦適合作為準備研究所入學考試與相關從業人員之參考用書。